suhrkamp
pocket

Geheime Gänge, verdeckte Türen, dunkle Nischen: Als die Waise Varvara als Dienstmädchen in den Winterpalast kommt, lernt sie schnell, sich ihre Verschwiegenheit und ihren aufmerksamen Blick zunutze zu machen. Keine Intrige, die ihr entginge, kein Getuschel, das ihren Ohren verborgen bliebe. Schnell wird sie zu einer der wichtigsten »Spioninnen« im Palast. Als die junge Sophie von Anhalt-Zerbst – die spätere Katharina die Große – an den Hof kommt und auf dem Weg zur Macht eine Verbündete braucht, wird Varvara ihre engste Vertraute. Schließlich erklimmt Katharina den Zarenthron – aus der unerfahrenen Fremden wird eine der mächtigsten Frauen ihrer Zeit.

Eva Stachniak, geboren im polnischen Wrocław, emigrierte 1981 nach Kanada und lebt heute in Toronto. Sie hat für Radio Canada International gearbeitet und als Dozentin für Englisch und Geisteswissenschaften am Sheridan College gelehrt. Ihre Romane über Katharina die Große, *Der Winterpalast* und *Die Zarin der Nacht*, standen wochenlang auf den Bestsellerlisten.
www.evastachniak.com

Eva Stachniak
Der Winterpalast

Roman

Aus dem Englischen
von Peter Knecht

Suhrkamp

Die Originalausgabe erschien erstmals 2011 unter dem Titel
The Winterpalace bei Doubleday, an imprint of
Transworld Publisher's, London.

Erste Auflage 2016
suhrkamp taschenbuch 4717
© der deutschen Ausgabe Insel Verlag Berlin 2012
© 2011 Eva Stachniak
Suhrkamp Taschenbuch Verlag
Alle Rechte vorbehalten, insbesondere das
des öffentlichen Vortrags sowie der Übertragung
durch Rundfunk und Fernsehen, auch einzelner Teile.
Kein Teil des Werkes darf in irgendeiner Form
(durch Fotografie, Mikrofilm oder andere Verfahren)
ohne schriftliche Genehmigung des Verlages reproduziert
oder unter Verwendung elektronischer Systeme
verarbeitet, vervielfältigt oder verbreitet werden.
Satz: Satz-Offizin Hümmer GmbH, Waldbüttelbrunn
Druck und Bindung: Kösel, Altusried
Umschlagfoto: Mark Seelen/Corbis; Cavan Images/Getty Images
Umschlaggestaltung: Rothfos & Gabler, Hamburg
nach Entwürfen von cornelia niere, münchen
Printed in Germany
ISBN 978-3-518-46717-6

Der Winterpalast

Für Szymon und Chizuko

SANKT PETERSBURG, 17. OKTOBER 1756

Drei Personen, die immer um sie sind und nichts voneinander wissen, berichten mir, was vorgeht, und werden mich unfehlbar davon in Kenntnis setzen, wenn der entscheidende Moment da ist.

Aus einem Brief der Großfürstin und späteren Kaiserin Katharina der Großen an Sir Hanbury-Williams, den britischen Gesandten am Hof von Kaiserin Elisabeth.

Spione bleiben normalerweise unsichtbar, außer sie werden enttarnt, oder sie treten freiwillig ans Licht der Öffentlichkeit. Die Ersteren waren so töricht, verräterische Spuren zu hinterlassen, die Letzteren haben ihre eigenen Gründe, sich zu offenbaren.

Vielleicht drängt es sie, ihre Geheimnisse zu beichten, weil sie die öde Bedeutungslosigkeit eines Lebens, von dem niemand etwas weiß als sie allein, nicht ertragen.

Oder vielleicht, weil sie warnen möchten.

Ich war das, was man eine »Zunge« nannte, eine wohlinformierte Quelle, die Geheimnisse preisgab, eine Informantin, der keine noch so leise geflüsterte Wahrheit entging. Ich wusste von ausgehöhlten Büchern, von doppelten Böden in Koffern, von Geheimgängen und Tapetentüren, ich verstand mich darauf, raffiniert versteckte Fächer in Schreibtischen zu finden, versiegelte Briefe zu öffnen und wieder so zu verschließen, dass sie vollkommen unversehrt aussahen. Wenn ich in ein fremdes Zimmer einbrach, bemerkte ich das Haar, das am Schloss klebte, und brachte es nachher wieder genau so an, wie ich es vorgefunden hatte. Kein Geheimnis der dunkelsten Nacht war vor mir sicher.

Ich bemerkte es, wenn Ohren und Wangen erröteten, wenn jemand bei einem Ball am Orchester vorbeischlenderte und ganz unauffällig ein Zettelchen in den Schalltrichter der Tuba fallen ließ, wenn Hände zu nervös in Taschen fassten, wenn zu häufig ein Juwelier oder eine Schneiderin in ein Haus kam. Ich wusste von den ledernen Unterröcken, die prächtige Roben vor tröpfelndem Urin schützten, von Dienstmädchen, die blutige Lumpen im Garten vergruben, von Erstickungsanfällen und Todesängsten.

Ich konnte Angst nicht riechen, aber ich erkannte ihre Symptome: Herzrasen, geweitete Augen, zitternde Hände, aschfahle Haut. Ich bemerkte es, wenn das Gespräch ins Stocken geriet, wenn Schweigen eintrat. Ich hatte die Angst immer stärker werden sehen in Räumen, wo jedes leise Wort Argwohn erregte, wo jede Veränderung des Gesichtsausdrucks oder das Ausbleiben solcher Veränderungen beobachtet und vermerkt wurde.

Ich hatte gesehen, was Angst im Herzen eines Menschen anrichten kann.

Eins
1743-1744

Ich hätte sie warnen können, als sie in Russland ankam, diese kleine Prinzessin aus Zerbst, einem deutschen Städtchen, das gerade mal so groß ist wie der Sommergarten von Sankt Petersburg, dieses schmächtige Mädchen, das zur Kaiserin Katharina werden sollte.

Dieser Hof wird eine neue Welt für Sie sein, hätte ich ihr sagen können, schlüpfriger Boden. Lassen Sie sich nicht täuschen von freundlichen Blicken und schmeichelnden Reden, von all den großartigen Verheißungen. Es ist ein Ort, an dem Hoffnungen verkümmern und sterben, wo Träume zu Asche werden.

Sie hatte Sie auf Anhieb für sich eingenommen, unsere Kaiserin. Ihr ungekünsteltes Wesen, ihr freundlicher Händedruck, die Tränen, die sie abwischte, als sie Sie sah. Die Lebhaftigkeit ihrer Worte und Gesten, ihre erfrischende Art, sich über die Zwänge der Etikette hinwegzusetzen. »Wie freundlich und geradeheraus die Kaiserin Elisabeth Petrowna ist«, sagten Sie. Auch andere fanden das, viele andere. Aber Offenheit kann auch eine Maske sein, wie Ihre Vorgängerin viel zu spät erkannte.

Drei Jahre zuvor war unsere bezaubernde Kaiserin noch eine unverheiratete Prinzessin am Hof Iwans VI. und seiner Mutter gewesen, die als Regentin die Reichsgeschäfte führte, denn der Kaiser lag noch in Windeln gewickelt. Ein Verlobter Elisabeths war an den Pocken gestorben, andere Pläne waren durch politische Intrigen vereitelt worden, und es sah ganz so aus, als wären die Chancen der jüngsten Tochter Peters des Großen, auf den Thron zu gelangen, für alle Zeiten dahin. Die Einunddreißigjährige galt als oberflächliches, flatterhaftes Geschöpf, dessen Gedanken ganz den Tanzschritten und Garderoben der jeweils aktuellen Ballsaison gewidmet waren, nur wenige setzten auf die Macht des väterlichen Bluts in ihren Adern und behielten sie im Blick.

Die Franzosen nennen sie auch »Elisabeth die Sanftmütige«, denn an dem Tag, bevor sie Iwan VI. den Thron raubte, schwor sie auf die Ikone des heiligen Nikolaus, des Wundertäters, dass unter ihrer Herrschaft kein Todesurteil vollstreckt werde. Und ihrem Wort getreu trat sie an dem Tag des Staatsstreichs den Soldaten der Garde, die drauf und dran waren, dem kleinen Zaren die Kehle durchzuschneiden, in den Weg. Sie nahm den greinenden Säugling aus seiner Wiege und küsste seine rosigen Wangen, bevor sie ihn seiner Mutter übergab und die beiden ins Gefängnis bringen ließ.

Sie hatte es gern, wenn immer wieder daran erinnert wurde, dass seit ihrer Machtergreifung keinem ihrer Untertanen der Kopf abgeschlagen worden war, aber von abgeschnittenen Zungen und Ohren, von den zerfleischten Rücken derer, die mit der Knute gepeitscht wurden, durfte niemand reden. Auch nicht von den Delinquenten, die an ein Brett genagelt und ins eisige Wasser von Flüssen geworfen wurden. O ja, auch die Sanftmut ist eine trügerische Maske.

Ich hätte der hübschen Kleinen aus Zerbst sagen können, dass das Leben am russischen Hof ein Spiel ist, und zwar eines, bei dem alle Tricks erlaubt sind. Jeder beobachtet jeden. Es gibt keinen einzigen Raum in diesem Palast, wo Sie wirklich allein sein können. Hinter den Wänden verlaufen Geheimgänge, ein labyrinthisches System von Korridoren, durch die man, wenn man sich auskennt, ungesehen in jedes Zimmer gelangt. Wandvertäfelungen klappen auf, Regale lassen sich zur Seite schieben, versteckte Röhren leiten den Schall: Sie müssen immer damit rechnen, dass jemand Sie belauscht, jedes Wort, das Sie sprechen, kann vielleicht früher oder später gegen Sie verwendet werden. Jeder Mensch, dem Sie vertrauen, kann Sie verraten.

Man wird Ihre Schränke durchsuchen. Auch unter doppelten Böden und in ausgehöhlten Büchern sind Ihre Geheimnisse nicht sicher. Man wird Ihre Briefe kopieren, bevor man sie auf den Weg bringt. Wenn Ihre Kammerjungfer Ihnen meldet, dass ein Stück

Ihrer Unterwäsche abhandengekommen ist, so befindet es sich vielleicht in einer sorgsam verkorkten Flasche, die irgendwo in einem Magazin aufbewahrt wird für den Fall, dass man eines Tages vielleicht eine Geruchsprobe von Ihnen braucht, damit ein Spürhund Ihre Witterung aufnehmen kann.

Nehmen Sie sich in Acht! Lernen Sie die Kunst der Täuschung! Wenn man Sie ins Verhör nimmt – und mag es auch nur wie ein belangloser oder scherzhafter Wortwechsel wirken –, haben Sie nur wenige Sekunden Zeit, Ihre Gedanken zu verbergen, Ihr wahres Ich zu unterdrücken, damit Sie sich nicht verraten. Den Augen und Ohren eines Inquisitors entgeht nichts.

Hören Sie auf mich.

Ich weiß, wovon ich spreche.

Die Person, gegen die Sie keinen Argwohn hegen, ist am gefährlichsten.

Sobald sie auf den russischen Thron gelangt war, machte Kaiserin Elisabeth deutlich, dass sie entschlossen war, allein, ohne einen Ehemann an ihrer Seite, zu herrschen. Da sie keine Kinder haben würde, musste das Problem der Thronfolge auf andere Weise gelöst werden, und sie entschied sich dafür, den verwaisten Sohn ihrer Schwester, Karl Peter Ulrich, Herzog von Holstein, nach Sankt Petersburg kommen zu lassen. Als der Junge vor ihr stand, schlaksig und mager, die Augen blutunterlaufen vor Erschöpfung nach der langen Reise, drückte sie ihn an ihren wogenden Busen. »Das Blut der Romanows«, verkündete sie, »der Enkel Peters des Großen.« Sie sorgte dafür, dass er zum orthodoxen Glauben übertrat, gab ihm den Namen Peter Fjodorowitsch und machte ihn zum Kronprinzen. Er war vierzehn Jahre alt. Sie fragte ihn nicht, ob er bei ihr leben und später einmal Herrscher über das russische Reich werden wollte. Und dann, nachdem er eben fünfzehn geworden war, fragte sie ihn auch nicht, ob er eine Braut haben wollte.

Prinzessin Sophie Auguste Friederike von Anhalt-Zerbst. Zuerst kam ihr Porträt nach Russland – ich erinnere mich noch gut an den großen Moment, als es enthüllt wurde. Solche Porträts sind nicht dafür da, eine Person möglichst wahrheitsgetreu abzubilden, vielmehr sollen sie ihre Reize ins rechte Licht setzen.

»Was?«, hörte ich den Reichskanzler Bestuschew sagen, als die Kaiserin Sophie zum ersten Mal erwähnte. »Wieso ausgerechnet sie?« Er verwies darauf, dass man durch eine wohlüberlegte Heiratspolitik russische Interessen sichern müsse. Und man müsse auch an das Machtgleichgewicht in Europa denken – Preußen werde zu stark. »Majestät sollten eine sächsische Prinzessin in Erwägung ziehen.«

Die Kaiserin unterdrückte ein Gähnen. »Ich habe

noch nichts entschieden«, sagte sie. Ihr Neffe Peter saß zu ihren Füßen, seine langen weißen Finger drehten seinen mit einem Türkis besetzten Ring, als zöge er eine Schraubenmutter fest.

In den folgenden Wochen hörte ich harsche Urteile über Sophies Vater: Der Fürst sei ein Schwachkopf, ein preußischer General, der unter dem Pantoffel seiner anmaßenden Ehefrau stehe, für die der armselige Hof von Braunschweig der Inbegriff von Pracht und Herrlichkeit sei. Die Familie Anhalt-Zerbst habe gute Verbindungen, sei aber arm und versuche nun schamlos, die Aufmerksamkeit der Kaiserin auf sich zu lenken, indem sie daran erinnerte, dass Elisabeth selbst einmal beinahe einen aus diesem Haus geheiratet hätte. Diese brüchige Beziehung zu Russland sei aber auch das Einzige, worauf sich ihre ehrgeizigen Hoffnungen stützen könnten.

Als ein Lakai den roten Samtvorhang aufzog, sahen wir das Porträt einer schlanken, anmutigen Vierzehnjährigen, die vor dem offenen Kamin eines Salons stand. Das Mieder ihres Kleids war blassgrün, sie hatte die schlanken Hände in Höhe des Magens aufeinandergelegt. Entgegen allen Gerüchten, die zu uns gedrungen waren, war Prinzessin Sophie ganz offensichtlich nicht verkrüppelt, keine Kinderkrankheit hatte ihre Wirbelsäule verformt. Eine Aura von Leichtigkeit umgab sie, als setzte sie gerade zu einem heiteren Tanz an. Ihr Kinn stand deutlich hervor, sie hatte schmale, aber schön geformte Lippen. Sie war nicht eigentlich hübsch, aber frisch und munter, ein Kätzchen, das zusieht, wie ein Wollknäuel über den Boden rollt. Der Maler hatte dafür gesorgt, dass man die feine Blässe ihres Teints wahrnahm und die sanften Augen, deren Blau in so auffallendem Kontrast zu dem rabenschwarzen Haar stand. Und wir sahen in dem Gesicht den sehnlichen Wunsch gespiegelt, den Betrachtern zu gefallen.

Zögerndes Gemurmel erfüllte den Saal, undeutliche Kommentare, deren Richtung nicht klar festzulegen war: genuscheltes Lob, von dem man wieder abrücken konnte, Tadel, der sich zu einem verschleierten Kompliment umbiegen ließ – die Höflinge waren auf der Hut. *Die Kunst der Täuschung*, dachte ich, der Schmetterling, der die Augenflecken auf seinen Flügeln aufblitzen lässt, um sein Leben zu retten, Heuschrecken, die im Lauf des Sommers ihre Färbung verändern und sich ihrer Umgebung anpassen.

Die großen Herren und Damen des Hofs blickten immer noch auf das Bild, aber ich hatte etwas sehr viel Wichtigeres im Blick: das Gesicht der russischen Kaiserin, die das junge Mädchen musterte, das, wenn sie es wünschte, die Braut ihres Neffen werden würde. Das Gesicht, das ich zu lesen gelernt hatte.

Ein leises Seufzen war zu hören, die Unterlippe von Elisabeth Petrowna zuckte ganz leicht. Sie war ganz in sich versunken, ähnlich wie im Gebet. Über ihre rosig gepuderte Wange rollte langsam eine Träne.

Ich wandte mich wieder dem Porträt zu, und da erkannte ich, was die Kaiserin gesehen hatte. In den Zügen des Mädchens lag etwas Männliches, nur eine Andeutung, aber klar genug, ein ferner Reflex eines anderen, älteren Gesichts. Des Gesichts des längst verstorbenen Verlobten. Eine Erinnerung, die sie bewahrt hatte und die sie immer noch zu Tränen rührte.

»Herr, sei seiner Seele gnädig ...«

Als ich hörte, wie die Kaiserin von Russland dieses Gebet flüsterte, wusste ich, dass die Anhalt-Zerbsts einen ersten Sieg errungen hatten.

Der Chor der Stimmen wurde lauter, aber sie waren immer noch unentschieden. Kein Höfling wollte das Risiko eingehen, das Missfallen Elisabeths zu erregen. Alle hatten wie ich schon gesehen, wie sie im Zorn den nächstbesten Gegenstand gepackt und durch den Raum geschleudert hatte, eine Puderdose, die in einer weißen Staubwolke explodierte, eine Silberplastik von Amor und Psyche, die eine hässliche Schramme im Parkett hinterlassen hatte. Alle hatten ihren Mund stumm beben sehen, als wäre ihr die Zunge abgeschnitten worden.

»Sie hat ein grünes Kleid an«, sagte der Großfürst Peter. Wenn er deutsch sprach, hatten die Laute etwas hübsch Melodisches, nur sein Russisch klang unbeholfen und harsch.

Alle Augen wandten sich ihm zu.

Der Großfürst selbst war in grünen Samt mit Goldstickereien gekleidet. Sein Gesicht war damals noch nicht von Pockennarben entstellt, es war schmal und blass, aber nicht unansehnlich. Am Tag zuvor hatte ich ihn dabei beobachtet, wie er seine Hand angestarrt hatte, als enthielte sie irgendein tiefes Geheimnis, das er angestrengt zu enträtseln versuchte.

»Was meinst du, Peter?«, fragte die Kaiserin. Sie strich den Ärmel ihres Kleids glatt, ihre Finger spielten mit den Perlen auf dem prächtig burgunderroten Brokatstoff. »Sieht sie wirklich so aus wie auf dem Bild?«

»Ja, sie ist gut getroffen«, sagte der Großfürst. »Genauso habe ich meine Cousine Sophie in Erinnerung.«

»Deine *Groß*cousine, Peter.«

»Ja, meine Großcousine. Sie ist nicht bucklig.«

»Wer hat behauptet, sie sei bucklig?«

»Ich weiß nicht mehr.«

»Wer hat gesagt, dass sie bucklig ist?«

»Ich weiß nicht genau, mein Mohr hat es irgendwo aufgeschnappt. Aber es stimmt nicht. Sophie ist kerngesund. Wenn wir in Eutin im Garten um die Wette gelaufen sind, hat sie immer gewonnen.«

»Das ist vielleicht kein so gutes Zeichen, Euer Hoheit, wenn eine Frau so viel Energie an den Tag legt«, bemerkte Bestuschew.

Ich sah ihn an, seine grau gepuderte Perücke, die buschigen Augenbrauen, die weichen Linien seines glatten Gesichts. Sein Samtjackett war neu, elegant geschnitten, es stand ihm gut. Es hatte die Farbe von getrocknetem Blut. An der Brust trug er ein Medaillon mit dem Bildnis der Kaiserin. Ich hatte ihn mehr als einmal im Morgengrauen aus Elisabeths Schlafzimmer kommen sehen, die Kleidung zerknittert und nicht zugeknöpft, unstete Glut in den schwarzen Augen.

Ein aalglatter Politiker? Ein alter Fuchs?

Hatte er nicht bemerkt, was ich gesehen hatte? Hoffte er immer noch, die Kaiserin habe sich noch nicht für Sophie entschieden?

»Wieso, mein Lieber?« Elisabeth runzelte die Stirn.

»Kräftige Beine? Ein ausgeprägtes Kinn? Solche Frauen sind oft herrschsüchtig, so jedenfalls hat meine eigene Erfahrung mich gelehrt, Euer Hoheit.« Der Kanzler machte eine anmutige Verbeugung. Ein gedämpftes Kichern war im Hintergrund zu hören. Bestuschews Frau, die für ihre häufigen Wutanfälle bekannt war, hatte ein ausgeprägtes Kinn.

Wie ein Schauspieler, der bereits über die nächste Pointe nachdenkt, fügte er hinzu: »Eine Erfahrung, über die ich Eurer Hoheit gern bei besser passender Gelegenheit Näheres berichten will.«

Die Kaiserin wandte sich ab.

»Ich habe beschlossen, Prinzessin Sophie hierher einzuladen«, verkündete sie. »Zusammen mit ihrer Mutter. Nichts Offizielles. Das Haus Anhalt-Zerbst hat genügend Beweise meiner Gunst erhalten, um mir seinen Dank abzustatten.«

Ich sah, wie sich die Spannung bei den Umstehenden löste. Höflinge gaben eifrig ihrer Zustimmung Ausdruck und beeilten sich zu begründen, warum sie die Wahl der Kaiserin ganz ausgezeichnet fanden.

Sie war sehr heiter gestimmt an diesem Tag. Die Stickereien an den Säumen ihres Kleids blitzten bei jeder Bewegung, und ich weiß noch, dass ich mich fragte, wer es wohl bekommen würde, denn Elisabeth trug nie ein Kleid zweimal.

Das Porträt der kleinen deutschen Prinzessin mit dem erwartungsvollen Lächeln wurde zur Seite gestellt. Die Kaiserin streckte sich auf einer Chaiselongue aus, die Lakaien hereingebracht hatten, und bat den Grafen Rasumowski zu singen. In ihren Zügen war kein Zeichen von Ungeduld zu bemerken, während er die Saiten seiner Bandura stimmte. Sie wies den Großfürsten nicht zurecht, als er den Daumen in den Mund steckte und sein Zahnfleisch betastete. Eine Woche vorher war ihm wieder einer seiner verfaulten Zähne ausgefallen.

Wenn der Kanzler Bestuschew mit der kaiserlichen Entscheidung unzufrieden war, so ließ er sich davon nichts anmerken. Ich sah, wie er sich zu Elisabeth hinunterbeugte und ihr leise etwas ins Ohr sagte. Sie schlug ihn neckisch mit dem zusammengefalteten Fächer. Er nahm ihre Hand und küsste sie. Lange schwebten seine Lippen über ihren Fingerspitzen.

Ich schaute nicht weg.

Ich war damals sechzehn, ein flinkes junges Geschöpf mit rosigen Wangen, das bereits alle Illusionen verloren hatte, eines von zahllosen namenlosen Mädchen im russischen Reich, hübsch genug, dass man ihm den Hintern tätschelte oder ihm Obszönitäten zuflüsterte, wenn es vorbeiging. Ich wusste, dass der großartig klingende Ausdruck »ein Mündel der Krone« nur eine Bettlerin bezeichnete, die jederzeit fortgejagt werden konnte.

Es gab so viele wie mich, verwaiste oder verlassene Kinder, die zu Füßen der Kaiserin saßen, die alle auf ein freundliches Nicken oder ein amüsiertes Lächeln von ihr warteten, auf die hauchdünne Chance, dass die Majestät sie für wert erachtete, noch einmal genauer hinzusehen. Dass sie vielleicht auf den Gedanken kam, wir könnten ihr von Nutzen sein.

Graf Rasumowski, einst ein ukrainischer Chorsänger, der mit seinen verschleierten schwarzen Augen und seiner ausdrucksstarken Baritonstimme die Zarin in seinen Bann geschlagen hatte, räusperte sich. Wir nannten ihn den Kaiser der Nacht, und er war der nachsichtigste von allen ihren Liebhabern. Die schweren Vorhänge wurden zugezogen, Kerzen wurden angezündet. Elisabeths Gesicht schimmerte silbern in dem flackernden Licht, und die traurigen, tröstenden Akkorde ihres Lieblingsliedes klangen durch den Saal.

Wenn du jemand Besseren findest, wirst du mich vergessen.
Wenn du jemand Schlechteren findest, werden deine Gedanken mich zurückbringen zu dir.

Mein Vater war Buchbinder. In unserer Heimat Polen gab es nicht genug Arbeit für ihn, einen jungen Mann mit Frau und Kindern, der es in der Welt zu etwas bringen wollte.

Wir wären nach Berlin gezogen, wo mein Vater seinen Beruf erlernt hatte, wäre nicht Fürst Kazimierz Czartoryski, Kastellan von Vilnius, gewesen, der ihm seinen ersten Auftrag gab. Beeindruckt von seiner Handwerkskunst, versprach der Fürst meinem Vater, bei passender Gelegenheit an ihn zu denken, und er hielt Wort: Als Kaiserin Anna von Russland einige kostbare alte Bücher restaurieren lassen wollte, empfahl ihr der Fürst meinen Vater: »Das ist genau der richtige Mann für diese Aufgabe, ein Spezialist für Vergoldungen, ein echter Künstler in seinem Fach mit untrüglichem Geschmack und Phantasie.«

Das war im Frühling 1734. Ich war damals sieben und mein kleiner Bruder war eben erst geboren.

»Schreiben Sie ihm, er soll nach Sankt Petersburg kommen«, sagte die Kaiserin. »Hier hat ein Mann, der sein Handwerk versteht, eine Zukunft.«

Eine Stadt, geschaffen aus dem Willen eines einzigen Mannes, so nannte mein Vater Sankt Petersburg. Die neue Hauptstadt von Russland war den rebellischen Wassern der Newa und der brutalen Finsternis des Winters im hohen Norden abgetrotzt worden.

Wir kamen mit dem Schiff im Herbst 1734 in Sankt Petersburg an. Nur zu dritt – mein kleiner Bruder lag auf dem Friedhof in Warschau. Noch ein Sohn, der nicht groß werden und in die Fußstapfen seines Vaters treten würde.

»Da liegt unser Glück«, sagte Papa und zeigte nach vorn auf die dünne Linie, über der im Morgendunst die schwebenden Umrisse von Gebäuden aufragten wie von Kinderhand gezeichnet. Hinter uns war nur schäumendes Kielwasser zu sehen.

»Gebe es Gott.« In Mamas Stimme klang Hoffnung. In Warschau hatte eine Wahrsagerin ihr prophezeit, dass sie noch die Hochzeit ihrer Tochter mit einem mächtigen Mann erleben werde. »Er ist von Adel«, hatte die Frau gesagt und Mama lange angesehen. Es stand alles im Gewirr von Mamas Handlinien geschrieben, die Verluste, die kommen und gehen sollten, die Freude nach einer langen Reise. Mein Vater runzelte die Stirn, als er davon hörte, aber Mama war so selig, dass sie der Frau eine Silbermünze in die Hand drückte.

Meine Mutter stammte aus einer adeligen Familie, die aber so arm war, dass ihre gehobene Stellung kaum mehr war als der bloße Titel. »Ein Haus, eine Scheune, ein paar Kühe«, sagte mein Vater immer und lachte. »Man sah ihnen an, dass sie keine gewöhnlichen Bauern waren, denn bevor dein Großvater sein Stückchen Land pflügte, zog er seine weißen Handschuhe an und schnallte sich seinen Säbel um.«

Er erzählte gern von der ersten Begegnung mit meiner Mutter im Wohnzimmer einer Verwandten von ihr, wo sie, eine Nähnadel in der Hand, über ein Stück Spitze gebeugt dasaß, als er überraschend hereintrat. Er war gerufen worden, um ein paar alte Bücher abzuholen, die repariert werden sollten, sie war von ihrer Mutter zu dieser Familie geschickt worden, wo man sich bessere Zukunftsaussichten für sie erhoffte. Mama spürte seinen Blick, zuckte zusammen und stach sich in den Finger. »Sie haben mich erschreckt«, rief sie aus und saugte an der Wunde.

Er verliebte sich auf den ersten Blick in sie.

Als er ein paar Tage später wiederkam, schenkte er ihr ein Buch, das er selbst gebunden hatte, *La princesse de Clèves*. Nicht ohne Stolz auf ihre Französischkenntnisse zog sie meinen Papa gern ein bisschen auf, weil er ausgerechnet dieses Buch gewählt hatte. Ein Roman von einer Ehefrau, die einen anderen liebt? Von einem Ehemann, der seiner Frau nachspioniert? »Was hast du dir nur dabei gedacht?«, fragte sie.

Er hatte nichts gedacht. Er war verliebt. Er wollte keine andere als sie.

»Ein kluges Mädchen wie du sollte nicht Spitzenkrägen ausbessern«, sagte er.

Sie nahm das Buch, das er ihr geschenkt hatte. Er sah zu, wie sie ehrfürchtig die mit Goldschnitt versehenen Seiten umblätterte. Sie blickte auf und musterte seine gepflegte Erscheinung, die kräftige, aber feingliedrige Figur, die entschlossenen braunen Augen. Die Hände, die einen zerfledderten, schimmligen Band zu neuem Leben erwecken konnten. Sie hörte ihm zu, als er von Berlin erzählte, wo er zum ersten Mal Kameeneinbände gesehen und eine Oper gehört hatte.

»Einen *Buchbinder* willst du heiraten«, sagte meine Großmutter und seufzte, als mein Vater ein paar Wochen später um die Hand meiner Mutter anhielt. Seine Bildung, seine beruflichen Fähigkeiten interessierten sie nicht, er war ein Handwerker, das genügte ihr: Ihre einzige Tochter heiratete unter ihrem Stand. Um sie zu versöhnen, tauften meine Eltern mich auf Großmutters Namen. Sie starb noch vor meinem ersten Geburtstag.

Meine Mutter nannte mich Barbara oder Basieńka. Im Polnischen wie im Russischen kann ein Name viele verschiedene Formen annehmen. Er kann sich ausdehnen oder zusammenziehen, er kann offiziell und hart oder weich und verspielt klingen. Und mit dem Namen verändert sich die Person, die ihn trägt; er kann sie in ein hilfloses Kind oder in eine Autorität verwandeln, in eine Geliebte oder in eine Dame, in eine Freundin oder in eine Todfeindin.

Im Russischen wurde ich Warwara.

Wenige Tage nach unserer Ankunft in Sankt Petersburg begann mein Vater mit seiner Arbeit für die kaiserliche Bibliothek. »Eine Sammlung, die eines großen Herrschers würdig ist«, sagte er, »lauter Schriften weiser und gelehrter Männer.« Peter der Große hatte von seiner Reise durch Westeuropa fünfzehntausend Bände mitgebracht; viele davon befanden sich mittlerweile in einem traurigen Zustand und mussten dringend restauriert werden.

Mama strahlte vor Stolz. Jetzt zeigte es sich, dass sie den richtigen Mann geheiratet hatte, alle düsteren Prophezeiungen ihrer Mutter waren widerlegt. Was in Polen unmöglich war, würde in Russland möglich werden. Die Kaiserin Anna hatte angekündigt, sie wolle die neu gebundenen Bücher persönlich besichtigen, sobald sie fertig waren. In ihren hochfliegenden Phantasien sah Mama mich bereits als Hofdame, die schon bald die Aufmerksamkeit irgendeines hohen Herrn erregen würde.

»Sie ist doch noch ein Kind«, gab mein Vater ihr zu bedenken.

»Umso besser, denn so hast du genügend Zeit, dir einen Namen zu machen«, antwortete Mama. Die zerfledderten, schimmligen Bände der kaiserlichen Bibliothek waren in ihren Augen die Garanten künftigen Glücks, sie würden ihrem Mann zu der allerhöchsten Gunst verhelfen, die er in so reichem Maß verdiente.

Gegen Ende unseres zweiten Jahres in Sankt Petersburg hatten wir bereits ein Haus ganz für uns. Sicher, es stand in einer etwas verwahrlosten Gegend auf der Wasiljewskiinsel, wo nachts noch Wölfe über die verwilderten Felder streiften, aber wir hatten es doch weit besser als in Warschau.

Es war nur ein Holzhaus, doch es bot viel Platz und hatte einen Keller, in dem mein Vater seine Werkstatt einrichtete. Er stellte Lehrlinge ein, wir hatten Dienstmädchen und Diener, eine Köchin, eine eigene Kutsche und einen Schlitten. Ich wurde von einer französischen Gouvernante und einem deutschen Hauslehrer unterrichtet, später engagierte meine Mutter auch noch einen Tanzmeister, der, wie er ihr versicherte, früher einer Nichte der Gräfin Woronzowa feinen Schliff beigebracht hatte. Mama wollte alles dafür tun, dass ihre Tochter gerüstet war, sobald sich eine gute Partie bot.

Jeden Tag nach dem Unterricht stahl ich mich fort in Papas Werkstatt. Ich setzte mich auf einen Hocker in eine Ecke und sah meinem Vater bei der Arbeit zu, etwa wenn er bedächtig ein passendes Stück Leder aus dem Stapel neben der Tür auswählte. »Das beste Leder ist das vom Rücken«, erklärte er mir. »Das hat einen schön ebenmäßigen Farbton.« Fasziniert beobachtete ich, wie er die Schablone auf das Leder legte, sie so verschob, dass sie nur die weichen Teile ohne störende Unregelmäßigkeiten abdeckte, und schließlich die Einbanddecke ausschnitt.

Er zeigte mir Bücher, die schlecht gemacht waren und die er jetzt reparieren musste. »So etwas darf nicht passieren«, sagte er kopfschüttelnd und deutete auf eine Stelle, wo das Blattgold abgeplatzt oder von zu viel Hitze hässlich verfärbt war. Seine Rezepte für gute Arbeit waren ganz simpel: Das Messer muss scharf sein, sagte er etwa; darauf kommt es an, nicht darauf, wie viel Kraft man in den Händen hat. Genauso wie seine Lehrlinge lernte auch ich, dass man mit einem stumpfen Messer nur das Leder kaputt macht.

»Wirst du dir merken, was ich dir beibringe, Barbara?«, fragte er.

Ich atmete die Gerüche von Essig und Ruß und Leim ein und versprach ihm, dass ich es nie vergessen würde.

»Höhere Ansprüche« nannte es meine Mutter. Sie war eine praktisch denkende Frau, ihre Träume wurzelten immer in der Realität. Besaß ihr Mann nicht außerordentliche Fähigkeiten? Die Kaiserin Anna hatte ihn noch nicht empfangen, aber er war immerhin schon einmal von einer Prinzessin des Hofs in den Winterpalast bestellt worden.

Es war Mamas Lieblingsgeschichte: In einem Zimmer im oberen Teil des Palasts hatte Prinzessin Elisabeth meinem Vater eine Kostbarkeit übergeben, ein abgewetztes und zerlesenes Gebetbuch, gedruckt in großen Lettern, die ihre Augen nicht anstrengten. »Es ist ein Geschenk von einer Person, die mir sehr teuer ist«, sagte sie. »Ich weiß nicht, ob es überhaupt noch zu reparieren ist.«

Sehr behutsam nahm mein Vater das Buch und strich zärtlich über das rissige Leder des Einbands. Er musterte die Rubine und Saphire, die zu einem Kreuz angeordnet waren, und stellte befriedigt fest, dass kein Stein fehlte. Er schlug das Buch auf und blätterte darin. Er sah die losen Blätter und die brüchigen Heftfäden.

»Ja«, sagte er, »ich kann es reparieren.«

Die Prinzessin sah ihn unverwandt an.

»Es bleibt alles vollständig erhalten«, versicherte er, zog ein Taschentuch aus seiner Brusttasche und wickelte das Buch darin ein.

In den nächsten zwei Wochen polierte mein Vater

die Steine und befestigte sie sicher in den Fassungen, klebte Risse im Papier und heftete und leimte die nur noch lose zusammenhängenden Lagen wieder zu einem stabilen Buchblock. Als er die Buchdecke gereinigt hatte, zeigte sich, dass das Leder weitgehend unbeschädigt war. Gutes rostfarbenes Kalbsleder, sagte er immer, braucht nur ein bisschen Birkenöl, dann hält es ewig. Am meisten hatten die goldenen Ornamente unter dem langen Gebrauch des Gebetbuchs gelitten, aber auf die Arbeit mit Blattgold verstand sich mein Vater wie kein Zweiter. Als er fertig war, konnte man nicht mehr sehen, welche Partien alt und welche restauriert waren.

Elisabeth nahm das Buch und blätterte behutsam die Seiten um, voller Staunen darüber, wie fest und heil es sich anfasste. Überwältigt von Dankbarkeit legte die Tochter Peters des Großen Papa die Hand auf die Schulter, in ihren Augen schimmerten Tränen.

Mama machte sich die schönsten Hoffnungen. Wer sich im Dienst des Zaren auszeichnet, kann in der offiziellen Rangordnung des Reichs bis ganz nach oben aufsteigen, so etwas ist schon vorgekommen, versicherte sie uns. Wenn ein Bürgerlicher in den Rang eines Hofbeamten vierzehnter Klasse erhoben wurde, durfte er sich adelig nennen, und wenn ein solcher Staatsdiener die achte Klasse erreichte, wurde ihm sogar der erbliche Adel verliehen.

»Und dann?«, fragte ich.

»Eine Prinzessin bei Hof braucht immer schöne und kluge Mädchen, die ihr dienen, Barbara. Wenn du erst einmal im Winterpalast bist, ist nichts mehr unmöglich.«

Die kaiserliche Bibliothek war im Westflügel der Kunstkamera untergebracht, in der auch die Kuriositätensammlung Peters des Großen zur Schau gestellt wurde. Es gab dort Edelsteine und Fossilien zu bestaunen, Herbarien mit Pflanzen aus der Neuen Welt und eine Sammlung von anatomischen Präparaten, die allerlei monströse Missbildungen bei Mensch und Tier für die Nachwelt bewahrten. Der Zar hatte sie aus ganz Russland zusammentragen lassen.

»Ein Museum ist ein Tempel der Wissenschaften«, sagte mein Vater, »ein Licht, das die Dunkelheit erhellt, ein Ort, an dem man die unendliche Vielfalt des Lebens studieren kann.«

Denn Peter der Große hatte eine historische Mission, und zwar die, seinem Volk das Licht der Vernunft zu bringen. Es gab keinen bösen Blick, keinen Hexenzauber, der bewirkte, dass ein gesunder Fötus sich zu einem widernatürlich missgebildeten Wesen entwickelte, vielmehr galt, was der Zar auf eine Wand der Kunstkammer hatte schreiben lassen: *Der Schöpfer allein ist der Herr über alle Geschöpfe, nicht der Teufel.*

Unseren Dienstmädchen freilich war das Museum nicht geheuer, und sie bekreuzigten sich jedes Mal, wenn sie an den mächtigen Türen der Kunstkamera vorbeigingen. Ihnen graute vor diesen Räumen, in denen Augen von Toten auf die Lebenden starrten, wo – wie sie glaubten – in Alkohol eingelegte menschliche Körperteile darauf warteten, dass ihre rechtmäßigen Besitzer kamen, um sie zu holen und christlich zu bestatten, wie es sich gehörte.

Jahrelang fuhr mein Vater jeden Montagmorgen zur Kunstkamera, um die Bücher auszuwählen, die in dieser Woche restauriert werden sollten. Wenn er nach Hause kam, rochen seine Kleider nach Staub und Schimmel. Die Dienstmädchen weichten sie vor dem Waschen über Nacht ein, und trotzdem, behaupteten sie, verfärbte sich am nächsten Tag das Waschwasser schwarz. Ich sah, wie sie das Kreuzzeichen schlugen – mit drei Fingern, die linke Schulter zuerst, wie es bei den Orthodoxen üblich ist –, bevor sie die Kleider meines Vaters anfassten. »Vom Teufel ist noch nie etwas Gutes gekommen«, sagten sie.

»Machen dir diese grausigen Missgeburten keine Angst?«, fragte ich Papa einmal.

Er antwortete mit einer Gegenfrage: »Sind die nicht auch natürliche Wesen – wie kann irgendetwas auf der Welt *nicht* nach den Gesetzen der Schöpfung geschaffen sein?« Ich sah in seinen Augen etwas wie Enttäuschung aufflackern. »Du solltest das Wort Missgeburt niemals verwenden, Barbara.«

Das hat mir zu denken gegeben bis heute. Ich achte

auf Wörter, die unsere Gedanken lenken, unser Schicksal.

Eine *Zunge*.
Eine Informantin.
Eine Kaiserin.
Eine Spionin.

Sechs Jahre nach unserer Übersiedlung nach Sankt Petersburg starb Kaiserin Anna. Sie hatte den erst wenige Wochen alten Iwan VI. zu ihrem Nachfolger bestimmt und ihren deutschen Minister Biron zum Regenten. Die Garderegimenter waren damit nicht einverstanden: Intrigante Ausländer, so wurde gemurrt, rissen die Macht an sich und plünderten Russland aus. Was würden sie als Nächstes tun? Würden sie den orthodoxen Glauben unterdrücken? Schon bald ging die Regentschaft von Biron auf die Mutter des Säuglings Anna Leopoldowna über, doch die Klagen darüber, dass Fremde das Reich beherrschten, hörten nicht auf. Als ein Jahr später, am 25. November 1741, ein Garderegiment, an seiner Spitze Prinzessin Elisabeth, die einzige noch lebende Tochter Peters des Großen, den Winterpalast stürmte, jubelte ganz Russland. Es war höchste Zeit, so die allgemeine Meinung, dass endlich eine durch und durch russische Prinzessin das, was von ihrem Erbe noch übrig war, in Besitz nahm.

Sobald die Prinzessin an der Macht war, ließ sie

die deutschen Berater der gestürzten Regentin verbannen. Ein triumphierendes Dekret verkündete das Ende der »entwürdigenden Fremdherrschaft«. Ein weiterer Ukas verbot es, den Namen Iwans VI. zu nennen. Alle Münzen mit seinem Bildnis wurden eingeschmolzen. Jedem, der sich den Befehlen der neuen Herrscherin widersetzte, sollte die rechte Hand abgehauen werden. Im April 1742 wurde die Prinzessin, die meinen Vater gebeten hatte, ihr kostbares Gebetbuch neu zu binden, zur Kaiserin des Russischen Reichs gekrönt.

»Geh zu ihr«, drängte Mama meinen Vater. »Bring dich ihr in Erinnerung. Biete ihr deine Dienste an.«

Mein Vater zögerte. Er hatte nach dem Tod von Kaiserin Anna keine Aufträge mehr von der kaiserlichen Bibliothek erhalten, aber er war mittlerweile etabliert und hatte mit Arbeiten für private Kunden immer reichlich zu tun. »Es geht uns gut«, hörte ich ihn zu Mama sagen. »Wir sind glücklich und zufrieden, was willst du mehr?«

»Tu es für deine Tochter«, erwiderte sie. »Damit wir uns um ihre Zukunft keine Sorgen zu machen brauchen.«

Papa weigerte sich nicht, ihre Bitte zu erfüllen, aber er fand immer Gründe, die Sache aufzuschieben. Die Kaiserin wollte in wenigen Tagen eine Wallfahrt antreten. Es war Fastenzeit, und die Kaiserin war geschwächt. Es war kurz vor Ostern. Der Hof erwartete die Ankunft des Neffen der Kaiserin. Die Vorbereitungen für die Krönung waren in vollem Gange. Zu viele Bittsteller standen vor dem Audienzsaal Schlange.

Und dann, an einem schönen Morgen im April, als Mama in mein Schlafzimmer kam, um mich zu wecken, sah ich, wie sie die Hand auf ihren Bauch drückte und sich krümmte. »Es ist nicht so schlimm, Basieńka«, versicherte sie mir und zwang sich zu einem Lächeln. »Wahrscheinlich war eine von den Austern schlecht, die wir gegessen haben.« Sie hatte rote Flecken in den Augäpfeln.

»Es geht mir schon wieder besser«, sagte sie, als sie mir in das Kleid half, das das Mädchen zurechtgelegt hatte. »Beeil dich, Papa wartet auf uns.«

Unser Osterfest war vorbei, aber das der orthodoxen Kirche stand noch bevor; nach dem alten Kalender sollte es noch eine Woche dauern bis Karfreitag. Wir setzten uns an den Frühstückstisch, das russische Personal fastete.

An diesem Aprilmorgen roch es in der Küche nach frischem Kaffee und verbranntem Brot. Das Küchenmädchen hatte einen Laib auf die Herdplatte gelegt, um ihn zu wärmen, aber sie hatte ihn anbrennen lassen, und die Kruste der dicken Scheibe Brot auf meinem Teller war schwarz verkohlt. Papa meinte, ich sollte das Verbrannte mit dem Messer abkratzen. Ich tat es, aber das Brot schmeckte trotzdem bitter.

Nach dem Frühstück ging Papa hinunter in seine Werkstatt, und ich wartete darauf, dass Mama mich bat, ihr aus einem der französischen Romane, die sie so liebte, vorzulesen, während sie Stickarbeiten machte. Aber sie blieb stumm. Ein Schatten ging über ihr Gesicht. Sie stöhnte.

»Es ist nichts.« Sie brachte die Worte kaum heraus vor Schmerzen.

Ich erinnere mich an das leise Quietschen der Tür des Raums, in dem auf einem Regal Fläschchen mit Kräuteressenzen standen, alle ordentlich von meiner Mutter beschriftet. Ich erinnere mich an den scharfen Minzegeruch des Glasstöpsels, den meine Mutter mich zu halten bat. Sie zählte dreißig Tropfen ab, die den Zuckerwürfel in ihrer Hand grün verfärbten. Dann steckte sie den Zucker in den Mund, wartete eine Weile, bis er sich auflöste, und schluckte ihn hinunter. Sie zupfte das goldene Kettchen mit einem Medaillon der Jungfrau Maria um meinen Hals zurecht, dabei bemühte sie sich zu lächeln. Als sie mich ins Wohnzimmer führte, dachte ich daran, wie weich und warm ihre Hand sich anfühlte und dass ihre Finger genauso spitz zuliefen wie meine.

Sie sagte, sie müsse sich hinlegen, nur ganz kurz. Ich solle Papa nicht stören, er habe zu arbeiten. Wenn er nicht aufpasse, würde der Lehrling bestimmt alles verderben.

»Es lohnt sich auch gar nicht: Bevor am Mittag

die Kanone auf der Festung abgefeuert wird, werde ich mich schon wieder besser fühlen«, flüsterte sie. »Ich verspreche es dir.«

»Darf ich mich neben dich legen?«, fragte ich.

»Ja.« Sie machte Platz für mich auf dem Sofa. Offenbar sah sie mir an, wie verängstigt ich war, denn sie streichelte meine Wange und ließ mich schwören, dass ich mir keine Sorgen machen würde. Ich war fünfzehn und wusste noch nichts von Versprechen, die nicht zu halten waren, von schlotternder Angst, die sich nicht vertreiben ließ.

Gegen Abend starb sie.

In den Tagen danach wankte ich durch die schweigenden Räume, voller Schrecken und Verzweiflung. Nichts als Stille war zu hören, aber ich war besessen von dem Gedanken, ich könnte Mama immer noch zu fassen bekommen, wenn ich mich beeilte. Manchmal spürte ich ihre Gegenwart, ihren seidigen Kuss, einen zärtlichen Händedruck. »Ich muss dir noch etwas sagen, Basieńka«, raunte ihre sanfte Stimme. »Etwas Wichtiges. Etwas, das du wissen musst.«

Ich drehte mich nicht nach der Stimme um, ich wollte nicht sehen, dass da nichts war.

In den langen leeren Tagen nach Mamas Tod lernte ich das Lauschen.

»Nimm sie dir«, hörte ich ein Dienstmädchen zu einem anderen sagen. Sie zeigte auf ein Paar mit Rosen bestickte Seidenstrümpfe, die meiner Mutter gehört hatten. »Der Herr merkt es nicht.«

In den Ecken sammelten sich Staubflusen, während Mädchen miteinander schwatzten, als wäre ich gar nicht da. Auf der Straße sah ich eine Frau, die eine Haube und eine Schärpe meiner Mutter trug. Auch zwei silberne Krüge fehlten.

Vor Kindern nehmen sich die Leute weniger in Acht. Sie lassen verräterische Hinweise fallen, die wie die Brotkrumen im Märchen den Weg weisen. Manchmal flüstern sie, aber ich hatte schon immer ein ausgezeichnetes Gehör. Manchmal wechseln sie die Sprache, aber in Fremdsprachen war ich schon immer gut.

»Was soll das bringen?«, sagte Papa, als ich ihn bat, den Schrank des Dienstmädchens zu durchsuchen. »Deine Mutter wird davon nicht wieder lebendig.«

Das Mädchen, das sich die Seidenstrümpfe genommen hatte, war die Erste, die krank wurde. Sie klagte über Bauchschmerzen, und ihr Gesicht war feuerrot vom Fieber. »Ich hab es schon immer gesagt: Es kommt nichts Gutes dabei raus, wenn man sich mit Ausländern einlässt«, murmelte ihr Vater, als er mit einem Karren kam, um ihre Leiche abzuholen. Bevor er ging, spuckte er aus und schüttelte drohend die Faust. Das nächste Opfer war der Lehrling des Metzgers in unserer Straße: Als er am Morgen aufwachte, war sein ganzer Rücken von einem Ausschlag wund, als hätten ihn nachts Dämonen gegeißelt.

Es sei alles unsere Schuld, hörte ich in den folgenden Tagen immer wieder Leute sagen. Die giftig zischelnden Stimmen verfolgten mich auf Schritt und Tritt, in der Küche, im Schlafzimmer, im Garten.

Wir waren Fremde, Katholiken, Polen. Wir ernährten uns nicht von vergammeltem Fleisch und Biberschwänzen, wie es andere Ausländer angeblich taten, aber das änderte nichts an der Tatsache, dass wir angeblich Böses im Schilde führten. Wir waren mit dem tückischen Vorsatz in dieses Land gekommen, die Russen zu unserem lateinischen Glauben zu bekehren.

Die Dienstmädchen erinnerten an die Sünden meiner Mutter. Hatte sie nicht gesagt, es sei nichts Schlimmes dabei, wenn man das Antlitz Gottes auf Bildern darstellte? Hatte sie nicht mich zurechtgewiesen, als ich mich gedankenlos auf die orthodoxe Art bekreuzigt hatte mit drei Fingern, zuerst die linke Schulter, dann die rechte? Kein Wunder, dass sie so plötzlich gestorben war. »Kaum hat sie die Hand nach dem Brot ausgestreckt, da hat es sie getroffen«, hörte ich die Mädchen flüstern. »Natürlich – an *unserem* Fastentag!«

Ich weiß nicht mehr genau, wann ich das Wort *Cholera* zum ersten Mal hörte, aber plötzlich war es in aller Munde. Ein tückisches, bedrohliches Wort, das einen Kreis um Papa und mich zog, eine Grenzlinie, die kaum mehr jemand zu überschreiten wagte. Bevor die Köchin das Haus verließ, bat sie mich, ihren noch ausstehenden Lohn ihrem Schwager zukommen zu lassen. Am selben Tag packte der Kutscher seine Sachen und ging davon. Zwei Dienstmädchen folgten seinem Beispiel. Dann verschwand der älteste und tüchtigste von Papas Lehrlingen. Lieferanten kamen nicht mehr ins Haus, sondern legten ihre Ware auf den Eingangsstufen ab. Bekannte wechselten die Straßenseite, sobald sie uns sahen. Viele Kunden sprangen ab, und so musste mein Vater bald den letzten noch verbliebenen Lehrling entlassen.

»Die Leute haben eben Angst«, sagte Papa. »Wir müssen es durchstehen, Barbara. Es wird vorbeigehen.«

Ich versuchte ihm zu glauben.

Allen Prophezeiungen der Dienstmädchen zum Trotz verschonte uns die Cholera, und die Krankheit entwickelte sich nicht zu einer Epidemie. Niemand starb mehr in den folgenden Wochen. Der Sommer kam, und die Leute redeten wieder von anderen Dingen, aber unsere Lage besserte sich nicht. Da wir uns keine Hauslehrer mehr leisten konnten, unterrichtete mich jetzt mein Vater: Er ließ mich, während er arbeitete, aus seinen deutschen Fachbüchern vorlesen und korrigierte meine Aussprache. Die Texte waren ermüdend – es wurden darin etwa Präzisionswerkzeuge oder die Unterschiede zwischen Ledersorten und -qualitäten beschrieben –, aber ich beklagte mich nicht. Wenn ich mit meiner Lektion fertig war, brachte er mir Buchführung bei, und ich war froh darüber, etwas zu lernen, das mich in die Lage versetzte, mich nützlich zu machen.

»Ein paar schlechte Monate noch, dann geht es wieder aufwärts«, sagte er immer, wenn ich die spärlichen Einkünfte zusammengezählt hatte. Am Abend, wenn er seine heiße Milch mit Honig und zerlaufener Butter, garniert mit ein bisschen zerquetschtem Knoblauch, trank, versicherte er mir, er werde bald wieder auf die Füße kommen, schließlich wusste jeder, dass er sein Handwerk verstand, oder nicht? Die neue Kaiserin war eine Tochter Peters des Großen. Bald würden in Russland Bücher wieder etwas Wichtiges sein.

Eines Morgens im Oktober, nachdem ich meine tägliche Deutschlektion hinter mich gebracht hatte, sah ich meinem Vater zu, wie er, schweigend über seinen Arbeitstisch gebeugt, mit Blattgold den Rückentitel auf einem Einband anbrachte. Er hatte mich schon öfter auf die Schattenlinien beiderseits des gerundeten Buchrückens aufmerksam gemacht. Die Schrift durfte nicht über diese Linien hinausreichen, sonst platzte das Gold ab, sobald das Buch einige Male aufgeklappt worden war.

»Ich war im Winterpalast«, sagte Papa plötzlich. Er machte eine kleine Pause, bevor er fortfuhr. »Wie deine Mutter es wollte.«

Ich hielt den Atem an.

»Es waren viele Bittsteller da. Ich musste stundenlang anstehen, bevor ich zur Audienz vorgelassen wurde. Ich habe dir nichts davon erzählt, weil ich nicht wusste, ob es überhaupt etwas bringt. Aber deine Mutter hatte recht: Die Kaiserin hatte nicht vergessen, dass ich damals, als sie noch eine Prinzessin war, dieses Gebetbuch restauriert habe.«

Er erzählte Elisabeth von Mamas Tod und wie die Cholera sein Geschäft ruiniert hatte, sodass mittlerweile fast all seine Rücklagen aufgezehrt waren. »Aber das hat meinen Mut nicht gebrochen, Majestät, und auch nicht meinen Glauben an Russland.«

Das gefiel der neuen Kaiserin. Es freute sie so sehr, dass sie den Hof-Fourier anwies, meinem Vater die Hofjournale zum Binden zu schicken. Und sie hatte ihn nach mir gefragt.

»Bringen Sie Ihre Tochter her, ich möchte sie sehen«, hatte sie gesagt.

Mein Vater wandte sich ab, als er mir das erzählte, darum konnte ich seinen Gesichtsausdruck nicht sehen, aber seine Bewegungen waren unnatürlich langsam und verhalten.

Ich erinnere mich noch an den Titel des Buchs, an dem mein Vater arbeitete. Es waren *Die Annalen und die Historien* des Tacitus. Es war das einzige Mal, dass ich ihn gegen die Regel verstoßen sah, derzufolge die Schrift nicht über die Schattenlinien hinausreichen durfte.

Mitte November, sieben Monate nach dem Tod meiner Mutter, fuhr ich mit meinem Vater zum kaiserlichen Hof. Es war ein düsterer Tag, verschleiert von feuchtem Dunst und vom Rauch der Kamine. Die Kutsche fuhr über die Isaaksbrücke, eine Pontonbrücke, die alljährlich Ende Dezember durch die Eisbahn über die Newa ersetzt wurde. Ich schmiegte mich an meinen Vater und stellte mir vor, wie die Kaiserin mir lächelnd die Hand zum Kuss hinstrecken würde. Die Pelzdecke über unseren Knien roch leicht nach Birkenteer und Kwass. Bevor wir ausstiegen, nahm mein Vater mich auf seinen Schoß und küsste mich auf die Stirn. Er sagte, er wolle meine Zukunft sichern für den Fall, dass ihn Gott ebenso wie meine Mutter plötzlich zu sich riefe.

»Du hast niemanden, der für dich sorgt, außer mir. Ich kann nicht mehr ruhig schlafen, wenn ich daran denke, dass ich sterben könnte und dich alleinlassen müsste«, sagte er leise.

Er hielt mich ganz fest. Er roch anders als sonst, nicht nach Essig und Leim, sondern nach Eau de Cologne und Schnupftabak.

Kaiserin Elisabeth. Ich musste an die Engel denken, als ich sie zum ersten Mal sah, an lichtumflutete Boten Gottes, die ihre Flügel schützend über heimatlose Kinder ausbreiten und sie in Sicherheit bringen. Sie trug ein silbern schimmerndes Kleid, der Duft von Orangenblüten und Jasmin umwehte sie.

»Komm her, mein Kind«, sagte sie freundlich.

Ich zögerte. Einem Engel nähert man sich nicht ohne Furcht.

»Geh schon.« Ich spürte die Hand meines Vaters im Rücken, die mich mit sanftem Druck vorwärts schubste.

Zögerlich trat ich auf die Kaiserin des Russischen Reichs zu, den gesenkten Blick starr auf den mit Gold und Perlen bestickten Saum ihres Rocks gerichtet. Ich betete, dass mein Knicks, den ich tagelang geübt hatte, nicht verriet, wie unwohl mir war.

Die Kaiserin fasste mir unters Kinn und hob es etwas an, sodass ich ihr direkt in die Augen sah. »Was für ein hübsches Lächeln«, murmelte sie.

Ich fühlte ihre Finger auf meinen Wangen, eine sanfte Liebkosung. Ich ließ mich von ihren Worten einhüllen, wie von der Wärme der blau-weißen Kachelöfen, die im Saal standen. Mein Vater hatte mir gesagt, die Kaiserin habe ein gutes Herz, auch sie wisse, wie es ist, wenn man seine Mutter verloren hat und mit Angst in die Zukunft blickt. Hatte sie nicht den verwaisten Sohn ihrer Schwester an den Hof geholt und ihn zum Kronprinzen gemacht?

»Wie heißt du, mein Kind?«

»Barbara«, sagte ich.

»Warwara Nikolajewna, Euer Hoheit«, verbesserte mein Vater. Es war die russische Form meines Namens, kombiniert mit dem Vatersnamen.

»Dein Vater hat mich gebeten, dich in meine Obhut zu nehmen, falls er stirbt, Warwara. Willst du das auch?«

»Ja, Euer Hoheit.«

»Schön.« Die Kaiserin sah meinen Vater an und tupfte ihm mit ihrem zusammengefalteten Fächer auf die Schulter. »Ich werde gut auf sie achtgeben, das verspreche ich Ihnen.«

Mein Vater stand etwas gebeugt und bewegungslos da, während die Kaiserin davonschritt, umringt von Höflingen, die ihre Güte priesen. Er senkte den Blick, als einige vor mir stehenblieben und mich durch ihre Monokel musterten wie einen Vogel im Käfig. Seine Hand drückte die meine; sie war kalt und verschwitzt.

Ahnte er, wie es mir ergehen würde?

Ich stand stumm und zitternd da, bis der letzte Höfling weg war und die vergoldeten Türen geschlossen wurden. Ich hätte gerne gewusst, wer von all den feinen Herrschaften der Großfürst Peter war, aber ich wagte nicht zu fragen.

Es begann zu schneien, als wir den Palast verließen. Die Kutsche wartete auf uns, der Kutscher begrüßte uns mit einem breiten Grinsen. Sein Atem stank nach Wodka. Am Ufer der Newa spielte der Wind mit losem Kehricht, einem kaputten Strohhut und einem Fetzen Sackleinwand.

Eine Gruppe Sträflinge mit kahlrasierten Schädeln, immer zwei aneinandergekettet, wurde am Fluss entlanggetrieben. Viele hatten aufgeschlitzte Nasenflügel, einigen, die wie Tataren aussahen, fehlte die Nase oder ein Ohr. Die weichen, nassen Schneeflocken fielen immer dichter, die kahlen Köpfe wurden weiß.

Unsere Kutsche bog zur Isaaksbrücke ab.

Jetzt, nachdem ich den Palast von innen gesehen hatte, kam mir die Pelzdecke noch schäbiger vor und der Kwassgeruch noch aufdringlicher.

»Das bedeutet nicht, dass ich bald sterben werde, Barbara«, sagte mein Vater. »Ich will nur für den schlimmsten Fall vorsorgen.«

An diesem Punkt begann ich zu weinen.

Ich war nicht dabei, als Papa starb. Eines Abends Ende Dezember schob er seine Schüssel *Kascha* mit saurer Sahne von sich weg. Er hatte keinen Appetit. Nur seine übliche heiße Milch wollte er haben – er würde sie in seinem Schlafzimmer trinken, sagte er.

Hinter uns lag unser erstes Weihnachten ohne Mama, nichts als Scherben, die kein Ganzes ergaben, ein übervoller Teller, ein Schuh, der nicht passte, ein leerer Stuhl. Ein erstickendes Gefühl von Leere überkam mich jedes Mal, wenn ich mir eingestehen musste, dass selbst die Schals in Mamas Schrank nur noch nach trockenem Rosmarin rochen.

Nur noch wenige Tage bis zum neuen Jahr, zu dem Jahr, in dem ich sechzehn werden und kein Kind mehr sein würde.

Ich hörte das neue Dienstmädchen, das mit Papas Milch nach oben gegangen war, entsetzt aufschreien und stürzte hinauf. Sie ließ mich nicht ins Zimmer, sondern machte das Kreuzzeichen über meinem Kopf und umschlang mich mit ihren Armen, dabei murmelte sie Gebete, Beschwörungen des Schicksals, ebenso vergeblich wie jede Hoffnung. In ihrer Schürze hing noch der Duft der Weihnachtsbäckerei, von Rosinen, Vanille und Nelken.

»Ruf euren Priester, Warwara«, sagte sie und verstellte mir den Weg zur Tür. »Um Gottes willen, schnell, lass den Priester holen.«

Ich stieß sie weg.

Als der katholische Priester, begleitet von einem Ministranten, kam, lag Papa auf seinem Bett, das Gesicht bleich und starr. Seine Fingerspitzen waren unnatürlich gerötet, als hätte er sie im Sterben wundgescheuert. Auf dem Tisch lag ein Blatt Papier mit Notizen in seiner Handschrift, daneben eine Schreibfeder, deren Spitze abgeknickt war.

»Ihm ist das Herz gebrochen«, sagte der Priester. Ich stellte mir das Herz meines Vaters vor, lauter ganz feine scharfe Splitter, durchsichtig wie Glas.

Das Blatt Papier enthielt keine Botschaft an mich. Er hatte nur aufgeschrieben, was am nächsten Tag alles zu erledigen war. Es hatte sich herumgesprochen, dass die Kaiserin ihm wohlgesonnen war, und es waren neue Aufträge hereingekommen. Er hatte notiert, dass er Leim bestellen musste, Werkzeuge mussten repariert, Messer geschliffen werden. Die Spitze des Polierstahls, den er am liebsten benutzte, war abgebrochen. Man musste einen anderen Platz finden, um das Leder zu lagern; er hatte Spuren von Schimmel auf einem Stück Schweinsleder entdeckt. *Zum Fetten der Oberflächen am besten Mandelöl verwenden*, hatte er geschrieben.

Der Priester kniete nieder und stimmte das Totengebet an. Auch ich fiel auf die Knie. *Wieczne odpoczywanie*, versuchte ich zu sagen, Herr, gib ihm die ewige Ruhe, aber mir blieben die Worte im Hals stecken.

Es ist alles sinnlos, dachte ich. An diesem dunklen Dezemberabend gab es nur Schweigen und Tränen.

Die neuen Aufträge hatten nicht genug Geld eingebracht, die Schulden zu decken, sagte man mir. Unser Haus und das Inventar der Werkstatt wurden versteigert. Ich sah zu, wie ein Käufer den Lieblingsteppich meiner Mutter zusammenrollte und wegtrug, wie ein anderer die Bücher meines Vaters in Kisten packte und auf einen Wagen lud. Am Ende blieben mir nur ein kleines Bündel Kleider und ein paar Rubel.

Die Kaiserin hat versprochen, sich um mich zu kümmern, dachte ich.

Im Februar 1743, in der kältesten Zeit des Jahres, begann mein neues Leben. Ein Lakai mit sauer riechendem Atem holte mich ab, brachte mich zum Winterpalast und ließ mich in einem zugigen Flur gleich hinter dem Dienstboteneingang allein. Ich solle warten, sagte er. Niemand nahm Notiz von mir, nur eine Katze, die um meine Knöchel strich. Dienstboten huschten vorbei, sie wirkten gehetzt und verängstigt. Ich hörte klatschende Schläge und Verwünschungen, eilige Schritte trippelten irgendwo auf Hintertreppen. Es war eisig kalt und ich fühlte die Angst wie einen Kloß im Hals.

Ich machte mich ganz klein und wartete.

Es dämmerte schon, als eine silberblonde Frau auftauchte. Ihr Kleid war aus schwerem Stoff und offenbar warm, denn eine Wolke von Schweißgeruch wehte mir in die Nase. Sie warf mir einen gereizten Blick zu und verscheuchte die Katze. Nichts als Ärger hat man mit diesen Tieren, klagte sie, Dreck an den Türen, verschmierte Fensterscheiben, Haare auf den Sofas. Ihr deutscher Akzent verlieh ihren Worten etwas Scharfes, Feindseliges.

»Ich bin Warwara Nikolajewna«, wagte ich zu sagen. »Die Kaiserin hat mich herbestellt.«

Die dunklen Augenbrauen der Frau zogen sich zusammen. »Ich weiß, wer du bist«, fauchte sie mit einem verächtlichen Lächeln. Sie hatte ein Schildkrötengesicht, viel zu klein im Verhältnis zu dem massigen Körper. Später sollte ich erfahren, wer sie war: Madame Kluge, die erste Kammerfrau.

»Komm mit«, befahl sie, und ich folgte ihr, mein Bündel im Arm. Die Dielen unter meinen Füßen waren abgetreten, in den Wandvertäfelungen klafften Risse, in den Ecken sammelten sich Staubflusen. Ich kam mir vor wie eine Fliege, die noch ein paar Schrittchen machen darf, bevor die Klatsche auf sie niedersaust.

Wir hatten nicht weit zu gehen. In der Küche bekam ich einen Teller dünne Suppe und eine Blechtasse Kwass. Ich musste mich mit dem Essen beeilen, denn Madame Kluge hatte es eilig. Ich schwieg, denn ganz offensichtlich interessierte es Madame Kluge nicht, was ich zu sagen hatte. Als ich fertig war, führte sie mich zu meiner Unterkunft im Dienstbotentrakt, die ich mit sechzehn anderen Mädchen teilen sollte. Es roch nach Nachttöpfen und Schimmel. Mäuse huschten unter den Betten umher, versteckten sich in den Schuhen, die dort standen. Die Katzen der Kaiserin, sagte man mir, waren zu gut genährt, um zu jagen.

»Morgen Vormittag hole ich dich ab. Ich erwarte, dass du bereit bist«, sagte Madame Kluge und ging fort.

Ich setzte mich auf das einzige leere Bett im Raum. Es war hart und schmal. Ich küsste das Medaillon mit dem Bild der Jungfrau, das meine Mutter mir geschenkt hatte. Die anderen Mädchen warfen mir neugierige Blicke zu, aber dann bekreuzigte ich mich, und da sahen sie, dass ich eine Ausländerin war, und behandelten mich von da an wie Luft.

Ich schlief schlecht, immer die Geräusche um mich herum im Ohr, das Zähneknirschen und Stöhnen, das Fauchen des Windes, der gegen die überfrorenen Fensterscheiben schlug. Es war eisig kalt. Einmal fuhr ich in panischem Schrecken hoch, weil ich eine tastende Hand fühlte, die sich unter meine Bettdecke gestohlen hatte. Mit wild klopfendem Herzen saß ich eine Weile da und starrte ins Dunkel, aber die anderen schienen alle tief und fest zu schlafen. Das Mädchen neben mir ächzte leise.

Als ich endlich wieder einschlief, kam meine Mutter zu mir und strich mit etwas Warmem und Feuchtem über meine Hand. »Gehen wir, Basieńka, die Kaiserin erwartet dich«, sagte sie, und ich folgte ihrer gespenstisch schimmernden Gestalt durchs Dunkel.

Am Morgen, als ich mich unbeobachtet glaubte, versteckte ich mein Geld unter einer losen Bodendiele neben meinem Bett. Als ich am Abend wieder nachschaute, fand ich in dem Versteck nur noch den Lappen vor, in dem die Münzen eingewickelt gewesen waren; mein Erbe war gestohlen.

Wie angekündigt erschien Madame Kluge am Vormittag. Sie hatte eine Beschäftigung für mich gefunden, in der Kleiderkammer. Meine Mutter hatte mir doch wohl zumindest das Nähen beigebracht, hoffte sie.

Sie wartete nicht auf eine Antwort.

Ich ging hinter ihr her, während sie ohne Unterlass vor sich hin schimpfte. Sie wisse schon, mit wem sie es zu tun habe: streunende Katzen, die den ganzen lieben Tag lang nur Sahne schlecken wollten. Die Leute setzten jede Menge Kinder in die Welt und überließen es den anderen, sich um die Bälger zu kümmern. Überall Schmarotzer, die auf das gute Herz der Kaiserin spekulierten. Die Sorte glaubt, das Geld wächst auf den Bäumen und man braucht nur den Mund aufzusperren, dann kommen die gebratenen Tauben angeflogen.

In der Nähstube wies mir Madame Kluge Arbeit an. »Mach dich nützlich. Ich will keine Klagen über dich hören.«

Meine Stickkünste fanden keine Gnade. Meine Stiche sahen unordentlich aus, und ich verwechselte die Farben. Meine Mutter hatte mich schlecht erzogen, bekam ich zu hören. Dann musste ich Knöpfe sortieren und annähen, aber ich tat mich schon beim Einfädeln schwer, und die Knöpfe hielten nicht.

Man sagte mir, was ich zu tun hatte, aber darüber hinaus redete niemand mit mir. Die anderen Näherinnen arbeiteten flink und geschickt und plauderten dabei über den neuen Kronprinzen. Sie bedauerten den armen Jungen, der ohne Mutterliebe aufwachsen musste. Er sei klug und freundlich, hörte ich, habe ein gutes Namensgedächtnis und könne sich jede Melodie merken, die er einmal gehört habe. Er sei erst ein Jahr hier und spreche schon so gut russisch, dass er Befehle geben und verstehen könne, was die Leute sagten. Peter Fjodorowitsch passe so viel besser zu ihm als sein alter deutscher Name Karl Ulrich. Er mochte gerne Blini und Störsuppe, auch Kascha und Pilze aß er gern. Der Enkel Peters des Großen gedieh ganz prächtig, seit er hier war.

Jetzt, da Russland einen Thronerben hatte, würde es sicher viele Feste und Maskenbälle geben, meinten die Näherinnen. Sie würden alle Hände voll zu tun haben mit der Garderobe der Kaiserin.

Wenn ich einen Vormittag lang gearbeitet hatte, waren meine Füße gefühllos vor Kälte und meine Finger zerstochen. Zum Mittagessen bekam ich eine Scheibe Schwarzbrot mit etwas dünnem Tee.

»Ist das alles, was du geleistet hast?« Madame Kluge hob das Kleid, an dem ich gearbeitet hatte, hoch und schwenkte es wie eine Fahne. Spöttisches Kichern erhob sich im Raum.

Ich senkte den Kopf und weinte stumm. Madame Kluge hielt mir ein Messer hin und sah zu, wie ich die Knöpfe wieder abschnitt, die ich angenäht hatte. Das Abendessen sei gestrichen, sagte sie, ich verdiente keine ordentliche Mahlzeit, solange ich nicht gelernt hätte, ordentlich zu arbeiten.

Auf dem Weg zurück in den Schlafsaal sah ich durch ein Fenster, auf dem Eisblumen glitzerten, hinaus ins Freie. Ein von einem Maultier gezogener Karren mit einer Ladung Fleisch machte gerade einem prächtigen Schlitten Platz, der vor dem Palast vorfuhr. Ein junger Mann stieg aus und schritt eilig auf den Eingang zu. Ich überlegte, ob es vielleicht der Kronprinz war, aber es war niemand da, den ich hätte fragen können.

Ich dachte an Körbe voller Knöpfe, an endlose Reihen von großen Lederkoffern, in denen all die prächtigen Kleider der Kaiserin in ihren seidenen Hüllen lagen, Kleider, die ich nie auch nur anfassen durfte. Ich dachte an die Fältchen um Madame Kluges dünne Lippen, an ihre keifende Stimme, an den Tropfen eitriger Flüssigkeit, die sich in ihrem rechten Augenwinkel sammelte.

Ich legte mich in das schmale Bett. Mein Magen knurrte, ich drückte mit den Fingerspitzen auf meinen Bauch. Eine der Palastkatzen spazierte durch den Raum, ohne mich eines Blickes zu würdigen. Dann muss ich eingeschlafen sein, denn ich träumte: Ich aß dampfende Klöße von einem Teller, so groß wie der Mond.

Wenn die Kaiserin in der Nacht fror, so behaupteten die Näherinnen, ließ sie zwanzig Mann der Palastgarde in ihr Schlafzimmer kommen, die mit ihrem Atem die Luft wärmten.

Wenn sie einen Maskenball veranstaltete, mussten alle Frauen sich als Männer verkleiden, und die Männer trugen Reifröcke und Damenschuhe mit hohen Absätzen. Und keine einzige der Hofdamen tanzte so anmutig übers Parkett wie Ihre Hoheit auf ihren wohlgeformten Beinen.

Und die Näherinnen klatschten, während sie einfädelten oder Rüschen aus Satin und Spitze rafften, darüber, was aus dem hübschen Kadetten werden würde, der in einem Theaterstück bei Hof eine Schlange gespielt hatte. Die Kaiserin, so hieß es, hatte sich zweimal nach ihm erkundigt. Die Katzen, die bei ihr auf dem Bett schliefen, trugen Samtjäckchen und Hüte, sie speisten gebratene Hähnchenbrust und tranken Milch aus silbernen Schälchen.

Ich konzentrierte mich auf die Saumnaht, die man mir aufgetragen hatte, aber auch diese Arbeit missriet: Die Stiche waren zu lang, und ich musste alles wieder auftrennen. Der schwere Stoff rutschte von meinem Schoß auf den Boden und wurde staubig. Wieder ein Beweis dafür, wie ungeschickt ich war.

Und ich arbeitete zu langsam, viel zu langsam.

»Tu einfach, was man dir gesagt hat«, bekam ich zu hören, wenn ich mich zu verteidigen versuchte, »und spar dir deine frechen Ausreden.«

Das ist alles, was du hier zu erwarten hast, dachte

ich verbittert. Nur nicht auffallen, duck dich, mach dich so klein, dass sie deine Gegenwart gar nicht bemerken. Sie wollen, dass du verschwindest, dass du zu einem Häufchen Staub zerfällst, das man zusammenfegt und spurlos beseitigt, ohne einen Gedanken darauf zu verschwenden.

Wenn du erst einmal im Winterpalast bist, ist nichts mehr unmöglich. Jetzt quälten mich diese Worte meiner Mutter. Das Streben nach etwas Höherem und Besserem war kein eitler Luxus, es war das Einzige, was mich davor bewahrte, unsichtbar zu werden.

Jeden Morgen kleidete die Kammerfrau eine Anzahl hölzerner Puppen ähnlich denen an, die Kaufleute benutzen, um Textilien in ihren Fenstern auszustellen, und brachte sie ins Schlafzimmer der Kaiserin. Anhand dieser Modelle entschied dann Elisabeth, was sie an diesem Tag oder auch zu einem festlichen Anlass am Abend tragen wollte.

Ich dachte an die ehrgeizigen Hoffnungen meiner Mutter. Ich dachte an das, was die Kaiserin meinem Vater versprochen hatte.

Ich nahm allen Mut zusammen und bat Madame Kluge, die Zarin an meine Existenz zu erinnern, wenn sie ihr am Morgen die Puppen vorführte. Ich könnte ihr auf Französisch und auf Deutsch vorlesen, ich hatte eine angenehme und klare Stimme. Ich konnte auch singen. Ich war ungeschickt beim Nähen, aber ich hatte eine schöne, saubere Handschrift. Könnte sie nicht die Kaiserin bitten, mich in ihren Dienst zu nehmen?

Madame Kluge ließ mich gar nicht erst ausreden. Ich sah, wie sie ausholte, und dann spürte ich den Schmerz, als ihre Hand meine Wange traf.

»Du bist ein *Nichts*, Mädchen, und ein Nichts wirst du immer bleiben.«

Ich wartete nicht, dass sie noch einmal zuschlug, sondern wich zurück, setzte mich wieder an meinen Platz und arbeitete weiter. Mein Gesicht brannte, und dann stach ich mir auch noch in den Finger.

Hinter mir hörte ich die anderen Mädchen murren. Als ob die Kaiserin besonderen Wert auf Lesen und Schreiben legte! Und selbst wenn, dann würde sie bestimmt nicht die Dienste einer dahergelaufenen Polin in Anspruch nehmen.

Ich spürte, wie mein Herz sich zusammenkrampfte. Ich war intelligenter als Madame Kluge und alle diese Mädchen, die jetzt über mich lachten. Ich stellte mir vor, dass die Kaiserin hereinkäme und mich über ihr Kleid gebeugt sähe. So schön wie an dem Tag, als ich ihr gegenüberstand, duftend nach Orangenblüten, eine Feder im gepuderten Haar.

»Was machst du hier, Warwara Nikolajewna?«, würde sie fragen. »Wieso hat dich niemand zu mir gebracht? Welche Idiotin hat dich in diese Nähstube gesteckt?«

Im Geist sah ich, wie Madame Kluge sich wand, wie sie Entschuldigungen stammelte und um Vergebung bat und wie die Kaiserin ihr barsch das Wort abschnitt. »Sie ist mein Mündel, und ich werde für sie sorgen, wie ich es ihrem Vater versprochen habe.«

Madame Kluge würde leichenblass den Blick senken, und dann würde ihr Schildkrötengesicht rot anlaufen vor Schreck, wenn die Kaiserin ihr befahl, ihr aus den Augen zu gehen.

Mein eigenes Schicksal würde sich wenden. Ich würde seidene Kleider mit weiten Ärmeln tragen, die meine schlanken Hände betonten. Ich würde in der Kammer direkt neben dem kaiserlichen Schlafgemach schlafen. Nie wieder würde mich jemand wie Luft behandeln.

Wochen vergingen, und ich war mehr denn je ein Fremdkörper in meiner Umgebung. Meine zerstochenen Finger heilten nie, die Schultern taten mir weh von der gebeugten Haltung. Andere Näherinnen wurden für ihre Arbeit gelobt, von meinen Anstrengungen nahm nie jemand Notiz. Jedes Mal, wenn Madame Kluge mich sah, lächelte sie nur höhnisch.

Ich bekam jeden Tag einen Napf voll Kascha mit etwas dünner Soße, sodass ich keinen Hunger litt, und ich hatte ein Dach über dem Kopf, aber das tröstete mich nicht. Ich war eine Waise, fremden Leuten ausgeliefert, die mich von der Kaiserin fernhielten.

Wenn ich nur eine Möglichkeit fände, so dachte ich, mit ihr zu sprechen, sie daran zu erinnern, wer ich war und was sie meinem Vater versprochen hatte, so würde alles gut werden.

Eines Tages im April schrieb ich mit dem Mut der Verzweiflung einen Brief an die Kaiserin. Ich machte ihn mit einer Stecknadel an einem Ballkleid einer der Kleiderpuppen fest und deckte einen Schal darüber. In dem Schreiben erwähnte ich das Gebetbuch, das mein Vater für Ihre kaiserliche Hoheit restauriert hatte, und erinnerte sie an ihr Versprechen, sich um mich zu kümmern. *Ich denke Tag und Nacht an den Tag, als Eure Majestät mein Gesicht berührte*, schrieb ich.

Als Madame Kluge zurückkam, hielt sie tückisch grinsend das Blatt Papier in der Hand. Sie zwang mich, den Brief unter dem höhnischen Gelächter der anderen Mädchen vorzulesen. Am meisten amüsierte sie die Passage über meinen Vater: ... *ein wahrhaft begnadeter Künstler und ein Mann, der immer an die große russische Seele geglaubt hat.*

»Große Reden schwingen, das ist deine Stärke, nicht?« Sie verzog verächtlich das Gesicht, dann zerriss sie das Blatt in kleine Fetzen.

Ich sagte nichts.

»Abschaum bist du und wirst du immer bleiben«, zischte sie. Wenn ich so weitermachte, würde ich auf der Straße landen und dort Pferdeäpfel einsammeln. »Was dein Vater, dieser berühmte Künstler, jetzt auch tun müsste, wenn er sich nicht so frühzeitig aus der Welt davongemacht hätte.«

Ich schaffte es nicht, den blanken Hass in meinen Augen zu verbergen.

Madame Kluge zog ihre Reitpeitsche hervor und hieb sie mir auf die Schienbeine, und dann noch einmal. Ein sengender Schmerz durchfuhr mich. Ich sah die Striemen auf der Haut, zuerst weiß, dann rot.

Ich biss die Zähne zusammen und schwor mir, nie wieder zu weinen.

Ich schlief schlecht in den folgenden Wochen. Lange vor der Dämmerung wachte ich auf und fand keine Ruhe mehr. Dann schlich ich mich aus dem eisig kalten Schlafsaal und streunte durch die Korridore wie eine der Palastkatzen. Die Kaiserin, so hatte ich gehört, schlief wenig. Vielleicht hatte ich ja Glück, und sie oder der Großfürst lief mir auf einem meiner nächtlichen Streifzüge über den Weg? Er hatte an dem Mohren, den seine Tante ihm geschenkt hatte, Gefallen gefunden und ihn zu seinem Adjutanten gemacht. Konnte ich nicht genauso gut sein Interesse erregen? Ich brauchte ja nichts weiter als eine Chance, mich der Kaiserin in Erinnerung zu bringen.

Zuerst schlich ich mich, angelockt von den Gerüchen ausgesuchter Delikatessen, die wir Dienstboten nie zu kosten bekamen, in die Palastküche, aber in den Vorratsräumen lagen immer nur Unmengen von billigen Talgkerzen offen in den Regalen, die Lebensmittel waren alle weggesperrt. Manchmal wurde ich von Palastwachen angehalten, die mich fragten, wo ich hinwollte oder herkäme, und dann sah ich ihnen selbstsicher in die Augen und gab ihnen eine schnippische Antwort, zum Beispiel, dass sie doch wohl nicht im Ernst von mir erwarteten, ich würde die Geheimnisse meiner Herrin ausplaudern. Einige von den Jüngeren nutzten die Gelegenheit zu dem Versuch, einen Kuss von mir zu erhaschen, aber ich schlüpfte flink an ihnen vorbei, und ihre grabschenden Hände griffen ins Leere.

Der Kaiserin begegnete ich nie, dafür entdeckte ich Säle, wo die Tische mit Tüchern abgedeckt waren und wo Schränke voller merkwürdig aussehender Musikinstrumente standen, Räume, vollgestellt mit ausgemusterten Möbeln und Bildern. In einer dieser Rumpelkammern fand ich eine Kiste mit alten Büchern.

Ich nahm sie eines nach dem anderen heraus, wischte den Staub ab und blätterte sie durch. Es waren meistens wissenschaftliche Werke, über Astronomie und Medizin, Bücher mit Abbildungen fremdartiger Gerätschaften und exotischer Pflanzen. Sie waren schmucklos gebunden und in schlechtem Zustand. Mein Vater hätte die Stirn gerunzelt beim Anblick der losen Heftfäden und der stockfleckigen Seiten.

In einer dieser Nächte erwischte er mich – Graf Bestuschew, der Reichskanzler.

»Was hast du hier zu suchen? Wer bist du überhaupt?«, fragte er.

Ich war so in meine Lektüre vertieft gewesen, dass ich ihn gar nicht bemerkt hatte. Hoch aufragend stand er jetzt vor mir, so nahe, dass ich durch den muffigen Geruch des alten Buchs den Wodkadunst wahrnahm, den der Kanzler ausatmete. Und da war noch ein anderer Geruch, etwas Scharfes, Beißendes, das ich noch nicht benennen konnte.

Ich wusste, wer er war, ich hatte ihn oft durch die Gänge des Palasts schreiten sehen, als wäre er der Herr der Schöpfung. Die prächtige Kleidung, die er trug, kam aus Paris. Die Handgriffe seiner Spazierstöcke waren aus Silber und Walbein. Die Näherinnen redeten hinter vorgehaltener Hand darüber, dass er häufig das kaiserliche Bett wärmte, und stellten sich vor, wie er wohl in Frauenkleidern aussah, wenn er bei den Maskenbällen der Kaiserin auftrat.

»Ich bin ein Dienstmädchen, eine Näherin«, sagte ich.

»Eine Näherin, die deutsche Bücher liest?«

In dem Halbdunkel spürte ich seinen forschenden Blick. Seine Finger fassten mich unter dem Kinn, er hob es an und studierte mein Gesicht.

»Weißt du, wer ich bin?«, fragte er.

»Sie sind ein *alter Fuchs*, ein *aalglatter Politiker*«, sagte ich gelassen.

Er lachte.

»Woher weißt du das?«

»Ich halte die Ohren offen beim Nähen.«

»Und was für Dinge kriegst du da zu hören?« Er berührte mit der Fingerspitze meinen Nacken und strich über das Kettchen mit dem Anhänger, das meine Mutter mir geschenkt hatte. »Erzähl es mir.«

»Chevalier Duval stellt den Stallburschen nach«, sagte ich kühn.

»So, tut er das? Woher weißt du das?«

»Anton sagt es.«

»Wer ist Anton?«

»Der Kammerdiener von Großfürst Peter. So ein Großer mit schiefen Zähnen. Er ist hinter der Meisterin der Nähstube her und versucht immer, sie zu küssen, aber sie will nichts von ihm wissen. Sie hält ihn für einen Tunichtgut.«

Mein Herz pochte. Das Buch rutschte von meinen Knien und fiel auf den Boden, aber ich hob es nicht auf.

»Der sächsische Gesandte hat eine Krankheit, irgendwas Französisches«, fuhr ich fort. »Seine Ärzte haben ihm Quecksilber dagegen verschrieben.«

»Aha. Aber jetzt sag mir: Hörst du die Leute auch über die Kaiserin reden?«

»Ja, manchmal.«

»Und *was* wird geredet?«

»Madame Kluge meint, die Kaiserin sollte nicht vergessen, dass Graf Rasumowski sie liebt. Ich glaube, Madame ist selbst in ihn verliebt. Sie wird jedes Mal rot, wenn jemand seinen Namen ausspricht. Und ich habe sie einmal dabei ertappt, wie sie an einer Tür lauschte, um ihn singen zu hören.«

»Madame Kluge? Diese dicke Deutsche, die sich immer so wichtig macht?«, fragte der Kanzler.

»Ja. Sie kneift andauernd ihre Lippen, damit sie voller aussehen, und stopft sich den Busen aus.«

Er lachte aus vollem Hals. Ganz offensichtlich amüsierte er sich köstlich.

So einfach und leicht sehen die Schritte aus, die uns in ein völlig neues Leben führen. Ich wusste damals nichts von den Lebensgewohnheiten der Kaiserin, vom steten Wechsel der Schlafzimmer, von den Liebhabern, die sehnsüchtig darauf warteten, um Mitternacht zu ihr gerufen zu werden. Es war einfach nur Glück, dass es den Kanzler in jene abgelegene Gegend des Palasts verschlug, Glück, dass er mit einer tollpatschigen kleinen Näherin ins Gespräch kam, ein Glück, das mich in die unmittelbare Umgebung der Kaiserin beförderte.

Es gab noch mehr solche Nächte in den folgenden Monaten. Nächte voller hellwacher Hoffnung, voller Gelächter und Geständnisse, die mir, dankbar, wie ich war für seine Aufmerksamkeit, leicht von der Zunge gingen.

Madame Kluge hatte in einer Schublade ein Fläschchen stehen, angeblich Eau de Cologne, aber ich sah sie und eine andere Kammerfrau daraus trinken, und das nicht zu knapp.

Anton, der Kammerdiener des Großfürsten, sagte, er würde dem Mohren am liebsten den Schädel einschlagen.

Unter dem Bett der Gräfin Golowina musste nachts immer eine junge Leibeigene liegen, die ihrer Herrin Geschichten erzählte, wenn diese nicht schlafen konnte.

Es war nicht schwer herauszufinden, welche Art von Geschichten der Kanzler besonders gerne hörte.

»Kann eine kleine Näherin ein Geheimnis bei sich behalten?«, fragte er mich einmal.

»Ja«, sagte ich.

»Der Palast besteht nicht allein aus der kaiserlichen Kleiderkammer.«

Ich nickte.

»Und es gibt wichtigere Geschichten. Man muss nur wissen, wo man suchen muss.«

Der Reichskanzler legte seine Hand auf meine.

Ich senkte den Blick, starrte auf die silbernen Schnallen seiner Schuhe. Sie waren eckig und mit Edelsteinen verziert.

Ich spitzte die Ohren.

Er redete von gottlosen Leuten, die Pläne gegen unsere Kaiserin schmiedeten, die nicht zögern würden, ihre Hände gegen sie zu erheben. Sie waren schlau und listig, sie verstanden es, sich zu verstellen, ihre Gedanken hinter heuchlerischen Freundschafts- und Treuebekundungen zu verbergen.

Sie waren überall, aber sie blieben in Deckung. Die Kaiserin musste wissen, wer ihre Feinde waren und was sie im Schilde führten.

Seine Stimme klang ernst. Er ließ mich nicht aus den Augen, während er redete.

Die Gerechten mussten belohnt, die Bösen bestraft werden. Man musste die Spreu vom Weizen trennen. Mein Vater hatte einen Grund gehabt, als er mich damals mitnahm: Er hatte seiner Kaiserin vertraut. Seine Tochter konnte ihr nützlicher werden, als er jemals für möglich gehalten hatte – sie konnte für sie sehen und hören.

Sie konnte ihr Spitzel sein.

Ihre Informantin.

Die *Zunge*, die ihr alles Wichtige zutrug.

»Jemand, dem die Kaiserin vertrauen kann, Warwara«, sagte der Kanzler. »Und jemand, dem auch ich vertrauen kann.«

Ich war sechzehn Jahre alt. Wie alle Machtlosen glaubte auch ich, dass die Herrschenden anders handeln würden, wenn sie nur die Wahrheit erkennen würden, die man vor ihnen verbarg. Ich glaubte an die immer gleiche Botschaft all der rührenden Geschichten, in denen Könige und Königinnen, Sultane und Kaiser von Grund auf geläutert sind, nachdem sie die Freuden und Sorgen des gemeinen Mannes mit eigenen Augen gesehen haben.

»Schau mich an, Warwara«, sagte der Kanzler. Seine Hand, die auf meiner lag, war schwer, aber warm und weich.

Ich blickte auf in sein glattrasiertes Gesicht mit den Fältchen um die Mundwinkel.

Er habe mich lange genug beobachtet, sagte er. Ich sei sehr sprachbegabt. Mein Russisch sei tadellos. Er habe mich auch deutsch und französisch sprechen hören, und ich könne Polnisch.

»Möchtest du das lernen, was ich dir beibringen will?«

Ich beugte mich etwas vor, so nahe, dass ich mein blasses Gesicht winzig klein in seinen Augen gespiegelt sehen konnte.

Ich nickte.

Ein Hochgefühl ging in mir auf wie der süße Hefeteig meiner Mutter. Ich dachte, es wäre leicht, ein Kinderspiel. Ich musste ja nur seine Schülerin werden, und mein Leben würde sich zum Besseren wenden.

Ich wusste noch nicht, wie gefährlich Geschichten sein konnten – dass der Chevalier Duval bereits jetzt für die Freuden, die er mit irgendwelchen Stallburschen genossen hatte, bezahlte, indem er Geheimnisse des Königs von Frankreich preisgab, und dass Anton schon bald zum Verhör vorgeladen und aus dem Dienst des Großfürsten entlassen werden würde –, aber selbst wenn ich es gewusst hätte, hätte mich das nicht davon abgehalten, Dinge auszuplaudern, um derentwillen der Reichskanzler sich für mich interessierte.

Es hätte mich *damals* nicht davon abgehalten.

Noch nicht.

Die weißen Nächte waren kaum zu Ende, da begann mein Unterricht beim Kanzler.

Die erste Lektion war kurz.

Wir befanden uns in einem der schmalen Korridore, die nur vom Personal benutzt wurden. Er zeigte auf ein Guckloch in der Wand.

»Du bleibst hier und beobachtest, was in dem Zimmer auf der anderen Seite der Wand passiert«, sagte er. »Wenn ich wiederkomme, erzählst du mir, was du gesehen hast.«

Er ließ mich allein, ich spähte durch das Loch. Im schummrigen Licht einer Kerze sah ich eine Frau an ihrem Sekretär sitzen und lesen. Ich konnte weder an ihrer Erscheinung noch an ihrer Tätigkeit irgendetwas Bemerkenswertes entdecken und fand die Sache nach einer Weile nur noch öde, aber ich blieb auf meinem Posten. Eine Stunde verging, dann legte die Frau das Buch beiseite, gähnte, blies die Kerze aus und verließ das Zimmer.

Ich überlegte, ob ich ihr folgen sollte, aber ich wusste nicht, wie ich aus dem Gang herauskommen konnte, und so ließ ich es sein. Es war noch Sommer, und die Luft in dem Korridor war stickig. Meine Kehle brannte von dem Staub, den ich einatmete, ich fühlte, wie der Schweiß mir über den Rücken rann. Immer wieder kniff ich mir in den Arm, um mich wach zu halten.

Als der Kanzler wiederkam, um mich abzuholen, stellte er mir eine Menge Fragen. Trug die Frau ein Schönheitspflästerchen und, wenn ja, an welcher Stelle des Gesichts? Spielte sie beim Lesen mit ihrem Armband? Oder vielleicht mit ihrer Chatelaine? Wie viele Knöpfe waren auf ihrem Ärmel? Wie oft blätterte sie um?

So viele Fragen, die ich nicht beantworten konnte! Ich wurde immer verzagter, Tränen stiegen mir in die Augen. Nichts würde sich ändern, ich war unbrauchbar, unfähig. Ich machte mich auf ein vernichtendes Urteil gefasst.

Aber der Kanzler fasste meinen Ärmel und zog ihn hoch: Dort, wo ich mich in den Arm gekniffen hatte, waren noch die Spuren meiner Fingernägel sichtbar.

»Ungeduld ist der einzige Fehler, den du dir nicht leisten kannst«, sagte er lächelnd. »Geduld musst du haben, alles Übrige kann ich dir beibringen.«

Dieser ersten Lektion folgten viele andere. Bald hatte ich gelernt, wie man Schlösser mit einer Haarnadel öffnet, wie man an der Maserung des Holzes erkennt, wo Geheimfächer in einem Möbelstück eingebaut sind, wie man verborgene Taschen in Gürtel und Kleidersäcke einnähen, Schriftstücke in Uhrgehäusen oder im Innenfutter von Schuhen verstecken kann, in Kaminen, in Heizungsschächten, unter Fensterbrettern, in Kissen oder im Einband von Büchern.

Ich lernte, wie man jemanden beschattet, ohne bemerkt zu werden, wie man ein echtes Lächeln von einem unterscheidet, das nur eine Maske des Verrats ist, ich lernte Verstecke unter losen Bodendielen oder unter Kopfkissen zu verachten, wo jeder noch so unbegabte Dieb seine Beute leicht findet.

Ich lernte, mir die Kunst der Ablenkung und die Macht der Gewohnheit zunutze zu machen. Ich lernte, ausdruckslos dreinzuschauen, ich lernte, so mausgrau zu werden, dass man mich gar nicht mehr wahrnahm.

Spione, so lernte ich, müssen die Kunst beherrschen, sich unsichtbar zu machen.

Ein schmaler Geheimgang mit steilen Treppen führte hinauf zu den Räumen des Kanzlers. Normalerweise fand ich ein rotes Taschentuch unter meinem Kopfkissen, wenn er mit mir sprechen wollte, aber in dieser kühlen Augustnacht hatte er mich durch einen seiner Leibdiener zu sich bestellt. Ich zitterte vor Erwartung. Die Kaiserin war gerade erst aus ihrer Sommerresidenz Peterhof in den Winterpalast zurückgekehrt. Konnte es sein, dass der Kanzler mich jetzt endlich zu ihr brachte?

Ganz leise, um die anderen Mädchen nicht zu wecken, schlüpfte ich in mein bestes Kleid, eines aus weißem Musselin. Es hatte meiner Mutter gehört, und mein Vater hatte es enger machen lassen, aber es stand mir so gut, als wäre es eigens für mich geschneidert worden. Die Schuhe, die ich dazu trug, passten weniger gut. Sie drückten vorn an den Zehen, denn meine Mutter hatte kleinere Füße gehabt als ich.

Der Kanzler des russischen Reichs erwartete mich in seinen Gemächern. Er saß in einem Sessel am Fenster und beobachtete mich mit schmalen Augen, als ich auf ihn zuging. Er hatte seine Perücke abgelegt; ich fand, dass sein Kopf so kleiner und weniger imposant aussah. Ich bemerkte eine kahle Stelle. An einem Finger steckte ein schwerer goldener Ring. Ich fand, dass der schwarze Samt mit den silbernen Bordüren ihm besser stand als Rot und dass der Spitzenkragen ganz besonders edel wirkte.

War er der mächtige Mann, von dem meine Mutter geträumt hatte?

»Komm, kleine Näherin.«

Seine Stimme hatte etwas Heiteres, das mir das Gefühl gab, ich sei etwas Besonderes, zu großen Dingen bestimmt. Alle Furchtsamkeit fiel von mir ab. Er bringt mich zur Kaiserin, dachte ich, aber ich war klug genug, mir meine Freude nicht anmerken zu lassen. Hatte er nicht gesagt, Ungeduld sei ein Fehler?

Weil es kühl war in dieser Augustnacht, brannte ein Feuer im Kamin. Offenbar war das Birkenholz nass, denn es zischte und qualmte.

»Ich habe den Dienern freigegeben«, sagte der Kanzler und wies auf einen Tisch, der für zwei Personen gedeckt war. »Aber du wirst nicht hungrig von hier fortgehen.«

Ich machte einen Schritt darauf zu. Er sah aus wie ein ganz gewöhnlicher Tisch, und die Teller waren leer.

»Es ist ein mechanisches Tischlein-deck-dich.« Offenbar schaute ich ziemlich verdutzt drein, denn er lachte. »Die Kaiserin hat auch so einen. Ich erkläre dir, was man machen muss.« Er wies auf einen Stuhl. Ich setzte mich.

»Heb den Teller hoch«, sagte er. Ich tat es, und eine Klappe in der Tischplatte wurde sichtbar.

»Mach auf.«

In einem Fach unter der Klappe lagen ein Bleistift und ein Blatt Papier.

»Ich weiß, dass die Mädchen von Madame Kluge nichts als Wassersuppe zu essen bekommen, darum darfst du dir jetzt einmal etwas wünschen: Schreib auf, was du gerne möchtest«, sagte er. »Tu dir keinen Zwang an.«

Störsuppe, schrieb ich. *Gebratener Fasan.*

»Weiter, alles, was du willst.« Sein Atem roch nach Wodka.

Austern.

Petits Fours.

Er betätigte einen Mechanismus, und der Tisch fuhr durch einen Schacht unter dem Fußboden abwärts, dann verschloss eine passgenaue Platte aus Parkett die Öffnung. Als der Boden sich wieder auftat, standen auf dem Tisch Schüsseln und Teller mit silbernen Warmhalteglocken. Der Kanzler hob sie eine nach der anderen hoch.

»Iss«, sagte er. »Die Kaiserin mag keine mageren Mädchen. Sie geben ihr das Gefühl, sie selbst sei plump und unförmig.«

Sein Teller blieb leer.

Er sah mir zu, wie ich mit der Gabel das mit Zitronensaft beträufelte Fleisch der Austern aufspießte und gierig verzehrte. Die Fischsuppe war heiß, und ich verbrannte mir die Zunge. Fasern von geräuchertem Stör blieben zwischen meinen Zähnen hängen. Ich versuchte vergebens, sie mit der Zunge herauszupulen.

Neben einer halbvollen Flasche Kirschlikör standen zwei Gläser. Bestuschew schenkte sie bis zum Rand voll.

»Ein Geschenk der Kaiserin«, murmelte er. »Zum Zeichen allerhöchster Wertschätzung und Dankbarkeit.«

Klang eine Spur Bitterkeit in diesen Worten? Ich ignorierte sie.

»Das ist ihr Lieblingsgetränk, Warwara. Probier mal!«

Ich nahm das Glas ganz behutsam, um nichts zu verschütten, aber es lief trotzdem über. Ich wischte die kleine Pfütze auf der Tischplatte mit dem Ärmel auf.

Er lachte.

»Los, trink.« Seine Stimme war jetzt ganz sanft. »Es schmeckt gut.«

Ich probierte die rötliche Flüssigkeit. Sie brannte im Hals. Ich setzte das Glas hastig ab.

Er beugte sich vor, hob sein Glas und leerte es in einem Zug.

»Wieso nimmst du nur so einen vorsichtigen kleinen Schluck von der kaiserlichen Dankbarkeit?«, scherzte er. »Du musst mehr davon trinken.«

Ich trank mehr. Mir wurde schwindlig davon, das ganze Zimmer schwankte und drehte sich im Kreis. Ich grub meine Gabel in ein Stück Torte, gefüllt mit Schlagsahne und überzogen mit Schokoladenguss.

Die Wärme in meinem Magen war angenehm. Auf den Lippen hatte ich den Geschmack von Stör und Sahne.

Was ist Schicksal und was eigene freie Bestimmung? Wo ist die Grenze?

Er beobachtete mich, wie ich aß, wie ich mir die seidig fettigen Lippen abwischte, wie ich die süße geschmolzene Schokolade kostete, wie ich noch einen Schluck Kirschlikör trank. Dann fing er zu reden an mit ganz glatter, geschmeidiger Stimme.

»Du bist hübsch, Warwara, aber die Kaiserin macht sich nichts aus Frauen. Du verstehst wahrscheinlich gar nicht, wovon ich eigentlich rede, aber du solltest es wissen. Weißt du, im Grunde ihres Herzens ist sie ein Kind vom Land. Sie will einfache starke Männer. Sie möchte umschmeichelt und begehrt werden, aber sie schätzt auch und vor allem den Reiz des *Neuen*.

Ich kann dich ihr vorstellen, aber ob ihr Interesse an dir anhält oder nicht, liegt nicht in meiner Hand. Das wird davon abhängen, welche Dinge du ihr erzählst. Und damit du ihr immer das Richtige erzählen kannst, wirst du mich brauchen, auch wenn dir das jetzt noch gar nicht so klar sein mag.«

Ich blickte auf die kahle Stelle auf seinem Kopf. Sein Jackett stand offen, sein Hemd hing aus der Hose. Ich fühlte einen Kloß in meinem Hals und schloss die Augen. Er stand auf und kam zu mir. Seine warmen Hände schlüpften in meinen Ausschnitt und betatschten meine Brüste. Der Stein seines Rings verhakte sich in der Spitze am Saum meines Kleids.

»Ich tu dir nicht weh«, murmelte er.

Ich ließ mich zum Sofa zerren. Ich spürte, wie er meinen Rock aufhob, dann den Unterrock. Durch den dünnen Stoff seines Hemds fühlte ich sein Herz schlagen, so wild und schnell, dass ich panische Angst bekam, er würde sterben. Was sollte ich seinen Dienern sagen, wenn sie mich in seinen toten Armen fanden? Würde man ihm die Knochen brechen müssen, um mich zu befreien?

Seine Finger schlossen sich fest um meine Handgelenke. Etwas in mir zog sich zurück und stellte sich tot.

Er führte meine Hand zu der Narbe auf seiner Brust. Drei weiße Furchen über dem Herzen und eine vierte, so tief, dass mein ganzer Finger darin Platz hatte.

Er führte sie in seinen Hosenschlitz, schloss meine Finger um sein Glied. Es war nass und klebrig. Dann fasste er mir zwischen die Beine, und ich fühlte, wie etwas in mir nachgab, ganz weich und widerstandslos wie Rußflocken, die durch einen Kamin fallen.

Als es vorbei war, fragte er: »Ich habe dir nicht wehgetan, oder?«

»Nein«, sagte ich. »Sie haben mir nicht wehgetan.« Ich glaubte das in dem Moment wirklich.

»Es ist nichts passiert. Du bist immer noch Jungfrau, Warwara.« Er lallte es mit schwerer Zunge.

Sein Kopf sank zurück auf das Kissen des Sofas, seine rot geränderten Augen fielen zu.

Ich stand auf mit weichen Knien. Auf dem Kleid meiner Mutter war ein schmieriger Fleck von seinem Samen. Meine Schuhe lagen unter seinem Schreibtisch. Ich hob sie auf, zog sie aber nicht an. Als ich barfuß zur Tür ging, hörte ich den Kanzler schnarchen. Ich drehte mich nach ihm um. Ich vermied es, auf seinen Hosenschlitz zu schauen. Im Kerzenlicht glänzte die kahle Stelle auf seinem Kopf wie poliertes Metall.

Kaum war ich draußen vor der Tür, wurde mir schlecht. Ich erbrach mich in eine große Bodenvase, die auf dem Korridor stand. Das Schwindelgefühl verschwand nicht, immer drehte sich alles um mich herum, und ich hatte einen scheußlich sauren Geschmack im Mund.

Als ich den Schlafsaal erreichte, war der Rausch abgeklungen. Meine Hände waren klebrig und rochen nach Erbrochenem. Der Wasserkrug in dem Raum war leer, darum pinkelte ich in einen Nachttopf und wusch mir die Hände in der warmen Pisse. Dann zog ich das besudelte Kleid aus und knüllte es zusammen. Bei nächster Gelegenheit, wenn niemand zuschaute, wollte ich es waschen.

Ich schlief unruhig. Als ich mitten in der Nacht einmal aufwachte, sah ich den Mond, umschleiert von leuchtendem Dunst.

Ich weiß nicht mehr, was ich träumte. Am Morgen, als ein Dienstmädchen Waschwasser brachte, stürmte ich gleich hin, rücksichtslos schubste ich alle beiseite, die mir im Weg standen. Krampfhaft bemühte ich mich die ganze Zeit, nicht an die Hände des Kanzlers zu denken, die meine Brüste betasteten, und an das besudelte Kleid meiner Mutter.

Nichts ist passiert. Du bist immer noch Jungfrau.

Ich tauchte meine Hände ein und wusch sie mit Seife. Dann wusch ich sie noch einmal. Durch das Fenster sah ich die Newa, die Kämme der grauen Wellen funkelten in der Morgensonne.

»Spionage, Warwara«, sagte mir mein Lehrmeister später, »ist die Kunst, Leute zu benutzen, die keine Loyalität kennen, deren Gier maßlos und unberechenbar ist und deren Motive immer suspekt sind. Unter denen, die für uns arbeiten, ist keiner, der nicht die Seite wechseln würde, wenn ihm nur genügend geboten wird. Die besten Spione sind nicht diejenigen, die für Geld oder aus Furcht arbeiten, sondern die, die im Dienst ihres Herrn Befriedigung ihrer tiefsten Wünsche und Sehnsüchte finden.«

Ich hatte so viel zu lernen. Viele Nächte brachten wir damit zu, Nächte voller Verheißungen und Schmeicheleien. Ich war schlau, gerissen, hübsch. Ich war flink und geschickt. Ich wusste, wann ich den Mund halten und wann ich reden musste. Ich hörte gut zu und merkte mir alles.

Ich war keine Näherin mehr, keine namenlose

Dienstmagd, kein von der Gosse aufgelesenes Waisenkind, um das sich keine Menschenseele kümmerte, mochte es leben oder sterben.

Eine glänzende Zukunft lag vor mir, der Moment meines Triumphs war nicht mehr fern.

Wenn ich von den Gemächern des Kanzlers in mein Quartier zurückkehrte, wärmte ich mich an solchen Gedanken.

Der Sommer war längst vorüber, der Hof hatte sich wieder im Winterpalast eingerichtet, aber ich hatte noch viel zu lernen. Nichts war so, wie es schien. Diejenigen, die mich auf den Fluren keines Blickes würdigten, hatten schmutzigere Geheimnisse als ich.

Falls ich je daran gezweifelt hätte, dass es noch andere Möglichkeiten gab, die Gunst der Kaiserin zu gewinnen, wurde ich eines Besseren belehrt: »Die Kaiserin liebt Hochzeiten«, sagte der Kanzler. »Wenn sie dich nicht gerade absolut unersetzlich findet, wird sie dich mit dem niedrigsten ihrer Lakaien verheiraten und mit dem Bräutigam tanzen. Hast du schon jemanden im Auge?«

»Nein.«

Eine Freundlichkeit, eine Warnung, ein Versprechen. Und untergründig immer das Gefühl, dass er mich ernst und wichtig nahm, ein Gefühl, das mich blendete und antrieb auf einem Weg, den ich alleine nie gegangen wäre.

»Hör zu.«

»Halt die Augen auf.«

»Merke es dir.«

»Lüge alle Leute an, aber niemals mich, und du wirst es nie bereuen.«

»Komm wieder.«

Ich tat immer, was er von mir verlangte. Sie ist wie Opium, die Macht, all das zu wissen, von dem andere glauben, es sei ihr Geheimnis.

Ich ahnte damals nichts davon, dass die Stimme des Kanzlers in mir mit der Zeit immer lauter und nachdrücklicher werden, dass sie meine eigenen Gedanken ersticken und den Anspruch erheben würde, sie sei die einzige Stimme, die es wert war, gehört zu werden.

Rede nicht zu viel. Achte auf die, die zu viele Fragen stellen. Lass dir von schwitzenden Händen und nervösen Blicken den Weg weisen. Vergiss nie, dass es keinen Ort gibt, der wirklich sicher, keinen Raum, der vollkommen abgeschottet ist. Traue keinen Nettigkeiten: Jedes Geschenk, jedes Lächeln ist ein Bestechungsversuch.

Ich ahnte damals nicht, wie leicht die Geheimhaltung zur Sucht wird, von der man nicht mehr loskommt.

In der Nacht des 30. September nahm mich der Kanzler mit zur Kaiserin.

Die schweren Vorhänge ihres Himmelbetts waren zugezogen. Auf der Marmorplatte eines Tischs sah ich eine halbleere Flasche Kirschlikör stehen, daneben glänzten Zitronenscheiben in einer roten Pfütze. Die Katze, die sich neben dem Feuer streckte, hatte kein Samtjäckchen an. Der Stock des Kanzlers lehnte am Kamin, im Silber des Handgriffs spiegelten sich die flackernden Flammen.

Zuerst dachte ich, im Schlafzimmer wäre niemand, aber dann hörte ich aus dem Halbdunkel neben dem Bett jemanden eine Tanzmelodie pfeifen.

»Da ist sie, Majestät«, sagte der Kanzler. »Wie versprochen. Sie wird euch nicht enttäuschen.«

»Bringen Sie sie näher her«, befahl die Kaiserin. Sie trat aus dem Schatten hervor, eine Hand schützend gegen den Lichtstrahl erhoben, der durch einen Spalt zwischen den Vorhängen drang. Ich bemerkte ihre rot geschminkten Lippen und die mit Hagebuttenöl rosa gefärbten Nägel.

Sie sah so ganz anders aus als die strahlende Gestalt, die ich von jenem Tag vor mehr als einem Jahr in Erinnerung hatte, als ich mit meinem Vater bei ihr im Palast gewesen war. Ihr offenes Haar wirkte jetzt dünn und schlaff, ihr Gesicht aufgedunsen. Das rosafarbene Negligee enthüllte ein runzliges Dekolletee. Als sie in einem Sessel Platz nahm, sah ich einen Pantoffel an ihrem nackten Fuß baumeln.

»Dein Vater war ein schöner Mann«, sagte die Kaiserin und spielte mit ihrem goldenen Armband. Ein säuerlicher Alkoholdunst wehte mir mit ihrem Atem entgegen. »Er sah wirklich sehr gut aus. Was war er von Beruf?«

»Er war Buchbinder, Euer Hoheit.«

Sie lachte glucksend. »Du hast seine seidigen Augen geerbt.«

Ich kniete nieder und küsste ihre Hand, die weich war und nach Rosenöl duftete. Sie strich eine Falte an meinem Ärmel glatt, dann wedelte sie mit der Hand zum Zeichen, dass ich mich entfernen sollte.

Ich zog mich in eine Ecke zurück und wartete, während sie leise mit dem Kanzler sprach. Mir war klar, dass sich jetzt mein weiteres Schicksal entschied. Ich verstand die Worte *Großfürst* und *Ehrendamen*. Sie stellte Fragen, die er ohne Zögern beantwortete – offenbar versicherte er ihr, dass ich in jeder Hinsicht den gestellten Anforderungen genügte. Ein- oder zweimal warf die Kaiserin einen Blick in meine Richtung, als wollte sie sich davon überzeugen, dass der Kanzler die Wahrheit sagte. Mit wild klopfendem Herzen, die Finger verkrampft, lauschte ich gespannt.

Schließlich verneigte sich der Kanzler und wandte sich mir zu.

»Du kannst Ihrer Majestät danken, Warwara«, sagte er. Sein Gesicht war vor Freude leicht gerötet.

Ich sah die Kaiserin an. Sie nickte.

Dann eilte ich zu ihr und warf mich ihr zu Füßen.

Gemeinsam verließen der Kanzler und ich das kaiserliche Schlafzimmer. Er erklärte mir, dass ich dem Hofstaat des Großfürsten zugeteilt würde, als Kammerjungfer. Die Arbeit sei nicht allzu anspruchsvoll, denn der Großfürst lege wenig Wert auf elegante Kleidung, und seine Militäruniformen dürften die Kammerjungfern nicht einmal anfassen.

»Beobachte seine Ehrendamen, seine Lakaien, seine Leibdiener«, sagte der Kanzler. »Finde heraus, wer ihn beim Kartenspiel betrügt und wer versucht, sein Vertrauen zu gewinnen. Vergiss nie, dass du über den künftigen Zaren wachst.«

Ich nickte.

»Die Kaiserin wird dich nachts zu sich rufen und dich Bericht erstatten lassen«, fuhr der Kanzler fort und stampfte mit seinem Stock auf den Boden, als wollte er damit seinen Worten besonderen Nachdruck verleihen. »Sorge dafür, dass du dann auch etwas Interessantes zu erzählen hast. Du bist nicht die einzige Informantin.«

Ich nickte wieder.

Ich spürte seinen Finger unter meinem Kinn.

»Ich habe mein Wort gehalten, nicht?«

»Ja.«

»Und bist du mir dankbar?«

»Ja.«

Seine Hand strich über meine Wange, dann ließ er sie sinken.

»Die Kaiserin will ihre Geschichten haben und ich will meine, Warwara. Ich beschütze dich, ich sorge für dich. Du hörst zu und gehorchst. Du bist meine Augen und meine Ohren, sei wachsam. Belüge alle anderen, aber niemals mich.«

Aus dem Schlafzimmer der Kaiserin drang das Lachen einer Männerstimme, gefolgt von den Klängen einer Gitarre. Wer immer der Mann war, er musste durch einen Geheimgang gekommen sein, sobald wir den Raum verlassen hatten.

Ich ging mit dem Kanzler durch die leeren Korridore zu seinen Gemächern.

Am nächsten Morgen in der Kleiderkammer kam mir Madame Kluges Gesicht noch sauertöpfischer vor als gewöhnlich. Übernächtigt setzte ich mich an meinen Platz und fing an, die Bänder für das neue Kleid zu bügeln.

Madame Kluge sah mich nicht an.

Seit der Hof aus der Sommerfrische in Zarskoje Selo zurückgekehrt war, schien Madame Kluges Stern zu sinken. Die Mädchen tuschelten darüber, dass die Miene der Kaiserin sich verfinstere, sobald der Name der Kammerfrau erwähnt werde, ja, angeblich hatte sie Madame eine dumme deutsche Kuh genannt, die nichts, aber auch gar nichts richtig machen könne. Es passierte immer häufiger, dass Madame Kluge in Tränen aufgelöst vom Schlafzimmer der Kaiserin zurückkam, die Kleiderpuppen kaputt, die Kleider herabgerissen und zerknittert. Wir mussten dann jedes Mal alles stehen und liegen lassen und in aller Eile neue Puppen anziehen, die Madame Kluge präsentieren konnte.

An diesem Morgen kamen zur allgemeinen Erleichterung die Puppen unbeschädigt zurück, und wir konnten uns ganz den letzten Kleinigkeiten widmen, die an dem neuen Kleid, für das die Kaiserin sich entschieden hatte, noch zu machen waren, bevor sie es anziehen konnte: lose Fäden abschneiden, den Saum bügeln, noch einmal den Stoff abtasten, ob nicht irgendwo eine vergessene Nadel steckte. Als wir damit fertig waren, wurde es in Seidenstoff gehüllt, und Madame Kluge nahm es über den Arm und machte sich auf den Weg zur Kaiserin.

Ich sah sie forteilen. Nach einer Weile kam sie wieder, aber nur, um eine Schneiderin zu holen, die noch ein paar kleine Änderungen vornehmen sollte. Ich wartete ungeduldig. Irgendwann begann ich zu fürchten, dass überhaupt nichts passieren würde, dass die Kaiserin ihr Versprechen vergessen hatte.

Aber dann kam Madame Kluge zurück. Sie redete mit unserer Meisterin.

Beide schauten zu mir herüber.

Ich war gerade mit einem roten Abendkleid beschäftigt, ich sollte Besatzbänder anheften. Ich strich ein Band glatt, legte es auf den Seidenstoff und fädelte eine Nadel ein, als Madame Kluge auf mich zukam.

»Die Kaiserin wünscht, dass du dich um die Garderobe des Großfürsten kümmerst.« Ihre Stimme klang gespannt und unsicher. Ich gab mir keine Mühe, mein Entzücken zu verbergen. »Heute nach Feierabend kannst du deine Sachen packen.«

Die anderen Näherinnen begannen miteinander zu tuscheln.

Das Band und die Seide glitten mir aus den Händen und fielen auf den Boden, aber weder Madame Kluge noch die Meisterin schimpfte, und keine wagte zu sagen, ich solle nicht so unverschämt grinsen.

Am Abend nach der Arbeit führte mich Madame Kluge in ein Zimmerchen im Westflügel. Es lag neben der Kammer, in der die Ehrendamen des Großfürsten schliefen.

Ich müsse meinen Nachttopf selbst ausleeren, erklärte sie mir, aber ich hätte Anspruch auf beliebig viele Talgkerzen, wenn ich nur die abgebrannten Stummel wieder abgäbe. Eine Magd würde mir jeden Morgen einen Krug Waschwasser bringen.

»Ein Regal ist auch in dem Zimmer«, sagte sie auf dem Weg zu meiner Unterkunft. Auf der Treppe bemerkte ich, dass ihre Hand das Geländer übertrieben fest umklammerte.

»Ein Regal, ein Tisch und eine Truhe für Ihre Sachen, Warwara Nikolajewna«, verkündete sie, als wir das Zimmer betraten.

Zum ersten Mal sprach sie mich mit meinem vollen Namen an! Eine Welle des Triumphs überlief mich.

Das Zimmer war nur ein Bretterverschlag – kein Teppich auf den Bodendielen, braune Stockflecken an der Decke, eine dicke Staubschicht auf dem Fensterbrett und dem Tischchen. Kein Ofen. Von der anderen Seite der dünnen Wand hörte ich die Ehrendamen lachen und schwatzen. Sie richteten sich für den Maskenball her, bei dem alle Frauen als Männer und die Männer als Frauen verkleidet auftreten sollten. In einem anderen Raum spielte jemand Geige.

Madame Kluge machte ein paar unsichere Schritte, dann drehte sie sich zu mir um, die Lippen schmal verkniffen.

Es gebe bereits zwei Kammerjungfern, die für die Garderobe des Großfürsten zuständig seien, teilte sie mir mit, und schon die beiden seien kaum ausgelastet mit dem bisschen Arbeit. Die Ehrendamen hatten ihre eigenen Dienstboten. »Am besten fragen Sie den Großfürsten selbst, was Sie tun sollen. Morgen waschen Sie sich gründlich und stellen sich ihm vor.«

Ich hörte wieder die alte Arroganz in ihrer Stimme. Wenn ich erwartete, dass sie sich dazu herabließe, Mutmaßungen über mein weiteres Schicksal anzustellen, oder sich beeindruckt zeigte angesichts der ungeheuren Möglichkeiten, die sich mir nun eröffneten, so hatte ich mich getäuscht, diesen Gefallen tat sie mir nicht. Die Kaiserin wünschte, dass eine von der Gosse aufgelesene polnische Göre dem Großfürsten diente. Nun ja, sollte sie ihren Willen haben. Es war nicht das erste Mal, dass die Kaiserin Entscheidungen traf, über die Madame Kluge nur den Kopf schütteln konnte.

Sie sah mich noch einmal an, dann ging sie.

Ich wischte die Mäuseköttel mit einem Lumpen zusammen, den ich unter dem Tisch fand. Mein Bett war genauso hart und schmal wie das zuvor, die Decke war noch fadenscheiniger.

Schmeichlerisches Gelächter und Entzückensschreie jenseits der Wand verrieten mir, dass der Großfürst den Raum betreten haben musste. Durch eine Ritze zwischen den Brettern konnte ich ihn sehen, eine hochgeschossene, schlaksige Gestalt in einem weißen Seidenkleid mit Reifrock. Er trug eine Damenperücke, sein mageres Gesicht war gepudert und geschminkt. Die Ehrendamen, alle in dunkelblauen Holsteiner Uniformen, umringten ihn.

Er drehte sich, die Damen kicherten und klatschten Beifall. Ich sah ihn knicksen und sein Gesicht kokett hinter einer Straußenfeder verbergen. Ich hörte ihn lachen und etwas auf Russisch sagen. Seine helle Stimme kam mir piepsig und sehr ausländisch vor.

Als sie alle weg waren, wischte ich den Staub von der Truhe und öffnete sie. Sie roch nicht nach Mäusedreck. Ich legte die wenigen Sachen, die ich besaß, hinein, das Kleid meiner Mutter, ihre Schuhe, einige Bücher, die mein Vater gebunden hatte. Ich klappte den Deckel zu und sah mich nach dem Schlüssel um, aber es war keiner da.

Am nächsten Morgen stellte ich mich dem Großfürsten Peter vor. Sein Mohr hatte mir gesagt, ich solle mich beeilen; sein Herr sei müde nach dem Maskenball und wolle nicht lange aufgehalten werden.

Der Großfürst hatte gerade fertig gefrühstückt. Ich fand, dass er noch schmaler aussah, als ich ihn von gelegentlichen Begegnungen auf den Korridoren des Palasts in Erinnerung hatte. Auf seiner Stirn hatte er einen weißen verschmierten Fleck. Sein blondes Haar war weiß gepudert, »nach spanischer Mode«, wie man das nannte, und er sagte mit seiner Mädchenstimme Namen russischer Orte im Osten auf, wo es Garnisonen gab.

Bücher mit Landkarten und Bildern lagen auf dem Tisch herum, auf dem noch das Frühstücksgeschirr stand. Ich zuckte unwillkürlich zusammen bei dem Gedanken, dass er sie mit fettigen Fingern anfasste.

»Sprich«, sagte der Großfürst und schaute von der Landkarte auf, die er gerade studierte. Wenn er deutsch sprach, klang seine Stimme weniger schrill.

Ich entschied mich dafür, ihm auf Deutsch zu antworten. Ich sagte, Ihre Majestät habe befohlen, dass ich mich bei ihm nützlich machen solle.

»Was kannst du?«

Ich hatte nicht damit gerechnet, dass er mich das fragen würde, aber dann fiel mein Blick auf die Zeitungen, die auf einem Seitentischchen lagen, und ich verstand, dass sich hier eine Chance bot. »Ich könnte Ihnen vorlesen, Hoheit«, antwortete ich, »damit sie Ihre Augen nicht anstrengen müssen.«

Er sah mich interessiert an und zwinkerte mehrmals. Seine Wimpern waren sonderbar farblos. Er hatte eine Haut wie Milch – später sollte ich erfahren, dass sie schnell feuerrot wurde, wenn sie zu lange der Sonne ausgesetzt wurde.

»Ich werde Professor Staehlin fragen«, sagte er. »Er ist mein neuer Lehrer. Er kommt aus Deutschland.«

Ich erwartete, dass er mich jetzt entlassen würde, aber er deutete auf eine der Landkarten. Seine Fingernägel waren mit rotem Öl gefärbt.

»Kannst du mir zeigen, wo Preußen ist?«

Ich nickte, und das freute ihn sichtlich.

Der Großfürst stellte mir viele Fragen an diesem Vormittag. Er wollte wissen, wo ich geboren war und wie es meine Eltern nach Russland verschlagen hatte. Es enttäuschte ihn, als er hörte, dass mein Vater Buchbinder und nicht Soldat gewesen war. »Die Polen kämpfen wohl nicht gerne?«, fragte er.

Ich sagte, das wisse ich nicht, und er meinte tröstend, ich solle mir keine Sorgen machen; das Leben sei voller Überraschungen. Er selbst habe früher immer gedacht, er würde König von Schweden werden. »Vielleicht heiratest du ja mal einen Soldaten«, sagte er.

Erst jetzt bemerkte ich das Kleid mit dem Reifrock, das auf dem Teppich lag, ganz zerknittert und schmutzig.

Zu meiner Erleichterung hatte Professor Staehlin nichts gegen meinen Vorschlag einzuwenden, und so kam ich von nun an jeden Morgen ins Studierzimmer des Großfürsten, um meinen Dienst anzutreten. »Halte die Augen offen«, hatte der Kanzler mich ermahnt. »Vergiss nie, dass du über den künftigen Zaren wachst.«

Es gab viel vorzulesen. Zeitungsartikel und Depeschen aus dem Ausland, Beschreibungen von Festungen aus *Sila Imperii* oder der *Galerie agréable du monde*. Texte über die Lebensgewohnheiten verschiedener Tiere und die Anatomie von Pflanzen, über das System der Kanäle von Sankt Petersburg und die Schätze der Kunstkamera.

Alles, was ich vorlas, wurde zum Gegenstand einer Unterrichtsstunde. Der Plan einer Festungsanlage warf Fragen auf, die auf das Gebiet der Mathematik führten, eine Depesche gab Anlass, die Grenzen fremder Länder auf der Karte zu studieren. Und wenn der Großfürst müde oder unruhig wurde, verordnete Professor Staehlin ihm Bewegung im Freien: Sie machten dann Spaziergänge durch die Gärten oder durch die Stadt, die sein berühmter Großvater Peter der Große den Sümpfen und dem Meer abgetrotzt hatte.

Der künftige Zar, dachte ich oft, hatte einen klugen Lehrer.

In der Nacht wurde ich ins kaiserliche Schlafzimmer beordert. Auf dem Weg dorthin begegnete mir eine Zofe, schluchzend und tränenüberströmt, ein Häufchen Elend. Ich trat durch eine Tür ein, die nahezu unsichtbar in die Wandtäfelung eingepasst war und sich geräuschlos öffnen und schließen ließ. Die Kundschafter der Kaiserin kamen und gingen unbemerkt.

»Sprich«, befahl die Kaiserin. Sie lag auf ihrem Bett, Kompressen auf den Augen. Lang ausgestreckt neben ihr schliefen zwei Katzen. Ich nahm auf einem mit Stickereien verzierten Schemel neben dem Bett Platz. »Du musst ihr schmeicheln. Erzähle ihr Dinge, die ihr angenehm sind«, hatte der Kanzler mir eingeschärft, »von denen sie nicht genug bekommen kann.«

»Professor Staehlin hat gesagt, Eure Majestät hat hinreißend ausgesehen in der Uniform des Preobraschenski-Regiments beim Maskenball«, begann ich.

»Zu wem hat er das gesagt?« Sie nahm die Kompressen nicht von den Augen.

»Zu Graf Lestocq. Er hat sich auf die Lippen gebissen, als er es hörte.«

Ein feines Lächeln kräuselte ihre Lippen. Offensichtlich hatte ich ins Schwarze getroffen.

Von der Tür her drang das Geräusch von Schritten. Die Höflinge der Kaiserin warteten dort draußen ungeduldig, dass sie an die Reihe kamen.

»Macht mein Neffe gute Fortschritte im Unterricht?«

»Ja, Majestät.«

»Hat er ein Auge auf eine der Ehrendamen geworfen?«

»Nein, er behandelt sie alle gleich. Aber sie bilden sich alle ein, er wäre in sie verliebt, besonders Mademoiselle Gagarina.«

Ich würde immer reichlich zu erzählen haben, das wusste ich jetzt schon. Durch die Ritzen hatte ich die Ehrendamen beobachtet, in meinem kleinen Kabuff konnte ich jedes Wort ihres albernen Geschnatters nebenan mithören. In den Räumen des Großfürsten sahen sie durch mich hindurch, als wäre ich Luft, aber ich wusste bereits alles von ihnen. Die eine versuchte den Großfürsten mit dem Anblick ihres nackten Busens zu becircen, eine andere schmollte, weil der Großfürst gesagt hatte, sie könne nicht singen. Ich hatte ihren kindischen Geständnissen gelauscht, wenn sie einander von ersten Küssen und geflüsterten Liebesschwüren berichteten. Ich hatte all ihre Begierden und Ängste genauestens analysiert.

Sie waren so leicht zu durchschauen. Ihr Leben lang so wohlbehütet, dass sie gar nicht auf die Idee kamen, auch nur den Kopf zu drehen, um zu sehen, was hinter ihrem Rücken vorging, so von sich eingenommen, dass sie jemanden, der nicht ihresgleichen war, gar nicht zur Kenntnis nahmen.

Die Kaiserin nahm die Kompressen von den Augen und setzte sich auf. »Zünde noch eine Kerze an, Warwara. Es ist zu dunkel hier.«

Ich gehorchte und stellte die neue Kerze auf das Tischchen neben dem Bett. Eine Katze schnurrte. Die langen schlanken Finger der Kaiserin strichen über ihr rotes Fell.

»Was ist mit Mademoiselle Gagarina, Warwara?« Sie lächelte amüsiert. »Was führt das dumme Gänschen im Schilde?«

Der Großfürst hatte oft Besuch, berichtete ich dem Kanzler.

Fürst Lew Naryschkin hatte mit seinen dröhnenden Fürzen und der naturgetreuen Nachahmung einer Straßenhure den Großfürsten sehr erheitert. Graf Woronzow hatte ein Geschenk mitgebracht, ein silbernes Feldbesteck, mit eingelegtem Schildpatt und Perlmutt. »Für den edelsten aller Soldaten genau das Richtige«, hatte der Graf gesagt. Madame Kluge schaute unter allerlei Vorwänden häufig vorbei und schikanierte die Kammerzofen; sie schrak nicht davor zurück, sie den Kaminrost schrubben zu lassen, bis er blitzte. Mit Vorliebe tauchte sie zu Zeiten auf, wenn der Großfürst allein war. Sie hatte ihm erzählt, sie sei in Eutin geboren, und versuchte immer, mit ihm Erinnerungen an ihre gemeinsame Heimatstadt auszutauschen.

Auch die Kaiserin besuchte ihn. Sie hatte ihm zugesehen, wie er eifrig seine Landkarten studierte, und ihm den Kopf getätschelt, als er ihr die Truppenbewegungen in irgendeiner unbedeutenden Schlacht erklärte. »Dein Großvater wäre stolz auf dich«, hatte sie gesagt. Ich berichtete dem Kanzler von der Bärenjagd mit Spür- und Hetzhunden, die im Frühjahr stattfinden sollte. Von dem neckischen Getue der Ehrendamen. Von Mademoiselle Gagarina, wie sie mit Trippelschrittchen umhertänzelte. »Ich bin auf der Suche nach einer Braut für dich«, hatte die Kaiserin gesagt und ihrem Neffen in die Wange gekniffen. »Es wird höchste Zeit.«

Der Kanzler horchte auf bei dem Wort *Braut*, er

drehte scharf den Kopf, seine Lippen spannten sich. Ich musste an einen Vogel denken, der gleich auf irgendeine Beute niederstürzen wird.

»Hat sie schon Kandidatinnen ins Auge gefasst?«

»Sie hat ein paarmal Prinzessin Marianne von Sachsen erwähnt. Aber der Großfürst will nichts von ihr wissen. Sie hat ein Pferdegesicht, sagt er. Jetzt spricht sie meistens von der Prinzessin von Anhalt-Zerbst.«

»Wieso muss es unbedingt eine Deutsche sein? Als ob wir nicht schon mit dem deutschen Bräutigam genügend Schererien hätten. Macht er immer noch ins Bett?«

»Ja. Die Dienstmädchen müssen andauernd die Laken waschen.«

Der Kanzler machte aus seinem Ärger über den Enkel Peters des Großen keinen Hehl. Weltpolitik war eine zu ernste Sache, als dass man sie den Launen eines kleinen deutschen Herzogs überlassen durfte. Russland musste eine Allianz mit Sachsen oder Österreich schließen. Es wurde höchste Zeit, dass der Thronfolger das endlich einsah.

Er wirkte müde. Auf seinem Schreibtisch lagen Papiere mit der Oberseite nach unten und immer paarweise angeordnet, damit man es sofort bemerkte, wenn ein einzelnes Blatt fehlte.

Er seufzte. »Ist das denn zu viel von ihm verlangt, Warwara?«

Spione sind nicht dafür da, solche Fragen zu beantworten.

Spione sind dafür da, Informationen zu liefern, beispielsweise Informationen über einen Brief, der in einem Geheimfach eines Schreibtischs versteckt war, das sich öffnet, wenn man auf die geschnitzte Säule rechts davon drückt. Einen Brief, in dem Friedrich von Preußen der klügste Monarch der Weltgeschichte genannt wird. In dem der Verfasser darüber klagt, dass Russland ein barbarisches Land sei, bewohnt von Heiden, die ihre Götzenbilder küssen und sich davon Heilung von allen Übeln erhoffen. Einen Brief, in dem der Anwärter auf den russischen Thron schreibt: Wenn ich Holstein nicht verlassen hätte, so würde ich jetzt in der Armee Eurer Majestät dienen und all das lernen, was zu einem rechten Soldaten gehört.

Einen Brief, den Madame Kluge weitergeleitet hatte, damit er in die richtigen Hände gelangte.

Von Anfang Oktober an ließ mich Professor Staehlin seinem Schüler regelmäßig ausgewählte Kapitel aus der Geschichte Russlands vorlesen. Die Beschreibung der Großen Gesandtschaft von 1697, der Reise Peters des Großen durch Europa, wo er die Kunst des Schiffsbaus kennenlernte und viele Bücher und kostbare Objekte für seine Sammlungen erwarb. Die Schlacht von Poltawa 1709, in der die russischen Truppen den

König von Schweden besiegten und Russland den ersehnten Zugang zum Meer erkämpften.

Blickt auf ihn, las ich, *seht diesen gottgleichen Mann, eingehüllt in eine Wolke aus Staub und Feuer, schweißbedeckt nach all seinen Mühen. Durch Gottes Gnade und den Zaren ist Russland stark. Denn der Herrscher ist der Vater seines Volks, wie die Erde seine Mutter ist.*

»Peter der Große«, sagte Professor Staehlin, »überließ nichts dem bloßen Zufall.«

Der Großfürst verdrehte nicht die Augen.

Der Besuch der Kunstkamera, des berühmten Museums, das Peter der Große auf der Wasiljewskiinsel hatte erbauen lassen, sollte eine Denkaufgabe sein, die der Großfürst selbständig lösen sollte. Warum hatte sein Großvater diese Einrichtung gegründet? Warum hatte er gewollt, dass Leute seine berühmte Sammlung besichtigten und studierten? Was sollte nach dem Willen des größten aller Zaren sein Volk daraus lernen?

Der Thronfolger sprang auf und klatschte freudig in die Hände, als Professor Staehlin es ihm ankündigte. »Kommt sie auch mit?«, fragte er und zeigte auf mich.

»Wenn Euer Hoheit es wünscht, ja.«

Mir wurde ganz weich in den Knien. Meine Hände zitterten. Man konnte die Insel durch die Fenster des

Palasts sehen, aber ich hatte mir angewöhnt, nicht hinüberzuschauen. Nicht dass ich vergessen hätte, dass ich früher dort gewohnt hatte: Ich spürte immer den Faden, der mich mit meinen Erinnerungen verband, an meinem Herzen zupfen und ziehen, aber ich durfte nicht zulassen, dass dieses Ziehen noch stärker wurde – der Schmerz hätte mich umgebracht.

Im Geist hörte ich die Stimme meines Vaters: »*Die Macht der Vernunft … besiegt Furcht und Aberglauben … die Kunstkamera ist ein Tempel der Wissenschaften.*« Und dann erinnerte ich mich wieder daran, dass unsere Dienstmädchen das Museum für einen verfluchten Ort gehalten hatten, wo Unheil lauerte. Hatten sie recht gehabt, wenn sie für die Worte meines Vaters nur Hohn und Spott übrig hatten?

Ich schob diese Gedanken weg. Ich schwor mir, nicht zu weinen.

Das erste Objekt der Sammlung, zu dem Professor Staehlin den Großfürsten führte, war ein Haufen Schädel und Knochen unter einer Glaskuppel. Zwei Skelette von Kleinkindern, gestützt von Eisenstangen, sahen aus, als wollten sie diesen Hügel gerade erklimmen. Neben ihnen stand ein weiteres Skelett mit einer Geige unterm Kinn und setzte gerade den Bogen an. Eine Girlande aus verdorrten Arterien, Nieren und Herzen schmückte ein Schild, das darüber hing und die kunstvoll verschnörkelte Inschrift trug:

Warum sollte ich mich nach den Dingen dieser Welt sehnen?

»Anatomische Kunst«, so nannte Professor Staehlin das Arrangement. »Aber warum sollen wir an den Tod denken, wenn wir noch in der Blüte unserer Jahre sind?«, fragte er seinen Schüler.

Der Großfürst rieb sich grinsend die Hände: Er wusste die Antwort – ich hatte sie ihm einige Tage vorher vorgelesen.

Um uns bewusst zu machen, dass das Leben kurz ist. Um uns daran zu erinnern, dass wir nach unserem Tod Rechenschaft über unsere Taten ablegen müssen.

Professor Staehlin nickte lächelnd.

Die Missbildungen waren im nächsten Saal ausgestellt, leblose Wesen mit bleicher, ledriger Haut, die in Glaszylindern schwammen, ernste Gesichter in klarer Flüssigkeit schwebend. Zwei Köpfe zu einem einzigen verschmolzen, ein Gesicht ohne Augen, zu einem Nixenschwanz zusammengewachsene Beine. Fötusse mit zu Stumpen verkümmerten Armen, Babys mit zwei Gesichtern.

Die Toten starren die Lebenden an, hörte ich die Dienstmädchen bei uns zu Hause flüstern.

Ich zog den Schal enger um meine Schultern. Der Großfürst neben mir trat unruhig von einem Fuß auf den anderen.

»Das sind deformierte Föten von Menschen und

Tieren. Ihr Großvater hat sie sammeln und aus ganz Russland hierherbringen lassen«, erklärte Professor Staehlin. »Sehen Sie genau hin, Hoheit. Fragen Sie sich: *Warum?*«

Der Großfürst starrte auf das Glas mit den ungleichen Zwillingen: Der eine, ein winzig kleines Bündel verschrumpelter Haut, klammerte sich wie ein Frosch an den Rücken seines aufgedunsenen Bruders.

Der Thronfolger schwieg.

Professor Staehlin beantwortete seine Frage selbst. Peter der Große habe gewollt, dass seine Untertanen etwas daraus lernten: Missgeburten sind keine Ungeheuer, sondern einfach nur in ihrer Entwicklung geschädigte Föten. »Opfer von Krankheit und Laster«, sagte er. »Und auch die Angst der Mutter kann Missbildungen verursachen.« Er zeigte auf eine Inschrift an der Wand: *Denn die Furcht, die eine Schwangere empfindet, kann auf das Leben einwirken, das sie in ihrem Leib trägt.*

»Lesen Sie vor, was da steht, Hoheit«, sagte er.

Der Großfürst wandte den Blick von dem Glasbehälter ab. Ich sah, wie sich seine Lippen bewegten, aber es kam kein Ton heraus. Und dann hörte ich ihn gellend aufschreien, ein unheilverkündender Schrei voller Entsetzen, gefolgt von dem Geräusch seiner Schritte, die sich eilig entfernten.

Ich sah den Professor an. Er blinzelte hektisch, ganz verstört von der Wirkung seiner Worte.

»Stehen Sie nicht herum wie angewurzelt, Warwara. Gehen Sie ihm nach«, befahl er.

Ich gehorchte. Der Großfürst saß zusammengekauert und zitternd auf der untersten Stufe der Treppe. Er schlug die Hände vors Gesicht, als er mich kommen sah. »Hier werden sie mich umbringen«, schluchzte er, »ich weiß es.«

Ich wollte ihm die Hand auf die Schulter legen, aber er schüttelte sie ab.

»Es hat Vorzeichen gegeben«, wimmerte er. »So wie schon bei Mamas Tod. Sie verschweigen es mir, aber ich weiß Bescheid.« Durch seine Finger tropfte Erbrochenes.

Er erinnerte mich an einen jungen Vogel, der hilflos mit den Flügeln schlägt, wie gelähmt vor Angst.

»Holen Sie einen Diener, Warwara, schnell«, befahl Professor Staehlins Stimme. Ich hatte ihn nicht kommen hören.

Er half dem Großfürsten auf. »Sie haben die Missbildungen gesehen, Hoheit. Sie haben gesehen, was Furcht anrichten kann. Sie dürfen nicht zulassen, dass sie Ihr Denken beherrscht. Wir können die Zukunft nicht vorhersehen«, hörte ich ihn sagen, während ich hinaushastete. »Aber wir können uns mit Hilfe der Vernunft auf das vorbereiten, was vielleicht geschehen wird.«

In der Stille, die den Rest dieses Tages einhüllte, bewegte ich seine Worte in meinem Kopf, musterte sie von allen Seiten, suchte nach Spuren von Zweifel, so, wie mein Vater das Leder prüfte, das er für einen Einband verwenden wollte.

Wir können die Zukunft nicht vorherwissen.

Die Vernunft kann die Angst besiegen.

Aber in der Nacht, als ich allein in meinem Bett lag, konnte ich meine Ohren nicht vor dem halb erstickten Weinen des Großfürsten verschließen, das aus dem Zimmer nebenan herüberdrang.

Hundertmal war ich nahe dran, aufzustehen und zu ihm zu gehen, aber immer fand ich Vorwände, es doch nicht zu tun. Er würde mich nur fortschicken. Bestimmt hörte es bald auf. Der künftige Zar musste eben seine Lektionen lernen wie jeder andere auch.

Schmerzhafte Lektionen.

Aber es geht nicht anders.

Irgendwann hörte das Schluchzen auf, und auch ich fiel in den Schlaf. In meinen Träumen bedrängten mich die Missgeburten aus der Kunstkamera. *Schau hin*, sagten sie. *Schau dir die Schwimmhäute zwischen unseren Fingern an, unsere zusammengewachsenen Beine, unsere zugekniffenen Augen.*

Wieso siehst du nicht hin?

Hast du Angst, du könntest zu viel sehen?

Die Leute glauben, sie könnten sich hinter ihren Gesichtern verstecken, sie könnten sie beliebig formen wie Masken für einen Ball. Sie hoffen, ihr eilfertiges Lächeln oder ihr stolzer Blick verriete nicht die Gedanken und Gefühle, die sie lieber für sich behalten wollen. Den nagenden Neid des Höflings. Die Geringschätzung einer Dame. Die verzehrende Sehnsucht eines Kindes.

Ich war nicht die einzige Spionin der Kaiserin, aber ich konnte ihr Gesicht besser lesen als andere. Ihre Pupillen wurden weit, wenn der kühne Blick eines Mannes ihr gefiel. Ein leichtes Stirnrunzeln zeigte an, dass sie dabei war, die Geduld zu verlieren. Eine schwungvolle Armbewegung signalisierte Interesse. Wenn es schwand, begannen ihre Finger mit dem nächstbesten Gegenstand zu spielen.

Die Sünden der anderen ergaben die besten Geschichten. Die Tiefen des Palasts waren so dunkel und geheimnisvoll wie die Wasser der Newa. Die Dinge dort waren immer in Bewegung, immer wieder wurde etwas ans Ufer gespült. Die Geheimnisse, die so ans Tageslicht gelangten, glichen Wasserleichen, verbogenen Münzen, abgeschliffenen Glasscherben voller Schlamm – ebenso nutzlos für diejenigen, die nicht wussten, woher dieses Strandgut kam, wie kostbar für die Eingeweihten. Ich musste nur beobachten und mir alles merken, was ich sah. Ich musste nur denen zuhören, die glaubten, sie wären allein.

Prinzessin Golubewa hielt ihren leibeigenen Friseur in einem Käfig in der Dienstbotenkammer neben ihrem Schlafzimmer gefangen, damit er niemandem erzählen konnte, dass sie kahlköpfig war. In einem verschlossenen Schränkchen in der Bibliothek von Graf Scherementew befanden sich Bücher mit Titeln wie *Venus im Kloster* oder *Die Nonne im Hemd*. Er besaß auch Bilder, die sich verwandelten, wenn man einen im Rahmen versteckten Hebel betätigte: Dann wurden etwa nackte Schäfer und Schäferinnen sichtbar, die auf einer Wiese neckische Spiele trieben, oder eine streng dreinblickende Hofdame hob ihre Röcke und enthüllte ein Hündchen, das die Stelle zwischen ihren Beinen leckte.

Es dauerte nicht lange, bis ich die Lieblingsspionin der Kaiserin wurde.

In einer Nacht schien die Kaiserin mit ihren Gedanken ganz bei dem Armband an ihrem Handgelenk zu sein, wie bezaubert vom Schimmern des Goldes im Kerzenlicht, vom leisen Klicken der Edelsteinanhänger.

»Da ist etwas, das Eure Majestät wissen sollte«, begann ich. »Es betrifft Madame Kluge.«

»Madame Kluge?«, fragte die Kaiserin träge. »Was ist mit ihr?«

»Sie hatte Besuch von einer alten *Baba*.«

Die Kaiserin beachtete das Armband nicht mehr.

Stumm hörte sie an, was ich zu erzählen hatte: von der Alten, deren zahnloser Mund Beschwörungen murmelte, von einer Kerze, die flackerte und qualmte, obwohl kein Luftzug im Raum zu bemerken war.

Wie leicht und flink mir die Worte von den Lippen gingen!

Geld wechselte den Besitzer. Geld für einen Zauber. Einen unsagbar scheußlichen Zauber. *Nehmen Sie diese Flasche ... Gießen Sie Ihren Urin hinein ... Bestreichen Sie damit die vier Füße des Betts Ihrer Herrin, dann wird sie Ihnen wieder gnädig werden.*

Haare, abgeschnittene Fingernägel, Hautschuppen mussten gesammelt und zusammen mit zauberkräftigen Kräutern und anderen magischen Ingredienzien in altes Papier gewickelt werden. Madame Kluge sollte ein schwarzes Band, frisch gebügelt, darum binden und das Päckchen in aller Heimlichkeit am rechten Ort verstecken, wo der Zauber seine Wirkung entfalten konnte.

Die Kaiserin hielt den Atem an. Ich wusste damals noch nicht, wie sehr sie sich vor Hexerei fürchtete, aber ich wusste, dass ich nicht aufhören durfte zu reden. Ihre Augen wurden ganz weit, sie fasste meine Hand und zog mich näher zu sich. Noch nie hatte mir jemand so gespannt zugehört.

»Wo ist es?«, fragte sie.

Ich zeigte auf ihr Bett. Ich hoffte inständig, dass

ich es richtig verstanden hatte. Dass Madame Kluge getan hatte, was die Alte ihr empfahl.

»Zeig es mir«, sagte die Kaiserin.

Ich ging zum Bett und hob die Matratze hoch. Meine Sorge war ganz unnötig gewesen – wie hätte Madame Kluge der Macht der schieren Verzweiflung widerstehen können? Da lag das Bündel, verschnürt mit schwarzem Band.

Die Kaiserin befahl mir, es zu öffnen.

Ich gehorchte. Es roch nach Staub und Kräutern. Das Päckchen enthielt neben rötlich gefärbten Schnipseln von Fingernägeln einen Knochen, ein Knäuel Haare, eine verschrumpelte Karotte und ein paar getrocknete Blumen.

Die Kaiserin bekreuzigte sich mehrmals.

»Leg es da hin«, befahl sie. Ich hörte die Angst in ihrer Stimme. »Vorsichtig. Lass es ja nicht fallen.«

Ich legte das Bündel auf einen Tisch am Fenster.

»Deck es zu.«

Ich breitete ein Taschentuch darüber.

»Jetzt geh.«

Ich machte einen Schritt auf die Geheimtür zu, aber sie hob den Arm und winkte mich zu sich her.

»Das hast du gut gemacht, Warwara. Der Kanzler hatte recht. Ich bin sehr zufrieden mit dir.«

Ich fühlte, wie ihre Finger über meine Haare strichen.

In dieser Nacht in meiner spartanischen Kammer

dachte ich nicht an den Kanzler oder an Madame Kluge. Ich fragte mich nicht, was passieren würde. Ich schlief ein, ganz erfüllt von dem Gefühl dieser Berührung.

Ihre Majestät trug einen Mantel aus Zobel über ihrem schimmernden Gewand, über dem Rand ihrer grünen Samtkapuze ragte eine schwarze Feder auf, die in ihrem Haar steckte. Von einem Balkon des Palasts aus sah die Kaiserin zu, wie zwei Wachen Madame Kluge auf den Hof führten, der frisch geräumt war, nachdem in der Nacht der erste Novemberschnee gefallen war.

Der Großfürst war nicht dabei. Die Kaiserin hatte ihm Bettruhe verordnet, da er mit Halsschmerzen aufgewacht war. Als ich nach ihm gesehen hatte, um ihn zu fragen, ob ich ihm vorlesen sollte, hatte er sich mit seinem Hund herumgebalgt und mir ungnädig zu verstehen gegeben, ich solle ihn in Ruhe lassen.

Seit dem frühen Morgen hatte sich eine Menschenmenge versammelt. Die Leute drängten sich dicht an den Palastmauern, stampften mit den Füßen und schlugen sich auf die Brust, damit ihnen etwas wärmer wurde.

Das feiste Gesicht von Madame Kluge war bleich und angespannt, sie blickte vor sich auf den Boden. Ich hörte die Leute schimpfen: *Deutsche Schlange ... die sind unser Unglück.*

Füße trampelten auf dem eisigen Pflaster. Gerüchte von finstern Machenschaften gingen von Mund zu Mund. *Mit dem Teufel im Bund ... beißt die Hand, die sie füttert.*

Jemand schmiss einen verfaulten Kohlkopf. Er landete platschend im Schneematsch. Madame Kluge zuckte zusammen.

Auf frischer Tat ertappt, hörte ich. *Damit hat sie nicht gerechnet. Geschieht ihr ganz recht. Spioniert für die Preußen. Hat sich von den Deutschen schmieren lassen.*

War immer schon ein hinterhältiges Luder. Hat überall ihre neugierige Nase reingesteckt.

Ein Hund knurrte. Ich hörte einen Paukenschlag.

Alle Augen blickten hinauf zu dem Balkon, dessen Geländer mit einer Flagge verhängt war, auf der der russische Doppeladler seine Schwingen ausbreitete. Die Kaiserin stand unbewegt da.

Als wieder ein Paukenschlag ertönte, wandte sie sich dem Hauptmann der Garde zu. Sie hob die Hand und einen Moment lang dachte ich, das Flehen in Madame Kluges Augen hätte das Herz meiner Herrin erweicht. Aber die Herrscherin aller russischen Länder nickte nur und ließ ihre Hand sinken.

Die Wachen stießen die Delinquentin vorwärts auf die erhöhte Plattform, die man eilig aus Balken und Brettern zusammengezimmert hatte. Ein paar nasse Schneeflocken fielen auf meine Wangen und meine

Lippen. Irgendwo hinter mir schimpfte ein Mann, weil er nichts sehen konnte.

Wie wenig jeder Grund, jede Rechtfertigung vor sich selbst zählt, an die man sich klammert, wenn man gegen das Schuldgefühl ankämpft: Erinnerungen an ein harsches Wort, an ein böse verkniffenes Gesicht, an einen Hieb mit der Rute. Wie wohltuend der Gedanke ist, dass nur die Gerechtigkeit ihren Lauf nimmt, dass nur eine verdiente Strafe vollzogen wird. Wie eilfertig man diejenigen verachtet, die in Ungnade gefallen sind.

»Niemand wird unter meiner Regierung hingerichtet werden«, hatte die Kaiserin an dem Tag ihres Staatsstreichs vor zwei Jahren gelobt. Madame Kluge würde am Leben bleiben, sagte ich mir und wusste doch nur allzu gut, dass es Dinge gab, die nicht weniger schrecklich sein konnten als der Tod. Unter den Hieben der Knute verwandelt sich die Haut in blutige Fetzen. Muskeln und Sehnen reißen, Knochen brechen. Es braucht nicht viel, um eine Frau zum Krüppel zu machen.

Jemand hinter mir lachte hämisch. Ich hörte Madame Kluge kreischen. Bevor ich die Augen abwenden konnte, sah ich ihren Körper schlaff zusammensinken.

Die Kaiserin nickte wieder. Der Soldat mit der Knute holte aus und der erste Hieb knallte in der Stille. Neun weitere folgten, dann wurde das Urteil verkündet – Entlassung aus dem Dienst und Verbannung.

Von diesem Tag an durfte Madame Kluges Name im Winterpalast nicht mehr erwähnt werden.

»Das ist das Spiel, auf das sich jeder hier am Hof einlässt. Man gewinnt oder man verliert«, sagte der Kanzler an diesem Abend und streichelte meinen Busen. »Das kann dir auch passieren, dass du dich von einem Tag zum nächsten dort wiederfindest, wo du hergekommen bist.«

Die Narbe auf seiner Brust, bemerkte er schmunzelnd, verdanke er der Hand eines Sterbenden. Er wusste nicht einmal mehr, wie der Mann geheißen hatte.

»Halt die Augen offen, Warwara, in jeder dunklen Ecke lauert Gefahr. Wenn du einen Moment lang nicht aufpasst, bist du verloren, und jemand anderes tritt an deine Stelle.«

Ich redete mir ein, dass ich keine Wahl hatte.

In den entlegenen Räumen des alten Winterpalasts, schummrigen, mit Eichenholz getäfelten Kammern, die immer noch etwas von der riesenhaften Gegenwart Peters des Großen in sich bewahrten, wurden ständig Betten für die Kaiserin bereitgehalten. Sie verbrachte nie zwei Nächte hintereinander im selben Zimmer – niemand sollte wissen, wo die Herrscherin des russischen Reichs schlief.

Auch sie hatte Angst vor dem Dolch eines Mörders.

Ich kannte damals bereits viele ihrer Geheimnisse. Ich hatte sie in Tränen aufgelöst gesehen und krank vor Begierde. Ich hatte ihre zerfetzten Kleider auf dem Boden liegen sehen, die sie sich vom Leib gerissen hatte, weil sie zu betrunken gewesen war, um sich auszuziehen. In den Monaten, die seit meinem ersten nächtlichen Besuch bei ihr vergangen waren, hatte ich ihr viele Geschichten von Torheit und Stolz, von ehrgeizigen Hoffnungen und hinterlistiger Falschheit gebracht.

Wie sehr sie mir vertraute, ersieht man aus der Tatsache, dass sie mir von dem Brief erzählte, den ihr Sekretär an den Fürsten von Anhalt-Zerbst geschickt hatte.

In dem Schreiben wurden keine Versprechungen gemacht, es übermittelte dem Fürsten lediglich den Wunsch Ihrer Majestät, seine Tochter bei sich zu haben. Die Kaiserin rechnete fest damit, dass die Prinzessin vor dem 10. Februar, rechtzeitig zum sechzehnten Geburtstag des Großfürsten, eintreffen werde.

»Wir werden zu der Zeit alle in Moskau sein«, sagte sie heiter. Die Aussicht auf die bevorstehende Reise stimmte sie froh – sie vertrug es nicht, lange Zeit am selben Ort zu sein. Sie hatte dann immer das Gefühl, anderswo scheine die Sonne heller und der Nachthimmel sei klarer. Und ihr war auch nicht wohl bei dem Gedanken, dass eine ihrer Residenzen zu lange alleine der Dienerschaft überlassen war. Dann blätterte die Farbe von den Wänden, die Vorhänge verschossen, Teppiche wurden fadenscheinig.

Das Auge des Herrn macht die Kühe fett.

In dieser Nacht las ich keine Berichte vor, vielmehr musste ich eine Liste von Fragen an den Haushofmeister schreiben. Waren die Möbel, die die Kaiserin nach Moskau hatte vorausschicken lassen, am Bestimmungsort angekommen? Hatte man dort irgendwelche Schäden durch Feuchtigkeit oder Mäuse festgestellt? Hatte man den Steinmetz bestellt, der den Zustand der Statuen überprüfen und die nötigen Reparaturen vornehmen sollte? Auch fern von der Hauptstadt sollte fremden Besuchern kein Anlass gegeben werden, den Glanz des russischen Hofs in Zweifel zu ziehen.

»Der große Ballsaal von Schloss Annenhof ist genau der richtige Rahmen für den ersten Tanz der beiden«, meinte Elisabeth. Sie streichelte die schnurrende Katze auf ihrem Schoß.

Der ständige Wechsel der Schlafzimmer verwirrte die Katzen nicht im Mindesten. Sie wussten ihre Herrin immer zu finden.

Die Schneiderinnen der kaiserlichen Kleiderkammer hatten alle Hände voll zu tun, die Reisegarderobe zusammenzustellen. Auf den Fluren warteten Koffer und Truhen darauf, verladen zu werden, selbst in der Eingangshalle stapelten sich mit Stroh ausgepolsterte Kisten. Die Leute in den Ställen richteten Zaumzeug und Zuggeschirre für die Pferde her.

Mittlerweile war ich auch dafür zuständig, die Lektüre des Großfürsten Peter auszuwählen. »Nicht so viele Schlachten, Warwara«, hatte die Kaiserin gesagt. »Vielleicht hin und wieder einen französischen Roman. Aber achte darauf, dass es nichts zu Frivoles ist – mein Neffe ist so empfänglich für alles. Und besorge ihm ein paar Liebesgedichte zum Auswendiglernen.«

Im Januar 1744 im Moskauer Annenhof wollte die Kaiserin aller russischen Länder immer nur von der Reise der Prinzessin Sophie von Anhalt-Zerbst reden.

»Was gibt es Neues von unseren Reisenden zu berichten, Warwara?«, fragte sie eines Nachts, als ich ihr Schlafzimmer betrat. Es war nach Mitternacht, zur dunkelsten Stunde. Sie lag auf dem Bett, barfuß, unter dem Kopf mehrere Kissen. Der flauschige weiße Puschok, einer der Kater, die sie aus Sankt Petersburg mitgenommen hatte, hatte es sich neben ihr gemütlich gemacht und putzte seine Pfoten.

Ich nahm zu ihren Füßen Platz, schmalen, wohlgeformten Ballerinenfüßen. Bevor ich mich daranmachte, sie zu massieren, goss ich etwas Lavendelöl auf meine Handflächen und rieb sie, damit sie warm wurden.

»Fürst Naryschkin hat bemerkt, die Prinzessin sei nicht gerade eine Schönheit.«

»Und was sagt der Kanzler?«

»Er sagt, sie ist sehr klug.«

»Durchtrieben, meint er.« Die Kaiserin verdrehte die Augen. »Intrigant. Und woher weiß er das?«

»Er hat wieder einen Brief aus Berlin erhalten.«

Die Berliner Spione hatten fleißig Material gesammelt, und so konnte ich der Kaiserin ein recht detailliertes Bild der jungen Prinzessin aus Stettin malen, einem trostlosen Ort an der Odermündung, der alles andere als bedeutend war. Ich ließ etwas von einem dunkelhaarigen Mädchen durchblicken, das zusammen mit Kindern von Kaufleuten auf den kopfsteingepflasterten schmutzigen Gassen der Stadt spielte, die Tochter einer wirrköpfigen Mutter, die tief enttäuscht gewesen war, dass ihr erstgeborenes Kind kein Junge war.

»Ihr Vater, Hoheit, versteht es, anderen Leuten Ratschläge zu geben, ist aber selbst nicht imstande, seinen Einsichten entsprechend zu handeln. Und die Launen ihrer Mutter werden von Jahr zu Jahr schlimmer.«

Ich berichtete der Kaiserin von der schäbigen Armut der Herrschaften, von fadenscheinigen Teppichen, die schlecht bezahlte Diener mit Sauerkraut abrieben, um wieder etwas Farbe hervorzulocken, von Sesseln mit aufgeplatzten Überzügen, aus denen graue Polsterwatte hervorquoll, von versilberten Tellern, an deren abgewetzten Rändern Kupfer oder Zinn sichtbar wurde, von geflickten oder gestopften Kleidern, die längst aus der Mode waren.

»Wer sagt das? Bestuschew? Weil er denkt, ich würde das Mädchen prompt wieder nach Hause schicken, wenn ich so etwas höre?«

Ich spürte, wie sich ihre Füße verspannten. Ihre Augen funkelten zornig.

»Der Kanzler sagt, arme Prinzessinnen sind es nicht gewöhnt, Macht zu haben. Sie wird ihrer Wohltäterin dankbar sein, wenn sie über ihren Stand erhoben wird, und sie wird Eurer Majestät immer treu ergeben sein.«

Die Füße meiner Herrin wurden unter dem sanften Druck meiner Finger wieder weich und warm.

»Der Großfürst«, fuhr ich fort, »erkundigt sich jeden Tag nach ihr.«

Elisabeths Füße versteiften sich erneut, als ich den Großfürsten erwähnte. Das überraschte mich nicht. Ich hatte gesehen, wie sie zusammenzuckte, wenn ihr Neffe einen russischen Namen verdreht hatte, und wie sie peinlich berührt das Gesicht verzogen hatte, als er bei einem Maskenball in seinen hochhackigen Schuhen gestolpert und hingefallen war.

Ich goss noch etwas Öl auf meine Handflächen. »Der Großfürst fragt andauernd, wo sie denn so lange bleibt.«

Er hatte in seinem Schlafzimmer eine Landkarte

ausgebreitet, auf der er eine Spielzeugkutsche täglich ein Stückchen vorwärts bewegte. Zwei Püppchen saßen darin, die größere hatte eine kaputte Nase, nachdem eine der Katzen einmal die Kutsche vom Tisch geworfen hatte. Ich erwähnte nicht, dass Peter jedes Mal, wenn Professor Staehlin ihn ermahnte, nicht an seiner Wange zu kratzen oder an seinem Ohr zu zupfen, mit blankem Erstaunen reagierte, als ob er überhaupt nicht bemerkt hätte, dass seine Hände umherwanderten.

Elisabeth schloss die Augen. Ich redete weiter.

Der Großfürst fürchtete, seine Verlobte sei zu mager. Professor Staehlin versuchte ihn zu beruhigen, die Prinzessin werde bestimmt mehr Fleisch ansetzen, sobald sie sich an das ausgezeichnete russische Essen gewöhnt habe. »Wenn doch nur alle Frauen so üppig und weich wären wie unsere Kaiserin«, hatte Staehlin geseufzt.

»Das hat er gesagt, der alte Schmeichler?«, fragte meine Herrin. Ich hatte gewusst, dass sie so reagieren würde.

»Ja, Majestät.«

»Und was meinte Peter dazu?«

»Das hat ihm gefallen.«

Durch die Vorhänge drang schon das dämmrige Licht des frühen Morgens. Ich redete leise und hoffte, Elisabeth würde endlich einschlummern.

Der Großfürst hatte wissen wollen, was man mit

einer Verlobten eigentlich anfängt. Ob er sie küssen müsse, hatte er mehrmals gefragt, und als ich ihm sagte, ja, unbedingt, war er rot geworden.

Er hatte noch mehr Fragen: Ob er immer noch weiter Anstands- und Tanzunterricht nehmen müsse, wenn er verheiratet wäre? Oder ob er dann seine ungeteilte Aufmerksamkeit seinem Regiment zuwenden dürfe? Ob es Prinzessin Sophie wohl Spaß machen würde, ihm dabei zuzusehen, wenn er seine Truppen exerzieren ließe? Immerhin war ihr Vater auch Offizier.

Die Kaiserin schloss die Augen.

Ich plauderte weiter: Ganz Petersburg erwartete gespannt die Ankunft der Prinzessin von Anhalt-Zerbst. Jongleure übten neue Nummern ein, Wahrsagerinnen prophezeiten Glück und Freude.

Sobald ich ein erstes leises Schnarchen vernahm, zupfte ich die Silberfuchsdecke über den Füßen der Kaiserin zurecht, wischte mir das Öl von den Händen und schlüpfte hinaus. Die Kerze ließ ich wie immer brennen.

Die Berichte der Geheimkanzlei über den Verlauf der mehr als einen Monat dauernden Reise von Prinzessin Sophie kamen in edel gebundenen Aktendeckeln, die mit grünen Bändern verschnürt und mit Wachs versiegelt waren. Sie waren von ernüchternder Offenheit – unter anderem wussten sie von geflickten

Strümpfen und grobleinener Unterwäsche zu erzählen. Das Schloss der Familie von Anhalt-Zerbst war ein so armseliger Bau, dass niemand in Sankt Petersburg es auch nur eines Blickes gewürdigt hätte.

Nachdem die Einladung aus Russland am Neujahrstag eingetroffen war, so wurde berichtet, hatte Sophies Vater volle drei Tage gezögert, ehe er endlich seine Einwilligung zu der Reise gab. Seine Bedenken waren religiöser Natur: Wenn seine Tochter den russischen Kronprinzen heiratete, musste sie zu einem fremden Glauben übertreten. »Dürfen wir das Seelenheil unserer Tochter für irdischen Tand aufs Spiel setzen? Wie könnten wir zulassen, dass sie Götzen verehrt?«, hatte er gefragt. »Wenn ich auf dich gehört hätte, säßen wir immer noch in Stettin«, hatte seine Frau erwidert, aber sie war doch damit einverstanden gewesen, dass man fürs Erste ihrer Tochter nichts von der Einladung Elisabeths erzählte: »Sie soll sich nicht unnötig aufregen, solange noch nichts entschieden ist.« Es war die Rede von einer heimlichen Verlobung Sophies mit ihrem Onkel gewesen, aber die Anhalt-Zerbsts waren nicht so einfältig, dass sie nicht erkannt hätten, welche von beiden die bessere Partie war. Es mochte der Prinzessin etwas zu gut gefallen haben, auf dem Schoß des Onkels zu sitzen, doch sie war noch Jungfrau.

»Sie reisen mit nur vier Kutschen, und selbst die bezahlen nicht sie, sondern die Kaiserin«, sagte der

Kanzler höhnisch, als er mir die Depeschen seiner Spione übergab.

Sie erzählten von kleinen Zankereien wegen verlorener Kämme und Wanzen. Eine Zofe bestätigte, dass Sophie bis zum Alter von sieben Jahren ein Stützkorsett getragen hatte, aber jetzt war von einer Verkrümmung der Wirbelsäule nichts mehr zu bemerken, meldeten die Spione.

Die Prinzessin und ihre Mutter reisten in Kutschen ohne Wappenschmuck als Gräfin Reinbeck mit Tochter Figchen – »kleine Feige«, so hatte man Sophie als kleines Mädchen genannt, weil sie so rund und süß war. Die Fürstin klagte unaufhörlich über den Winter, der das Reisen so beschwerlich mache.

Die Wagenspuren auf den Straßen waren steinhart gefroren. Die Fremdenzimmer in den Poststationen waren oft nicht beheizt. Figchen litt an geschwollenen Beinen und musste bei jedem Halt aus der Kutsche gehoben und zur Unterkunft getragen werden. Mehr als einmal mussten die Reisenden in einem Raum zusammengepfercht mit dem Postmeister, seinen Kindern, Hunden und Hühnern übernachten. »Das ist der berühmte Komfort der preußischen Gasthöfe!«, murrte Fürstin Johanna.

Die Spione beobachteten die beiden Tag und Nacht, und sie meldeten noch das trivialste Detail. Die Kaiserin amüsierte sich köstlich, wenn sie sich die Berichte vorlesen ließ.

In Riga hatte dann das Versteckspiel ein Ende, die Damen nahmen wieder ihre richtigen Namen an. Die Kutschen wurden nach Preußen zurückgeschickt, und man setzte die Fahrt mit einem prächtigen Schlitten fort, den die Kaiserin gesandt hatte. »Ist das nicht wie ein riesiges Bett, Maman?«, rief Sophie entzückt. »Hast du so etwas schon einmal gesehen?« Sie konnte bald wieder selbständig ein- und aussteigen und erklärte, ihr sei zum ersten Mal seit Wochen so richtig warm bis in die Zehen. Sie küsste die Zobeldecken, streichelte die Daunenbetten und Pelze und pries die Großzügigkeit »unserer allerliebsten Kaiserin« in den höchsten Tönen.

»Schmeicheln können sie, die Anhalt-Zerbsts, das muss man ihnen lassen«, sagte der Kanzler. Seine Hand schlüpfte unter mein Hemd. »Trotzdem wird unser kleines Figchen mit dem spitzen Kinn nicht länger als ein paar Wochen hier bestehen.«

Der Kanzler sah mit Missfallen den steten Strom von Berichten, die alle davon erzählten, wie Prinzessin Sophie voller Verehrung Loblieder auf ihre Wohltäterin sang, und auch die wachsende Ungeduld, mit der der Großfürst seine künftige Braut erwartete, stimmte ihn verdrießlich. In Gegenwart der Kaiserin sagte er über die Prinzessin nur die schmeichelhaftesten Dinge, wie alle es taten, aber vor mir machte er aus seinem Ärger keinen Hehl.

Was die Spione schickten, war nichts als warmer Speichel. Was sollte er tun? Das Zeug trinken und genießerisch mit der Zunge schnalzen?

Seine schwarzen Augen funkelten vor Unmut und unterdrückter Wut. Er beklagte sich darüber, dass die Berichte so endlos lange unterwegs seien, dabei kaum etwas Neues enthielten, immer wieder dieselben Geschichten mit unbedeutenden Variationen, und die meisten waren ohnehin vollkommen uninteressant. Herrscher können blind und taub sein für die wichtigsten Dinge, aber ein Höfling darf sich das nicht erlauben.

»Schau selbst, ob da irgendetwas drin ist, das die Kaiserin wissen müsste«, sagte er und warf mir ein Bündel Papiere auf den Schoß. Das war eine von den Künsten, die er mir beigebracht hatte: in einem Wust von lauter Trivialitäten das einzige wichtige Detail zu entdecken.

Ich las. Wieder einmal wurde von feierlichen Morgenandachten berichtet, bei denen für die Gesundheit der Kaiserin und des Kronprinzen gebetet wurde, von Strümpfen, die drei Tage hintereinander getragen worden waren, einer davon geflickt, noch dazu schlampig, von dünnflüssigem und normalem Stuhl, von einem Muttermal auf Sophies Oberschenkel. *Unter dem Vorwand, ich müsste ihre geschwollenen Beine behandeln, untersuchte ich die Prinzessin,* schrieb der Leibarzt der Kaiserin. *Sie hat schon ihre monatliche Regel. Ich kann mit aller Verbindlichkeit versichern, dass sie gesunde Knochen hat und ihre Konstitution erwarten lässt, dass sie gesunde Kinder zur Welt bringen wird.*

Nur Fürstin Johanna sorgte regelmäßig dafür, dass sich die Stimmung des Kanzlers etwas aufheiterte. Voller Vorfreude nahm ich die Abschriften ihrer Tagebucheinträge und der Briefe, die sie nach Hause geschickt hatte, zur Hand.

Ich wurde von Fürst Wladimir Dolgoruki begrüßt.

Es kam mir gar nicht in den Sinn, dass das alles zu Ehren meiner Wenigkeit veranstaltet worden sein könnte, einer Person, für die anderswo kaum eine Trommel schlägt, wenn sie nicht ganz sang- und klanglos einziehen muss, schrieb Johanna über den Empfang, den man ihr in Riga bereitete.

»Das arme Figchen hätte aus der Kutsche fallen können, und kein Mensch hätte es auch nur bemerkt«, bemerkte Bestuschew sarkastisch.

Ich kicherte.

Ich machte mich auf seine übliche Tirade über Äpfel, die nicht weit vom Stamm fallen, gefasst, über eitle Mütter und ihre Töchter, aber sie blieb aus, denn der Brief, der jetzt an die Reihe kam, gefiel dem Kanzler noch besser als der Klang seiner eigenen Stimme.

Als Mitglied der Delegation, die Prinzessin Sophie von Anhalt-Zerbst auf russischem Boden willkommen hieß, hatte ich Gelegenheit, mit unserem hochgestellten Gast eine Unterhaltung zu führen, deren Inhalt ich Eurer Exzellenz pflichtschuldig zur Kenntnis gebe.

Von vordringlichem Interesse für Eure Exzellenz dürfte die folgende Bitte sein, die Prinzessin Sophie im Verlauf dieses Gespräch an mich richtete: Ich sollte ihr detaillierte Informationen über Charakter und Lebensumstände der einflussreichsten Persönlichkeiten des Hofs liefern. Im Einzelnen wollte sie gerne wissen: Welche Gefühle empfindet die Kaiserin für diese Personen? Sind sie reich? Sind sie verheiratet, haben sie Kinder? Wer sind ihre engsten Freunde?

»Wenn Sie für mich so ein Dossier zusammenstellen, Herr General«, sagte die Prinzessin, »können Sie meiner Dankbarkeit sicher sein.«

In dem Bewusstsein, dass die Prinzessin, wenn ich mich ihrem ungewöhnlichen Ansinnen verweigerte, sich an jemand anderen wenden würde, fertigte ich die gewünschten Aufzeichnungen an. Eine Abschrift davon lege ich diesem Schreiben bei. Wie Eure Exzellenz sich überzeugen mögen, enthält das Dossier nur weithin bekannte oder leicht zugängliche Informationen. Wenn ich in zwei Fällen die Namen von Lieblingshunden genannt habe, so geschah dies auf ausdrücklichen Wunsch der Prinzessin.

Sie liebt Hunde sehr.

Diesen Brief las ich der Kaiserin am Abend, als ich mit ihr allein war, vor. Ich las langsam, wie es mir der Kanzler befohlen hatte. »Ein Samenkorn kaiserlichen Zweifels einpflanzen«, so hatte er es ausgedrückt.

Die Kaiserin saß vor ihrer Frisierkommode und starrte auf das goldene Geflecht des Armbands, das an ihrem Handgelenk glitzerte.

»Wo ist Sophie jetzt?«, fragte sie, als hätte sie kein Wort von dem gehört, was ich eben vorgelesen hatte.

»In Sankt Petersburg, Majestät. Sie wollen nur kurz Rast halten, bevor sie nach Moskau weiterfahren.«

»Gefällt es ihr dort?«

»O ja, die Stadt ist so viel größer und prächtiger als Berlin, sagt sie. Fürst Repnin hat sie zu einer Vorführung der Elefanten Eurer Majestät mitgenommen. Sie hat fünfundzwanzigmal geklatscht, so entzückt war sie. Sie konnte gar nicht fassen, dass so riesige Tiere derart anmutig tanzen können.«

»Sie wird rechtzeitig zu Peters Geburtstag hier sein, oder?«

»Ja.«

Ich sah, wie sie sich zu dem in Silber gerahmten Spiegel vorbeugte, ihre Fingerspitze leckte und damit über ihre Braue fuhr. Offenbar erwartete sie nächtlichen Besuch, jemanden, für den sie jetzt Parfüm hinter ihre Ohren und auf die Handgelenke tupfte, jemanden, der durch den Geheimgang kommen sollte, der von diesem Zimmer auf den Hof führte.

»Geh jetzt«, sagte sie.

Ich legte den Aktendeckel auf das Tischchen neben ihrem Bett. Als ich schon fast bei der Tür war, rief sie mich noch einmal zurück.

»Wie lange bist du schon hier, Warwara?«

»Fast ein Jahr, Euer Hoheit.«

»Wie alt bist du jetzt?«

»Sechzehn, Euer Hoheit.«

»Du könntest ihre Freundin werden. Eine ältere Freundin, der sie vertraut.«

»Wenn Euer Hoheit das wünscht.« Ich wartete darauf, dass sie noch etwas sagte, aber sie wedelte nur mit der Hand zum Zeichen, dass ich entlassen war.

Die Reisenden ließen sich Zeit. Am 6. Februar machte die Kaiserin sich nicht einmal mehr in Anwesenheit des Kanzlers die Mühe, ihre Ungeduld zu verbergen. Sie hatte gehofft, Sophie und Peter würden ein, zwei Tage vor dem Fest zusammen verbringen können. Wie lange sollte die »kurze Rast« in Sankt Petersburg dauern? Wussten Sophie und ihre Mutter nicht, dass die Kaiserin wartete?

Am 9. Februar fuhr ein Schlitten mit klingelnden Glöckchen am Zaumzeug durch das Tor von Schloss Annenhof und hielt vor dem herrschaftlichen Portal. Ein streichholzdünnes Mädchen befreite sich aus dem Wust von Fellen und Decken und folgte seiner Mutter ins Gebäude, vorbei an Kammerherren und

Gardeoffizieren, die herbeigeeilt waren, um sie zu begrüßen.

»Wie warm es hier ist, Maman!«, rief sie und klatschte in die Hände. »Wärmer als bei uns zu Hause im Sommer!«

In der großen Empfangshalle hieß Marschall Brummer anstelle von Kanzler Bestuschew die Gäste der Kaiserin willkommen.

»Es ist uns eine Ehre«, sagte Fürstin Johanna so laut, dass alle es hören konnten. »Und eine große Freude.«

Man geleitete sie zu ihren Zimmern, damit sie sich frisch machen konnten, bevor sie der Kaiserin vorgestellt wurden. Auf den Korridoren standen Höflinge und Kammerzofen, Köche, Diener und Hausknechte auf Zehenspitzen und reckten die Hälse. Ich schaffte es, mich direkt bis zu den Wachen, die die beiden Damen eskortierten, vorzudrängeln, konnte aber zu meiner Enttäuschung nicht mehr als einen flüchtigen Blick auf einen Zobelumhang und eine braune Haube erhaschen.

Ich eilte zur Kaiserin. Sie saß im Thronsaal, umgeben von ihren Hofdamen. Der Großfürst Peter stand bei ihr und trat unruhig von einem Fuß auf den anderen, immer die Tür im Blick. Auch Bestuschew war da, er hatte sich hinter ihnen aufgebaut. Der Ausdruck gezügelter Heiterkeit auf seinen dünnen Lippen täuschte: Er war keineswegs freudig gestimmt.

»Du hättest deutlicher werden sollen«, hatte er gefaucht, als ich ihm berichtete, dass die Kaiserin dem Brief, den ich ihr vorgelesen hatte, keine besondere Beachtung geschenkt hatte. »Wir dürfen nicht zulassen, dass diese kleine Hausfrau mit ihren Spielchen durchkommt.«

»Sie sind da, Majestät«, sagte ich atemlos vom Laufen, was mir einen gereizten Blick des Kanzlers eintrug.

»Du hast sie gesehen, Warwara?«

Ich nickte.

»Wirkt Prinzessin Sophie erschöpft von der Reise?«

»Ja, man sieht ihr die Anstrengung an«, sagte ich. »Aber sie brennt darauf, Euer Hoheit kennenzulernen.«

»Frischer als die Mutter wird sie allemal wirken, denke ich.«

Hörte ich da einen gehässigen Unterton in ihrer Stimme? Schwang ein Vorgefühl von Eifersucht mit, noch ehe sie Johanna kennengelernt hatte?

Sie winkte nachlässig, ich trat ab, und da kamen die beiden Damen auch schon herein – offenbar hatten sie lediglich ihre Mäntel abgelegt. Sie waren sichtlich bewegt beim Anblick der Kaiserin. Prinzessin Sophie trug ein eng anliegendes plissiertes Kleid, verziert mit gelben Bändern, ihre Mutter hatte ein biederes Matronenkostüm gewählt, in dem sie plump, ja unförmig aussah.

Gar nicht dumm, dachte ich.

Strahlend in der Pracht ihres weit ausladenden Kleids aus Silbermoiré, besetzt mit Goldlitze und glitzernden Diamanten, eine einzelne schwarze Feder im Haar, stand die Kaiserin da und hörte geduldig zu, während Fürstin Johanna ihre auswendig gelernte Rede aufsagte. Sie sprach von ihrer tiefen Dankbarkeit, von geheiligten Familienbanden und davon, wie sehr sie sich freue, dass sie endlich Gelegenheit hatte, ihren Gefühlen ganz unmittelbar Ausdruck zu verleihen. Sie bat die Kaiserin, dass sie auch weiterhin dem Haus Anhalt-Zerbst gewogen sein möge, besonders aber »meinem Kind, dem Eure Majestät huldvoll gestattet hat, mich an Euren Hof zu begleiten«.

In Elisabeths Augen glomm Freude auf. Sie küsste die Fürstin auf beide Wangen und umarmte sie. Es folgten allerhöchste Gunstbeteuerungen, beglücktes Seufzen, Lobpreisungen und Komplimente, die heftig abgewehrt und desto entschiedener bekräftigt wurden, immer neue Beschwörungen innigster Verbundenheit.

»So, und jetzt lassen Sie mich das schöne Kind einmal richtig ansehen«, hörte ich die Kaiserin sagen.

Sophie stand hinter ihrer Mutter, die Hände übereinandergelegt. Ich sah erst jetzt, wie lang und blass ihr Gesicht, wie stark ausgeprägt ihr Kinn war. Nein, hübsch ist sie nicht, dachte ich. Es war kein wirklich anziehendes Gesicht, obwohl sie einen schönen Teint hatte, milchig weiß und durchscheinend. Die Prinzessin war schlank, zu schlank. Ihre knochigen Schultern zeichneten sich unangenehm spitz unter dem Stoff des Schals ab. Und trotz allem ging ein besonderer Reiz von ihr aus, etwas, das ich noch nicht genau fassen konnte.

Sophie lächelte, ein schüchtern kindliches Lächeln, und schlug die Augen nieder.

»Ich bin so glücklich wie noch nie in meinem ganzen Leben, Hoheit«, sagte sie leise auf Französisch. »Sie sind sogar noch schöner, als man mir gesagt hat.«

»Oh, wie charmant!«, rief die Kaiserin, umarmte die Prinzessin und küsste sie auf beide Wangen.

Kanzler Bestuschew wurde unruhig. Ich beobachtete, wie er unsichtbare Staubkörnchen vom Kragen seines Samtjacketts wischte.

»Und was ist mit meinem Neffen?« Elisabeth zeigte auf Peter. »Sieht er noch genauso gut aus, wie Sie ihn in Erinnerung haben? Oder sind Sie zu schüchtern, es mir zu sagen?«

Sophies Wangen röteten sich ganz leicht.

»Genug von dieser Staatsaktion«, verkündete die Kaiserin. Sophies stumme Reaktion schien ihr zu gefallen. »Kommen Sie mit in meine Suite, wo wir unter uns sind.«

Sie schritt aus dem Thronsaal, gefolgt von den beiden deutschen Damen und dem Großfürsten. Die

Tür zu den kaiserlichen Privatgemächern schloss sich, die Hofgesellschaft, Kanzler Bestuschew eingeschlossen, begann sich zu zerstreuen.

In einem Vorzimmer der kaiserlichen Suite stand in einer mit Stuckgirlanden umrahmten Nische eine marmorne Büste Peters des Großen. Auf einem Wandteppich daneben prangten auf schimmerndem Grund die ineinander verschlungenen Initialen der Kaiserin. Dort wartete ich – ich weiß nicht, worauf. Vielleicht darauf, dass sich die Tür öffnete, dass sich irgendeine Gelegenheit ergab, meine Dienste anzubieten, dass ich ein Bröckchen wertvoller Information aufschnappte, das ich an den Kanzler weiterreichen konnte?

Manchmal hörte ich die Kaiserin lachen, die Stimme der Fürstin Johanna und die des Großfürsten drangen durch die Tür, nur Sophie schien nie etwas zu sagen.

Etwa eine Stunde verging, dann kam die Kaiserin heraus, allein. Sie beachtete mich nicht, sondern trat ans Fenster und zog die Vorhänge auf. Lange stand sie schweigend da, und als ich aufblickte, sah ich sie eine Träne aus ihrem Auge wischen.

Nach der offiziellen Begrüßung wurden die Gäste sich selbst überlassen. Die Fastenzeit hatte begonnen, die Zeit der Beichte und der Buße. Sechs Wochen lang sollten die orthodoxen Gläubigen weder

Fleisch noch Fisch anrühren, weder Butter noch andere Milchprodukte, nicht einmal ein bisschen Sahne zum Tee oder Kaffee.

Ja, es war Fastenzeit, aber die Damen aus Deutschland waren Lutheraner und unterlagen nicht den orthodoxen Beschränkungen. Sie brauchten nicht zu fasten und morgens zur Kirche zu gehen. Man sagte ihnen, sie sollten sich ausruhen von den Strapazen der langen Reise und wieder zu Kräften kommen.

Ich war schon einmal im Zimmer der Prinzessin gewesen und hatte mich dort umgesehen.

Ihr Toilettenköfferchen war mit kostbarem Chagrinleder überzogen. Darin befanden sich Porzellantiegelchen und mit Kameen verzierte Fläschchen. Sie enthielten Wasser, das nach Gerste roch, Mandelmilch und *poudre de violette* für ihr Haar. Sie hatte drei verschiedene Töne von Rouge. Die Parfümflakons waren regelrechte kleine Kunstwerke. Auf einem war ein Cupido ins Glas geschliffen, der mit seinem Bogen ein fernes Ziel anvisierte, auf einem anderen eine Nymphe neben einem Baum. Das Köfferchen samt Inhalt war ein Geschenk der Kaiserin. Ich hörte die Zofen sagen, die deutsche Prinzessin sei mit nur vier Hemden und einem Dutzend Paar grober Strümpfe gekommen.

Ich hatte ein kleines silbernes Kästchen geöffnet. Darin lagen Schönheitspflästerchen aus schwarzem Taft in den verschiedensten Formen, runde, herzförmige, kleine Halbmonde. Ich versuchte mir eines auf die Wange zu kleben, aber es blieb nicht haften.

Das zierliche Schloss eines grünen Büchleins ließ sich mit einer Haarnadel ganz leicht öffnen. Verdächtig leicht.

Der Großfürst hat braune, wunderschön funkelnde Augen, genau wie sein Großvater.

Die russische Kaiserin ist die schönste Frau, die ich je gesehen habe. Und die freundlichste. Sie schert sich wenig um übertriebene Etikette.

Sie ist klug, dachte ich. Sie gab sich keine Blöße – in diesem Zimmer war nichts, das verriet, dass sie Zweifel hatte, dass sie die Einsamkeit fürchtete an diesem fremden Hof, wo ein Neuling keine Freunde hat.

Dem Kanzler würde das nicht gefallen, diese Zurschaustellung von lauter Pflichtbewusstsein und Tugend. Im Geist sah ich ihn schon vor mir, seinen missmutigen Blick, seine Finger, die gereizt auf der Tischplatte trommelten. Wieder einmal würde er darüber klagen, wie sehr er in Anspruch genommen war von allen Seiten, wieder einmal würde er ein Glas Wodka nach dem anderen hinunterstürzen.

Zu meiner Überraschung freute mich der Gedanke daran.

Prinzessin oder nicht, Sophie war nur ein junges Mädchen. Was konnte sie schon gegen den Kanzler ausrichten? Er würde dafür sorgen, dass sie wieder dorthin zurückkehrte, wo sie hergekommen war. Vielleicht würde er ihr erlauben, ihre kostbaren Geschenke mitzunehmen als Andenken, die sie an ihre eitlen Träume erinnerten, aber das war auch schon alles. Bis zum Ende ihrer Tage würde sie dem nachtrauern, was sie verloren hatte, diesem kurzen Vorgeschmack auf ein Leben, das das ihre hätte werden sollen.

Du könntest ihre Freundin werden, hatte die Kaiserin im Januar zu mir gesagt, als wir auf die Ankunft der Prinzessin warteten. Jetzt hatten wir Anfang März, und ich war immer noch nur eine Spionin, die Sophie und ihre vier Ehrendamen, Töchter von kleinen Adeligen aus der russischen Provinz, durch ein Guckloch in der Wand beobachtete.

Ich sah, wie die jungen Mädchen sich um Sophie drängten, sie fragten, wie es ihr in Russland gefiel und wie sie ihre Kleider und Frisuren fand. Ich sah, wie ungezwungen heiter die Prinzessin auf diese albernen Fragen einging, wie sie eifrig den guten Geschmack ihrer Gefährtinnen lobte und sie zu all dem Flitterkram beglückwünschte, mit dem sie sich herausputzten.

Natürlich – selbst eine deutsche Provinzprinzessin musste sich noch eher zu *ihnen* hingezogen fühlen als zu der Tochter eines Buchbinders.

Ein paar Tage später beobachtete ich sie aus dem Dunkel eines fensterlosen Kabuffs durch ein Loch in der Wand: Sie saß in einem silbrigen Musselinkleid, das viel zu leicht war für den russischen Winter, einen Schal um ihre schmalen Schultern geschlungen, allein in einem Sessel und wiegte ihren Oberkörper immer vor und zurück.

Nach einer Weile nahm sie ein Buch zur Hand und begann zu lesen. Ich nahm mir vor, bei nächster Gelegenheit zu untersuchen, ob vielleicht ein Brief zwischen den Seiten versteckt war.

Die dumpfe Luft in dem Raum machte mich ganz benommen. Durch die Ritzen zwischen den Bodendielen drang der Geruch von gekochtem Kohl und getrockneten Pilzen. Ich zupfte an dem engen Kragen meines Hofkleids und dachte an die Elefantenparade in Sankt Petersburg, die ich dieses Jahr versäumen würde.

Als ich wieder durch das Guckloch schaute, stand Sophie vor einer offenen Tür. Es war eine Seitentür, die ausschließlich von Dienstboten benutzt wurde, und ging auf einen Korridor hinaus, durch den Lakaien und Stubenmädchen, beladen mit Frühstückstabletts, Kaffeekannen und anderen Dingen, hin und her eilten. Ein Dienstmädchen redete auf Russisch auf die Prinzessin ein, um ihr zu erklären, dass dieser Durchgang nicht für ihresgleichen bestimmt war.

»Bitte, Hoheit, bitte«, sagte das Mädchen immer wieder, ganz erhitzt vor Aufregung. Ich konnte mir gut vorstellen, was sie am Abend ihren Kolleginnen erzählen würde.

»*Spasiba*. Danke«, antwortete Sophie, rührte sich aber nicht vom Fleck.

Die »offizielle« Tür ging auf, und ich sah Fürstin Johanna eintreten. Sie *stürmte* herein, offensichtlich hochgradig gereizt. Sie war noch nicht fertig geschminkt, die dunklen Ringe unter den Augen waren deutlich sichtbar. »Was soll das, bist du verrückt?«, schrie sie. »Mach sofort die Tür zu!«

Überhaupt war die Fürstin sehr unzufrieden mit dem Benehmen ihrer Tochter. Sie lege eine träge Gleichgültigkeit an den Tag, warf sie ihr vor, kein Charme, keine feminine Heiterkeit. Dem Großfürsten hatte ihre Gesellschaft wenig Vergnügen bereitet in letzter Zeit, und es war nicht schwer zu erraten, woran das lag.

»Wieso zeigst du nicht mehr Interesse, wenn er sich mit dir unterhalten will?«

»Aber er will doch immer nur über Holstein reden, Maman.«

»Na und? Dann redest du eben mit ihm über Holstein. Dummes Ding.«

Es folgten weitere Vorwürfe. Die Prinzessin *ging* nicht anmutig genug. Sie vernachlässigte ihre Pflichten ihrem Vater gegenüber – allerdings konnte die Fürstin nicht präzisieren, was für Pflichten im Einzelnen sie im Auge hatte. Sophie stand mit gesenktem Kopf da, ihre Finger spielten mit dem Anhänger an ihrem Halskettchen.

Wieder ging die Tür auf, und Bairta kam laut weinend ins Zimmer. Das kleine Kalmückenmädchen war ein Willkommensgeschenk der Kaiserin an Sophie. Sie hatte das Kind auf der Straße singen gehört und war entzückt gewesen von seiner glockenhellen Stimme. Bairta war nicht teuer gewesen, ihr Vater hatte sie im Tausch für ein gutes Reitpferd hergegeben.

»Wieso kannst du dieses Balg nicht in deinem eigenen Zimmer behalten, Sophie? Dieses ständige Geheule geht mir auf die Nerven, ich bekomme Kopfweh davon.«

Bairta verzog sich in eine Ecke des Zimmers und machte sich ganz klein.

Irgendwann hatte die Fürstin sich endlich müde geschimpft. Die Lippen zu einem künstlichen Grinsen verzogen, betrachtete sie sich im Spiegel, schob ihre Frisur zurecht und tupfte auf ein Schönheitspflästerchen an ihrem Kinn. Einen Moment lang erstarrte sie und lauschte; offenbar hatte sie irgendein Geräusch gehört. »Behaupte später nicht, ich hätte dich nicht gewarnt«, sagte sie zu ihrer Tochter und ging hinaus.

Sobald ihre Mutter weg war, wischte Sophie sich über die Augen und schüttelte den Kopf wie ein nasser Hund. Sie machte ein paar zögernde Schritte durch den Raum, blieb vor dem Spiegel stehen und fing an, Knickse zu üben.

Du könntest ihre Freundin werden, hatte die Kaiserin gesagt. *Eine ältere Freundin, der sie vertraut.*

In der Ecke begann Bairta wieder zu schluchzen. *Das ist meine Chance*, dachte ich.

Ich schlich mich aus meinem Kabuff, ging zur Tür von Sophies Zimmer und klopfte.

»Herein.«

Ich trat ein. Prinzessin Sophie lächelte, als sie mich sah, offenbar erkannte sie mich wieder. Das war schon mehr, als ich erwartet hatte.

»Sie sind die Vorleserin des Großfürsten, nicht?«, fragte sie. »Wie heißen Sie?«

»Warwara Nikolajewna.«

»Warwara Nikolajewna.« Aus ihrem Mund klang mein russischer Name merkwürdig hart. »Hat der Großfürst Sie geschickt?«

»Ich kam nur zufällig gerade vorbei, Hoheit«, sagte ich. Ein Ausdruck von Enttäuschung huschte über ihr Gesicht. »Ich glaubte, ich hätte jemanden weinen gehört.«

Sie zeigte auf Bairta. Das arme Kind kauerte in der Ecke, das Gesicht zwischen den Knien versteckt. »Sie weint die ganze Zeit. Ich frage sie immer wieder, warum sie so unglücklich ist, aber sie versteht mich nicht.«

Bairta zog die Schultern hoch und gab einen halb seufzenden, halb schluchzenden Laut von sich.

Ich kniete mich neben ihr hin.

»Warum weinst du?«, fragte ich auf Russisch.

Zögernd blickte das kleine Mädchen auf. »Ich will

zu meiner Mama«, stieß sie mit tränenerstickter Stimme hervor.

Sophie und ich wechselten einen hilflosen Blick. Wie soll man einem Kind erklären, dass nicht einmal eine Prinzessin sich den Wünschen einer Kaiserin widersetzen kann?

»Sagen Sie ihr, ich zeige ihr was, wenn sie aufhört zu weinen«, sagte die Prinzessin.

Ich tat es.

Bairta sah neugierig, aber immer noch in Tränen aufgelöst, zu, wie die Prinzessin ihre Backen aufblies und ihre Augen zu schmalen Schlitzen zusammenkniff. Sie knurrte, miaute und fauchte wie ein Kater, der sich zum Kampf gegen einen verhassten Rivalen bereit macht. Und dann folgte das wilde Kreischen einer erbitterten Schlacht, so täuschend echt, dass man glauben konnte, es wären wirklich zwei Palastkatzen unbemerkt ins Zimmer geschlüpft. Sophies Gesicht lief rot an vor Anstrengung, aber sie hörte nicht auf, bis Bairtas Tränen versiegten.

»Wie haben Sie das gelernt?«, fragte ich fasziniert.

Sie lachte, und ihre blauen Augen blitzten, ihr ganzes Gesicht strahlte. Nein, sie war keine »kleine Hausfrau«, und eigentlich war ihr Kinn gar nicht *so* spitz.

»Mein Vater hat es mir beigebracht«, sagte sie.

Und dann fügte sie hinzu: »Aber ich will lieber

nicht über ihn sprechen, denn das würde mich traurig machen. Und es wäre doch wirklich ganz nutzlos, wenn ich jetzt auch noch zu weinen anfinge, nicht?«

Professor Staehlin war angewiesen worden, den Unterricht des Großfürsten zu verkürzen. Die beiden Kinder, meinte die Kaiserin, sollten mehr Zeit ungestört von fremder Gesellschaft miteinander verbringen, bevor der Hof nach Sankt Petersburg zurückkehrte.

Ich sollte sie im Auge behalten.

Der Großfürst besuchte seine Zukünftige jeden Tag, wie die Kaiserin es wünschte, und blieb volle zwei Stunden bei ihr, aber es gab wenig zu berichten.

Sophie bat ihn, eine Schlittenfahrt mit ihr zu unternehmen, doch er meinte, das würde sie nur langweilen.

»Sie könnten mir einen russischen Tanz beibringen«, schlug sie vor.

»Ich tanze nicht gern.«

»Wieso nicht?«

»Es macht mir einfach keinen Spaß.«

Zu einer längeren Unterhaltung kam es nur, wenn Sophie den Rat ihrer Mutter befolgte und das Gespräch auf Holstein brachte.

Die beste Neuigkeit, die ich zu berichten hatte, war die von einem ungeschickten Kuss, den der Großfürst seiner Verlobten auf die Wange gedrückt hatte. Anschließend waren die beiden ausgelassen durch die Korridore gerannt und hatten versucht, die Posten, die vor den Türen Wache standen, zum Lachen zu bringen.

Ich war auf dem Weg zum Großfürsten, als Bairta mich aufhielt.

»Kommen Sie«, flüsterte sie und fasste meine Hand. »Die Herrin will Sie sprechen.«

Schweigend ging ich mit ihr. Am Tag zuvor hatte ich sie in dem Raum vor Sophies Schlafzimmer Harfe spielen hören. Ich fragte sie nicht, ob sie sich immer noch nach ihrer Mutter sehnte.

Sophie saß allein am Fenster, ein Buch im Schoß, als ich eintrat. Ihre Füße ruhten auf einem Fußwärmer – die Kaiserin fand, dass Pelzdecken nicht genügten, die Kälte des russischen Winters abzuwehren.

Ich war auf der Hut, denn ich rechnete damit, dass sie mir Fragen nach dem Großfürsten oder der Kaiserin stellen würde, und überlegte, was ich ihr sagen durfte, ohne meine eigenen Geheimnisse zu verraten. Aus dem Zimmer nebenan hörte ich die zwitschernde Stimme der Fürstin und das Lachen eines Mannes.

»Ist Warwara derselbe Name wie Barbara?«, fragte Sophie.

»Ja.«

»Bedeutet er etwas?«

Ich erklärte ihr, dass mein Name auf Griechisch »Fremde«, »Ausländerin« bedeutete und dass die heilige Barbara, meine Namenspatronin, ein gebildete Frau gewesen war, die gegen den Willen ihres heidnischen Vaters zum Christentum übergetreten war. Man rief sie um ihren Schutz vor Blitzschlag und Unwettern an.

»Woher wissen Sie das alles?«, fragte die Prinzessin.

»Ich habe es in einem der Bücher meines Vaters gelesen«, sagte ich und fügte hinzu, bevor sie fragen konnte: »Er ist tot.«

Sie sah mich an mit ihren blauen Augen. Ich blickte starr auf den Wandbehang hinter ihr. Darauf war eine Nymphe abgebildet, die sich gerade in einen Baum verwandelte: Ihre Haare waren mit dünnen Zweigen durchflochten, ihre Beine gingen in einen Stamm über und waren bereits halb mit Rinde bedeckt. Hinter ihr versuchte ein Mann sie zu packen, bevor sie ihm entkam.

»Ich lese auch gerne«, sagte die Prinzessin.

Nur die Bibel mochte sie nicht, erzählte sie, weil ihr Hauslehrer in Deutschland, ein evangelischer Pastor, sie immer Passagen hatte auswendig lernen lassen, und wenn ihr beim Aufsagen auch nur der kleinste Fehler unterlaufen war, hatte er sie geschlagen und gesagt: »Die Freuden dieser Welt sind ihre Leiden nicht wert.«

Ich betrachtete ihr Gesicht, während sie sprach, die dunklen Schatten unter ihren Augen, das straff gebändigte schwarze Haar, ungepudert und schmucklos. Einen Moment lang schweiften meine Gedanken ab zu dem Katzenkonzert und zu Bairtas kindlicher Freude.

»Werden Sie mir helfen?«, hörte ich sie sagen. Ich war so überrascht, dass ich unwillkürlich einen Schritt zurückwich. Meine Absätze sanken in den dicken Orientteppich ein, der auf dem Boden lag.

»Bei meinem Russisch«, fügte die Prinzessin hastig hinzu und hielt mir ein Blatt Papier hin. Es war ein Brief, genauer gesagt: der Entwurf eines Briefs. Sie hatte Sätze aus dem Übungsbuch ihres Russischunterrichts verwendet, aber sie war sicher, dass daran noch einiges zu verbessern war.

Sie war fremd hier, und darum durfte sie sich keine Fehler erlauben, erklärte sie mir.

Ausländer, die es in Russland zu etwas bringen wollten, müssten den allerstrengsten Maßstäben genügen. Die Russen verziehen Fremden nicht das kleinste Vergehen, das hatte man ihr bereits eindringlich eingeschärft. Ihre Stimme zitterte ein bisschen.

Ich fragte sie nicht, wer sie gewarnt hatte. Ich wollte es nicht wissen.

»Wir sind beide fremd hier, nicht wahr, Warwara Nikolajewna?«

»Ja, Hoheit.«

Es war ein kurzer Brief, ein Dankschreiben an jemanden, der ihr eine Kiste Burgunder von der letzten Lieferung geschickt hatte, die Sankt Petersburg erreicht hatte, bevor die Ostseehäfen zugefroren waren. *Eine Aufmerksamkeit, deren Wert ich noch besser zu schätzen wissen werde, sobald die Fastenzeit vorüber ist*, hatte Sophie geschrieben.

Sie hatte nur ganz unbedeutende Fehler gemacht, einige Verstöße gegen die Orthographie, hie und da hatte sie ein »Weichheitszeichen« ausgelassen. Sie gab mir ihre Feder, und ich schrieb die nötigen Korrekturen an den Rand.

Jedes Mal wenn ich einen Fehler entdeckte, gab sie ein drolliges Stöhnen von sich und sagte »So was Dummes! Wie konnte ich das nur übersehen?« oder etwas in der Art. Als ich fertig war, knickste ich und wollte gehen, aber sie hielt mich auf.

»Es tut mir leid, dass ich Ihnen so viel Mühe mache«, sagte sie.

Ich blickte auf, sah, wie ihre Lippen sich spannten. »Es ist nicht der Rede wert«, murmelte ich.

Sie drehte sich um und nahm ein in gelben Stoff gewickeltes Päckchen vom Kaminsims. »Ich möchte Ihnen etwas schenken – es ist wirklich nur eine Kleinigkeit.«

»Das ist ganz unnötig«, wehrte ich ab, aber sie schüttelte den Kopf. Ich fühlte ihre Finger an meinem Arm, sie sah mir in die Augen.

»Bitte, Warwara Nikolajewna«, sagte sie und drückte mir das Päckchen in die Hand. Ich wollte das rote Bändchen aufziehen, mit dem es zugebunden war, aber sie ließ es nicht zu. »Öffnen Sie es erst später.«

Als ich in meinem Zimmer allein war, löste ich das Bändchen und schlug den gelben Stoff auf. Ein Stück Bernstein, gebettet auf weißen Satin, wurde sichtbar.

Ich nahm es und hob es ans Licht. Es war ein sehr edles Stück, das Sophie weit mehr gekostet haben musste, als sie sich leisten konnte. In honigfarbenem Harz waren zwei Bienen in enger Umarmung eingeschlossen.

Ich bewunderte die geknickten zarten Beinchen der Tiere, die zusammengeklappten Flügel, die gekrümmten Hinterleiber mit den unsichtbaren Stacheln.

Wie waren diese Bienen wohl gestorben? War es Pflichtgefühl oder Hunger, was sie in dasselbe klebrige Grab getrieben hatte? Oder ein neugieriger Drang, etwas zu erkunden, das ihnen ein für alle Mal versagt und verboten war? Der Mut, mehr zu wollen? Der Wunsch, einander beizustehen, auch wenn es den Tod bedeutete?

Wir sind beide fremd hier.

Ist das der Grund, warum ich es tat? Warum ich zum ersten Mal sehenden Auges gegen alle Gebote handelte? Um mir diese süße Wärme zu erhalten, die ich so lange nicht mehr gespürt hatte, dass ich sie schon fast vergessen hatte? Wenigstens für ein paar Momente, bevor Furcht und Vorsicht wieder Besitz von mir ergriffen? Oder war es Mitleid und damit im Grunde die reine Anmaßung? Wollte ich ihr beibringen, wie man hier am Hof am besten bestand, war das mein Geschenk für sie?

Denn sie hatte sich mit ihrer närrischen Schreiberei in größte Gefahr gebracht.

Nicht mit der Niederschrift von Lebensweisheiten und ehrgeizigen Vorsätzen, sich zu vervollkommnen, nicht mit ihrem literarischen Selbstporträt, in dem sie sich eine »fünfzehnjährige Philosophin« nannte, obwohl ihr fünfzehnter Geburtstag noch bevorstand, sondern mit einem Text auf einem Blatt, das ich zuunterst in ihrer Schreibtischschublade fand:

GEDANKEN EINES ELEFANTEN

Prächtig aufgeputzt kommt ihr daher, ihr seht mich und ruft voller Staunen aus: »Was für ein gewaltiges Tier, so stark und doch so fügsam!« Ihr glaubt, ich hätte mich mit meinem Gefangenendasein abgefunden, ihr dünkt euch groß, weil ihr einen Riesen zu eurem Sklaven gemacht habt.

Ihr redet davon, mir eine Gemahlin zu besorgen, ihr macht Pläne, was mit meinen noch ungeborenen

Kindern geschehen soll, eitle Pläne, denn ein Elefant wird sich nie fortpflanzen, um dem Tyrannen, der ihm die Freiheit geraubt hat, weitere Sklaven zu liefern.

Ihr beobachtet mich, aber ich meinerseits beobachte euch, ich finde euch klein und ängstlich, erbarmungswürdige Geschöpfe, und ich gebe euch diese Mahnung mit auf den Weg:

Erkennt die Vorzüge einer einfachen, bescheidenen und natürlichen Lebensweise. Gehorcht der Vernunft und nicht der Furcht. Beugt eure Knie vor Königen, doch nicht vor Tyrannen.

Das ist die Weisheit der Elefanten.

Lange hielt ich das Blatt in meinen Händen, betrachtete die eleganten ebenmäßigen Bögen mit Sophies Handschrift, die langgezogenen Buchstaben *f* und *l*. Ich stellte mir das boshafte Entzücken des Kanzlers vor, hörte im Geist das Lob, das er mir spenden würde.

Und ich stellte mir vor, wie Elisabeth reagieren würde, ihren Zorn.

Auf einem Silbertablett stand neben Flaschen mit Gersten- und Lavendelwasser eine Kerze. Ich zündete sie an.

Ich hielt das Papier in die Flamme, sah zu, wie die Worte verbrannten, die Sophie niemals hätte schreiben dürfen. Dann löschte ich das Feuer und ließ die verkohlten Reste des Blatts auf dem Tablett liegen.

Ich hoffte, Sophie würde verstehen, was das bedeutete.

Ich betete, dass mich niemand beobachtete.

»Es *kann* nicht sein, dass die kleine Hausfrau immer alles richtig macht, Warwara«, sagte der Kanzler gereizt, als ich ihm berichtete, dass Sophie bis spät in die Nacht russische Vokabeln und orthodoxe Gebete lernte. »Die Prinzessin von Anhalt-Zerbst ist keine Heilige, das ist unmöglich.«

Ich bemühte mich, nicht daran zu denken, wie zerbrechlich und blass sie ausgesehen hatte, als ihre Mutter ihr eine Standpauke hielt, wie flehend ihr Blick gewesen war, als sie mich um Hilfe bat. Sicher würde ihr schon bald wieder ein Fehler unterlaufen, sie würde allzu sorglos irgendetwas niederschreiben, das verriet, wie enttäuscht sie von dem Großfürsten war oder vielleicht sogar von der Kaiserin. Und dann würde man sie geschlagen und gedemütigt nach Hause schicken.

Ich hatte ihr einmal geholfen, aber ich konnte mich nicht auf Dauer den Wünschen des Kanzlers widersetzen. Ein einziges Wort von ihm würde genügen, mich zu vernichten. Sophie würde mich nicht retten – was konnte sie schon gegen ihn ausrichten?

Ich machte mir keine Illusionen. Ich war ein kleines Meereslebewesen, das sich an einen Felsen klammerte. Über mich tobten Stürme hinweg, und ich hielt mich fest und hoffte, dass die Strömungen und Wellen mich nicht fortschwemmten. Würde es irgendjemand merken, wenn ich umkäme?

Sie hat immer noch ihren Vater, zu dem sie zurückkehren kann, dachte ich, *aber ich habe niemanden.* Ich hörte die warnende Stimme in meinem Kopf: Was geht dich Sophie an? Treib es nicht zu weit.

Die Kaiserin befand, die Fürstin habe zu wenig auf die richtige Ernährung ihrer Tochter geachtet. Sophie sei zu mager, zu knochig. Was sie brauche, sei einfache, gute russische Kost, wie Elisabeth selbst sie als junges Mädchen gegessen hatte, dunkles Roggenbrot, Schtschi – Sauerkrautsuppe, eingedickt mit Hafermehl –, Kascha mit Pilzen. Bei den Mahlzeiten ließ die Kaiserin die Prinzessin an ihrer Seite Platz nehmen und freute sich, wenn ihr junger Gast mit gutem Appetit einen Teller nach dem anderen leerte und immer neue Gerichte zu ihren Lieblingsspeisen erklärte, bevor die nächste Köstlichkeit aufgetischt wurde.

Das, dachte ich, war ein gutes Zeichen.

Ende Februar begann die Kaiserin sich auf ihre alljährliche Wallfahrt zum Kloster der Dreifaltigkeit und des heiligen Sergius vorzubereiten, und ich wurde nicht mehr zu nächtlichen Berichten einbestellt. In dieser Zeit der Buße interessierte sich Elisabeth nicht für die Geheimnisse ihrer Höflinge, sie hörte lieber Geschichten von jungen Adeligen, die in Armut lebten und nach Heiligkeit strebten.

Im Kloster wollte die Kaiserin, das Gesicht von schwarzer Spitze umschleiert, der leere Magen von Hunger gepeinigt, zur heiligen Jungfrau von Smolensk um Vergebung ihrer Sünden flehen. Für jede durchzechte Nacht, für jede Nacht, in der sie sich einen der Gardesoldaten ins Bett geholt hatte, würde sie mit einem Kuss auf die gemalte Hand der Jungfrau und mit einem Gebet büßen. Es hatte viele solche Nächte gegeben im Lauf des Jahres, und sie hatte viel zu beten. Alle irdischen Angelegenheiten mussten warten, bis sie zurückkehrte.

Wir alle freuten uns auf diese Zeit, nicht nur deswegen, weil die Kaiserin abwesend sein würde.

Das Fasten und Beten zwang Elisabeth dazu, an die Ewigkeit zu denken. In den ersten zwei Tagen nach ihrer Rückkehr sprach sie von nichts anderem als von Barmherzigkeit und Vergebung. Es war die beste Zeit, der Kaiserin Vergehen zu beichten und um Gnade zu flehen, Gesuche und Bitten vorzutragen. Der Hofbeamte, der das Glück hatte, die Audienzliste führen zu dürfen, konnte besonders üppige Schmiergelder einstreichen.

Dieses Jahr allerdings spielten die Segnungen der kaiserlichen Bußfertigkeit in den Überlegungen des Kanzlers eine untergeordnete Rolle.

An dem Tag, an dem die Kaiserin sich ins Kloster des heiligen Sergius begab, sollte die Unterweisung Sophies im orthodoxen Glauben beginnen.

Der Großfürst setzte seine täglichen Besuche bei seiner Verlobten fort, indes schlich sich im Verhältnis der beiden nach der Abreise der Kaiserin eine gewisse Missstimmung ein. Es war nur eine leichte Dissonanz, aber für mein Ohr war sie deutlich genug.

Es begann damit, dass die Prinzessin in ihrem Zimmer eine Gebetsecke mit einer Ikone der Jungfrau von Wladimir einrichtete, vor der sie sich jedes Mal verneigte, wenn sie den Raum betrat.

»Was soll das?« Peter rümpfte die Nase. »Sie sind noch nicht einmal konvertiert.«

Das war nicht das Einzige, was ihm missfiel. Er fand es übereifrig, dass sie auch jetzt, da die Kaiserin nicht da war, Roggenbrot und Blini zum Frühstück aß, dass sie Kwass trank und jede Gelegenheit nutzte, russisch zu sprechen.

»Wie ein gehorsames Schaf«, hatte er gesagt.

Ich sah oft Tränen in ihren Augen, aber sie hatte gelernt, den Mund zu halten. Sie beklagte sich nicht, wenn Peter ihr beibrachte, wie man im Paradeschritt marschiert und das Gewehr präsentiert, sie bat nur darum, bei diesen Übungen statt der befohlenen blauen Holsteiner Uniform den grünen Rock des Preobraschenski-Regiments tragen zu dürfen, und als er ihr diesen Wunsch abschlug, fügte sie sich. Unter Peters energischem Kommando exerzierte sie auf den Fluren des Schlosses. »Hoch das Bein!«, hörte ich ihn rufen. »Höher, Sophie. Tempo, Tempo!«

Sie bemühte sich. Sie paukte ganze Nächte lang russische Vokabeln, schrieb lange Passagen aus russischen Büchern ab. Wenn sie ihr Tagespensum erledigt hatte, übte sie sich darin, das orthodoxe Glaubensbekenntnis laut vorzulesen. Ich hörte oft noch spät in der Nacht ihre Stimme, die immer wieder über einzelne Phrasen stolperte.

Auf ein Stück Velinpapier, das immer auf ihrem Schreibtisch lag, hatte sie geschrieben: *Drei Dinge sind wesentlich: der Kaiserin zu gefallen, dem Großfürsten zu gefallen und dem russischen Volk zu gefallen.*

Die Kaiserin war eine Woche weg, als ich Zeugin wurde, wie Fürstin Johanna ihre Tochter anschrie. Sophie litt unter Übelkeit und Ohnmachtsanfällen und hatte darum gebeten, sie bei Hof zu entschuldigen. Sie solle nicht »so ein Theater veranstalten«, sie führe sich auf wie ein verzogenes Kleinkind, schimpfte die Mutter.

An diesem Morgen nach dem Aufstehen hatte die Prinzessin dunklen Schleim in eine Schüssel erbrochen, die von einer Kammerzofe eilig mit einem Tuch abgedeckt und fortgetragen worden war. Sophies Augen waren glasig vor Fieber.

Ich sah, wie die Fürstin sie an den schmalen Schultern packte, sie im Bett hochzog und heftig schüttelte. »Schluss mit diesem wehleidigen Getue!«, sagte sie. »Reiß dich zusammen, zeig dem Großfürsten, dass du die Tochter eines preußischen Offiziers bist!«

Man verabreichte ihr ein Abführmittel und ließ sie einen Tag lang fasten. Das half gegen das Erbrechen, aber das Fieber dauerte an. Der Hofarzt, der die Prinzessin untersuchte, fand ihren Zustand nicht wirklich ernst. Ihre Haut war glatt und rein, also konnte man eine Pockenerkrankung ausschließen. Er zeigte sich überzeugt, dass Sophie lediglich ein paar Tage Bettruhe brauchte.

Meine Tochter wird Eure Hoheit morgen empfangen, schrieb Fürstin Johanna dem Großfürsten, der sich nach Sophies Befinden erkundigt hatte. *Die freundliche Anteilnahme Eurer Hoheit hat sie sehr berührt, indes bittet sie Eure Hoheit eindringlich, sich keine Sorgen zu machen.*

Aber das Fieber ging nicht zurück, obwohl man der Patientin Eiskompressen auflegte, die stündlich gewechselt wurden. Am dritten Tag erkannte die Prinzessin ihre Mutter nicht mehr. »Ich möchte ausgehen«, sagte sie immer wieder. Und dann verlor sie das Bewusstsein. Die besten Ärzte von Moskau wurden gerufen und empfahlen einhellig einen Aderlass.

Fürstin Johanna nannte sie Barbaren, Ignoranten, Dummköpfe, deren Behandlungsmethoden allenfalls für die groben Bauern passten, an die sie gewöhnt seien. Russische Ärzte hätten ihren Bruder umgebracht, raunzte sie, sie würde nicht zulassen, dass sie ihr Kind auch nur anfassten.

Dabei blieb sie. Keine Bitten, keine Argumente konnten sie umstimmen. Schuld an der schlechten Verfassung ihrer Tochter seien zu viel Aufregung und die ungewohnte Kost. Noch ein paar Tage strenges Fasten sei die beste Medizin für Sophie. Es gehe ihr bereits jetzt deutlich besser.

Durch das Guckloch in der Dienstbotenkammer konnte ich nicht viel mehr sehen als die zugezogenen Vorhänge des Krankenbetts und die zusammengesunkene Gestalt der deutschen Kammerzofe, die an ihren Fingernägeln herumzupfte.

Am Morgen war die Prinzessin in der Regel bei leidlich klarem Bewusstsein, aber im Lauf des Nachmittags stieg das Fieber wieder an. Die Kammerzofen tuschelten, sie sei schon so schwach, dass ihre Beine sie nicht mehr trügen. Ich hörte den Hofarzt sagen, dass bald auch ein Aderlass nicht mehr viel helfen würde. Auf dem Flur hüpfte die kleine Bairta stundenlang von einer Marmorplatte zur anderen und bemühte sich, ja nicht auf eine der Fugen zu treten, denn das brachte Unglück.

Es war immer noch kalt, klirrender Frost lag in der Luft. Die Verlobten hatten alle Einladungen zu

Schlittenpartien mit höflichem Bedauern abgelehnt. Ich nahm den Bernstein mit den beiden darin eingeschlossenen Bienen aus seinem Schächtelchen und drehte ihn lange in meinen Fingern hin und her, bevor ich ihn wieder zurücklegte.

»Was willst denn *du* hier?«, hatte die Fürstin geschrien, als ich gefragt hatte, ob ich die Prinzessin besuchen dürfe. »Hast du sie nicht schon genug belästigt?«

»Was können wir kleinen Menschen schon tun gegen Gottes Ratschluss?«, sagte der Kanzler Bestuschew seufzend, als ich ihm berichtete, dass die Fürstin halsstarrig blieb. »Ich habe mir bei Gott nie gewünscht, dass das Mädchen *so* abtreten muss.«

»Sie wird dem Großfürsten fehlen«, gab ich meinen eigenen Zweifeln zum Trotz zu bedenken.

»Der Großfürst wird sie schnell vergessen – aus den Augen, aus dem Sinn«, erwiderte der Kanzler. Offenbar zuckte ich zusammen, denn er sah mich scharf an. »Du bedauerst es doch wohl nicht, oder?«

»Nein«, sagte ich. Vielleicht ein bisschen zu prompt.

Ich hatte genug gesehen, um zu wissen, dass nichts so schnell vergänglich ist wie irgendeine Position am Hof. Es gab genügend Leute, die ebenso darauf bedacht waren, es in dieser Welt zu etwas zu bringen, wie ich. Mädchen, die mich mit überlegenem

Lächeln musterten, die trödelten, wenn man sie zur Eile antrieb, die zunehmend nachlässig und unaufmerksam ihren Dienst verrichteten.

Ich sah sie ins Arbeitszimmer des Kanzlers schlüpfen, hörte gedämpftes Gelächter, sah, wie sie hastig ihre Röcke glattstrichen, wenn sie wieder herauskamen. Ich bekam mit, dass sie verheiratet wurden, sodass die Kaiserin in Bauerntracht bei ihrer Hochzeit tanzen konnte.

Noch ein Tag verging, und die Fürstin war immer noch nicht bereit, auf die Ärzte zu hören, und sie lehnte es rundweg ab, der Kaiserin mitzuteilen, dass Sophie erkrankt war. Ihre Tochter war stark und jung. Es hatte nichts zu bedeuten.

In ihrem Schlafzimmer, das direkt neben Sophies Krankenzimmer lag, schmiegte sich die Mutter an einen Kammerherrn. Die Schminke auf ihrem Gesicht war verschmiert. Durch ein Guckloch sah ich, wie seine Lippen ihren Hals liebkosten. Die Fürstin lachte glucksend.

Ich wartete, bis sie fertig waren. Mich interessierte, was sie miteinander redeten.

»Dieser Bauerntrampel kann seine Herkunft nicht verleugnen: Am wohlsten fühlt sie sich in der Gesellschaft von Dienstboten ... fett, eitel, neidisch ... liegt bestimmt jetzt gerade auf den Knien ... wahrscheinlich fragt sie die Jungfrau, aus welchem Regiment sie ihren nächsten Liebhaber wählen soll: besser ein Kalmücke oder ein Kosake? ... beide, würde ich sagen, schließlich hat sie einiges aufzuholen.«

Die Bodendielen knackten, die Tür öffnete und schloss sich. Der Liebhaber war gegangen.

Aus der Dunkelheit meines Verstecks sah ich, wie die Fürstin sich an ihren Schreibtisch setzte und zu schreiben begann, hastig, ohne Pause, eine Seite, noch eine, dann legte sie die Feder ab, wischte sich über die Stirn und gähnte, bevor sie das Blatt zusammenfaltete und versteckte.

Ein Lächeln lag auf ihren Lippen, als sie aufstand und hinausging. Wenig später hörte ich ihre keifende Stimme aus dem Raum nebenan. Es war stickig, warum hatten die Mädchen nicht gelüftet? Sophies Kissen waren ganz flachgedrückt und schmutzig. Warum war der Nachttopf noch nicht ausgeleert worden?

Das zierliche Schreibtischchen gab sein Geheimnis schnell preis. *Dies ist ein barbarisches Land*, versicherte die Fürstin dem König von Preußen, *nicht das Weltreich, als das es sich ausgibt.*

Ich erinnerte mich, dass Monsieur Mardefeld, der wabbelige preußische Gesandte, Fürstin Johannas Hand mit deutlich mehr Inbrunst geküsst hatte, als einem Diplomaten zustand. War er es, der ihre Briefe an den preußischen König weiterleitete? *Bald, sehr bald*, verhieß das Schreiben, *werde ich Eure Majestät von zahlreichen überaus günstigen Entscheidungen unterrichten können, die auf mein Betreiben hin gefasst wurden.*

Was glaubte die dumme Gans, wer sie war?

Ich sehe um mich herum nur stumpfe Trägheit und Chaos, ein schwaches und launisches Land, das ständig gelobt werden will.

Ich legte den Brief wieder in sein Versteck. Auf dem Korridor hörte ich Bairta schluchzen.

Ein Schauder überlief mich.

Ihr Kind konnte jeden Moment sterben, aber die Fürstin Johanna würde nie um etwas anderes trauern als um ihre eigenen zerplatzten Illusionen.

»Ah, unsere erlauchte Fürstin möchte gerne eine preußische Spionin sein!« Der Kanzler musste lachen, als ich ihm von meiner Entdeckung berichtete.

In letzter Zeit trug er kürzere Perücken, die seinen Nacken frei ließen. Er hatte Ringe unter den Augen, und seine Wangen hingen schlaff herunter.

»Das hast du gut gemacht, Warwara.« Er klatschte in die Hände und lehnte sich bequem in seinem Sessel zurück.

Ich dachte an Sophie, ihr vor Schmerz erstarrtes, wächsernes Gesicht, die ausgedorrten Lippen, die mühsam nach Luft schnappten. Ich dachte daran, was der Arzt gesagt hatte: »Nur ein Aderlass kann die Gewalt des Fiebers brechen.«

Ich ging zum Großfürsten.

Er war gerade damit beschäftigt, eines der Holzmodelle aus seiner Sammlung von Miniatur-Festungsanlagen, einem Geschenk seiner Tante, zusammenzubauen.

Die Bauanleitung vor sich ausgebreitet, wählte er zwei Holzteile aus und klebte sie zusammen, sehr konzentriert darum bemüht, dass die Stücke im genau passenden Winkel zueinander standen. Seine Zungenspitze stand etwas vor, während er überlegte, was als Nächstes an die Reihe kam.

»Euer Hoheit«, sagte ich, »darf ich offen sprechen wie ein Soldat?«

»Nur zu.«

»Falls Prinzessin Sophie stirbt, wird die Kaiserin es Eurer Hoheit nie verzeihen, dass Sie es unterlassen haben, sie von der Krankheit der Prinzessin zu unterrichten.«

»Sie wird nicht sterben.« Er zuckte die Schultern. »Sophie ist stärker, als du denkst, sie wird uns alle überleben.«

»Was werden Sie antworten, wenn die Kaiserin Sie fragt, warum Sie nichts getan haben, um das Leben Ihrer Verlobten zu retten?«

Er wurde unsicher, auch er lebte in ständiger Furcht vor Elisabeths Zorn.

Ich hatte Papier, Federn und Tinte mitgebracht, auch eine Streusandbüchse hatte ich dabei.

Seufzend setzte er sich hin und schrieb einen Brief an die Kaiserin. Als er fertig war, faltete er das Blatt, ließ sorgsam genau in die Mitte rotes Wachs tropfen und drückte sein Siegel darauf.

Im Geist sah ich die Kaiserin, die, schwarz gekleidet, den Kopf mit einem Tuch bedeckt, zu dem goldenen Bildnis der Jungfrau emporblickte. Ich sah den Boten auf der Landstraße nach Jaroslawl, vor ihm in der Ferne die blauen und goldenen Zwiebeltürme des Klosters.

Ich bin überzeugt, dass Fürstin Johannas Starrsinn der Genesung ihrer Tochter im Wege steht, so hatte der Großfürst auf meinen Vorschlag hin geschrieben. *Sophie braucht den Beistand einer* echten *Mutter.*

Ein Pferd wurde aus dem Stall geführt, sein Reiter würde das Kloster noch vor Tagesanbruch erreichen. Am Abend konnte die Kaiserin in Moskau sein.

Schnell, murmelte ich, *kommen Sie schnell.*

Wenn irgendjemand Sophie noch retten kann, dann Sie.

Die Kaiserin kam mitten in der Nacht, das Kinn bebend vor Wut. Ein beißend saurer Geruch zog hinter ihr her, als sie in Sophies Zimmer stürmte.

»Geh mir aus den Augen, du Schlampe«, fauchte sie die Fürstin an. Diese war klug genug, sich eilig in ihr Zimmer zurückzuziehen. Die Mädchen, die ihr am nächsten Tag Essen aus der Küche brachten und ihren Nachttopf leerten, erzählten unter viel Gelächter, dass sie immer noch jedes Mal ängstlich zusammenfuhr, wenn sie an ihrer Tür klopften.

Überall nichts als Selbstsucht und Gier, schrie die Kaiserin. Feiglinge und Dummköpfe allesamt. Wenn nicht der Großfürst Verstand bewiesen hätte, dann wäre sie nur noch rechtzeitig zu einem Begräbnis hierhergekommen.

Der Hofarzt wies darauf hin, dass Fürstin Johanna ihm nicht erlaubt habe, die Patientin zu untersuchen, und Einspruch gegen einen Aderlass erhoben habe. »Und davon haben Sie sich beeindrucken lassen?«, zischte die Kaiserin und entließ ihn aus ihrem Dienst.

Graf Lestocq trat an Sophies Bett und schlug die Decke zurück. Der frühere Liebhaber der Kaiserin, ehemals Hofchirurg der Kaiserin Anna, war einer der Verschwörer gewesen, die Elisabeth an die Macht brachten. Am Vorabend des Staatsstreichs hatte er Elisabeth, die noch zögerte, den letzten entscheidenden Schritt zu tun, zwei Spielkarten hingehalten; auf die eine hatte er eine Krone, auf die andere einen Galgen gezeichnet. »Sie haben nur die Wahl zwischen diesen beiden«, hatte er gesagt.

Er nahm jetzt eine Lanzette mit einem Elfenbeingriff zur Hand, schärfte die Klinge auf einem Wetzstein, zog sie auf einem Riemen ab und machte sich dann an die Arbeit. Sobald das Blut zu fließen begann, regte sich Sophie und öffnete die Augen.

Eine Stunde lang saß Elisabeth an Sophies Bett. Sie wischte der Kranken den Schweiß von der Stirn und redete beruhigend auf sie ein. »Ich bin bei dir«, sagte sie immer wieder. »Von jetzt an werde *ich* mich um dich kümmern.«

Als ein Lakai meldete, dass ein protestantischer Pastor da sei, richtete sich die Prinzessin auf und murmelte ganz leise etwas in flehendem Ton.

Die Kaiserin beugte sich zu ihr vor, um zu verstehen, was sie sagte.

Und dann wandte sie sich uns zu. Tränen liefen ihr über die Wangen.

»Dieses Kind … dieses gesegnete Kind«, hauchte sie mit zitternder Stimme. »Sie hat mich gebeten, den Pastor fortzuschicken. Sie möchte, dass ich einen orthodoxen Priester rufen lasse.«

Der ganze Hof war versammelt, als am 28. Juni 1744 die Prinzessin von Anhalt-Zerbst in die Kapelle des Golowin-Palais einzog, um in die orthodoxe Kirche aufgenommen zu werden. In ihrem scharlachroten, mit silbernen Borten besetzten Kleid, ein schlichtes weißes Band im ungepuderten Haar, wirkte sie prächtig und zugleich rührend kindlich. Die Kaiserin selbst hatte ihr Rouge aufgelegt und ihre Lippen leuchtend rot geschminkt.

Die Prinzessin war noch von ihrer Krankheit geschwächt, aber ihr Schritt war entschlossen, als sie so hinter der Kaiserin, ihrer Mutter und dem Großfürsten dahinging.

Sie sprach das Glaubensbekenntnis auswendig und machte keinen Fehler. Und als sie zu den Worten *Simwola weri* kam – »Symbole des Glaubens« –, konnte man kaum mehr eine schwache Spur eines Akzents hören.

Gerührtes Schluchzen wurde in der Versammlung vernehmbar, als der Erzbischof ihr Salz auf die Zunge legte und Stirn, Augen, Hals und Hände mit heiligem Öl salbte. Sie küsste seine Hand. Dann wurde die Messe gelesen, und sie empfing den Leib Christi in der heiligen Kommunion.

Als sie sich wieder zu uns umdrehte, war sie nicht mehr Sophie, die deutsche Provinzprinzessin mit gestopften Strümpfen und fadenscheinigen Hemden. Sie war jetzt Katharina Alexejewna, eine orthodoxe Gläubige. Am Tag darauf sollte in einer Zeremonie in der Uspenski-Kathedrale ihre Verlobung mit dem Großfürsten offiziell besiegelt werden.

Ich sah zu, wie die Kaiserin Katharina in die Arme schloss, sie ihr Schätzchen, ihren Sonnenschein, ihr Goldkind, ihr geliebtes Püppchen nannte.

Katharina Alexejewna. Ekaterina. Katja. Katinka.

Die Kaiserin hatte sie nach ihrer eigenen Mutter genannt. Nicht einmal ein Echo vom Namen ihres preußischen Vaters sollte Elisabeths Anspruch auf dieses Mädchen schwächen: Sie hatte es als *ihr* Kind angenommen, sie hatte sein Leben gerettet.

Ich bemerkte die Verbitterung im Gesicht der Fürstin.

Die Glocken läuteten, Freudenfeuer wurden entzündet. Am Tag der Verlobung tanzte man auf den Straßen. Ganze Ochsen wurden an Spießen gebraten, aus den öffentlichen Brunnen floss Bier. Als die Nacht hereinbrach, schossen Feuerwerksraketen in den Himmel, zeichneten krachend ungeheure feurige Räder in den Himmel, die als funkelnder Sternenregen niederfielen. Ganz Russland überließ sich rauschender Festfreude.

In den Straßen von Moskau sah ich Feuerschlucker mit gelben Zungen und versengten Fingern. Ich sah einen Tanzbären, dessen Schnauze blutete, einen Papagei, der an seinen Federn rupfte und kreischte und krächzte, während sein Herr die Kurbel seiner Drehorgel drehte. Ich sah ein Mädchen, noch keine zehn Jahre alt, flink auf einem Seil balancieren, das man zwischen zwei Häusern gespannt hatte. Die Menge tief unter ihr schnappte ängstlich nach Luft, wenn sie schwankte. Überall hallten Freudenrufe. *Lang lebe Großfürst Peter, Kronprinz des russischen Reichs! Lang lebe unsere Großfürstin Katharina!*

Ich kaufte für Bairta einen Vogel aus Holz, der mit den Flügeln schlug, wenn man ihn über den Boden schob. Ich wollte das Spielzeug neben ihr Bett stellen, sodass sie es nach dem Aufwachen fand – sie sollte nicht wissen, von wem sie es bekommen hatte. Es war ein Abschiedsgeschenk: Katharina hatte Elisabeth gebeten, das Kind wieder nach Hause zu seiner Mutter schicken zu dürfen, und die Kaiserin hatte es erlaubt.

Kanzler Bestuschew war einer der Ersten, die der Großfürstin die Hand küssten und dem Großfürsten gratulierten. »Euer Majestät hatten recht«, hatte er zur Kaiserin gesagt. »Sie ist wirklich charmant. Sie hätten keine bessere Wahl treffen können.«

Einmal sah ich Katharina aus dem festlichen Getümmel im Saal hinausschlüpfen auf den Korridor, dessen Wände mit lauter Spiegeln verkleidet waren. Sie lehnte sich kurz an und schloss die Augen. Als ich wenig später zu ihr trat, stand sie vor dem Spiegel, hauchte auf das Glas und schrieb mit der Fingerspitze den Buchstaben S in den Dunst. Dann wischte sie ihn weg, hauchte wieder und schrieb ein K.

Sie ist am Leben geblieben, dachte ich. *Sie ist in Sicherheit. Die Kaiserin wird gut auf sie aufpassen.*

Ich hatte alles für sie getan, was ich tun konnte, und hoffte, dass es genug war.

»Es ist schon komisch, mit welchem Eifer manche Leute sich ihr eigenes Grab schaufeln«, bemerkte der Kanzler und schaute auf von dem Blatt, das vor ihm lag. *Die Kaiserin hört auf mich*, hatte Fürstin Johanna in einem ihrer albernen Briefe geschrieben. *Sie lässt sich in ihrer Beurteilung der vitalen Interessen des Landes von mir leiten.*

Ich wusste, dass der Kurier des preußischen Gesandten auf seiner Reise nach Berlin aufgehalten worden war und dass er das Angebot von ein paar hundert Rubel Schweigegeld sehr viel attraktiver gefunden hatte als die Aussicht, in die eisigen Weiten Sibiriens verschickt zu werden.

»Lassen wir sie weiter ihre Briefe schreiben.« Der vergoldete Stuhl ächzte unter dem Gewicht des Kanzlers. »Lassen wir sie in dem Glauben, dass niemand etwas von ihrem Treiben ahnt. Ich möchte wissen, wer sie aufsucht und wohin sie geht.«

Ich spürte, wie seine Hand an meinem Hals hinabwanderte, auf meinem Schlüsselbein zum Stillstand kam und dann weiter nach unten zu meinen Brustwarzen glitt.

Meine Augen sahen immer noch schärfer als alle anderen, dachte ich. Meine Ohren erlauschten immer noch manches, was anderen entging. Es hatte seinen guten Grund, dass ich nun schon fast zwei Jahre am Hof überlebt hatte, während andere zugrunde gegangen waren.

Zwei
1744-1745

In Moskau kaufte die Großfürstin Katharina Alexejewna Geschenke.

Ein Stück Musselin für die Gräfin Rumjanzewa, ein marmornes Ei auf einem goldenen Sockel für ihre Mutter.

Eine chinesische Vase, eine Ballerina aus Porzellan. Ein Halsband mit Pfauenfedern. Ein Kästchen aus Birkenrinde, das ein kleineres Kästchen enthielt und dieses wieder eines und so weiter bis zum allerkleinsten. Wenn man daran schnupperte, roch man den Duft von Pilzen. Ein Reitkostüm mit spitz zulaufenden Rockschößen und Manschetten an den langen Ärmeln.

Eine Muskete für den Großfürsten, eine Miniaturkanone, eine Anzahl Gipsbäumchen, die er rund um seine Modellfestungen aufstellen konnte.

Einen Helmständer.

Die Kaufleute von Moskau mit ihren Ladendienern, schwer beladen mit Paketen und Kisten, standen vor ihrem Schlafzimmer Schlange. Sie führten ihr Puppen vor, die nach der neuesten Pariser Mode gekleidet waren, lockten sie mit Straußenfedern,

Brüsseler Spitzen, mit hauchdünnen Seidenstoffen und eleganten Hauben. Sie machten sie darauf aufmerksam, dass die Kaiserin den Pariser Schick über alles schätzte. Sie ließen sie Stoffmuster betasten, rühmten den Schimmer von Perlen, die imposante Pracht von Rubinen, das Glitzern von Saphiren auf der Haut, das in seiner ganzen Subtilität dem Flügelschlag des Schmetterlings gleicht.

Schätzte der Großfürst nicht das dunkle Preußisch-Blau vor allen Farben?, fragten sie, wenn sie ihre schimmernden Stoffe auf dem Boden ausbreiteten. Sie sprachen davon, dass jede Frau ein bisschen Hilfe gebrauchen könne, wenn sie einen Mann an sich binden wolle – verbergen und enthüllen, das sei die Kunst, auf die es ankomme. Sie boten Pomaden und Parfüms an, Feuchtigkeit spendende Lotionen, Essenzen mit dem Duft von Rosen, Narzissen, Orangenblüten.

»Das russische Volk blickt auf Sie, Hoheit. Sie dürfen nicht zweimal dasselbe Kleid tragen. Gerade geschnittene Ärmel sind nicht mehr in Mode.«

Sie konnte es sich nicht leisten, übertrumpft zu werden oder als knickrig zu gelten. Ihre neuen Freunde erwarteten Zeichen ihrer Wertschätzung. Und auch die Loyalität ihrer Dienerschaft musste erkauft werden. Wenn sie die Leute nicht bei der Stange hielt, würden andere sie bezahlen.

Also kaufte sie Nähkörbchen, Puderquasten, Schönheitspflaster, Schnupftabaksdosen, Duftkissen und weiße Handschuhe im Dutzend. Das sei keine Verschwendung, redete man ihr ein, es sei notwendig. Stimmte es, was man von dem preußischen König Friedrich erzählte? Dass er immer genau aufpasste, wie viel Käse vom Abendessen übrig blieb, und darüber Buch führte? Dass er Kerzenstümpfe sammeln und einschmelzen ließ, um das Wachs zu verkaufen?

Wenn ein Kaufmann ein gutes Geschäft machen kann, ist er gern bereit, ein paar Wochen auf sein Geld zu warten. Um alte Schulden zu tilgen, kann man neue Kredite aufnehmen – aber das geht nicht endlos so weiter.

»Die Bankiers reiben sich die Hände«, sagte der Kanzler gut gelaunt. »Und ich begann schon zu fürchten, unsere kleine Hausfrau würde uns einen harten Kampf liefern.«

Schulden können leicht zu Streit führen, zu Vorwürfen, die Kaiserin sei geizig. Katharina war zwar mit dem Thronprinzen verlobt, aber sie war noch nicht seine Frau.

Ich sah sie an und dachte: *Ich kann nichts für dich tun.*

Aber dann wurde alles anders.

Mitte Dezember zog der Hof von Moskau wieder nach Sankt Petersburg um. Als man in Chotilowo Station machte, wurde der Großfürst während des

Essens ohnmächtig. Nachdem man ihn mit Riechsalz wieder zu Bewusstsein erweckt hatte, klagte er über Gliederschmerzen. Zuerst nahm man an, er habe Masern, aber dann bekam er Fieber und musste erbrechen, und da stand fest, dass es die Pocken waren.

Die Kaiserin, die sich bereits in Sankt Petersburg befand, fuhr in aller Eile zurück, um ihrem Neffen beizustehen.

Alle hielten den Atem an.

In den ärztlichen Bulletins aus Chotilowo war von unruhigen Nächten und hohem Fieber die Rede und von dem starken Lebenswillen des Patienten. In allen Kirchen Russlands beteten Priester für Peter Fjodorowitsch und die Kaiserin. Sie pflegte das Kind ihrer geliebten Schwester, als wäre es ihr eigenes, saß Tag und Nacht an seinem Bett, wusch mit eigener Hand die Wunden in seinem Gesicht und an seinem Körper, fütterte ihn mit Fleischbrühe und gab ihm Medizin, redete ihm beruhigend zu, wenn er vor Schmerzen schrie und weinte.

Im Palast erörterte man tuschelnd die Möglichkeiten. Der Tod konnte die Karten neu mischen. Kam jetzt der andere Thronfolger wieder ins Spiel, Iwan VI., jenes Kind, das seit dem Tag, an dem die russische Tochter Peters des Großen die Macht an sich gerissen hatte, sein Leben in einer Gefängniszelle zubringen musste?

Oft wurde die Erinnerung an jene Novembernacht

vor drei Jahren heraufbeschworen, in der die Garden Prinzessin Elisabeth in den Winterpalast heimführten: Schön wie eine Madonna auf einer Ikone saß sie in einem Schlitten, ein russisches Kreuz in den Händen, einen ledernen Panzer um die Brust – triumphierend, aber schutzbedürftig, stark, aber hungernd nach Liebe. Einer nach dem anderen waren die Soldaten der Leibregimenter vor ihr niedergekniet, hatten den Saum ihres Gewands geküsst und geschworen, sie mit ihrem Leben zu verteidigen.

Elisabeth hätte Iwan töten lassen können, aber sie hatte ihn verschont. Vielleicht aus einem bestimmten Grund?

Während der Großfürst mit dem Tod rang, nahm das Getuschel zu. Die Kaiserin konnte das Ruder immer noch herumwerfen und Iwan zum Kronprinzen machen.

Die Kaiserin und der Großfürst weilten fern von Sankt Petersburg, das höfische Leben im Palast stand still, politische Entscheidungen wurden vertagt. Es fanden keine Empfänge und Audienzen mehr statt, die Türen blieben geschlossen, keine festliche Musik drang mehr durch die Fenster. Den Audienzsaal bevölkerten nur noch Katzen. Sie streckten sich auf Polstermöbeln aus oder jagten einander durch den Raum.

Lakaien und Zofen saßen stundenlang untätig auf

den Stufen der Dienstbotentreppen herum, schwatzten und kicherten und kümmerten sich nicht darum, wenn sie anderen Leuten den Weg versperrten. In den Ställen spielten die Wachsoldaten Karten, schnupften, tranken Wodka und versuchten jedes Mädchen zu betatschen, das in ihre Nähe kam.

Alles wartete.

Katharina und ihre Mutter wohnten nicht im Winterpalast, sondern hatten ein Haus in der Millionnajastraße. Das Interesse an ihnen ebbte rasch ab, in den Spekulationen der Höflinge spielten sie kaum noch eine Rolle. Wenn der Großfürst starb, würde die Kaiserin keine Verwendung mehr für sie haben. Die Fenster des zweigeschossigen Hauses waren immer geschlossen, die Vorhänge zugezogen. Der deutsche Tuchhändler Leibnitz und die anderen Nachbarn, zumeist Gardeoffiziere und ihre Familien, hatten viel unter dem Lärm von Gläubigern zu leiden, die tags und nachts an die Tür hämmerten, sich lautstark selbst verfluchten, weil sie so dumm gewesen waren, diesen Ausländerinnen zu trauen, und darüber lamentierten, dass die Mächtigen dieser Welt ihre Schulden nicht bezahlten.

Ich dachte an die beiden Bienen in dem Stück Bernstein, das Katharina mir geschenkt hatte. *Wir sind beide fremd hier*, hatte sie gesagt.

Bald würde sie gehen müssen. Was wäre Schlimmes daran, wenn ich ein bisschen nett zu ihr wäre?

Ich ging zu dem Haus in der Millionnajastraße und läutete. Es war kalt und windig, bald würde es schneien. Ein Schlitten fuhr mit klingelnden Glöckchen vorbei. Ein schmaler Streifen neben der Straße war für Fußgänger geräumt und mit Sand und Asche bestreut.

Das Mädchen, das mich einließ, konnte der Versuchung nicht widerstehen, mich zu fragen, ob ich etwas davon gehört hätte, wann die Großfürstin wieder im Palast wohnen dürfe.

Ich schüttelte den Kopf. Auf dem Flur roch es nach Rauch und Schimmel.

Sie führte mich ins Obergeschoss in einen kleinen Salon. Der mit Holz getäfelte Raum wirkte ziemlich düster, die Samtvorhänge vor den Fenstern, die zur Straße hinausgingen, waren zugezogen. Es war billiger Samt aus Baumwolle, nicht aus Seide. Nur durch ein schmales Fenster zur Hofseite hin fiel Licht ein. In einer Ecke stand ein großer Kachelofen, der angenehme Wärme ausstrahlte. Auf einem Tisch neben einem Clavichord entdeckte ich einen Stapel schlicht gebundener Bücher. Ich schlug einige davon auf; es waren Abenteuergeschichten von Piraten, Schiffbrüchen und Entführungen.

Ich sah mich um: ein abgewetzter Sessel, ein trüber Spiegel, ein glänzend lackiertes Nähkästchen, auf dessen Deckel ein prächtiger Feuervogel prangte, über der Lehne eines Stuhls am Fenster ein wollenes Umschlagtuch, an der Wand ein Bärenfell, darüber zwei gekreuzte Säbel. Vom Korridor klangen das Klappern von Töpfen, das Tappen von Schritten, und es kam ein Geruch von Seifenlauge herein.

Ich musste an unser Haus auf der Wasiljewskiinsel denken, hörte Papas gemessene Schritte, Mamas helle, heitere Stimme. Die Erinnerung war so lebhaft, dass ich das Gefühl hatte, sie stünde direkt vor mir, um mich in die Arme zu schließen.

Abrupt ging die Tür auf. Die Bewohner dieses Hauses hatten wohl nur selten das Vergnügen, Besuch zu empfangen.

»Ach, *du* bist es.« Die Fürstin bemühte sich nicht, ihre Enttäuschung zu verbergen.

»Ich hoffe, ich störe nicht«, sagte ich.

Katharina kam herein, das Haar in aller Eile zurechtgemacht und halb unter einer Spitzenhaube verborgen. Sie trat lächelnd auf mich zu, aber ihre Mutter streckte den Arm aus und hielt sie auf. Sie fand wohl, ich war nicht vornehm genug für sie. Und nicht einmal nützlich.

»Hat sich der Zustand des Großfürsten irgendwie verändert?«, fragte die Fürstin.

Ich berichtete, was in dem neuesten Bulletin stand: Man hatte den Patienten noch einmal zur Ader gelassen, aber das Fieber war nicht zurückgegangen. »Alles liegt in Gottes Hand«, sagte ich.

Katharina ließ den Kopf hängen.

»In Gottes Hand«, wiederholte die Fürstin.

Das Mädchen brachte Kuchen und Tee, dazu ein Schälchen mit Pflaumenmarmelade.

Ich fühlte mich unbehaglich. Fürstin Johanna erklärte weitschweifig ihre Beziehungen zum Haus Braunschweig, während Katharina mich andauernd mit einladenden Gesten aufforderte, doch noch eine Tasse Tee oder ein Stückchen Kuchen zu nehmen. Mir fiel auf, dass ihre Fingernägel abgekaut waren.

»Machen Sie Fortschritte mit Ihrem Russisch, Hoheit?«, fragte ich.

»Kaum«, antwortete sie. »Ich habe zu wenig Gelegenheit, mich zu üben.«

»Unsinn«, fauchte die Mutter ärgerlich. »Meine Tochter macht große Fortschritte.«

Ich ging nicht darauf ein, sondern plauderte in ganz unbefangenem Ton weiter: »Der Ehrwürdige Vater Semjon betet jeden Tag für Ihre Hoheit.« So berichtete ich der Reihe nach von verschiedenen Bekannten am Hof, die sich freundlich nach Katharinas Gesundheit und ihrem Befinden erkundigt hatten. Es waren nicht sehr viele, aber es freute sie, von ihnen zu hören; sie blühte sichtlich auf.

Fürstin Johanna verlor die Geduld. Sie stand auf.

Ich erhob mich ebenfalls und verabschiedete mich.

»Darf Warwara Nikolajewna morgen wiederkommen?« Katharina sah ihre Mutter bittend an.

»Wenn du willst, Sophie«, sagte die Fürstin. Sie

streifte mich mit einem gleichgültigen Blick. »So wie die Dinge stehen, wird es zumindest nicht schaden.«

Ich war schon unten im Flur, als ich eilige Schritte hinter mir hörte, und im nächsten Moment spürte ich Katharinas Arme, die sich um meine Taille schlangen.

Ich fuhr zusammen. »Hoheit!«

»Bitte, nehmen Sie es sich nicht zu Herzen, dass Maman Sie so behandelt.« Sie sah mir in die Augen, vollkommen verängstigt. »Bitte.«

Ich fühlte, wie ihr zarter Körper zitterte. Ich hörte ein unterdrücktes Schluchzen.

»Kommst du wieder? Bitte.«

»Euer Hoheit –«, begann ich.

Sie unterbrach mich: »Nenn mich einfach Katharina.«

»Ja«, sagte ich, »ich komme wieder.«

In den folgenden Wochen fertigte ich jeden Morgen ausführliche Zusammenfassungen von Zeitungsartikeln, die Professor Staehlin ausgewählt hatte, an, um sie dem Großfürsten vorzulesen, wenn er wieder in den Winterpalast zurückkehrte. Mitte Januar hatte sich schon ein ganzer Stapel solcher Exzerpte angesammelt, alle ungelesen, und mir blieb nichts anderes übrig, als sie, nach Themen geordnet, zu archivieren. Alles sollte bereitstehen, damit der Großfürst jederzeit seine Studien wieder aufnehmen konnte.

Ich sorgte dafür, dass die Schreibfedern scharf, die Tintenfässer gefüllt waren, ich staubte Peters Zinnsoldaten ab und achtete darauf, sie immer wieder genau auf die richtige Position auf dem Schlachtfeld zu stellen.

Und ich dachte die ganze Zeit daran, wie Katharina sich freuen würde, mich wiederzusehen.

»Heute wollen wir mal sehen, ob dir Blau steht«, sagte sie etwa, wenn ich zu ihr kam. Und dann ließ sie mich eines ihrer Kleider anprobieren und lief aufgeregt im Zimmer umher und suchte Bänder und Schals, um mich damit herauszuputzen.

Fürstin Johanna hatte sich damit abgefunden, dass ich ihrer Tochter Gesellschaft leistete, und ließ uns allein. So habe ich viele Erinnerungen an schöne Stunden, die wir ungestört in dem dunkel getäfelten Salon zubrachten, zwei junge Mädchen, die versuchten, alle unangenehmen Gedanken an Dinge, die sie ohnehin nicht ändern konnten, zu verscheuchen. Wir liefen albern kichernd durchs Haus, bis uns die Zofe der Fürstin zur Ordnung rief. Oder wir saßen, die Beine untergeschlagen, die Arme einander um die Schultern gelegt, auf einem Sofa und flüsterten in der hereinbrechenden Dämmerung eines Winterabends.

Was ist das Lustigste, das du je getan hast?

Deine größte Dummheit?

Was möchtest du noch einmal und immer wieder erleben?

Was war das Schönste?

Und das Schlimmste?

Aber manchmal wurde Katharina plötzlich ernst. »Sag mir, dass er am Leben bleiben wird, Warenka«, bat sie. »Sag es.«

»Er wird wieder gesund werden.«

Ich legte alle Hoffnung, die ich aufbieten konnte, in diese Worte, um ihre Angst zu vertreiben.

Es war so schön, mit ihr zu reden, Seite an Seite auf dem quietschenden Sofa zu sitzen, Tee zu trinken, saure Gurken mit Honig, ihre Lieblingsspeise, zu essen.

Wie Schwestern.

»Ich habe nie ein Zuhause gehabt, Warenka, ein wirkliches Zuhause, wo ich einfach nur ich selbst sein konnte. Ich musste mir immer bewusst halten, wie die anderen mich sehen. Ich bin immer ein Gast, Warenka. Evangelisch unter Evangelischen, orthodox unter Orthodoxen, deutsch unter Deutschen, russisch unter Russen. Aber wer bin ich, wenn ich allein bin? Ich weiß es nicht mehr.«

Ich wandte mich ab, damit sie meine Tränen nicht sah.

»Warenka?« Sie nahm meine Hand.

»Ich hatte einmal ein Zuhause«, begann ich.

Als die ärztlichen Bulletins aus Chotilowo kürzer und düsterer wurden, hörte ich immer deutlicher einen abfälligen Ton, wenn Katharinas Name erwähnt wurde. Auf den Korridoren des Winterpalasts tauschten Höflinge Erinnerungen an die Zeit der Kaiserin Anna aus, als die verhassten Deutschen das Land regiert hatten. Damals konnte es einem alten Edelmann passieren, dass man ihm befahl, wie ein Huhn zu gackern, und den Fürsten Galizin hatte man gezwungen, eine kalmückische Dienstmagd zu heiraten und seine Hochzeitsnacht in einem Palast aus Eis zu verbringen.

Und diese deutsche Prinzessin war sicher um kein Haar besser als ihre Landsleute.

Katharina wusste, was geredet wurde. »Sie wollen mich nicht, oder?«, fragte sie mich.

Ich versuchte sie zu trösten: »Die Russen sind nicht so freigebig mit ihrem Vertrauen. Sie wollen Sie erst lange auf die Probe stellen, sie wollen ganz sicher sein.«

»Ich muss so oft an ihn denken«, sagte sie. »Wir sind immer um die Wette gelaufen, quer über die Wiese. Es hat ihm nichts ausgemacht, wenn ich gewonnen habe. Aber jetzt, selbst wenn er nicht stirbt …«

Sie atmete tief ein, und dann brach sie in Tränen aus. Ich umarmte sie und hielt sie fest, aber sie hörte nicht auf zu weinen.

Gelangte der Großfürst in diesen schlimmen Tagen in Chotilowo an einen Punkt, wo er daran dachte, einfach die Augen zu schließen und sich von dieser Welt zu verabschieden? Brachte ihn Elisabeth, die immer an seiner Seite war, dazu, ins Leben zurückzukehren? Linderte sie seinen Schrecken, wenn er aus Albträumen aufwachte, in denen sein Vater ihn von sich wegstieß oder sein Eutiner Hauslehrer ihn mit dem Rohrstock schlug und ihn auf harten Erbsen knien ließ? Überzeugte sie ihn davon, dass er immer noch Liebe finden konnte?

»Du musst essen.« Elisabeth redete sanft auf ihn ein, während sie ihn fütterte. Vergebens bat Graf Rasumowski sie, sich zu schonen, selbst der Hinweis darauf, wie Pockennarben eine Frau entstellen, hielt sie nicht davon ab, sich persönlich um den Kranken zu kümmern.

»Noch ein Schlückchen, mein Schatz.«

»Noch einen Bissen.«

»Mein Kindchen.«

»Mein Falke.«

Wenn er damals in Chotilowo in den Armen seiner Tante gestorben wäre, hätte er ein Staatsbegräbnis bekommen. Ganz Russland hätte um ihn getrauert im Gedanken daran, was der gute Kaiser Peter alles getan hätte, um das Wohl seiner Untertanen und den Ruhm des Reichs zu mehren.

Katharina wäre mit ihrer Mutter durch die Weiten Russlands zurück nach Zerbst gefahren, in ihrem Gepäck kostbare Geschenke und Andenken an die

Herrlichkeit, zu der sie nie gelangt war. Wenn Peter gestorben wäre, wo wäre Katharina jetzt? Wäre sie die Frau irgendeines deutschen Duodezfürsten, eine Kaiserin, die in einem baufälligen Schloss residierte und über eine Herde Kühe gebot? Und was wäre aus mir geworden?

Aber Peter starb nicht.

Ende Januar, sechs Wochen nach Ausbruch seiner Krankheit, machte der Großfürst zum ersten Mal auf wackligen Beinen wieder ein paar Schritte, jeder einzelne von ihnen, wie die Kaiserin erklärte, ein Beweis der Gnade Gottes. Sie hielt Peters Hand, als der Chirurg die Verbände von seinem Gesicht entfernte. Sie versicherte ihm, dass die hässlichen roten Flecken bald verschwinden würden.

Anfang Februar durfte der Großfürst nach Sankt Petersburg zurückkehren, wo er nach und nach seine Pflichten wieder aufnehmen sollte. *Der Kronprinz Russlands hat sich tapfer geschlagen*, hieß es im letzten offiziellen Bericht über seinen Gesundheitszustand, *und sich als vorbildlicher Soldat erwiesen. Entschlossen und mit unbeirrtem Mut kämpfte er gegen die Krankheit, bis Gott ihm den Sieg schenkte.*

Aber der Sieg ist nicht alles. Man muss auch bedenken, was man mit diesem Sieg gewonnen hat.

Die Kaiserin wies Professor Staehlin an, bis auf Weiteres die Lektüre ausländischer Zeitungen und militärhistorischer Werke auszusetzen. »Warwara soll ihm etwas Leichtes vorlesen, etwas, das ihn von dem Gedanken an den Tod ablenkt.«

Ich ging in die Palastbibliothek. Die französischen Romane und historischen Werke kamen nicht in Frage. Kein tragisches Liebesleid, kein Tacitus, keine Geschichten aus dem alten Rom. Der Großfürst sollte sich nicht mit Mord und Intrigen beschäftigen. Ich entschied mich für Reiseberichte. Sir John Mandevilles Beschreibungen der Andamanen. Geschichten von Menschen ohne Kopf und mit Augen in den Schultern und von anderen, die so übergroße Oberlippen haben, dass sie ihr Gesicht damit bedecken können, wenn sie in der Sonne ein Schläfchen halten.

Viele Abende lang saß ich in einer Ecke von Peters Schlafzimmer, neben mir eine Kerze, und las vor. Die Vorhänge waren zugezogen – nicht einmal das Licht des Mondes sollte den Raum erhellen. Wenn ich von dem Buch aufblickte, konnte ich in der Dunkelheit nur schemenhaft den mageren Körper des Großfürsten ausmachen, der auf dem Bett lag, das Gesicht mit einem Gazeschleier bedeckt. Sobald ich zu lesen aufhörte, schlug er mit der Faust wütend auf seine Matratze und verlangte, dass ich fortfuhr.

Manchmal sah ich ihn an seinem Ohr zupfen, bis es blutete. Manchmal hörte ich ihn schluchzen, ein langgezogenes dünnes Wolfsheulen, das wie erstickt verstummte.

Er bat mich nie um irgendeinen Dienst, aber ich musste bei ihm bleiben.

Sein Zustand wird sich wieder bessern, dachte ich. *Und so wird die Kaiserin Katharina nicht zurück nach Deutschland schicken.*

Einmal, als ich dachte, er sei eingeschlafen, beugte ich mich über ihn, um sein Kissen glattzustreichen. Die roten Schwellungen auf seiner Haut waren unter dem dünnen Schleierstoff kaum zu sehen.

Er schlug die Augen auf und starrte mich an. Ich strich weiter über den Kissenbezug. Er bewegte sich nicht, auch als meine Finger seine Haare berührten.

»Ihre Verlobte macht sich Sorgen um Sie, Hoheit«, sagte ich leise. »Sie würde Sie gerne besuchen.«

»Ich will sie nicht sehen.«

Es klang so feindselig, dass ich zusammenfuhr. »Warum nicht?«

»Sie hört auf den Teufel.«

»Wer hat Ihnen diesen Unsinn erzählt?«, fragte ich. »Wer verbreitet so gemeine Gerüchte?«

Plötzlich spürte ich Peters lange, dünne Arme um meinen Hals. Sein ganzer magerer Körper wurde von Weinkrämpfen geschüttelt. Vergebens versuchte ich ihn zu beruhigen. Er wollte mir nicht sagen, wer mit ihm über Katharina geredet hatte, und schüttelte immer nur den Kopf, als ich ihm schilderte, wie bedrückt sie in all den Wochen seiner Krankheit gewesen war, wie sehr es sie bekümmerte, dass er nichts essen wollte.

Er klammerte sich an meinen Arm, seine Nägel gruben sich ins Fleisch. Am nächsten Tag sollte ich entdecken, dass mein Arm voller blauer Flecken war.

»Er ist immer noch sehr schwach«, sagte ich am Morgen zu Katharina. »Aber ich bin sicher, dass er das Schlimmste überstanden hat.«

Eines Nachmittags las ich gerade dem Großfürsten vor, als ein Wachsoldat die Kaiserin ankündigte.

Ich klappte das Buch zu, stand auf und knickste, als sie hereintrat. Sie würdigte mich keines Blicks. Ihr seidenes Kleid knisterte, als sie mit den flinken, anmutigen Schritten einer Tänzerin auf ihren Neffen zuging. Er lag auf dem Bett, den samtenen Morgenmantel eng um seinen ausgemergelten Körper geschlungen, das Gesicht mit Gaze verhängt.

Sie klatschte in die Hände. Sie hatte etwas zu verkünden: »Die Ärzte sagen, du bist geheilt.«

»Ich fühle mich schwach und matt«, murmelte er.

»Natürlich fühlst du dich matt«, sagte die Kaiserin unbeeindruckt, »du brauchst frische Luft. Es tut dir nicht gut, Tag um Tag in diesem dunklen Zimmer herumzuliegen.«

»Ich habe immer noch Halsweh.«

Aber die Kaiserin wollte nichts davon hören. Allen seinen Protesten und Bitten zum Trotz zwang sie ihn aufzustehen, und sie ließ die Vorhänge aufziehen, damit Licht hereinkam.

Die tiefstehende Sonne war so hell, dass wir blinzelten.

Ein Lakai hatte einen silbernen Spiegel gebracht. Zwei Zofen hielten ihn Peter vor.

Die Kaiserin hob seinen Gazeschleier. »Schau dich an.«

»Nein, ich will nicht«, murmelte er und hielt sich die Hände vors Gesicht.

Aber die Kaiserin duldete es nicht. Sie griff nach seinen Händen und zog sie weg, sodass er sich ansehen musste.

»Das bin nicht ich!«, schrie Peter.

Zum ersten Mal sah ich seinen grotesk klaffenden Mund mit den aufgedunsenen rosa Lippen, die an fette Regenwürmer erinnerten. Seine Wangen waren geschwollen und mit eitrig verkrusteten Pockennarben übersät. Ganz klein blinkten die Augen zwischen wulstigem Gewebe hervor.

Ich erkannte diesen leer starrenden Blick sofort wieder.

Und auch der Großfürst erkannte ihn wieder – den toten Blick der grausigen Exponate in der anatomischen Sammlung seines Großvaters. Ich hörte ein durchdringendes Kreischen, einen Schrei tiefsten Entsetzens.

»Das bin nicht ich!«

Die Kaiserin hielt ihn umschlungen und redete sanft auf ihn ein. Es werde alles vergehen, sagte sie, die roten Schwellungen würden mit der Zeit verschwinden. Er werde wieder kräftiger werden. Sicher, es würden Narben bleiben, aber er war schließlich keine Frau. Ein Schmiss oder auch zwei seien kein Unglück, ein Mann musste keine makellose Haut haben. Ein Mann musste stark sein, unbesiegbar.

Ich schlüpfte möglichst unauffällig hinaus.

In dem Raum nebenan setzte ich mich und rang nach Luft. Aus dem Schlafzimmer des Fürsten klang ein klagender Schrei, dann noch einer, und dann war nur noch die Stimme der Kaiserin zu hören, die ein Wiegenlied sang.

Spi mladenez, moj prekrasnyj
Schlaf, mein Kindchen, mein schönes ...

Nachdem die Ärzte den Großfürsten für geheilt erklärt hatten, ordnete die Kaiserin an, dass Katharina und die Fürstin Johanna wieder ihre Wohnung im Winterpalast bezogen.

Nach und nach normalisierte sich das Leben am Hof. Die Türen zu den kaiserlichen Gemächern standen offen, die Kaiserin hielt wieder Audienzen und empfing Gäste, am Abend erfüllte Musik die Säle. Es war die Rede davon, dass ein Maskenball mit Feuerwerk zur Feier der Genesung des Großfürsten veranstaltet werden sollte.

Katharina brachte die meiste Zeit allein in ihrer

Wohnung zu, wenn sie nicht in der Kapelle war, um zu beten, während ihre Mutter, froh, aus ihrer Verbannung in die Bedeutungslosigkeit erlöst zu sein, ständig unterwegs war, um allen möglichen wichtigen Personen Besuche abzustatten. Chevalier Bezkoi, dessen Liebesglut während der Periode der Unsicherheit merklich abgekühlt war, kehrte wieder zu ihr zurück. Wenn ich der Fürstin auf den Gängen des Palasts begegnete, übersah sie mich geflissentlich: Offenbar fand sie, dass es unter ihrer Würde war, meinen Gruß zur Kenntnis zu nehmen.

Ich sah Katharina fast täglich, wenn auch immer nur kurz. Die Kaiserin erlaubte nicht, dass der Großfürst seine Verlobte besuchte. Katharina fragte mich ständig nach seinem Befinden, ob er gut esse, welche Bücher er sich vorlesen lasse, ob er schon kräftig genug sei, zu stehen, ohne sich an einer Stuhllehne festzuhalten.

Es gehe stetig mit ihm bergauf, versicherte ich ihr.
Die Geschichte von den Schiffbrüchigen, die auf einer Insel landeten, welche sich dann als der Rücken eines Wals entpuppte, hatte ihm besonders gut gefallen.
Er hörte nach dem Abendessen der Musik zu.
Sie fragte mich nie, wie er jetzt aussah, und ich war ihr dankbar dafür.

Zwei Wochen vergingen, bis Katharina endlich die Erlaubnis erhielt, ihren Verlobten wiederzusehen.

Ich hatte ihm wie jeden Tag vorgelesen, als ein Lakai eintrat und die Großfürstin meldete. Peter zuckte zusammen und biss an seinen Fingernägeln. Ich konnte ihm ansehen, wie schwer es ihm fiel, nicht die Hände vors Gesicht zu schlagen. Er trug an diesem Tag eine voluminöse gepuderte Perücke, weswegen sein Kopf übergroß wirkte, erst recht im Verhältnis zu dem immer noch mageren Hals.

Katharina trat herein, zu schnell, fand ich, zu erwartungsvoll.

»Ich habe Ihnen ein Geschenk mitgebracht, Peter«, sagte sie. Ihr Schritt stockte, ihr Gesicht wurde bleich. Ich sah, wie sie den Blick abwandte, von einem Abscheu erfasst, den sie nicht verbergen konnte. Ich sah sie nach Luft schnappen in blinder, nackter Angst.

»Was ist es?«, fragte Peter.

»Eine Geige.«

Sie hielt ihm den Kasten hin. Als seine Hand ihre Finger streifte, zuckte sie zusammen.

»Habe ich das Richtige getroffen?«

Er gab keine Antwort.

»Ich habe mir solche Sorgen gemacht, Peter.« Ihre Stimme klang angestrengt. »Die Ungewissheit war schrecklich. Ich habe für Sie gebetet. Ich hatte solche Angst. Sie wollten nicht, dass ich Sie besuchte.«

»Wer wollte es nicht?« Er klappte den Deckel auf, nahm aber die Geige nicht heraus.

»Die Kaiserin. Meine Mutter. Alle. Ich fing an, auf dem Clavichord spielen zu lernen, aber ich bin nicht so musikalisch wie Sie.«

Sie redete hastig, um ihr Unbehagen zu verbergen, aber wie hätte er übersehen können, dass ihre Lippen zitterten, dass ihr Lächeln gezwungen war?

»Sie können nicht lange bleiben«, sagte er. »Ich bin immer noch geschwächt.«

»Ich habe für Sie gebetet, Peter.«

»Das sagten Sie bereits.«

Der Großfürst schob den Geigenkasten zur Seite und nahm einen seiner Zinnsoldaten in die Hand. »Ich bin noch nicht ganz wiederhergestellt. Ich muss mich schonen.«

»Ja, geben Sie gut auf sich acht«, sagte sie. »Auch ich werde auf Sie achtgeben. Sie werden wieder ganz gesund werden.«

Das waren die richtigen Worte, dachte ich, aber sie kamen zu spät.

Von dem Platz vor dem Winterpalast drang lautes Gebell herein. Dort waren oft Hunde, die einander jagten oder sich balgten. Von Zeit zu Zeit zeigte ein schrilles Quieken an, dass das Spiel in Ernst umgeschlagen war.

Schweigen machte sich breit. Peter streifte Katharina mit einem nervösen Blick.

»Bleiben Sie, wo Sie sind«, stieß er hervor, als sie einen Schritt auf ihn zutrat. Sie erstarrte.

Er stieß an das Tischchen neben dem Bett. Ein Zinnsoldat fiel hinunter.

»Heben Sie ihn auf.«

Sie bückte sich gehorsam. Als sie ihm die Figur hinstreckte, nahm er sie nicht.

»Stellen Sie ihn wieder da hin, wo er war.«

Sie stellte den Zinnsoldaten auf das Tischchen. Ich sah ihr an, dass sie sich zwingen musste, den Blick nicht von Peters pockennarbigem Gesicht abzuwenden.

»Gehen Sie jetzt. Ich möchte Sie nicht mehr sehen.«

Sie rührte sich nicht.

»Gehen Sie.« Peters Stimme klang schrill.

Sie verneigte sich.

»*Gehen Sie!*«

Langsam drehte sie sich um und schritt hinaus.

Am Abend schlüpfte ich in Katharinas Schlafzimmer. Sie lag bewegungslos, die Augen weit offen, auf ihrem Bett. Ihr linker Fuß war bandagiert und ruhte auf zwei untergeschobenen Kissen.

Man hatte sie wieder zur Ader gelassen.

Ich musste nicht fragen, was passiert war, ich wusste es bereits von ihren Kammerzofen: Kaum hatte sich die Tür von Peters Schlafzimmer hinter ihr geschlossen, hatte die Großfürstin die Hände auf ihren Bauch gedrückt. Sie stürzte zum Abtritt und erbrach das Omelett, das sie zum Frühstück gegessen hatte.

In ihrem Zimmer musste sie noch einmal erbrechen. Sie zitterte am ganzen Körper, ihr Gesicht war stark gerötet, aber ihre Hände waren eisig kalt.

Die Zofen erzählten, ihre Mutter habe ihr befohlen, mit dem Weinen aufzuhören, und sie geohrfeigt, als sie es nicht konnte. »Wenn er dich nach Hause schickt, du dummes Ding, wartet dort nichts als Schande auf dich!«, hatte die Mutter geschrien.

Die Großfürstin, tuschelten die Zofen, habe sich erst beruhigt, als der Chirurg gekommen sei und ihr vier Unzen Blut abgenommen habe.

Ich nahm Katharinas Hand. Ich spürte den sanften Druck ihrer kalten Finger.

Behutsam tupfte ich ihr die Tränen vom Gesicht.

Sie drehte den Kopf. Und dann sagte sie leise: »Ich weiß nicht, was ich ohne dich täte, Warenka.«

In dieser Nacht nahm ich den Bernstein mit den zwei Bienen aus dem Kästchen. Durch die Ritzen in der Holzvertäfelung drang der Duft von Weihrauch, den die Zofen im Schlafzimmer des Großfürsten verbrannten, um die Luft zu reinigen. Eine Kerze flackerte. Irgendwo auf dem Dach des Palasts schrie eine Eule.

Konnte das Leben je wieder einfach werden? Würde ich je wieder mit einem leichten Herzen aufwachen?

Ich dachte an die Hände des Kanzlers, daran, wie seine Fingerkuppen über meine Haut strichen. Ich dachte an das Fegefeuer, wo all unsere Sünden und all unsere guten Taten auf die beiden Waagschalen gelegt werden. Was würde schwerer wiegen? Das Mitleid oder die Gier? Das Erbarmen oder der Verrat?

Ich dachte daran, dass die Lebenden für die Toten beten.

Wer würde einmal für mich beten?

Irgendwann schlief ich ein, und als ich erwachte, hielt ich den Bernstein noch immer in der Hand.

Am ersten Sonntag im März 1745 um Mitternacht läutete die Glocke der Kathedrale feierlich die Fastenzeit ein.

Der Bibel zufolge, so lehrten es die Priester, ernährten sich die Menschen vor der Sintflut allein von den Früchten der Erde, die sie mit harter, mühevoller Arbeit gewannen. So sollten auch jetzt die Gläubigen während der Fastenzeit nur das absolut Lebensnotwendige zu sich nehmen als Buße für ihre Sünden.

Die Kaiserin war noch erschöpft von den Strapazen der langen Krankenpflege und bekam deswegen die Erlaubnis, zweimal pro Woche Fisch zu essen. Der Großfürst war als Rekonvaleszent ganz vom Fasten dispensiert. Er brauchte auch nicht zum Gottesdienst zu gehen, sondern empfing die Kommunion in seinem Schlafzimmer.

Nur Katharina aß nichts als Brot und gekochtes Gemüse. Sie trank Wasser anstelle von Wein und ließ die Sahne zum Kaffee weg. Sie ging mit der Kaiserin zur Messe und zur Kommunion, und anschließend sammelte sie in ihren Gemächern ihre Ehrendamen zu privaten Andachten um sich.

Sie schickte auch weiterhin dem Großfürsten Geschenke, etwa eine Garnitur Zinnsoldaten, passend zu dieser oder jener berühmten Schlacht, die er im Sandkasten nachspielen wollte, oder eine polnische Gitarre mit Saiten aus Katzendarm statt aus Stahl.

Er weigerte sich, seine Verlobte zu empfangen. Wenn er von ihr sprach, nannte er sie niemals bei ihrem Namen, sondern immer nur »sie«.

»Ist *sie* schon wieder da? Hat *sie* sonst nichts zu tun? Sagen Sie ihr, ich bin mit meiner Musik beschäftigt. Sagen Sie ihr, ich habe keine Zeit; ich muss einen wichtigen Brief schreiben.«

Ich hätte ihm nur allzu gerne die Meinung gesagt, aber das war natürlich unmöglich, schließlich war er der Kronprinz. Ich konnte nur seine mürrische Miene ignorieren und wiederholen: »Die Großfürstin lässt fragen, ob sie später wiederkommen darf. Es macht ihr auch nichts aus, wenn sie warten muss.«

Katharina saß geduldig stundenlang im Vorzimmer, bis er endlich nachgab und mir befahl, sie einzulassen. Wenn ich dann die Tür öffnete, sah sie blass und erschöpft aus.

Ich hoffte, dass niemand außer mir ihre Tränen bemerkte.

Manchmal wandte er ihr den Rücken zu und redete kein Wort mit ihr. Manchmal verlangte er, sie solle sich »nützlich machen«. Das bedeutete, dass sie Zinnsoldaten auf einem Modell-Schlachtfeld aufstellen oder ihm Teile von Befestigungsanlagen reichen musste, die er zusammenbaute. »Sie sind wirklich zu *gar* nichts zu gebrauchen!«, schimpfte er, wenn sie Figuren falsch platziert hatte.

Wenn er schließlich verfügte, dass der Besuch beendet sei, ging sie gehorsam, das blasse Gesicht ernst und vollkommen unergründlich.

»Die roten Narben werden verblassen«, sagte sie, wenn jemand sie nach ihrem Verlobten fragte. »Seine Haare werden wieder wachsen. Er hat überlebt, alles andere ist nicht so wichtig.«

Der Kaiserin erzählte sie, dass der Großfürst davon spreche, wie dankbar er ihr sei. »Eure Majestät hat ihm das Leben gerettet. Keine Mutter hätte mehr für ihren Sohn tun können.«

Sie küsste Elisabeth die Hände. »Jetzt ist es meine Pflicht, ihn glücklich zu machen«, sagte sie.

Ich beobachtete sie genau: das leichte Erröten, die bescheidene Neigung des Kopfs, das Schimmern der von Ehrfurcht und Dankbarkeit geweiteten Augen, es war alles perfekt. Sie hatte ihre Lektion gelernt: Niemand würde ihr je wieder Abscheu oder Furcht ansehen.

Wenn man lange genug eine Rolle spielt, wird die Täuschung Teil der eigentlichen Persönlichkeit.

Ich war nicht die Einzige, der die Veränderungen im Verhalten der Großfürstin auffielen. Selbst der Kanzler zeigte sich beeindruckt: Er hörte auf, sie »die kleine Hausfrau« zu nennen, und lächelte nicht mehr jedes Mal herablassend, wenn er über sie sprach.

Aber als ich schon dachte, Katharina könnte es vielleicht doch schaffen, spielte Bestuschew seine Trumpfkarte aus, jene, die ich am liebsten aus meinem Gedächtnis getilgt hätte.

Ich befand mich mit der Kaiserin in einer niedrigen Dachkammer im Westflügel des Palasts, als der Kanzler eintrat, in der Hand Johannas Briefe.

Ich stand auf, um zu gehen.

»Bleib«, sagte er. Ich erstarrte.

»Euer Majestät sollten einen Blick darauf werfen.« Er hielt ihr die in der krakeligen Handschrift der Fürstin beschriebenen Blätter hin.

»Was ist das?«, fragte sie.

»Deutsche Dankbarkeit«, antwortete er.

Sie warf ihm einen ungeduldigen Blick zu, nahm aber die Briefe und machte ihm ein Zeichen, ihr mit einer Kerze zu leuchten.

Sie fing an zu lesen, er stand neben ihr, das rote Samtjackett aufgeknöpft, im rechten Auge ein Monokel, das jedes Mal blitzte, wenn er den Kopf bewegte. Von der Kaiserin war immer wieder gereiztes Schnauben zu hören.

… schenkt uns ihre schweißfleckigen Kleider, als wären wir Bettler, und erwartet von uns, dass wir diesen dreckigen Palast in den höchsten Tönen preisen … diese Tochter einer Kuhmagd … spielt die Kaiserin, dabei würde sie sich doch in einem Stall mehr zu Hause fühlen …

»Der Bote wurde abgefangen«, sagte der Kanzler. »Nichts von diesem ganzen Schmutz ist über die Grenze gelangt. Aber das hier ist noch nicht alles. Erzähle Ihrer Majestät, was du gesehen hast, Warwara.«

Ich betete, die Erde möge sich auftun und mich verschlingen. Ich wünschte mir zu sterben, bevor ich mit meinen Worten Katharinas Zukunft zerstörte. Aber ich hatte keine Wahl.

»Nun, Warwara?« Die Kaiserin, zugleich neugierig und voller Verachtung, runzelte finster die Stirn. In dem weit geschnittenen seidenen Negligee wirkte ihr Körper wie eine flüssige Masse, die jeden Moment über die Ufer treten konnte.

»Fürstin Johanna, Hoheit –«, stammelte ich.

»Was ist mit ihr?«

»Eine Hebamme war bei ihr. Ich sah sie aus dem Zimmer der Fürstin kommen. Sie trug blutige Lumpen fort und eine Schüssel, die mit einem Tuch zugedeckt war.«

»Und? Woher weißt du, dass sie die Fürstin nicht einfach nur zur Ader gelassen hat?«

»Die Hebamme, Hoheit … ich habe beobachtet,

wie sie das, was in der Schüssel war, in ihrem Garten vergraben hat. Die Fürstin gab ihr hundert Rubel und versprach ihr noch einmal hundert, sobald ihre Tochter verheiratet wäre.«

»Wo wohnt diese Hebamme?«

»In der Monetnajastraße, Hoheit. Das Haus ist blau gestrichen, und der Garten liegt dahinter.«

Die Kaiserin stand mit zornrotem Gesicht von ihrem Bett auf und begann im Raum hin und her zu stapfen, die Hände zu Fäusten geballt.

»Eine Frau, die ihr eigenes Kind umbringt!«, sagte der Kanzler. »Die das junge Leben, das Gott ihr anvertraut hat, von einer Hebamme zerstückeln lässt!«

Mit aller Schonungslosigkeit wollte er es ihr einhämmern: *Wie die Mutter, so die Tochter – in beider Adern pulsiert dasselbe verderbte Blut.* »Ist denn wirklich nichts mehr undenkbar, Majestät? Ist nichts mehr heilig?«

Die Kaiserin atmete schwer, ihre Augen waren blutunterlaufen. Durch ihren Geist waberten die Schwefeldämpfe der ewigen Verdammnis, in einer Höllenvision sah sie Teufel in deutscher Tracht, die armen Sündern Augen und Zungen ausrissen.

Sie nahm einen Fächer, ihren neuesten, aus Schwanenhaut und schwarzen Federn, ein Geschenk von Graf Rasumowski. Sie zog den Kopf ein wie eine riesige Schildkröte.

Der Kanzler nahm ihr Schweigen als gutes Zeichen. Das freudige Glitzern in seinen Augen verriet, dass er in seiner Phantasie Katharina und ihre Mutter bereits tränenüberströmt ihre Koffer packen sah.

Unglück treibt das Ungeziefer ans Licht, hatte er oft zu mir gesagt. *Wenn ein Mächtiger stürzt, kriechen Feinde aus ihren Löchern hervor.*

Ich sah, wie die Kaiserin den Fächer zerbrach und ihn auf den Boden warf – ein verstümmelter Vogel mit geknickter Schwinge, der nie mehr fliegen wird.

Russland würde sich schon bald mit England oder Österreich verbünden, wie es der Kanzler schon immer gewünscht hatte. Alles würde sich im mächtigen Reich des Ostens zum Besten wenden.

Der Frühling würde kommen. Ein Knallen wie von Musketenschüssen würde durch die Nacht hallen, wenn das Eis auf der Newa brach, und große Eisschollen würden hinaus aufs Meer treiben.

Und ich würde keine Freundin mehr haben.

Am Morgen machte Katharina einen Spaziergang am Ufer der Newa, nur von einer Zofe begleitet, fern von den hohlen Wänden, den durchsichtigen »venezianischen« Spiegeln, den versteckten Gucklöchern und Lauscheinrichtungen des Palasts. Die ersten Schneeglöckchen, Katharinas Lieblingsblumen, kamen schon durch den Schnee hervor, und sie suchte mit Feuereifer nach ihnen.

Ich wartete auf eine günstige Gelegenheit. Als die

Zofe stehen blieb, weil sich ihr Rock in den Dornen eines Strauchs verhängt hatte, sprach ich die Großfürstin an: »Bitte, hören Sie zu, ich habe nicht viel Zeit. Es ist besser, wenn uns niemand zusammen sieht.«

Sie sah mich amüsiert an. »Aber warum, Warenka?«

»Etwas Schreckliches ist passiert. Ich bin gekommen, um Sie zu warnen.«

Das Lächeln auf ihren Lippen erstarb.

Die Zofe hatte ihren Rock befreit und kam eilig auf uns zu. Ich legte den Finger auf die Lippen.

Katharina fragte die Zofe, ob sie ihr Taschentuch gesehen habe. »Ich muss es auf dem Weg verloren haben«, sagte sie. »Es ist rot – Maman hat es mir geschenkt.«

Es war kein sehr origineller Vorwand, aber der Zofe blieb nichts anderes übrig, als zurückzugehen und nach dem Taschentuch zu suchen.

Ich kam sofort zur Sache: »Ihre Mutter hat Briefe an den König von Preußen geschrieben, die die Kaiserin ihr nie verzeihen wird.«

In Katharinas Augen stand blanker Schrecken.

»Woher weißt du das?«

»Ich war dabei, als der Kanzler sie der Kaiserin zeigte. Ein Kurier ist an der Grenze abgefangen worden.«

Katharina biss sich auf die Lippen.

»Sie tobt vor Zorn. Sie wird Sie und Ihre Mutter heute Nacht zu sich rufen lassen. Der Kanzler ist sicher, dass die Kaiserin Sie aus dem Land jagen wird.«

Katharina schaute sich verstohlen um. Die Zofe war noch weit weg.

»Ich möchte nicht zurück nach Deutschland, Warenka.« Ihre Hand umklammerte meinen Arm und ließ dann wieder los. »Nicht so, in Schimpf und Schande.«

»Die Kaiserin will auch nicht, dass Sie gehen. Aber Sie müssen ihr klarmachen, dass Sie nicht so sind wie Ihre Mutter.«

Ich konnte ihr nicht die ganze Wahrheit sagen. Ich konnte ihr nicht gestehen, dass ich für den Kanzler spionierte. Alles, was ich tun konnte, war, ihr einen möglichen Ausweg, einen schmalen Pfad weg vom Abgrund, zu zeigen und zu beten, dass es gutging.

»Fallen Sie vor ihr auf die Knie, Katharina. Küssen Sie ihr die Füße. Weinen Sie. Sagen Sie der Kaiserin, dass Sie keine andere Mutter haben als sie. Das ist es, was sie hören will. Wenn Sie es nicht tun ...«

Sie zuckte zusammen.

»Das Glück ist nicht so blind, wie die Leute glauben, aber Sie müssen wissen, was Sie wollen.« Meine Stimme klang fest und entschieden, gerade so, als hätte ich ihr nicht eben geraten, sich von der Frau, die sie zur Welt gebracht hatte, für immer loszusagen.

Die Zofe hatte es aufgegeben, das Taschentuch zu suchen, und kam zurück. Ich verneigte mich.

»Ich muss jetzt gehen«, sagte ich.

»Danke, Warenka, das werde ich dir nie vergessen.

Ich werde es dir vergelten, das verspreche ich dir.« Sie drehte sich zu der Zofe um. »Hast du das Taschentuch nicht gefunden?«, rief sie. »Das ist nicht so schlimm. Vielleicht hatte ich es gar nicht dabei – ich bin ja so zerstreut.«

Am Abend saß ich im Vorzimmer herum und wartete, dass ich gerufen wurde, aber die Kaiserin war nicht in der Stimmung, sich den neuesten Klatsch erzählen zu lassen. Aus dem Schlafzimmer drang die Stimme des Kanzlers, dann hörte ich jemanden nervös lachen, aber ich wusste nicht, wer es war.

Die Glocke läutete, ein junger, schlanker Lakai, den ich vorher noch nie gesehen hatte, ging hinein. »Schaff die beiden her«, hörte ich die Kaiserin schreien, »sofort.«

Es dauerte nicht lange. Schritte näherten sich, Absätze klapperten auf den hölzernen Treppenstufen. Ein Aufschrei, ein Stolpern. Wieder ein Schrei, jetzt ganz nahe.

Ich schlüpfte mit wild klopfendem Herzen hinter einen Vorhang. Johanna und Katharina hasteten herein, angetrieben von zwei Soldaten der Palastwache. Offensichtlich hatte man sie aus dem Bett gerissen und gezwungen, sich in aller Eile anzuziehen; Knöpfe und Schnallen ihrer Kleidung standen offen, sie waren zerzaust und verängstigt, genau so, wie Elisabeth sie haben wollte.

Prinzessin Johanna ruderte heftig mit den Armen, sie erinnerte an einen Vogel, den man vom Himmel geschossen hat, aber ich streifte sie nur mit einem flüchtigen Blick. Meine Aufmerksamkeit galt Katharina. Ihr Gesicht war erhitzt vom Laufen, ihre Augen waren rot gerändert. Die nächsten Minuten würden über ihre ganze Zukunft entscheiden.

Die Tür ging auf, die Soldaten führten die beiden zur Kaiserin.

Auf dem Gang hörte ich gedämpfte Schritte. Sicher drückten die Wachposten ihre Ohren an die Tür. Natürlich – was hier geboten wurde, war allerbeste Unterhaltung: die Demütigung hoher Herrschaften. Am nächsten Tag würde man überall im Palast genüsslich die Details erörtern: in heller Panik eingenässte Unterwäsche, bis aufs blutige Fleisch abgebissene Fingernägel, Hände, die noch am Morgen so sehr zitterten, dass sie die Kaffeetasse nicht halten konnten.

Die Stimme der Kaiserin ließ die Wände erzittern. *Ein barbarisches Land? ... eine verblendete, eitle Frau, die sich anmaßt, ein Reich zu regieren!*

Was für ein Vertrauensbruch! Sie hatte eine Giftschlange an ihrem Busen genährt. Russland war verhöhnt, verleumdet, erniedrigt worden. Von so einer dahergelaufenen nichtswürdigen Person. Von einer deutschen Hure!

Ist das die deutsche Art, Gastfreundschaft zu vergelten?

Ist das die deutsche Art, Wohltaten zu erwidern?

Ist das die deutsche Auffassung von Loyalität und Dankbarkeit?

Undankbares Luder!

Verräterin!

Dann hörte ich Katharinas Stimme.

»Majestät, Sie haben mir das Leben gerettet. Sie haben mich wie Ihr eigenes geliebtes Kind behandelt. Wie Ihre eigene Tochter. Sie haben so viel für meine Familie getan, und ich habe mich bemüht, mich Ihres Vertrauens würdig zu erweisen, aber jetzt habe ich alles verloren!

Ich habe keine Mutter mehr – wie könnte ich eine Frau, die meine Wohltäterin so hintergangen hat, noch Mutter nennen? Ich werde gemeinsam mit ihr das Land verlassen, wie es Euer Hoheit befehlen, aber ich bitte Sie: Schicken Sie mich nicht fort ohne Ihren Segen.«

»Hör gut zu, du undankbares Scheusal!«, schrie die Kaiserin. »Hör die Worte einer Tochter, die du nicht verdient hast! Aus meinen Augen! Fort!«

Etwas knallte auf den Fußboden, und dann ertönte das erlösende Wort, auf das ich, und nicht nur ich, gewartet hatte:

»*Allein!*«

Die Tür ging auf, und Fürstin Johanna taumelte heraus, stumm, als steckte ihr die Demütigung wie ein Kloß in der Kehle.

Ich verließ mein Versteck und ging fort, vorbei an dem Lakaien, an den Wachposten. Sie hätten ohne Zweifel gerne Genaueres von mir erfahren, aber ich ignorierte ihre erwartungsvollen Blicke. All meine Gedanken und Gefühle flossen zusammen zu einem Gebet, einer inneren Beschwörung: Mach, dass das ein neuer Anfang wird, lass es ein gutes Omen sein. Lass es uns eine Lehre sein, die wir nie vergessen und die wir beherzigen werden, wenn wieder schwere Zeiten kommen.

Die Dielen knarzten unter meinen Schritten. In der trockenen Winterluft schwand das Holz, je mehr Feuchtigkeit es verlor. Wenn es auf den Frühling zuging, taten sich in den Bodenbrettern und Paneelen immer größere Risse und Spalten auf.

Lass uns wachsam sein, betete ich, *damit wir unser wahres Wesen vor denen verbergen können, die uns so gut zu kennen meinen. Die glauben, wir wären mit Leib und Seele ihr Eigentum.*

Mir war klar, dass der Kanzler sich seine Enttäuschung nicht hatte anmerken lassen. Er hatte Johannas törichte Briefe eingesammelt, sich verneigt und war gegangen. Jetzt saß er in seinem Arbeitszimmer vor dem Kamin und starrte ins Feuer, neben sich auf einem Tischchen eine Flasche Wodka.

Er würde mich in der nächsten Zeit nicht zu sich rufen. Er brauchte schmiegsame Lippen, Hände, die ihm willig Trost spendeten, Gedanken, vor denen er nicht ständig auf der Hut sein musste. Er brauchte Augen, ungetrübt von jedem Zweifel, in denen er sich spiegeln, ein von Furcht erweichtes Herz, das er und er *allein* formen konnte.

Komm mir nie in die Quere, Warwara, hatte er gesagt. *Glaub ja nie, du könntest mich für dumm verkaufen.*

Es war mir egal. Katharina durfte bleiben. Sie war in Sicherheit.

Ich war nicht mehr allein.

In dieser Nacht wartete ich stundenlang vor ihrem Zimmer. Als sie endlich kam, glitzerten Tränen auf ihren Wangen. Ich hielt sie in den Armen wie ein Kind, redete sanft auf sie ein, strich ihr über das seidige Haar.

»Es ist gut«, murmelte ich. »Sie sind sicher, Katharina, alles wird gut werden. Hat der Kanzler noch etwas gesagt, bevor er ging?«

»Er sagte, er vertraue voll und ganz dem überlegenen Urteilsvermögen der Kaiserin. Er wisse, dass sie bei allen ihren Entscheidungen einzig das Wohl Russlands im Sinn habe. Aber er kam immer wieder auf die Briefe zurück, er wollte unbedingt, dass sie *alle* las.«

Er ist ein schlauer Fuchs, dachte ich. Mitgefangen, mitgehangen. Die Schuld der Mutter sollte auf die Tochter abfärben. Er konnte der Kaiserin nicht widersprechen, wenn sie Katharina verschonte, aber er konnte ihren Zorn weiter anfachen.

»Schließlich sagte sie, er solle ihr diesen widerlichen

Schmutz aus den Augen schaffen. Sie warf die Briefe auf den Boden, und er musste sich bücken und sie wieder zusammenklauben. Einen nach dem anderen.«

Sie blickte auf und lächelte. Ich stutzte verblüfft: Es war das Lächeln eines schadenfrohen Kindes.

Im April 1745 zogen drei Tage lang Herolde, begleitet von Trommlern, durch Sankt Petersburg und verkündeten, dass am 21. August die Hochzeit des Kronprinzen stattfinden sollte. Auf kaiserlichen Befehl sollten die höchsten Adeligen des Reichs bald Vorauszahlungen erhalten, die ihnen erlaubten, sich für den großen Tag angemessen auszustaffieren. Sobald die Ostsee eisfrei war, brachten Schiffe Tuch, Kutschen, französische Galanteriewaren und Wein. Nur englische Seide wurde in Sankt Petersburg noch höher geschätzt als die aus Preußen, besonders Stoffe in Weiß und in hellen Farbtönen mit großen Blumenmustern in Gold und Silber. Von Katharinas Vater kam eine Sendung Zerbster Bier, das aber wenig Anklang fand: Die Russen erklärten, es sei dünn und fade.

Die Kaiserin überwachte die Festvorbereitungen bis ins Detail und änderte beim kleinsten Anlass ihre Meinung. Eine Zeit lang wollte sie, dass das junge Paar, bevor es zur Kathedrale fuhr, im Bernsteinzimmer des Palasts gesegnet würde, doch dann fand sie, dass der Raum zu klein für diese Zeremonie sei. Als Hochzeitskutsche war eine Berline vorgesehen, ein prächtiges Gefährt mit einem Aufbau aus Glas, in dem Braut und Bräutigam zusammen mit der Kaiserin wie Juwelen in einer Vitrine beim Hochzeitszug vom Volk bewundert werden konnten. Sollte sie mit Blumen geschmückt werden, oder würde die Eleganz der reichen Vergoldungen ohne solche Dekoration besser zur Wirkung kommen? Die Kaiserin schwankte hin und her. Aber dann, an dem Tag, als sie den Vertrag mit dem französischen Kutschenbauer unterschreiben sollte, knallte ein Vogel gegen ein Fenster ihres Schlafzimmers, und sie wollte von dem Projekt nichts mehr hören.

Der Kanzler hatte mich seit dem Sturz der Fürstin Johanna nicht mehr zu sich rufen lassen, aber ich hatte im Dienst der Kaiserin so viel zu tun, dass mich das nicht weiter beschäftigte. Er hatte sich von Rückschlägen nie entmutigen lassen, und auch jetzt verstand er es, sich den neuen Gegebenheiten anzupassen: Bei allen Audienzen pries er die Vorzüge der künftigen Gemahlin des Thronfolgers, als ob er nie anderer Meinung gewesen wäre.

Du hast keine Freunde, Warwara, hatte er mir immer gesagt, *du hast Absichten und Ziele. Und die Zeit verändert alles. Du musst vom Fuchs und vom Löwen lernen: Der Fuchs kann nicht gegen ein Rudel Wölfe kämpfen, und der Löwe ist nicht schlau genug, um die Falle zu erkennen, die man ihm gestellt hat.*

Die Kaiserin hatte verfügt, dass Fürstin Johanna erst nach der Hochzeit abreisen sollte. »Ich möchte nicht, dass schlecht geredet wird«, sagte sie. Ich sah ihr an, was sie dachte, wenn sie ihre besiegte Nebenbuhlerin musterte: *Nicht alle Töchter sind wie ihre Mütter. Verrat ist nicht ansteckend.*

Fürstin Johanna tat gehorsam alles, was man ihr befohlen hatte. Schweigend nahm sie die zuckersüßen Lobeshymnen über ihr Kind und die scharfen Blicke der Kaiserin hin. Alle Besucher wurden abgewiesen. Wenn ich an ihrem Zimmer vorbeikam, sah ich manchmal Dienstboten mit Körben und Kisten ein und aus gehen, offenbar damit beschäftigt, die Sachen der Fürstin zu packen.

Ich sprach vor der Hochzeit nur einmal mit ihr. Sie hatte sich ausnahmsweise aus ihrem Zimmer gewagt – offenbar hatte sie irgendetwas zu erledigen – und war im Palast unterwegs, eine sonderbar gedrückte Gestalt, die verstohlen dahinhuschte, die Pupillen von Belladonna geweitet. Als sie mich sah, blieb sie abrupt stehen und zwang sich dazu – vielleicht weil zwei Palastwachen in Hörweite waren –, mich zu grüßen.

»Geht es Ihnen gut?«, fragte sie. Ihre Stimme klang angespannt.

»Ja«, sagte ich, »danke der Nachfrage, Durchlaucht. Ich hoffe, Ihnen geht es auch gut?«

»O ja. Ich bin froh, dass ich bald wieder nach Hause fahren kann. Ich habe noch mehr Kinder, die mich brauchen. Sophie kommt ja gut ohne mich zurecht.«

Ich tat so, als hätte ich den Sarkasmus in ihren Worten nicht bemerkt, und blickte starr auf das halbmondförmige Schönheitspflästerchen auf ihrer Oberlippe. Vielleicht ahnte sie, dass ich sie verraten hatte, aber das ließ mich kalt. Diese Frau hätte um ein Haar das Leben ihrer Tochter zerstört, und das einzig und allein, um ihre Eitelkeit und Selbstsucht zu befriedigen.

Die Fürstin drehte sich nach den Wachposten um, und ich folgte ihrem Blick. Die beiden beobachteten uns. Der eine zwinkerte mir zu und legte die flache Hand auf sein Herz.

Das flammende Rot im Gesicht des Großfürsten verblasste allmählich. Aber als die Schwellung zurückging, zeigte sich immer deutlicher, dass ein Auge tiefer hing als das andere, was dem Gesicht einen Ausdruck ständiger Verwirrtheit verlieh. Sosehr ich mich auch dagegen wehrte, musste ich bei seinem Anblick immer an einen Hofnarren denken.

Katharina schaute nicht weg. Sie zuckte nicht mit der Wimper, wenn Peter klagte, sie sei zu mager und ihr Kinn sei zu spitz, oder wenn er bemerkte, die Prinzessin von Kurland sei die schönste Frau, die er jemals gesehen habe.

Sie brachte ihn mit ihrem Katzenkonzert zum Lachen. Sie beschrieb ihm genau das Berliner Schloss von König Friedrich, den Weißen Saal, die Goldene Galerie, den Thronsaal, und zeichnete ihm sogar eine Planskizze der Anlage. Sie nickte freundlich lächelnd, wenn er sagte, die preußischen Uniformen seien besser geschnitten und aus besserem Tuch als die russischen.

Ihre Besuche beim Großfürsten dauerten jetzt länger.

Sie musste ihm aus holsteinischen Zeitungen vorlesen: Meldungen von auslaufenden Pachtverträgen, Vorschriften zur Beseitigung von Tierkadavern, Petitionen, die Zölle zu senken, den Betrieb einer weiteren Brauerei zu genehmigen. Die Frakturschrift ermüde seine Augen, behauptete er. Sie bot ihm an, seine Briefe zu schreiben. Er müsse sie dann nur noch signieren und siegeln.

Frauen verstehen sich auf solche Dinge, sagte er. Sie haben die nötige Geduld, sich mit Trivialitäten abzugeben.

Einmal ermahnte Katharina ihn, sich während der Messe öfter zu bekreuzigen, »damit es auch wirklich alle Leute sehen, Peter, schließlich werden Sie einmal Kaiser sein«, und er versprach, künftig daran zu denken.

Wenn ich die beiden so beobachtete, wuchs meine Zuversicht. Elisabeth würde nicht ewig leben, eines Tages würde die Großfürstin die Gemahlin des Kaisers sein.

Und so hatte auch ich eine Zukunft.

Es wurde Juni, die Hochzeitsvorbereitungen kamen immer mehr in Schwung, und im selben Maß erlahmten die Regierungsgeschäfte. Kaiserliche Dokumente wurden nicht unterzeichnet, Verhandlungen stockten, ausländische Gesandte warteten wochenlang vergeblich darauf, dass sie zu Audienzen empfangen wurden. Sie habe keine Zeit, ließ die Kaiserin dem Kanzler ausrichten. Gästelisten und Sitzordnungen mussten geprüft und genehmigt werden, die verschiedenen Anordnungen des Gefolges mussten diskutiert, Gunstbeweise gewährt oder verweigert werden. »Pracht ist Knochenarbeit«, bemerkte Elisabeth seufzend.

Ich hatte sie nie so beschwingt und voller Tatendrang gesehen. Sie entdeckte wieder neu die Freuden des traditionellen russischen Dampfbads. Am Morgen verschaffte sie sich regelmäßig Bewegung, und zwar barfuß, um ihren Kreislauf anzuregen. Die Fenster im Palast mussten immer offen stehen, selbst an den heißesten Tagen, weswegen in den kaiserlichen Gemächern permanent ein ländlicher Mistgeruch hing, der von der Zarenwiese hereinwehte. Überall standen Vasen mit Wildblumen – Margeriten, Goldruten, Kamille –, deren Düfte die Kaiserin an ihre Kindheit erinnerten.

Fieberhafte Betriebsamkeit machte sich überall breit. Bald waren alle Büsche und Hecken in der Umgebung des Palasts mit Leinenzeug bedeckt, das in der Sonne bleichte. Aus den Küchen drang zorniges Geschrei gereizter Köche, hektisches Klappern von Töpfen und Pfannen. Dienstmägde mit roten Händen und rot geränderten Augen hasteten umher. Aus der Orangerie in Oranienbaum brachten Gärtner blühende Zitronenbäumchen, die in silberne Töpfe gepflanzt waren und die Räume des Palasts mit Wohlgeruch erfüllen sollten.

Die Katzen der Kaiserin wurden in die Vorzimmer verbannt, denn jede verfügbare Fläche im kaiserlichen Schlafzimmer war mit Stoffen, Spitzen, Bändern, Ledermustern und Strängen von Wolle bedeckt. Die fünf Lakaien der Kaiserin, die oft gerufen wurden, um für sie zu singen, mussten jedes Mal extra eine lange Bank mitbringen, auf der sie stehen konnten.

Kleiderpuppen mit Hochzeitsgarderoben wurden präsentiert und fanden allesamt keine Gnade vor den Augen der Kaiserin. Zitternd vor Angst ließ die neue Kammerfrau das Donnerwetter über sich ergehen. Ob sie nicht wusste, dass Rüschen längst passé waren, dass zu viele Edelsteine auf Silberlamee den Stoff steif machen? Gab es keine sanfteren Weißtöne? Als die Kammerfrau sich zurückzog, nachdem sie versprochen hatte, ihre Sache beim nächsten Mal gewiss besser zu machen, begann auch ich zu zweifeln, dass es ein Kleid geben konnte, das Elisabeths Kritik standhielt. Aber als der Sommer voranschritt, kam der Tag, da die Kaiserin Katharina und Peter rufen ließ, um ihre Entscheidung zu verkünden.

Zwei große Kleiderpuppen standen auf einem Tisch. Die eine trug ein Kleid aus Silberlamee, reich bestickt an allen Säumen. Über den Stoff floss ein Schleier aus spinnwebfeiner Spitze. Peters Hochzeitsanzug war aus dem gleichen silbernen Tuch geschnitten und – ebenso wie der Degen, den er dazu tragen sollte – über und über mit glitzernden Diamanten geschmückt. Die Kaiserin kippte die Puppen leicht, sodass sie einander zu umarmen schienen, und sah das junge Paar strahlend an.

Katharina betastete den Stoff des Kleids mit den hauchzarten Silberfäden und stieß entzückte Schreie der Bewunderung aus. Der Großfürst tupfte steif mit dem ausgestreckten Zeigefinger gegen seine Puppe.

»Was meinst du, Peter?«, fragte die Kaiserin aufmunternd.

Sie hatte angeordnet, dass man ihm eine Paste, die seine Pockennarben kaschieren sollte, auf Wangen und Stirn auftrug. Aus einiger Entfernung wirkte seine Haut auch wirklich halbwegs glatt, aber bei näherer Betrachtung sah man die Spachtelmasse, die schnell bröckelig wurde und seinen Kragen beschmutzte.

»Fragen Sie besser *sie*.« Er zeigte mit dem Finger auf Katharina.

Katharina verneigte sich. »Das Kleid ist wunderschön, Majestät. Das schönste, das ich je hatte.«

»Mondkinder«, sagte die Kaiserin. »Ihr werdet aussehen wie Mondkinder.«

Die beiden verbeugten sich und gingen Hand in Hand hinaus.

Die Kaiserin seufzte selig, aber ich sah die Kammerfrau an, die sich eine Träne abwischte. In ihrer frischen, schmucken Erscheinung war nichts, das an ihre Vorgängerin erinnerte, und doch musste ich plötzlich an Madame Kluge denken, an ihr bleiches, schreckensstarres Gesicht, als die Wachen sie auf das Brettergerüst gezerrt hatten. Um das Bild abzuwehren, rief ich mir die roten Striemen an meinen Schienbeinen ins Gedächtnis, die Demütigungen und Gemeinheiten, die sie mir angetan hatte, aber diese Erinnerungen hatten kein Gewicht, sie waren wie Flusen, die sich unter dem Bett sammeln.

Ihr Sturz war mein Triumph gewesen und zugleich eine Warnung. Sobald ihre Wunden so weit geheilt waren, dass sie wieder sitzen konnte, hatte man sie zurück nach Deutschland geschickt. »Besser als nach Sibirien«, hatte der Kanzler bemerkt.

Später an diesem Tag hörte ich den Großfürsten sagen, er wünschte, seine Tante würde nicht darauf bestehen, dass nur lauter Trompeten und Fanfaren bei der Hochzeit aufspielten, Geigen seien viel vornehmer. Er wünschte auch, Katharina hätte nicht solchen Mundgeruch. Sie sollte sich so wie er regelmäßig den Mund mit Wodka ausspülen.

Es spielt keine Rolle, dachte ich.

Es wird eine Hochzeit geben.

Es wird eine Hochzeit geben, murmelte ich, als ich wieder an meine Arbeit ging. Mein Aufgabenbereich hatte sich in der letzten Zeit sehr verändert: Wenn die Kaiserin mich jetzt rufen ließ, musste ich etwa verlorene Stoffmuster suchen, in aller Eile diktierte Nachrichten an Juweliere oder Parfümeure schreiben oder mich mit dem Diebstahl von ein paar Rebhühnern oder einer halben Schiffsladung Wein befassen.

Keine Angelegenheit war ihr zu trivial. Sie inspizierte die Tische, an denen die Festgäste tafeln sollten, entdeckte Kratzer und Schrammen, die gekittet oder wegpoliert werden mussten. Sie entschied, welche Ölbilder mit Milch zu waschen, welche gesprungenen Fensterscheiben auszuwechseln waren. Sie bestellte Küchenchefs, Kellermeister, Gärtner zum Rapport, überzeugte sich persönlich davon, dass ausreichend Weintrauben, Ananas, Orangen, kandierte Früchte da waren. Sie regte sich auf, weil geräucherter Stör und *balyk* nicht in der bestellten Menge geliefert worden waren. Keiner der ausländischen Gäste durfte auch nur den leisesten Grund haben, schlecht über die russische Gastfreundschaft zu reden.

Schließlich war es die Hochzeitsfeier des künftigen Zaren.

Als ich durch einen der Korridore eilte, hörte ich die Stimme des Kanzlers.

»Junge Mädchen und Hochzeiten haben immer etwas Rührendes, nicht, Warwara?«

Ich blieb stehen.

»Die Großfürstin sieht großartig aus«, fuhr er fort. Ich hörte den Sarkasmus in seiner Stimme und auch den leise drohenden Unterton.

»Ja.«

»Und die allgemeine Begeisterung hat auch auf dich abgefärbt, wie es scheint.« Er trat mir in den Weg. »Tja, wer hätte das gedacht?«

Er hatte mich seit dem Tag, an dem die Fürstin in Ungnade gefallen war, nicht mehr zu sich gerufen. Mir war nicht wohl zumute. Ich presste die Lippen aufeinander und überlegte, was seine Worte wohl zu bedeuten hatten. Aber im Grund meines Herzens wusste ich es bereits. Der Herr über alle Spitzel am russischen Hof hatte mich genau beobachtet, und was er sah, gefiel ihm nicht.

Ich machte einen Schritt nach vorn.

Mit einer ironischen Verbeugung trat er zur Seite und ließ mich vorbei.

Als es Juli wurde, bestellte die Kaiserin jeden Morgen Katharina zu sich, unterhielt sich mit ihr und überhäufte sie mit Komplimenten. Sie flocht ihr bunte Bänder ins dunkle Haar, setzte ihr einen roten, mit großen Perlen verzierten Kokoschnik auf, der früher ihrer Mutter gehört hatte, brachte ihr russische Tänze bei und kostete mit ihr Proben der Gerichte, die beim Hochzeitsmahl serviert werden sollten. Die Trauungszeremonie sollte nach dem Willen der Kaiserin in der Kirche Unserer Lieben Frau von Kasan stattfinden. Sie hatte ihren Namen von einer Ikone, die Elisabeth über alles verehrte. Die Heilige Jungfrau von Kasan hatte Kranke geheilt und in Momenten höchster Not die Feinde Russlands triumphal zerschmettert. Die Kaiserin lechzte nach Wundern mit einer Begierde, die ebenso stark war wie die nach jungen Gardesoldaten.

In den Nächten, wenn mein Dienst bei der Kaiserin beendet war, schmiedeten Katharina und ich Pläne. Sie brauchte eine Vertraute.

Sie brauchte mich.

»Sobald ich verheiratet bin, werde ich die Kaiserin bitten, dich mir zu überlassen«, sagte sie. »Ich werde sagen, ich bekomme Kopfweh, wenn ich bei Kerzenlicht lese, darum brauche ich eine Vorleserin, und zwar eine, die auch Französisch kann.«

Ich nickte.

»Und bei der nächsten Gelegenheit mache ich

dich zu meiner Ehrendame, Warenka. Ich weiß noch nicht, wie ich es anstelle, aber mir wird sicher etwas einfallen. Dann können wir immer zusammen sein. Du wirst mir immer helfen, nicht?«

Ich küsste ihre Hand.

Nebenan kommandierte die Fürstin ihre Zofen herum. »Nicht so, dummes Ding, kannst du nicht achtgeben?«, hörten wir sie schimpfen.

Ich warf Katharina einen Blick zu.

»Lass uns nicht über sie reden«, sagte Katharina.

Sie hatte recht, fand ich. Ihre Mutter war ihre Vergangenheit, nicht ihre Zukunft. Und die Vergangenheit zählte immer weniger.

Wurde ich allzu sorglos in jener Zeit? Beschwipst von dem Gedanken, dass ich, die Tochter eines Buchbinders, nach der Hochzeit der Großfürstin als eine ihrer Ehrendamen in ihrem Gefolge schreiten sollte?

Ließ ich mich allzu sehr von Katharinas Lächeln bezaubern, von der Naivität ihrer kindlichen Befürchtungen?

»Was wird er tun, wenn wir beide allein sind, Warenka?«

»Er wird Sie küssen.«

»Auf den Mund?«

»Ja.«

»Und dann?«

»Auf Ihre Brüste.«

»Und ich, muss ich ihn auch küssen?«

»Ja.«

»Wird es weh tun?«

»Was? Die Küsse?«

»Nein, du weißt schon. Maman sagt, dass es wehtut, aber ich muss es ertragen.«

»Es tut vielleicht weh.«

»Sehr?«

»Es ist nicht so schlimm.«

Es wird nicht lange dauern, dachte ich, *ein lustvolles Stöhnen, eine Entladung, dann ist es überstanden.*

»Sie werden bald ein Kind bekommen«, sagte ich. »Und dann spielt alles andere keine Rolle mehr.«

Katharinas Nerven waren sehr angespannt in dieser Zeit, beim kleinsten Anlass – ein abgerissenes Band, ein verlorener Kamm aus Schildpatt, den sie aus Zerbst mitgebracht hatte – konnte sie in Tränen ausbrechen. Einmal biss sie sich so fest in die Hand, dass sie blutete.

Ich versuchte sie abzulenken – wir gingen im Garten spazieren, immer schneller und schneller, bis wir außer Atem waren, oder ich brachte ihr junge Kätzchen, die ich auf dem Dachboden gefunden hatte, und sie streichelte die Tierchen in ihrem Schoß, argwöhnisch beobachtet von der Katzenmutter.

Ich verdrängte den Gedanken an das tiefgründige Lächeln des Kanzlers.

Am Hochzeitstag half die Kaiserin persönlich, die Braut zu schminken und anzukleiden. Sie tupfte ihr etwas Rouge auf die Wangen, setzte ihr die Fürstenkrone aufs frisch gelockte Haar und umarmte sie, bevor sie die Schneiderin letzte Hand an Katharinas Garderobe anlegen ließ.

»Ein Freudentag«, sagte Elisabeth. »Ein neuer Anfang.«

Unter dem Klang von Pauken und Trompeten fuhren einhundertundzwanzig Kutschen vom Winterpalast zur Kirche, vorbei an Ehrenformationen der Garde in prächtigen neuen Uniformen. Brausende Hochrufe ertönten aus der dicht gedrängten Menge. Katharina und Peter saßen mit der Kaiserin in der Kutsche, die wie ein kleines Schloss aussah. Sie wurde von acht Schimmeln mit goldenem Zaumzeug und hoch aufragenden Federbüschen gezogen.

Die Trauungszeremonie war großartig. Der Priester sang »Herr, unser Gott, kröne sie mit Herrlichkeit und Ehre«, während zwei glitzernde Kronen über die Häupter von Braut und Bräutigam gehalten wurden. Diese Kronen sollten dann in einer Vitrine über dem Bett der Neuvermählten prangen. Die schlichten goldenen Eheringe wurden gesegnet und angesteckt.

Braut und Bräutigam fielen vor der Kaiserin auf die Knie, um ihren Segen zu erbitten. Kanonen donnerten, alle Kirchenglocken von Sankt Petersburg läuteten. Der Ehrwürdige Vater Theodorski sprach von den Wundern der Vorsehung, die die Nachkommen der Geschlechter Anhalt und Holstein miteinander vereint habe und sie, die auserwählt seien, über das russische Volk zu herrschen, beschützen werde. Der Kanzler des Reichs wünschte in einer blumigen Rede Glück und Segen, pries Elisabeths weibliche Intuition und beschwor das Vermächtnis jener anderen Katharina Alexejewna, der geliebten Gemahlin Peters des Großen und russischen Kaiserin. Er sprach von des Großfürsten unbeirrbar festem Charakter, der ihn als einen durch und durch echten Romanow ausweise. Heute sei ein großer Tag, sagte der Kanzler, ein Tag, der ihn mit Stolz und Hoffnung für Russland erfülle und mit tiefer Dankbarkeit gegenüber Ihrer Majestät.

»Alter Schmeichler«, murmelte die Kaiserin.

Sie strahlte.

Keinerlei schlechte Vorzeichen trübten die freudige Stimmung. Der Bräutigam trat als Erster auf das weiße Tuch, auf dem das Paar in der Kirche stehen sollte. Die Ringe fielen nicht auf den Boden, keine Kerze erlosch.

Von dem ganzen Festtrubel am Abend habe ich eine sonderbar zusammengewürfelte Reihe von Szenen und Eindrücken im Gedächtnis: ein betrunkener Franzose, der davon erzählte, dass er auf einer seiner Reisen einmal eine Hexe gesehen hatte, die einfach nicht brennen wollte; ein griesgrämiger Österreicher, der sich an einem Stück Wurst verschluckte; der Uringestank, der vom offenen Kamin in einem der Säle herwehte; gierige Hände, die meinen Busen betatschten; eine Katze, die von einem Ferkel über einen Hof gejagt wurde.

Ich erinnere mich an Katharinas Gesicht, an die von Belladonna geweiteten Augen, an das schimmernde Hochzeitskleid, dessen Saum schmutzig geworden war. Sie hatte schlimmen Schluckauf, der sich hartnäckig hielt. Und an Peters übellaunige Reaktion, als jemand bemerkte, es sei ganz verständlich, dass er es kaum erwarten könne, Cupidos Lager aufzusuchen.

Fürstin Johanna fiel vor allem dadurch auf, dass sie andauernd alles und jedes um sie herum in den höchsten Tönen lobte. Das Brautkleid war atemberaubend schön, die Kaiserin voller Güte und Freundlichkeit. Die Fürstin war glücklich, ihre Tochter in so guten Händen zu wissen. Russland sah einer glänzenden Zukunft entgegen, es war ein mächtiges Reich, das auf der Welt nicht seinesgleichen hatte.

Sie werde, sagte sie immer wieder, dankbar an die schöne Zeit in Russland zurückdenken, aber jetzt freue sie sich darauf, nach Hause zurückzukehren.

Die große silberne Scheibe des Mondes stand über der Newa, genau über der Peter-und-Paul-Festung. Die Luft war abgekühlt, ein ferner Vorbote der eisigen Nordwinde, die bald kommen sollten. Die Gaukler auf den Straßen jonglierten längst mit brennenden Fackeln statt mit Bällen und Ringen. Feuerwerksraketen stiegen auf und versprühten Funkenregen.

Die beiden Hochzeitskronen waren in einen Schaukasten über dem Bett des jungen Paars gestellt worden.

Die Kaiserin selbst geleitete die Neuvermählten zu ihrem Schlafgemach und schloss die Tür hinter ihnen.

Am nächsten Morgen nahm ich der Kammerzofe, die eben auf dem Weg zum Schlafzimmer der Brautleute war, die Schüssel mit Eis weg, die sie in den Händen trug, und klopfte leise an die Tür.

»Herein.«

Katharina saß neben dem Bett auf dem Fußboden. Im verrutschten Ausschnitt ihres Batistnachthemds sah ich weiße Haut und eine rosige Brustwarze. Von Peter keine Spur.

»Was ist passiert?«, fragte ich.

Sie schüttelte den Kopf.

»Da war eine Ratte«, sagte sie und zeigte in eine Ecke neben dem Kamin. »Da drüben.«

»Jetzt ist sie jedenfalls weg.« Ich nahm einen Brocken Eis und strich damit über die Haut unter ihren Augen. Kaltes Schmelzwasser lief an meinem Arm entlang.

»Ich weiß.« Katharina seufzte. Sie rührte sich nicht.

Ich flüchtete mich in Geplauder, das mir damals so leicht von der Zunge ging. Ich redete von der Gräfin Golowina, die auf der Tanzfläche gestolpert war, von dem verklärten Lächeln, das jedes Mal über das Gesicht des alten Grafen Schuwalow ging, wenn er einen Blick auf ein Paar schlanker Fußknöchel erhaschte.

Ich ließ meine Worte funkeln.

Ich lachte über meine eigenen Scherze.

Sie hörte gar nicht zu.

»Es fühlt sich an wie ein Stein«, sagte sie bedrückt und deutete auf ihre Brust. Sie schnüffelte an ihrem Arm, an der Innenseite ihres Kragens. Sie sah mich an, offensichtlich tief verletzt und gedemütigt.

Ich kniete mich neben sie und nahm ihre kräftige weiße Hand, die jetzt mit einem Ehering geschmückt war.

»Er hatte eine kleine Flasche mit Wodka in der Tasche seines Schlafrocks. Er ließ mich davon trinken. Er sagte, eine Frau müsse ihrem Ehemann blind gehorchen; wenn er an einem sonnigen Tag sagt: ›Schau nur, wie dunkel es ist‹, muss sie antworten:

›Ja, so dunkel, dass man die Hand vor den Augen nicht sehen kann.‹ Und wenn er dann sagt: ›Aber es ist heller Tag‹, muss sie ausrufen: ›Tatsächlich, wie dumm von mir, das nicht zu bemerken!‹ Dann trank er immer mehr, bis er schließlich einschlief.«

»Er hat Sie nicht angerührt?«

»Nein.«

»Hat er Sie geküsst?«

»Nein.«

»Auch nicht nach dem Aufwachen?«

»Nein. Ich weiß nicht einmal, wann er gegangen ist.«

»War heute schon jemand hier?«

»Gräfin Rumjanzewa und Fürstin Galizina waren da und haben die Laken mitgenommen.«

Ich hob die Bettdecke und sah die nackte Matratze.

Sie fing zu weinen an.

»Das hat nichts zu bedeuten«, sagte ich. Ich half ihr auf und ließ sie sich auf den Rand des Betts setzen. »So was passiert andauernd.«

»Woher weißt du das?« Sie schluchzte.

»Männer bekommen plötzlich Angst. Sie können nicht, und dann sind sie verunsichert und schämen sich. Das kann mal vorkommen«, sagte ich. »Es ist nicht so schlimm.«

Damals glaubte ich tatsächlich noch, dass es so war.

Fürstin Johanna reiste drei Tage später ab. Ich ging an ihrem Zimmer vorbei und sah, dass die Tür offen stand. Etwas von dem Stroh, mit dem man Kisten ausgepolstert hatte, war auf dem Boden verstreut, ein paar Scherben lagen herum und Stoffreste, die selbst die Dienstmädchen nicht mehr gebrauchen konnten.

Später erfuhr ich, dass die Kaiserin Johanna einen Brief an den König von Preußen mitgegeben hatte. Darin forderte sie ihn auf, den preußischen Gesandten sofort abzuberufen. Es ging das Gerücht um, in Berlin sei ein russischer Spion aufgeflogen und zum Tod verurteilt worden. Ein preußischer Repräsentant in Sankt Petersburg wurde nach Sibirien verschickt. Von engen freundschaftlichen Beziehungen zwischen Preußen und Russland war keine Rede mehr – der Kanzler hatte erreicht, was er wollte.

Die Fürstin hatte sich nicht von ihrer Tochter verabschiedet. Sie hinterließ eine Nachricht, in der sie schrieb, sie wolle nicht, dass Trennungsschmerz das Glück einer jungen Braut trübe.

Katharina las das Schreiben und warf es ins Feuer.
»Fang mich, Warenka«, sagte sie und rannte davon.
Ich lief ihr nach.

Drei
1745-1748

Als die festliche Hochstimmung verebbt war, fiel die Kaiserin wieder in ihre alte launische Übererregbarkeit zurück. Wieder sah sie überall schlimme Vorzeichen, und es waren immer Vorzeichen, die sie selbst betrafen. Ein klapperndes Fenster, ein toter Vogel, der durch den Kamin fiel, ein Reitumhang, der nicht mehr auffindbar war. Jagden wurden abgesagt, Kleider zurückgewiesen, Fragen mit mürrischem Achselzucken beantwortet. Nur ihre Katzen heiterten sie auf. Sie nahm sie auf den Arm, nannte sie ihre »lieben Kleinen«, rollte Wollknäuel über den Boden, die sie jagen konnten. »Du liebst mich allein um meinetwillen«, hörte ich sie zärtlich flüstern, das Gesicht in Puschoks seidigem Fell vergraben.

Böse Gerüchte gingen um. Peter hatte seine Tante eine brünstige Stute genannt. Eine fette Schlampe. Das war weder geistreich noch originell, aber was konnte man von einem Trottel, der es amüsant fand, Gläser mit Schnaps über den Köpfen seiner Diener auszukippen, anderes erwarten? »Glaubt die denn, sie kann mich wie einen Affen im Käfig halten?«, hatte er einmal geschrien. Er brachte eine Schachtel voll

Zinnsoldaten mit ins Schlafzimmer. Drei Stunden lang erklärte er Katharina taktische Feinheiten irgendeiner Schlacht, bevor er betrunken einschlief.

Einen Monat nach der Hochzeit war die Großfürstin immer noch Jungfrau.

Die Kaiserin war nicht gut auf ihn zu sprechen. »Das ist der Dank für alles, was ich getan habe!«, kreischte sie. »Ich war zu gut, zu nachsichtig.«

Das waren die Worte des Kanzlers, vermutete ich, das schleichende Gift des Ressentiments, das er ihr Tag für Tag verabreichte, tat seine Wirkung. Überall im kaiserlichen Schlafzimmer entdeckte ich seine Spuren: nach Muskat duftende Handschuhe aus Montpellier, seine Brille auf einem Stapel von Papieren, die ich der Kaiserin vorlesen musste. Jedes Mal, wenn er hereintrat, streifte er mich mit einem Blick, die Augen leicht verengt, als wäre ich Dunst, der ihm die Sicht trübte.

Er hatte mich immer noch nicht wieder rufen lassen. Er legte keinen Wert mehr auf die Lust, die ich ihm verschaffte, die Geschichten und Neuigkeiten, die ich ihm bringen konnte, interessierten ihn nicht mehr.

Kann mir doch egal sein, dachte ich.

Wenn sich Furcht in meinen Trotz mischte, schob ich sie beiseite.

Die Kaiserin legte immer noch Wert auf meine Dienste. Ich war immer noch Katharinas einzige Vertraute.

Wenn ich bei der Kaiserin war, betonte ich immer, wie gewissenhaft das großfürstliche Paar seinen offiziellen Pflichten nachkam. Ich pries Peters Geduld und Katharinas Anmut. In den vergangenen Wochen hatten sie Patenschaften übernommen, waren als Trauzeugen aufgetreten, hatten bei allerlei Festgottesdiensten und Weihungen das Kaiserhaus würdig repräsentiert.

Die Kaiserin zuckte die Achseln und schnaubte leise.

»War er letzte Nacht bei ihr, Warwara?«

»Ja, Majestät.«

»Hat er sie zu Bett gebracht?«

»Ja.«

»Und warum hat er nicht mit ihr geschlafen? Was hat sie getan, dass er sie nicht anrührt?«

»Sie ist schüchtern«, sagte ich.

»Schüchtern?« Sie wedelte mit der Hand zum Zeichen, dass ich entlassen war. So wie sie das Wort aussprach, klang es wie Hohn.

Draußen auf dem Korridor wechselten die Wachposten eben ihre Positionen. Sie trugen die Uniform des Preobraschenski-Regiments, grün mit roten Aufschlägen. Gerüche von Schnupftabak, Wodka und Schweiß wehten durch die Luft. Stiefel knallten, Degen klirrten. Silberne Gürtelschnallen blinkten.

Ich eilte vorbei, ohne auf sie zu achten.

»Gräfin Rumjanzewa möchte wissen, warum. Was kann ich ihr sagen, Warenka?«

Katharina hatte einen Grashalm im Mund. Wir saßen im Garten des Palasts, wo wir vor Lauschern sicher waren.

In der Nacht zuvor war der Großfürst sehr spät ins Bett gekommen. Sie hatte versucht, ihn zu umarmen, aber er hatte sie weggeschubst. Dann hatte er ihr den Rücken zugedreht und war eingeschlafen.

»War er wieder betrunken?«, fragte ich.

»Ja, ein bisschen.« Katharina schnippte den Grashalm fort. Ihre Augen waren rot gerändert.

Alle plagten sie mit Ratschlägen. Gräfin Rumjanzewa meinte, sie solle ihr Nachthemd weiter aufknöpfen, sodass ihre Brüste sichtbar wären. Der kaiserliche Parfümier schwor auf die Wirkung von Zimt und Sandelholz. Nur Düfte, betonte er, könnten heftige seelische Reaktionen auslösen. Selbst die Zofen wagten sich aus der Deckung und empfahlen ihrer Herrin einen Tee aus getrocknetem Haferstroh.

Es war Zeit, dass das Gerede endlich aufhörte.

Ich drückte Katharina ein Glasröhrchen mit Taubenblut in die Hand, wie man es für ein paar Kopeken in verrufenen Gassen von Sankt Petersburg kaufen kann. Ein einfacher Betrug würde die geschwätzigen Zungen am Hof verstummen lassen, und Katharina würde Zeit gewinnen.

»Trinken Sie Wein mit ihm, bringen Sie ihn zum

Lachen«, sagte ich. »Und wenn er eingeschlafen ist, schmieren Sie etwas von diesem Blut auf die Laken.«

»Aber er wird doch wissen, dass es ein Schwindel ist.«

»Er wird es nicht *sicher* wissen. Und er wird in keinem Fall etwas sagen. Auch er möchte endlich in Frieden gelassen werden.«

Das war es, was beide brauchten, glaubte ich damals. Befreiung von dem Erwartungsdruck, der auf ihnen lastete, eine Weile nicht Gegenstand gespannter Aufmerksamkeit zu sein. Der Wille der Kaiserin war oberstes Gesetz, und jetzt wollte sie einen Thronerben. Wie, das spielte keine Rolle, wichtig war nur, dass sie ihn bekam.

»Wer auf Russland vertraut, wird nie enttäuscht werden, Warwara«, sagte die Kaiserin, als ich an jenem Abend ihr Schlafzimmer betrat und vor ihr knickste. »Ich habe nicht vergessen, was dein Vater sich gewünscht hat.«

Sie war nicht allein. Der Kanzler saß in einem vergoldeten Lehnstuhl am Fenster und klopfte sacht mit einem zusammengerollten Bündel von Papieren auf seine Handfläche. Er drehte sich nach mir um und lächelte in einer Art, als blickte er zugleich verwundert und amüsiert auf ein junges Hündchen nieder, das in seinen Schuh zu beißen versuchte. Ich spürte, wie sich meine Kiefermuskeln anspannten.

Die Kaiserin strich sich mit der Hand durchs Haar. Es wurde immer lichter, trotz der Spülungen mit einem Aufguss aus Birkenrinde und der hundert Bürstenstriche am Morgen und am Abend. Ihr Atem roch nach Kirschlikör. Die Kerze neben ihr flackerte.

Mein Herz klopfte wild. War es denkbar, dass sie mich zu Katharinas Ehrendame ernannte?

»Es ist nicht gut für eine Frau, allein zu sein, Warwara.«

Der Kanzler klatschte in die Hände.

Ich ahnte immer noch nichts, auch nicht, als die Tür aufging und ein junger Mann in einer grünen Uniform mit scharlachroten Aufschlägen hereinkam. Ein Soldat der Garde.

»Was für ein schönes Paar ihr zwei abgeben werdet.« Die Stimme der Kaiserin schien von weit her zu kommen wie die einer Frau, die in einem anderen Raum mit sich selbst spricht.

So muss sich ein in die Enge getriebenes Tier fühlen, das am Ende einer unterirdischen Röhre angekommen ist und hinter sich kalten, unnachgiebigen Fels spürt. Es lebt noch, das Blut rast noch durch seine Adern, es empfindet nichts als blanken Unglauben angesichts der Erkenntnis, dass dies wirklich das Ende ist. Noch hofft es auf ein Wunder – dass sich ein Loch in der Wand auftut, dass der Jäger, vom Schlag getroffen, tot umfällt.

Igor Dmitrijewitsch Malikin, Secondelieutenant

des Preobraschenski-Regiments, sollte mein Ehemann werden. »Eine große Ehre«, fuhr die Kaiserin fort. Sie hatte nicht den leisesten Zweifel, dass ich ihr dankbar war. Ich sollte einen Offizier der stolzen Leibgarde Peters des Großen zum Mann bekommen, jener Eliteeinheit, die hoch über der regulären Armee stand und Elisabeth an die Macht gebracht hatte.

Einen Adeligen, wie es mein Vater gewünscht hatte.

»Er ist Waise wie du, Warwara. Sieh ihn dir an.«

Ich sah ihn mir an. Dichtes schwarzes Haar, buschige Brauen, lächelnde Lippen, zwischen denen ein regelmäßiges Gebiss sichtbar wurde. Seine behandschuhte Linke ruhte auf seiner Hüfte, unter dem Arm ein Tschako mit Federbusch, die Rechte – ohne Handschuh – hing lose herunter. Der Gedanke, dass diese Hand mich berühren sollte, erfüllte mich mit wilder Empörung. In meiner Phantasie sah ich mich nachts in Männerkleidung aus dem Palast schleichen, um dieser Ehe zu entkommen, die ich nie gewollt hatte. Aber *wohin* könnte ein Flüchtling, gleichgültig ob Mann oder Frau, entkommen, der niemanden hat auf der Welt? Entweder kommt er um oder endet als Sklave noch unbekannter Herren.

»Ein schöner Mann, nicht, Warwara?«, fragte Elisabeth.

»Ja, Euer Hoheit.«

Aus dem Schatten war ein leises rhythmisches

Klopfen zu hören. Der Kanzler trommelte mit der Papierrolle lässig auf sein Knie. Manche Erinnerungen sind wie eingebrannt: *Ich beschütze dich, ich sorge für dich. Du hörst zu und gehorchst. Lüge alle Leute an, aber niemals mich.*

Ich schlug die Augen nieder und konzentrierte mich darauf, mir meine Gefühle nicht anmerken zu lassen.

»Erinnern Sie sich nicht an mich?«, hörte ich Igor fragen. In seiner Stimme klang zu viel freudige Erwartung.

»Nein«, sagte ich, obwohl ich ihn natürlich kannte. Wie andere Wachsoldaten hatte er immer mit mir zu schäkern versucht und mich aufgehalten, wenn ich vorbeikam. Wieso hatte ich die Gefahr nicht gespürt, wenn er mich am Handgelenk gepackt hatte? »Ich krieg dich schon noch«, hatte er mir einmal nachgerufen.

Ich war zu sehr mit dem Leben anderer Leute beschäftigt gewesen, um daran zu denken, dass diese Hände, die auf den Gängen des Palasts nach mir haschten, zu Werkzeugen fremder Rachsucht werden könnten.

Als wohlwollender Gönner verkleidet stieß der Kanzler mir den Dolch ins Herz. Das war meine Strafe, ersonnen von einem Meister der Intrige: eine Strafe, für die ich der Kaiserin auf Knien danken musste. Ich musste ihre Großzügigkeit preisen, sie meine Wohltäterin nennen, die Mutter Russlands, die am besten wusste, was gut ist für ihre Schützlinge.

Eine Frau ist nur ein Gefäß, das gefüllt werden muss. Ihr Ehemann trägt die Verantwortung dafür, wenn sie auf die Idee kommt, sie sei wichtig, gerissen, unersetzlich.

Ich brannte vor Zorn auf mich selbst. Ich verfluchte meine idiotische Selbstgefälligkeit. Wie leicht musste es dem Kanzler gefallen sein, Elisabeth zu manipulieren. Eine beiläufige Bemerkung, die Zweifel säte, gefolgt von einem warnenden Seufzen, damit das junge Pflänzchen Wurzeln schlug. Ach ja, es gibt so viel Undank auf der Welt, Majestät. Wahre Treue findet man selten, nicht?

Jeder wusste, dass es der Kaiserin Vergnügen machte, ihre Zofen zu verheiraten, und sei es auch nur, um auf ihren Hochzeiten zu tanzen. Sie gefiel sich in der Tracht eines einfachen Bauernmädchens, wie ihre Mutter eines gewesen war, bevor sie mit ihren Reizen einen mächtigen Zaren bezaubert hatte. In Kasernen, unter Dienstmädchen und Stallburschen fühlte Elisabeth sich am wohlsten.

Wenn ich nicht so unachtsam gewesen wäre, hätte ich zumindest versuchen können, etwas zu unternehmen.

Jetzt war es zu spät. Ich war Igors Belohnung für die Dienste, die er der Kaiserin geleistet hatte. »Vorbildliche Pflichterfüllung«, hatte sie gesagt. Ihre Worte ließen mir keine Fluchtmöglichkeit, nirgendwo zeigte sich eine Ritze, durch die ich schlüpfen konnte.

»Einen Sohn will ich sehen, Warwara.« Sie hielt mir eine Ikone zum Kuss hin. »Komm neun Monate nach der Hochzeit mit einem Sohn wieder hierher.«

Meine Hände wurden kalt – erst jetzt wurde mir bewusst, dass ich den Hof verlassen musste.

Und Katharina.

Mit starren Lippen stammelte ich Dankesworte, dann sank ich neben Igor Malikin vor der Kaiserin auf die Knie, um ihren Segen zu empfangen.

In einem der Reiseberichte in der kaiserlichen Bibliothek fand ich eine Geschichte von einem überaus tückischen und listenreichen indischen König. Er war ständig auf der Suche nach Männern, die so aussahen, dass man sie für ausgemachte Einfaltspinsel oder blind oder taub halten musste. Wenn einer trübe Augen oder verstümmelte Ohrmuscheln hatte, war er bestens geeignet, Leute in Sicherheit zu wiegen, die sich von Äußerlichkeiten täuschen ließen. Die Männer wurden in der altüberlieferten Gedächtniskunst geschult und als Spione auf Märkte und Volksfeste, in öffentliche Gärten und Anlagen hinausgeschickt. Sie sollten unter Bettlern und Vagabunden leben und alle menschlichen Schwächen beobachten und sammeln.

Der König sandte auch Heilige als Spione aus, die ausgebildet waren, ein Leben in extremer Askese zu führen. Sie ließen sich in der Umgebung der Stadt nieder, fasteten und beteten, lasen den Leuten, die zu ihnen kamen, aus der Hand und spendeten ihnen ihren Segen. Um ihren Ruhm zu verbreiten, suchten andere Spione, als reiche Kaufleute verkleidet, die Heiligen auf, baten sie um Rat und priesen, wenn sie wieder gingen, laut überall ihre Weisheit und ihre Heilskräfte. Bald strömten die Menschen in hellen Scharen herbei, um sich die Zukunft vorhersagen zu lassen und vertrauensvoll ihre innersten Geheimnisse offenzulegen. Was konnte es Besseres geben, prahlte jener Barbarenkönig, um zu erfahren, wer unter seinen Untertanen Unruhe und Aufruhr stiftete?

Aber was dem Verfasser des Reiseberichts am meisten Angst einjagte, waren die Frauen im Dienst des Königs. Nicht diejenigen, die dem Feind vergiftete Speisen verkauften, auch nicht die, die todbringendes Pulver über Schlafende streuten, sondern die wahrhaft furchterregenden *Vishkanyas*. Das waren schöne junge Frauen, denen man von Kindheit an täglich Gift von Pflanzen, Schlangen und Skorpionen verabreicht hatte, das ihnen nicht schadete, da es immer nur eine sehr kleine Dosis war, das sich jedoch im Körper anreicherte, bis jede Faser damit gesättigt war. Schon eine Berührung ihrer Hände oder ein Kuss konnte einen Mann an den Rand des Todes bringen, und wenn er in sinnlicher Umarmung bei einer von ihnen lag, war er verloren. Das Gift, das durch die Haut einer *Vishkanya* drang, lähmte das Herz des Liebhabers, ließ seine Galle gerinnen und das Blut stocken.

Diese Mädchen waren teuflische Wesen, eine Nacht mit ihnen bedeutete den Tod.

Die Kaiserin verschwendete keine Zeit. Die Hochzeit fand bereits eine Woche später in der Hofkapelle statt. »Es ist eine große Ehre«, versicherte mir die neue Kammerfrau, die mir zu meiner »Erhebung« gratulierte. Sie verkniff sich jede Andeutung darauf, dass das Ereignis sie überrascht hatte, und heuchelte neidlos hingerissene Bewunderung, als sie aufzählte, wer alles der Trauungszeremonie beiwohnen würde: »Die Kaiserin. Der Großfürst. Die Großfürstin. Und sogar der Kanzler!«

Sie pries die Umsicht der Kaiserin, ihre Großzügigkeit, beglückwünschte mich zu der üppigen Mitgift und den kostbaren Geschenken, die ich von ihr erhalten hatte. Vielleicht hätte die Kammerfrau das unerwähnt gelassen, wenn sie gewusst hätte, was ich wusste – nämlich, dass mein Verlobter gegen die Sicherheit der allerhöchsten Gunst, deren sich seine künftige Ehefrau erfreute, bereits Geld geliehen hatte, das er beim Pharo gewinnbringend einzusetzen gedachte.

Das weiße Satinkleid, in dem ich zur Kirche gehen sollte, war eines der Geschenke der Kaiserin. Sie hatte es zu einer Zeit getragen, als sie noch schlank war. Damals war es mit Edelsteinen verziert gewesen, die man aber abgetrennt hatte; die Stellen, an denen sie gesessen hatten, wirkten wie lauter kleine Tränen. »Wenn man es nicht weiß, sieht man gar nicht, dass da mal etwas war«, hatte die Schneiderin mir versichert.

Die Großfürstin schaute vorbei, während ich für die Hochzeit angekleidet wurde. Sie hatte dunkle Ringe um die Augen. Die neue Ehrendame, die sie begleitete, wirkte unsicher; offenbar wusste sie noch nicht so recht, was von ihr erwartet wurde.

»Es ist nur eine Kleinigkeit«, sagte Katharina und überreichte mir ein Päckchen, das die Form einer Rolle hatte. »Aber ich hoffe, es wird dir gefallen.«

Ich sollte es erst öffnen, wenn ich in meinem neuen Zuhause war.

Sie freue sich für mich, sagte sie. Die Ehe sei ein Segen, die edelste Bestimmung einer Frau und ihr höchstes Glück.

Wir wussten beide, dass sie nichts anderes sagen durfte.

War Igor einer von Elisabeths Liebhabern gewesen, fragte ich mich. Ein strammer junger Mann, der jedes Mal strahlend grinste, wenn er sich im Spiegel sah. Ein Naturbursche, strotzend vor Kraft, ein ganzer Kerl. Genau das, was Elisabeth schätzte.

Hatte er mich in einer jener Nächte, in der Elisabeth betrunken, leichtsinnig, unersättlich gewesen war, in ihrer Schlafzimmerlotterie gewonnen? Oder war ich nur ein Trostpreis?

Alle Soldaten der Garde träumten davon, wenn sie ihre Uniformen bürsteten und die silbernen Knöpfe polierten, junge Männer, die sich den Mund mit Wodka ausspülten und Petersilienstängel kauten, damit ihr Atem angenehm roch. Die Nachtschichten waren heiß begehrt, was dem Kommandeur des Regiments bedeutende Nebeneinkünfte aus Schmiergeldern sicherte.

Ich hatte oft gesehen, wie sich die Tür von Elisabeths Schlafzimmer nach Mitternacht leise öffnete. Manchmal kam es vor, dass doch einer zögerte und von seinen Kameraden ermutigt werden musste. Sie wussten alle, was diejenigen erwartete, die das Unglück hatten, ihr zu missfallen. Sie hatten von Männern erzählen hören, die gerade noch Zeit genug hatten, ihre Uniform zusammenzuraffen, bevor sie nackt aus dem Zimmer gejagt wurden, die sich hastig in einem Dienstbotenkabuff anzogen, die Ohren rot vor Scham. Aber in den Kneipen redete keiner von solchen Risiken. »Alte Hennen geben die besten Suppen«, sagten sie. »Unter dem Rock sind alle Frauen jung.«

An meinem Hochzeitstag strich ich mit dem Finger über den glatten weißen Satin und gelobte, den Mann an meiner Seite zu ehren und ihm zu gehorchen in guten und in schlechten Tagen. Ich gelobte es sogar zweimal, erst vor einem orthodoxen und dann vor einem katholischen Priester, denn ich war, wie der Kaiserin zu ihrem Verdruss bewusst wurde, nachdem sie mich mit der Ikone des heiligen Nikolaus gesegnet hatte, nie konvertiert.

Ich fühlte die Hand meines Mannes, die mich niederzog auf die Knie, ich hörte seine Stimme die Großherzigkeit der Zarin preisen.

Katharina und der Großfürst wohnten der Zeremonie bei. Sie in einem saphirblauen Kleid, das üppig mit Silber bestickt war, er, dem Anlass entsprechend, in der grünen Uniform des Preobraschenski-Regiments, die Perücke frisch gelockt und gepudert, einen Spazierstock mit goldenem Knauf in der Hand. Er sagte etwas zu seiner Frau. Sie nickte und warf mir einen kurzen Blick zu, bevor sie die Augen niederschlug.

Und auch der Kanzler des russischen Reichs war gekommen. Nach dem Gottesdienst sah ich ihn seine Schnupftabaksdose hervorziehen. Er öffnete sie und hielt sie Igor hin. »Schottischer, parfümiert mit Bergamotteöl«, sagte er und nahm selbst eine Prise. »Ein Geschenk von meinen neuen englischen Freunden.«

Vor meinem inneren Auge blitzte ein Bild auf: Ich sah meine Hände, die an ihm herumfingerten, und ich bekam plötzlich nur noch schwer Atem. Mir war, als könnte ich jeden Moment in Tränen ausbrechen. Als der Kanzler auf mich zutrat, senkte ich den Blick und starrte auf seine silbernen Schuhschnallen, die sich blinkend von dem Leder abhoben.

»Glück, Wohlstand, Beförderung.« Er sagte es in einem Ton, als spräche er mit sich selbst. Ich wandte mich ab, doch nicht schnell genug. »Du kannst mir dankbar sein«, flüsterte er mir zu, »dass ich mir nichts genommen habe, das dein Mann jetzt vermissen würde.«

Ich spürte, wie mir die Röte ins Gesicht schoss.

»Schade, dass du aufs falsche Pferd gesetzt hast«, sagte er leise, dann ging er weg.

Es fand kein richtiges Hochzeitsfest im Palast statt, dafür waren wir nicht wichtig genug. Immerhin hatte die Kaiserin einen Geiger bestellt, sodass sie mit dem Bräutigam tanzen konnte. »Ein guter russischer Ehemann, Warwara«, sagte sie, als die Musik aufhörte und sie sich keuchend in einem Sessel niederließ. »Das gibt genau die richtige Blutmischung.«

Ich sah, wie die Kaiserin meinem Mann mit den Fingern durchs Haar fuhr, als er sich vor ihr verneigte und da erkannte ich erst so recht, wie sehr ich mich getäuscht hatte.

Nur wenige Wochen zuvor hatte ich mich noch für

unentbehrlich gehalten. Aber jetzt wusste ich, was ich meiner Herrin wert war: so viel wie ein abgelegter Liebhaber und ein abgelegtes Kleid.

Die Regimentskameraden meines Mannes gaben ein Fest für uns. Platten mit Wildbret wurden aufgetragen, ein Spanferkel mit einem Apfel im knusprig gebratenen Maul, gewaltige Schüsseln voll Blini, Buchweizen, saurer Sahne und Kaviar, und das Essen wurde mit Fluten von Wodka und Champagner hinuntergespült. Immer wieder schlugen betrunkene Festgäste mit ihren Gabeln an die Gläser und verlangten, dass wir uns küssten. Igor, zunehmend berauscht von seinem Triumph, tat ihnen bereitwillig den Gefallen, stieß mir seine bitter schmeckende Zunge in den Mund und grub seine Hände durch die Falten meines Kleids. Ich überlegte bereits, ob es nicht klüger wäre, mich mit Wodka zu betäuben, aber etwas in mir mahnte mich, nüchtern zu bleiben, zu beobachten, zu lauschen, abzuwarten und alles meinem Gedächtnis einzuprägen, damit ich es nie vergaß.

Wie unbekümmert er war an diesem Tag, wie überzeugt von sich und seinem Glück. Grenzenloser Optimismus erfüllte Igor Dmitrijewitsch Malikin, die Gewissheit, dass ihn kein Hindernis aufhalten konnte. War er nicht ein Liebling des Schicksals? War er nicht reich belohnt worden für seine Dienste?

Seine Kameraden begleiteten uns in einem fröhlichen Zug unter Späßen und Krakeelen zu unserem Haus in der Apothekergasse unweit der Millionnajastraße. Auf unserem Weg kamen wir an dem Haus vorbei, in dem Katharina und ihre Mutter während der Krankheit des Großfürsten gewohnt hatten, und ich bemühte mich mit aller Kraft, mich im Geist in diese Zeit zurückzuversetzen, in der ich so oft mit Katharina zusammen gewesen war und seit dem Tod meiner Eltern endlich wieder etwas Glück erfahren hatte. In meinem neuen Zuhause standen nebeneinander aufgereiht Igors Dienstboten und beäugten mich argwöhnisch: Was hatten sie wohl von dieser Braut, die ihre Herrin werden sollte, zu erwarten? Eine schielende Frau, die ich für die Köchin hielt, streckte mir einen flachen Korb mit Brot und Salz hin. Ein brauner Jagdhund unter dem Tisch knurrte mich an.

Man hatte mir beigebracht, was sich für eine Ehefrau gehörte. Im Schlafzimmer kniete ich nieder, um Igor die Stiefel auszuziehen. Wie es die Sitte forderte, steckte in einem Stiefelschaft eine Reitpeitsche. Sie sollte mich daran erinnern, was mir drohte, wenn ich nicht gehorchte. Mein Ehemann war mein Herr, ich durfte nichts tun ohne seine Einwilligung.

Ich war keine *Vishkanya*. Mein Körper war ungefährlich, meine Gedanken vergifteten nur mein eigenes Herz.

»Wie ist es dazu gekommen?« Ich konnte mir die Frage nicht verkneifen.

Er hatte zusammen mit anderen Soldaten vor dem kaiserlichen Schlafzimmer Posten gestanden, erzählte er. Da habe die Kaiserin die Tür geöffnet und gefragt, ob einer von ihnen eines ihrer Mädchen heiraten wolle. Immerhin hatte sie gesagt, wie es hieß: Warwara Nikolajewna.

Und er hatte die Gelegenheit beim Schopf gepackt. Wie eine Leibeigene, die einer auf einer Auktion ersteigert, damit sie ihm neue Sklaven gebiert.

»Wieso hast du mich genommen?«, hörte ich mich fragen.

»Ich erkenne ein gutes Pferd, wenn ich eines sehe«, sagte mein Mann in einem Ton, den er anscheinend für zärtlich hielt. Ihm hatte es gefallen, wie ich durch die Flure des Palasts schritt. Den Kopf hoch, den Rücken gerade. Mein stolzer Blick. Das selbstbewusste Klacken meiner Absätze.

Es ernüchterte ihn, als er in dieser Nacht entdecken musste, wie spröde ich sein konnte, wie bitter eine Belohnung schmeckt, die man sich als Recht nehmen muss. Und ich? Ich wartete bis zum Morgen. Dann, als Igor gegangen war, warf ich die besudelten Laken ins Feuer und starrte in den beißenden, schwarzen Qualm, der von dem brennenden Stoff aufstieg.

Ich bemühte mich, diese Wohnung in der Apothekergasse, sieben Zimmer mit hohen Decken, zu meinem

Zuhause zu machen. Mein Ehemann hatte sie von einem deutschen Kaufmann gemietet, der ihm versichert hatte, wir würden dort die süßen Düfte riechen, die aus dem Sommergarten herüberwehten, und früh am Morgen, wenn es still sei, könne man sogar die Meerkatzen in ihren Käfigen schwatzen hören. Alles, was ich roch, war Ruß und Kohlsuppe, und hören konnte ich immer nur das Gehämmer des Schusters, der ein paar Kammern im Hinterhaus bewohnte.

Ein Zuhause, das und nichts anderes hatte ich mir immer gewünscht. Aber wenn ich das Wort aussprach, hallte es leer, wie wenn man in eine Brunnenröhre hinunterruft. Mein Mann hatte die prächtigen Möbel aus Mahagoni gekauft, die Ottomane, die Sessel im Wohnzimmer. Das einzige Ding, das wirklich mir gehörte, war der alte Koffer, den ich aus dem Palast mitgebracht hatte.

Die Scharniere quietschen, als ich den Deckel hob.

Ich nahm das Musselinkleid meiner Mutter heraus und drückte es an mein Gesicht. Ich konnte mir nicht mehr richtig vorstellen, wie ihre Stimme geklungen hatte, wie es sich angefühlt hatte, wenn sie mir übers Haar strich. Tränen schossen mir heiß in die Augen, ich wischte sie zornig weg. Ich sah die rosa gestrichenen Wände an, die burgunderroten Vorhänge, die goldenen Quasten, die im Kerzenlicht schimmerten. *Nichts davon ist meins*, dachte ich.

Komm neun Monate nach der Hochzeit mit einem Sohn wieder hierher, hatte die Königin gesagt, als sie mich mit der Ikone gesegnet hatte.

Ich dachte jeden Morgen nach dem Aufwachen daran und jeden Abend, bevor ich einschlief. Konnte es sein, dass es ein Versprechen gewesen war, dass ich dann in den Palast zurückkehren durfte?

»Wie oft hast du sie bespringen müssen, um das alles zu bekommen?«, schrie ich ihn einmal an. Ich machte eine ausholende Armbewegung, die dieses Haus, die Dienerschaft, die Beförderung zum Leutnant einschloss. Ich sah den Schock in seinen Augen. Seine Lippen kräuselten sich, seine Zähne blitzten. Sein Körper, dieser muskulöse Körper, auf den er so stolz war, erstarrte.

Ich dachte, er würde mich schlagen.

Stattdessen lachte er. Ein abgehacktes, unfrohes Lachen, aber in seinen Augen sah ich ein unsicheres Flackern, das mir sagte, dass ich gesiegt hatte.

Es war ein hohler Triumph. Ich weiß noch, wie leer ich mich fühlte, wenn ich am Morgen aufwachte, neben mir Igor, der schnarchte oder im Schlaf vor sich hin brabbelte. Ich schüttelte die Erinnerung an seine gierigen Hände ab, die meine Brüste, meinen Bauch, die Stelle zwischen meinen Beinen betatschten, auch wenn mir war, als hätte sich seine Berührung eingebrannt.

Ich musterte das Ehebett, das massive, mit Schnitzereien verzierte Gestell, die Vorhänge, die nicht vor der kalten Zugluft schützten. Wenn die Fensterläden vorgelegt waren, verwandelte sich der Raum prompt in ein Verlies, aus dem es kein Entkommen gab.

In den ersten Wochen meiner Ehe tröstete ich mich mit Rachephantasien. Ich stellte mir vor, wie Igor nach einer nächtlichen Sauftour in einer dunklen Gasse von einem Degen durchbohrt wurde oder, wenn ich eher großzügig gestimmt war, auf einem fernen Kriegsschauplatz den Heldentod starb. Ich stellte mir vor, dass der Kanzler – etwa wegen irgendeiner Panne in seinen diplomatischen Winkelzügen oder weil er einem allzu verlockenden Bestechungsversuch nicht hatte widerstehen können – in Ungnade fiel. Ich stellte mir vor, dass die Kaiserin mich wieder zu sich rufen ließ, ja, dass ich an den Hof zurückkehren durfte, und zwar nicht als eine dahergelaufene Polin, die Spitzeldienste verrichtete, sondern als die geachtete Witwe eines russischen Edelmannes und neue Ehrendame Katharinas.

Das Hochzeitsgeschenk von der Großfürstin lag sicher verwahrt in meinem Schreibtisch. Es war ein Blatt mit einer Sepiazeichnung: Ein Kompass, ein Schädel, eine Pergamentrolle und Schreibfedern waren darauf zu erkennen, offenbar willkürlich über das Papier verstreut, und dazwischen ein Gewirr verschlungener Linien, das weder ein Muster noch irgendeinen Sinn ergab.

Kein »richtiges« Hochzeitsgeschenk, hatte sie geschrieben, *aber ich glaube, es wird dir gefallen.*

Ich betrachtete die sonderbare Komposition lange angestrengt, aber ich kam einfach nicht dahinter, was sie zu bedeuten hatte. Und dann eines Tages, als ich mich bückte, um etwas vom Boden aufzuheben, fiel mein Blick in einem ganz bestimmten Winkel auf die Zeichnung, und da erkannte ich plötzlich, was es war: ein Vexierbild von einer Art, die mir damals noch unvertraut war. Die seltsamen Objekte, die ich so lange vergeblich zu enträtseln versucht hatte, gehörten, wie ich jetzt sah, zu einer Frauenfigur: In einen Umhang gehüllt, in der Linken eine Schriftrolle, in der Rechten eine Feder, steht sie triumphierend aufgereckt da, einen Fuß auf den Schädel gestellt, der vor ihr liegt.

Wie es uns ging? Bestens, hätte mein Mann geantwortet.

Es kam Igor gar nicht in den Sinn, dass ich seine Begeisterung nicht teilen könnte. Er war das Lieblingskind von Mütterchen Russland, verwöhnt nach Strich und Faden, und er war jung und stark. »Ich könnte ein Pferd mitsamt den Hufen essen«, röhrte er, wenn er abends nach Hause kam und aus der Küche Töpfe klappern hörte. Nach dem Essen patschte er sich zur Freude der Köchin und der Dienstmädchen selig den Bauch. Wenn er verkatert war, bestellte er mit großer

Gebärde einen großen Humpen Kwass – schön kühl und schaumig – und ein rohes Ei, das er laut schlürfend und schmatzend austrank. Ich glaube nicht, dass ihm in seinem Leben ein Schmerz begegnet war, der nicht von einer Klinge oder Kugel herrührte, und kein Gedanke an seine eigene Vergänglichkeit hatte ihm je eine böse Stunde bereitet. Die Narben aus seinen Kämpfen trug er wie Ehrenzeichen, wie Beweise seiner unbesiegbaren Lebenskraft. Häufig forderte er mich auf, eine sonderbar zackige Narbe an seinem Arm zu betasten, die, wie er behauptete, ein Andenken an einen Messerstich war.

Meine wenigen Versuche, ihn darauf aufmerksam zu machen, was unter der Oberfläche unseres Lebens vor sich ging, lösten nur ungläubiges Gelächter aus: »Was, wir stehen unter Beobachtung? Du hältst es für möglich, dass unsere Dienstboten uns bespitzeln? Du liest zu viele Romane, *kison'ka*!«

War ich wirklich nur ein Kätzchen? War mein Zorn nur ein harmloses Fauchen?

Er war mein Ehemann, er war der Herr im Haus, der alle wichtigen Entscheidungen traf. »Ach, *kison'ka*«, sagte er oft, »dass die Frauen immer über Dinge streiten wollen, von denen sie nichts verstehen.«

Ich kümmerte mich darum, dass Igors Uniform immer sauber und adrett war, dass seine Stiefel glänzten und immer genügend gestärkte weiße Taschentücher zur Hand waren. Wenn die Köchin behauptete, sie habe einen Teller zerbrochen, ließ ich mir die Scherben zeigen und besorgte dann einen neuen Teller. Ich hielt dem Dienstmädchen eine Standpauke, weil es die Asche vor dem Kamin nicht zusammengekehrt hatte. Ich ließ die Suppe zurückgehen, weil sie versalzen, den Braten, weil er nicht saftig genug war. Die Dienstboten duckten sich unwillkürlich, wenn sie mich sahen, und trauerten den guten alten Zeiten nach, als sie noch keine Herrin und nur einen Herrn gehabt hatten, der dann aß, wenn das Essen aufgetragen wurde, und nie an ihrem Diensteifer zweifelte. »Die Herrin kommt«, hörte ich sie in der Küche flüstern, und dann zerstreuten sie sich schnell und gingen mit vermehrtem Fleiß wieder an ihre Arbeit.

Die schielende Frau, die mich an meinem Hochzeitstag mit Brot und Salz willkommen geheißen hatte, war nicht die Köchin, sondern die Haushälterin. Sie hieß Mascha und trat mir als Einzige unter allen Dienstboten furchtlos entgegen. Nach ihrem runzligen Gesicht zu urteilen, hatte sie ihre besten Jahre hinter sich. »Maschenka, *duschenka*«, scherzte Igor oft und gab ihr einen schmatzenden Kuss auf die Wange, wenn sie ihm wieder einmal prophezeite, er werde seine Gesundheit ruinieren, wenn er weiter so viel trank und so wenig schlief. »Wer nicht hören will, muss fühlen«, murrte sie dann, als wäre Igor immer noch ein Lausbub, der über Zäune kletterte,

Bohnenstangen umwarf und auf den Feldern Rebhühner jagte.

Igors Vater hatte sie vor vielen Jahren auf einer einsamen Landstraße irgendwo im Norden aufgeklaubt, ein halb verhungertes, in Lumpen gekleidetes Mädchen, das mutterseelenallein umherirrte. »Ich hätte den nächsten Tag nicht mehr erlebt«, sagte sie mir, immer noch voll ehrfürchtigem Staunen angesichts des Wunders, dass ein Fremder sich ihrer erbarmt hatte.

Der Herr hatte sie mit seinem eigenen Mantel zugedeckt, die Herrin, hochschwanger mit dem Kind, das später Maschas Herr werden sollte, hatte sie mit Haferschleim und köstlicher gelber, fetter Hühnerbrühe gefüttert.

Es dauert lange, bis so einem bis auf die Knochen durchgefrorenen Mädchen wieder warm wird.

»Lass mich allein, Mascha«, sagte ich. Ich wollte ihre Geschichten nicht hören.

»Es ist nicht gut, so viel zu schlafen, Warwara Nikolajewna«, mahnte sie und: »Sie sollten nicht immer in den Spiegel starren. Man kann sich so leicht darin verlieren.«

In der Welt, in der ich früher gelebt hatte, einer Welt voller Schlingen und Fallstricke, hatte ich mich nicht davor gescheut, auf der Türschwelle innezuhalten, war ich schwarzen Katzen nicht aus dem Weg gegangen, hatte ich dem Gedanken, der mir gerade durch den Kopf gegangen war, als ich niesen musste, keine besondere Bedeutung zugemessen. War ich einfach zu dickfellig gewesen? Zu dumm? Oder war es tödlicher Leichtsinn gewesen?

Ich verbarg mich vor Mascha. Ich zog mich in mein Schlafzimmer zurück und verstopfte das Schlüsselloch mit einem Taschentuch. Ich hörte nicht hin, wenn ich ihre schlurfenden Schritte vernahm. Aber es half alles nichts: Ihre streng gluckenden Warnungen wollten nicht verstummen.

Die Garden waren in ganz Russland berühmt für ihre wilden Feste und ihre Leidenschaft für das Glücksspiel. Beim Pharo spielten sie mit Schwindel erregend hohen Einsätzen. Wenn Igor seine mit Smaragden besetzte Schnupftabaksdose zum Pfandleiher trug, wusste ich, dass er verloren hatte. Wenn er sie wieder auslöste, war klar, dass er gewonnen hatte. Ich hörte von Duellen und von waghalsigen Mutproben im Suff – bei einem Pferderennen jagte er beinahe sein Tier zu Tode. Ich forschte nicht nach, wo er seine Tage und Nächte verbrachte. Es war mir egal, wenn ich das Parfüm von anderen Frauen an ihm roch. Wer nicht liebt, kann nicht betrogen werden.

»Macht dir das gar nichts aus, *kison'ka*?«, fragte er einmal.

»Würde das an deinem Verhalten irgendetwas ändern?«, erwiderte ich.

An dieser Stelle kommt mir eine Erinnerung, die sich nicht vertreiben lässt. Igor sitzt auf einem Küchenstuhl, eine Wolldecke über den breiten Schultern. Wasser tropft von seinen Haaren, seiner Nase und sammelt sich zu einer Pfütze um seine nackten Füße. Mascha scheucht die Dienstboten umher, lässt sie tüchtig einheizen und einen Zuber mit heißem Wasser füllen.

»Wie ein kleiner Bub ... keinen Deut besser als der alte Herr ... zuerst handeln, dann denken«, murrte sie, während sie ihm die Haare mit einem Handtuch trocken rubbelte. Seufzend betrachtete sie das zerrissene Hemd, die schmutzige Ausgehuniform. Ein silberner Knopf fehlte.

»Ich bin nicht krank, Maschenka«, sagte mein Mann, »nur ein bisschen nass.«

»Was hast du wieder angestellt?«, rief ich. »Was für einen Blödsinn –«

Ich führte den Satz nicht zu Ende. Mascha warf mir mit ihrem guten Auge einen warnenden Blick zu. *Jetzt ist nicht die rechte Zeit für ein Verhör. Er muss erst wieder warm werden.*

Aber ich gab nicht auf.

Nach und nach, während er gierig kochend heißen Borschtsch löffelte, rückte er mit den Details heraus. Ein Spaziergang am Fluss, eine Wette. Ein Kamerad meinte, und andere stimmten ihm zu, niemand würde es schaffen, zur Wasiljewskiinsel zu schwimmen.

»Ich schon«, hatte mein Mann gesagt.

»Pass auf, ich zeig dir was, *kison'ka*.« Ohne auf die zeternde Mascha zu achten, ließ Igor sich seinen Tschako bringen. Darin lag eine dicke Brieftasche, vollgestopft mit dem Geld, das er gewonnen hatte.

Wieder war da dieser unerschütterliche Optimismus in seiner Stimme. Nur noch ein paar Monate, dann war er so weit. Dann würden wir aus dieser Mietwohnung ausziehen, die Stadt mit ihrer verqualmten Luft hinter uns lassen. Er würde ein Landgut kaufen. Vielleicht, fürs Erste, nur ein kleines, aber eines mit einem Teich und einer Wiese für die Pferde. Er hatte bereits einen Zuchthengst im Auge, den er kaufen wollte. Der Besitzer brauchte dringend Geld, er würde ihm einen guten Preis machen.

In dieser Erinnerung, die mich so hartnäckig verfolgt, riecht die Küche nach feuchter Wolle und Teer. Sein Hemd trocknet am Herd. Igor sieht mich mit glänzenden Augen an.

»Da kann man Pilze sammeln, *kison'ka*, und Rebhühner schießen. Und Mascha kann im Garten Gemüse pflanzen.«

»Und woher willst du das Geld nehmen, um das alles zu bezahlen?«, frage ich, bevor ich mich abwende. »Gewinnst du das alles beim Pharo? Oder hoffst du darauf, dass die Kaiserin dich noch einmal zu sich ins Bett holt?«

Ein Bürgerlicher konnte in Russland adelig werden, wenn er hoch genug in der Rangtabelle der militärischen oder zivilen Ämter aufstieg. Igors Vater hatte sich auf diese Weise als Verwaltungsbeamter in der Provinz hochgedient. Aber wenn sein Sohn auch Anspruch auf die Anrede »Euer Hochwohlgeboren« hatte, haftete seinem Adel doch immer der Makel des Neuen an. Mochte er auch noch so hohe Summen am Spieltisch setzen und noch so laut auf die Erben altehrwürdiger Titel und schrumpfender Vermögen schimpfen, so blieb er ihnen doch im Winterpalast immer untergeordnet.

War das der Grund, warum Igor sich für mich interessiert hatte? Wollte er eine Frau, die Zugang zur Kaiserin hatte und die genau wusste, wie es am Hof zuging? Die ihm helfen würde, seinem Sohn – falls Gott ihm einen schenkte – eine ehrenvolle Stellung zu sichern, um die er nicht ständig kämpfen musste?

Ich hätte ihn fragen können, aber damals kamen mir solche Gedanken gar nicht in den Sinn.

Dieses Leben war so unendlich fade, fand ich. Höflichkeitsbesuche empfangen und abstatten. Namenstage feiern. Soireen und Konzerte. Langwierige Gespräche über Statusfragen und vierspännige Kutschen, ganze Tage, von denen einem nichts in Erinnerung bleibt als feine Porzellantassen mit Tee oder Wassermeloneneis, das in der Sommerhitze schmilzt.

Was wussten alle diese Leute von mir, diese neuen Bekannten, die mir Komplimente machten und wissen wollten, wie die Kaiserin »als Mensch« sei, wenn sie sich unbeobachtet vom Hof in ihren Privatgemächern aufhalte.

Ich gab nur vage Auskünfte. Wenn es möglich war, flüchtete ich klammheimlich aus solchen Gesellschaften, oder ich täuschte einen Schwindelanfall oder Migräne vor. Wenn das nicht in Frage kam, hörte ich einfach zu und schwieg, bis das Getuschel um mich herum sich auflöste.

Das ist nicht das Leben, das ich mir gewünscht habe, dachte ich. *Aber so ist es, und so wird es bleiben.*

Ich hatte Katharina nicht vergessen.

Als Mascha vom Tatarenmarkt nach Hause kam, folgte ich ihr in die Küche, lobte den Braten, den sie gekauft hatte, und die wunderbar klare Brühe, die auf dem Herd simmerte, und fragte sie nebenbei nach dem neuesten Hofklatsch, der unter den Dienstboten umging. Maschas schielendes Auge zog sich weit in seine Höhle zurück, als sie mich argwöhnisch musterte, aber sie enttäuschte mich nicht.

Die Stimmung im Palast war nicht gut, berichtete sie. Zu viele Leute schnüffelten um das Bett der Großfürstin herum. Wieso ließen sie die jungen Leute nicht einfach eine Zeit lang in Frieden? Gut Ding will Weile haben, das wusste doch jeder!

Katharina und Peter standen unter Beobachtung. Ihre Wohnung im Palast war wie ein Gefängnis. Als Wärter fungierten die Tschoglokows. Madame und Monsieur Tschoglokow waren hohe Herrschaften, an den beiden kam niemand vorbei, der zum Großfürsten und seiner Frau wollte. Sie benahmen sich, als wären sie selbst kaiserliche Hoheiten, obwohl doch jeder wusste, dass sie nur durch Bestechung und weil sie acht Kinder hatten, zu ihrer Position gelangt waren. Als ob die Großfürstin allein vom Anblick ihrer rotznasigen Blagen schwanger werden könnte!

Auf dem Tatarenmarkt, erzählte Mascha, habe man viel gelacht über die Tschoglokows: Er lasse keine Gelegenheit aus, die Dienstmädchen zu betatschen, während sie andauernd beteuere, ihr Mann habe nur Augen für sie.

Jeden Abend geleiteten die beiden Katharina und Peter ins Schlafzimmer und sperrten die Tür hinter ihnen zu. Erst am nächsten Morgen werde wieder aufgeschlossen.

»Man sagt, der Kanzler steckt dahinter«, meinte Mascha.

Ich hatte keinen Zweifel daran. Ich konnte mir vorstellen, wie er die Kaiserin bearbeitete: »Ständige Nähe, Hoheit, keine Ablenkungen. Man muss sie täglich daran erinnern, was ihre oberste Pflicht gegenüber Eurer Majestät ist, die so viel für sie getan hat.«

Wenn sie ihren Willen durchgesetzt hatte, würde die Kaiserin sich wieder anderen Dingen zuwenden. Ihr Vergnügen würde sie ganz in Anspruch nehmen – ein neuer Tanz, eine Lieferung französischer Seidenstoffe, ein neuer Favorit. Von Zeit zu Zeit würden die »Mondkinder« ihr prächtig gekleidet ihre Aufwartung machen dürfen, um vor der versammelten Hofgesellschaft ihre Dankbarkeit zu beteuern, bevor sie wieder entlassen wurden.

Ich stellte mir Katharina vor, wie sie dem Großfürsten zuschaute, wenn er seine Zinnsoldaten aufstellte, oder ihm aus dem Buch über russische Festungen vorlas, wie ich es getan hatte. Ob die Tschoglokows sich wirklich so unerbittlich streng an die Anweisungen des Kanzlers hielten? Vielleicht ließen sie sich doch erweichen und gaben einen Brief an Katharina weiter, wenn ich ihnen etwas Geld zusteckte? Zweimal machte ich einen Anlauf, der Großfürstin zu schreiben, nur ein paar Worte der Ermutigung, aber ich warf die Briefe ins Feuer. Der Gedanke an all die Augen, die diese Zeilen lesen würden, bevor sie Katharina erreichten, war mir unerträglich.

Am Sonntag, dem 3. November, wachte ich von dem Gefühl auf, dass etwas Warmes aus mir herauslief. Ich fasste mir zwischen die Beine. Meine Hand war blutverschmiert. Dann ein Krampf, ein scharfer Schmerz. Ich schrie nach Mascha, aber als sie angerannt kam, konnte sie nichts mehr tun als das Laken abzuziehen und es fortzuschaffen. Irgendwo in dem besudelten Leintuch lag winzig klein die Leiche eines Sohnes, der nicht hatte geboren werden wollen.

»Ich will ihn sehen«, bettelte ich, aber Mascha ließ es nicht zu. Es sei nicht gut für eine Mutter, wenn sie einen noch unentwickelten Fötus sehe. »Es war ein ganz normal gebildetes Kind«, beruhigte sie mich, »nur eben noch nicht lebenstüchtig.«

Aber ich ließ mich nicht trösten. Als ich so fiebrig und von Schmerzen gepeinigt dalag, kam die Erinnerung an die Missbildungen im Museum Peters des Großen wieder. *Was willst du hier?*, riefen sie erbost. *Was starrst du uns so neugierig an? Wieso willst du unbedingt sehen, was niemand sehen sollte?*

Laudanum half nichts. Ich magerte ab und wurde täglich blasser, ich hatte keinen Appetit. Die Dienstboten gingen mit ernsten Mienen auf Zehenspitzen umher und bekreuzigten sich bei meinem Anblick, als wäre ich schon tot. Mascha drängte mir bitter schmeckenden Kräutertee auf, der mein Blut reinigen sollte, aber ich spuckte ihn wieder aus.

Ich habe nur noch wenige Erinnerungen an die folgenden Wochen. Geflüster und ferne Entsetzensschreie, ein Geschmack von Holzmehl auf der Zunge. Einmal war mir, als säße meine Mutter, über ihren Stickrahmen gebeugt, am Fenster. Sie blickte auf, und als ich mich im Bett aufrichtete und die Hand nach ihr ausstreckte, sah ich, dass sie die Augen von Madame Kluge hatte.

Vom Korridor her drang Igors Stimme herein, der den Dienstboten Anweisungen gab. Ich hörte seine eiligen Schritte und das Schlagen von Türen. Einmal wachte ich von dem Gefühl auf, dass er anwesend war. Er saß auf dem Rand des Betts und streichelte meine Hand, aber ich hielt die Augen geschlossen. Irgendwann seufzte er tief und ging weg.

Mascha drückte mir das Kästchen aus Birkenrinde in die Hand. »Der Herr hat gesagt, ich soll es Ihnen geben«, sagte sie. »Die Großfürstin hat es geschickt.«

»Katharina?«, flüsterte ich mit ausgedörrten Lippen.

Am Geburtstag der Kaiserin war die Großfürstin nach dem Festbankett zum Herrn getreten, berichtete Mascha, und hatte sich nach mir erkundigt. Als sie erfahren hatte, dass ich krank war, hatte sie ihm das Kästchen als Geschenk für mich mitgegeben.

Tränen schossen mir in die Augen.

»Der Herr meinte, es würde Sie freuen«, fuhr Mascha fort. Offenbar war ihr nicht entgangen, dass sich mein Gesicht verdüstert hatte, als sie Igor erwähnte, denn sie schnalzte tadelnd mit der Zunge, während sie meine Nachtmütze zurechtrückte, und ihr schielendes Auge zog sich tief in seine Höhle zurück.

Ich bemühte mich, meine Gedanken zu sammeln und den Nebel, der mich umgab, zu durchdringen. Sie hatte vom Geburtstag der Kaiserin gesprochen, also musste es jetzt schon Mitte Dezember sein: Ich war schon mehr als einen Monat krank. Um mich etwas aufzuheitern, erzählte mir Mascha, was sie über das Festbankett wusste. Die Kaiserin, die Großfürstin und der Großfürst hatten oben an der Tafel gesessen wie drei Juwelen auf einer Krone, vor ihnen die Offiziere der vier Garderegimenter. Die Tafel war dekoriert mit kunstvollen Kreationen der Hofkonditoren: Triumphbögen und breite Alleen, prächtige Miniaturpaläste mit Terrassen und Gartenanlagen, alles aus Zucker! Mascha leckte sich die Lippen. »Wer das wohl nachher gekriegt hat? Oder isst die Kaiserin das alles selbst?«

Ich hielt Katharinas Geschenk in der Hand. Meine Finger liebkosten die glatte Birkenrinde, in die ein Blumenmuster geprägt war. Mascha half mir, mich im Bett aufzusetzen. Es kostete mich mehr Anstrengung, als ich je für möglich gehalten hätte. Ich spürte einen stechenden Schmerz in meinem Bauch und musste plötzlich an meinen Bruder denken, der als Baby gestorben war und in Warschau begraben lag. *Niemand*, dachte ich, *wird an Allerseelen eine Kerze auf sein Grab stellen, und mein eigenes noch nicht richtig entwickeltes Kind hat nicht einmal ein Grab.*

»Machen Sie es auf«, sagte Mascha ungeduldig.

Ich öffnete das Kästchen und atmete den Duft von Pilzen ein, den Duft des Herbsts, an den ich, krank, wie ich war, keine Erinnerung mehr hatte. Draußen türmte sich der Schnee an den Straßenrändern, an die Stelle der Kutschen waren längst Schlitten getreten. Sehnsüchtig dachte ich an Schlittenfahrten durch eisige stille Weiten.

In dem Kästchen befanden sich Schreibfedern und ein Tintenfass aus Kristall mit einem silbernen Deckel. Ich verstand die stumme Botschaft – sie ermutigte mich, ihr zu schreiben.

»Ich habe Durst«, sagte ich zu Mascha. »Mach mir Tee.«

Maschas Gesicht strahlte. Sie drehte sich um zu der Ecke, in der eine Ikone hing, bekreuzigte sich und verneigte sich tief.

»Gelobt sei Gottes Barmherzigkeit«, sagte sie.

In den nächsten Monaten trank ich folgsam das Gebräu, das Mascha für mich zubereitete. Ich fing wieder an zu essen, und meine ausgezehrten Wangen rundeten sich. Als das Jahr 1746 anbrach, hatte ich genügend Kraft, aufzustehen und in meinem Zimmer umherzugehen. Im April wollte die Kaiserin den vierten Jahrestag ihrer Krönung mit einem Festgottesdienst in der Kathedrale der Jungfrau von Kasan feiern. Katharina und der Großfürst würden natürlich daran teilnehmen. Und als Ehefrau eines Gardeoffiziers durfte auch ich bei dem großen Ereignis zugegen sein – wenn ich kräftig genug war, die orthodoxe Messe durchzustehen.

Im März starb Anna Leopoldowna, die Mutter des entthronten kleinen Zaren, der in Festungshaft gehalten wurde. Im Flüsterton wurde die Nachricht verbreitet; es war verboten, den Namen Iwans VI. auszusprechen. Die Leute nannten ihn »Häftling Nummer eins« oder einfach »Iwanuschka«, aber auch das war gefährlich. Ein paar Monate zuvor war ein Weinhändler festgenommen worden, weil er alte Münzen mit dem Bildnis Iwans gehortet hatte – ein entlassener Diener hatte ihn denunziert.

Die Neuigkeit bedeutete nichts Gutes für Katharina, das war mir klar. Voller Ungeduld wartete ich jeden Tag darauf, dass Igor vom Dienst nach Hause kam. Hatte er die Kaiserin gesehen?, fragte ich ihn. War sie zornig? Hatte sie die Großfürstin zu sich rufen lassen? Hatte Katharina geweint?

Er antwortete mürrisch und kurz angebunden. Was ging es mich an, ob die Großfürstin endlich schwanger war oder nicht? Ich sollte mich besser um meinen eigenen Kram kümmern.

»Es geht schließlich um Russlands Zukunft«, wagte ich ihm einmal zu erwidern.

Igor patschte mit der flachen Hand auf seinen Unterarm, als wollte er eine Stechmücke erschlagen.

»Wegen einer einzigen Frau, die keine Kinder kriegen kann, geht das große, mächtige Russland nicht unter, *kison'ka*«, sagte er.

Am 25. April beobachtete ich, eingezwängt in der Menge, wie die kaiserliche Familie in die Kathedrale einzog. Die Kaiserin trug ein glitzerndes elfenbeinfarbenes Kleid und einen mit Hermelin gefütterten Umhang. Peter und Katharina gingen hinter ihr. Ich reckte den Hals, um einen Blick auf ihre Gesichter zu erhaschen. Peter sah blasser und kränklicher aus denn je, Katharina wirkte ernst und gesammelt. In matt schimmerndes Blau gekleidet, das Haar mit silbernen Fäden durchflochten, schritt sie dahin, immer die Kaiserin im Blick. Der Kanzler neben ihnen ging leicht gebückt. Einmal blieb er kurz stehen und musterte die Menge. Sein Blick verweilte nur kurz auf der Stelle, wo ich stand.

Mir wurde schwindlig. Vor meinen Augen huschten dunkle Punkte hin und her, Schweißperlen sammelten sich auf meiner Stirn. Was für eine Dummheit, zu denken, ich wäre schon wieder gesund!

Ich biss die Zähne zusammen, richtete meinen Blick nach oben auf das lichtdurchflutete Fenster aus buntem Glas. Alle Farben des Regenbogens tanzten und wirbelten vor meinen Augen. Der Schwächeanfall ging vorüber.

Die Offiziersgattinnen um mich herum, die Einladungen zu dem Bankett erhalten hatten, das nach dem Gottesdienst stattfinden sollte, tuschelten aufgeregt in Erwartung der Festlichkeiten: Duftende Orangen- und Granatapfelbäumchen sollten die Tische umrahmen, in den Sälen würden Brunnen plätschern, aus einer Glaskuppel würde brennendes Wachs niederregnen und eine Feuerpyramide schaffen.

Ich würde nichts davon zu sehen bekommen. Man hatte, so hieß es, der Großfürstin eine besonders erlesene Gesellschaft zugedacht: Nur Mütter von gesunden Kindern hatten Zutritt zu den Räumen, in denen sie sich aufhielt.

In den folgenden Wochen wagte ich mich wieder, immer Mascha im Schlepptau, in die Stadt. Es machte mir nichts aus, mich unter Soldaten und Diebe zu mischen, ich wanderte furchtlos durch die Straßen, vorbei an Palästen und an baufälligen Holzhütten, an rissigen Ziegelmauern und an Kirchen, denen Bescheidenheit verordnet worden war, damit sie den Glanz der kaiserlichen Prachtbauten nicht überstrahlten.

Ich hätte es niemandem eingestanden, aber ich hoffte die ganze Zeit, der kaiserlichen Kutsche zu begegnen. Katharina würde mich sehen, so träumte ich, und anhalten lassen, um mit mir zu reden, wenn auch nur eine kurze Minute lang und obwohl ich nicht mehr für sie tun konnte, als sie zu ermuntern und ihr zu sagen, sie dürfe den Mut nicht verlieren.

Mascha taten die Füße weh. Ich sei wie der Nordwind, murrte sie, der kreuz und quer umherjage wie von bösen Geistern gehetzt.

»Und was für ein Wind bist du, Mascha?«, erwiderte ich gereizt, aber sie blieb gelassen und musterte mich zufrieden mit ihrem guten Auge. Seitdem ich »wieder auf dem Damm« war, wie sie es ausdrückte, wusch sie mir regelmäßig die Haare mit Kwass, wovon sie einen rötlichen Schimmer bekamen. »Das gefällt dem Herrn«, sagte sie immer mit einem verschlagenen Lächeln, wenn ich mich dagegen sträubte.

Ich ließ ihr ihren Willen.

Im September, als der Hof den Namenstag der Kaiserin feierte, sprach ich zum ersten Mal seit meinem Hochzeitstag wieder mit Katharina.

Im Rahmen der Feierlichkeiten wurde im Russischen Theater *Sussanins Rache* aufgeführt, eines jener historischen Dramen, die ganz nach dem Geschmack Elisabeths waren. Es spielte in der »Zeit der Wirren«, einer kriegerischen Periode, in der Russland an den Rand seiner Existenz geriet, bevor es in letzter Minute von Elisabeths Urgroßvater Michael, dem ersten Romanow auf dem Zarenthron, gerettet wurde.

Zur dritten Vorstellung wurden Offiziere und ihre Ehefrauen eingeladen.

In dem Stück war eine Abteilung des polnischen

Heeres auf dem Marsch, um den rechtmäßigen Zaren zu ermorden und einen Usurpator an dessen Stelle zu setzen. Ihr Hauptmann prophezeite in einer prahlerischen Rede den Untergang Russlands und seinen eigenen Aufstieg zu Ruhm und Ehre. Dann trat Iwan Sussanin auf, ein gutaussehender junger Bauer, der sich erbot, die Polen durch die Sümpfe zu führen. Bevor der Vorhang zur Pause fiel, verriet der Held in einem langen Monolog dem Publikum, was er vorhatte: Er wollte die Feinde Russlands vernichten – der Sumpf sollte sie verschlingen.

Ich fand das Stück reichlich plump, verkniff mir aber jede Kritik, weil ich gehört hatte, dass es der Kaiserin gefallen hatte. Nach der Premiere war der Autor um mehrere Grade der Rangtabelle befördert worden und hatte ein Landgut als Geschenk erhalten.

Offenbar war Katharina zu spät gekommen, als die Vorstellung bereits angefangen hatte, denn erst in der Pause hörte ich ihre Stimme aus der kaiserlichen Loge.

»Ich gehe mal frische Luft schnappen«, sagte ich zu Igor.

Die Tür zur kaiserlichen Loge stand offen, und es hatte sich bereits eine dichte Menge von Gratulanten eingefunden. Ich erkannte den Fürsten Naryschkin, Gräfin Rumjanzewa und andere Hofdamen, die sich in Lobreden über die Schauspieler, die Festlichkeiten anlässlich des Namenstags und über die Großfürstin ergingen. Vom Großfürsten war keine Spur zu entdecken, und zu meiner Erleichterung schien auch die Kaiserin nicht da zu sein.

Ich stand auf dem Gang und wartete. Es dauerte eine Weile, bis Katharina mich bemerkte und ansprach: »Willkommen, Warwara Nikolajewna. Was für eine unverhoffte Freude, Sie so gesund und munter zu sehen.«

»Ich freue mich auch, Sie zu sehen, Hoheit«, sagte ich vorsichtig. Sie wirkte heiter und angeregt. Vielleicht übertrieben die Gerüchte, die von Wutanfällen Elisabeths erzählten. Oder war Katharina endlich doch schwanger geworden?

Ich konnte sie nicht fragen, ich konnte nur zuhören und beobachten.

Fürst Naryschkin begann umständlich von einem Ausflug zum Pilzesammeln zu erzählen, der damit geendet hatte, dass er und seine Schwester sich im Wald verlaufen hatten. »Lew, der Wanderer«, spottete Gräfin Rumjanzewa neckisch. »Sind Sie immer so leichtsinnig?«

Katharina trat näher zu mir heran. Ihr Parfüm roch nach Frühlingsblumen – Hyazinthen, Veilchen, Narzissen.

»Wie geht es Ihnen, Hoheit?«, fragte ich. Es gelang mir nicht, das Zittern in meiner Stimme zu unterdrücken.

»Gut«, sagte sie und nestelte an ihrer Stola. Fürst Naryschkin, der immer noch nicht aus dem Gestrüpp seiner Geschichte herausgefunden hatte, lachte schallend.

»Und dem Großfürsten?«

»Meinem Mann geht es auch gut.«

Wir mussten vorsichtig sein; wir durften nur kurz miteinander sprechen und nichts, das uns gefährlich werden konnte, wenn uns jemand belauschte.

»Ich lese viel zur Zeit, Warwara Nikolajewna. Allerdings keine französischen Romane mehr.« Ihre blauen Augen hatten etwas Schelmisches. »Graf von Gyllenburg hat mir Tacitus empfohlen und Montesquieu, aber die Bücher sind schwer zu bekommen.«

»Ich werde sie Ihnen besorgen, Hoheit«, versprach ich.

»Ich wäre Ihnen sehr zu Dank verbunden.« Sie streckte die Hand nach mir aus, zog sie aber gleich wieder zurück.

Sie wandte sich ab, um andere Besucher zu begrüßen. Ich ging wieder zu Igor.

Das Drama nahm seinen Lauf, ich schaute kaum hin. Auf der Bühne führte Iwan Sussanin die fremden Eindringlinge in die Sümpfe. Die Polen bemerkten zu spät, dass er sie betrogen hatte, und beschlossen, ihn zu töten, bevor sie selbst vernichtet würden. Sussanin ging freudig in den Heldentod, aber vorher schleuderte er den Feinden Russlands noch eine lange Liste von Anklagen entgegen: Die Polen wollten das russische Volk zu ihrem lateinischen Glauben bekehren, ihm seine Seele rauben und es versklaven.

»Sie werden uns Versprechungen machen, aber wir werden von ihnen nur das bekommen, was *sie* wollen. Unser Schicksal ist den Polen gleichgültig«, klagte Sussanin, die Arme zum Himmel aufgereckt, und das Brausen eines Bühnensturms, unter dem sich die Bäume der Kulisse bogen, unterstrich eindrucksvoll seine Worte.

Im Publikum erhob sich zustimmendes Gemurmel, gefolgt von frenetischem Applaus. Igor neben mir klatschte begeistert.

Ich dachte daran, wie tapfer und fröhlich Katharina geklungen hatte, an ihre Hand, die mich beinahe berührt hätte. Als das Stück zu Ende war, ging ich zur Kutsche wie in einem Traum. Ich war dankbar, als Igor im Gedränge einen seiner Kameraden entdeckte und ankündigte, er werde mich nicht nach Hause begleiten.

In den Tagen danach stöberte ich in den Buchhandlungen an der Großen Perspektivstraße nach Tacitus. Da ich nicht fündig wurde, wandte ich mich an Buchhändler, die früher Kunden meines Vaters gewesen waren. Bald traf die *Germania* ein, dann die *An-*

nalen und die *Historien* und auch eine Ausgabe von Montesquieus *Lettres persanes*. Wenn ich die Wahl hatte, nahm ich immer solide in Leder gebundene Exemplare – in der geheimen Hoffnung, dass sie vielleicht aus der Werkstatt meines Vaters stammten; allerdings war jenes Exemplar, bei dem die Buchstaben des Rückentitels über die Schattenlinie hinausreichten, nicht dabei.

Mir war klar, dass die Tschoglokows jedes Buch, das ich in den Winterpalast schickte, gewissenhaft auf versteckte Botschaften untersuchten. Und Katharinas kurzes Dankschreiben auf elegantem Velinpapier mit Goldschnitt wurde gewiss nicht weniger aufmerksam geprüft.

An einem düsteren Novembertag kam Igor mit der Nachricht nach Hause, dass der Großfürst und seine Frau nach Oranienbaum umgezogen waren.

»Warum?«, entfuhr es mir.

»Bestuschew wollte es so. Er meint, am Hof gibt es zu viel Ablenkung.« Er verdrehte die Augen. »Aber welche Zerstreuungen könnten wohl den Großfürsten davon ablenken, seiner Frau ein Kind zu machen? Ein Maskenball? Eine Exerzierübung? Etwas anderes kann ich mir nicht denken. Fällt dir noch etwas ein, *kison'ka*?«

Seine Stimme klang schadenfroh, aber ich tat, als bemerkte ich es nicht.

Dreiundvierzig Werst trennten mich jetzt von Katharina, eine ganze Tagesreise. Sie konnte nicht mehr ins Theater gehen und keine Besuche empfangen, dafür würde der Kanzler schon sorgen. Was hatte sie noch, um sich zu trösten, außer Büchern?

Der erste Brief aus Oranienbaum war kurz.

Der Überbringer dieser Nachricht hat viele exquisite Kostbarkeiten im Angebot, die Ihnen bestimmt gefallen werden. Ich bin gespannt darauf zu erfahren, ob Sie seine Dienste in Anspruch nehmen werden. Ich hoffe es sehr. Bitte vergessen Sie nie, dass ich ebenso fest an Ihre treue Ergebenheit glaube, wie ich mich mit Ihnen in Freundschaft verbunden weiß.

Er war nicht unterschrieben.

Monsieur Bernardi, ein Juwelier, hatte mir das Schreiben überbracht. Er hatte mich unter dem Vorwand aufgesucht, mir seine Dienste anzubieten. Immerhin war ich nach Igors Beförderung die Frau eines Premierleutnants. So ein Mann legte doch gewiss Wert darauf, dass seine Gattin anderen Damen der guten Gesellschaft in nichts nachstand. Ob ich Monsieur Bernardi gütigst erlauben wolle, sich meinen Schmuck anzusehen?

Es überraschte ihn nicht, als er mit geschultem Blick entdeckte, dass viele Stücke gründlich gereinigt und repariert werden, dass Ohrringe gerichtet, Perlen neu aufgezogen werden mussten.

Er erwähnte niemals Katharina und seine Besuche

in Oranienbaum. Aber jedes Mal wenn er zu mir kam, steckte er mir einen Brief von der Großfürstin zu und nahm einen an sie in Empfang.

Sie sind zu großen Dingen bestimmt, schrieb ich im ersten Brief.

Vertrauen Sie niemandem, hätte ich am liebsten geschrieben. *Nichts hat sich geändert, Sie spielen in einem Casino, in dem alle betrügen.*

Aber das wusste sie bereits.

Sie wusste, welche ihrer Zofen ihre Unterwäsche jeden Monat nach Blut untersuchte. Sie wusste, wer ihre Bücher durchblätterte in der Hoffnung, irgendeine vergessene Notiz oder Nachricht zu finden. Sie wusste, wer sie im Auftrag der Kaiserin bespitzelte und wer dem Kanzler regelmäßig über ihre Geheimnisse Bericht erstattete. Sie hatte alle Gucklöcher in den Wänden ihrer Zimmer ausfindig gemacht, und wenn sie irgendein kompromittierendes Schriftstück verbrannte, blieb sie immer vor dem Kamin stehen, bis es ganz zu Asche geworden war.

Auch in ihren geheimen Briefen an mich traf Katharina Vorsichtsmaßnahmen. Wenn sie ein Uneingeweihter las, musste er glauben, sie seien an einen Mann gerichtet, dessen Name allerdings nie erwähnt wurde. Und sie benutzte Decknamen und Tarnbezeichnungen: Die Kaiserin war »La Grande Dame«, Peter »der Soldat«. Die Tschoglokows nannte sie

»Pfau« und »Henne«, den Kanzler »den alten Fuchs«, die ersehnte Schwangerschaft »das große Ereignis« oder »gute Nachricht«.

Es schmerzt mich, Monsieur, dass ich schon so lange nicht mehr das Vergnügen gehabt habe, Sie zu sehen. Selbst wenn ich nur einen flüchtigen Blick auf Ihre Gestalt erhaschen könnte, wäre mir das ein großer Trost. Ich sehne mich nach einer Zeit, da ich wieder auf Sie zutreten und meiner Freude Ausdruck geben darf, Sie zu sehen.

Diese dunklen Tage können nicht ewig dauern, oder?

La Grande Dame redet vom Lesen, als wäre es eine unheilbare Krankheit.

Man hat einen meiner Diener entlassen, weil ich so töricht war, ihm in Anwesenheit der Henne für seine Freundlichkeit zu danken.

Der Mohr des Soldaten wurde nach Sankt Petersburg beordert, und man hat zwei Kammerdiener ausgetauscht. Es ist uns verboten, irgendjemanden gern zu haben, wir dürfen uns mit niemandem anfreunden. Ich bete zu Gott, dass dieser Briefwechsel unentdeckt bleibt. Ich beschwöre Sie, Monsieur, vernichten Sie diese Briefe, sobald Sie sie gelesen haben.

Ich gehorchte und verbrannte sie. Aber sie sind in meinem Gedächtnis bewahrt, so wirklich, als hielte ich sie immer noch in der Hand, und jedes Wort, das ich lese und immer wieder lese, setzt seine Dosis Kummer frei.

Die Briefe trafen weiter mit steter Regelmäßigkeit ein. Die Blagen von Pfau und Henne gingen dem Soldaten auf die Nerven: Sie wollten unbedingt mit seinen Modellfestungen spielen. La Grande Dame kam nach Oranienbaum, begleitet von ihrem neuesten Favoriten, schoss zweiundzwanzig Rebhühner und erlaubte Katharina, Reitunterricht zu nehmen. Ich lernte die Briefe auswendig, bevor ich sie ins Feuer warf.

Ich war froh, dass Katharina weit weg war von den Intrigen am Hof. Sie schrieb, in den Gärten von Oranienbaum finde sie ein unerwartetes Glück, ein Gefühl innerer Ruhe, das immer stärker werde. Es gab immer noch keine »gute Nachricht« zu melden, aber die langen Tage auf dem Land ließen ihr viel Zeit zum Lesen und Nachdenken. Sie sei keineswegs müßig, versicherte sie mir, vielmehr nutze sie die Gelegenheit, um sich über ihre Aufgabe im Leben, über ihre Pflichten und Verbindlichkeiten klar zu werden. Mehr und mehr gelange sie zu der Überzeugung, dass Freundschaft und Loyalität die kostbarsten Güter seien, die man erlangen könne.

Eine Zeit lang fand ich Trost in diesen Worten.

Ein Jahr verging, und der Kanzler bestimmte immer noch über die ganze Lebensführung des Thronfolgerpaares. Die Kaiserin war inzwischen so weit, dass sie auch in aller Öffentlichkeit keinen Hehl mehr daraus machte, wie sehr es sie erboste, dass der Großfürst und seine Frau es wagten, ihr die Erfüllung ihres sehnlichsten Wunsches zu versagen.

Das Thema beschäftigte die Offiziersgattinnen in den Salons von Sankt Petersburg wie kein zweites. Die Kaiserin gab Katharina die Schuld, erzählte man.

»Ich habe sie hergeholt, damit sie Kinder in die Welt setzt, nicht damit sie ihre Nase in Bücher steckt«, hatte sie geschrien, als ihr wieder einmal gemeldet wurde, dass Katharinas Monatsblutung eingesetzt hatte. »Was bildet die sich ein!«

Die Großfürstin wurde zum Objekt boshafter Sticheleien. Alle möglichen Erklärungen dafür, dass sie nicht schwanger wurde, waren im Umlauf. »Es liegt daran, dass Ihre Hoheit beim Reiten keinen Damensattel benutzt«, meinte die eine, »sie schnürt sich zu eng«, eine andere. »Was taugt ein unfruchtbarer Schoß?«, fragten die Leute. »Nicht mehr als ein verdorrter Obstbaum.«

Und noch andere Dinge wurden geredet. Beim letzten Hofball hatte der Großfürst nur ein einziges Mal mit seiner Frau getanzt. Merkte Katharina denn nicht, dass es ihren Mann ärgerte, wenn sie ihn andauernd spüren ließ, wie überlegen sie ihm war? Dass Peter dazu übergegangen war, in ihrer Gegenwart demonstrativ die Vorzüge ihrer Ehrendamen herauszustreichen? Fürstin Kurakina hatte so eine wunderbar zierliche Figur. Er kannte niemanden, der so musikalisch war wie Gräfin Woronzowa. Natürlich, welcher Mann möchte schon eine Frau haben, die auf ihn herabsieht?

Wieso kann sie nicht öfter lächeln, einen Scherz machen, Wein trinken, statt immer nur über Bücher zu reden?

Mein Vater sagte immer: Wenn der Baum umgestürzt ist, springt jede Ziege drüber weg.

Katharina schrieb mir, sie habe Höflinge dabei belauscht, wie sie über sie redeten. Sie sei kalt und hochmütig, hatten sie gesagt, ihre Hand wie eine Tigertatze, ihr Lächeln dünn und grausam.

Sie durfte kaum je Oranienbaum verlassen, und wenn sie ausnahmsweise einmal in Sankt Petersburg war, um gemeinsam mit der Kaiserin und dem Großfürsten bei irgendeinem bedeutenden offiziellen Anlass aufzutreten, musste sie sehr vorsichtig sein. *Versuchen Sie nicht, sich mir zu nähern, Monsieur*, schrieb sie. *Es ist zu gefährlich: Es könnte dazu führen, dass ich auch noch des letzten Trosts, der mir geblieben ist, beraubt werde.* Und so sah ich sie nur von fern.

Sie berichtete, dass sie oft stundenlang alleine dasaß, ein Buch im Schoß, und vor sich hin starrte. Die Kaiserin sprach sie nur selten an, und wenn, dann klang Elisabeths Stimme mürrisch und gereizt. *Ich bin mir sicher, dass der alte Fuchs mich bei der Grande Dame schlechtmacht. Aber ich kann nichts dagegen tun. Wieso ist er so feindselig? Ich habe ihm nie Grund dazu gegeben.* Wenn ich vorsichtig anfragte, wie die Aussichten auf »gute Nachrichten« seien, ging sie nicht darauf ein oder mahnte: *Bitte, Monsieur, schweigen sie davon – es steht nicht in meiner Macht. Der Gedanke, dass es lieben Menschen gut geht, ist der einzige Trost, der den Trostlosen bleibt.*

Hundekämpfe, Pharo, Billard, Faustkämpfe, Ringen mit Bären. Stundenlanges Schwitzen in der *banja*, Gespräche über die Launen des Glücks.

Sie feuerten einander an, die Offiziere der kaiserlichen Garde.

Fortuna ist eine Frau – sie will erobert werden.

Glück ist ansteckend.

Keiner, meinten seine Kameraden, kannte sich so gut mit Pferden aus wie mein Mann. Viele erkannten muskulöse Hälse und kräftige Hinterbeine, viele sahen es, wenn die Schienbeine zu kurz waren, wenn Winkel der Gelenke nicht zu den Proportionen des Körpers passten, aber nur das unvergleichlich scharfe Auge Igors erkannte, welches Rennpferd den Anforderungen des Rennens gewachsen war, welcher Mangel auf der Rennbahn fatale Folgen haben würde.

Sie pfiffen und lärmten auf der Straße vor unserem Haus. »Kommen Sie mit, Igor Dmitrijewitsch«, schrien sie, »beeilen Sie sich.«

Ein Mann hat keinen Grund zur Verbitterung, dachte ich, wenn ich allein in unserem Wohnzimmer eine Patience legte und in die bewegten Gesichter der Könige, Damen und Buben starrte.

Die Uhr schlug Mitternacht. Ich schob die Karten weg und stand auf. Auf dem Gang hörte ich huschende Schritte. In der Küche schwatzten die Dienstboten über uns. Sie ergriffen Partei, diskutierten, wer schuld war.

Ich trat ans Fenster und öffnete die Läden. Die Apothekergasse war menschenleer, eine dicke Schicht Schnee schimmerte silbern im Mondlicht.

Am nächsten Morgen ließ ich mich mit dem Schlitten zur Großen Perspektivstraße fahren. In der französischen Parfümerie kaufte ich *eau de fraîcheur*, das süß nach Zimt und Nelken duftete. In einem anderen Geschäft erstand ich ein Stück Musselin und rote Seidenstrümpfe, bestickt mit Jasminblüten.

Man muss immer ein paar Trümpfe in der Hinterhand behalten.

Am Nachmittag, als Igor vom Dienst nach Hause kam, ließ ich Mascha Tee und Wodka mit Kümmel bringen. Ich schüttete mir Wodka in den Tee und trank ihn, damit meine Stimme sanft wurde.

Ich sprach vom Januarfrost, der Eisblumen auf die Fensterscheiben malte, von den Fuchsspuren an den Ufern der Newa.

Ich schloss die Fensterläden und zog die Vorhänge zu. Ich befreite mein Haar von den Kämmen, die es bändigten.

Ich lachte.

Du hast deine Welt, dachte ich, *ich will die meine haben.*

Ich nahm Igors Hand, und ich stellte mir vor, was ein fremder Beobachter sehen würde: einen Mann und seine liebende Frau, innig vereint am Ende eines Tages.

In dieser Nacht parfümierte ich mich, zog mein türkisfarbenes Nachthemd an, das so gut zu meiner Augenfarbe passte, und verführte ihn.

Was ich wollte, war ein Kind. »Nur Mütter von gesunden Kindern dürfen sich der Großfürstin nähern«, hatte die Kaiserin verfügt.

Vier
1749-1750

Im Januar 1749 wurde in den Salons von Sankt Petersburg eifrig darüber spekuliert, welcher von den Favoriten der Kaiserin die Schlacht um einen Platz in ihrem Bett für sich entscheiden würde. Eine Zeit lang sah man Elisabeth häufig in Gesellschaft des Schauspielers, der im Russischen Theater den Sussanin gespielt hatte. Dann bezauberte sie ein Kosake aus Kiew, der schnell zum Leutnant befördert wurde, mit seinem »Teufelstanz«. Ihm folgte Nikita Beketow, ein Chorleiter, der als Protegé des Kanzlers galt. Seine Vorherrschaft schien gesichert, doch dann unterlief ihm ein dummer Fehler: Er nahm ein Geschenk der Gräfin Schuwalowa an, ein Töpfchen mit einer Creme, von der man angeblich einen wunderbar glatten Teint bekam. Als in seinem Gesicht lauter hässliche rote Flecken aufblühten, machte die Gräfin der Kaiserin Angst, es könnten die Pocken sein. Beketow musste den Hof verlassen.

Für viel Gesprächsstoff sorgte die Tatsache, dass jetzt Gräfin Schuwalowa der Herrscherin im Schlafzimmer die Fußsohlen massierte und ihr dabei den neuesten Klatsch erzählte. »Könnte es sein, dass ihr hübscher Sohn mit der Römernase etwas damit zu tun hat?«, hörte ich meinen Mann sarkastisch fragen. Er meinte Iwan Iwanowitsch, den jüngsten Sohn der Gräfin, dessen Vater, Marschall Schuwalow, einst einer von Elisabeths Liebhabern gewesen war. Es gab noch etliche weitere Schuwalows am Hof; einer war Generalstaatsanwalt, zwei andere waren in der Geheimkanzlei beschäftigt. »Du brauchst bloß den Deckel von irgendeiner Kiste hochzuheben, und prompt springt ein Schuwalow heraus, der wittert, ob es was zu holen gibt«, sagte Igor.

Man redete von Iwan Schuwalows jugendlichem Charme, den dunklen, weichen Locken über seiner Stirn, von dem zerstreuten Lächeln seiner sinnlichen Lippen. »Achtzehn Jahre jünger als die Kaiserin. Immer ein Buch in der Hand. Er hat ein Stück geschrieben. Er will den Palast umbauen lassen. Er korrespondiert mit Voltaire! Er hat dem Großfürsten einen schneeweißen Falken geschenkt.« Rufe des Erstaunens hallten durch die Salons von Sankt Petersburg, begleitet von unsicherem Lachen.

Der Soldat ist wie ein Kind, schrieb Katharina. *Er will im Leben immer nur spielen, aber ich will leben. Er glaubt jede Schmeichelei, die man ihm sagt, und wird böse, wenn ich ihn warne. Manchmal würde ich mich am liebsten der Grande Dame zu Füßen werfen und sie anflehen, mich zurück nach Hause zu schicken.*

Es gab zu viele Trinkgelage und zu viele Militärparaden in Oranienbaum, und zu häufig wurden sie von Wutausbrüchen Peters gestört. Er zerschlug Stühle, einmal schmiss er eine Flasche durchs Fenster. *Ich glaube, der Soldat hat ein gutes Herz*, schrieb Katharina, *aber sein Geist wird schwach, wenn er zu viel trinkt, und dann ist er unberechenbar.*

Begierig las ich ihre Zeilen ein weiteres Mal, bevor die Flammen sie verzehrten. Manche Dinge sollten nie geschrieben werden, nicht einmal im Geheimen.

Wenn wir nur miteinander sprechen könnten, dachte ich.

Als das Eis auf der Newa dünner wurde und einen gelblichen Ton annahm, erzählte man in den Salons, dass sich die Kaiserin fünfmal am Tag umziehe. Der junge Iwan Schuwalow las jetzt der Kaiserin ein neues Stück vor, das sie aufführen lassen sollte. Man hatte ihn mit einem träumerischen Ausdruck im Gesicht durch den Palast gehen sehen, eine Hand auf seinem Herzen, als legte er ein Gelöbnis ab. Der »Kaiser der Nacht« hielt sich jetzt die meiste Zeit im Anitschkow-Palais auf.

Allein.

»Stellen Sie sich vor!«, sagten die Damen.

Man stelle sich vor: keine allnächtlichen Umzüge mehr von einem Schlafzimmer ins nächste, keine Wutschreie, keine Angst vor der Dunkelheit. Hinter zugezogenen Vorhängen heitere Tanzmusik, Männerchöre, die alte russische Volkslieder singen. Man stelle sich vor: Jede Nacht ist das mechanische Tischleindeck-dich der Kaiserin in Betrieb. Man stelle sich vor: eine Frau, die blind ist vor Liebe, wie behext.

Ich versuchte es, aber meine Gedanken schweiften ab.

Zu Maschas Entzücken witterte ich andauernd Fäulnis, mir wurde schlecht von allen möglichen Gerüchen. Ich würgte, wenn ich nur von fern den feuchten Schafspelz unseres Kutschers roch oder das muffige Leder von Igors Reitstiefeln, mir war übel, wenn ich morgens aufwachte. Tagelang aß ich nichts als dunkles Bauernbrot und trank nur Kwass. Die Hebamme empfahl, ich sollte an angenehme Dinge denken.

Ich war wieder schwanger.

»Unser Sohn«, sagte Igor immer und legte seine Hand auf meinen immer noch geschnürten Bauch. »Unser kleiner Soldat.«

Ich hörte, dass seine Stimme weicher klang. Ich spürte seine Hand, die meinen Hals streichelte, und dachte an die unbezahlte Rechnung des Metzgers. An die qualmenden Talgkerzen, denn Wachslichter konnten wir uns nicht mehr leisten. An die Perlenkette, die aus meinem Schmuckkästchen verschwunden war.

In der katholischen Katharinenkirche an der Großen Perspektivstraße, wo ich einst jeden Sonntag mit meinen Eltern zur Messe gewesen war, kniete ich nieder und bekreuzigte mich, wie ich es gelernt hatte. Ich betete um eine Tochter, eine, die sich nicht weigern würde, geboren zu werden. Eine Tochter, die meine sein würde.

Die Schwangerschaft tat mir gut. Als das Kind wuchs, wurde mein Haar kräftiger, meine Haut wurde glatt und schön. Gehorsam trank ich die Kräutertees, die mir die Hebamme braute. Ich hob nie die Hand über Schulterhöhe, trug nie ein Halskettchen. Mascha gab mir Lauch und gekochte Backpflaumen zu essen. Sie rieb mir den Bauch mit Salben ein, band mir ein rotes Bändchen ums Handgelenk und murmelte Segenssprüche.

Dieses Mal wird alles gutgehen, sagte sie, und ich glaubte ihr.

Der Kanzler erwartete mich in der Millionnajastraße; seine Kutsche stand nur ein paar Schritte entfernt. Mir fielen sofort die buschigen grauen Augenbrauen auf, die Falten auf seinen Wangen, der Schatten eines Doppelkinns. Die kaiserliche Liebe, die alle Gemüter beschäftigte, war nicht nach seinem Geschmack, bemerkte ich mit einem Anflug von Schadenfreude. Die Schuwalows machten jetzt ganz offen Stimmung gegen Bestuschews antifranzösische Politik und erhoben den Vorwurf, er lasse sich vom englischen König bestechen.

Mascha sah die rote Samtjacke und die schweren

goldenen Ringe, den Diener, der hinter ihm stand und seinen Stock hielt, und wurde nervös: Dass so ein großer Herr ihre Herrin zu sprechen wünschte, verhieß nichts Gutes. Ich hörte sie ein Stoßgebet murmeln.

»Guten Tag, Madame Malikina«, sagte der Kanzler. Sein Samtjackett spannte. Ich stellte mir vor, dass die Nähte aufplatzten, dass das weiße Batisthemd und die Narben darunter sichtbar würden.

Er grüßte noch einmal: »Guten Tag, Warwara Nikolajewna.« Der Mund mit den klaffenden Zahnlücken war zu einer Grimasse verzogen.

Ich schritt einfach an ihm vorbei.

Mascha hastete mir keuchend nach über die Moikabrücke. Sie zupfte mich am Ärmel, aber ich blieb nicht stehen, ich drehte mich nicht einmal um, ganz beglückt von dem entschlossenen Klacken meiner Absätze auf dem Pflaster.

Ich hörte, wie sich ein Kutschenschlag öffnete und schloss, ich hörte Hufgetrappel auf Pflastersteinen, das Kläffen eines streunenden Hundes, der weggescheucht wurde. Als ich vor unserem Hause ankam, war der Kanzler bereits da. Mascha zögerte verunsichert, aber ich sagte ihr, sie sollte nur gehen, ich käme gleich nach.

Er erkundigte sich höflich nach meinem und Igors Befinden.

»Danke, es geht uns gut«, sagte ich kühl.

In der Sommerhitze stieg von der Moika ein Geruch nach Fisch und Moder auf. Plötzlich musste ich daran denken, wie ich, das Kind, das ich damals war, mich gefühlt hatte in jenem ersten Jahr am Hof, wie einsam ich gewesen war, wie sehr ich darunter gelitten hatte. »Ich habe dir nicht wehgetan, oder?«, hatte Bestuschew damals gefragt. Ich kämpfte gegen die Übelkeit an, die über mich kam.

Die listigen Augen meines einstigen Lehrmeisters musterten mich. Er sah mir an, wie tief ich ihn verabscheute. Er lächelte dünn, dann nickte er ernst, als wäre ich immer noch ein Kind, das unter seiner Fuchtel stand.

Es ist nicht vorbei. Du kannst es dir nicht leisten, mich zu hassen, sagte dieser Blick. Ich wusste, dass er recht hatte, aber ich wollte nicht klein beigeben.

»Richten Sie der Großfürstin meine aufrichtige Hochachtung aus«, sagte er.

Ich war überrascht, obwohl ich es eigentlich hätte besser wissen sollen. Das Spiel der Macht verlangte eine schamlose Kehrtwendung, neue Bündnisse mussten geschlossen werden: Die Schuwalows umwarben den Thronprinzen, und so blieb Bestuschew nichts anderes übrig, als sich an die Großfürstin zu halten.

»Sie sprechen von der kleinen Hausfrau mit dem spitzigen Kinn?«, fragte ich. Ich konnte es mir nicht verkneifen.

»Ich hatte unrecht, das gebe ich gerne zu.«

»Gerne?«, fragte ich herausfordernd.

Der Kanzler schenkte mir ein nachsichtiges Lächeln. *Die kleine Genugtuung kannst du haben*, schien er zu sagen. *Du hast sie dir verdient.*

»Sicher, ohne jeden Groll.«

»Aber ich habe gar keinen Kontakt mehr zur Großfürstin«, sagte ich. »Wie könnte ich ihr etwas ausrichten?«

»Die Maske der Ahnungslosigkeit passt nicht zu Ihnen, Warwara Nikolajewna. Schmuck steht Ihnen besser.«

Ich hörte den warnenden Unterton und erstarrte. Ich hatte die Möglichkeit in Betracht gezogen, dass der Kanzler von den Briefen wusste, die der Juwelier Bernardi schmuggelte, und dass er nur deswegen nichts dagegen unternahm, weil es sich in so unsicheren Zeiten empfahl, für alle Fälle vorzusorgen. Aber obwohl ich Katharinas Siegel immer genau geprüft hatte, war mir nie etwas Verdächtiges aufgefallen. Was war mir wohl sonst noch alles entgangen?

»Ich werde es der Großfürstin mitteilen, sobald ich Gelegenheit dazu habe«, murmelte ich. Ein Fuhrwerk, schwer beladen mit Birkenstämmen, rumpelte vorbei. Ein Händler legte auf einer Kiste, über die er eine schmutzige Decke gebreitet hatte, zu langen Zöpfen geflochtene Zwiebeln aus.

»Gut«, sagte der Kanzler. Ich öffnete die Haustür. »Das genügt mir schon. Fürs Erste.«

Am 25. November 1749, dem Jahrestag von Elisabeths Thronbesteigung, wurde Iwan Iwanowitsch Schuwalow zum Kammerherrn erhoben und war damit auch ganz offiziell der Favorit der Kaiserin.

Die beiden hatten nähere Bekanntschaft geschlossen, als Elisabeth ihn zu einer gemeinsamen Pilgerfahrt eingeladen hatte. In den Salons von Sankt Petersburg war der Ausdruck »miteinander beten« zu einem Synonym für den Geschlechtsakt geworden.

Die Schuwalows hatten gewonnen, so redeten die Leute, aber der Erfolg ist ein vergängliches Ding. Iwan der Fromme würde es nicht lange machen – selbst die inbrünstigsten Gebete nutzen sich ab mit der Zeit.

Jeden Morgen, wenn ich aufwachte, legte ich die Hand auf meinen Bauch, um die lebhaften Tritte der kleinen Füße zu spüren. Aus der Küche wehten die Düfte von Kascha und warmem Brot. Mascha machte mir Omelettes mit Kaviar. Oberst Sinowjew, der Kommandeur von Igors Regiment, hatte einen Korb mit Delikatessen geschickt. Der Honig, mit dem ich meinen Tee süßte, kam von seinem Landgut, ebenso der Schinken und der geräucherte Stör. Jetzt, da die Frau seines Leutnants für zwei essen musste, so stand auf der beiliegenden Karte zu lesen, sollte sie von allem das Beste bekommen.

Ich setzte mich in den Schaukelstuhl und wiegte mich sanft. Er war glänzend schwarz lackiert mit roten und goldenen Verzierungen und stammte, wie Igor behauptete, aus Schweden.

Unser Sohn, so hatte er entschieden, sollte nach Igors Vater Dmitri heißen. Unser zweiter Sohn würde meinem Vater zu Ehren den Namen Nikolai tragen.

Die dunklen Novembertage waren bitterkalt, bei jedem Atemzug spürte man den ätzenden Rauch, der in der Luft lag. Der Wind fuhr durch die Krone des Kirschbaums vor meinem Schlafzimmerfenster. Schwärme von Spatzen ließen sich auf den kahlen Zweigen nieder und stoben gleich wieder mit schwirrenden Flügeln davon. »Mach das Fenster auf«, bat ich Mascha, aber sie murmelte nur etwas von Zugluft und Qualm und dem bösen Blick und rührte sich nicht vom Fleck.

»*Dewuschka*«, sagte die Hebamme. »Ein Mädchen.«

Ausgepresst aus der Tiefe meiner Schmerzen lag sie vor mir, beschmiert mit meinem Blut, und schrie. Gesund und voller Leben.

Mein Kind, dachte ich und machte mich auf Igors Enttäuschung gefasst.

Ich hörte einen Schlitten vorfahren. Pferde wieherten. Gellende Pfiffe, Männerstimmen krakeelten und lachten.

Igors Kameraden waren gekommen, um ihn abzuholen. Nach altem Brauch würden sie ihn in der *banja* fröhlich verspotten und mit Birkenzweigen schlagen, bis kleine Blutströpfchen auf seiner roten Haut sich mit seinem Schweiß mischten: So musste ein Mann, der keinen erstgeborenen Sohn zustande gebracht hatte, den Badehausdämonen Buße leisten.

Am Morgen nach der Geburt meiner Tochter hatte ich tief und traumlos geschlafen. Leises Gemurmel weckte mich. Ich sah Igor am Fenster stehen, Darja auf dem Arm. Ich war noch sehr schwach, aber ich schaffte es, mich, auf die Ellbogen gestützt, etwas aufzurichten.

»Du hast keinen kleinen Soldaten bekommen«, sagte ich.

Er drehte sich zu mir um. »Aber sie wird leben, nicht?« Seine Stimme zitterte leicht vor staunender Bewunderung. Ich streckte meine Arme aus, und Igor reichte mir das Kind, ganz behutsam wie ein zerbrechliches Stück Porzellan.

»Ja«, versprach ich, »sie wird leben.«

Durch die geschlossene Tür hörte ich das Klappern von Geschirr. Ich roch süßes Brot, und mein Magen begann zu knurren. Draußen auf der Straße kläfften Hunde.

Darja, so hatte Igor sie genannt. *Darenka*.

Ich hatte nichts dagegen. Im Polnischen lässt der Name meiner Tochter an ein großartiges Geschenk denken, eine Kostbarkeit, wie man sie einer Königin darbringt.

Darenka rümpfte ihr winziges Näschen und nieste. »Meine kleine Prinzessin«, flüsterte Igor zärtlich, und ich dachte, dass ich ihn vielleicht doch noch nicht so bis ins Letzte kannte, wie ich immer geglaubt hatte.

In den langsam verrinnenden Tagen, den langen Abenden danach hielt ich meine Tochter in den Armen und lauschte ihrem Atem. Sie war vollkommen, dachte ich, so frisch, so makellos. Ich berührte die Fältchen der Haut, die ihre Augen verbarg, wenn sie weinte. Ich leckte die winzigen Handflächen mit dem rätselhaften Gewirr von Linien, fuhr mit der Zungenspitze über die Fingerchen, küsste ihre Fußsohlen, die so weich und glatt waren wie ihre rosigen Wangen.

Staunend fühlte ich, wie exakt ihr kleiner warmer Körper in meinen passte, wenn wir zusammen in unserem großen Himmelbett lagen, auf dem gestärkten weißen Laken, das den Duft des Windes zu verströmen schien. Wie sie weit ihr Mäulchen öffnete, wenn sie hungrig meine Brust suchte. Ich sah ihr entzücktes Erschauern, wenn ich meine Brustwarze, nass von Milch, an ihren zahnlosen Mund führte. Mein ganzer Körper erbebte vor Liebe, wenn sie ihre Kieferleisten schloss, gerade so weit, dass es nicht schmerzte, und zu saugen begann. Ich war nicht länger allein. Ich war nicht länger nur Beobachterin meines eigenen Lebens.

Darja. *Darenka*.

Mascha reagierte mit Befremden, als ich ihr sagte, dass ich keine Amme engagieren wollte. Ich hörte, wie sie Igor warnte, ich sei zu schwach, ich würde meine Gesundheit ruinieren, wenn ich mein Kind selbst stillte, er müsse mich zur Vernunft bringen. Sie hatte bereits mehrere Kandidatinnen ins Auge gefasst, die sie ihm als »gute, kräftige Mädchen vom Land« anpries. »Gehen Sie zu Ihrer Frau«, beschwor sie ihn, »sprechen Sie ein Machtwort.«

Mit geschlossenen Augen, Darja in meinen Armen, wartete ich darauf, dass die Tür aufging und Igor hereinkam, auf das leise Geräusch seiner zögernden Schritte auf dem weichen Teppich, auf den leichten Stallgeruch, der immer in seinen Kleidern hing, und den Duft von Schnupftabak.

Er redete auf mich ein.

»Du brauchst Ruhe, *kison'ka*, du musst wieder zu Kräften kommen, du musst an deine Gesundheit denken.«

Ich ließ ihn reden. Er beugte sich über Darenka, die eben am Einschlafen war. Seine Worte wurden immer leiser, bis sie ganz verebbten, und ich wusste, dass er mir meinen Willen lassen würde.

Allein mit Darenka, die an meiner Brust nuckelte, versuchte ich, mir die Gesichter meiner Eltern in Erinnerung zu rufen. Nicht, wie sie ausgesehen hatten, als sie in ihren Särgen lagen, wachsig und eingefallen, sondern ihre Gesichter im Leben, in den kostbaren Momenten des Alltags. Ich sah die kleine Kammer in Warschau vor mir, wo ich an meine Mutter geschmiegt dasaß und ihr dabei zuschaute, wie sie den Saum eines Kleids nähte. Ich sah die Hoffnung in ihrem Gesicht leuchten an dem Tag, als wir in Sankt Petersburg ankamen, und ihr trauriges Lächeln, als sie mir das Kettchen mit dem Medaillon der Jungfrau Maria umhängte. Ich sah meinen Vater, der einen Apfel schälte, so geschickt, dass die Schale ein einziges langes Band bildete, und ihn dann ihn dicke Schnitze zerteilte, die – obwohl es mitten im Winter war – nach goldener Herbstsonne dufteten. Ich dachte daran, wie glücklich sie über Darenkas Geburt gewesen wären, und nahm mir vor, zusammen mit meiner Tochter zu ihren Gräbern zu gehen und für ihre Seelen zu beten.

Die Zeit damals meinte es gut mit uns. Ich konnte die Vorahnung von Lachen in ihrem Gesicht sehen, wenn ich ins bereits kitzlige Öhrchen meiner Tochter ihre erste Geschichte murmelte, die Geschichte von ihrer Geburt: *Zwei Tage lag ich in den Wehen. Man musste dich zuerst in mir umdrehen, bevor ich dich aus meinem Bauch herauspressen konnte. Der Tod lag auf der Lauer, mein Schätzchen, aber wir entwischten ihm. Ich bin deine Mutter, und du bist meine Tochter. Bei mir bist du sicher. Ich werde nie zulassen, dass jemand dir etwas zuleide tut. Ich werde gut auf dich achtgeben und dich nie alleinlassen, solange du mich brauchst.*

»Sie können keine Kinder mehr bekommen«, hatte die Hebamme gesagt.

Ich hatte die Worte gehört, aber ihre Bedeutung war noch nicht richtig zu mir vorgedrungen.

Igors Regiment schenkte uns eine wunderschön geschnitzte Wiege. Darjas Taufpaten waren Oberst Sinowjew und Madame Tschoglokowas älteste Tochter, Letztere auf die Bitte Katharinas hin, der die Kaiserin niemals erlaubt hätte, selbst die Patenschaft zu übernehmen.

Mit Maschas Hilfe stellte ich die Taufgeschenke auf einem mit weißem Damast bedeckten Tisch im Salon auf, damit unsere Gäste sie bewundern konnten: ein goldenes Kreuz vom Paten, ein Becher und ein Dutzend silberne Löffel in einem Elfenbeinkästchen von der Patin. Katharina hatte ein Stück aus der Werkstatt von Monsieur Bernardi geschickt, ein Rosenkranz-Armband mit schwarzen Perlen und der eingravierten Widmung: *Für Darja Igorewna, deren Zukunft mir immer am Herzen liegen wird.*

An Igors Seite ließ ich die Besuche, die ins Haus kamen, um Glück zu wünschen, wie es Brauch war, über mich ergehen, sonderbar milde gestimmt durch all die gerührte Bewunderung, die meiner Tochter zuteilwurde. Ich lächelte freundlich, wenn die Leute sich über die Wiege beugten und Ähnlichkeiten feststellten: Meine Nase, aber Igors dunkle Augen. Von ihm die kräftig krähende Stimme, von mir das Lächeln.

Darja Igorewna.

Möge sie nie von denen getrennt werden, die sie lieben.

Wohlergehen und Gesundheit ein Leben lang.

Ich wischte mir Tränen von den Wangen.

»Möge Gott alle guten Wünsche in Erfüllung gehen lassen«, flüsterte ich.

Alle Türscharniere in unserer Wohnung in der Apothekergasse waren geölt worden, damit sie nicht quietschten, die Dienstboten mussten Filzschuhe tragen und leise sprechen. Die Wiege stand neben meinem Bett, aber es gab auch schon ein Kinderzimmer mit kanariengelb gestrichenen Wänden und einer Truhe aus Zedernholz. Der Raum roch nach Firnis und Farbe. Meine Tochter besaß so viele Batisthemdchen, dass sie für fünf Kinder ausgereicht hätten, ein halbes Dutzend Schals, eine Silberfuchsdecke, damit sie es schön warm hatte im Winter, und eine teure Porzellanpuppe mit einer Haube aus Samt, ein Geschenk von ihrem Vater.

Einmal sah ich im Kerzenlicht Igor über Darjas Wiege gebeugt; er redete leise melodisch auf sie ein, um sie zu beruhigen. Sie antwortete mit glucksenden Lauten. Er nahm sie aus ihrem Bettchen und hielt sie hoch, ganz nahe vor sein Gesicht, und strahlte sie mit dem befangenen Lächeln an, das mir so vertraut war.

Auf der Straße sang ein Bettlerjunge sein misstönendes Lied. Bald würde er an unsere Tür klopfen, er würde in der Küche einen Teller heiße Suppe und eine dicke Scheibe Brot mit Butter bekommen und sich eine Weile am Feuer wärmen, bevor er wieder hinausmusste in die Novemberkälte.

Wieder eine Folge glucksender Laute, die, zusammen mit etwas Sabber, aus dem Mäulchen sprudelten.

Ich beobachtete, wie Igor seine Tochter wieder in die Wiege legte und dann die rechte Hand zu seinem Herzen führte, als wollte er ein Gelöbnis besiegeln.

Das Lied des Bettlerjungen war zu Ende, und ich zog mich leise zurück.

Was für eine trübe Zeit, wie langsam sie verrinnt! Sie erstreckt sich endlos vor mir, so lang und eisig kalt wie die Winternächte von Sankt Petersburg. Manchmal, wenn die Tränen mich zu ersticken drohen, muss ich in wildem Galopp über die Felder reiten; das ist das einzige Mittel, das hilft, schrieb Katharina.

Zu Weihnachten schickte der Kanzler der Großfürstin eine Kiste ungarischen Rotwein und einige seltene Bücher, die er aus Paris hatte kommen lassen.

Sie ließ die Geschenke zurückgehen.

»Wollten Sie ihr vielleicht die Gesammelten Werke von Machiavelli schenken?«, fragte ich, als er an jenem Abend auf mich zukam. »Aber nein, das wäre denn doch zu plump gewesen.«

Es war nicht das erste Mal, dass er im Russischen Theater, wohin ich Igor einmal pro Woche begleiten musste, seit ich wieder ausgehen konnte, meine Gesellschaft suchte. Der Kanzler wartete immer, bis mein Mann weggegangen war, um sich mit anderen Gardeoffizieren zu unterhalten, und er sprach immer nur über Katharina. Die Großfürstin, sagte er, sei ein ganz außergewöhnlicher Charakter. Sie vereine in sich kühle Gelassenheit, Mut und schnelle Auffassungsgabe. Der Großfürst täte gut daran, auf ihren Rat zu hören.

Immer aalglatt und geschmeidig, dachte ich. *So reden sie bei Hof.*

»Hören wir auf, einander Vorwürfe zu machen, Warwara Nikolajewna. Versuchen wir es mit ein bisschen mehr Takt. Oder vielleicht sogar mit christlicher Vergebung.«

Mir fiel auf, wie schwarz die verbliebenen Zahnstumpen in seinem Mund geworden waren, dass er lange Spitzenmanschetten trug, die die Altersflecken auf seinen Händen verdecken sollten. Ich hatte von Quecksilberkuren gehört und dass er viel zu viel trank. Seine rote Nase und die blutunterlaufenen Augen bestätigten, dass das kein leeres Gerede war.

Das Machtverhältnis zwischen uns war gekippt, und ich genoss es. Ich konnte einfach nicht widerstehen.

»Haben Sie schon angefangen, Ihre Sachen zu packen?«, fragte ich.

Gerüchten zufolge hatte Iwan Schuwalow den Winterpalast »eine zugige Bruchbude« genannt. Ein Palast sei wie die Fassung eines Edelsteins, er dürfe nicht weniger großartig sein als die Herrscherpersönlichkeit, die darin residiere. Was für Peter den Großen zu einer Zeit, da der Stern Russlands eben erst aufging, gut gewesen war, konnte seiner Tochter, die ein Weltreich regierte, nicht genügen. Warum sollte sie in den rußgeschwärzten Mauern aus längst vergangener Zeit wohnen? In Räumen mit niedrigen Decken und primitiven Möbeln, die aussahen, als hätte irgendein Lehrling sie zusammengezimmert? Wo war die heiter helle Leichtigkeit der Gegenwart? Die neuen Horizonte? Die neuen Visionen? Der neue Stolz?

Die Kaiserin teilte diese Ansicht. Monsieur Rastrelli, ihr italienischer Architekt, hatte es bereits zu spüren bekommen: Seine Pläne für einen Umbau des Palasts hatten keine Gnade vor den allerhöchsten Augen gefunden. »Bringen Sie mir *Visionen*!«, hatte Elisabeth verlangt. »Etwas, das ebenso groß und erhaben ist wie *mein* Russland.«

Der Kanzler lächelte, scheinbar völlig unbeeindruckt von meinem Spott.

»Packen? Das erzählen die Leute? So weit sind wir noch lange nicht. Sicher, im Schlafzimmer der Kaiserin liegen überall Kataloge von Pariser Auktionshäusern herum, und auf dem großen Schreibtisch, der jetzt dort steht, stapeln sich Skizzen und Entwürfe, aber *entschieden* ist noch überhaupt nichts.«

»Die Zimmerleute haben ihre Preise auf das Doppelte erhöht«, sagte ich. »Maurer und Steinmetze verlangen das Dreifache. Das spricht doch eher dafür, dass der Bau beschlossene Sache ist, meinen Sie nicht?«

Seine Augen wurden schmal. Sein Fuß tappte nervös auf den Boden.

»Vielleicht ist das ja das Geheimnis von Iwan Iwanowitschs Erfolg«, fuhr ich fort. »Er findet sich nicht so leicht mit den gegebenen Verhältnissen ab, er hat Mut. Er kann an eine Sache glauben, die andere erst gar nicht in Erwägung ziehen. Er schlägt Saiten an, von denen die meisten dachten, sie wären längst abgerissen.«

Aus meinen Brüsten lief Milch. Ich dachte an Darjas Lippen, an ihre winzig kleine Hand, die meinen Finger gepackt hielt.

»Ah, der Mut der Mutterschaft, Warwara Nikolajewna«, sagte der Kanzler leise. »Nicht unterzukriegen. Und immer wieder rührend. Trotzdem, Sie sollten die Tatsache nicht ganz aus dem Auge verlieren, dass Ihr Mann nicht unbeträchtliche Schulden hat.

In so einer Lage tut man gut daran, sich Freunde zu machen, die einem unter die Arme –«

Ich ließ ihn nicht ausreden.

»Ich bin nicht wie Sie«, sagte ich und wandte mich ab. »Ich schließe keine Freundschaften nur deswegen, weil ich daraus Nutzen ziehen kann.«

Ich ging zurück zu meinem Platz. Während ich wartete, dass sich der Vorhang hob, spielte ich mit meinem Fächer, auf dem Barken auf einem Fluss abgebildet waren. Igor neben mir lachte über etwas, was sein Sitznachbar gerade gesagt hatte.

Ich tupfte ihm auf die Schulter, er drehte sich zu mir um.

»Haben wir Schulden?«, fragte ich.

»Lass das mein Problem sein«, antwortete er. Seine Fingerspitzen strichen über meine Hand. Sie fühlten sich kalt an.

Am Neujahrstag 1750 saßen Igor und ich zusammen mit anderen Höflingen im Thronsaal, der mit glitzernden goldenen Sternen und raffinierten Gebinden mit Lilien aus den Gewächshäusern von Oranienbaum dekoriert war.

Alle Anwesenden waren sich natürlich der Tatsache bewusst, dass sie auf offener Bühne agierten, und folglich waren die Gespräche, die geführt wurden, völlig uninteressant: Glück und Segen im neuen Jahr und, wie nicht anders zu erwarten, Lobeshymnen über Monsieur Rastrellis neueste Entwürfe für den Winterpalast. Igor war ziemlich schweigsam. »Zeitverschwendung«, knurrte er mürrisch. Die Zeit, die überall sonst ein so kostbares Gut war, zog sich hier wie zäher heißer Teer in die Länge.

Ich widersprach ihm nicht und wies ihn auch nicht darauf hin, wie wichtig es war, hellwach alles zu beobachten, was im Saal vorging.

Elisabeth saß auf dem Thron. Ihr eng anliegendes Satinkleid glitzerte vor Diamanten und war einfarbig cremeweiß – desto stärker kamen das Karmesinrot und Silber ihrer Schärpe zur Geltung. Ein goldfarbener Umhang, mit Hermelin gefüttert und mit doppelköpfigen Adlern bestickt, bedeckte die Schultern der Kaiserin.

»Du hast eine Tochter, Warwara?«, fragte die Kaiserin, als ich ihr Glück und Segen in diesem neuen Jahr ihrer Regierung gewünscht hatte und ihr die Hand küsste. Wenn man sie aus der Nähe sah, schien die doppelte Schicht Schminke die Falten in ihrem Gesicht und an ihrem Hals eher noch zu betonen als zu verdecken. Ihr Atem hatte eine faulige Note, gemildert durch Kirschlikör und Nelkenduft. An der Stelle, wo eigentlich Katharina und der Großfürst hätten sitzen sollen, machte sich der neue Kammerherr Iwan Schuwalow breit. »Ihre großfürstlichen Hoheiten sind eben gegangen«, hatte ich jemanden sagen hören – gerade so, als wäre das gar nichts Besonderes und als könnte jedermann nach freiem Belieben jederzeit den Thronsaal verlassen.

»Ja, Majestät«, sagte ich, »eine Tochter.«

Die Kaiserin starrte mich düster an, dann lächelte sie süffisant.

»Dein Ehemann hat viel Geduld.«

Ich hielt den Kopf gesenkt, Igor murmelte eine Antwort, irgendeine Beteuerung menschenunmöglicher Ergebenheit. Iwan Schuwalow, in roten Samt gekleidet, warf mir einen neugierigen Blick zu, als versuchte er sich zu erinnern, wo er mich schon einmal gesehen hatte. Die Miene des Kanzlers hinter ihm drückte tiefe Befriedigung aus, so als wäre gerade ein langgehegter Wunsch in Erfüllung gegangen.

Ich ließ mir nichts davon anmerken, wie es mich enttäuschte, dass die Großfürstin nicht da war. Katharina hatte vor einiger Zeit die Nachricht erhalten, dass ihr Vater gestorben war. Nach acht Tagen hatte die Kaiserin ihr befohlen, nicht länger um ihn zu weinen und keine schwarzen Kleider mehr zu tragen. Eine Woche Trauerzeit, befand sie, müsse genügen, schließlich sei der Mann kein König gewesen. *Trauer trägt man im Herzen*, hatte ich Katharina geschrieben. *Es werden wieder bessere Jahre kommen; was Sie jetzt brauchen, ist nur der Mut, sie sich vorzustellen.*

Der Befehl, gemeinsam mit der Kaiserin an einer »Privatveranstaltung« teilzunehmen, erreichte uns, als wir auf unserem Weg zum Ausgang durch das dritte Vorzimmer schritten. »Bist du sicher, dass du es richtig verstanden hast?«, fragte Igor den Pagen, der uns nachgerannt war. Der Junge zuckte nur mürrisch die Achseln.

Ich kannte den Raum, in den wir geführt wurden, die Wandtäfelung aus Zedernholz, die man leicht mit Wasser abwaschen konnte, die Bänke, die in einem Halbkreis auf einer Plattform angeordnet waren wie auf einer Bühne. »Das Narrenkabinett« nannte Elisabeth dieses Zimmer, in das sie Geisteskranke bringen ließ, um sie zu beobachten. Bilder und Wandschmuck waren so hoch angebracht, dass die Irren sie nicht erreichen konnten, wenn sie einen Tobsuchtsanfall hatten. Die Kaiserin kam oft hierher in den ersten Monaten ihrer Regierung. Von den Irren kann man viel lernen, sagte sie immer. Gottes Stimme kommt auf sonderbaren Wegen zu uns, darum müssen wir auch auf ganz verworrene Reden hören.

Es waren nur wenige Personen anwesend; ich hörte Gemurmel, hie und da unterbrochen von nervösem Kichern, Gesichter waren im Dunkeln nicht zu erkennen. Draußen auf den Straßen, an deren Rändern sich Schnee auftürmte, ließ das Volk seine glorreiche Zarin Elisabeth Petrowna hochleben und wünschte ihr ein langes Leben und Gottes Segen. In den Kneipen der Stadt gab es Wodka und Blini gratis für alle.

Auf der Bühne ließen Diener lange Holzplanken herunter, die an Seilen von der Decke hingen, und zündeten die Kerzen an, die darauf standen. Jetzt war die Bühne hell beleuchtet, und auch auf die erste Reihe fiel noch genügend Licht, sodass ich sehen konnte, wer da saß: Katharina und Peter, deren Abwesenheit bei den Festlichkeiten im Thronsaal so unangenehm aufgefallen war, und neben ihnen hatten die Kaiserin und ihr Kammerherr Platz genommen.

Katharinas Gesicht kam mir klein und schmal vor, ihre Taille dünn. Mir fiel ein, dass sie in einem ihrer Briefe unerklärliche Schmerzen in den Gelenken erwähnt hatte. Das Klima in Oranienbaum tue ihr nicht gut, hatte sie geschrieben.

Die Kaiserin klatschte in die Hände. Eine verborgen in die Wandtäfelung eingearbeitete Tür öffnete sich. Die Irren wurden hereingeführt: der Mönch, der sich die Genitalien mit einem Rasiermesser abgeschnitten hatte, um sich ein für alle Mal von unkeuscher Begierde zu befreien, und überzeugt war, dass nur eine kastrierte Menschheit das Reich Gottes auf Erden errichten könnte; ein Diener, der mit Schaum vor dem Mund behauptete, eine Teufelin habe sich vor ihm ausgezogen und ihm befohlen, zu ihr zu kommen.

»Sie hatte schwarze Zähne und große Brüste, in ihrem Haar waren Schlangen und Zweige«, antwortete er auf die Frage der Kaiserin, woher er wisse, dass es eine Dämonin und nicht einfach eine gewöhnliche Frau gewesen sei. »Die Schlangen bewegten sich und die Zweige nicht.« Er schnippte mit den Fingern, stülpte schmatzend die Lippe vor und fuhr sich mit dem Handrücken über den Mund.

Wieder ging die Tür auf, und zwei Wachen traten ein, die einen Jungen an den Armen gepackt hielten. Er war kräftig gebaut und hatte eine ungesunde Gesichtsfarbe. Sein Blick wirkte verstört, seine Augen huschten hektisch hin und her, als könnte jeden Moment etwas aus dem Schatten hervorbrechen und auf ihn losgehen.

Er hatte eine schmutzige Matrosenuniform mit zerrissenen Ärmeln an. Die nackten Füße waren schwielig und verdreckt. Als die Wachen ihn losließen, schritt er im Kreis herum durch den Raum und schrie immer wieder: »Macht Platz! Macht Platz für Iwanuschka!«

Dann blieb er stehen, reckte die Fäuste hoch in die Luft und kreischte. Die Wachen traten zurück.

Ich sah, wie Igors Hand hochzuckte zu seinem Herzen.

War er es wirklich? Zar Iwan, der Säugling, der in jener Novembernacht vor acht Jahren, als Elisabeth die Preobraschenski-Grenadiere zu Hilfe rief, verschwunden war? Oder vertraute die Kaiserin von Russland der Macht der Illusion?

»Wie heißt du?«, fragte sie den Jungen.

»Iwan.«

»Wer bist du, Iwan?«

»Ein Prinz.«

»Weißt du, wo du bist?«

»Nein.«

»Du bist im kaiserlichen Palast.«

»Ja. Ein Prinz wohnt in einem Palast.«

»Du wohnst nicht hier. Ich habe dich hierherbringen lassen.«

»Doch, ich wohne hier. Das ist mein Zimmer.«

»Wenn du ein Prinz bist, wo ist dann dein Hofstaat?«

»Hier. Diese Leute sind mein Hofstaat. Ich habe noch mehr Leute. Du siehst sie nicht, aber es gibt sie. Eine Menge Leute. Ich kann sie hören, und du hörst sie auch. Sie nennen mich Iwanuschka. Sie wissen Bescheid.«

»Was wissen sie?«

»Dass Gott mich liebt.«

»Was möchtest du jetzt tun?«

Der Junge überlegte, die Frage schien ihn zu verunsichern. Er steckte zwei Finger in den Mund und lutschte schmatzend daran. Einer der Bewacher streckte den Arm aus, der Junge wich zurück und stampfte mit dem Fuß auf den Boden. Der Soldat machte Anstalten, ihn zu packen, aber die Kaiserin hob gebieterisch die Hand.

»Was möchtest du jetzt tun?«, wiederholte sie.
»Essen.«
»Hast du Hunger?«
Er nickte.
»Was möchtest du haben?«
»Fleisch. Eier. Mehr Eier. Gib mir Eier!«

Sie winkte, und die Tür in der Wand öffnete sich mit leisem Quietschen. Drei Lakaien trugen ein Tischchen, einen Stuhl und eine große Platte herein, auf der hartgekochte Eier, ein ganzer gebratener Fasan und ein Laib dunkles Bauernbrot lagen.

Iwanuschka beachtete den Stuhl gar nicht, sondern stürzte sich heißhungrig auf das Essen. Gierig stopfte er es in sich hinein, leckte sich die Finger, riss große Stücke Brot ab, die er in die Soße tunkte. Bratensaft tropfte auf seine Matrosenbluse, in seinem Haar klebte Fett, aber als einer der Diener mit Waschwasser und einem Tuch auf ihn zutrat, stieß er ihn mit einer Kraft, die man ihm nicht zugetraut hätte, heftig zurück. Der Mann taumelte und ließ die Wasserschale fallen.

»Wir gehen jetzt, Iwanuschka«, sagte die Kaiserin. »Möchtest du uns vielleicht noch etwas mitteilen?«

Er schaute gar nicht auf. Er hatte ein angebissenes hartgekochtes Ei in der Hand und pulte den Dotter heraus.

War diese Vorführung von Wahnsinn Schuwalows Idee gewesen? Sollte sie davor warnen, irgendwelche

Hoffnung auf den entthronten Zaren zu setzen? Was versprachen sie sich davon? War es der Versuch, Elisabeths tiefsitzende Angst vor einem Putsch, einer Verschwörung gegen sie zu besiegen? Wollten sie ihre Macht demonstrieren?

Die Kaiserin stand auf und wandte sich an die Großfürstin.

»Seine Mutter ist tot, aber sie hat nach ihm noch zwei Kinder geboren«, sagte sie mit sonderbar spitz verkniffenen Lippen, als saugte sie Mark aus Knochen. »Es gibt also genügend Erben, wenn Sie keinen zur Welt bringen.«

Katharina erhob sich. Ich konnte ihr Gesicht nicht sehen, als sie hinausging. *Es wäre gar nicht schwierig, sie aus dem Weg zu räumen*, dachte ich. Man musste es gar nicht so plump anstellen, sie einfach mit einem Kissen zu ersticken. Ohne irgendeinen Argwohn zu erregen, konnte man es einrichten, dass sie einen Besuch in einem Haus machte, in dem gerade jemand an den Pocken gestorben war, man ließ sie auf dem Sofa Platz nehmen, auf dem der Patient gelegen hatte, schenkte ihr den Fächer, mit dem er seine fieberheißen Wangen gekühlt hatte, stellte ihr die Tasse hin, aus der er getrunken hatte.

Kein Hahn würde nach einer unfruchtbaren Ehefrau krähen, die keine Freunde und Verwandten hatte. Sie würde ebenso sang- und klanglos verschwinden wie die erste Frau Peters des Großen, die man gezwungen hatte, fernab der Welt in einem Kloster zu leben, Tag und Nacht beaufsichtigt von Wächtern, die die Anweisung hatten, ihr die Kehle durchzuschneiden, falls jemand versuchen sollte, sie zu befreien.

Katharina erwähnte in ihrem nächsten Brief aus Oranienbaum jenen Abend im Narrenkabinett mit keinem Wort. Stattdessen berichtete sie von den Marionetten, die der Großfürst einer Puppenspielertruppe abgekauft und mit selbst entworfenen Kostümen neu eingekleidet hatte. Er schrieb an einem Stück, das er in seinem Marionettentheater aufführen wollte. Es handelte von einem Scharlatan und Saufbold namens Faust, der den Leuten weismachte, er sei ein Gelehrter und großer Zauberer.

Der Soldat hat sich eine komplette Schreinerwerkstatt eingerichtet und sitzt stundenlang mit Puppenspielern zusammen, die ihn beraten. Das Ergebnis all seines Tüftelns und Bastelns mit Holz, Draht und Schnüren ist eine ziemlich raffinierte Mechanik: Die Faust-Marionette kann mit der Nase wackeln, sich am Kopf kratzen und sogar die Bäckchen bewegen.

Ich habe ihm gesagt, dass ich diesen Zeitvertreib weit besser finde als manchen anderen.

Ich setzte mich an meinen Schreibtisch und nahm eine frisch gespitzte Feder. Jetzt, da die Schuwalows an Einfluss gewannen und den Großfürsten mit ihren Schmeicheleien auch noch um das letzte bisschen Verstand, das er besaß, brachten, brauchte Katharina unbedingt Verbündete. Die Garden? Sie sahen den Aufstieg der Schuwalows mit einigem Groll. Iwan Iwanowitsch stolziere wie ein Pfau durch die Korridore, hörte ich sie murren. Seine Hände waren weich und zierlich und konnten kein Pferd zügeln. Aber die Garde war in Sankt Petersburg, nicht in Oranienbaum.

Nur der Kanzler konnte ihr jetzt helfen – vorausgesetzt, sie war vorsichtig genug, ihm nicht blind zu vertrauen.

Ich schließe keine Freundschaften nur deswegen, weil ich daraus Nutzen ziehen kann, hatte ich zu ihm gesagt. *Aber es gilt auch: Ich lasse meine Freunde nicht im Stich, wenn sie mich brauchen*, dachte ich jetzt.

In dieser Nacht träumte ich von Madame Kluge, der verbannten Kammerfrau.

Ich sah sie auf einer langen Straße mit vielen Windungen dahingehen, ein schwarzes Tuch über den Schultern.

Ich ließ den Kutscher anhalten und bot ihr an, mitzufahren: »Steigen Sie ein, ich nehme Sie mit.«

Sie sah mich traurig an, dann schüttelte sie den Kopf.

»Ich möchte nicht da hin, wo Sie hinwollen«, sagte sie.

Ich schloss den Wagenschlag und fuhr weiter in die Dunkelheit, gequält von Fragen, die ich lange von mir weggeschoben hatte. War ich wirklich nur ein unschuldiges Kind gewesen, das irregeführt und missbraucht worden war? Hatte ich nicht willig der Stimme meines Meisters gehorcht? Hatte ich nicht immer und immer wieder sein Fleisch berührt?

Ich wachte tränenüberströmt auf. Igor wälzte sich im Schlaf und murmelte unverständliches Zeug. Die Laken waren zerknüllt und schweißnass.

Plötzlich packte mich eine schreckliche Angst, dass Darja sterben würde zur Strafe für meine Sünden. Die Vorstellung war so übermächtig, dass ich es im Bett nicht mehr aushielt. Ich stand auf und beugte mich über das schlafende Kind. Darjas Wangen waren warm, sie atmete ruhig und gleichmäßig.

Ich kniete neben der Wiege und betete, bis es hell wurde.

Fünf
1752

Als Anfang des Jahres Igor seine Offizierskameraden spätnachts mit zu uns nach Hause brachte, wo sie im Wohnzimmer Pharo spielten, zog ich mich in mein Schlafzimmer zurück. *Magere junge Hunde*, so nannte ich sie in Gedanken. *Sie knurrten und bleckten die Zähne. Flink und stark und rauflustig.*

Ich hörte sie reden. Die Regierung und die Armee sind das Rückgrat des Reichs. Und wer hatte in Russland das Sagen? Bestuschew und sein Protegé Apraxin. Kanzler und Feldmarschall. Zwei alte Säcke, die bei der Jagd kaum ihre Flinten halten konnten, so fett, dass sie nicht mehr ohne Hilfe in den Sattel eines Pferds steigen konnten, die in der Hitze der *banja* ohnmächtig wurden. Und in ihrem Gefolge die Schuwalows, wie Schweine, die in ihren Abfällen wühlten. Iwan hatten sie bereits ins Bett der Kaiserin geschubst. Jetzt nahmen sie den künftigen Kaiser ins Visier und leckten ihm sabbernd die Füße.

Die Stimme meines Mannes, der eine Imitation der Lobhudeleien von Gräfin Schuwalowa zum Besten gab, übertönte das Getöse: *Niemand ist großherziger oder gütiger als Sie, Hoheit. Ihr Gedächtnis ist wirklich erstaunlich. Das Interesse für militärische Dinge liegt Ihnen im Blut – natürlich, in Ihren Adern fließt ja das Blut der Romanows. Ach, alles wäre so gut, wenn nur Ihre deutsche Frau, die keine Kinder bekommen kann, nicht wäre!*

Ich stand auf und ging auf Zehenspitzen in das Zimmer nebenan, wo Darja schlief, seit sie zu groß für die Wiege geworden war.

An diesem Nachmittag hatte Igor ihr ein paar dicke, glänzende Kastanien vom letzten Herbst mitgebracht, die er aufgehoben hatte. Jetzt lagen sie neben ihrem Bettchen, in feurige braune Pferde und Soldaten verwandelt, die in die Schlacht zogen, um Russlands Feinde zu vernichten.

»Was wird da hinter unserem Rücken gespielt?«, fuhr mein Mann fort. Man hörte, dass er nicht mehr ganz nüchtern war. »Manchmal glaube ich, denen im Palast ist die Zukunft Russlands ganz egal.«

Darja bewegte sich im Schlaf. Ich zog den Vorhang beiseite und drückte meine Stirn gegen die kalte Fensterscheibe. Mein Atem ließ das Glas beschlagen. Draußen in der Apothekergasse fiel Schnee.

Ich empfinde Reue, wenn ich daran zurückdenke. Ich hätte die Bitterkeit, die aus seiner Stimme klang, ernst nehmen müssen.

Eben erst hatte meine Tochter ihre ersten wackeligen Schritte gemacht, hatte sich an meiner Hand oder an meinem Rock festgehalten, um nicht umzufallen, und im nächsten Moment, so kam es mir vor, lief sie jauchzend auf mich zu, wenn ich meine Arme ausstreckte.

Sie war so arglos und offen, erwartete von jedem Menschen, dem sie begegnete, ob sie ihn kannte oder nicht, nur Gutes. Und dabei war die Welt, in die sie hineinwuchs, voller Grausamkeit und Schrecken. Wie kann ich sie beschützen, dachte ich, wie kann ich ihr beibringen, wem sie trauen darf?

Igor war hingerissen von Darenka. Er bewunderte die leichte Anmut ihrer Schritte, ihre wilde Energie, wenn sie freudig auf ihn zurannte. »Hoch!«, rief sie, »hoch!«, bis er sie auf den Arm nahm und in der Luft herumschwenkte. Für sie verwandelte er sich in einen Bären, der aus dem Wald angetappt kam und ihren Teller leer aß, wenn es etwas gab, das sie nicht mochte, für sie beschwor er Engel aus den Schatten an der Wand.

»Du hast deinem Papa das Herz gestohlen«, sagte Mascha zu ihr.

»Wie?«

»Du hast es dir geschnappt wie ein Dieb. So flink, dass er es gar nicht bemerkt hat.«

Kinder beherrschen instinktiv die Kunst, Menschen einander nahezubringen, ganz langsam und geduldig, mit Geschichten und Geheimnissen, so wie man einen Geliebten, eine Geliebte verführt. Wenn sie auf meinem Schoß saß, verlangte sie, dass Igor neben uns Platz nahm. Wenn er sie in den Armen hielt, streckte sie die Händchen nach mir aus.

Am Abend wollte sie immer Geschichten hören: von einem kleinen Mädchen, das von weit, weit weg nach Sankt Petersburg kam, von einem Jungen, der Burgen aus Schnee baute und so viele Blini mit saurer Sahne aß, bis ihm schlecht wurde. Sie ließ sich die polnischen Lieder meiner Mutter vorsingen und Igors Ballade über den Wind in den Steppen und die Kosaken, die in die Fremde reiten.

Einmal fragte Mascha sie: »Wen hast du lieber, Darenka, deine Mama oder deinen Papa?«

Ihr Gesichtchen wurde rot, und sie brach in Tränen aus.

Aber Kinder wissen nicht, dass es Geheimnisse gibt, die so schrecklich sind, dass man sie mit niemandem teilen kann, und Träume, die so stark sind, dass sie niemals sterben.

Oft, wenn wieder einmal eine Rechnung ins Haus gekommen war, die wir nicht bezahlen konnten, hielt ich sie Igor vors Gesicht. »Was, denkst du, soll einmal aus Darja werden?«, fragte ich ihn. Er verwöhnte seine Tochter, schenkte ihr ständig Sachen, die sie gar nicht brauchte – ein Kleid, eine Gitarre, Porzellangeschirr für ihr Puppenhaus, ein Fernrohr –, aber zu wirklicher Liebe gehört mehr als das.

In etwa einem Jahr würde man eine Gouvernante brauchen, später einen Klavierlehrer, einen Tanzmeister. Womit sollten alle diese Leute bezahlt werden? Mit leeren Versprechungen? Mit Märchen von einem großartigen Landgut, das wir bald besitzen würden?

Ich hörte in meiner Stimme den kalten, tückischen Zorn klingen, den ich in meiner Hochzeitsnacht empfunden hatte, den Neid auf die *Vishkanyas*, deren Körper mit Gift durchtränkt war.

»Hast du dir schon einmal vorgestellt, was aus Darja würde, wenn du sterben würdest? Wir müssten betteln gehen.«

Er starrte mich dann jedes Mal nur stumm an mit diesen dunklen Augen, die Darja von ihm geerbt hatte, bevor er sich umdrehte und hinausstolzierte.

Fragen Sie mich, bitte, nicht nach »guten Nachrichten«, hatte sie geschrieben, und so ließ ich es bleiben. Nachdem der Kanzler im Januar 1752 die strengen Beschränkungen des Lebens in Oranienbaum etwas gelockert hatte, konnte Katharina jetzt immerhin von Schlittenfahrten und neuen Ballkleidern berichten. Der Großfürst hatte eine neue Leidenschaft entdeckt und dressierte jetzt mit Hingabe Jagdhunde, aber er hatte auch seiner Frau einen englischen Zwergpudel geschenkt, der hübsche Spitzenunterröckchen trug. Die Eheleute gingen zu einer Hochzeitsfeier und tanzten dort miteinander, wenn auch recht steif und ungeübt. Die Kaiserin hatte sie zu einem Maskenball eingeladen. Katharina hatte sich für das Fest eine grüne Preobraschenski-Uniform mit roten Aufschlägen machen lassen. Die Kaiserin war vor lauter Schreck fast in Ohnmacht gefallen, als einer der Hofnarren ihr einen jungen Igel überreicht hatte, den sie für eine Maus gehalten hatte. Katharina hatte sich gerade noch retten können, als ein Haus, in dem sie sich aufhielt, zusammenfiel. Später sagte man ihr, irgendein Dummkopf habe bei Bauarbeiten einen Stützbalken umgesägt. Sie klagte über Zahnweh und dann über den Arzt, der ihr den wehen Zahn mitsamt einem Stück Kieferknochen herausgerissen hatte: Die Finger des Mannes hatten blaue und gelbe Flecken auf ihrem Gesicht hinterlassen.

An Geburts- und Namenstagen, an Weihnachten und an Neujahr brachte Monsieur Bernardi Geschenke von der Großfürstin – einen Anhänger für mich, ein Medaillon an einem silbernen Kettchen für Darja, ein Paar Ohrringe, eine Brosche aus Bernstein und Gold. Und das waren nicht die einzigen Beweise ihrer Großzügigkeit: Immer wenn ich den Juwelier, nachdem er Schmuckstücke repariert oder gereinigt hatte, um die Rechnung bat, winkte er nur ab und meinte, die Sache sei bereits erledigt.

Bitte, lieber Freund, lassen Sie diese Bekundungen von Dankbarkeit, die mich nur beschämen, schrieb mir Katharina. *Ich weiß wohl, wie tief ich in Ihrer Schuld stehe.*

Aber weder solche rührenden Zeichen von Großherzigkeit noch ihre hoffnungsvollen Berichte von höfischen Zerstreuungen täuschten darüber hinweg, wie sehr Katharina litt. Sieben Jahre nach der Hochzeit war immer noch kein Thronerbe in Sicht.

Igor wurde immer mehr von Angelegenheiten seines Regiments in Anspruch genommen; er musste Frieden stiften, Streit schlichten, der zu eskalieren und die Ehre des Regiments zu beschädigen drohte. Wieder war einer seiner Kameraden im Duell verwundet worden, nachdem ihn ein anderer Offizier beleidigt hatte. Betrunken natürlich, es war widerwärtig, fand Igor.

Seine Karriere stockte, die erwartete Beförderung blieb aus. Er war immer noch Premierleutnant, während Kameraden aus alten Adelsfamilien aufstiegen. Wie immer hatte der neue Adel das Nachsehen.

Ich saß da, während mein Mann aufgebracht durch den Salon stapfte. Der Sessel knackte bedrohlich, wenn er sich endlich darauf niederließ.

»Bist du böse, Papa?«, fragte Darja. Sie wusste genau, dass er es vehement bestreiten und schon bald eines der Liedchen singen würde, die er für sie dichtete.

> *Mein Herzchen ist voller Dreck,*
> *Mein Händchen ist voller Sand,*

*Mein Bettchen ist voller Schnee,
Aber auf meinem Kopf wächst Klee.*

Ich habe ein unerwartetes Geschenk erhalten. Ich wünschte, ich könnte mit Ihnen darüber reden, aber die Gerüchte werden schon bald auch zu Ihnen dringen.

Der Name von Sergej Saltykow war in den Salons von Sankt Petersburg in aller Munde. Er war der Meister der tausend Kartentricks, hörte ich, unter seinen flinken Fingern fügte sich ein Päckchen Karten immer in die von ihm gewünschte Ordnung, gleichgültig wie oft man es mischen, wie oft man abheben mochte.

Er wurde heftig umworben von allen Damen, die einen Salon führten. Vor wenigen Monaten hatte der göttliche Sergej für großes Aufsehen am Hof gesorgt, als er eine der kaiserlichen Ehrendamen heiratete. Er hatte sie auf einer Gartenschaukel gesehen und war sofort in heißem Verlangen nach ihr entbrannt. Sie hatte ihn immer wieder zurückgewiesen, bis er schließlich in seiner Verzweiflung zum Äußersten ging und ihr einen Heiratsantrag machte. Einen Monat und einige tränenreiche Szenen später wurde die junge Frau in die Verbannung auf das Landgut der Familie Saltykow geschickt. »Habe ich mich so sehr verändert?«, fragte sie angeblich. »Was fehlt mir, das andere haben?«

Du hast dich besiegen lassen, dachte ich. *Das war dumm von dir.*

Ich sah ihn oft, er war ein gehätschelter Ehrengast in den Salons von Sankt Petersburg, Sergej mit dem verschleierten Blick, den dichten schwarzen Haaren, die er niemals unter einer Perücke versteckte, der rauchigen Stimme. Sobald er eintrat, bewegten sich die Dienstmädchen schneller, der Tee schmeckte süßer, wie von Zauberhand herbeigeschafft stand auf dem Tisch die Sauerkirschmarmelade, die er so gerne aß.

Er begrüßte mich immer mit großer Gebärde, erkundigte sich nach meinem Befinden. »Entzückend, diese Anmut«, murmelte er und küsste mir die Hand. Ich wusste genau, was ich von seinen Komplimenten zu halten hatte: Sergej Saltykow wollte sich gerne Igors Gunst bewahren. Wie fast alle Männer in der Stadt schätzte er die Tipps meines Mannes beim Pferderennen.

Zuerst war Sergej nur mit dem Großfürsten befreundet gewesen. Die Kaiserin, so rühmte er sich, fand, er, ein Russe von echtem Schrot und Korn, sei genau die richtige Gesellschaft für ihren Neffen, der sich sonst immer nur mit »seinem Holsteiner Klüngel« abgab. Darum befahl sie Bestuschew, dem großfürstlichen Paar etwas mehr Freiheit zu lassen und ihm zu erlauben, Sergej jederzeit zu empfangen.

Saltykow hatte nie Geld in der Tasche, und doch kam er im Frühling 1752 nie ohne Geschenke an: Ein besticktes Taschentuch für Madame Tschoglokowa, eine Schachtel Zuckermandeln für die Kinder der Tschoglokows, eine Kiste Wein für den Großfürsten, ein Buch für die Großfürstin.

Ich werde heftig umschmeichelt und glaube kein Wort von all den Komplimenten, schrieb Katharina, *aber es kommt doch immerhin Freude und Aufregung in mein Leben.*

Sergej errang nur kleine, jedoch keineswegs unbedeutende Siege, die immer tiefere Spuren in Katharinas Briefen hinterließen. Die Tschoglokows luden ihn ein, einen Abend in ihrer Jagdhütte mit ihnen zu verbringen. Da es zu regnen anfing, überredeten sie ihn, über Nacht zu bleiben. Sie drängten Katharina, ihnen Gesellschaft zu leisten, damit sie wenigstens für eine Weile von diesen öden Büchern loskam.

Sie wollte nicht mit ihm im Garten spazieren gehen, und er fragte sie, warum. Doch wohl nicht wegen Madame Saltykowa, die er seit Monaten nicht mehr gesehen hatte? War Katharina vielleicht eifersüchtig? Wieso? Nein, wirklich nicht? Aber warum wurde sie dann rot?

Es folgte ein verwegener Ritt durchs Gelände. Katharina preschte in so wildem Galopp voraus, dass er sein Pferd mit der Gerte antreiben musste, bis es blutete, um sie einzuholen.

Ich hatte es schon vermutet. Allzu viele Zeichen hatten darauf hingedeutet.

»Was soll ich machen?«, hatte ich Sergej bei einer Soiree zu Igor sagen hören. »Ich kann mir den Arsch in einem Armeezelt abfrieren oder eine kleine Hausfrau trösten.«

Jemand musste die Kaiserin auf den Gedanken gebracht haben, dass sie mehr als genug Geduld mit dem Großfürsten gehabt hatte. Vielleicht lag es ja an ihm und nicht an Katharina, wenn diese Ehe kinderlos blieb? Wer war dieser Jemand? Der Kanzler, sagte ich mir, denn die Schuwalows konnten schwerlich eine solche Wendung der Dinge wünschen. Konnte es sein, dass Saltykow nun die Ehre zugedacht war, einen Thronerben zu zeugen? Dass Elisabeth höchstselbst ihm diesen Auftrag erteilt hatte?

Nur ein Sohn konnte Katharina retten, dachte ich, koste es, was es wolle.

Die Großfürstin schrieb mir jetzt nicht mehr so häufig, und ihre Briefe waren knapp und vage. *Ich möchte so gerne leben*, schrieb sie einmal. *Ich möchte frei dahinrennen bis zur völligen Erschöpfung.*

In einer Kammer neben unserem Schlafzimmer sah ich meinen Mann jeden Morgen ächzend schwere Gewichte stemmen und, die Hände mit wattierten Stoffstreifen bandagiert, auf einen ausgestopften Ledersack einschlagen: Er trainierte für einen jener

Faustkämpfe, die in letzter Zeit in Mode gekommen waren.

Eine Aura von Enttäuschung und Frustration umgab Igor wie ein unangenehmer Geruch nach versengten Haaren. »Mist«, murrte er oft, »nichts als Zeitverschwendung.«

Die stille Wut in seinem Inneren machte seine Züge hart und seinen Blick starr. Wie erschöpft er aussah!

Nur mit Schmeichelei kommt man weiter, hörte ich ihn schimpfen, wenn er nachts mit seinen Kameraden Pharo spielte. Harte Arbeit und Leistung zählen nichts. In Russland regieren der Schwindel, die Ausschweifung, die Geldgier. Man kann eine Hofschranze werden, aber was wirklich Bedeutendes kann man nicht schaffen.

Diese träge Gleichgültigkeit überall ist tödlich.

Was Russland braucht, ist ein Krieg.

Solche Reden habe ich im Ohr, dazu das Klirren von Gläsern und die Geräusche des Kartenspiels. Die Worte scheinen in der Luft zu schweben wie der Geruch von billigen Talgkerzen und saurem Atem.

Nationen, die in eitlem Wohlleben versinken, sind wie Vieh, das sich widerstandslos zur Schlachtbank führen lässt ... Nationen brauchen Betätigung ... eiserner Wille ... Krieg ist wie ein Aderlass ... unverzichtbar ... die einzig rettende Medizin.

Und noch eine Erinnerung aus diesem Frühjahr geht mir nicht aus dem Sinn: Darja, die versucht, ihre Füßchen in Igors Stiefel zu stecken.

»Du willst wohl Soldat werden, wenn du groß bist?«, fragte ich neckend, aber sie blieb ganz ernst.

»Ja«, antwortete sie, »so wie Papa.«

»Aber das geht nicht, Darenka«, sagte ich. »Du wirst eine feine Dame.«

Sie runzelte die Stirn, als brütete sie über einem schwierigen Rätsel.

»Wann?« Sie zupfte an ihrem Kleid. »Morgen?«

»Nein, morgen bist du immer noch ein Kind.«

»Übermorgen?« Ihre Stimme klang so sehnsüchtig wie die russischen Kirchenglocken.

Ich strich ihr übers Haar, das zu Zöpfen geflochten und mit bunten Schleifchen gebunden war. Es war lockig wie meines, aber schwarz wie das von Igor. Ihre ganze Gestalt kam mir so wunderschön unfertig vor, so voller Möglichkeiten.

Sosehr ich mir wünschte, wieder an den Hof zurückkehren zu dürfen, wusste ich doch, dass mir das Herz bluten würde, wenn ich meine Tochter in steifer Hofgala zum Knicks niedersinken sehen müsste.

Anfang April 1752, als der letzte Schnee des Winters schmolz, wurde eine Kiste Rotwein an unserer Haustür abgeliefert. Ein Geschenk vom Kanzler des russischen Reichs, sagte der Bote dem Mädchen, das die Sendung in Empfang nahm.

Am Tag darauf brachte ein Diener des Kanzlers einen Brief.

»Es ist dringend«, sagte er zu Mascha.

Ich öffnete das Schreiben.

Bestuschew verlieh seiner Hoffnung Ausdruck, mit seiner bescheidenen Gabe nicht mein Missfallen zu erregen. Er würde gerne wichtige Dinge, eine Person betreffend, deren Wohl und Wehe mir am Herzen liege, mit mir besprechen. Wenn ich einverstanden sei, könnte mich der Lakai, der das Schreiben übergeben hatte, unverzüglich zu ihm bringen. Eine Kutsche stehe vor meiner Haustür bereit.

Meine erste Reaktion war Ärger. Ich war kein kleines Dienstmädchen mehr, das als Spitzel für ihn arbeitete. Was bildete er sich ein, dass er glaubte, ich würde alles stehen und liegen lassen und zu ihm eilen, um mir anzuhören, was er mir zu sagen hatte?

Ich hielt das Briefchen in meiner Hand, steifes Velinpapier mit Wasserzeichen und Goldschnitt. Am Abend zuvor war Igor lautstark über den König von Preußen und seine Eroberungsgelüste hergezogen. Schlesien hatte er bereits an sich gerissen. Wohin würde er als Nächstes marschieren, wenn man ihn nicht endlich zur Vernunft brächte? Nach Wien? Warschau? Oder gar bis nach Sankt Petersburg?

Eine Person betreffend, deren Wohl und Wehe Ihnen am Herzen liegt.

Draußen war es diesig, schwere, dunkle Wolken bedeckten den Himmel. Der Kirschbaum hatte im Lauf des Winters eine Menge Zweige eingebüßt. Ich fragte mich, ob er dieses Jahr überhaupt blühen würde.

Ich befahl Mascha, mir meinen Mantel und Handschuhe zu bringen.

Der Kanzler des russischen Reichs erwartete mich in dem holzgetäfelten Nebenzimmer eines Gasthauses am Ufer der Fontanka, ein alter Mann, dessen Atem faulig roch. Er konnte sich ein triumphierendes Lächeln nicht verkneifen, als er aufstand, um mich zu begrüßen.

»Worum geht es?«, platzte ich heraus.

Der Griff seiner Hand an meinem Ellbogen war fest, aber ich spürte ein leises Zittern. Im Raum nebenan zupfte jemand die Saiten einer Geige. Dann fing eine Mädchenstimme zu singen an, ein Lied einer Mutter, die um ihren im Krieg gefallenen Sohn trauert.

»Um die Zukunft, Madame Malikina«, bemerkte Bestuschew und bedeutete mir, Platz zu nehmen. »Um die Zukunft, wie *ich* sie voraussehe, versteht sich. Unser aller Leben wird bald eine neue Richtung einschlagen.«

Ich setzte mich.

»Die Schuwalows feiern bereits ihren Sieg über mich«, fuhr der Kanzler fort. »Aber man soll bekanntlich das Fell des Bären nicht verteilen, bevor man ihn erlegt hat.«

Es fiel mir schwer, die Ruhe zu bewahren. *O ja, die ganze Welt dreht sich nur um dich*, dachte ich ungeduldig.

»Hören Sie, Warwara Nikolajewna. Ein großer Umschwung steht bevor. Die Konstellationen werden sich grundlegend verändern, und Sie können es sich nicht leisten, das zu ignorieren. Nicht, wenn Ihnen etwas daran liegt, auf welche Bahn Katharinas Stern gelenkt werden könnte. Und Ihnen liegt doch etwas daran, oder?«

Er wartete meine Antwort nicht ab. Es war nur eine rhetorische Frage gewesen.

»Der Kaiserin geht es nicht gut«, sagte er. »Das ist bis jetzt noch geheim, aber es wird sich bald herumsprechen. Der Großfürst ist ein kindischer Trottel, den man leicht manipulieren kann. Die Schuwalows lassen ihn jetzt schon nach ihrer Pfeife tanzen. Ihr Plan ist ganz einfach: Peter wird über Russland herrschen, und sie werden über Peter herrschen. Und was ist mit Katharina? Diese Dummköpfe glauben, sie spiele überhaupt keine Rolle.«

Die Tür ging auf. Ein magerer Junge mit einem Tablett kam herein, auf dem Teetassen und Unterteller klapperten. Ich suchte seinen Blick, während er das Geschirr auf den Tisch stellte, aber er schaute nicht auf von seiner Arbeit. Das Lied des Mädchens im Gastzimmer war zu Ende; jetzt spielten dort drei Geiger eine Melodie.

Der Kanzler wedelte mit der Hand zum Zeichen, dass der Junge verschwinden sollte. Ich tat Zucker in meinen Tee, rührte um und nahm einen kleinen Schluck.

»Saltykow hat das Seine getan«, fuhr er fort. »Katharina ist schwanger. Die Kaiserin ist bereit, Saltykows Bankert als Thronerben anzuerkennen. ›Er ist nicht der erste in unserer Familie‹, meinte sie, ›und Saltykow ist von gutem russischem Blut.‹«

Offenbar bemerkte der Kanzler, wie meine Miene sich verdüsterte, denn er machte eine Pause, sichtlich erfreut über die Wirkung seiner Worte. Mir war ganz schwindlig. Was ich geahnt hatte, war wirklich eingetreten: Katharina war von ihrem Liebhaber schwanger. Aber warum hatte sie es mir verschwiegen? Traute sie mir nicht? Wie lange wusste sie es schon?

Die Stimme des Kanzlers riss mich aus meinen Gedanken. Er wollte, dass ich wieder an den Hof zurückkehrte. Nicht als eine der zahlreichen Offiziersgattinnen, die zur kaiserlichen Staffage gehörten, sondern als eine Vertrauensperson, der die Kaiserin zuhörte, die Zweifel in ihr Herz säen und so die Stellung der Schuwalows untergraben konnte. Vor allem brauchte er mich als Sprachrohr, das den Kontakt mit Katharina herstellte. Ich sollte die Großfürstin davon überzeugen, dass der Kanzler Bestuschew der Mutter des künftigen Zaren wertvolle Dienste leisten konnte.

»Ein Leben im Abseits ist nichts für Sie, Warwara Nikolajewna. Das Spiel geht wieder los, und die Einsätze sind noch höher als früher. Ihr Ehemann will doch befördert werden, nicht? Will er nicht ein Landgut kaufen? Und er muss auch an die Zukunft Ihrer reizenden Tochter denken.«

Ich versuchte den Sarkasmus in seiner Stimme zu ignorieren.

»Hören Sie zu, Warwara Nikolajewna?«

Die Uhr auf dem Kaminsims schlug zwei.

»Wieso sollte die Kaiserin wollen, dass ich wiederkomme?«

»Weil Sie ihr etwas berichten werden, das sie noch nicht weiß. Etwas, das die Frau eines Gardeoffiziers leicht zufällig aufgeschnappt haben kann.«

»Was soll das sein?«

Ich musterte sein Gesicht. Es strahlte eine Lebhaftigkeit aus, als wäre er um Jahre verjüngt.

»Saltykow schwört, die Großfürstin sei praktisch noch Jungfrau gewesen.«

Offenbar schnappte ich hörbar nach Luft, denn er legte einen Finger auf den Mund.

»Der Großfürst hat es nie geschafft, richtig einzudringen, und es hat nie eine Ejakulation stattgefunden. Mit seinem Instrument stimmt etwas nicht, es ist ganz krumm. Der Arzt meint, das Übel lässt sich durch einen kleinen Einschnitt leicht beheben, aber das muss bald geschehen, damit nicht ans Licht kommt, dass der Thronerbe nicht den richtigen Vater hat.«

War es denkbar, dass Katharina all die Jahre lang nicht gewusst hatte, was los war? Gab es wirklich niemanden in ihrer Umgebung, der genügend gesunden Menschenverstand besaß, um die Wahrheit zu erkennen, und der ihr auf die Sprünge half? Hatte unser Trick mit dem Taubenblut auf den Laken nur allzu gut funktioniert?

Vor dem Fenster des Gasthauses pickten Vögel an dem Stück Speck, das der Wirt für sie aufgehängt hatte. Der Kanzler muss mir meine Verwirrung angesehen haben, denn er beugte sich vor und sagte beschwörend: »Bitten Sie um eine Audienz bei der Kaiserin, Warwara. Ich sorge dafür, dass Sie zu ihr vorgelassen werden.«

Er stand auf und begleitete mich zur Tür. Seine Equipage stehe zu meiner Verfügung, sagte er, er selbst werde eine Mietkutsche nehmen.

Der Frühling in Sankt Petersburg ist so hell, dass es in den Augen wehtut. Der pulvrige Aprilschnee in der Luft glitzert wie Diamanten. An der Kutsche des Kanzlers waren noch die Kufen montiert; sie glitt durch die Straßen, vorbei an schmutzigen Haufen von altem Schnee. Von den Eiszapfen an den Dachtraufen tropfte Schmelzwasser, während es dort, wo die Sonne nicht hinkam, noch so kalt war, dass sich der Atem der Passanten in weißen Dunst verwandelte.

Ich musste an Darjas Augen denken, runde, schwarze, glänzende Kiesel.

Was würde aus ihr werden, wenn ich starb? Die großen Erwartungen ihres Vaters würden wohl kaum genügen, ihre Zukunft zu sichern.

Ich dachte an Sergej Saltykow, der sich auf die Kunst verstand, immer die richtige Karte aufzudecken. Ich hoffte, dass Katharina ihn nicht liebte, dass sie nur ein Kind von ihm wollte, damit Elisabeth endlich Ruhe gab.

Ein Kind und ein paar flüchtige Momente der Lust.

Der Kanzler hielt Wort. Am nächsten Tag kam ein Schreiben vom Palast. Ich wurde aufgefordert, mich beim Oberhofmeister einzufinden.

»Was hat das zu bedeuten?«, fragte Igor. Er lag auf dem Boden und baute zusammen mit Darja einen Turm aus Holzklötzen.

Das Verhältnis zwischen meinem Mann und mir hatte mittlerweile eine Form angenommen, die man als eine Art Ermattungsfrieden beschreiben könnte. Als sich die Anzeichen häuften, dass es schon bald zum Krieg kommen würde, redete er immer öfter davon, dass er bei der kämpfenden Truppe weit besssere Aussichten auf Beförderung hätte als bei seinem Garderegiment in Sankt Petersburg. Er hatte noch nicht um eine Versetzung eingegeben, aber offenbar hatte die Nachricht, dass er es vorhatte, sich bereits verbreitet und seine Kreditwürdigkeit beträchtlich verbessert: Der Metzger starrte mich nicht mehr erbittert an, wenn er mich sah, sondern zog höflich den Hut und erkundigte sich nach meinem Befinden.

»Schau, Maman, schau!«

Der Turm aus Bauklötzen schwankte, Darja jauchzte entzückt. Igors Frage war immer noch unbeantwortet, als der Turm einstürzte. Einen Moment lang war ich versucht, Igor zu verraten, was für Aussichten sich mir eröffnet hatten, aber dann ließ ich es sein.

»Ich habe keine Ahnung«, sagte ich und beugte mich hinunter, um Darja zu helfen, die überall verstreuten Bauklötze einzusammeln. »Es ist ein kaiserlicher Befehl.« Meine Hände zitterten ganz leicht.

Igor musterte mich prüfend, aber er schwieg.

Im Schlafzimmer puderte ich meine Haare und legte das Kettchen mit dem Medaillon der Jungfrau an. Ich entschied mich für ein schlichtes braunes

Kleid aus Baumwolle, dessen Kragen erst kürzlich gewendet worden war.

»Noch mal, Papa!«, hörte ich Darja rufen. »Noch mal!«

Nichts fällt einem so schwer wie etwas loslassen, das einem wirkliche, tiefe Freude bereitet, hatte Katharina in ihrem letzten Brief geschrieben.

Mein Puls raste, und mein Magen krampfte sich zusammen, aber mein Gesicht im Spiegel wirkte erwartungsvoll heiter. Es war, als wäre ein Strahl Sommersonne ins Zimmer gefallen und vergoldete meine Gedanken mit Hoffnung.

Ich wartete in dem Vorzimmer, dessen Wände mit Spiegelglas verkleidet waren. Es war kalt und zugig – ich verwünschte mich, weil ich das warme Schultertuch zu Hause gelassen hatte. Höflinge schritten eilig an mir vorbei, ohne mich zu beachten. Eine der Palastkatzen kam her und rieb sich an meinen Knöcheln.

Ich wartete immer noch, als es schon zu dämmern begann. Aus den Gängen hinter den Wänden hörte ich die Schritte von Dienstboten, das Schlagen von Türen, ein dumpfes Rumpeln, als würde etwas Schweres bewegt. Meine Finger wurden klamm, ich wärmte sie mit meinem Atem.

Die Sonne war längst untergegangen, als ich ins Schlafzimmer der Kaiserin eingelassen wurde, in die wohltuende Hitze, die das prasselnde Feuer im Kamin ausstrahlte. Die Kaiserin war allein, bequem hingestreckt auf ihrem Bett, über ihrem rosa Nachthemd ein wollenes Schultertuch. Eine fette weiße Katze streckte die Pfoten nach ihrem Kinn aus. War das der alte Puschok?, fragte ich mich.

»Du hast angeblich hochinteressante Neuigkeiten von meinem Neffen zu berichten«, sagte die Kaiserin, als ich mich von meinem Knicks wieder aufrichtete. »Ist es wirklich so sensationell?«

Es klang spöttisch.

Ich kam ohne Umschweife zur Sache.

»Es hat nie ein Koitus stattgefunden, Euer Hoheit, und es kann nie dazu kommen, solange der Großfürst sein Gebrechen leugnet. Es hat sich bereits unter den Offizieren herumgesprochen. Und da sie Bescheid wissen, besteht die Gefahr, dass irgendwann einmal die Legitimität des Kindes in Zweifel gezogen werden könnte, das brauche ich Eurer Majestät nicht eigens zu sagen.«

»Gebrechen?« Ihre Augen wurden schmal.

»Der Chirurg kann Ihnen das besser erklären als ich, Hoheit. Es hat irgendwie mit der Vorhaut zu tun. Offenbar kommt so etwas nicht selten vor, und das Problem ist mit einem einfachen Schnitt zu beheben. Aber der Großfürst lässt den Chirurgen nicht an sich heran.«

Obwohl nur eine einzige Kerze brannte, konnte ich

sehen, dass das Alter die Kaiserin, mochte sie auch einen jungen Geliebten haben, unbarmherzig gezeichnet hatte. Ihr Gesicht wirkte aufgeschwemmt, und als sie sich mühsam am Bettpfosten hochzog, zitterte ihr Arm von der Anstrengung. Die weiße Katze huschte fort ins Dunkel.

»Wieso hat mir das niemand gesagt?«, fragte die Kaiserin. »Wieso hat man mich all die Jahre vergeblich warten lassen?«

Sie verfluchte die Tschoglokows. Auspeitschen sollte man sie, diese Dummköpfe.

Sie verfluchte den Großfürsten.

Sie verfluchte Katharina. Diese schwachsinnige Schlampe hätte längst zu ihr kommen und die Wahrheit gestehen müssen. Wieso hatte sie ihr all die Jahre etwas vorgegaukelt? Was hatte sie zu verheimlichen?

Sie fing zu husten an, hielt sich ein Taschentuch vor den Mund, scheuchte mich wild fuchtelnd hinaus.

Ich verneigte mich tief, bevor ich forteilte. Ich wusste, dass ich jetzt nur noch warten musste, bis das Unwetter sich ausgetobt hatte.

Am Morgen schickte der Kanzler mir eine Nachricht: Zwei von Katharinas Ehrendamen packten hastig ihre Sachen, auch einer der Kammerdiener des Großfürsten war abberufen worden. Und Bestuschew freute sich, mir mitteilen zu können, dass die Kaiserin mich wieder in ihr Gefolge aufgenommen hatte.

Madame Malikina: Ehrendame vom Dienst bei der Abendtoilette, schrieb der Oberhofmeister im Hofjournal. Ich musste mich jeden Abend im Vorzimmer des kaiserlichen Schlafgemachs einfinden. Meiner Familie wurde eine Wohnung im Palast zugeteilt.

Je näher der Umzug rückte, desto aufgeregter war Darja. Sie genoss es, durch leere Zimmer zu rennen, sich in offenstehenden Kisten zu verstecken oder auf Stapeln von Bettwäsche herumzuhüpfen. Mascha hatte ihr beigebracht, wie man knickst, und meine Tochter legte dabei eine erstaunliche Anmut an den Tag, besonders wenn sie ihr neues butterblumengelbes Seidenkleid mit Blütenstickereien trug, eines der viel zu teuren Geschenke Igors.

Ich fragte meinen Mann nicht, was er von dieser plötzlichen Wendung unseres Geschicks hielt. Er war lange genug Offizier der Garde, um zu wissen, dass man einem kaiserlichen Befehl Folge leisten musste. Man fragt nicht nach dem Wie und Warum, wenn der Fluss über die Ufer tritt, vielmehr schaut man, ob das Wasser nicht etwas Nützliches anspült.

Gegen meine Erwartung fühlte ich am Tag des Umzugs beim Anblick all der Koffer, Kisten und

Körbe, die in der Wohnung in der Apothekergasse herumstanden, keine Trauer. Die Möbelpacker hatten Schrammen an den Türen und im Parkett hinterlassen, die leeren Räume wirkten kahl und schäbig.

Es war, als hätte ich nie dort gelebt.

Unsere Wohnung befand sich in einem abgelegenen Teil des Palasts nahe bei den Pferdeställen, aber das störte Mascha nicht. Ihr gefielen der Lärm und der ländliche Mistgeruch, die jedes Mal hereindrangen, wenn man ein Fenster öffnete. Sie freute sich, dass wir für unsere fünf Zimmer keine Miete zu zahlen brauchten, dass wir Anspruch auf reichlich kostenlose Wachskerzen hatten, dass wir an einer der kaiserlichen Tafeln essen durften und sogar Kleidung erhielten, darunter abgelegte Stücke aus der kaiserlichen Garderobe.

Von vielen ihrer früheren Pflichten befreit, nutzte Mascha die gewonnene Muße dazu, mit wahrem Feuereifer eine Inventur zu veranstalten. Sobald die Möbel aufgestellt, die Kisten und Kästen leergeräumt waren, kam sie mit einem Blatt Papier zu mir und forderte mich auf, alle unsere Besitztümer in einer Liste zu verzeichnen.

Zwei Schlafröcke, einer aus Kattun, einer aus gestreifter Seide, sechs Rubel

Eine weiße Hose aus feinem Baumwollstoff, fünf
Rubel
Zwölf holländische Leinenhemden mit Rüschen,
zehn Rubel
Ein Fuchspelzmantel mit Wollstoff gefüttert,
vierzig Rubel

Sie führte Darja herum, wies sie auf die reich vergoldeten Möbel hin, auf die dicken Teppiche, die großen Spiegel und die Maschine auf Rädern, die Rosenduft versprühte, wenn man sie durch die Wohnung schob. Sie verfolgte die Kammermädchen auf Schritt und Tritt, um hinter das Geheimnis zu kommen, wie sie es anstellten, Messing und Kristall so glänzend zu polieren. Sie sagten ihr, sie benützten nichts anderes als gewöhnliches Wasser und Essig, aber sie glaubte ihnen nicht.

Die Operation ging flott über die Bühne – ohne Einverständnis und Wissen des Großfürsten. Wenn die Kaiserin eine Sache selbst in die Hand nahm, ließ sie sich nicht von Kleinigkeiten aufhalten.

Zwei seiner Holsteiner Offiziere überredeten ihn dazu, mit ihnen um die Wette zu pinkeln. Das sollte am nächsten Morgen die Erklärung dafür liefern, dass der Großfürst Schmerzen an seinem Glied hatte. Man tat ihm sicherheitshalber Opium in den Wein, obwohl sein übliches Quantum Alkohol alleine bereits genügt hätte, ihn benommen zu machen. Graf Lestocq wartete im Zimmer nebenan, seine Skalpelle in seiner Arzttasche. Der Eingriff dauerte nur wenige Minuten. Als das Messer die Haut durchschnitt, zuckte der Patient und murmelte etwas, über das alle Anwesenden lachen mussten. Am nächsten Morgen, als Peter über Schmerzen klagte, sagten die Holsteiner: »Sie haben sicher ein bisschen zu heftig dran gezogen, Hoheit.«

Aber Elisabeth wollte jetzt nichts mehr dem Zufall überlassen. Sie bestand darauf, dass der Großfürst nun auch initiiert wurde, und die Tschoglokows mussten, zur Buße für ihre Nachlässigkeit, eine geeignete Kandidatin besorgen. Sie verpflichteten eine junge Witwe, Madame Grooth, eine dralle, rosig fleischige Person. Der Hofchirurg überzeugte sich, dass der Kontakt mit ihr ungefährlich war, und erklärte ihr genau, was von ihr erwartet wurde. Auf keinen Fall durfte sie zulassen, dass sich der Großfürst zu früh zurückzog.

Sie versprach es hoch und heilig.

Wenn sich die Leute stillschweigend ermutigt fühlen können, verbreitet sich Klatsch desto schneller.

Der Akt fand im Winterpalast statt. Madame Grooth trug ein aufreizend geschnittenes Kleid, lachte eifrig über die Witze des Großfürsten, ließ ihn an ihrer Brust saugen und hielt ihn fest in der Zange, bis er sich ergoss.

Schamgefühl und Diskretion waren hier fehl am Platz. Vier Offiziere vom Garderegiment und vier Holsteiner waren abkommandiert worden, das Geschehen durch ein Guckloch zu beobachten. Niemand würde je behaupten können, der Großfürst sei nicht imstande, ein Kind zu zeugen.

Während der Abendtoilette, der Zeit des Tages, zu der die Kaiserin die letzten Besucher empfing, trat Peter ins kaiserliche Schlafzimmer. Er kam mir größer und schlaksiger vor, als ich ihn in Erinnerung hatte, aber auch tollpatschiger.

Elisabeth schob den Friseur weg, der über sie gebeugt stand, um das bestickte Käppchen zurechtzurücken, das ihre gepuderten Locken in Form halten sollte.

»Peter«, sagte sie. Der französische Gesandte trat etwas nach vorn, damit er besser sehen konnte. Gräfin Schuwalowa machte ihm Platz.

»Sie müssen in Zukunft diskreter sein«, fuhr die Kaiserin fort. Ihr Ton war so scharf, dass der Großfürst zusammenzuckte. Seine pockennarbige Nase wurde ganz rot. »Es braucht nicht die ganze Welt zu erfahren, dass Sie eine Geliebte haben.«

Was für ein Schauspiel! Elisabeth an ihrer Frisierkommode, der Körper noch eingezwängt in das Fischbeinkorsett, die Augen boshaft blitzend. »Ich verlange nicht Verzicht, nur ein bisschen mehr Diskretion, mein Lieber. Nehmen Sie Rücksicht auf die

Gefühle Ihrer Frau. Denken Sie daran, wie es sie kränken muss, wenn das bekannt wird.«

Ihre Diamanten blitzten im Kerzenlicht, das parfümierte Kleid raschelte. »Versprechen Sie mir das, Peter?«

Ich sah, wie der Kronprinz seine Lippen leckte und nickte. Ich sah ihn erleichtert strahlen – ohne Zweifel bereits in Gedanken damit beschäftigt, seine eigene Version dessen, was hier passiert war, zu stricken. Ein Hase, der sich einbildete, er habe den Fuchs übertölpelt.

Ein russisches Schauspiel von großartiger List und Schlauheit war vor meinen Augen aufgeführt worden. Elisabeth die Schreckliche, Peter der Einfältige und Katharina die Kluge waren aufgetreten. Jetzt kam der Moment, da das Publikum urteilen musste, wer zu fürchten und wer zu verachten war.

Die Worte des Kanzlers kamen mir wieder in den Sinn: *Saltykow hat das Seine getan, Katharina ist schwanger … Aber das muss bald geschehen, damit nicht ans Licht kommt, dass der Thronerbe nicht den richtigen Vater hat.*

Eine der Zofen begann damit, die Klammern aus Elisabeths Haar zu ziehen, ein Zeichen, dass die Audienz zu Ende war.

»Geh ihnen nach, Warwara«, sagte die Kaiserin, als der letzte Höfling den Raum verlassen hatte. »Ich möchte wissen, was sie reden.«

Verschlüsselte Geheimberichte über das sinnliche Temperament des Großfürsten gingen hinaus an alle wichtigen Höfe Europas. Es wurde beschrieben, wie Peter mit selbstsicherem Grinsen jede Frau, die ihm über den Weg lief, anzüglich musterte. Es wurde auch erwähnt, wie enttäuscht Madame Grooth gewesen war, als sie für ihre Dienste nur halb so viel wie versprochen erhielt.

Es war die Kaiserin höchstselbst gewesen, die auf die Idee gekommen war, Madame Grooth um die Hälfte ihres Lohns zu prellen. »Erbitterung«, sagte sie, während ich ihr die Füße massierte, »macht sich immer lauter vernehmbar als Zufriedenheit.«

Das Arbeitszimmer des Kanzlers war ganz in Rot gehalten. Es roch nach Kampfer und Schimmel. Er schaute von den Akten auf, die vor ihm lagen, und musterte mich durch sein Monokel. Dann schob er die Papiere beiseite.

»Sie werden feststellen, dass sich hier viel verändert hat, Warwara Nikolajewna. Wir sind ängstlicher geworden, weniger geduldig. Man überlässt wieder vieles den Heiligen; die werden es schon richten, denkt man.«

Ich hatte bereits bemerkt, dass Bestuschew im Umgang mit der Kaiserin längst nicht mehr so selbstsicher wirkte wie früher. Die Art und Weise, wie er mit ihr sprach, hatte etwas Unterwürfiges, er floss über vor Lobpreisungen ihrer Weisheit und Weitsicht, die der Kaiserin sichtlich auf die Nerven gingen.

Es war ein warmer, sonniger Tag. Durch das Fenster sah ich Eisschollen auf der Newa und allerlei Treibgut – Fichtenstämme von der Winterstraße zur Insel hinüber, eine Wagenachse mit einem Rad daran.

Auch ich war eine andere geworden. Ich war nicht mehr allein.

»Sehen Sie sich das an.« Der Kanzler zog ein Blatt aus dem Stapel von Papieren auf seinem Schreibtisch und hielt es mir hin.

Es war ein Kupferstich, eine Karikatur. Sie zeigte Iwan Schuwalow, nackt mit müde erschlaffendem Glied. Der kaiserliche Favorit war umringt von jungen Schauspielerinnen mit Straußenfedern im Haar und tief ausgeschnittenen Kleidern, aus denen üppige Busen quollen. In der Bildunterschrift seine klagenden Worte: *Ich fürchte, mein Schwengel hat mehr Arbeit angenommen, als er bewältigen kann.*

Der Kanzler lachte leise. »Die Sorgen des gemeinen Volks darf man nicht auf die leichte Schulter nehmen, Warwara Nikolajewna. Es wäre gut, wenn die Kaiserin dieses Blatt zu sehen bekäme, möglichst bald und rein zufällig natürlich, meinen Sie nicht?«

Ich faltete das Papier zusammen und ließ es in meinem Ärmel verschwinden.

Ich verstand ihn auch ohne weitere Erklärungen.

Das Spiel der Macht am Hof war immer noch das alte. Überall lauerten Gefahren. Daran hatte die Tatsache, dass die Großfürstin jetzt endlich schwanger war, nichts geändert.

Ich stand auf.

»Sie haben nicht aufs falsche Pferd gesetzt, Warwara Nikolajewna«, rief der Kanzler mir nach. »Denken Sie daran: Ich habe Ihnen nicht wehgetan.«

Als ich die Tür öffnete, stieß ich fast mit einem Kammermädchen zusammen, das mich erschrocken ansah und rot anlief.

Sergej Saltykow war wieder in Sankt Petersburg.

Ich war ihm im Vorzimmer des Audienzsaals begegnet. Sein schwarzes Haar war glatt zurückgekämmt, seine fröhlich funkelnden Augen taxierten die Frauen, die vorbeikamen. Das Landleben war so schrecklich langweilig, erklärte er, Oranienbaum eine Einöde. Er schätzte den Großfürsten sehr, aber bei aller Freundschaft musste er sich doch fragen, wie ein Mensch es monatelang an einem solchen Ort aushalten konnte. In der Gesellschaft von lauter Gärtnern und Elstern! Das wahre Leben fand hier im Winterpalast statt. Oder an den fernen Höfen Europas. Der König von Schweden, hatte er gehört, besaß ausgezeichnete Pferde.

Katharina schrieb aus Oranienbaum: *Bitte sagen Sie mir, wo er ist. Finden Sie heraus, warum er sich nicht mehr hier sehen lässt. Ist es wegen seiner Frau? Oder ist die Grande Dame dahintergekommen? Oder hat der Soldat ihn veranlasst, seine Besuche einzustellen?*

Sergej Saltykow erwähnte Katharina mit keinem Wort.

Seiner Frau gehe es gut, als ich ihn fragte. Gesund und munter.

»Ist sie glücklich?«

»Was ist Glück?«, erwiderte er. »Ich habe es noch nicht herausgefunden. Und Sie, Madame Malikina?«

Er ist hier, schrieb ich. *Er will auf keinen Fall böswilligem Klatsch über Sie Nahrung geben. Was er weiter vorhat, weiß ich nicht, aber ich werde die Ohren offenhalten.*

Es kann so leicht passieren, dass man ein Kind verliert, dachte ich. *Sobald sie einen Thronerben zu Welt gebracht hat, werde ich ihr helfen, Saltykow zu vergessen.*

»Die Großfürstin ist ganz hingerissen von ihrem neuen Garten in Oranienbaum«, sagte die Kaiserin, wenn man sie nach Katharina fragte. »Ich bringe es nicht übers Herz, sie hierher in die Stadt zu beordern, gerade jetzt, wo ihre geliebten Tulpen blühen.«

Immer noch war der Boden des kaiserlichen Schlafzimmers mit Entwürfen für den Ausbau des Winterpalasts übersät. Wieder hatte Monsieur Rastrelli sich anhören müssen, dass er in zu kleinen Maßstäben dachte. Die neuen Fenster sollten viel größer sein, die Fassade imposanter. Eines jedoch stand jetzt schon fest: Bevor man mit den Arbeiten am Winterpalast beginnen konnte, musste der Hof in ein Ausweichquartier umziehen.

Höchste Zeit, dachte ich. Durch die undichten Fenster unserer Wohnung pfiff der Wind, Schimmel bedeckte die Wände. Schon nach einer Woche im Palast bekam Darja Husten, der allerdings dank Maschas Kräutertee bald wieder besser wurde. »Kein Wunder, dass Schuwalow diese Bruchbude abreißen lassen will«, knurrte Igor, als er sich auf den rissigen Bodendielen einen Holzsplitter einzog.

Ich verbrachte lange Stunden im Vorzimmer des kaiserlichen Schlafgemachs und wartete darauf, dass ich gerufen wurde. Höflinge kamen und gingen; ihre Blicke gingen achtlos über mich hinweg, als lohnte es sich nicht, mich zur Kenntnis zu nehmen, da ich ja ohnehin schon bald wieder verschwinden würde. Ich hörte ihre Stimmen durch die Tür, hörte, wie sie ihre Lobhudeleien herunterleierten, Freunde denunzierten, Gefälligkeiten erbaten. Immer darauf aus, Vorteile zu ergattern, Beute zu machen. Wenn sie weg waren, hörte ich, wie die Kaiserin sie Nichtsnutze nannte, die ihr nur die Zeit stahlen, oder wie sie bemerkte, es wäre amüsant, alle auf einmal kommen und sie ihre Gemeinheiten und Verleumdungen vor der ganzen Versammlung ausbreiten zu lassen, damit sie sahen, was für eine intrigante Bande sie allesamt waren. Ich bekam es mit, wenn Iwan Schuwalow ihr wieder einmal ein Gedicht oder ein Theaterstück vorlas und wenn er die Stimme senkte, um ihr etwas mitzuteilen, das nur für sie bestimmt war. Die Kaiserin nannte ihren jungen Liebhaber gern »mein Spätzchen«, und wenn die Rede auf die Frühjahrsjagd kam, versicherte sie ihm, dass die Veranstaltung ihm zu Ehren dieses Jahr ganz besonders großartig ausfallen werde.

Wenn ich dann schließlich eintreten durfte, bekam ich Einblicke in die intimeren Details ihrer Beziehung. Ohne Zweifel steigerte meine stumme Anwesenheit noch ihren Genuss. Die Kaiserin und ihr Geliebter lagen Seite an Seite, er mit nacktem Oberkörper, einen Arm hinter dem Kopf, die Haare zusammengebunden mit einem grünen Band, sie in einem Nachthemd, das so lose war, dass man ihre dunklen Achselhöhlen sah, ein träges Lächeln auf den Lippen, die Stimme weich schnurrend.

Ich wandte den Blick nicht ab. Unter allen Sünden Elisabeths waren die des Fleisches nicht die schlimmsten.

Am Ende der dritten Woche im Winterpalast bemerkte ich, dass die Türen zur Suite des Großfürsten weit offen standen. Ich lugte durch den Gang.

Peter saß in einem Sessel, die Beine weit von sich gestreckt, und klagte über den schlechten Zustand des Schlosses Oranienbaum. Die Balken dort waren so verrottet, dass er gezwungen gewesen war, ins Erdgeschoss umzuziehen und die Mahlzeiten in einem Zelt einzunehmen.

Zwei seiner Jagdhunde schliefen auf dem Teppich; offenbar träumten sie von der Jagd, denn ihre Beine zuckten. Zwei seiner Ehrendamen saßen auf einem Diwan, eine dritte hatte es sich auf dem Boden bequem gemacht; auch einige Offiziere in der blauen Holsteiner Uniform waren da. Ich bemerkte, dass der Teppich an den Ecken zerrissen war, ohne Zweifel von den Zähnen der Hunde. Die Luft war stickig. Trotz des warmen, sonnigen Wetters waren die Fenster geschlossen.

»Warwara Nikolajewna.« Der Großfürst winkte mir. »Kommen Sie, setzen Sie sich zu den anderen reizenden Damen.«

Ich trat ein und knickste.

»Wo ist Ihr Mann?« Das freundliche Lächeln in seinem Gesicht war einem nervösen Grinsen gewichen.

»Ich weiß nicht, Hoheit«, erwiderte ich. »Er sagt mir nicht, wohin er geht.« Er kommentierte diese Antwort mit einem leisen Pfeifen.

Igor Malikin, verkündete der Großfürst, sei ein Mann mit Ehrgeiz und Fortune, ein tüchtiger Soldat, der es noch weit bringen könnte. Er müsste sich nur, statt seine Zeit in der Garde zu verschwenden, zu einer Truppe versetzen lassen, wo richtige Männer gebraucht und geschätzt würden, am besten zur Kavallerie. »Da hätte er eine Zukunft«, schloss der Großfürst, »was auch immer eine Ehefrau dagegen einwenden mag.«

»Ich habe keine Einwände gegen die Entscheidungen meines Mannes«, sagte ich.

Wieder ein anerkennender Pfiff.

»Setzen Sie sich, Warwara Nikolajewna. Hierher, das ist der beste Platz.« Er deutete auf einen niedrigen Stuhl, über den ein Bärenfell gebreitet war. Ich zögerte. Der Kopf der armen Bestie mit weit aufgerissenem Maul lag direkt vor dem Stuhl am Boden. Wenn ich mich setzte, würde er unter meinem Rock verschwinden, und mir war klar, dass ich mich auf grobe Scherze gefasst machen musste.

»Keine Angst, Mischka beißt nicht«, sagte eine Ehrendame und kicherte.

»Außer Sie wollen es gerne«, fügte eine weibliche Stimme hinzu. Sie gehörte einer Frau, die im Schatten stand und einen Federballschläger in der Hand drehte. Ein rot-weißer Federball lag nicht weit vor ihr am Boden.

»Aber nur, wenn er sich traut«, bemerkte eine andere unter dem Gelächter der Runde. »Es gibt nämlich Frauen, die selbst Mischka Angst einjagen.«

Eine Spielkarte landete auf meiner Schuhspitze. Karo Ass.

Die Frau mit dem Federballschläger begann etwas vorzulesen, das ich zuerst für einen Bericht von irgendeinem militärischen Unternehmen hielt. Eine düstere abweisende Festung trotzte allen Sturmangriffen, die Angreifer wurden jedes Mal zurückgeschlagen. »*Die Festung wurde klug, ja geradezu neunmalklug verteidigt*«, las sie. »O ja, neunmalklug.« Sie kicherte. Der Großfürst lachte schallend.

Ich erkannte die Frau wieder. Es war Gräfin Woronzowa, die Nichte des Vizekanzlers Woronzow. Sie sah ziemlich reizlos aus und hinkte. Das *Fräulein*, so wurde sie genannt, gehörte zu Katharinas Gefolge. Was hatte sie hier zu suchen? Was für Lügen hatten es ihr ermöglicht, aus Oranienbaum wegzukommen?

Die Diener sorgten dafür, dass die Weingläser immer gefüllt waren. Im Kamin, in dem kein Feuer glomm, stapelten sich leere Flaschen.

»*Die Festung*«, fuhr die Gräfin fort, »*war als stolz und eisig beschrieben worden. Spione, die sie ausgekundschaftet hatten, hatten von schroffen Mauern und einem engen Tor berichtet.*«

Ich hatte keinen Zweifel mehr, dass sie von Katharina sprach, der »Festung«, die endlich von ihrem Ehemann erobert worden war. Sieben Jahre nach der Hochzeit, aber so genau wollten es die Anwesenden lieber nicht wissen. Siedend heiß kochte die Wut in mir auf, es fiel mir schwer, meine gleichgültige Miene zu bewahren.

Das *Fräulein* warf dem Großfürsten einen schelmischen Blick zu und reckte siegesgewiss die Faust in die Luft, was er mit einem behaglichen Schmunzeln quittierte. Das hier war nicht irgendeine Madame Grooth, die man bezahlte und fortschickte, sondern eine Hofdame, die auf größere Beute aus war. Hässlich und lahm, wie sie war, hatte sie schon wilde Eber zur Strecke gebracht.

»Schließlich wurde der Widerstand gebrochen, und das Blut floss in Strömen, während von der hinteren Bastion Kanonenschüsse donnerten und weithin verkündeten, dass das große ritterliche Werk ruhmreich zu Ende gebracht worden war.«

Wieherndes Gelächter und ein paar laute Fürze belohnten die Vortragende. Das Glas des Großfürsten wurde wieder gefüllt, aber er hantierte so fahrig damit, dass die Hälfte des Weins auf den Teppich schwappte. Das *Fräulein* klatschte in die Hände.

»Darf ich mich jetzt entschuldigen, Hoheit?«, fragte ich. Sein fröhliches Grinsen widerte mich an. »Die Kaiserin erwartet mich.«

Er winkte gnädig zum Zeichen, dass ich entlassen war.

Als ich die Tür schloss, hörte ich noch die schrille Stimme des *Fräuleins*, die mich nachäffte.

Die Lebensgewohnheiten der Kaiserin hatten sich nicht verändert. Sie stand immer noch spät auf, immer noch zogen sich ihre Tage bis zum Abend quälend langsam hin, Stunde um Stunde mit nichts gefüllt als mit endlosem Tratsch und Geplauder. Gräfin Schuwalowa, die Mutter des Favoriten, führte jetzt den Vorsitz in der Runde der Hofdamen, die von morgens bis abends in den Gemächern der Kaiserin müßig herumsaßen, ihre Stickrahmen auf dem Schoß, und Klatsch über gebrochene Herzen und durchkreuzte Pläne und Erwartungen austauschten. Missgunst und Bosheit und Schadenfreude erfüllten wie giftige Dünste die Luft in den Räumen des Winterpalasts. Ich hatte sieben Jahre fern vom Hof gelebt, aber es war, als wäre ich nie weg gewesen.

Sobald der Favorit eintrat, rafften die Damen der kaiserlichen Entourage eilig ihre Handarbeiten zusammen und zogen sich aus den inneren Gemächern zurück. Dann wurden die Türen des Schlafzimmers geschlossen, nicht einmal die Dienerschaft durfte es betreten: Das Abendessen kam auf dem mechanischen Tisch durch die Klappe im Fußboden angefahren. Musiker standen auf dem Dienstbotengang bereit. Wenn die Kaiserin es wünschte, spielten und sangen sie dort so laut, dass es durch die Wand im Schlafzimmer zu hören war.

Meine Stunde kam, wenn Iwan Schuwalow sich in seine Suite zurückgezogen hatte und die Katzen, die im kaiserlichen Bett schliefen, von ihren Streifzügen zurückkehrten. Das Schlafzimmer war immer dunkel und vom Geruch schwelender Dochte erfüllt, denn die meisten Kerzen waren erloschen; nur die vor der Ikone der Heiligen Jungfrau von Kasan brannten noch.

Es war die Stunde des Tages, in der ungute Gefühle die Kaiserin beschlichen, alte Ängste wieder hochkamen. Ich nutzte die Gunst dieser Stunden, sie wurden unter meinen Fingern weich und formbar wie warmes Wachs. Ich durfte nur niemals vergessen, wie dünn die Wände waren und dass dahinter Ohren lauschen konnten, denen nichts von alledem entging, was ich sagte.

Vorsicht war geboten, ich musste mich behutsam vorantasten, um zu erfahren, was niemand wissen sollte, um zu entdecken, was entdeckt werden sollte.

Die Kaiserin hörte immer noch gerne, wie großartig sie war, wer sie hinreißend und voller Anmut gefunden hatte, eleganter, leichtfüßiger als Marie-Theresia von Österreich. Aber sie dürstete auch nach anderem Stoff, genoss es, wenn ich von dem blinden Greis erzählte, der auf dem Tatarenmarkt die alten Balladen von den ruhmreichen Taten der Romanows sang, wenn ich von den Bettlern auf der Großen Perspektivstraße berichtete, die das gute Herz ihrer Zarin priesen, wenn kaiserliche Almosen verteilt wurden.

»Du hast eine Tochter«, sagte die Kaiserin eines

nachts unvermittelt. »Ich möchte sie morgen Vormittag sehen.«

»*Mais, elle est charmante*«, rief die Kaiserin entzückt, als ich mit Darja, die ihr neues gelbes Kleidchen trug, das kaiserliche Schlafzimmer betrat. »Du musst sie mir öfter bringen, jetzt, da ihr im Palast wohnt.«

»Zum Spielen?«, fragte Darja freudig. Selbst Iwan Schuwalow musste schmunzeln.

Die Kaiserin nahm eine der Katzen auf den Arm. »Murka, du Rumtreiber«, murmelte sie. »Wo warst du die ganze Nacht? Wo hast du dich versteckt?«

Bevor ich eingreifen konnte, lief Darja zur Kaiserin, streichelte Murka und machte eifrig Vorschläge, wo das Tier sich versteckt haben könnte: »Auf dem Ofen ... unter dem Bett ... in der Kutsche ... da vielleicht?« Sie zeigte auf eine große Bodenvase neben der Tür.

Da stand meine Tochter, nicht mal drei Jahre alt, und plapperte drauflos, ohne die geringste Scheu vor der Kaiserin.

Es war richtig gewesen, an den Hof zurückzukehren, dachte ich und sah im Geist bereits ein Bild von der strahlenden Zukunft, die Darja erwartete: eine glückliche junge Frau, zu ihren Füßen mehrere reizende Kinder und hinter ihr ein durch und durch anständiger Mann, dessen Gesicht noch verschwommen war.

Geliebt und geborgen, auch wenn ich sterben würde.

Die Zofe brachte Eis in einer Schale, um damit Elisabeths Gesicht zu kühlen. Hinter ihr trat die erste Kammerfrau ein, um die Kleiderpuppen mit den kaiserlichen Gewändern zu präsentieren.

Ich nahm Darja bei der Hand und gab ihr zu verstehen, dass sie jetzt knicksen musste. Meine Augen brannten vor Müdigkeit. Ich sehnte mich nach meinem Bett, ich brauchte unbedingt noch ein paar Stunden Schlaf, bevor ich wieder meinen Dienst bei der Kaiserin antrat.

»Ich werde sie so oft herbringen, wie Eure Majestät es wünscht«, versicherte ich.

Drei Tage später gegen Abend kam ein Bote aus Oranienbaum. Die Großfürstin war von einem heftigen Schmerz aufgewacht. Die Zofe, die die Bettdecke hob, war in Ohnmacht gefallen. Man hatte Katharina angewiesen, bewegungslos auf den blutgetränkten Laken liegenzubleiben, bis der Doktor käme. Dieser hatte nur noch feststellen können, dass keine Hoffnung mehr bestand. Das Baby war tot.

Alle gaben ihr die Schuld. Sie hätte sich von den Pferdeställen fernhalten sollen, wo es nach Mist stank, sie hätte besser aufpassen sollen, nicht den Rauch von heruntergebrannten Kerzen einzuatmen, sie hätte schlechte Luft, die durch die Poren der Haut drang, meiden sollen. Die Zofen tuschelten, dass die Großfürstin, wenn ihr eine schwarze Katze über den Weg lief, ungerührt weitergegangen sei, statt sofort umzukehren, dass sie nur gelacht habe, als die Hebamme ihr einen segenskräftigen Stein, in dem kleine Steinchen klapperten, wenn man ihn schüttelte, gab und ihr empfahl, ihn immer bei sich zu tragen. Dass sie den guten Rat, sich niemals so hinzusetzen, dass die Beine frei baumelten, in den Wind geschlagen, dass sie mit frisch geschlüpften Küken gespielt habe.

Alle redeten nur noch davon. Selbst Darja beschäftigte das Thema. »Warum ist die Kaiserin traurig? Hat sie Bauchweh, Maman?«, fragte sie mitleidig.

Ich nahm alle Kraft zusammen, um zu verbergen, dass meine Hände zitterten und dass meine Stimme zu versagen drohte.

In der Suite der Kaiserin drängten sich die Besucher. Die Damen vom Klatschzirkel verspritzten unter betrübtem Kopfschütteln das Gift ihres Tadels: »... so fahrlässig ... wusste sie denn nicht? ... wie konnte sie nur?«

Die Kaiserin saß regungslos im Licht, das Gesicht erhitzt und zerfurcht vor Erschöpfung. Iwan Schuwalow neben ihr, angetan mit einer silbern schimmernden Weste, trug stumme Fassungslosigkeit zur Schau. Eine Zofe, die eine Platte mit Häppchen brachte, wurde weggescheucht.

Der Hofchirurg trug sein Gutachten vor. Sichtlich nervös machte er die schädlichen Dünste, die von Sümpfen und Flussufern aufstiegen, für das Unglück verantwortlich und die ganze dem Menschen zutiefst feindliche Natur eines Landstrichs, der letztlich unbewohnbar sei. Die Kälte, der Mangel an Licht, die so viele Monate hindurch herrschten, verursachten Fehlgeburten und Missbildungen, erklärte er, das habe die Erfahrung gelehrt.

»Ich muss es so deutlich aussprechen, Majestät«, sagte er, »ich kann nicht länger schweigen.«

Die Kaiserin musterte ihn verächtlich. Der Fächer in ihrer Hand zuckte.

»Die Stadt, die mein Vater erbaut hat«, sagte sie mit schneidender Stimme, »tötet keine ungeborenen Kinder. Wenn Kinder im Mutterleib sterben, so an den Gedanken und Ängsten ihrer Mütter.«

Der Arzt versuchte etwas zu entgegnen, aber die Kaiserin hörte ihm nicht mehr zu. »Er kann seine Sachen packen«, hörte ich jemanden flüstern.

Iwan Schuwalow wandte sich an Elisabeth. »Die Sümpfe? Mangel an Licht?«, fragte er abfällig.

Ich wünschte inständig, ich könnte ihn zum Schweigen bringen, seine boshaften, arroganten Worte vertilgen wie Ungeziefer.

»Das ist es wohl, was *sie* dazu sagt? Ist das *ihre* Sicht der Dinge?«, fuhr Schuwalow fort, als hätte er Katharinas Namen vergessen. »Würde mich nicht wundern.«

Ich huschte hinaus, ich zitterte am ganzen Leib. Dann fiel mir etwas ein. Ich schlich ins kaiserliche Schlafzimmer und schob das Blatt mit der obszönen Karikatur, das der Kanzler mir gegeben hatte, unter die Bettdecke.

Am Abend würde die Kaiserin es finden. Ich stellte mir Iwan Schuwalow vor, wie er aufgeregt stammelnd, ganz aufgelöst vor Verlegenheit und Angst, seine Unschuld beteuerte und schwor, dass er niemals irgendwelche Schauspielerinnen auch nur angeschaut habe.

Soll er einmal kosten, wie seine eigene Medizin schmeckt, dachte ich.

Ganz klein wird er werden, wenn Elisabeths Zorn über ihn hereinbricht.

Als ich einige Stunden später, zu meiner üblichen Zeit, ins Vorzimmer des kaiserlichen Schlafgemachs kam, herrschte dort aufgeregte Betriebsamkeit: Zofen kamen und gingen, trugen heißes Wasser, Handtücher, Fläschchen mit Riechsalz hinein. Ein widerlicher Gestank wehte durch das offene Fenster herein.

Man hatte Graf Lestocq gerufen, damit er die Kaiserin zur Ader ließ, erfuhr ich von einer Zofe, die mit einem Stapel Handtücher vorbeikam und ganz beglückt darüber war, dass sie jemanden gefunden hatte, dem sie die aufwühlenden Neuigkeiten mitteilen konnte.

Vier Unzen Blut.

Ganz schwarz und dickflüssig.

Ihre Majestät war jetzt ruhiger, Gott sei Dank.

Der Sturm war vorüber.

So sind die Männer, hörte ich die Zofen tuscheln. *Es wird schon was dran sein. Kein Rauch ohne Feuer.*

Aus dem Schlafzimmer war eine flehende Stimme zu hören, ein Schluchzen.

»Ihre Majestät ist jetzt für niemanden zu sprechen«, sagte die Zofe. »Sie hat Iwan Iwanowitsch eben erlaubt, wieder zu ihr zu kommen.«

Monsieur Bernardi hatte keinen Brief für mich. Die Großfürstin, berichtete er, sei noch sehr geschwächt und müsse sich schonen; man habe ihr Schreibzeug und Bücher weggenommen. Man könne jetzt nur um eine schnelle Genesung beten. Sie sei noch jung, sie sei immer gesund gewesen, vielleicht habe sie keinen so ernsten Schaden erlitten, wie manche glaubten.

Ihre Freunde sehen jetzt viele Möglichkeiten, wo es vorher nur wenige gab, schrieb ich vage. *Bessere Möglichkeiten als zuvor.* Ich hätte mich gerne deutlicher ausgedrückt, aber das wäre zu gefährlich gewesen.

Ich konnte nur hoffen, dass sie erriet, was ich meinte.

Sie hatte jetzt die Chance, mit einem Kind schwanger zu werden, dessen Legitimität nicht angezweifelt werden würde. Das sie für das bittere Leid entschädigte, das sie erfahren hatte. Es konnte alles wieder gut werden.

Ich tat gut daran, ihr nichts davon zu sagen, dass ihr Liebhaber nichts als Gleichgültigkeit für sie empfand, redete ich mir ein. Möglicherweise würde Sergej Saltykow schon bald wieder zu ihr geschickt werden, um noch einen Versuch zu unternehmen. Dann war es besser, wenn sie ihn mit offenen Armen empfing.

Ein ganzer Monat verging, und Sergej Saltykow war immer noch in Sankt Petersburg, vertrieb sich die Zeit am Kartentisch und machte eine Menge Schulden. Wollte die Kaiserin ihrem Neffen eine Chance geben, einen Thronfolger zu zeugen? Wie lange würde sie mit ihm Geduld haben? Ich wusste, dass Katharina sehnlich auf Nachrichten von mir wartete, aber ich hatte keine Neuigkeiten für sie.

In meiner Not verfiel ich auf den Gedanken, der Kaiserin gegenüber Andeutungen zu machen, dass ich ihr vielleicht etwas Interessantes berichten könnte, wenn ich Gelegenheit hätte, Katharina aus der Nähe zu beobachten. Mehrere Abende lang bearbeitete ich sie so, aber Elisabeth ging gar nicht darauf ein. Doch dann plötzlich, als ich die Hoffnung bereits aufgegeben hatte, befahl sie mir, nach Oranienbaum zu fahren.

Ich brauchte fast einen ganzen Tag für die Reise, immer auf der Küstenstraße, vorbei an Peterhof, stundenlang nichts als kreischende Möwen und der faulige Geruch der Sümpfe.

In den Gärten am Kanal, der zum Meer führte, ebneten Gärtner mit Strohhüten Maulwurfshügel ein. Ein Vogel lief übers Gras, im Schnabel einen Grashalm. Als er mich sah, blieb er stehen und ließ den Halm fallen. Ich hob ihn auf und schüttelte ihn. Samen lösten sich aus der Rispe und wurden vom Wind fortgetragen.

Dann sah ich Katharina. Sie saß in einem Korbsessel unter einer sibirischen Zirbelkiefer, neben ihr Madame Tschoglokowa. Tränen stiegen mir in die Augen; ich war froh, dass niemand sie sehen konnte.

Katharina hatte ein Buch in der Hand und schnitt mit einem Papiermesser die Seiten auf. Die Falten ihres weit geschnittenen taubenblauen Kleids fielen lose über ihren Bauch, das schwarze Haar war zu einem Knoten gebunden. Auf dem Tischchen neben ihr standen ein Teller mit einem Restchen Blaubeerkuchen und Tassen mit einem angetrockneten Schokoladenrand.

Madame Tschoglokowa, einst Kerkermeisterin, dann Kupplerin, hatte eine Stickarbeit auf ihrem Schoß. Ihre Kinder waren nirgends zu sehen. Im Winterpalast machte sich Gräfin Schuwalowa ein Vergnügen daraus, Monsieur Tschoglokows Klagen über die *passage intime* seiner Ehefrau wiederzugeben. »So weit wie die Landstraße nach Moskau«, hatte er einmal zu einer der jungen Choristinnen vom Theater gesagt.

Madame Tschoglokowa bemerkte mich und räusperte sich.

Katharina blickte von ihrem Buch auf. Sie wirkte sehr blass und zerbrechlich, und doch fand ich sie schöner als je zuvor. Nur die Trauer in ihren Augen gefiel mir nicht, Trauer um das verlorene Kind und um Sergej, der ganz offensichtlich immer noch in ihren Gedanken spukte.

Eine Elster ließ sich auf einem Ast über ihr nieder und krächzte misstönend. Ihr Gefieder glänzte grünblau in der Sonne. *Eine Diebin*, dachte ich, *die auf eine Gelegenheit lauert*.

»Warwara Nikolajewna«, murmelte Katharina. »Jetzt sehe ich Sie also doch wieder, nach so vielen Jahren. Ich habe gehört, Sie haben ein Kind.«

Madame Tschoglokowa legte ihr Stickzeug hin und faltete ihre Hände.

»Ja, Hoheit.« Ich schlug die Augen nieder. »Ich habe eine Tochter. Sie ist fast drei Jahre alt und hält sich bereits für eine perfekte Hofdame.«

Ich setzte dazu an, ihr zu sagen, wie leid es mir tat, dass sie ihr Kind verloren hatte, aber sie unterbrach mich: »Ich möchte nicht von Vergangenem sprechen.«

Also plauderten wir davon, wie es zugegangen war, dass ich wieder an den Hof zurückkehren durfte. Ich erwähnte, dass die Kaiserin uns eine größere Wohnung versprochen hatte, sobald der neue Palast fertig war. Als sie wieder nach Darja fragte, zögerte ich, weil ich dachte, es würde sie schmerzen, über mein Kind zu sprechen, aber sie bestand darauf. Sie ließ sich berichten, wie entzückt Darja gewesen war, als die Kaiserin ihr eine Puppe mit echten Haaren geschenkt hatte, sie hörte zu, als ich ihr Darenkas Grübchen beschrieb und die erwartungsvolle Lebhaftigkeit, mit der sie jeden neuen Tag begrüßte.

»Sie ist so freundlich zu allen Menschen, so zutraulich«, sagte ich, »vielleicht zu arglos.«

»Na ja, sie hat immer noch ihre Mutter, die auf sie aufpasst«, meinte Katharina.

»Ja«, sagte ich.

»Dann ist doch alles gut.«

So plauderten wir eine Weile ganz unverfänglich, aber es war eine doppelbödige Unterhaltung, unter deren höfisch glatter Oberfläche sich allerlei indirekte Botschaften verbargen: Manche Opfer, die einem das Leben abverlangt, sind nicht vergebens. Vor allem und zuerst muss man seine Pflicht tun.

Ich redete davon, wie froh ich war, wieder am Hof zu sein, der Kaiserin und meinen alten Freunden, die mich nicht vergessen hatten, nützlich sein zu können, von der Pracht des neuen Palasts, der bald gebaut werden sollte, von den Entwürfen, die ich gesehen hatte und die mich mit freudiger Erwartung erfüllten, und dabei verfluchte ich die ganze Zeit Madame Tschoglokowa, die stirnrunzelnd, die Hände im Schoß, bei uns saß wie festgewurzelt. Wieso konnte sie uns nicht eine Weile allein lassen?

Die Gärtner gossen jetzt die Orangenbäume, die in gewaltigen Töpfen auf der Terrasse des Schlosses standen. Madame Tschoglokowa lehnte sich in ihrem Korbsessel zurück, den Unterkiefer grimmig vorgereckt wie eine Bulldogge, ihr Busen drohte über die spitzenbesetzten Ufer ihres tief ausgeschnittenen Kleids zu treten. Sie war entschlossen, ihre Stellung zu halten und keinen Schritt von unserer Seite zu weichen. In wessen Dienst stand sie? Der Kanzler hatte angedeutet, dass sie bereitwillig das Ihre getan hatte, damit Saltykow möglichst oft mit der Großfürstin allein sein konnte. Aber ich hatte den Verdacht, dass sie sich auch von den Schuwalows bestechen ließ.

»Vielleicht könnten wir noch etwas heiße Schokolade haben?«, fragte ich.

Madame Tschoglokowa beugte sich vor und griff nach einem Glöckchen, das unter dem Tischchen lag. Sie läutete, dann wandte sie sich befriedigt wieder ihrer Stickarbeit zu. Ich beobachtete, wie ihre Wurstfinger die Nadel führten. Sie stickte eine Blume mit einer rosa Blüte.

Ein Mädchen brachte Schokolade und Blaubeertörtchen. Während sie mit dem Geschirr hantierte und Madame Tschoglokowa abgelenkt war, nutzte ich die Gelegenheit, Katharinas Hand zu berühren, eine stumme Versicherung, dass sie jetzt nicht mehr alleine war und dass ich im Winterpalast auf sie warten würde.

Einen Moment lang verzogen sich ihre Lippen zu einem gequälten Lächeln. Sie sah aus wie Darja, wenn sie dabei war, in Tränen auszubrechen.

»Die Kaiserin ist gerade von der Fasanenjagd zurückgekehrt und will jetzt eine Maskerade in Peterhof veranstalten«, sagte ich im Plauderton. »Es soll ein großartiges Feuerwerk stattfinden. Der ganze Hof hofft, dass die Genesung Ihrer Hoheit so weit fortgeschritten ist, dass Sie daran teilnehmen können. Kanzler Bestuschew meinte, so ein Fest stärkt den Zusammenhalt – wir wollen doch alle nur das Beste für Russland. Und Graf Schuwalow ist auch dieser Ansicht.«

Obwohl Iwan ständig an Elisabeths Seite war, hatten die Schuwalows keineswegs alles erreicht, was sie sich erhofft hatten. Auch sie hatten die Erfahrung machen müssen, dass Elisabeth immer neu umworben werden wollte. Iwan bekam seine russische Akademie und sein Theater, er durfte sich von Dichtern und Gelehrten feiern lassen, aber mit der Führung der Staatsgeschäfte betraute Elisabeth immer noch

Bestuschew. Die Kaiserin hatte so genau das, was sie wollte: zwei gleich starke Parteien, die immer darum bemüht sein mussten, das prekäre Gleichgewicht der Kräfte zu erhalten, beide in ungesicherter Position und ganz von ihrer Huld und Gnade abhängig.

Die Erwähnung des Kanzlers und seines Widersachers schreckte Madame Tschoglokowa auf: Politik war ein gefährliches Thema. Wild entschlossen, das Gespräch in ein ruhigeres Fahrwasser zu steuern, bemerkte sie, das Leben in Oranienbaum sei längst nicht so eintönig provinziell, wie manche Leute am Hof glaubten, und erging sich dann in einem jener langatmigen Monologe, für die sie bekannt war. Ich trank von der süßen Schokolade und warf Katharina einen verstohlenen Blick zu, aus dem meine Erbitterung sprach. Ein kaum wahrnehmbares Lächeln spielte um ihre Lippen.

»Ich lese viel, Warwara Nikolajewna«, sagte sie. Madame Tschoglokowa verstummte. Katharinas Augen glitzerten – es war jenes kühn entschlossene Glitzern, das ich später noch so oft sehen sollte. An diesem Nachmittag fand ich, dass es ein gutes Zeichen war. »Lauter wahre Geschichten. Ich will meine Zeit nicht mit unnützen Dingen verschwenden.«

Sie beschäftigte sich jetzt viel mit der russischen Geschichte, »mit dem Stoff, der unser Reich groß gemacht hat«.

Madame Tschoglokowa zuckte zusammen; sie spürte, dass die Unterhaltung die seichten Gewässer verließ, in denen sie sich wohl fühlte. Ich empfand keinerlei Mitgefühl mit ihr.

»Ein Reich, das sich die Kräfte vieler Nationen zunutze zu machen versteht, kann niemals besiegt werden«, fuhr Katharina fort. »Sind Sie nicht auch dieser Meinung, Warwara Nikolajewna?«

»Aber ja, Hoheit. Und ohne Zweifel würden dem auch unsere Kaiserin und der Kanzler zustimmen.«

Ich erinnere mich, als wäre es heute gewesen, wie sie, angefeuert durch Madame Tschoglokowas wachsendes Unbehagen, eine Spur Hohn in der Stimme, immer hitziger redete, Phrasen wie *der Erde Nahrung entreißen* und *der goldene Faden des Glaubens im kostbaren Gewebe des Reichs* verwendete und fragte: »Würden wir nicht träge und selbstsüchtig werden, wenn uns keine Opfer abverlangt würden?«

Sie war verletzt, dachte ich. Sie hatte Schmerzen, aber sie war nicht besiegt.

Der Korbstuhl knarrte. Madame Tschoglokowa wand sich gequält, ein riesiger fetter Wurm an einem Haken. Sie hatte den Auftrag, alles, was sie hörte, der Kaiserin zu berichten, und bemühte sich verzweifelt, sich jedes Wort Katharinas einzuprägen.

Der Großfürst näherte sich, die preußisch-blaue Uniform makellos sauber, die Messingknöpfe und die schwarzen Stiefel auf Hochglanz poliert, und erlöste Madame Tschoglokowa von ihrer Pein. Er war gerade aus Sankt Petersburg zurückgekommen und suchte den Rat seiner Frau. Sollte man die Biersteuer in Holstein erhöhen oder besser nicht? Und dann war da noch dieses Gesuch des Henkers ...

»Guten Tag, Peter.« Katharina deutete einladend auf den leeren Stuhl neben ihr. »Soll ich Ihnen eine Tasse Schokolade einschenken?«

Peters Dreispitz warf einen Schatten auf sein Gesicht, als er Platz nahm. Sein Mohr, auf den er eine Weile hatte verzichten müssen, stand mit einem Korb voller Dokumente hinter ihm. Offenbar hatte die Kaiserin zum Zeichen ihrer Zufriedenheit dem Großfürsten erlaubt, seinen Adjutanten wieder in seine Dienste zu nehmen.

Peter nahm meine Anwesenheit mit einem Nicken und einem vollkommen unbefangenen Lächeln zur Kenntnis, als wüsste er gar nichts davon, dass ich mich vor Kurzem erst geweigert hatte, mich gemeinsam mit ihm und seiner Entourage auf Katharinas Kosten lustig zu machen. *Bemerkt er nicht, dass der Hof Partei nimmt?*, dachte ich. *Dass die Leute sich entweder auf Katharinas oder Peters Seite schlagen? Dass der Streifen Niemandsland dazwischen immer schmaler wird?*

Der Holsteiner Henker, erklärte Peter, führte Klage darüber, dass immer mehr Bürger Tierkadaver einfach auf den Straßen liegen ließen, und er müsse sie dann, in seiner Eigenschaft als Abdecker, auf seine Kosten wegräumen und entsorgen.

»Wie viele Leute unterstützen die Petition?«, fragte Katharina.

Ich sah, wie freundlich sie mit ihm redete, wie aufmerksam sie ihm zuhörte. Das *Fräulein*, dachte ich, kann eben doch nicht *alle* seine Bedürfnisse befriedigen.

Madame Tschoglokowa zupfte mich am Ärmel und gab mir zu verstehen, dass es Zeit war, mich zu verabschieden. Auch das gehörte zu ihren Pflichten: Sie hatte dafür zu sorgen, dass die Eheleute möglichst oft ungestört waren.

»Soll ich es Ihnen vorlesen?«, hörte ich den Großfürsten fragen, als ich zur Kutsche ging. »Der Mann hat recht.«

»Man muss den Preußen endlich die Nasen so richtig tief in den eigenen Dreck tunken, die wollen es nicht anders«, sagte Igor eines Nachmittags im Herbst.

Er war gerade vom Dienst nach Hause gekommen und machte es sich auf dem Sofa im Wohnzimmer bequem. Seine Uniform muss mal wieder gründlich ausgebürstet werden, dachte ich. Die roten Aufschläge waren voller Gipsstaub.

Seine Kameraden sahen das genauso, fuhr Igor fort, in den Kasernen und Banjas wurde von nichts anderem mehr geredet. Friedrich von Preußen – »Fritz«, wie ihn die Offiziere nannten – konnte die Franzosen an der Nase herumführen, aber nicht die Russen. Jetzt, nachdem er Schlesien geschluckt hatte, redete er von Frieden, doch seine Gier nach fremdem Land war noch lange nicht gestillt, er brauchte nur eine Atempause. Und in welche Richtung würden seine Truppen wohl marschieren, wenn er wieder losschlug? Nach Osten natürlich, immer weiter nach Osten.

»Es wird Krieg geben.« Er schlug mit der flachen Hand auf sein Knie. »Und zwar schon bald.«

Das Mädchen hatte den silbernen Samowar auf ein Seitentischchen gestellt und holte jetzt noch die Marmelade. Nebenan hörte ich die Stimmen von Darja und Mascha. Offenbar wollte meine Tochter ihren Teller nicht leeressen, und Mascha erzählte ihr eine Schauergeschichte von einem Kind, das nicht ordentlich aß und mit der Zeit so leicht wurde, dass es in der Luft schwebte und nicht mehr herunterkonnte. Ich deckte den Tisch, zwei Teetassen waren angeschlagen. Ich nahm mir vor, das Porzellan selbst einzupacken, wenn wir wegen der Umbauarbeiten im Winterpalast umziehen mussten.

Ich setzte mich meinem Mann gegenüber und strich meinen Rock glatt. Eine Welle von Müdigkeit überkam mich – all die schlaflosen Nächte machten mir zu schaffen, und ich fragte mich, wie lange ich das noch durchhalten konnte. Offenbar sah Igor mir meine Erschöpfung an. »Du solltest dich hinlegen, bevor du zur Kaiserin gehst«, sagte er stirnrunzelnd. »Wie spät ist es jetzt?«

»Kurz vor fünf.« Von Darja war nichts mehr zu hören. Bestimmt lauschte sie gespannt einer von Maschas Geschichten.

Igor beugte sich vor. Der Krieg, sagte er, sei eine Chance. Es klang triumphierend, so als hätte er endlich die Lösung eines Rätsels entdeckt, das ihn lange beschäftigt hatte. Im Krieg ergäben sich *echte* Möglichkeiten, während man hier am Hof immer nur mit leeren Versprechungen abgespeist werde. Im Krieg konnte ein Soldat sich hervortun, seine Tapferkeit beweisen und wurde dann mit Beförderungen und Auszeichnungen belohnt. Er kämpfte in Schlachten, von denen noch die Enkel reden würden. Einige der Garderegimenter würden an der Front eingesetzt werden, andere würden hierbleiben. In so einem historischen Moment musste ein Mann wissen, was er wollte.

»Jetzt haben wir *Aussichten, kison'ka*«, hörte ich ihn sagen.

Er war also entschieden. Mein Mann hatte genug von vagen Verheißungen, er würde sich zur kämpfenden Truppe versetzen lassen. Der Gedanke hatte etwas Befreiendes. Es war gut, wenn diese Jahre ziellosen Dahintreibens ein Ende hatten. Igor würde als Major oder vielleicht sogar als Oberst aus dem Krieg heimkehren. Unsere Tochter würde eine anständige Mitgift bekommen. Wir würden ein Landgut kaufen.

»Wann?«, fragte ich.

»Bald.« Er senkte die Stimme. »Aber erzähl es niemandem.«

Ich nickte. Er brauchte mir nicht zu sagen, dass man seine Wünsche und Pläne am besten für sich behielt.

»Wie lange dauert das denn noch mit dem Tee?« Igor warf einen Blick auf den Samowar.

Das Mädchen ließ sich wirklich Zeit. Ich hörte sie draußen auf dem Flur mit dem Diener streiten.

»Sergej Saltykow hat versucht, einen der neuen Offiziere vom Ismailowski-Regiment anzupumpen. Orlow heißt der Mann und kommt aus Twer.« Igors Stimme klang jetzt wieder ganz unbekümmert. »Sergej will fünfzig Rubel auf eine Stute setzen, die er entdeckt hat. Ein ganz großartiges Pferd, meint er. Ich soll es mir mal ansehen.«

»Er hat *versucht*, ihn anzupumpen?«

»Ja, aber Orlow ist genauso abgebrannt wie alle. Saltykow will jetzt nach Oranienbaum fahren und die Großfürstin fragen, ob sie ihm was leiht.«

Ich trat an den Samowar und öffnete den Hahn. Etwas heißer Tee spritzte auf meine Hand; ich wischte ihn hastig weg. »Wann?«, fragte ich.

»Morgen, sagt er, aber der Mann redet viel, wenn der Tag lang ist.«

Ich goss Tee ein und stellte die Tassen auf den Tisch. Die verbrühte Stelle auf meinem Handrücken war ganz rot und tat weh.

Igor begann wieder vom Krieg zu reden und von den Aussichten, die er eröffnete, aber ich hörte gar nicht mehr richtig zu. Saltykow kehrte zu Katharina zurück – sie bekam eine zweite Chance. Und wenn es dieses Mal klappte und sie ein Kind zur Welt brachte, würde niemand seine legitime Geburt in Zweifel ziehen.

Sechs
1754-1755

Ein weiteres Jahr verging, und die Großfürstin hatte noch eine Fehlgeburt. Aber dann, im Januar 1754, wurde sie wieder schwanger, und jetzt holte die Kaiserin Katharina zurück nach Sankt Petersburg.

Die werdende Mutter musste sich strengen Regeln unterwerfen. Körperliche Anstrengungen, Tanzen und Reiten waren verboten. Sie sollte die Arme nicht heben und sich nie im Kreis drehen, sie sollte nur in kleinen Schritten gehen. Damit ihre Muskeln geschmeidig blieben und sie nicht stolperte oder gar stürzte, massierten die Zofen ihr morgens und abends die Beine mit Franzbranntwein und Johannisöl.

Sie durfte kein Korsett tragen und keine Maskenbälle besuchen. Auch Halsbänder waren verboten, damit sich das Kind nicht mit der Nabelschnur erdrosselte. Keine salzigen Speisen, denn zu viel Salz konnte bewirken, dass das Kind ohne Fingernägel geboren wurde und zeitlebens keine Tränenflüssigkeit produzieren konnte. Man musste Katharina ständig bei heiterer Laune halten, damit das Kind nicht melancholisch wurde.

Elisabeth instruierte den Großfürsten, sich mindestens einmal im Monat seiner Frau zu »nähern«, um dem Kind in ihrem Leib »seinen Stempel aufzudrücken«.

Und Sergej Saltykow?

Die Kaiserin befahl ihm, sich von Katharina fernzuhalten, die Großfürstin müsse ja nicht vor aller Welt ihre Brunst zur Schau stellen. In Wirklichkeit drückte sie es mit noch gröberen Worten aus. Beim bloßen Gedanken an Katharina verfiel Elisabeth ins Ordinäre.

Ich sah Katharina oft, war aber selten mit ihr allein. Immerhin, manchmal gelang es mir, mich unter irgendeinem Vorwand in ihr Schlafzimmer zu stehlen. Dann redete sie die ganze Zeit von ihrem Geliebten.

»Vermisst er mich? Warum muss er sich von mir fernhalten? Warum schreibt er nicht?«

Sie war den Tränen nahe. Sie konnte nicht glauben, dass er in all der Zeit nie den Versuch gemacht hatte, zu ihr vorzudringen.

Ich dachte daran, wie Sergej Saltykow die Große Perspektivstraße entlangstolzierte, wie selbstgefällig er jedes Mal grinste, wenn jemand in seiner Gegenwart die Großfürstin erwähnte.

Ich sprach davon, dass sie um des Kindes willen Opfer bringen müsste. »Sergej kann Sie nicht besuchen«, sagte ich. »Er muss den Schein wahren.« Aber nach einiger Zeit gab sie sich damit nicht mehr zufrieden, sie wollte die Wahrheit wissen.

»Sie hat ihm verboten, in meine Nähe zu kommen, nicht, Warenka?«

»Ja.«

»Aber warum?«

»Das Kind –«, begann ich, aber sie schnitt mir das Wort ab.

»Warum reden alle immer nur über dieses Kind, Warenka? Bin ich überhaupt nicht mehr wichtig?«

Sie wusste nur allzu genau, warum. Sie trug, so hoffte Elisabeth, in ihrem Leib den Thronerben, den künftigen Herrscher des russischen Reichs.

Ich frage mich oft, was passiert wäre, wenn ich Katharina die Wahrheit über ihren treulosen Liebhaber gesagt hätte. Aber auch ich glaubte an die Warnung, die an der Wand der Kunstkamera geschrieben stand: dass die Gedanken und Ängste einer Mutter die Entwicklung ihres noch ungeborenen Kindes beeinflussen. Ich wollte nicht, dass Katharina sich mit eifersüchtigen Gedanken und mit Zweifeln quälte, ich wollte, dass sie Hoffnung empfand und dass ihr Kind diese Hoffnung in sich aufnahm.

In den Klöstern und Kirchen Russlands betete das Volk, dass das Kind der Großfürstin gesund zur Welt kommen möge.

Mit jedem Monat der Schwangerschaft wuchs die Hoffnung der Kaiserin. Ihre Wutanfälle schrumpften zu bloßen Ausbrüchen von Ärger, die schnell verpufften. Man brauchte nur das bevorstehende freudige Ereignis zu erwähnen, und sofort hörte Elisabeth auf, wild schimpfend um sich zu schlagen, und bekreuzigte sich.

War das Kind in Katharinas Leib ein Junge oder ein Mädchen? Alle hielten Ausschau nach Zeichen, die es verrieten. Bevorzugte die werdende Mutter den rechten Fuß oder den linken? Hob sie Dinge mit der rechten Hand auf oder mit der linken? In welche Richtung zeigten ihre Knie, wenn sie sich seitlich auf ein Sofa setzte?

Sie gab der rechten, der »edleren« Seite den Vorzug, so die einhellige Meinung, folglich war das Kind ein Junge.

Die Kaiserin bemühte sich darum, das Wohlwollen Gottes und des Schicksals zu erkaufen. Sie ging nicht so weit, Iwan Schuwalow aus ihrem Bett zu verbannen, aber immer häufiger ließ sie, sobald er sich zurückgezogen hatte, ihren Beichtvater rufen. Jederzeit, selbst mitten in der Nacht, konnte es ihr einfallen, einen Bediensteten auszusenden, der Almosen verteilen musste. Nach einer durchzechten Nacht tat sie Buße, sie fastete und ging in die Kapelle zum Gebet. Die Kaiserin Russlands kniete vor der heiligen Ikone und flehte zur Mutter Maria, dass bei der Geburt *ihres* Kindes alles gutgehen möge.

Jeden Tag besuchte sie Katharina, erkundigte sich, ob die Großfürstin ruhig geschlafen hatte, vergewisserte sich, dass Katharina regelmäßig Rhabarber und Pflaumenkompott aß, damit Abfallstoffe nicht zu lange im Darm blieben, denn das konnte vorzeitige Wehen auslösen. Sie schickte Gänseschmalz, mit dem Katharina ihren Bauch einreiben sollte; es sei weit besser, meinte sie, als Mandel- oder Leinöl. Sie kümmerte sich darum, dass der Stützgürtel aus Hundeleder, den Katharina trug, mit Rosenwasser gewaschen und mit frischer Butter gefettet wurde, damit er schön weich war.

Ein Kinderzimmer war nicht vorgesehen. Es kam überhaupt nicht in Frage, dass das Kind, dieses Geschenk Gottes, mit irgendwelchen Ammen alleine gelassen würde, fern von dem wachsamen Auge der Kaiserin. Katharinas Kind sollte im Schlafzimmer der Kaiserin schlafen. Der Umzug in den Palast, in dem die Herrscherin während der Bauarbeiten im Winterpalast residieren sollte, würde so lange aufgeschoben, bis der Säugling kräftig genug dafür war. Ein Wünschelrutengänger stellte fest, dass das Schlafzimmer frei von verborgenen »Strömungen« war, die dem Baby schaden konnten, und eine alte Frau räucherte den Raum jeden Freitag mit einer Mischung aus Weihrauch und Wildkräutern aus, um den »Fürsten der Finsternis« fernzuhalten.

Ich war mittendrin im Strudel hektischer Vorbereitungen auf das große Ereignis. Jeden Tag wurden hochschwangere junge Frauen vom Land hergebracht, die von der Kaiserin persönlich auf Herz und Nieren geprüft wurden, ob sie als Ammen des kaiserlichen Kindes geeignet waren. Sie mussten jung, gesund und hübsch sein, geduldig und von sanftem Wesen, sie mussten wohlriechenden Atem und große Brüste haben. Ich sah zu, wie sie alle das Kreuz küssten und schworen, sie würden das Kind voller Liebe und Zärtlichkeit nähren und ihm niemals irgendwelche teuflischen Kräutertränke verabreichen.

Kissen, Decken, Bettüberzüge wurden bestellt, aber noch nicht geliefert, denn man fürchtete, damit das Unglück herauszufordern. Die prächtig mit Schnitzereien verzierte Wiege sollte mit Silberfuchs ausgekleidet werden, winzige Häubchen mit Spitzensäumen lagen bereit, Vorhänge aus besticktem Samt sollten das Kind vor Zugluft schützen.

Wenn das Kind geboren ist, sagt man, *behüte es vor kaltem Wind.*

Katharina war zu einem bloßen Gefäß geworden, sie war ganz Bauch. Aber wenn Darja sich an mich schmiegte, wenn ich ihre warmen, weichen Arme um meinen Hals fühlte, war ich vollkommen überzeugt davon, dass der Moment, in dem Katharina ihr eigenes Kind in den Armen hielte, sie für all das Leid, das sie jetzt erfuhr, entschädigen würde.

Im Sommer, als Katharina im sechsten Monat schwanger war, wollte die Kaiserin sie nicht mehr aus den

Augen lassen. Das Thronfolgerpaar musste mit ihr nach Peterhof ziehen, wo sie Katharina täglich sehen konnte. Eine Hebamme musste immer in der Nähe der Großfürstin sein.

Ich verbrachte den Sommer zumeist in Sankt Petersburg, wo Monsieur Rastrelli, da der große Umbau des Winterpalasts um ein weiteres Jahr aufgeschoben worden war, dafür sorgen musste, dass wenigstens die wichtigsten Reparaturen ausgeführt wurden. Wochenlang wurde im kaiserlichen Schlafzimmer mit Hochdruck gearbeitet, aber der Putz hielt nicht auf den von Schimmel zerfressenen Decken, und die neuen Tapeten lösten sich von den feuchten Wänden. Als Ende August abzusehen war, dass die Reparaturen nicht rechtzeitig zum Abschluss gebracht werden konnten, änderte die Kaiserin ihre Pläne und verfügte, dass Katharina das Kind in dem kleinen Sommerpalais am Rand des Sommergartens zur Welt bringen sollte.

Igor wartete immer noch darauf, dass seine Versetzung zur regulären Armee genehmigt wurde. Oberst Sinowjew war bei einem Reitunfall ums Leben gekommen, und der neue Regimentskommandeur verschleppte die Angelegenheit. Ein Belobigungsschreiben war verloren gegangen. Akten mussten angefordert, Abschriften angefertigt werden. Igor hatte schon ein kleines Vermögen für Schmiergeld ausgegeben.

Darja wurde eifersüchtig, weil andauernd nur

von dem Baby der Großfürstin geredet wurde. Sie wollte wissen, warum sie keine Geschwister hatte. Seit Mascha ihr gesagt hatte, der Storch bringe die kleinen Kinder durch den Kamin, schaute sie täglich in unserem Kamin nach. Einmal beobachtete ich, wie sie einen Apfel für den Storch hinlegte. Sie war ganz aufgeregt, als sie am nächsten Tag feststellte, dass der Köder verschwunden war.

Es würde eine schmerzhafte Geburt werden, bekam ich jedes Mal zu hören, wenn ich in Peterhof war, um der Kaiserin von den Fortschritten der Vorbereitungen zu berichten. Das erste Kind musste seinen späteren Geschwistern den Weg bahnen. Einmal war ich bei einem Gespräch der Kaiserin mit der Hebamme anwesend; Elisabeth sagte ihr, falls es bei der Geburt gefährliche Komplikationen gebe, müsse sie um jeden Preis das Leben des Kindes retten.

Auch davon erzählte ich Katharina nichts.

Sie trug jetzt weite Kleider, umhüllte sich mit wallenden Stoffen. Ihr Gesicht wirkte angespannt. In Gegenwart der Kaiserin erhob sie sich fast nie von ihrer Chaiselongue. Alle lauten Geräusche waren verboten, um sie nicht zu erschrecken. Die Leute bewegten sich wie auf Zehenspitzen und sprachen nur leise.

Sergej Saltykow war immer noch am Hof, als Kammerherr des Großfürsten. *Ich sehe ihn*, schrieb Katharina, *aber ich kann nie allein mit ihm sprechen.*

Das lag nicht etwa daran, dass er es nicht wollte, versicherte sie mir. Die Hebamme, eine unglaublich stumpfsinnige Person, bespitzle sie im Auftrag der Kaiserin und lasse sie nie aus den Augen.

Der Herbst kam früh in diesem Jahr. Am letzten Augusttag blies schon ein schneidend kalter Wind, der Blätter von den Bäumen riss. Ich stand vor dem Sommerpalais, als eine Kutsche vorfuhr. Katharinas Stimme rief meinen Namen.

Fürst Naryschkin half ihr beim Aussteigen. »Ich konnte es dir nicht mitteilen«, sagte sie – offenbar sah sie mir meine Überraschung an. Bijou, ihr weißes Hündchen, sprang um sie herum, froh darüber, dass er nicht länger eingesperrt war.

»Weißt du, er hat mich entführt.« Sie zeigte auf den Fürsten. Ihre Augen glänzten schelmisch, die dunklen Ringe darunter waren jetzt kaum mehr zu sehen. Sie machte ein Hohlkreuz, als sie auf mich zuschritt. Unter ihrem wollenen Reisemantel wurde pfirsichfarbener Seidenstoff sichtbar, der um ihren unförmigen Leib wogte – sie war jetzt im neunten Monat.

»Es war alles meine Idee.« Fürst Naryschkin lachte. Stolz erzählte er, wie er die Kaiserin überlistet hatte. Er hatte sie überredet, ihm zu erlauben, Katharina auf einen Ausflug hierher mitzunehmen, damit sie selbst sehen konnte, wie weit die Vorbereitungen gediehen waren. Dann hatte er der Großfürstin vorgeschlagen, einen kleinen Spaziergang mit dem Hund zu unternehmen, aber das war nur ein Vorwand gewesen, um die Hebamme loszuwerden: Sobald diese sie aus den Augen gelassen hatte, waren die beiden zu der bereitstehenden Kutsche gelaufen und davongefahren.

Es war Waschtag. Vor dem Sommerpalais im Freien brannten Feuer, über denen riesige Wasserkessel hingen. Es roch nach Seifenlauge. Dienstboten gingen hin und her, brachten Körbe voller Wäsche, Waschbretter und Eimer für das Seifenwasser, das anschließend an die Armen verschenkt werden sollte.

Ich führte Katharina in den Raum, in dem die Geburt stattfinden sollte. Er lag neben der Suite der Kaiserin. Die Wände waren mit rotem Damast bespannt, ein Tisch stand darin, und auf dem Boden lag, wie es die Tradition verlangte, eine einfache Rosshaarmatratze. Bijou beschnüffelte sie so aufgeregt, dass ich mich im Stillen fragte, ob sich vielleicht bereits Mäuse darin eingenistet hatten.

»Das Laken wird weich sein, Hoheit«, sagte ich bemüht heiter. »Es ist schon seit etlichen Generationen in Gebrauch. Und es wird auch ein richtiges Bett geben, in dem Sie sich nachher ausruhen können.«

Katharina sah sich um. Ihre Miene verdüsterte sich. Die kahle Nüchternheit des Raums musste sie befremden, erst recht im Vergleich mit all der Pracht von Peterhof. Vom Korridor drang lautstarkes Schimpfen herein – jemand hatte einen Stapel frischer Wäsche umgestoßen. Bijou fing an zu bellen.

»Wenn ich sterbe, Warenka ...«, sagte Katharina. Ihr Gesicht war so bleich, dass ich erschrak.

»Sie werden nicht sterben. Sie sind gesund und stark.«

Fürst Naryschkin nahm sie beim Arm und führte sie ans Fenster.

»Da«, sagte er.

Im Sommergarten stand, in purpurroten Samt gekleidet, Sergej Saltykow. Er verbeugte sich tief, zog mit großer Geste den Hut und schwenkte ihn ebenso ehrfurchtsvoll wie elegant. Katharina seufzte beglückt und klatschte in die Hände.

»Das ist meine zweite Überraschung für Sie«, sagte Fürst Naryschkin und öffnete das Fenster, damit Saltykow hereinklettern konnte. »Wo bleibt mein Lohn, Hoheit? Schenken Sie mir wenigstens ein Lächeln.«

Schlank und muskulös, wie Saltykow war, kostete es ihn keine Mühe, durchs Fenster zu kommen. Ein Sprung, eine geschmeidige Wendung, und schon war er im Zimmer. Er lächelte triumphierend.

»Sergej!«

Ich sah zu, wie sie ihm um den Hals fiel. Ich hörte sie flüstern: »Ich warte jede Nacht ... Nein, ich kann nicht ... bitte ... es tut mir weh.«

»Aber jetzt bin ich hier.«

Katharinas Finger nestelten am Spitzenkragen ihres Geliebten. Neben den beiden machte Bijou trippelnd Männchen, aber sie beachteten ihn nicht.

Ich warf dem Fürsten einen Blick zu und trat einen Schritt zurück. Als wir hinausgingen, sah ich über die Schulter Sergej Saltykows hübsches Gesicht. Ein Ausdruck zärtlicher Besorgnis lag darin. Er fasste sanft Katharinas Hände und umschloss sie mit den seinen.

»Ssch«, murmelte er. »Habe ich das nicht gut gemacht? Wie versprochen.«

»Es ist so weit.«

Es wurde gerade dunkel, als die Nachricht von der Hebamme kam. Außerdem ließ sie ausrichten, dass sie frische Butter, Asche, Rhabarberwasser, Wein und Essig brauchte.

Die Kaiserin eilte zu ihr.

Die Hebamme verkündete stolz, dass das Fruchtwasser eine rötliche Färbung hatte, ein sicheres Zeichen dafür, dass das Kind ein Junge war.

In der Suite der Kaiserin versammelten sich die Hofdamen, um gemeinsam zu warten. Ich nahm in einer Ecke Platz und beobachtete, wie sie, die Köpfe gesenkt, Rosenkränze zwischen den Fingern, Gebete murmelten. Die meisten gehörten zur Entourage der Kaiserin, nur fünf von Katharinas Ehrendamen waren da. In dem überfüllten Raum roch es nach Jasmin und den kandierten Orangenschalen, die Elisabeth so gerne naschte.

Durch die dünnen Wände des Sommerpalais konnten wir Katharinas Stöhnen hören. Manchmal gab sie auch helle Schmerzensschreie von sich, die an das Jaulen eines Hundes denken ließen. Hin und wieder ermahnte die Kaiserin sie, tapfer zu sein, aber meistens hörten wir die Hebamme, die Katharina anwies, tief zu atmen, zu trinken und zu pressen, immer wieder: pressen, pressen.

Es war eine kühle Septembernacht. Rastlos stand ich auf, trat ans Fenster und lugte durch die Vorhänge. Draußen im Mondlicht wiegten sich die Zweige einer Eiche im Wind.

Mach, dass es schnell geht, betete ich. *Und dass das Kind sie Frieden finden lässt.*

Der Großfürst kam. Ich hörte ihn polternd in den Raum nebenan treten und mit der Gebärenden reden. Ich hoffte, dass er ihr Mut zusprach. Die Kaiserin fragte ihn, wo er so lange geblieben sei und warum er nicht seine russische Uniform trage.

Er habe seine Holsteiner inspiziert, sagte er. Sie stünden bereit zur Parade. »Es wird doch wohl eine Parade stattfinden, oder?«, fragte er mit dieser hellen Stimme, die immer etwas quengelig klang.

Wenige Minuten später hörten wir ihn fortgehen.

Nach einer Stunde ging auch Elisabeth. Die Hebamme hatte ihr gesagt, es könne noch lange dauern.

Sie werde sich in ihr Schlafzimmer zurückziehen,

verkündete die Kaiserin den versammelten Hofdamen und nahm sich ein Stückchen kandierte Orangenschale von dem Tellerchen, das Gräfin Schuwalowa ihr eilfertig hinhielt. Dort werde sie warten, bis die Wehen ihre Wirkung taten.

Um Mitternacht warteten wir immer noch. Da die Kaiserin nicht schlafen konnte, hatte sie die Damen ihres Gefolges in ihr Schlafzimmer kommen lassen, um mit ihnen zu beten, Katharinas Ehrendamen waren fortgeschickt worden. Im Sommerpalais, erklärte Elisabeth, sei nicht genügend Platz für so viele Leute. Das Baby brauche Luft zum Atmen.

Um zwei Uhr morgens schlich ich mich in das Geburtszimmer, um zu fragen, ob ich mich irgendwie nützlich machen könnte. Um die Matratze herum standen zehn dicke Kerzen. Ich bekreuzigte mich unwillkürlich bei dem Anblick, so sehr erinnerte die Szene an ein Sterbezimmer. Mondlicht erfüllte den Raum. Außer der Hebamme und ihrer Gehilfin, einer jungen Frau mit einem Kopftuch, war niemand bei der Gebärenden.

Das frisch gestärkte und parfümierte Laken, das man über die Rosshaarmatratze gelegt hatte, war jetzt zerknittert und schmutzig. Katharinas Gewand war vorne geöffnet, ihr Haar war zerzaust und verschwitzt. Sie zitterte, ihr Fleisch wirkte teigig, ihre Brüste aufgedunsen.

Als sie mich sah, versuchte sie sich aufzurichten. »Niemand hat mir gesagt, dass es so furchtbar wehtut«, stöhnte sie. Sie deutete auf ihren riesigen Bauch. »Vielleicht platze ich ja einfach, was meinst du?«

»In ein paar Stunden ist alles vergessen.«

»Wann kommt die Kaiserin?«

»Bald.«

»Bitte, Warenka, lüg mich nicht an. Nicht du auch noch.«

Die Hebamme schnalzte gereizt mit der Zunge, darum schwieg ich lieber. Ihre geröteten Hände tasteten behutsam nach dem Kopf des Babys.

»Das Kind liegt genau richtig«, sagte sie zu mir. »Das können Sie Ihrer Majestät melden.«

Die Dielenbretter knarzten, als ich mich neben der Matratze hinkniete. Auf einem Tischchen lagen neben einer großen Porzellanschüssel weiße Windeln.

»Verschwinden Sie endlich«, knurrte die Hebamme.

Ich stand auf und ging.

Zwei von Katharinas Zofen lungerten auf dem Flur herum. Ich fragte mich, welche von beiden wohl die Spionin war.

»Was habt ihr hier zu suchen?«, fuhr ich sie an. Sie stoben davon, als wäre der Teufel hinter ihnen her.

Nur die Kaiserin, der Großfürst und fünf von Elisabeths Hofdamen waren in der letzten Phase der Geburt dabei.

Das Geflüster jenseits der Wand verstummte, und dann hörte ich es, den ersten dünnen Schrei eines Babys, der in freudigem Lärm unterging.

Ich bekreuzigte mich und dankte Gott. Es war ein Junge.

Ich stellte mir das Bild in dem Zimmer nebenan vor: Katharinas Sohn zwischen ihren Beinen, die Nabelschnur um seinen Körper gewickelt. Die Hebamme, die jetzt die Nabelschnur durchschnitt.

Die Nachgeburt wurde schnell und ohne große Schmerzen ausgestoßen. Der Säugling bekam einen Löffel voll gewärmten und mit Honig gesüßten Rotwein, damit der Schleim sich löste. Er wurde gebadet und gewickelt.

Durch die Wand hörte ich Katharina schluchzen vor Glück.

Die Vorhänge des kaiserlichen Schlafzimmers wurden aufgerissen. Durch Dunst und Nebel dämmerte milchiges Licht. Draußen mischten sich Freudenschreie mit Musketenschüssen und Hochrufen. Und dann setzten nach und nach die Kirchenglocken ein und verkündeten die frohe Botschaft.

Es gibt so viele Koseworte: *mein Täubchen, mein Augapfel, mein Schätzchen, mein Falke*, und die Kaiserin murmelte sie alle, als sie, das Baby auf dem Arm, gefolgt von ihren Ehrendamen, in ihr Schlafzimmer kam. Ich hatte sie nie so ekstatisch gesehen.

Ein winziges rotes Gesicht, die Äuglein fest zugekniffen. Ein Anflug von Weinen, aber die Kaiserin verscheuchte ihn mit einem Kuss.

Ich blieb im Raum, während die Gratulanten kamen und erklärten, ihnen fehlten vor lauter Ergriffenheit die Worte. Der kleine Zarewitsch, Urenkel Peters des Großen, war wunderbar kräftig und schön. Russlands große Zukunft war gesichert. »So hübsch ... so friedlich ... schon ein richtiger kleiner Mann.«

Alle drängten sich um die Kaiserin: Fürsten, Grafen, Höflinge, jeder darauf bedacht, von ihr bemerkt zu werden. Der russische Kanzler befreite Finger für Finger von seinen Handschuhen, bevor er das Kreuz über der Stirn des Säuglings schlug. Iwan Schuwalow, seit Kurzem Kurator der Universität von Moskau, trug eine *Ode an den Ersehnten, der Minerva beglückt* vor.

Befriedigt entließ Elisabeth die Versammlung, selbst Iwan Iwanowitsch schickte sie fort. Im grauen Licht des frühen Morgens wirkte die Wiege mit den Vorhängen, in die sie das Kind behutsam gelegt hatte, übergroß, so als nähme sie das halbe Zimmer ein. Sie setzte sich in einen Sessel daneben und schaukelte den Säugling sanft in den Schlaf.

Ich war schon auf dem Weg zur Tür, als sie mich ansprach. »Geh zu ihr, Warwara«, sagte sie leise. Ihre Stimme klang angestrengt.

Sie bringt es nicht einmal über sich, ihren Namen auszusprechen, dachte ich.

»Was soll ich der Großfürstin ausrichten, Majestät?«

»Sag ihr, ich bin zufrieden mit ihr.«

Ich nickte.

»Sag ihr, ich bin erschöpft. Sie hat mich die ganze Nacht warten lassen.«

Das Baby war still. Die Kaiserin stand auf, ließ ihren Samtumhang von den Schultern gleiten. In ihrem weiten Gewand aus weißem Batist sah sie wie eine sonderbare Art von Nachtfalter aus. Aus einer dunklen Ecke war ein leises Geräusch zu hören: Eine Maus huschte an der Wand entlang. *Wo sind die Katzen? Wenn man sie braucht, ist keine da*, dachte ich.

Dann sprach sie aus, was ich die ganze Zeit gefürchtet hatte.

»Dieses Kind gehört mir. Und du sorgst dafür, dass *sie* keinen Ärger macht.«

Das ist Macht. Die Kaiserin nimmt, was sie haben will, sie entledigt sich der Dinge und Menschen, die sie nicht mehr braucht. Sie kann tun und lassen, was ihr beliebt, denn ihre Laune ist das oberste Gesetz, von dem Wohlergehen und Leben aller abhängen.

Ich wusste es, und trotzdem wartete ich in der Hoffnung, die Kaiserin würde mir vielleicht doch noch irgendetwas Tröstliches mitgeben, etwa die Versicherung, dass Katharina ihr Kind bald wiedersehen würde, vielleicht sogar einen bestimmten Termin.

Einen Moment lang sah es so aus, als könnte Elisabeth sich erbarmen und Katharina ein paar Brosamen ihres Wohlwollens zukommen lassen, aber dann wimmerte das Baby in der Wiege, und sie wandte sich von mir ab und beugte sich über das Kind.

Mein Herz war schwer, als ich das Geburtszimmer betrat. Ich hatte erwartet, Besucher bei Katharina vorzufinden, aber es war nicht einmal eine Zofe zu ihrer Bedienung da. Sie zitterte vor Kälte, die Bettwäsche war nass von ihrem Schweiß. Die Kerzen waren verschwunden.

Sie hatte die Arme um sich geschlungen, die leeren Arme.

Ich streichelte ihr feuchtes Haar und versuchte sie zu trösten. »Er wird sterben«, schluchzte sie. »Er wird sterben ohne mich.«

»Die Kaiserin würde nie zulassen, dass ihm irgendein Leid geschieht«, sagte ich. »Er hat es gut, seine Wiege ist mit Silberfuchs ausgelegt.« Ich beschrieb ihr ihren Sohn, das kleine Gesichtchen, die rosaroten Lippen, die großen grauen Augen.

»Hat sie gesagt, wann ich ihn sehen kann?«

Ich schüttelte den Kopf.

»Warum, Warenka?«

»Sie wissen genau, warum.«

Sie packte mich am Arm, ihre Finger krallten sich in das Fleisch. Sie keuchte, sie wimmerte.

Man hatte sie beraubt und dann einfach liegen lassen. Sie blutete, aber es war kein Frauenblut, das fließen *muss*, es war Blut, das nach Rache schrie. Im kalten Licht des Morgens sah ich ihren Hass.

»Ich will, dass sie stirbt, Warenka.«

Sie ließ meinen Arm los. Ich legte meine Hand auf ihren Mund, um die gefährlichen Worte zu ersticken, aber sie schob sie weg.

»Ich möchte zusehen, wie sie ihren letzten Atemzug tut. Ich möchte ihr in die Augen schauen dabei. Ich möchte sehen, wie sie vergeblich nach Luft schnappt.«

Ich legte warnend den Finger auf die Lippen – die Wände waren so dünn –, aber Katharina ließ sich nicht zum Schweigen bringen.

»Es ist mir gleichgültig, ob jemand zuhört. Ich will, dass sie tot ist. Ich ertrage es nicht länger.«

Ich ließ sie in meinen Armen weinen, bis Madame Wladislawowa, die Kammerfrau, kam. Die Kaiserin habe sie geschickt, erklärte sie, um nach der Großfürstin zu sehen.

Sie warf mir einen strafenden Blick zu. »Die Kaiserin verlangt nach Ihnen, Warwara Nikolajewna«, sagte sie streng.

Jetzt schon?, dachte ich. *Ist das nur eine Laune?*

Oder hat sie mich im Verdacht, ich würde nicht gehorchen? Nein, sicher wollte sie nur von mir hören, dass ich ihre grausame Botschaft überbracht hatte.

Die Zeit der Mächtigen verrinnt schneller als die der gewöhnlichen Menschen. Geduld ist keine kaiserliche Tugend.

Ich streichelte immer noch Katharinas Haar, ihr Ohr fühlte sich weich wie Samt an. Mir war klar, dass sie außer mir niemanden nach ihrem Kind fragen konnte. Wenn sie es tat, würde man es sofort der Kaiserin hinterbringen.

»Richten Sie der Kaiserin aus, ich komme bald«, sagte ich zu Madame Wladislawowa. Mir war klar, dass ich es nicht lange hinauszögern durfte. »Im Moment braucht mich die Großfürstin noch.«

Als ich eine Stunde später von der Kaiserin zu Katharina zurückkam, musste ich feststellen, dass Madame Wladislawowa gar nichts unternommen hatte, um Katharina zu helfen. »Die Hebamme wird bald hier sein«, hatte sie gesagt und war wieder verschwunden. Sie hatte die Patientin auf dem nassen Laken liegen lassen, hatte ihr nicht einmal einen Schluck Wasser angeboten oder ihr geholfen, sich in das bereitstehende Bett zu legen, wo sie es warm hatte. Ich fand Katharina immer noch auf der blutgetränkten Matratze vor, zitternd vor Erschöpfung und Schmerzen.

Ich klingelte ein Mädchen herbei und ließ sie frische Wäsche für Katharina, Wasser und eine weitere Decke holen. Ich kochte vor Wut. Wo waren sie jetzt alle, diese großen Herrschaften, die sich als Freunde der Großfürstin ausgaben und sie doch nur ausnutzten? Wo waren Naryschkin und seine Schwester? Wo war Saltykow?

Wäre es ihnen allen am liebsten, Katharina wäre tot?

Ich behielt diese Fragen für mich und half ihr, aufzustehen und sich zu waschen. Ihr Bauch war immer noch dick, ein bräunlicher Streifen lief wie ein Riss vom Nabel abwärts.

»Warenka?«, sagte sie.

Ich erriet, was sie fragen wollte. »Sie hat ihn Paul genannt«, antwortete ich.

»Paul.«

»Er ist kräftig. Er weint nicht. Er wollte allerdings nicht trinken. Als die Amme ihn angelegt hat, ist er eingeschlafen.«

Katharinas Augen hingen an mir, drängten mich mit verzweifelter Gier weiterzusprechen.

»Die Amme macht einen sehr ordentlichen Eindruck, reinlich und kerngesund«, versicherte ich. »Und sie hat viel Milch. Heute Nacht war Vollmond. Alle sagen, das ist ein großes Glück: Kinder, die bei Vollmond geboren werden, gedeihen besonders gut. Er hat winzige Fingerchen, wunderschön, mit rosa Nägeln.«

»Wunderschön«, wiederholte sie. Sie lächelte unsicher.

»Haben Sie Schmerzen?«, fragte ich.

Sie schüttelte den Kopf, aber ich glaubte ihr nicht: Sie sah ganz bleich und elend aus.

Ich musste an den Moment denken, als die Hebamme mir Darja in die Arme gelegt hatte, als ich zum ersten Mal dem leise flüsternden Atem meiner Tochter gelauscht hatte. Ich brachte es nicht über mich, Katharina zu sagen, dass sie dieses Glück niemals erfahren würde.

»Ich bin stark, Warenka«, flüsterte sie heiser. »Ich habe dich. Mehr verlange ich nicht.« Sie nahm meine Hand und küsste sie. »Du wirst mir helfen. Und meinem Sohn.«

»Ja«, sagte ich, »das werde ich.«

Das Hofjournal berichtete, dass am 20. September 1754 gegen Morgen Ihre kaiserliche Hoheit, die Großfürstin Ekaterina Alexejewna, einen Sohn geboren hatte. Gott hatte ihr Seine kaiserliche Hoheit, den Großfürsten Paul Petrowitsch, geschenkt.

In der elften Stunde des Tages, so das Journal, wurde das Kind von der Suite Ihrer kaiserlichen Hoheiten, des Großfürsten und seiner Gemahlin, in die inneren Gemächer Ihrer kaiserlichen Hoheit gebracht.

Das war eine Lüge.

Es geschah nicht *in der elften Stunde*, sondern wenige Minuten nachdem die Nabelschnur, die das Kind mit seiner Mutter verbunden hatte, durchtrennt worden war.

»Die ganze Wahrheit, Warenka«, bat Katharina. »Du darfst mir nichts verschweigen, nur um mich zu schonen.«

Die Großfürstin erregt peinliches Aufsehen ... Der arme Saltykow versucht sein Bestes, um sich zu befreien, aber es ist ihm nun einmal nicht gegeben ...

Anfang November zog der Hof wieder in den Winterpalast um, wo man die gröbsten Schäden mehr oder weniger provisorisch behoben hatte – im folgenden Jahr sollten dann die eigentlichen Umbau- und Renovierungsarbeiten beginnen. Das kaiserliche Schlafzimmer diente jetzt zugleich als Kinderzimmer, und Elisabeth verbrachte dort die meiste Zeit ihrer Tage. Voller Eifersucht gegenüber den Ammen hütete sie das Kind. Sie hatte kaum noch andere Interessen, sogar Iwan Schuwalow musste zurückstehen.

Wenn der Großfürst zu Besuch kam, durfte er seinen Sohn kurz auf den Arm nehmen, aber wenn der Kleine nur ein bisschen weinerlich das Gesicht verzog, schickte sie Peter wieder fort. Ihm mache das nichts aus, sagte er zu Katharina, Kleinkinder seien nun einmal bei Frauen besser aufgehoben. Seine Zeit werde schon noch kommen, und dann werde er seinen Sohn zu einem richtigen Soldaten erziehen. »Seinen Sohn«, sagte Katharina verbittert. »Ich zähle überhaupt nicht.«

»Der Stolz Ihrer kaiserlichen Hoheiten, ihr größter Schatz und die Hoffnung des mächtigen Russischen Reichs«, so hatte der Kanzler den Großfürsten Paul Petrowitsch in seiner Rede bei dem Diner zur Feier der Taufe genannt.

»Ich habe etwas für die Großfürstin, Warwara Nikolajewna«, sagte Bestuschew einmal, als ich mit ihm alleine war. »Ein von mir entdecktes Lebenselixier, die *Tinctura toniconervina Bestuscheffi*. Eine Arznei gegen Liebeskummer und Nervenzerrüttung. Unverzichtbar in so schweren Zeiten.«

Er ging hinaus, um das Wundermittel zu holen, und ich nutzte die Gelegenheit, mich auf seinem Schreibtisch umzusehen. Ein großes Blatt lag da, auf dem in fetten Lettern gedruckt stand:

Sergej Wasiljewitsch Saltykow ... Alter: 26 ... gutaussehend ... Frauenheld ... Affären mit Madame ... Gräfin ... Fürstin ... liebenswürdiges Benehmen ... neigt zur Pedanterie ... hat von der Kaiserin für seine Dienste 6000 Rubel erhalten und die Zusage, zum Gesandten am schwedischen Hof ernannt zu werden.

Ich besuchte Katharina jeden Tag. Sie war immer noch sehr angegriffen, starrte stundenlang aus dem Fenster auf den Fluss hinaus, neben sich Bijou. Meine Versicherungen, dass es Paul gut ging, beruhigten sie nicht. »Geh wieder zu ihm«, bat sie. »Sie würden mir nichts sagen, selbst wenn er im Sterben läge, das weißt du so gut wie ich.«

Uns war immer bewusst, dass wir uns vor den Spionen der Kaiserin in Acht nehmen mussten. Manchmal schlich ich mich im Morgengrauen in Katharinas Schlafzimmer, manchmal mitten in der Nacht. Ich nutzte jede Gelegenheit, mit ihr allein zu sein; selbst wenn es nur ein kurzer Moment war, konnte ich ihr doch wenigstens ein tröstendes Wort zuflüstern.

Ein- oder zweimal fiel mir auf, dass ein typisch männlicher Geruch nach Schnupftabak und feuchtem Leder im Raum hing. »Sergej war hier. Niemand hat ihn gesehen«, war alles, was ich ihr dazu entlocken konnte.

Draußen fiel der erste Schnee und legte sich über die Straßen und Dächer der Stadt. Die Sonne ging früh unter. Schon am Nachmittag erhellten nur noch Fackeln und die Feuer der Wachposten den Platz vor dem Palast. Darja war jetzt fünf; sie blätterte gerne in alten Büchern und suchte nach Bildern. »Bin das ich, Maman?«, fragte sie einmal und zeigte auf ein Kind, das auf einem Kupferstich dargestellt war. Sie war sehr erleichtert, als ich ihr versicherte, dass seit der Ermordung der unschuldigen Kinder durch die Soldaten des Herodes viele hundert Jahre vergangen waren und dass die Mutter, die verzweifelt ihre Hände rang, nicht ich war.

Als Katharina zum ersten Mal nach der Geburt wieder die Kommunion empfangen durfte, konnte sie bereits ohne Schmerzen gehen. Ihre Genesung machte gute Fortschritte, sagte ich mir. Kein Gift ohne Gegengift. Bald würde sie Saltykow vergessen haben.

Anfang Dezember verließ Sergej Saltykow Sankt Petersburg und fuhr auf sein Landgut – offenbar nicht auf Befehl der Kaiserin, sondern aus eigenem Willen. »Hier sind zu viele Frauen hinter ihm her«, bemerkte der Kanzler. Seine Augen funkelten boshaft.

Und was redete ich mit Katharina in diesen letzten Wochen des Jahres?

Ich sagte ihr, dass das Glück nicht so blind ist, wie die Leute glauben; seine Schritte sind wohlüberlegt – es dauert nur seine Zeit, bis es ans Ziel kommt.

Und ich machte ihr klar, dass die Schuwalows keineswegs auf ganzer Linie gesiegt hatten. Denn jetzt, da die Kaiserin den ersehnten Thronerben hatte, war sie nicht mehr auf Peter angewiesen.

»Sie hat jetzt neue Optionen«, sagte ich. »Wenn

sie Paul Petrowitsch zu ihrem Nachfolger bestimmt und Peter übergeht, dann werden Sie Regentin.«

»Das hat die Kaiserin gesagt?«, fragte Katharina. In ihren Augen glomm ein Hoffnungsfunke.

»Nein. Aber es ist etwas, das man in Erwägung ziehen muss.«

»Ich will mich nicht mit bloßen Spekulationen trösten, Warenka.« Sie runzelte die Stirn. »Ich muss wissen, was die Kaiserin spricht.«

In den letzten Tagen des Jahres soll man seine Schulden begleichen, und das tat die Kaiserin: Sie dankte Unserer lieben Frau von Kasan für das segensreiche Jahr, das ihr den unendlich kostbaren Thronerben beschert hatte.

Die Geschenke, die sie der Jungfrau Maria brachte, waren einer Romanow angemessen: ein neues Oklad für die Ikone, besetzt mit Perlen, Diamanten, Rubinen und Saphiren, ein Altarkreuz aus Gold und Edelsteinen, ein reich verziertes Weihrauchfass. Wir alle wurden zusammengerufen, um die Gaben zu bewundern und unserem Staunen angesichts der prächtigen Steine, der feinen Ziselierungen, der meisterhaften Emaillearbeiten Ausdruck zu verleihen.

Katharina ließ sich selten in der Öffentlichkeit sehen. Sie sei immer noch wund von der Geburt und leide an Migräne, klagte sie und durfte deswegen Hofbällen und Maskeraden fernbleiben.

Die Zofen tuschelten, dass die Großfürstin oft weine, wenn sie glaubte, niemand beobachte sie. Die Kaiserin ließ das kalt. Sie machte mir unmissverständlich klar, dass sie nur *eines* interessierte: »Falls irgendjemand es wagen sollte, den Großfürsten Paul einen Bankert zu nennen, möchte ich das sofort erfahren.«

Katharina lag im Bett, bei ihr Bijou. »Bist du es, Warenka?«, fragte sie, als ich eintrat. Es klang verwaschen und schleppend – sie hatte Laudanum genommen. »Hast du etwas für Bijou? Er hat die ganze Zeit auf dich gewartet.« Bijou stupste mit seiner feuchten Schnauze auffordernd meine Hand. Ich schob ihn beiseite.

»Armer kleiner Bijou. Nichts hat sie ihm mitgebracht, die böse Warenka«, murmelte Katharina und hob das Hündchen hoch. »Wie kann man nur so gemein sein?«

Sie lächelte dem Hund zu, der hilflos mit den Beinchen in der Luft tappte, er blickte sie mit großen staunenden Augen an und wartete ergeben, dass sie ihn wieder absetzte. »Geh nie zu der gemeinen Warenka«, gurrte sie. »Bleib bei mir.«

Das Bett roch nach Kampfer. Auf dem Boden lagen in einem unordentlichen Haufen Katharinas Unterröcke. Offenbar hatte sie die Zofen aus dem Zimmer gescheucht.

»Ihr Sohn hat den ganzen Tag ganz ruhig und zufrieden geschlafen«, sagte ich. Ihr Unterrock war schmutzig und an mehreren Stellen zerrissen. Ich nahm mir vor, ein ernstes Wort mit den Zofen zu sprechen.

Katharina setzte das Hündchen ab. Es leckte an ihrem Nachthemd, auf dem Milchflecken waren. Sie ließ den Hund gewähren.

»Die Ammen wechseln einander alle zwei Stunden ab«, sagte ich. »Sobald das Kind zu schreien anfängt, nehmen sie es auf den Arm. Die Kaiserin sitzt neben der Wiege. Es ist sehr warm im Raum, es wird durchgehend geheizt. Der kleine Paul hat eine Bettdecke aus Satin mit Baumwollfüllung und noch eine zweite aus rosa Samt, die mit Hermelin gefüttert ist.«

Ich hob die Unterröcke auf, strich sie glatt und legte sie auf einen Stuhl. Ich fuhr mit dem Finger über das Nachttischchen, um zu überprüfen, ob die Mädchen abgestaubt hatten.

»Sie tragen ihn zu viel herum«, murmelte Katharina. »Es ist nicht gut für ein Baby, wenn es immer in den Schlaf gewiegt wird.«

Sergej Saltykow kehrte nach Sankt Petersburg zurück. Ich sah ihn im Vorzimmer der Kaiserin warten. Er war nicht gekommen, weil er etwa Sehnsucht nach Katharina gehabt hätte.

»Bitte, Warenka«, sagte Katharina. »Er weiß, dass ich

beobachtet werde, und will mich nicht kompromittieren. Richte ihm aus, dass ich mich irgendwo außerhalb des Palasts mit ihm treffen kann. Ich muss ihn sehen, Warenka. Bringe ihm eine Nachricht von mir.«

Mir wurde eng in der Brust. »Nichts Schriftliches«, sagte ich. »Ich werde mit ihm sprechen.«

Ich fand Sergej Saltykow in der Wachstube, wo er einem jungen Offizier Kartentricks vorführte. Ein prahlerisches Grinsen im Gesicht, eingehüllt in einen Geruch nach Wodka, Schnee und Rauch, als hätte er nur wenige Minuten zuvor noch zusammen mit irgendwelchen Freunden nach einer winterlichen Jagdpartie an einem Feuer gesessen, deutete er auf den Stapel Karten vor sich. Der Offizier deckte die oberste Karte auf und grunzte anerkennend: Es war ein Ass.

»Könnte ich Sie kurz sprechen, Monsieur Saltykow?«, fragte ich. Er schaute auf. Ich spürte seinen Blick auf meinem Dekolletee.

»Entschuldigen Sie mich einen Moment, Grigori Grigorjewitsch?« Er stand auf und ging mit mir hinaus auf den Flur.

»Sie wartet auf Sie«, sagte ich.

»So?«

Er legte seine Hand auf meinen Arm, dann fühlte ich seine Finger an meinem Hals entlangstreicheln. Sergej Saltykow glaubte, keine Frau könne ihm widerstehen.

»Und warum verkriecht sie sich dann in ihrem Zimmer? Ich hatte gehofft, sie beim letzten Ball zu sehen.«

Katharina würde mich jedes seiner Worte, alle die Ausflüchte, die er vorbrachte, wiederholen lassen. Sie wollte hören, wie sehr er unter der Trennung litt, dass er die Eifersucht des Großfürsten fürchtete, dass er sie nicht in Gefahr bringen wollte. »Wem sieht das Baby denn ähnlich?«, fragte sie oft. »Gibt es irgendjemanden, der andeutet, es könnte nicht von Peter sein? Ist das der Grund, warum Sergej mich nicht sehen will?«

Sie wusste natürlich, was passieren konnte, wenn auch nur der kleinste Zweifel an der legitimen Geburt ihres Sohnes laut wurde. Irgendein Betrüger konnte daherkommen und behaupten, er sei der vergessene Zar, der wahre Nachkomme Peters des Großen, er konnte die Armee auf seine Seite bringen, wenn er sie davon überzeugen konnte, dass der Großfürst Paul Petrowitsch nur ein Bastard war. Und trotzdem wollte Katharina unbedingt ihren Geliebten wiedersehen. Die Leidenschaft war stärker als alle Vernunft.

»Sie ist jetzt allein«, sagte ich. Aus einem der Räume hörte ich Igors Stimme Kommandos erteilen. »Ich bringe Sie zu ihr. Niemand wird uns sehen. Bitte.«

»Ich bin nicht Herr über meine Zeit und auch nicht über meine Gefühle«, erwiderte er. »Richten

Sie das der Großfürstin aus, Warwara Nikolajewna. Es ist besser, wenn sie Bescheid weiß.«

Die Wahrsagerinnen auf den Straßen von Sankt Petersburg verwiesen gerne auf die doppelte Fünf der Jahreszahl 1755. Sie bedeutete Hoffnung, Mut zu neuen Erfahrungen. Fünf ist die Abenteurerin unter den Zahlen, sagten sie, die bis an die Grenzen der Welt vorstoßen will. Fünf Sinne hat der Mensch. Die Fünf sehnt sich nach Freiheit.

Bevor die Feierlichkeiten begannen, segnete die Kaiserin – in einem Kleid, das vor Diamanten und Gold nur so starrte – den kleinen Paul und schenkte ihm einen großen Kristallanhänger. Wenn die Sonne darauf schien, würde er in allen Regenbogenfarben blitzen und die Augen des Kindes erfreuen.

Elisabeth hatte beschlossen, das neue Jahr im Bernsteinzimmer zu begrüßen. Sie wolle, so verkündete sie, noch einmal die heilenden Kräfte des Bernsteins fühlen, bevor Monsieur Rastrelli im Zuge der Umbauarbeiten die kostbaren Wandverkleidungen demontieren und nach Zarskoje Selo bringen ließ.

Im Licht von fünfhundert Kerzen schimmerten die Wände des Bernsteinzimmers, das der König von Preußen Peter dem Großen geschenkt hatte, in Gold- und Brauntönen. Es roch nach Parfüm, Schnupftabak und Spirituosen. Eine Schar von Lakaien drängte sich an der Tür, die auch das kleinste Stäubchen Sägemehl, das einer der Gäste an den Schuhen von einem anderen Saal hereintrug, sogleich wegfegten. Darja hatte mir wie gebannt zugesehen, als ich mich für den Ball angekleidet hatte. Ich hatte ihr versprechen müssen, dass sie die Blumen an meinem Mieder hinterher bekommen würde, um sie zu trocknen. Jetzt stand ich in meinem eng geschnürten Galakleid neben meinem Mann und dachte darüber nach, was im kommenden Jahr wohl werden würde. Igors Versetzung war endlich genehmigt worden, bald würde er seinen Marschbefehl erhalten und dann lange von uns getrennt sein. Darja wusste noch nichts davon.

Wieder einmal hatte Katharina die Kaiserin gebeten, einem öffentlichen Ereignis fernbleiben zu dürfen. Sie hatte die Erlaubnis erhalten, allerdings hatte sich Elisabeth einige sarkastische Bemerkungen nicht verkniffen. »Was für ein Getue!«, hatte sie zu mir gesagt. »Ich weiß gar nicht, was sie hat. Sie wird doch wohl nicht glauben, dass sie schlecht behandelt wird, oder?« Mir krampfte sich der Magen zusammen, wenn ich nur daran dachte.

Strahlend in all ihrer Pracht ließ die Kaiserin ihre Blicke über die Hofgesellschaft schweifen. Iwan Iwanowitsch Schuwalow stand neben ihr und flüsterte hin und wieder mit ihr. Ich sah, wie er ihre Hand küsste und sie triumphierend grinsend an seine

Brust drückte. In den letzten Wochen hatte er ein recht zurückgezogenes Leben geführt und immer darauf geachtet, laut und deutlich den kaiserlichen Erben zu lobpreisen, all den Dummköpfen zum Hohn, die glaubten, der Stern der Schuwalows sei am Verblassen. Einer dunkeläugigen Schönheit, die ihn im Auftrag des Kanzlers verführen sollte, hatte er eine Abfuhr erteilt. »Bleib mir vom Leib«, hatte er ihr gesagt. »Und dem, der dich geschickt hat, kannst du ausrichten: Es ist aussichtslos.«

Um Mitternacht wurde ein Feuerwerk abgebrannt, wie Sternschnuppen sausten Raketen über den Himmel, wirbelnde Feuerräder versprühten ihre Funken. Man goss geschmolzenes Wachs in kaltes Wasser und versuchte dann aus der Form oder dem Schattenwurf der so entstandenen Gebilde zu erraten, was das neue Jahr bringen würde. Der Kaiserin ein Schwert, dem Großfürsten ein Hufeisen, mir einen Brief.

Krieg? Eine Reise? Gute Nachrichten? Oder schlechte?

Nach Mitternacht bat die Kaiserin den Kronprinzen, den Ball zu eröffnen. Sie war sichtlich erfreut, als er Gräfin Woronzowa auf die Tanzfläche führte. Das *Fräulein* kicherte jedes Mal entzückt, wenn Peter sie ansah.

Ich tanzte und trieb mich in den Vorzimmern herum, wo Orden klimperten und Lachsalven dröhnten, und sammelte allerlei Klatsch, den ich am nächsten Tag der Kaiserin weitererzählen konnte. Gräfin X war in Ohnmacht gefallen und mit Riechsalz wiederbelebt worden. Madame Y platzte aus allen Nähten. Prinzessin Z konnte noch so schicke Kleider tragen, sie sah immer wie ein Bauerntrampel aus.

Katharina wartete in ihrer Suite, aber Sergej Saltykow hatte nicht vor, zu ihr zu gehen. Er tanzte zweimal hintereinander mit Prinzessin Lenskaja. Dann sah ich ihn zusammen mit Fürst Naryschkin hinausgehen. »Ich glaube, die Herren sind ein bisschen angeheitert«, flüsterte eine Zofe mir zu.

Der Gedanke, dass Katharina immer noch allein war und immer noch glaubte, Sergej würde kommen, war mir unerträglich. Ich stahl mich davon und klopfte an ihre Tür. Sie öffnete prompt, zu prompt. Ihr französischer Morgenmantel aus blauer Seide stand offen, sodass der Ansatz ihres Busens freilag. Ein leichter Duft nach Birkenblättern aus der *banja* hing in der Luft.

»Ach, du bist es, Warenka«, sagte sie tonlos. Ich nahm mir vor, zu überprüfen, wie viel Laudanum noch in dem Fläschchen war.

Draußen heulte der Wind, Eisblumen bedeckten die Fensterscheiben. Von der Festung her donnerten Kanonenschüsse.

Meine Mutter achtete immer darauf, wer im neuen Jahr als Erstes über unsere Schwelle trat. Es sei ein

Vorzeichen, sagte sie. Wenn der Besuch ein dunkelhaariger Mann war, verhieß das Glück im neuen Jahr. Eine Frau war immer ein böses Omen.

Ich dachte: *Vergiss Sergej. Er taugt nichts.*

»Darf ich hierbleiben?«, fragte ich.

»Wenn du willst.« Sie schaute weg.

Ich führte sie zum Kamin, nötigte sie, auf dem Teppich davor Platz zu nehmen. Bijou sah uns müde an, dann rollte er sich neben ihr zusammen.

»Ich weiß noch genau, wie es war, als ich ihn zum ersten Mal sah.« Sie sprach langsam, wie in Gedanken. »Bei den Ställen. Ich kam gerade von einem langen Ritt. Das Pferd blieb stehen und wieherte. Sergej beugte sich über irgendetwas, das der Stallbursche ihm zeigte. Dann richtete er sich auf und sah mich an. Es war nur ein Moment, aber ich wusste, dass er es wusste.«

Die Liebe war wie eine Krankheit, die in ihrem Körper wütete. Wenn jetzt die Tür aufgegangen und Sergej hereingekommen wäre, hätte sie ihm nicht widerstehen können. Er hätte ihr irgendeine Lügengeschichte auftischen können, um zu begründen, warum er nicht gekommen war. Dass er irgendjemanden getroffen hatte, dass der Großfürst ihm etwas aufgetragen hatte, das er erledigen musste, was auch immer – sie hätte ihm willig zugehört.

Katharina hob den Kopf. Ihr Haar hatte sich aus den Kämmen gelöst und floss über ihren Nacken auf die Schultern, dicht und dunkel und seidig. Schatten tanzten an den Wänden, von den Flammen im Kamin fluteten warme Wellen.

Wir hörten Schritte vor der Tür. War Sergej doch noch gekommen?

Katharina erstarrte.

Die Schritte gingen vorbei, bewegten sich zu den Wohnräumen des Großfürsten. Ein Klopfen an der Tür, gefolgt von boshaftem Gelächter. Ich erkannte das Kichern des *Fräuleins* wieder.

»Hast du es gewusst, Warenka?«, fragte Katharina leise.

»Dass er nicht kommen würde?« Ich beugte mich vor und fühlte ihre Stirn. Sie war ganz heiß.

»Du weißt genau, wovon ich rede. Hat *sie* ihm befohlen, mich zu verführen? War das alles von ihr *geplant*?« Tränen liefen ihr über die Wangen. Sie wischte sie nicht ab.

Ich war wie gelähmt. Eine Kerze auf dem Nachttischchen rußte; das Kammermädchen hatte vergessen, den Docht zu kürzen. Ist es denn so wichtig, immer und unter allen Umständen Bescheid zu wissen? Ist es nicht manchmal besser, aus Freundlichkeit zu lügen?

»Schau mich an, Warenka. Ich bin einfach nur ein Stück Zuchtvieh. Nicht mal das, denn einer Kuh nimmt man nicht gleich nach der Geburt ihr Kalb weg.«

Sie fasste meine Hand. Ihre Haut war heiß und trocken. »Hast du es *gewusst*?«

Ich nickte.

»Warum hast du es mir verschwiegen, Warenka?«

Ich brachte kein Wort heraus.

»In Zukunft überlässt du es mir, zu entscheiden, was gut für mich ist – ein für alle Mal. Ist das klar?«

War es der Ton ihrer Stimme, der mir am meisten wehtat? Sie klang so kalt und harsch, als spräche eine Fremde. Oder war es die blanke Wut in ihren Augen? Sie stand auf und öffnete ein Fenster. Lärm drang herein, Pfiffe und fröhliches Geschrei, Musketenschüsse, das Krachen von Feuerwerkskörpern hallten durch die Dämmerung des Neujahrstages.

»Ich wollte Sie schützen«, murmelte ich. »Ich habe es immer nur gut gemeint.«

Ich weinte, ich weiß nicht mehr, wie lange. Das Nächste, woran ich mich erinnere, ist, dass ich hörte, wie das Fenster geschlossen wurde, und dann fühlte ich Katharinas Finger an meinen Wangen.

Ich hatte keine Wahl. Ich erzählte ihr ihre eigene Geschichte, gesehen durch Gucklöcher in den Wänden, von dem Moment an, als sie hierher in den Winterpalast kam. Ich erzählte, wie sie auf Schritt und Tritt bespitzelt worden war, von Bestuschews Intrigen und Winkelzügen, von den Prahlereien des Verführers. Davon, dass ihr Geliebter nach Schweden abreisen würde, sobald die Neujahrsfeierlichkeiten vorbei waren.

Katharina saß wie erstarrt da. Nur ihre Finger waren in Bewegung, drehten ruhelos Locken in Bijous Fell und streichelten ihn.

»Ist das alles?«, fragte sie, als ich fertig war.

»Ja.«

Im Schein des Feuers sah ich, wie sie sich auf die Lippe biss, so fest, dass sie blutete.

Ich wollte noch etwas Tröstliches sagen, sie daran erinnern, wie weit sie es gebracht hatte in diesen zehn dunklen Jahren, seit sie nach Russland gekommen war und immer damit hatte rechnen müssen, wieder nach Hause geschickt zu werden, aber sie unterbrach mich. »Geh jetzt, Warenka«, befahl sie, »ich will alleine sein.«

Ich gehorchte.

Ich ging nicht zurück zum Ballsaal. Um mich herum in den kalten, zugigen Korridoren des Winterpalasts hallten fröhliche Stimmen, Stiefel trampelten über hölzerne Treppen. Ich hastete in unsere Wohnung. Mascha empfing mich mit Neujahrswünschen und Reden über die unerforschlichen Wege Gottes, aber ich hörte nicht zu. Ich schlief tief und traumlos diese Nacht.

Sieben
1755-1756

In den ersten Wochen des Jahres, nach den eisigen Tagen Mitte Januar, beherrschte der Gedanke an einen drohenden Krieg zunehmend die Gespräche.

In der Neuen Welt machten Engländer und Franzosen in vereinzelten Vorstößen einander Besitzungen streitig. Diese Feindseligkeiten in den fernen Kolonien warfen ihre Schatten bis nach Europa. Frankreich hatte sich mit Preußen, England hatte sich mit Österreich verbündet, wenn auch die Loyalitäten nicht sehr fest geknüpft waren. Am russischen Hof hielt man die Engländer für tückisch und die Franzosen für hinterlistig. Wenn Russland eher zur britischen Seite hin neigte, so deswegen, weil Elisabeth den König von Preußen mehr hasste, als sie die Kaiserin von Österreich verabscheute.

In ihren Augen war die Feindschaft zwischen den beiden deutschen Mächten eine zwischen einem dreisten Räuber und einer intriganten Heuchlerin.

Wenn man bei Hof Elisabeths Aufmerksamkeit finden wollte, empfahl es sich, Wiens Pracht schäbig zu nennen, von den engen Gassen voller Schmutz und Unrat zu sprechen oder aber darauf zu verweisen, dass in den preußischen Schlössern vergoldetes Kupfer als Gold durchging. Die Leute des Kanzlers durchkämmten die Berichte der Spione nach Belegen für Beschimpfungen aus allerhöchsten Mündern: Wann und wem gegenüber hatte Friedrich die russische Kaiserin eine Hure, ein geiles Luder, eine flachbrüstige Schlampe genannt? Wie oft hatte Maria Theresia erklärt, Elisabeth sei eine schamlose Sünderin, die in der Hölle brennen werde?

Alles, was geeignet war, den kaiserlichen Zorn weiter anzufachen, konnte den Intriganten am Hof von Nutzen sein.

Ende Januar erhielt Igor Bescheid, dass er einer Grenadiereinheit zugeteilt worden war. Nicht der Artillerie, wie man ihm versprochen hatte, aber er fand sich damit ab. Er würde seine besten Jahre nicht ruhmlos damit vertun, im Palast Wache zu schieben, das war das Einzige, was wirklich zählte. Er lachte über Saltykow, der sich am schwedischen Hof die Beine in den Bauch stand und, kaum angekommen, bereits fragte, wann er wieder nach Sankt Petersburg zurückkehren durfte. Der kaiserliche Deckhengst, sagte mein Mann und schnaubte verächtlich, machte jetzt die bittere Erfahrung, dass Dankbarkeit im Spiel der Macht nicht viel wert war.

Igor Malikin war aus anderem Holz geschnitzt.

Er wollte sich in heißen Schlachten hervortun, in

siegreichen Kämpfen, die Russland zu Ruhm und Ehre und ihm mindestens zum Rang eines Oberstleutnants verhalfen. Zu einer Zeit, da die Karten Europas immer wieder neu gezeichnet werden mussten, konnte man es beim Militär weit bringen.

Während er auf seinen Marschbefehl wartete, vertrieb Igor sich die Zeit mit Fechten und Boxen. Wenn er von seinen Kämpfen übel zugerichtet und verschwitzt nach Hause kam, scherzte er, er sei in all den Jahren, in denen er immer nur Wache gestanden habe, ganz eingerostet. Er ließ sich neue Stiefel und neue Hosen machen, kaufte ein Reisenecessaire und ein Kästchen mit allen Schreibutensilien, die ein Offizier im Feldlager brauchte und die Darja so sehr faszinierten, dass er ihr schließlich erlaubte, eines der hübschen Tintenfläschchen aus Kristall zu behalten.

Er ließ auch ein Porträt von sich malen: Es zeigte ihn in voller Uniform, den Degen umgeschnallt, das rechte Bein etwas vorgestellt, unter dem Arm den Tschako. Ich fand, dass der Künstler, ein Leibeigener, der sich das Malen selbst beigebracht hatte, schon bei der ersten Sitzung die Ähnlichkeit recht gut getroffen hatte, aber Igor hatte einiges auszusetzen.

»Malen Sie mir ein paar Falten«, befahl er. »Und die Lippen müssen strenger sein. Ich will nicht, dass meine Enkel mich später einmal so idiotisch grinsen sehen.«

Im Winterpalast gab es keinen Hof des Thronfolgerpaares mehr, es gab nur Peters Hof und Katharinas Hof. Bei ihm hatten die Schuwalows das Sagen, und das *Fräulein* führte den Vorsitz. Katharina war allein, und ich war die Kundschafterin, die ihr alles zutrug, was im Palast vor sich ging.

»Du musst das Vertrauen der Kaiserin gewinnen«, sagte Katharina. »Du musst erreichen, dass du bei ihr bleiben darfst, wenn sie andere wegschickt. Sag ihr, was sie hören will.«

Abends im kaiserlichen Schlafzimmer, wenn Elisabeth lange genug über die Preußen, denen man kein Wort glauben durfte, geschimpft hatte, kam meine Stunde: Ich berichtete von Spielschulden Katharinas, die sie jedoch nicht daran hinderten, Geld für Rubinschmuck und Seidenschuhe mit Silberschnallen zu verschleudern. Ich nannte die Großfürstin kalt und berechnend, eine Frau, die sich nur für Leute interessierte, die sie ausnutzen konnte. Es war gar nicht nötig, konkrete Vorwürfe zu erheben, die Erwähnung von Katharinas Namen genügte bereits, Elisabeths Zorn zu wecken. Dass die Großfürstin an einem Abend Karten gespielt hatte oder nicht zu einem Hofball erschienen war, bewies, dass sie leichtsinnig oder hochmütig war. Dass Katharina andauernd versicherte, wie dankbar sie war und wie vorbildlich für ihr Kind gesorgt wurde, stimmte die Kaiserin nicht milder. Ein Lächeln war genauso verdächtig wie Tränen.

»Wir mögen die Menschen nicht, denen wir etwas Schlimmes angetan haben, ist es nicht so, Warwara Nikolajewna?«, bemerkte der Kanzler.

Ich möchte alles wissen, so unbedeutend es dir auch erscheinen mag, hatte Katharina gesagt.

Also berichtete ich ihr alles, was ich sah. Flachen Atem, geschwollene Hände, die Kaiserin, die schreiend aus einem Albtraum erwachte und voller Schrecken eine Ikone umklammerte. Wieder ein Aderlass, vom Arzt stirnrunzelnd verordnet. Elisabeths dickes, dunkles Blut. Schmerzen im Bauch, keine eng taillierten Kleider mehr. Sie wurde ohnmächtig, hatte Krämpfe.

Ich erzählte, dass die Kaiserin oft lange Zeit in der Kapelle kniete, murmelnd ihre Sünden bekannte, mit Gott feilschte. Als einmal in der Nacht ein Käuzchen schrie, ließ sie es mit Musketenschüssen vertreiben. Alle Vögel mussten verscheucht werden, wenn sie auch nur den Fenstersimsen nahe kamen. Ein kranker Diener wurde nach Hause geschickt, und man sprach nie mehr von ihm.

Niemand im Winterpalast wagte das Wort *Tod* auszusprechen.

»Was *genau* hat er gesagt, Warenka?«, fragte Katharina, wenn ich auf Bestuschew zu sprechen kam. »Wort für Wort.«

Der Krieg ist unvermeidlich.

Im Krieg sind Raub und Betrug und Grausamkeiten an der Tagesordnung; außergewöhnliche Umstände erfordern eben außergewöhnliche Maßnahmen.

Ein Vernichtungsschlag ist immer besser als ein langer Zermürbungskrieg.

Kluge Politik kann sich nicht darauf beschränken, immer nur zu reagieren. Aber wer agieren will, braucht klare Zielvorstellungen.

Jeder weiß, dass der Großfürst den König von Preußen bewundert. Aber gehen die Sympathien seiner Frau in dieselbe Richtung?

Sagen Sie der Großfürstin, ich würde ihr gerne mit meinem Rat zur Seite stehen. Reden Sie ihr zu, mir zu vertrauen, den Gedanken zuzulassen, dass ich ihr Freund sein könnte.

»Soll ich ihm trauen, Warenka?«

Manche Gedanken sind wie Schatten, grau in grau und zugleich allgegenwärtig huschen sie über die Wände, tauchen immer wieder auf, wo man sie nicht vermutet. Sie werden nie so deutlich, dass sie unmittelbar zu Entscheidungen führen, und doch erwachsen aus ihnen mitunter Entscheidungen.

Ich fasste nicht den bewussten Entschluss, Bestuschew zu verraten und zu versuchen, ihn in seinem eigenen Spiel zu schlagen.

Ich dachte nur immer daran, mit welchem Hass er

gegen Katharina intrigiert hatte. Er hatte alle Hebel in Bewegung gesetzt, damit sie aus dem Land gejagt würde, diese Tochter eines kleinen deutschen Krautjunkers. *Glaubt er wirklich, das sei alles vergeben und vergessen?*

Ich erzählte Katharina von den Dossiers, die Bestuschew angelegt hatte, Aufzeichnungen, in denen er festhielt, wer in seinen Augen *eine widerliche Kröte* war, wer sich *wie ein ordinärer Bauer* benahm, wer *hinterhältig und aalglatt* war. Wer auf der Suche nach einem mächtigen Gönner, nach fetten Pfründen oder auch nur einer guten Partie war. Wer wie viel Einkommen aus seinen Landgütern bezog und wer aus Furcht vor seinen Gläubigern sein Haus nur noch durch die Hintertür verließ. Wer ein Feind des Großfürsten war und wer im Stillen den Sturz der Schuwalows herbeisehnte.

Seine Generalstabskarte der Wünsche und Begierden, nannte er diese Sammlung einmal, *gezeichnet auf Menschenhaut*.

»Er wird treu an Ihrer Seite stehen, solange es in seinem Interesse ist«, sagte ich. »Er wird Sie verraten, sobald sich anderswo bessere Möglichkeiten ergeben.«

Katharina setzte sich an ihren Schreibtisch, den sie aus Oranienbaum nach Sankt Petersburg hatte bringen lassen, nahm einen Bogen Papier aus einer Schublade und strich ihn mit dem Ärmel glatt. »Ich muss mir alles immer zuerst aufschreiben, damit ich weiß, was ich denke«, hatte sie einmal zu mir gesagt.

An ihrem Zeigefinger war ein schwarzer Tintenfleck. Sie bemerkte ihn, leckte darüber und rieb ihn mit dem Daumen.

»Richte dem Kanzler aus, ich denke darüber nach, Warenka. Gib ihm zu verstehen, dass ich handfeste Zeichen seiner Loyalität sehen will. Er muss zuerst beweisen, dass er es ernst meint.«

Als die Eisflächen auf dem Ladogasee aufbrachen und gewaltige Eisschollen unter großem Getöse die Newa hinabtrieben, begann endlich der Umbau des Winterpalasts. Zuerst wurden nur einige Teile des Gebäudekomplexes, die weitab von der kaiserlichen Suite lagen, geräumt und abgesperrt. Überall standen mit Stroh und Sackleinwand umhüllte Skulpturen herum, die für den Neubau bestimmt waren.

Eine Zeit lang hielt die Kaiserin weiter Audienz im Thronsaal, aber auf die Dauer war das lautstarke Hämmern und Sägen ringsum allzu lästig. Der britische Botschafter rutschte auf frischem Mörtel aus und verstauchte sich den Knöchel. Gräfin Rumjanzewa ruinierte sich die Schuhe, als sie in eine Teerpfütze trat. Als schließlich auch noch Iwan Schuwalow sich beklagte, dass er von dem permanenten Lärm Kopfschmerzen bekam, begann man mit dem Packen für den großen Umzug.

Mittlerweile standen die Traubenkirschen in voller Blüte, die Ufer der Newa waren mit Blumen übersät, und der provisorische Palast an der Stelle, wo die Große Perspektivstraße die Moika überquert, war bezugsfertig. Er bestand aus einem Geschoss, darüber kam direkt der Dachboden, alles ziemlich windig gebaut. Wenn jemand durch den Flur ging, wackelte überall der Fußboden. Es war schon jetzt abzusehen, dass es allerlei Probleme geben würde, vor allem im Winter. Und der Palast bot nicht genügend Platz für den gesamten Hofstaat.

»Es ist schließlich nur für ein Jahr«, sagte die Kaiserin gereizt und machte damit dem Gerangel um den knappen Raum ein Ende. Sie wollte keine Klagen und Beschwerden mehr hören. Dann reiste sie mit ihrem Gefolge nach Peterhof ab. Katharina und Peter zogen für den Sommer nach Oranienbaum. Alle anderen sollten sich beim Umzug nützlich machen.

Eine Phase des Übergangs, dachte ich. *Eine Gelegenheit, darüber nachzudenken, welche Optionen es gibt.*

Die Räume, die Katharina in dem Provisorium bewohnen sollte, lagen weit entfernt von denen des Großfürsten und der Kaiserin, aber nahe bei meiner Wohnung. Vielleicht hatten meine Anstrengungen, die Kaiserin davon zu überzeugen, dass Katharina sich mit ihrem Schicksal abgefunden hatte, ja doch gefruchtet.

Ich hatte den Auftrag erhalten, den Umzug des kaiserlichen Schlafzimmers zu beaufsichtigen, und verbrachte die schönen Sommertage mit endlosen Diskussionen und Überlegungen, was eingelagert und was in die Übergangswohnung der Kaiserin mitgenommen werden sollte. Es war eine Zeit voller Spannungen, Tage voller Murren und Klagen, voller Ärger mit Dienstboten, etwa wenn ich hochnotpeinliche Untersuchungen anstellen musste, weil schon wieder ein Fächer aus Schwanenhaut verschwunden war oder ein venezianisches Riechfläschchen oder gar Elisabeths Lieblingskamm aus Schildpatt. *Was wird als Nächstes an der Reihe sein?*, dachte ich. *Ihre Schuhe?*

Die kaiserlichen Katzen wurden in ihr neues Zuhause gebracht und suchten prompt das Weite. Ein paar Tage lang blieben sie unauffindbar, aber dann kamen sie wieder, eine nach der anderen, rieben ihre Köpfe an Türstöcken und Möbeln und machten es sich auf den Schuhen der Kaiserin oder auf Kissen bequem.

Mein Schlafzimmer war so klein, dass es gerade einmal Platz genug für ein Bett, eine Frisierkommode und ein kleines Schränkchen bot. Den größten Teil meiner Garderobe musste ich in Koffern auf dem Dachboden aufbewahren.

Der Umzug erschöpfte mich. Wenn ich spätabends die Augen schloss, verfolgten mich Bilder von Leuten, die mit Kisten, Rupfen und Stroh hantierten.

Darja dagegen war selig. In ihrer Phantasie verwandelten sich leere Säle und Zimmer in Ozeane, mit Tüchern verhüllte Sofas in unbewohnte Inseln. Auf dem Dachboden, wo die Waschfrauen die Wäsche zum Trocknen aufhängten, sah sie den Katzen zu, die in Körben mit sauberen Leintüchern herumtollten. »Schau, Maman«, rief sie immer wieder entzückt, aber ich achtete mehr auf die losen Dielen und Ritzen im Boden.

Ideal für jeden Spion, dachte ich. *So bekommt man alles mit, was in den Räumen unten vorgeht.*

Wenn es Momente der Leere gab in dieser Zeit, so ignorierte ich sie. Kurz vor unserem Umzug war Igors Marschbefehl gekommen. Es ging alles ganz schnell. Eben noch hatte er in unserem Wohnzimmer gestanden in seiner neuen Uniform – grüner Rock mit goldenen Knöpfen – und sich darüber beschwert, dass der Kragen ihn drückte. Darja setzte sich seinen Tschako auf. Igor beugte sich zu ihr hinunter und erklärte ihr, dass die drei Buchstaben EPI, die darauf standen, für *Elisaweta Petrowna Imperatriza* standen. Schniefend und mit rotgeweinten Augen hängte Mascha ihm ein Medaillon mit einem Heiligenbild um den Hals. Er versprach, auf sich aufzupassen und regelmäßig zu schreiben. Er machte Witze. Sein frisch rasiertes Gesicht war heiter und leicht gerötet, als er das Koppel, an dem der Degen hing, zurechtrückte. Ein stolzes Lächeln, das mir galt.

Und dann war er weg.

Am 29. Juni, dem Fest der Heiligen Peter und Paul, beging der Hof den Namenstag des Kronprinzen. Es war immer ein heiterer Tag mit Musik, Tanz und Militärparaden, ein Tag, der kein Ende nahm, denn in der »weißen Nacht«, die darauf folgte, tauchte die Sonne nur ganz kurz unter den Horizont, um sofort wieder zu erscheinen und das Dunkel in milchige Blau- und Violetttöne aufzulösen. Im Jahr 1755 war die Feier besonders spektakulär, denn nicht allein der Kronprinz hatte Namenstag, sondern auch sein Sohn und Erbe.

»Fahr nach Oranienbaum, Warwara«, befahl die Kaiserin. Mehr musste sie mir nicht sagen. Ich war eine *Zunge* und wusste, was von mir erwartet wurde.

Als ich in Oranienbaum ankam, war das Fest bereits in vollem Gang. Auf dem Vorplatz standen ein Brunnen, der Wodka spendete, und Fässer mit deutschem Bier. Im Garten spielte eine Kapelle, vor dem Schloss ein Streichquartett. Lakaien mit Platten voller Langusten und Braten bahnten sich ihren Weg durchs Gewühl und brachten immer neue Speisen, um den Heißhunger der Gäste zu stillen. Auf einem

Büfett ragte eine mit Türmen bewehrte Festung auf, die ganz aus Gebäck und Früchten errichtet war. Dort stand der Großfürst, der zur Feier des Tages statt der üblichen Holsteiner Uniform eine elegante smaragdgrüne Jacke mit goldenen Litzen trug, und nickte huldvoll, während eine Ehrenformation Salut schoss. Das *Fräulein* genoss es sichtlich, an Peters Seite die Gäste begrüßen zu dürfen.

Von Katharina keine Spur.

Ich ging über den Platz zum Schloss, um sie zu suchen. Die Unterhaltung der Leute um mich herum floss zäh und nur dort etwas lebhafter, wo Bosheiten ausgetauscht wurden. Madame Soundso hatte sich mit viel zu viel Valenciennes-Spitze herausgeputzt – es sah geradezu lächerlich aus. Die Soundsos hatten zu einem Diner geladen, das fünftausend Rubel gekostet hatte, aber das Essen war abscheulich gewesen. Monsieur Soundso war scharf auf die Frau von Monsieur XY.

Jede Menge Klatsch, dachte ich. Die Kaiserin wird zufrieden sein.

In der Eingangshalle stand der Kanzler an einem offenen Fenster und sah hinaus.

»Eine großartige Veranstaltung, nicht?«, sagte er mit ironischem Lächeln. »Es ist alles da, was Rang und Namen hat. Die alten Akteure und die neuen.« Seiner Aufmerksamkeit entging nichts, weder das schrille Gelächter des *Fräuleins* noch meine gespannten Blicke zu der Tür, durch die jeden Moment Katharina treten konnte.

»Sehen Sie, da ist der britische Gesandte, der unsere Kaiserin so heftig umwirbt.« Er beugte sich etwas vor. »Mein alter Freund hat Verstärkung mitgebracht.«

Sir Charles Hanbury-Williams, Vertreter der britischen Krone am russischen Hof, hinkte ein bisschen – offenbar war sein Knöchel noch nicht wieder ganz geheilt. Neben ihm ging ein schlanker junger Mann in einem kirschroten Rock. Er trug keine Perücke, sein Haar war gekräuselt und gepudert und hinten mit einem Satinbändchen zusammengebunden.

»Graf Stanislaw Poniatowski«, sagte der Kanzler. »Gerade erst von einer Reise durch ganz Europa zurückgekehrt. Er ist der Privatsekretär von Sir Charles und sein Protegé.«

Der Graf mache seine ersten Gehversuche auf dem Gebiet der Politik, erklärte Bestuschew. Seine Onkel hätten ihn nach Sankt Petersburg geschickt, damit er den polnischen Einfluss am Hof zu Geltung brachte. Er war bereits in den besten Häusern empfangen worden. Nach einer Audienz in Peterhof hatte die Kaiserin so von seinen strammen Waden geschwärmt, dass Iwan Iwanowitsch ganz gekränkt gewesen war.

Der Pole erwiderte gerade mit einer eleganten Verbeugung einen Gruß und nahm sich dann ein Glas

Champagner von einem Tablett. Sir Charles stellte ihn Feldmarschall Apraxin vor.

»Die Schuwalows halten ihn für gefährlich.« Bestuschew schmunzelte. »Der schöne Graf sollte sich geschmeichelt fühlen.«

Die Orden an Apraxins Brust glitzerten. Graf Poniatowski streckte ihm die Hand hin.

»Sie sollten wissen, dass Gräfin Schuwalowa bereits Andeutungen streut, Sir Charles und sein Schüler teilten gewisse widernatürliche Neigungen.« Er lächelte verschmitzt. »Nur damit Sie nicht überrascht sind, wenn die Kaiserin neugierige Fragen nach dem hübschen Neuling stellt.«

Es wird also schon geklatscht, dachte ich, während der Kanzler weiterredete. Die französische Partei am Hof nutzte jede Gelegenheit, die Briten zu diskreditieren.

Ich ignorierte Bestuschews fragenden Blick. *Halte ihn hin*, hatte Katharina gesagt. *Behaupte, ich änderte andauernd meine Meinung. Treiben wir ihn zur Verzweiflung.*

Im Krieg sind Raub und Betrug an der Tagesordnung, dachte ich. *Und Grausamkeiten.*

Als ich Katharinas Suite betrat, fand ich sie von gleißendem Sonnenlicht umflossen, um sie herum wie ein summender Bienenschwarm ihre Hofdamen. Sie wurde eben angekleidet. Zofen schnürten sie, rückten ihr *Panier* zurecht, banden ihre Täschchen fest. Eine puderte ihr kunstvoll gelocktes Haar, eine andere klebte ihr ein Schönheitspflästerchen auf. Ein Galakleid aus elfenbeinfarbener Seide wurde ausgebreitet, der Rock mit feinster silberner Spitze besetzt.

Ich knickste. »Warenka«, rief Katharina aus. »Seid ihr mit dem Umzug fertig? Sind die Arbeiten im neuen Palast tatsächlich alle abgeschlossen?«

Ich fragte mich, ob es Belladonna oder Laudanum war, was ihre Pupillen derart riesig machte.

Es war der erste Namenstag ihres Sohnes. Nicht einmal heute hatte man ihr erlaubt, ihn in die Arme zu nehmen und zu küssen. Wie immer hatte sie ihre Tränen zurückhalten und beteuern müssen, wie dankbar sie sei, dass es ihrem Kind so gut ginge. Es rege das kleine Schätzchen nur unnötig auf, wenn seine Mutter bei ihm sei, hatte die Kaiserin befunden. Und ich hatte gehört, wie sie sagte, die Sehnsucht nach ihrem Sohn werde Katharinas Fruchtbarkeit verbessern, sodass sie bald wieder schwanger würde.

»Der Palast wartet nur darauf, dass Sie kommen, Hoheit«, erwiderte ich.

Sie hob die Arme, damit die Zofen ihr die Unterröcke überstreifen konnten und anschließend das Mieder. Als sie so weit war, dass sie das Kleid anziehen konnte, hatte ich bereits alle ihre Fragen zum Umzug beantwortet. Der Palast war klein, aber es war alles da. Es war schon früh am Morgen sehr laut auf der

Großen Perspektivstraße, aber ihre Zimmer lagen auf der anderen Seite, zum Kanal hin. Im Übrigen hatte Monsieur Rastrelli hoch und heilig versprochen, dass der Hof in einem Jahr wieder im Winterpalast einziehen konnte.

Das Seidenkleid raschelte, als Katharina sich langsam drehte. Die silberne Spitze funkelte. Die Zofen suchten nach letzten Unvollkommenheiten – ein loser Faden, ein unregelmäßiger Faltenwurf, ein Stäubchen Puder am Hals.

Ich fand, Katharina sah so gut aus wie lange nicht mehr.

Draußen rief jemand: »Lang lebe der Kronprinz!« Es folgte enthusiastischer Jubel. Ich dachte daran, wie eilig das *Fräulein* es hatte, Katharinas Stelle an der Seite ihres Mannes einzunehmen.

Eine neue Salve Salut krachte.

Es folgte ein Moment gespannter, unangenehmer Stille, doch dann lächelte Katharina und sagte, sie sei nun bereit, zum Fest zu gehen.

»Wer ist das, Warenka?«, wollte Katharina wissen.

Aus einer Schale mit Früchten nahm Graf Poniatowski eine entkernte Pflaume und steckte sie in den Mund. Dann nahm er noch eine.

Ich gab wieder, was der Kanzler mir erzählt hatte: *polnischer Protégé des britischen Gesandten ... sein Privatsekretär ... mehr sein Freund und Schüler.*

»Offenbar mag er Pflaumen«, bemerkte Katharina. »Hat er auch einen Vornamen, dieser polnische Graf?«

»Stanislaw.«

»Hat *sie* ihn schon kennengelernt?«

Ich sagte ihr, dass Graf Poniatowski vor einigen Tagen der Kaiserin offiziell vorgestellt worden war.

»Hat er ihr gefallen?«

»Ja.«

»Mehr als Schuwalow?«

»Ich glaube nicht. Er hat einen schweren Fehler gemacht.«

»Hat er all ihre Pflaumen gegessen?« Ihre Augen blitzten amüsiert.

Ich unterdrückte ein Lächeln. »Nein. Er hat Voltaire zitiert – eigentlich steht das nur Iwan Iwanowitsch zu.«

Aus dem Augenwinkel sah ich, wie sich Graf Poniatowski vor der ältesten Tochter von Fürst Kurakin verbeugte und sie zum Tanz führte. Er war offensichtlich ein sehr geübter Tänzer und genoss es, sich so elegant zu bewegen. Jedes Mal wenn er sich vor seiner Partnerin verneigte, ging ein warmes Lächeln über sein schön geschnittenes Gesicht. Er hatte nichts von Sergej Saltykows arroganter Männlichkeit, fand ich und hoffte, dass auch Katharina es sah. Er strahlte nur die weltläufige Gelassenheit eines Mannes aus, der sich überall zu Hause fühlte.

Der Großfürst winkte mich zu sich.

»Es gefällt ihr nicht, wie ich angezogen bin, Warwara«, klagte Peter und wies auf das *Fräulein* an seinem Arm. »Sag ihr, was du gehört hast.«

Er klang wie Darja, wenn sie Bestätigung suchte.

»Alle finden, Ihre Hoheit sehen heute ganz besonders schick aus«, sagte ich. »Die Großfürstin und Kanzler Bestuschew meinten, dieser Frack stehe Ihnen ausgezeichnet.«

Gräfin Woronzowa warf mir einen finsteren Blick zu.

»Und? Was sagen Sie jetzt?«, fragte er sie triumphierend.

Als ich wieder zu Katharina trat, stand sie mit Graf Poniatowski und Sir Charles am Büfett. Der Graf lachte über etwas, was sie gerade gesagt hatte. Ihr Mund war leicht geöffnet, und ich fand sie wunderschön. Es war Freude, was ihr Gesicht wie durch einen Zauber so leuchten ließ.

»Ich hatte nicht so viel Glück wie Sie«, hörte ich sie sagen. »Als ich nach Russland kam, war es Winter, und der russische Winter kann einen zur Verzweiflung treiben.« Sie bemerkte mich gar nicht.

Sir Charles Hanbury-Williams trat etwas beiseite und winkte mich zu sich. Ich musste daran denken, dass die Kaiserin oft über seine stämmige Figur und die vollen Lippen spottete.

»Ich war selbst schuld, Madame Malikina«, sagte er, als ich mich besorgt nach seiner Fußverletzung erkundigte. Er sprach fließend Französisch, wenn auch ein bisschen ungelenk wie die meisten Engländer, die nicht von früher Jugend an mit der Sprache vertraut sind. »Ich hätte besser aufpassen sollen.«

Es freute mich, dass er sich an meinen Namen erinnerte. Wir hatten ein paar höfliche Worte gewechselt, wenn wir einander in den Vorzimmern der kaiserlichen Suite begegnet waren, hatten aber nie nähere Bekanntschaft geschlossen.

Er berichtete, dass er Graf Poniatowski der Großfürstin vorgestellt hatte: »Ich sagte ihr, er ist mein politischer Zögling und wie ein eigener Sohn für mich, und sie gratulierte mir zu meinem Geschmack.«

Um uns herum unterhielten sich die Leute und lachten. In einiger Entfernung redete Kanzler Bestuschew mit dem österreichischen Gesandten und legte ihm demonstrativ freundschaftlich die Hand auf die Schulter. Sir Charles machte keinen Hehl daraus, dass er ganz hingerissen von Katharina war: »Diese Intelligenz, diese Anmut! Was für ein entzückendes Lächeln!«

Ich ließ ihn reden, aber meine Aufmerksamkeit galt hauptsächlich Katharina und Stanislaw. Weniger ihren Worten – ich konnte nur wenige abgerissene Fetzen ihrer Unterhaltung verstehen – als vielmehr ihrer Körpersprache: Katharina führte spielerisch ihren Fächer an die Lippen, seine Augen funkelten.

»Ich war lange genug in Polen, um zu wissen, welche Möglichkeiten in diesem Land stecken«, fuhr Sir Charles fort. »Es ist halb so groß wie Frankreich und könnte die Kornkammer Europas sein, aber es führt ein unbedeutendes Dasein. Was für eine Verschwendung! Das kann nicht im Interesse Europas sein. Das sind die Dinge, über die wir immer reden, Graf Poniatowski und ich, Madame Malikina.«

Er warf einen Blick in Richtung seines Schützlings, der sich zu Katharina vorbeugte, und fuhr dann fort, über Politik zu dozieren. Nur wenn ein Machtgleichgewicht herrschte, wurden alle Akteure in Schach gehalten. Frankreich strebte danach, seinen Einfluss maßlos auszudehnen. Die Franzosen versuchten in allen Ländern wichtige Leute auf ihre Seite zu ziehen, aber sie machten nur leere Versprechungen. Polen hatte es bereits zu seinem Leidwesen erfahren müssen. Das Land war jetzt auf der Suche nach verlässlichen Bundesgenossen.

»Polen und Russland, Madame, sind natürliche Bündnispartner. Eine Allianz wäre im Interesse beider Staaten und ganz Europas.«

So spricht ein Diplomat, dachte ich. Sir Charles hatte einen Auftrag auszuführen, und er nutzte jede Gelegenheit, für seine Sache zu werben. Natürlich war seine Botschaft nicht für mich bestimmt, ich sollte sie nur weitertragen. Aber wer war der Adressat, den er im Auge hatte? Elisabeth? Der Kanzler? Oder Katharina?

Ich stand im Licht der weißen Nacht und lauschte Katharinas heiterer, neckender Stimme und immer wieder Graf Poniatowskis sanft bezauberndem Lachen.

Als das Fest zu Ende war, ging ich in Katharinas Schlafzimmer, um mit ihr abzustimmen, was ich der Kaiserin in Peterhof berichten sollte.

Aber Katharina wollte keinen Gedanken an die Kaiserin verschwenden.

Die Zofen hatten die Fenster offen stehen lassen, die schweren roten Samtvorhänge blähten sich leicht in einer kühlen, duftenden Brise, die aus den Gärten hereinwehte. Ich roch Flieder und den intensiven Duft von Jasmin.

»Weißt du, Warenka, ich habe mich mit Graf Poniatowski über Paris unterhalten. Er sagt, er war ganz hingerissen von der besonderen Atmosphäre, die man dort überall spürt. Solche Städte haben eine Aura, wie Menschen, die Leidenschaften und Sehnsüchte ausstrahlen. Paris, sagt er, ist ganz Lebensfreude.«

Meine Kutsche wartete. Ich stand auf, um zu gehen, aber Katharina hielt mich auf.

»Meinst du, ich komme irgendwann einmal da hin?«

»Nach Paris?«, fragte ich.

»Ja.«

»Wenn Sie es stark genug wollen.«

Ihre Augen wurden schmal, und dann ging plötzlich ein ganz sanftes Leuchten darin auf. »Ich kann nicht länger ohne Liebe leben, Warenka. Ich halte es keine einzige Stunde mehr aus.«

Ich lächelte. »Es scheint ganz so, als müssten Sie das auch gar nicht«, sagte ich.

Bevor der Hof aus der Sommerresidenz nach Sankt Petersburg zurückkehrte, schickte mich die Kaiserin noch einmal nach Oranienbaum.

Ich sollte mit dem Großfürsten sprechen. Es hatte Klagen darüber gegeben, dass Peter ein Regiment aus Holstein hatte kommen lassen. In einer Zeit, da ein Krieg mit Preußen unmittelbar bevorstand, musste das Ärgernis erregen.

Die Kaiserin war außer sich vor Zorn. »Mach diesem Schwachkopf klar, dass ich am Ende meiner Geduld bin, Warwara.«

Die Holsteiner in ihren blauen Uniformen hatten nicht weit vom Schloss ihr Feldlager eingerichtet. Ihre Verpflegung bekamen sie aus der Schlossküche. Die Dienstboten waren empört, dass sie »diese unverschämten Deutschen« bedienen mussten. Von verschiedenen Seiten war man schon öfter an die Kaiserin herangetreten und hatte sie gebeten, ein Machtwort zu sprechen.

Ich sah Elisabeths Gesicht, das vor lauter Ärger ganz rotfleckig war. Sie stapfte durch den Raum, als wollte sie mit dem Klacken ihrer Absätze ihren Worten Nachdruck verleihen. Die Sache musste aus der Welt, egal wie.

»Sorge dafür, dass ich von dieser leidigen Angelegenheit nichts mehr höre, Warwara.«

Ich knickste und machte mich auf den Weg.

In Oranienbaum verlangte ich die Großfürstin zu sprechen. Eine hochnäsige Zofe wollte mich nicht gleich zu ihr lassen, aber ich sagte ihr, es sei wichtig.

Katharina saß in ihrem Arbeitszimmer, zu ihren Füßen der kleine Bijou. Vor ihr auf dem Schreibtisch stand eine Kristallvase mit roten Rosen. Sie machte Wasserflecken auf dem Holz. Die Großfürstin sah mich und legte ihre Feder weg, zu hastig, sodass ein Tropfen Tinte auf das Blatt vor ihr fiel.

»Warenka«, rief sie. Sie streute Sand auf den Tintenklecks. »Du kommst wie gerufen.«

Ich wollte ihr erklären, warum ich hier war, aber sie hörte kaum zu. Ihre Wangen waren gerötet, ihr Haar, ungepudert und von einem schlichten gelben Band zusammengehalten, glänzte.

»Er ist wieder da«, sagte sie.

»Graf Poniatowski?«

Sie nickte. Stanislaw war häufig zu Besuch, sagte sie, denn der Großfürst interessierte sich sehr für die Kriegstaten seines Vaters. Der alte General Poniatowski hatte vor sechsundvierzig Jahren in der Schlacht bei Poltawa an der Seite Karls XII. von Schweden gegen Peter den Großen gekämpft.

»Krieg!« Katharina verdrehte die Augen. »Sie reden immer nur vom Krieg.«

Das Interesse ihres Mannes galt nicht eigentlich dem Sieg der Russen über Schweden, auch nicht der Strategie seines Großvaters oder dessen politischer Vision – was ihn beschäftigte, war vielmehr die Frage, wie der geschlagene König von Schweden es geschafft hatte, die Russen zu täuschen und mit General Poniatowskis Hilfe der Gefangennahme zu entgehen.

Der Großfürst machte es seiner Frau leicht, dachte ich.

»Das ist nicht gerade das, was die Kaiserin im Moment hören will«, sagte ich ernst.

»Wieso, Warenka?« Sie sah mich schelmisch an, dann bückte sie sich und nahm Bijou auf den Arm. »Vielleicht sollte man es ihr haarklein erzählen.«

Sie schaukelte ausgelassen Bijou hin und her. Das Hündchen kläffte aufgeregt.

Ihre Fröhlichkeit wurde mir zu laut. Ich legte warnend den Finger auf die Lippen.

Katharina setzte den Hund ab und umarmte mich.

»Ich mache doch nur Spaß, Warenka. Komm jetzt, gehen wir. Wir werden uns amüsieren, du wirst sehen.«

»Dürfen wir Ihnen Gesellschaft leisten, meine Herren?«, fragte Katharina lächelnd, als wir das Arbeitszimmer des Großfürsten betraten.

In einer Ecke fuhr das *Fräulein* hoch wie von einer Tarantel gestochen.

Der Großfürst fuhr mit dem Finger über eine Landkarte, die vor ihm lag. Er trug seine blaue preußische Uniform. Ich hatte gesehen, wie sein Kammerdiener mit glühenden Kohlen Löcher in den Stoff gebrannt hatte, die aussehen sollten wie Einschusslöcher von Musketenkugeln. Graf Poniatowski stand neben ihm. Seine Kleidung war in warmen Braun- und Rosttönen gehalten, sein elegantes Jackett mit Gold gesprenkelt. Die beiden drehten sich nach der Großfürstin um. Zwei Gesichter, das eine pockennarbig und erhitzt, das andere schön und gelassen.

Graf Poniatowski verneigte sich. Der Großfürst wedelte mit der Hand zum Zeichen, dass wir näher treten sollten. Das *Fräulein* starrte auf den Boden.

Ich fragte mich im Stillen, was Peter mehr freute: der unerwartete Besuch, den er, seinem triumphierenden Grinsen nach zu urteilen, für eine Demonstration ehefraulicher Verbundenheit hielt, oder der offenkundige Ärger des *Fräuleins*.

Katharina wandte sich an den Grafen.

»Mein Mann sagt, dass Sie immer höchst amüsante Geschichten zu erzählen haben.«

»Ich versuche mein Bestes, ihn nicht zu langweilen.« Graf Poniatowski verbeugte sich wieder.

Der Großfürst lachte glucksend. »Erzählen Sie ihr mal, wie das mit dem *maire* von Paris war.«

Offenbar war das nicht die erste Unterhaltung dieser Art. Die Stimme des Grafen hatte etwas amüsiert Nachsichtiges; er wollte dem Hausherrn gern den Gefallen tun, auch wenn er sich wiederholen musste. Seine Hand unterstrich seine Worte mit schwungvollen Gesten.

Der Bürgermeister von Paris, auf dem Kopf eine rosafarbene Haube, hatte ihn in einen Raum geführt, wo etliche Nachttöpfe nebeneinander aufgereiht standen, jeder halbvoll mit Sand. Während sie plauderten, hatte sich der Mann alle paar Minuten entschuldigt und versucht, sich zu erleichtern, jedes Mal in einen anderen Nachttopf.

Der Graf wurde mit fröhlichem Gelächter belohnt. Das ist der Charme eines Fremden, der in der Welt herumgekommen ist, dachte ich. Er weiß angenehm zu erzählen, streut dazwischen Komplimente ein, rühmt die russische Herzlichkeit und die russische Gastfreundschaft, die Pracht und Herrlichkeit von Sankt Petersburg, die Schönheit der russischen Frauen.

Eine Stunde verging wie im Flug. Die Augustsonne färbte die dunkel getäfelten Wände golden; von den Gärten wehte der Rauch von brennenden Zweigen.

Katharina nahm das *Fräulein* entschlossen beim Arm und schlug einen Spaziergang durch den Garten vor. Sie wollte Graf Poniatowski ihre neue Voliere zeigen. Sie hatte ein Paar chinesische Fasane, Wachteln und allerlei Wildvögel, die man im Lauf des Sommers in Fallen gefangen hatte, Drosseln, Elstern, Pirole.

Der Großfürst ignorierte das Flehen in den Augen des *Fräuleins*. »Geht nur«, sagte er, »ich habe sie schon gesehen.«

Auch ich schloss mich dem Spaziergang nicht an. Ich wollte die Gelegenheit nutzen, mit dem Großfürsten unter vier Augen zu sprechen.

Am folgenden Tag in Peterhof versicherte ich der Kaiserin, dass es in Zukunft keine Klagen über die preußischen Truppen geben werde. Mein Erfolg beruhte auf einer sehr simplen Erkenntnis: Die Bediensteten des Großfürsten waren nicht zuletzt deswegen so schlecht auf die Holsteiner Truppen zu sprechen, weil es eine Menge Arbeit machte, all diese Leute zu verpflegen, und sie für diese zusätzliche Mühe nicht entlohnt wurden. Sobald der Großfürst zugesagt hatte, dieses Übel zu beheben, legte sich die patriotische Empörung der Dienstboten, und sie bedienten »die Preußen« von da an ohne Murren.

Die Kaiserin war zufrieden.

Sie fragte nicht nach Katharina, und ich erwähnte sie und den polnischen Gast nicht. Ich hatte es eilig, nach Sankt Petersburg zurückzukehren. Der provisorische Palast war immer noch weitgehend unbewohnt, und mir war nicht wohl bei dem Gedanken, dass Darja dort nur Mascha und die Dienerschaft zur Gesellschaft hatte.

Mitte August kam Igor zum ersten Mal, seit er seinen neuen Posten angetreten hatte, auf Urlaub nach Sankt Petersburg. Er war magerer und ruhiger geworden und wirkte mehr wie ein Gast in der neuen Wohnung als wie der Hausherr.

Durch die Fenster drangen die Geräusche der Straße, Hufgetrappel, das Rattern von Rädern auf dem Pflaster, die Rufe von Händlern, die ihre Ware anpriesen. Die nackten Holzböden rochen nach Harz und knarzten unter jedem Schritt.

Igor strich mit den Fingern über die Bretterwand unseres kleinen Wohnzimmers, klopfte dagegen, um zu hören, wie dick sie war.

»Es ist nur für ein Jahr«, sagte ich. »Es ist kein richtiges Zuhause.«

»Immer noch besser als die Unterkünfte der Soldaten.«

Ich sah, wie seine Kiefermuskeln sich anspannten.

Den ganzen Tag lang wich Darja nicht von Igors Seite, wollte all seine Geschichten hören und führte ihm vor, was sie gelernt hatte, während er fortgewesen war, Sticken mit Kreuzstich, französische Gedichte, Knicksen. Er unternahm mit ihr lange Spaziergänge auf der Großen Perspektivstraße, von denen sie mit allerlei Einkäufen heimkehrten. »Lass mich, Papa!«, rief Darja und packte ihre Schätze vor mir aus: eine Porzellanpuppe mit strahlenden schwarzen Augen, getrocknete Früchte oder Konfekt in Schatullen aus Birkenrinde, rosa schimmernden Satin für ein Kleid, eine Halskette aus roten Holzperlen.

»Für mich, für dich, Maman. Für Mascha.«

Die Nachmittage waren noch so mild, dass man kein Feuer anzünden musste, und man brauchte auch noch kein Kerzenlicht. Mascha brachte ausgesuchte Köstlichkeiten auf den Tisch, Blini, Klöße, dampfenden Borschtsch, geräucherten Stör für Igor und all die Besucher, die, begierig nach Neuigkeiten, zu uns kamen.

Krieg, so bekam ich zu hören, bedurfte sorgfältiger Vorbereitung. Man musste seine Kräfte sammeln. Loyalität war wichtig. Innere Stärke. Weitsichtige Planung. Man schlug nicht aus einer Laune heraus drauflos, man zwang dem Feind die eigenen Spielregeln auf.

Igors frühere Kameraden lauschten seinen Ausführungen. Die meisten der Offiziere kannte ich noch aus der Zeit, als mein Mann bei der Garde gedient hatte, es waren aber auch einige Neulinge dabei, unter ihnen die Brüder Grigori und Alexej Orlow vom Ismailowski-Regiment. Sie waren kaum älter als zwanzig, hochgewachsene, bärenstarke Männer. Beide gut aussehend, allerdings war Alexejs Gesicht durch eine Narbe entstellt, die quer über eine Wange lief. Nach dem Tod ihrer Eltern waren sie in ein Haus an der Millionnajastraße gezogen und hatten ihre drei Brüder zu sich genommen. Sie hielten zusammen wie Pech und Schwefel, sagte Igor.

Unser kleines Wohnzimmer konnte die vielen Gardisten kaum fassen. Sie machten es sich auf den Sofas bequem oder saßen auf Fensterbrettern wie übergroße grüne Vögel und hörten meinem Mann zu.

Igor ärgerte sich über die Politik im Land. Die ständigen Kurswechsel. Dass er seinen Leuten andauernd erklären musste, dass der Feind von gestern über Nacht zu einem Verbündeten geworden war. Soldaten brauchten klare Ansagen, deutliche Feindbilder, nahe, sichtbare Ziele. Sie brauchten eine einzige, feste Stimme, die ihnen ihre Befehle gab.

»Genau, so und nicht anders«, hörte ich Igors Kameraden sagen.

Sie sagten es laut und offen. Man sah es ihnen an, wie unzufrieden sie waren, sie machten keinen Hehl daraus.

Bären in einer Grube, dachte ich. *Wissen sie nicht, dass es Füchse gibt, die sie überlisten werden? Oder sind sie so wild entschlossen, dass keine Gefahr sie schrecken kann?*

Am Abend vor Igors Abreise, als Mascha Darja zu Bett gebracht hatte, saßen wir zwei alleine zusammen.

Zuerst redeten wir über Darja, wie gut sie schon Französisch konnte, dass ihr Zeichenlehrer fand, sie habe ungewöhnlich viel künstlerisches Talent. Dass wir jetzt, da Igor die neue Stelle hatte und ich wieder im Dienst der Kaiserin stand, Geld für ihre Mitgift beiseitelegen konnten.

Wir plauderten ganz gelöst und heiter über die Möglichkeiten, die sich uns eröffneten, über Erwartungen und Hoffnungen. Aber dann schlich sich Schweigen ein, anfangs zögernd, und machte sich immer schwerer im Raum breit.

Eine der Kerzen rußte. Ich stand auf, um den Docht zu kürzen, aber Igor hielt mich zurück. Seine Hand lag kühl und trocken auf meiner.

»Bitte«, murmelte er, als wollte ich ihn allein lassen.

Ich setzte mich wieder zu ihm.

Ein Schatten huschte über sein Gesicht. Er sah plötzlich müde aus, als machte er nur kurz Rast auf einem langen Marsch, den er bald fortsetzen musste.

Seine Stimme klang hohl in der Stille des Abends.

Es sei nicht allein die Politik, die ihn verunsicherte, sagte er. Nicht allein dieser Zickzackkurs, als ob Russland niemanden hätte, der das Ruder führt.

Die Ausrüstung der Soldaten tauge nichts, alles billiger Schund. Für die neuen Rekruten waren keine Musketen da, sie mussten mit Holzgewehren üben. Das ging zu weit. Was war los am Hof? Hatte Mütterchen Russland seine Söhne vergessen?

Ich zuckte zusammen und schaute zur Tür.

»Psst, Igor, das ist gefährlich«, flüsterte ich. »Hier haben die Wände Ohren.«

Er sah mich an, befremdet und zugleich tief gekränkt. Als ob ich ihm einen Vorwurf gemacht hätte, als hätte ich keine Ahnung, wer er wirklich war.

»Du hast keinen Feigling geheiratet«, sagte er.

Ich spürte den Druck seiner Hand. Sie fühlte sich stärker an, als ich sie in Erinnerung hatte.

Später, als Igor abgereist war, dachte ich oft an diese Worte, wenn ich nachts in meinem Bett lag, neben mir der warme Körper meiner schlafenden Tochter. Ich drehte sie in meinem Kopf hin und her.

Prahlerei?

Ein Versprechen?

Und da ist noch eine Erinnerung an diesen Sommer: Darenka mit Katharina in der Voliere in Oranienbaum, umgeben von Papageien, Sittichen, Kanarienvögeln, denen sie ihre Händchen voller Samenkörner hinstreckt und sie lockt, ihr aus der Hand zu fressen. Und wie sie dann Katharina fragt, ob sie die Vögelchen nicht aus dem Käfig herauslassen will in den Garten, damit sie fliegen können, wohin sie wollen.

Ich erinnere mich an Katharinas Antwort.

Als sie ein kleines Mädchen war, hatte sie denselben Gedanken gehabt. Und darum hatte sie die Tür der Voliere ihrer Tante offen stehen lassen.

»Und was ist dann passiert?«, fragte Darja.

Ich erstarrte, denn ich wusste nur allzu gut, dass Katharina Darjas Sehnsucht danach, dass alle Geschichten in schöner, heiterer Harmonie zu Ende gingen, enttäuschen würde.

»Mit mir oder mit den Vögeln?«, fragte sie. »Ich musste ohne Abendessen zu Bett gehen, und das war auch schon alles. Den Vögelchen erging es nicht so gut.«

Ich beobachtete Darjas Gesicht, während sie im Geist die Bilder sah, die zu Katharinas Geschichte gehörten: Papageien, die von anderen Vögeln zu Tode gehackt wurden. Spatzen und Drosseln, die ihre Tante gerettet und aufgepäppelt hatte und die jetzt eine leichte Beute für Katzen und Nachbarsjungen waren. Blutige Reste von Kadavern, umgeben von Federn.

Eine Katze, im Maul einen leblosen Vogel; sie wirkte, als wäre sie überrascht davon, dass sich ihr Opfer gar nicht gewehrt hatte.

»Das wirst du doch meinen Vögeln nicht antun wollen, oder, Darenka?«, fragte Katharina.

Ich sah, wie meine Tochter ernst und nachdenklich den Kopf schüttelte.

Im September kehrte der Hof nach Sankt Petersburg zurück und bezog nun auch das Ausweichquartier an der Großen Perspektivstraße. Im Ostflügel lagen die kaiserliche Suite, das Kinderzimmer und die Wohnräume von Elisabeths Hofdamen. Der Großfürst und seine Entourage bewohnten eine Suite direkt neben dem Schlafzimmer der Kaiserin.

Peter gefiel die neue Wohnung gar nicht. Seine Holsteiner Offiziere waren in einem Haus auf der anderen Seite der Straße einquartiert. Für seine Ehrendamen und das *Fräulein* stand nur ein einziger Raum zur Verfügung. Er selbst hatte nicht genügend Platz für seine militärhistorischen Sandkastenstudien und konnte nicht einmal richtig seine Landkarten ausbreiten.

Die Wände waren dünn. Wenn er nieste, hörte es die Kaiserin nebenan.

Auch für die Regierungsbeamten war in dem Palast kein Platz. Der Kanzler und sein Stab bezogen ein Haus in der Millionnajastraße. »Es ist laut«, sagte

Bestuschew gereizt, als ich ihn fragte, wie ihm sein neues Quartier gefiele. Das Hämmern und Sägen im alten Winterpalast hörte auch in der Nacht nicht auf. Monsieur Rastrelli wollte unbedingt mit den Außenarbeiten fertig werden, bevor der Frost einsetzte.

Katharinas Suite – vier große Vorzimmer und zwei Privaträume – lag im Westflügel, ganz in der Nähe meiner Wohnung. Offenbar wollte die Kaiserin, dass die Großfürstin möglichst weit weg von ihrem Kind wohnte.

Jetzt, da der Hof wieder da war, hatte die Ruhe des Sommers ein Ende. Ich musste wieder ständig der Kaiserin zur Verfügung stehen, um sie zu bedienen oder für sie zu spionieren.

An dem Tag, an dem die Kaiserin zurückkam, herrschte viel Aufregung. Ein Dieb war gefasst worden, der Silbergeschirr gestohlen hatte. Die Kamine zogen schlecht, alles war voller Qualm, die Fußböden knarzten. Die Vorzimmer der Kaiserin waren voll von Leuten, die darauf warteten, zur Audienz vorgelassen zu werden. Ständige Vertreter und Gesandte europäischer Herrscher, hochgestellte ausländische Besucher und Bittsteller mischten sich mit Porträtmalern, Handwerksmeistern und Kaufleuten, die einen Auftrag zu erhaschen hofften. Monsieur Rastrelli war so klug gewesen, sich nicht blicken zu lassen.

»Schick sie fort, alle«, befahl die Kaiserin.

Ich gehorchte.

Als ich wieder ins Schlafzimmer kam, lag die Kaiserin auf ihrem Bett, in ihrem Rücken zwei dicke Kissen. Ihre Hände und Füße waren geschwollen, ihr Gesicht glänzte vor Schweiß. Eine der Zofen klaubte umherliegende Kleider vom Teppich auf, eine zweite versuchte die Vorhänge enger zuzuziehen.

»Wo ist meine Frisierkommode aus Rosenholz, Warwara?«, schrie Elisabeth. »Schaff sie her, sofort!«

Es hatte keinen Sinn, ihr die Sache erklären zu wollen.

Ich schickte Diener auf den Dachboden, wo die Kommode stand. Ich winkte den verängstigten Zofen, zu verschwinden.

Ich redete von guten Vorzeichen. Neugeborene Kätzchen, zunehmender Mond, ein vierblättriges Kleeblatt. Man hatte den Kuckuck rufen hören, zwanzig Mal, das bedeutete, dass ihr noch volle zwanzig Lebensjahre vergönnt waren. Ich sprach mit sanft beruhigender Stimme. Nebenan im Kinderzimmer greinte Paul. Man sagte, das Kind sei sehr schreckhaft und wache oft mitten in der Nacht schreiend auf.

Sir Charles Hanbury-Williams kam häufig in den Palast an der Großen Perspektivstraße. Wie erwartet, waren die Wellen des Kriegs, den England und Frankreich in ihren Kolonien austrugen, bis nach Europa geschwappt und sorgten dort für Unruhen. Alte Konflikte brachen wieder auf, neue Allianzen entstanden. Der britische Gesandte, unterstützt von Bestuschew, versuchte ein Bündnis zwischen England und Russland zustande zu bringen, die profranzösischen Schuwalows taten alles, um es zu verhindern.

Wie immer entspann sich ein Kampf, in dem es darum ging, Elisabeth auf diese oder jene Seite zu ziehen, ein Kampf, in dem alle Mittel erlaubt waren. Jede Partei schickte immer neue Verfechter ihrer Interessen in die Schlacht, alle wohl versehen mit Schmeicheleien und Geschenken, alle mit dem Ziel, Elisabeth zu beeinflussen. Obwohl ich nur eine sehr untergeordnete Position innehatte, war es doch eine in der unmittelbaren Nähe der Kaiserin, und so wurde auch ich umworben. Zu Maschas Entzücken bekam ich eine Menge Geschenke, Körbe mit Delikatessen, Parfüm, feine Handschuhe und Straußenfedern, Spitzen und bunte Bänder – das alles, damit ich diesen Leuten den Weg zur Kaiserin ebnete, ihnen einen Wink gab, wenn die Gelegenheit günstig war oder wenn es sich empfahl, zu warten.

Sir Charles schmeichelte der Kaiserin schamlos, gab sich hingerissen von ihrer Schönheit, schmachtete sie an, zitierte ihre Worte, die er unvergleichlich geistreich nannte.

Sie ließ sich alle seine Komplimente nur allzu gerne gefallen.

Die Spezialität von Sir Charles war Klatsch von allen europäischen Höfen, an denen er gewesen war, und er wucherte mit diesem Kapital. Ich hörte ihn etwa versichern, dass Berlin im Vergleich zu Sankt Petersburg bloß ein armseliges Nest sei. Wenn man die vierzehntausend Soldaten, die dort in Garnison lägen, abzöge, wäre die preußische Hauptstadt praktisch menschenleer. Und von der Schönheit der russischen Frauen könne man dort nur träumen – die Preußinnen seien alle dürr wie Zaunlatten.

Die Jagden, die der polnische König veranstaltete, waren jämmerlich. »Sitzjagden« nannte sie Sir Charles. Man schaffte in Käfigen gefangene Wildschweine, Wölfe und Bären in den Wald, wo man sie freiließ, damit der König und seine Gäste sie in aller Bequemlichkeit abschießen konnten. »Man spürt das Wild nicht auf, man hetzt es nicht, es gibt keinerlei Nervenkitzel. Euer Majestät würden sich zu Tode langweilen.«

Einmal war ich dabei, als sie über England redeten. Elisabeth war überzeugt, dass die russische Armee in vierzehn Tagen von Sankt Petersburg bis nach London marschieren könnte. Sie brauchte es nur zu befehlen.

»Ohne jeden Zweifel«, sagte Sir Charles und verneigte sich tief. Er machte sie nicht darauf aufmerksam, dass in diesem besonderen Fall vielleicht die schlichte Existenz des Ärmelkanals dem kaiserlichen Willen entgegenstehen könnte.

Im Anschluss an eine dieser Audienzen bemerkte ich einmal ihm gegenüber, er verstehe es ganz ausgezeichnet, die Kaiserin angenehm zu unterhalten.

»Ich bemühe mich, ihr zu gefallen, Madame Malikina«, antwortete er und zwinkerte mir zu. »Allerdings wäre es mir gar nicht recht, wenn die Kaiserin allzu genau nachfragte, an wessen Wohlwollen mir *am meisten* gelegen ist.«

Ich stutzte.

»Entschuldigen Sie, dass ich so direkt bin, Madame«, fuhr er fort, »aber es ist mir nicht entgangen, wie ergeben Sie der Großfürstin sind.«

»Auch ich bemühe mich, zu gefallen«, erwiderte ich, ohne eine Miene zu verziehen.

Sein pausbäckiges Mondgesicht strahlte, all die feinen Lachfältchen um die Augen herum glätteten sich. Er erinnerte mich an einen Lausbuben, der irgendeinen Streich plant. »Dann haben wir ja mehr gemeinsam, als ich zu hoffen gewagt hatte.«

Ich war nicht überrascht, als am Abend ein Diener von der britischen Botschaft zu uns kam und eine Kiste Rotwein nebst einem Korb mit allerlei Köstlichkeiten abgab.

Mitte Oktober lief das höfische Leben in der Residenz bereits wieder in den gewohnten Bahnen. Allerdings wurde die übliche Abfolge von Empfängen, Soireen und Premieren im Russischen Theater immer wieder dadurch unterbrochen, dass die Kaiserin nach Peterhof fuhr, wo mehr Komfort geboten war.

Sie befragte jetzt immer häufiger das Kartenorakel. Herz Sieben: gebrochene Versprechen. Pik Ass: schlechte Nachrichten. Pik Sechs: Besserung in Sicht. Kreuz Zehn: ein unerwartetes Geschenk. Eine Weile lang zeigte sich immer wieder der Pik Bube in Konstellationen, die nicht so recht zu deuten waren, aber doch eher Ungutes verhießen. Als sie zu den Tarotkarten wechselte, war es der Turm, der wiederholt auftauchte, auch er ein Zeichen, dass sich etwas zusammenbraute, dass sich Spannungen gewaltsam entladen würden.

Kartenleserinnen, bärtige Weise, zahnlose alte Frauen raunten Warnungen vor einer Verräterin, davon, dass ein Schwert das Leben eines Kindes bedrohe, faselten von Möwen, die plötzlich aufflogen. Des Teufels Ränke oder die Schatten, die Engelsflügel warfen, konnten den Lauf der Staatsgeschäfte hemmen. Audienzen wurden im letzten Moment abgesagt, wichtige Dokumente nicht unterzeichnet, aufgrund von irgendwelchen Prophezeiungen wurden Zeitpläne umgeworfen und Reiserouten geändert.

Der Kanzler war der Verzweiflung nahe. Was für Dokumente auch immer er ihr vorlegen wollte, ließ die Kaiserin ihm ausrichten, so werde sie sich doch heute nicht damit befassen. Er solle ein andermal wiederkommen. Regieren war jetzt nur noch ein Geduldsspiel. Es kam einzig und allein darauf an, den richtigen Zeitpunkt zu erwischen, einen Moment, in dem Elisabeth in der rechten Laune war, milde gestimmt von einer Glückskarte oder von einem Traum, der Gutes prophezeit hatte.

Oft sah ich ihn mit hängenden Schultern hinausgehen, Papiere unter dem Arm, nachdem die Kaiserin ihn fortgeschickt hatte. Einmal, als ich allein im Vorzimmer saß, fragte er mich: »Haben Sie Gelegenheit gefunden, der Großfürstin meine Hochachtung zu übermitteln?«

»O ja«, sagte ich.

»Und was hat sie geantwortet?«

»Nichts.«

Er wartete vergeblich darauf, dass ich weitersprach. Ich blickte auf, um mich an seiner Enttäuschung zu weiden, aber ich sah nur Verachtung über sein Gesicht flackern.

Ende Oktober wurde es an den Abenden eisig kalt und windig. Den Pferden hängte man Decken über den Rücken, von ihren Nüstern wehten weiße Atemwölkchen. An der Großen Perspektivstraße standen Kutscher in langen Schafspelzmänteln, stampften mit den Füßen und rieben sich die Hände, während sie darauf warteten, dass ihre Herren endlich erschienen. Immer wieder sah man den einen oder anderen eine Flasche aus der Tasche ziehen und einen Schluck trinken.

»Was machen die da?«, fragte Katharina, als wir uns aus dem Palast schlichen.

»Das ist Wodka. Zum Aufwärmen.«

»Die Großfürstin hat auch Anspruch auf ein bisschen Zerstreuung«, hatte Fürst Lew Naryschkin gesagt. Er war auf die Idee gekommen, an den Tagen, an denen die Kaiserin in Peterhof war, abends einige Freunde ins Haus seiner Schwester einzuladen. »Man muss es nur so anstellen, dass niemand davon erfährt.«

Ich sah die kindliche Freude in Katharinas Augen aufblitzen, als er diesen Vorschlag machte. Ohne Erlaubnis der Kaiserin den Palast verlassen! Verkleidet!

»Hilfst du mir dabei, Warenka?«, fragte sie.

Ich versprach es ihr und hielt mein Wort.

Ich muss heute noch lächeln, wenn ich daran denke, wie wir mit fliegenden Händen unsere Kleider aufknöpften, die Unterröcke fallen ließen, wie wir die Korsetts enger schnürten, damit wir flachbrüstig aussahen. Bei ihr klappte das nicht gleich, aber dann fiel mir zum Glück die Leinenbinde ein, die die Hebamme ihr nach der Geburt zum Bandagieren gegeben hatte. Ich hatte Uniformen des Preobraschenski-Regiments in ihr Zimmer geschmuggelt, und nun legten wir unsere Verkleidung an: weiße Reithosen, schwarze Stiefel und die enganliegenden Uniformröcke aus dunkelgrünem Tuch, die eine so schlanke Figur machten.

Ein Offizier und sein Adjutant, die sich einen schönen Abend in der Stadt machen wollten.

Ich erinnere mich, dass Katharina stramm die Hacken zusammenknallte und sagte: »Wer hätte gedacht, dass das noch mal zu etwas gut sein könnte!« Sie meinte die vielen Stunden, in denen sie unter Peters Kommando hatte lernen müssen, wie man das Gewehr präsentiert und mit selbstbewusst weit ausgreifenden Schritten marschiert wie ein Mann.

Es klopfte an der Tür, und wir schraken zusammen, aber dann hörten wir von draußen Madame Wladislawowa schüchtern fragen, ob die Großfürstin heute Abend noch irgendwelche Wünsche an sie habe.

»Nein, gehen Sie nur ruhig zu Bett. Ich habe alles, was ich brauche«, sagte Katharina.

Die Dienstbotentür knarzte laut, als ich sie öffnete. Ich ging voran, die Kerze in der Hand. Ich führte Katharina durch den Korridor, vorbei an einer Nische, in der ein Stallbursche schnarchte. Er öffnete kurz die Augen, glotzte uns stumpf an und schlief sofort wieder ein. Wir eilten hinaus in die kalte Winterluft. Mondlicht fiel auf frisch gefallenen Schnee.

Ein Fuhrwerk ratterte vorbei, die Pferde vor den Kutschen an der Großen Perspektivstraße hoben die Köpfe. Einer der Kutscher, der schon einigen wärmenden Wodka intus hatte, säuselte:

*Sei so lieb, mein Augenstern,
Versuch, wie meine Küsse schmecken ...*

Sein Schnurrbart war ganz weiß vor Reif.

»Schönen Abend, die Herren«, brabbelte er. Er musterte unschlüssig unsere Stiefel.

»Wir würden gern mal einen ordentlichen Schluck aus deiner Flasche nehmen«, sagte ich. »Was willst du dafür?«

Bevor ich sie daran hindern konnte, griff Katharina in ihre Tasche und zog ein Geldstück hervor.

Die Flasche wechselte den Besitzer. Das Zeug schmeckte abscheulich, aber es tat seine Wirkung: Wie eine feurige Schlange schoss es direkt ins Hirn.

Katharinas Augen glänzten. Ihre Hand fasste die meine, stark und fest.

Im Palais der Prinzessin Naryschkina wurde Katharina schon erwartet.

»Meine Schwester hat Graf Poniatowski überreden können, uns die Ehre seines Besuchs zu erweisen«, sagte Fürst Naryschkin und zwinkerte Katharina zu. »Anna und ich hoffen doch sehr, dass Sie für unsere Anstrengungen dankbar sind.« Nebenan sang jemand. Eine Stimme verlangte Champagner.

Ich wollte gehen und sagte der Großfürstin, ich würde vor dem Palast auf sie warten, um sie wieder heimlich zurück in ihre Suite zu bringen.

»Nein, Warenka«, sagte sie. »Ich möchte, dass du hier bei mir bleibst.«

Fürst Naryschkin warf mir einen abschätzigen Blick zu. Die Tochter des Buchbinders sollte sich in Acht nehmen und nicht in Sphären eindringen, in denen sie nichts zu suchen hatte. Aber es dauerte nur einen Moment, dann hatte er sich wieder gefangen.

»Madame Malikina ist natürlich herzlich willkommen.«

Ich folgte Katharina in den Salon, der prächtig mit dicken Teppichen, reich vergoldeten Lehnstühlen und burgunderroten Samtvorhängen ausgestattet war. Auf dem Kaminsims blinkte im Kerzenlicht eine goldene Uhr, auf der ein einfältig lächelnder Cherub saß. Es schlug eben neun, als wir eintraten.

Die Gäste, lauter Hofdamen, Fürsten und Grafen, tranken Champagner und plauderten. Fürst Naryschkin begann sogleich, den Großfürsten zu imitieren, wie er betrunken hin und her schwankend Geige spielte, und bekam viel Beifall für seine komische Einlage.

Graf Poniatowski, sehr elegant in einen weißen, mit silbernen Borten eingefassten Rock gekleidet, stand auf, als er Katharina sah. Ein Lächeln ging in seinem Gesicht auf.

»Hoheit«, sagte er.

»Katharina«, verbesserte sie ihn. An diesem Abend sollte es keine Titel, kein zeremonielles Getue geben, erklärte sie, nur Vornamen. Stanislaw, Anna, Lew, Warwara.

Ich trat einen Schritt zurück, ich wollte nicht stören.

»Ich werde Sie bei Ihrem richtigen Namen nennen. Sophie.« Er beugte sich vor, um ihr die Hand zu küssen.

War es die Uniform, die sie so kühn machte? Das Gefühl einer ganz neuen Freiheit, nachdem sie den Reifrock und all die Unterröcke losgeworden war? War es der Wodka in ihrem Kopf?

Katharina schlug die Hacken ihrer Stiefel zusammen und führte Stanislaws Hand an ihre Lippen.

Einen Augenblick lang war er fassungslos. Dann wich der Ausdruck von Überraschung in seinem Gesicht dem schieren Entzücken. Die beiden schienen das Klappern von Geschirr, die Menschen um sie herum nicht mehr wahrzunehmen, während sie einander mit wissendem Lächeln ansahen.

Die Herrin des Hauses ließ immer neue Köstlichkeiten auftragen. *Botwinja* mit Lachs und Petersilie, Gurken mit Honig, Blini mit saurer Sahne, Borschtsch und Fischsuppe, Wachteln, geschmorte Pilze, Trauben aus Astrachan.

Katharina saß in einem Chintzsessel, die Beine so übereinandergeschlagen, dass der rechte Knöchel auf dem linken Knie lag. Sie war mir vertraut und wirkte zugleich vollkommen fremd. Meistens unterhielt sie sich mit Stanislaw.

»Und was haben Sie sonst noch auf Ihren Reisen gelernt?«

»Dass die Menschen weit mehr miteinander gemein haben, als sie glauben. Dass alle Gesellschaften, so verschieden sie auch sein mögen, dasjenige gut nennen, von dem man glaubt, dass es für das eigene Überleben gut ist.«

Sie lasen dieselben Bücher, sie bewunderten dieselben Philosophen. Sie waren beide der Ansicht, dass Kriege oft zum Motor unvorhersehbaren Fortschritts werden können. Sie bekannten beide, dass Paradoxien sie faszinierten. Ein Mann sagt: *Ich lüge.* Ist diese Aussage wahr oder falsch?

Sie ist wahr.

Dann lügt er nicht.

Sie ist falsch.

Dann lügt er.

Sie ist weder wahr noch falsch? Aber wie ist das möglich? Oder kann etwas wahr und zugleich falsch sein?

Nach vorn gebeugt saßen sie einander gegenüber, sein Haar dunkel und gepudert, ihres schwarz glänzend. Ich lauschte ihren Stimmen, wartete darauf, dass Schweigen sich auftat wie ein Riss. Ich beobachtete sie, wie sie sich aus der schützenden Menge zurückzogen ins Halbdunkel. Hinter eine Vitrine mit

Nippes zu einem Fenster mit Blick auf die Newa. Ich hörte sie Worte wechseln, die akute Gefahr signalisierten.

»Müssen Pflicht und Glück einander ausschließen?«

»Darf die Ehe ein Gefängnis sein?«

Es war schon nach drei Uhr morgens, als Katharina und ich aufbrachen. Stanislaw und Lew Naryschkin bestanden darauf, uns zu begleiten. Wir traten hinaus auf den Kai. Nahe am Ufer war die Newa schon gefroren. Es war dunkel, nur vereinzelte Feuer von Wachsoldaten erhellten die Nacht.

Katharina und Stanislaw gingen voraus, langsam, als wollten sie das Ende der Nacht hinauszögern. Lew Naryschkin, der wohl oder übel mir Gesellschaft leisten musste, bedrängte mich mit seinen tatschenden Händen und seinem Wodkaatem, bis ich ihn entschieden wegstieß.

Ich dachte an Igor, der in irgendeiner fernen Garnison festsaß. *Bis jetzt keine Läuse oder sonstiges Ungeziefer*, hatte er in einem seiner kurzen Briefe geschrieben, *was der Hitze der Banja zu verdanken ist.* Einem Brief hatte er eine Zeichnung für Darja beigefügt. Sie zeigte ihn, wie er ein Pferd beschlug. *Ich versuche, möglichst viel zu lernen*, hatte er dazugeschrieben. *Damit ich mir helfen kann, wenn es notwendig ist.*

Die Große Perspektivstraße war wie ausgestorben; dort, wo am Abend Kutschen und Schlitten gestanden hatten, waren jetzt nur noch zertrampelter Schnee und Pferdeäpfel zu sehen. Trotzdem bestand ich darauf, dass unsere Begleiter sich nun verabschiedeten und uns den Rest des Weges alleine gehen ließen.

»Was Stanislaw alles gesehen hat, Warenka!«, sagte Katharina, als wir zum Palast eilten. »Und überall lieben ihn die Menschen.«

Er hatte den rosafarbenen Morgenhimmel über der Île de la Cité gesehen, die von Blumen gesäumten Wege der Tuilerien, die zahmen Kraniche in der *Ménagerie de Versailles*. Die Vögel näherten sich ganz zutraulich den Besuchern, hatte er erzählt, sie wollten ihre Aufmerksamkeit auf sich ziehen.

»Und weißt du, was er noch gesagt hat, Warenka? ›Ein Wort von Ihnen genügt, Sophie, dann nehme ich Sie dorthin mit.‹«

Katharina und Stanislaw. Wenn er lächelte, lächelte sie auch; wenn sie die Stirn runzelte, wurde auch er nachdenklich. Wie kommt es, dass ich gleichwohl traurige Erinnerungen mit dieser Zeit verbinde?

Nach und nach verbreiteten sich Berichte von dem Erdbeben in Lissabon. Es war unvorstellbar. Hunderttausend Menschen unter Trümmern begraben. Häuser, die über ihren Bewohnern einstürzten. Berge von Leichen, Haufen von zerquetschten Gliedmaßen, die von Ärzten amputiert worden waren, damit die Schwerverletzten nicht am Wundbrand starben.

»Wie kann das sein, Maman?«, fragte Darja, die vor Angst nicht mehr einschlafen konnte. »Wie kann die Erde sich bewegen?«

Ich hielt sie in den Armen und betete, dass sie nie erfahren möge, wie es ist, wenn von einem Moment zum nächsten das ganze Leben in sich zusammenstürzt. Mit leiser Stimme suchte ich sie zu beruhigen: Erdbeben kamen nicht nach Sankt Petersburg, solche Katastrophen passierten nur in fernen Ländern, ganz, ganz weit weg. »Ich bleibe bei dir«, versprach ich. »Ich gehe nie von dir fort.«

Ein paar Tage lang war sie beruhigt, aber dann fuhr sie eines Nachts aus dem Schlaf hoch und schrie voller Entsetzen: »Papa ist ganz, ganz weit weg!«

Alles Zureden half nichts, sie ließ sich nicht trösten. Erst Mascha gelang es schließlich, sie mit einem Lied, das sie immer Igor vorgesungen hatte, als er klein war, in den Schlaf zu singen:

> *In der Nacht, wenn Wellen wogen*
> *In der Nacht, wenn Sterne strahlen ...*

Allen nächtlichen Ausflügen Katharinas in diesem Winter gingen verstohlene Zeichen voran, die in dem kleinen Kreis um den Fürsten Naryschkin ausgetauscht wurden. Ein Tupfen auf die rechte Schulter in der Oper, ein Schönheitspflästerchen am Kinn signalisierte den Eingeweihten, dass wieder eine Einladung anstand. Katharina perfektionierte die Kunst, Erschöpfung vorzutäuschen, schloss sich in ihrem Schlafzimmer ein und sagte den Dienstboten, sie wolle nicht gestört werden, um sich dann verkleidet fortzuschleichen.

Ich half ihr dabei, so gut ich konnte, aber es ergab sich nur noch einmal, im Dezember, dass ich Katharina zu den Naryschkins begleitete.

Stanislaw war schon da, als wir kamen. Der Geruch von Veilchenwasser und Schnupftabak stieg mir in die Nase. Hinter Graf Poniatowski stand Sir Charles.

»Sehen Sie sich die beiden an, Warwara Nikolajewna«, sagte der britische Gesandte und zog mich beiseite.

Katharina und Stanislaw waren durch den Raum in eine Ecke gegangen, die kaum vom Kerzenlicht beleuchtet war. An diesem Abend hatte sie sich als Dienstmädchen verkleidet und das Haar zu einem Knoten gebunden. Sie wirkte so unscheinbar neben Stanislaw, der einen sehr eleganten Frack von der Farbe reifer Auberginen trug. Das dunkle Purpurrot, fand ich, stand ihm besser als Weiß und Silber. Sie steckten die Köpfe zusammen.

Wenigstens treffen sie sich nicht heimlich im Palast, dachte ich.

»Unsere Kinder«, so nannte Sir Charles die beiden. Man konnte die Augen nicht von ihnen abwenden.

Draußen war die Newa zugefroren, und an den Straßen häufte sich der Schnee; drinnen spürte man die Wärme der Kachelöfen, roch den Duft von Kerzenwachs und hörte das Summen von Stimmen. Natürlich kam man schon bald auf die Ereignisse in Lissabon zu sprechen.

»Das Schicksal!«, hörte ich Stanislaw sagen. »Gottes unergründlicher Ratschluss, gegen den man nichts tun kann.«

»Aber Sie werden doch wohl nicht bestreiten, dass Gott uns etwas lehren will«, wandte jemand ein.

Stanislaw schüttelte den Kopf. »Das wären Lektionen, die uns überfordern und die wir nicht verstehen können. Auch wenn noch so viele Vorzeichen und Warnungen, die aus den Konstellationen der Sterne und Planeten ersichtlich sind, sie angekündigt haben.«

»Trinken wir also auf die Unwissenheit.« Fürst Naryschkin erhob sein Glas. »Meine Lieblingstugend.« Jemand kicherte.

Katharina schüttelte den Kopf.

»Nein«, sagte sie. *Zu laut*, dachte ich. *Zu schroff.* Es wurde still im Raum.

»Eine Katastrophe ist nicht einfach nur der Schlag eines blinden Schicksals«, fuhr sie fort. »Und wir können sehr wohl daraus lernen.«

Ihre Augen glänzten, ihre Stimme wurde immer lebhafter, während sie sprach. Was sie meinte, war dies: Die Menschen, die sich an dem Tag des Erdbebens in Lissabon aufhielten, waren dem Tod geweiht, aber nicht einfach deswegen, weil *das Schicksal* es so wollte. Der Mensch konnte vorausdenken, er konnte Vorsorge treffen, sich gegen das Unglück wappnen. Man hätte vernünftig planen, die Leute in kleineren, naturnahen Siedlungen mit leichter gebauten Häusern unterbringen können, dann wären viele mit dem Leben davongekommen.

»Der Mensch ist dem Unglück nicht hilflos ausgeliefert«, sagte sie. »Er kann ihm Grenzen setzen.«

»Genau.« Auch Sir Charles glaubte an die Macht des menschlichen Willens. »Wir sind vernunftbegabte Wesen. Wir können Züge unseres Charakters verändern.«

»Sicher, wir müssen unser Bestes versuchen.« Stanislaw hatte ganz rote Wangen vor Eifer. »Aber wir sind nicht allmächtig. Man muss nur an die verirrte Kugel denken, die einen Soldaten tötet. Was können alle Vernunft und aller Wille des Menschen dagegen tun?«

Andere Stimmen mischten sich ein, manche fragend, andere von keinem Zweifel angenagt. »Immerhin kann der Mann sich ja ducken«, hörte ich jemanden sagen. Einige lachten. Einer mahnte zu etwas mehr Ernst.

Ich hörte nicht mehr zu.

War es eine Konsequenz von Willensentscheidungen, dass es mich aus der Buchbinderwerkstatt auf der Wasiljewskiinsel in diesen vornehmen Salon voller Leute verschlagen hatte, die auf meinen Vater, einen bloßen Handwerker, hochmütig herabgeblickt hätten? Oder war es Schicksal? War menschlicher Wille oder das Schicksal dafür verantwortlich, dass ich, die Buchbinderstochter, mich hier unter lauter parfümierten feinen Herrschaften befand? Wenn ich sie belauschen würde, wie sie über mich redeten, was würde ich zu hören bekommen? Dass ich ein Niemand war, irgendeine unbedeutende Person, die sich bei der Großfürstin einzuschmeicheln versuchte? Die Frau eines Soldaten, die unbedingt etwas Besseres sein wollte? Eine Spionin?

Der Raum um mich herum schrumpfte und weitete sich, es wurde dämmrig und dann wieder hell. Andere Gedanken stürzten auf mich ein. War ich der einzige Spitzel in diesem Salon? Gab es noch jemanden, der alles beobachtete? Der die allzu freizügigen, respektlosen und illoyalen Reden, die hier geführt wurden, genauestens zur Kenntnis nahm, um darüber zu berichten? Und wem? Der Kaiserin? Dem Kanzler?

In einer Ecke führte Lew Naryschkin in einer plumpen Pantomime seinen Gästen vor, wie die Kaiserin immer angestrengt das Kinn reckte, damit die Haut am Hals sich spannte und man die Falten nicht sah. Wer merkte sich die Namen derer, die darüber lachten?

»Sie sind blass, Barbara.« Stanislaws Stimme riss mich aus meinen Gedanken. »Ist irgendetwas passiert?«

Barbara. Er nannte mich bei meinem polnischen Namen.

»Seien Sie vorsichtig«, flüsterte ich noch ganz benommen.

»Ich bin vorsichtig.«

Er wusste, was einem Ausländer drohte, der der Großfürstin, der Frau des russischen Kronprinzen, zu nahe kam. Er kannte Elisabeths Zorn. Er hatte von der Knute gehört, die einem Menschen das Rückgrat bricht, von den eisigen Weiten Sibiriens.

Er strich über meine Hand und lächelte.

Niemand wird dahinterkommen, versprach ich Katharina. Die Kaiserin nicht und nicht Bestuschew. Ich würde das Geheimnis von Stanislaw und Katharina sorgsam hüten.

Wenn ich mit der Kaiserin allein war und ihr zusah, wie sie Katharinas Sohn in ihren Armen wiegte, erwähnte ich immer wieder Lew Naryschkin.

»Er miaut jedes Mal, bevor er bei der Großfürstin anklopft«, sagte ich. »Das ist ihr geheimes Zeichen. Dann lässt sie ihn ein.« Ich wollte, dass die Kaiserin glaubte, Naryschkin sei Katharinas Liebhaber. Sie sollte glauben, Stanislaw sei gar nicht weiter von Bedeutung, er sei nur ein ausländischer Besucher, der mit ehrfürchtigem Staunen all die Pracht Russlands bewunderte.

»Soll ich der Großfürstin mitteilen, dass Euer Hoheit ihr Benehmen missfällt?«

»Nein, Warwara. Lass ihr ihren Spaß.«

Das sei aber noch nicht alles, sagte ich. Lew Naryschkin sei ein Schürzenjäger. Katharina steuere auf eine weitere große Enttäuschung zu. Ich gab der Kaiserin zu verstehen, dass Katharina so viel Zeit und Energie damit verschwende, ihrem untreuen Geliebten und dessen Bettgeschichten nachzuspüren, dass sie gar nicht dazu komme, sich mit Politik zu befassen.

Elisabeth hörte zu und überlegte, was für einen Vorteil sie aus alledem ziehen und was für schmutzige Details sie mir noch entlocken konnte. Ich las es in ihren wässrig blauen Augen, die mich durchdringend musterten.

Ich dachte daran, mit welcher Empörung die Offiziere der Garde reagiert hatten, als sich herumgesprochen hatte, dass das *Fräulein* Katharina neuerdings eine »intrigante Schlampe« nannte.

»Sie schleicht sich nachts aus dem Palast«, erzählte ich. »In einer Uniform der Garde oder als Dienstmädchen verkleidet. Er erwartet sie auf der Straße, und dann gehen sie ins Haus seiner Schwester. Sie fragt jetzt nie mehr nach ihrem Sohn ... Dem Großfürsten sagt sie, sie hat Kopfschmerzen und kann deswegen nicht zu ihm kommen. Sie schläft wenig.«

Elisabeth musterte mich nachdenklich von oben bis unten. Ja, so war es: Vor Frauen musste man sich in Acht nehmen, man durfte sie nie aus den Augen lassen. Diejenige, die man übersah, war vielleicht die tückischste von allen.

Ein leises glucksendes Lachen, boshaft mit einer Spur Neid darin. »Und was sagt mein Neffe Peter dazu?«

»Er weiß nichts davon.«

»Dann wird es Zeit, dass er es erfährt.«

»Ja, Hoheit. Ich werde den Großfürsten unterrichten.«

Wieder eine Pause, wieder eine Gelegenheit, eine wohlüberlegte Bemerkung einzuschieben. Ich erwähnte ein gutes Vorzeichen: Darja hatte von einem Baby mit einem goldenen Krönchen geträumt. Ein prophetischer Traum, der dem kleinen Großfürsten Paul ein Brüderchen verhieß?

»Nur den unschuldigen Kindern wird die Zukunft offenbart«, sagte Elisabeth seufzend.

Sie brauchte nur an den Kleinen zu denken, und

prompt wurde ihre Stimme weich, sie klang unsicher, staunend, verwundert. Der Zarewitsch lächelte im Schlaf. Als sie ihn aus der Wiege nahm, wachte er auf.

Er lag in den Armen seiner Großtante, kleine Spuckebläschen vor dem Mund, und zauste an ihren Haaren. Man sagte, er sei musikalisch wie sein Vater, denn er bewegte seine Hüften zur Musik der Geige, wenn er umherkrabbelte, und es gefiel ihm, wenn Schranktüren knallend zufielen. Er war auch tapfer, denn er schrie nicht mehr, wenn ihn die Kindermädchen auf das große Schaukelpferd setzten, das mitten im Zimmer stand.

Katharina hatte nicht sehen dürfen, wie ihr Sohn zum ersten Mal lächelte, den Kopf hob oder sich mit eigener Kraft aufsetzte. Sie hatte ihn in seinem ersten Lebensjahr nur neunmal besuchen dürfen und war nie mit ihm allein gewesen. Ihre Stimme hatte ihn nie in den Schlaf gesungen. Sein Gesicht hellte sich nicht auf, wenn sie sich über ihn beugte – er kannte sie gar nicht, sie war eine fremde Person für ihn.

»Sie können nichts dagegen tun«, sagte ich zu ihr. »Sie können ihm nur in Ihrem Herzen eine Mutter sein.«

Es war ein unfaires Tauschgeschäft, das man ihr aufgezwungen hatte: Sie fand sich damit ab, dass man ihr ihren Sohn weggenommen hatte, und im

Gegenzug gönnte die Kaiserin ihr einen Spaß und tolerierte ihre heimlichen Eskapaden.

Im Winter 1755 hörte Katharina auf, um ihr Kind zu weinen.

Eines Morgens in der ersten Dezemberwoche, als ich Katharinas Schlafzimmer betrat, roch ich den Duft von Veilchenwasser und wusste sofort, dass etwas vorgefallen war, womit ich nicht gerechnet hatte.

»War Stanislaw hier?«, fragte ich. Meine Kehle fühlte sich an wie zugeschnürt.

»Er liebt mich, Warenka.« Ihre Augen glänzten. Sie war wie entrückt. »Und ich liebe ihn.«

»Katharina! Wann ist er gekommen?«

»Lew hat ihn hergebracht. Er hat ihn einfach zur Tür reingeschoben.« Sie kicherte, die Hand vor dem Mund.

Sie lag auf dem Bett hingestreckt in ihrem cremeweißen Nachthemd mit rosa Bändern, das schwarze Haar offen und wild zerzaust.

»Hat ihn irgendjemand gesehen?«

»Nein, Warenka«, sagte sie. »Er ist da rausgestiegen.« Sie zeigte zum Fenster.

Ich betete, dass er wenigstens so vorsichtig gewesen war, sein Gesicht unter einer Kapuze zu verbergen.

Ich sagte Katharina nichts von den losen Brettern auf dem Dachboden und wie leicht es war, von dort oben zu beobachten, was in den Räumen im Erdgeschoss vorging, sondern sah mich im Schlafzimmer nach verräterischen Spuren um. Das Laken war befleckt, dazu kam der Geruch des Veilchenwassers.

Offenbar sah sie mir meine Angst an.

»Es war spät in der Nacht, Warenka. Niemand hat ihn gesehen.«

Ich besprühte das Laken und die Bettdecke mit Katharinas Parfüm. Ich ließ Katharina einen Brief an Lew Naryschkin schreiben. *Geliebter Freund ... denke voller Entzücken an deinen nächtlichen Besuch ...*

Das Billett sollte auf dem Schreibtisch liegen, wenn die Zofen kamen, um das Bett zu machen.

Sie sah mich an und wiegte versonnen den Kopf.

Mich fröstelte. »Wenn wir Glück haben«, sagte ich, »fallen die Spitzel darauf herein, und wir kommen noch einmal mit knapper Not davon. Vielleicht.«

Angesichts der Kriegsdrohung, die Europa in Atem hielt, war der Hof so tief gespalten wie nie zuvor. Preußen warf begehrliche Blicke in Richtung seiner Nachbarländer. Alle waren sich darin einig, dass seine Machtgelüste dem russischen Reich gefährlich werden konnten, denn sie bedrohten das Gleichgewicht der Kräfte. Aber das war auch schon das Ende der Einigkeit. Auf die Frage, was konkret zu tun war, um jenes von allen gewünschte Gleichgewicht zu erhalten, bekam man, je nachdem, wen man fragte, sehr verschiedene Antworten.

Der politische Kurs war heftig umstritten.

In der Neuen Welt verdrängten die Briten die Franzosen unaufhaltsam aus ihren Kolonien. Sollte Russland sein Gewicht in die Waagschale Frankreichs werfen, wie die Partei um die Schuwalows es wollte, oder sollte man dem Rat des Kanzlers folgen und ein Bündnis mit England schließen? Welche der beiden Großmächte würde, wenn es so weit war, eher dabei helfen, dem aufstrebenden preußischen Adler die Flügel zu stutzen?

Die kaiserliche Suite verwandelte sich mehr und mehr in ein Kriegskabinett, in dem jede Partei Elisabeth auf ihre Seite zu ziehen suchte.

Ich hatte darüber zu wachen, dass die Herrschaften nicht gestört wurden und niemand sich auf Hörweite dem Zimmer näherte, in dem sie saßen. Durch die geschlossenen Türen vernahm ich dann die gedämpften Stimmen von Bestuschew, Woronzow und der Schuwalows, die zornig erregt, drohend, bittend, resigniert ihre Positionen verteidigten.

Der Kanzler war auf dem besten Weg, die Oberhand zu gewinnen. Er handelte mit Sir Charles ein Abkommen aus, das nur noch vom englischen König und von der Kaiserin unterschrieben und gesiegelt werden musste. Aber während die Papiere auf dem Weg nach London waren, ereignete sich ein neuer politischer Erdrutsch, der Bestuschews diplomatisches Kalkül zunichtemachte: Der König von England machte eine plötzliche Kehrtwendung, wandte sich von Russland ab und verbündete sich mit Preußen.

Der ganze russische Hof schäumte vor Empörung, und Elisabeth erklärte rasend vor Zorn über diese Demütigung den britischen Gesandten zur *persona non grata*.

Die Schuwalows triumphierten.

Die Kaiserin war gereizt und rastlos. Wegen des Verrats der Briten?, fragte ich mich. Oder weil sie an die Schlachten dachte, die bald geschlagen werden mussten? In einem ihrer Träume hatte jemand, dessen Gesicht sie nicht hatte sehen können, ihr einen Zettel in die Hand gedrückt, auf dem geschrieben stand: *Du hast genommen, was dir nicht gehörte. Deine Tage sind gezählt. Russland wird für deine Sünden büßen müssen.*

»*Er* war es. Es war Iwanuschka«, murmelte sie. Sie hatte gehört, was die Wachen über den entthronten Kaiser redeten: Er habe dunkle und helle Momente und könne in die Zukunft sehen.

Gegen Mitternacht, wenn sie ihren Favoriten weggeschickt hatte, ließ sie Essen aus der Küche kommen: *Seljodka*, fetten Hering aus dem Weißen Meer, russisches Brot mit Honig aus dem Altai, in Weinbrand eingelegte Pflaumen, mit Schokolade umhüllte Nüsse.

In diesen schlaflosen Nächten ließ sie sich Geschichten von Xenia erzählen, der untröstlichen jungen Witwe, die all ihren Besitz verschenkte und in der Uniform ihres verstorbenen Mannes durch die Straßen von Sankt Petersburg zog. Während ich die geschwollenen Füße der Kaiserin massierte, berichtete ich von den Wundern der Heiligen: Ein Bäcker in der Meschtschanskistraße gelangte zu Wohlstand, nachdem er ihr einen Laib Brot geschenkt hatte. Ein Droschkenkutscher, der sie in seiner Kutsche mitnahm, verdiente an diesem Tag mehr Geld als sonst in einem ganzen Monat. Eine Mutter sprach Xenia an und bat sie, ihren kleinen Sohn zu segnen, der an Rachitis litt, und das Kind wurde bald wieder gesund.

Ein dankbares Seufzen belohnte mich für meine Mühen, sie murmelte ein paar Worte oder streckte mir ihre geschwollene, runzlige kaiserliche Hand hin, die ich küssen durfte, bevor sie mich gnädig entließ.

Seine diplomatische Schlappe hatte dem Kanzler viel Hohn und Spott vonseiten seiner Gegner eingebracht. Der alte Fuchs hatte sein berühmtes Fingerspitzengefühl verloren. Sein krankhaftes Misstrauen Frankreich gegenüber hatte ihm den politischen Verstand vernebelt. Wo waren seine Spione, wenn Russland sie brauchte? Oder war er vielleicht selbst einer, bezahlt von den Briten?

Man erzählte, dass Bestuschews Diener nachts alle Kneipen nach ihrem betrunkenen Herrn absuchten. Einmal brachte ein Droschkenkutscher ihn gegen Morgen halbnackt und triefnass nach Hause. Iwan Schuwalows Onkel nannte ihn offen den »abgehalfterten« Kanzler, und das in Gegenwart der Kaiserin, die allerdings so tat, als hätte sie es nicht gehört.

Der alte Fuchs, so redete man, sei erledigt.

Wenn ich ihm auf dem Korridor begegnete, blieb er stehen, eingehüllt in eine Wolke aus Kampfer und Moschus, und fragte mich, ob die Großfürstin immer noch in Naryschkin verliebt sei.

Ich musste mich zusammennehmen, damit er mir meine Erheiterung nicht ansah. Selbst der Herr über alle Spione durchschaute nicht jede Täuschung.

»O ja«, versicherte ich ihm. Ich erzählte ihm, wie sich die beiden Liebenden neulich in der Oper über das *Fräulein* lustig gemacht hatten, die mit wackelndem Gesäß vorbeiging. »Dieser Hintern könnte einen Brauereigaul neidisch machen«, sagte ich mit Lews Stimme.

Der Kanzler lächelte gezwungen. Sein Gesicht war aufgedunsen und so stark gerötet, dass auch die dicke Schicht Puder nichts mehr half.

»Er trägt eine blaue Weste, wenn er sie in der Oper

treffen will«, erklärte ich. »Grün bedeutet: Russisches Theater. Die Großfürstin redet zwar immer davon, dass sie ihn liebt, aber es ist keine *wirkliche* Liebe. Sie ist einfach noch jung. Sie möchte tanzen, sie braucht jemanden, der ihr sagt, dass sie hübsch ist.«

Ich sah ihm in die Augen.

Ich lächelte.

Das hatte er mir immer eingeschärft: Wenn man lügt, muss man dem anderen in die Augen sehen und lächeln.

Er war mir ein guter Lehrmeister gewesen.

»Reden Sie mit ihr über die Liebe, so viel sie will, Warwara Nikolajewna, aber vergessen Sie nicht, sie immer wieder daran zu erinnern, dass ihr Mann nichts vom Regieren versteht. Die Kaiserin wird nicht ewig leben. Katharina ist für die Politik geboren, und das weiß sie auch.«

»Sagen Sie ihr, ich bin auf ihrer Seite.«

»Sagen Sie ihr, ich warte nur auf ein Zeichen von ihr.«

»Machen Sie ihr klar, dass sie mich braucht.«

Umhüllt von Tüll und Spitzen und Bändern hielt ich den Fächer vor meinen Mund und flüsterte, dass ich alles tun wollte, was er verlangte. Dann eilte ich davon.

Da Sir Charles in Ungnade gefallen war und nicht mehr bei Hof erscheinen durfte, brauchte er jemanden, der als Vermittler fungierte, wenn er dem Kanzler oder Katharina etwas mitzuteilen hatte. Ich meinerseits war daran interessiert, den Kontakt mit ihm nicht zu verlieren, denn die Kaiserin lechzte nun, nachdem sie ihn aus ihrem Gesichtskreis verbannt hatte, nach Informationen und Klatsch über ihn, die sie in ihrem Hass bestätigten. So kam es, dass ich der britischen Botschaft häufig diskrete Besuche abstattete.

Unsere ganz private russisch-britische Allianz, so nannten wir es.

Die Stunden, die wir zusammen verbrachten, waren für mich Atempausen in hektischer Zeit, denn zumindest in einem Punkt konnte ich ihm absolut vertrauen: Er war ebenso sehr wie ich daran interessiert, die Geheimnisse von Katharina und Stanislaw zu hüten. Im Sawronski-Palais in der Großen Perspektivstraße, das er gemietet hatte, saßen wir, bedient von Lakaien in Livree, die Speisen und Getränke brachten, in aller Gemütlichkeit beisammen und redeten.

Wie sich zeigte, hatte er sich gründlich über mich informiert, denn er ließ öfter Bemerkungen über Igors Karriere beim Militär und über seine Zukunftsaussichten einfließen. »Vielleicht wird er eines Tages noch Feldmarschall, wer weiß?«, sagte er etwa im Plauderton.

Wenn ich Sir Charles zuhörte, war mir immer zumute, als spräche ein Prophet zu mir, der mich aufforderte, mit ihm auf den Gipfel eines Berges steigen. Dort eröffnete sich dann ein Blick in ungeahnte Ferne, es war, als sähe ich vor mir all die Straßen und Wege, die ich einschlagen konnte.

»Die Großfürstin wird nicht ewig Großfürstin bleiben, Barbara«, sagte er. Auch er nannte mich jetzt bei meinem polnischen Namen. »Aber sie wird immer Freunde brauchen.«

Der Hof von Sankt Petersburg sei nur einer der Spieler am Schachbrett Europas, meinte er. Russland sei wie Lissabon vor dem Erdbeben – auf der Oberfläche gingen die Menschen nichtsahnend ihren täglichen Geschäften nach, aber im Untergrund verschoben sich ungeheure Kräfte, die schon bald mit zerstörerischer Gewalt hervorbrechen würden. Auch in Russland konnten Dinge passieren, die jetzt noch niemand voraussah.

»Das Land Ihres Vaters braucht einen klugen Herrscher, damit nie wieder Polen ihr Land verlassen und anderswo ihr Glück suchen müssen.«

Er wusste, wie er sprechen musste, um mein Herz zu treffen.

Katharina, Kaiserin von Russland – Stanislaw, König von Polen.

Manche Träume sind verführerischer als die Liebe.

Wir sprachen kaum je von uns selbst bei diesen Begegnungen; immerhin brachte Sir Charles mich dazu, ihm zu erzählen, wie ich gegen meinen Willen verheiratet worden war, und er erwähnte, dass es eine Lady Frances gab, mit der er allerdings nur in brieflichem Kontakt stand, so als wären sie eher Geschäftspartner als Eheleute. Ungarischer Rotwein funkelte in den geschliffenen Kristallgläsern, wenn wir auf unsere gemeinsamen Hoffnungen und Ziele anstießen.

Auf die künftige Kaiserin!

Auf den künftigen König!

Auf ihre Freundschaft!

Auf ihre Liebe!

Seinen »politischen Ziehsohn«, hatte Sir Charles Stanislaw genannt. Bei seiner Geburt hatte Saturn im Aszendenten gestanden. Die Konstellation verhieß die Wiederkehr des Goldenen Zeitalters, die Überwindung aller Hindernisse. Einige hatten eine Krone über seinem Kopf schweben sehen, eine doppelte Krone.

»Stanislaw ist kein Träumer. Er weiß, dass die Möglichkeiten Ihres Heimatlandes begrenzt sind, Barbara. Er will eine aufgeklärte Staatsführung und ein Ende der Korruption. Er ist nicht allein, seine Onkel, die ganze Familie Czartoryski und ihr Anhang unterstützen ihn. Darum ist er hier in Sankt Petersburg, um sich ein Bild davon zu machen, was möglich ist.«

Damit das Personal nicht verstand, was wir redeten, benutzten wir Codenamen. Die Kaiserin war »das große Hindernis« oder »Gestern«, Katharina hieß Colette, Stanislaw »Le Cordon Bleu«, der Großfürst »der Soldat«, der Kanzler »der alte Fuchs« oder einfach »der Teufel«. Der Ausdruck »der Traum« stand für ein starkes Polen, das in enger, vertrauensvoller Partnerschaft mit einem aufgeklärten Russland seinen Weg ging.

In unseren Gesprächen schien alles möglich: dass Katharina Kaiserin wurde und ihren Einfluss geltend machte, sodass Stanislaw zum König von Polen gewählt wurde. Dass die beiden in Liebe verbunden ihre Länder in Einheit und Frieden regierten. Über Peter verloren wir kaum je ein Wort, als ob sein Rückzug in ein von niemandem beachtetes Privatleben bereits beschlossene Sache wäre. Im Geist sah ich ihn in Oranienbaum, wo er gemeinsam mit dem *Fräulein* lebte, Geige spielen und Modellfestungen bauen und seine Holsteiner drillen, ein Kind, dem man erlaubte, sich ganz seinen Spielen und Vergnügungen zu widmen.

Wie oft tranken wir in diesen kalten Wintertagen auf »den Traum«, ermutigt von Zeichen, die dafür zu sprechen schienen, dass die Vorsehung selbst auf unserer Seite war! Die Kaiserin welkte dahin. Ihre Kurzatmigkeit wurde immer schlimmer. Einmal sah ich ihren Leibarzt mit einer großen Schale, in der eine gelbliche Brühe schwappte, aus ihrem Schlafzimmer kommen. Ich wusste, was das zu bedeuten hatte: Offenbar hatte man ihr Flüssigkeit entnehmen müssen, weil ihr Bauch so angeschwollen war, dass man fürchtete, er werde bersten.

Katharina erzählte mir, dass Iwan Schuwalow zu ihr gekommen war und sie gefragt hatte, warum sie ihm aus dem Weg ging. »Lassen Sie mich diese Gelegenheit nutzen, die tiefe Bewunderung, die ich für Sie hege, zum Ausdruck zu bringen«, hatte der Liebhaber der Kaiserin gesagt.

Stanislaw berichtete Sir Charles, dass der polnische König krank sei und also vielleicht bald ein neuer König gewählt werden würde. Die Onkel des Grafen hatten ihm aus Warschau geschrieben, er solle eine Rückkehr nach Polen in Erwägung ziehen; wenn man eine solche Gelegenheit nutzen wolle, dürfe man nicht lange zögern.

Im März zogen Wolken übers Meer und brachten noch einmal Schnee nach Sankt Petersburg. Sir Charles und ich redeten uns immer noch die Köpfe heiß, als wären wir zwei Schöpfergottheiten, die über den Plänen der neuen Welt saßen, die sie zu bauen gedachten.

Es war eine gefährliche Selbsttäuschung, wie ich jetzt sehe. Denn natürlich hatten wir keinerlei Macht, das Geschick derer, die uns so am Herzen lagen, nach unseren Wünschen zu formen.

In der ersten Märzwoche erklärte Monsieur Rastrelli, dass der alte Winterpalast, den er bis vor wenigen Monaten noch weitgehend hatte erhalten wollen, seiner großen Vision im Wege stand. Die Decken waren zu niedrig, die Fundamente zu schwach. Wenn er die Erwartungen, die an ihn gestellt wurden, erfüllen wollte, musste er das alte Gebäude abreißen.

»Ich brauche noch ein Jahr«, sagte er. Zwei seiner Leute trugen ein Modell des Neubaus herein. Er wies auf die Fassade, um die Aufmerksamkeit der Kaiserin auf die großartigen Fenster zu lenken, die er vorgesehen hatte. »Eine beachtliche Verzögerung, gewiss, Majestät.« Wachsam beobachtete er das Gesicht der Kaiserin. »Vor allem aber eine unumgängliche Notwendigkeit.«

Monsieur Rastrelli bat nicht lediglich um mehr Zeit, vielmehr bat er Elisabeth darum, auf russischem Boden ein Bauwerk schaffen zu dürfen, das Versailles in den Schatten stellen, das jeden Betrachter in Staunen versetzen würde. Quadraturmalerei würde die Räume grenzenlos erweitern, flache Decken in Kuppeln, Wände in lichtdurchflutete Galerien verwandeln. Skulpturen würden Bewegung in Stein festhalten. Grandiose Szenen voller Sinnlichkeit und Leidenschaft auf Gemälden und Wandteppichen würden das Auge fesseln.

Überall goldene Pracht, strahlende Herrlichkeit, versprach er.

Die Arbeiten mussten im Winter nicht unterbrochen werden. Sobald der Rohbau stand, würden Öfen aufgestellt, sodass Maurer und Zimmerleute auch bei Frost mit den Innenarbeiten fortfahren konnten.

»Das edelste Juwel unter den Palästen Eurer Majestät, ein Symbol für Russlands Macht und Größe. Der angemessene Rahmen für die Siegesfeiern, die Russland bald begehen wird.«

Es folgte ein langes gespanntes Schweigen. Im Gesicht der Kaiserin spiegelte sich ein innerer Kampf zwischen Ruhmbegierde und Ungeduld; ihre Finger krümmten sich wie die Krallen einer Katze.

Aber dann lächelte sie, und ich wusste, dass der Hof noch lange in seiner provisorischen Unterkunft bleiben würde.

Zu Darjas Namenstag schickte Igor ihr einen Kokoschnik, eine mit winzigen Perlen bestickte Haube. *Damit meine kleine dunkeläugige Schönheit noch schöner aussieht*, hatte er geschrieben.

Hart wie ein Helm, dachte ich, als ich ihr zusah, wie sie sich den Kopfputz aufs Haar setzte, das schwarz glänzte wie das ihres Vaters.

»Nimmst du mich mit zur Kaiserin?«, fragte sie. »Ich würde ihr gern meinen neuen Kokoschnik zeigen.« Sie drehte den Kopf vor dem Spiegel und versuchte, sich von der Seite her zu sehen. Katharina hatte ihr einmal gesagt, sie habe ein griechisches Profil.

»Wieso glaubst du, dass die Kaiserin sich dafür interessiert?«

»Sie ist schließlich meine Freundin.«

»Wer hat das gesagt?«

»Sie selbst.«

»Wann?«

»Als ich im Hof gespielt habe. Sie hat mich gerufen und mir einen Apfel geschenkt. Und sie hat gesagt, ich kann sie besuchen kommen, wenn ich will.«

»Hat sie es gesagt, oder hast du gefragt, ob du sie besuchen darfst?«

Sie verdrehte gereizt die Augen zur Decke. »Ich hab sie nicht gefragt. Ich *wollte* nur, dass sie es sagt.«

»Du darfst Ihrer Majestät nicht zur Last fallen, Darja. Die Kaiserin hat keine Zeit, sich mit unwichtigem Kleinkram abzugeben.«

Sie dachte nach. Einen Moment lang sah ich Zweifel in ihren Augen, aber er war gleich wieder weg. »Papas Geschenk ist kein Kleinkram.«

»Ja, das stimmt schon, aber du bist nur ein Kind.«

»Ich bin älter als der kleine Paul, der andauernd schreit.«

»Du hast auch geschrien, als du ein Baby warst.«

»Das weiß ich nicht mehr.«

»Aber ich weiß es.« Ich wünschte, Igor wäre da und würde mir mit seiner Autorität zu Hilfe kommen.

Die Haube wurde sorgsam in Stoff eingeschlagen und wieder in der Schachtel verstaut. Ich überlegte, wann Darja sie tragen konnte. Nächsten Sonntag vielleicht beim Kirchgang?

Meine Tochter machte ein finsteres Gesicht. »*Du bist nur ein Kind*«, murmelte sie. »Wann kommt endlich Papa wieder?«

»Bald.«

»Morgen?«

»Nein, nicht morgen.«

Sie wandte sich schnell ab, um ihre Tränen zu verbergen, und griff nach meiner Hand, und ich musste plötzlich an die spitz zulaufenden Finger meiner Mutter denken, die meine Hand fassten.

Um den provisorischen Palast für ein weiteres Jahr bewohnbar zu machen, verstärkten Handwerker die dünnsten Wände, zogen hie und da Zwischenwände ein und ersetzten schimmlige Bodendielen.

Man vernahm viel Murren, als bekannt wurde, dass die Bauarbeiten am Winterpalast nun doch länger dauern würden als vorgesehen, aber ich war froh über alles, was es erleichterte, Katharinas verbotene Liebe geheim zu halten. Die herrschende Unordnung überall, die Unverbindlichkeit von Plänen, die heute verkündet wurden, um morgen fallengelassen und vielleicht schon übermorgen wieder aufgenommen zu werden, war mir willkommen. Befehle waren, kaum ausgegeben, schon vergessen. In den Ecken sammelten sich Wollmäuse, halb ausgepackte Koffer standen auf dem Dachboden, die Belegung der Räume wurde oft kurzfristig geändert, weil Reparaturen ausgeführt werden mussten.

Zwar hatte die Kaiserin den neuen Zeitplan ihres Architekten genehmigt, aber das bedeutete nicht, dass ihre Laune sich besserte. Sie war extrem reizbar, das kleinste Ärgernis konnte einen Wutausbruch auslösen. Sie entließ eine Zofe, die nicht schnell genug Teetassen brachte, ohrfeigte den Friseur, weil er zu lange brauchte, um ihr Locken zu drehen.

Auch ich bekam ihren Zorn zu spüren, wenn ich nicht sofort ihre ständigen Fragen beantworten konnte. Dann kniff sie mich in den Arm oder schubste mich unwillig weg. »Ist *sie* immer noch mit Naryschkin zusammen?«

»Ja, Euer Hoheit.«

»Sie trifft sich mit ihm bei seiner Schwester?«

»Ja.«

»Spekuliert er darauf, dass sie Regentin wird? Dass er dann mitregieren kann, dieser Hanswurst?«

»Das weiß ich nicht, Majestät.«

»Dann finde es heraus, dumme Gans. Intrigieren sie gegen mich? Und was treibt dieser britische Verräter? Ist er ihr Komplize? Ich möchte wissen, was sie vorhat.«

Sie warf wütend eine Schnupftabaksdose nach mir.

»Mach schnell! Glaub ja nicht, dass du unersetzlich bist.«

Ich zog alle Register, um Elisabeth zu erheitern und zu besänftigen, erzählte von ordinären Stallburschen, die im Morgengrauen zufrieden grinsend die britische Botschaft verließen, unter der Jacke goldene Teller, davon, dass Sir Charles seinen König verfluchte und sagte, die Briten machten einen Riesenfehler, wenn sie dem Preußen Friedrich den Hintern küssten.

Auf gar keinen Fall durfte die Kaiserin von jenen gefährlichen Pannen erfahren, von denen mir Katharina so unbekümmert berichtete, als gäbe sie irgendeinen amüsanten Schwank zum Besten. Stanislaw hatte mit ihr eine Schlittenfahrt unternommen. Ein Wachposten in Peterhof hatte sie aufgehalten, und Stanislaw hatte sich für einen Musiker, der im Dienst des Großherzogs stand, ausgegeben. Sie hatte in Männerkleidung danebengesessen und sich nur mit Mühe das Lachen verbeißen können. Später war ihr Schlitten auf einen Stein gefahren und umgestürzt, Katharina war herausgeschleudert worden. Eine Weile lang hatte sie bewusstlos dagelegen – Stanislaw war außer sich gewesen vor Verzweiflung.

Sie zeigte mir die Schrammen und blauen Flecken an ihrem Brustkorb, die sie sich bei dem Sturz zugezogen hatte. Ich tastete die Stelle ab, voller Angst, dass sie sich eine Rippe gebrochen hatte, aber sie meinte, es sei nichts passiert.

Sie war stark.

Stärker, als ich gedacht hatte.

»Ich habe ihn weinen sehen, Warenka«, sagte sie. »Er sagte, er hätte sich umgebracht, wenn ich gestorben wäre, er könne nicht mehr ohne mich leben. Er versprach mir, er würde jedes Opfer bringen, um mich glücklich zu machen.«

Und dann, Ende April, demonstrierte mir Katharinas Hündchen Bijou, wie leicht es war, das ganze Geheimnis auffliegen zu lassen. Stanislaw und Graf Horn, der Gesandte des schwedischen Königs, machten dem Großfürsten im Palast ihre Aufwartung, und natürlich fand Stanislaw anschließend einen Vorwand, auch Katharina einen Besuch abzustatten.

»Ich hoffe, wir kommen nicht allzu ungelegen, Hoheit.« Stanislaw machte eine elegante Verbeugung.

»Aber nein, ich freue mich über Ihren Besuch, meine Herren«, erwiderte Katharina. »Wir hier haben ja kaum je etwas zu tun, was so wichtig wäre, dass wir nicht gestört werden dürften.«

Sie plauderten eine Weile über den letzten Hofball und über das große Bauprojekt der Kaiserin, das, wie Graf Horn betonte, den schwedischen König mit neidvoller Bewunderung erfüllte.

Während Katharina und ihre Gäste Konversation machten, schweiften meine Gedanken ab zu Darja, die im Zimmer nebenan mit Bijou spielte. Sie stellte in letzter Zeit öfter Fragen, die mich zunehmend beunruhigten. »Was bedeutet *dreist*?«, hatte sie etwa gefragt. »Und warum hat Gräfin Schuwalowa gesagt, du bist nur die Tochter eines Buchbinders?« Sie war noch so klein, nicht einmal sieben, und so leicht zu verletzen.

Plötzlich ging die Tür auf, Darja lugte herein, zwischen ihren Beinen rannte Bijou in den Raum, um Stanislaw mit überschwänglicher Freude zu begrüßen. Dann wandte er sich dem schwedischen Gesandten zu, dem einzigen Fremden im Raum, und fing wild zu bellen an.

Graf Horn sagte nichts, aber das dünne Lächeln auf seinen Lippen verriet, dass er das Benehmen des Hündchens wohl zu deuten wusste.

Ich nahm Bijou auf den Arm und brachte ihn und Darja hinaus.

Später erzählte mir Katharina, dass Graf Horn im Gespräch mit Stanislaw bemerkt hatte, wie nützlich doch Bologneser Hündchen seien. Er selbst schenke jeder Frau, in die er sich verliebe, so ein Tierchen. Wenn er den Verdacht habe, dass die Geliebte ihn betrüge, so brauche er nur zu beobachten, wie sich das Hündchen in Gegenwart fraglicher anderer Männer verhielt, und er wisse sofort Bescheid.

Er versicherte, Stanislaw und die Großfürstin könnten sich auf seine Diskretion verlassen, aber das beruhigte weder mich noch Sir Charles. Zu viele Leute kannten das Geheimnis bereits. Bald würde auch Elisabeth dahinterkommen.

»Wenn Stanislaw etwas zustößt«, sagte ich zu Katharina, »werden Sie es sich nie verzeihen.«

Ich machte ihr klar, in welcher Gefahr ihr Liebhaber schwebte. Wenn herauskam, dass er die Großfürstin verführt hatte, konnte nichts ihn vor der Verbannung nach Sibirien bewahren. Er hatte keinerlei offiziellen Status, der ihn schützte, er war nur irgendein Ausländer, der in Sankt Petersburg als Privatsekretär arbeitete. Er musste nach Polen heimkehren, um dann als Diplomat, der unter dem Schutz seines Königs stand, nach Russland zurückzukommen.

»Eine Woche noch«, bettelte Katharina. »Oder wenigstens ein paar Tage.« Aber sie wusste, dass es keinen anderen Weg gab.

Nachdem Stanislaw nach Warschau abgereist war, ließ Sir Charles nichts unversucht, Katharinas Kummer zu lindern. Ich musste ihr Briefe von ihm überbringen. Einige davon gab Katharina mir zu lesen: *Sie können voller Hoffnung in die Zukunft blicken, Sie beide. Lieben Sie ihn mit ganzem Herzen, und Sie werden einen Weg finden, wieder mit ihm vereint zu werden.*

Im Mai 1756 griffen französische Truppen eine Garnison der Briten auf Minorca an. Der Krieg war in Europa angekommen.

England war mit Preußen verbündet.

Der König von Preußen war der Feind Russlands.

Selbst eine Spionin der Kaiserin konnte es nicht mehr wagen, in die britische Botschaft zu gehen.

Wieder einmal musste Monsieur Bernardi Briefe schmuggeln.

Acht
1756-1757

Wir hielten alle den Atem an und warteten: auf die Kriegserklärung, auf Briefe vom Geliebten, darauf, dass der Tod das trügerische Gleichgewicht der Macht verschob.

Im Sommer 1756 zog ich mit dem kaiserlichen Hofstaat nach Zarskoje Selo, froh darüber, dass ich Darja aus der Hitze und dem Lärm der Stadt wegbringen konnte. Allen beruhigenden Versicherungen von Monsieur Rastrelli zum Trotz verlief der Umbau des Winterpalasts keineswegs nach Plan. Man redete von Diebereien und Chaos. Die Zimmerleute hatten nicht genug Bauholz, es fehlte an Sand und Kalk. Die Kosten überschritten die Voranschläge um das Doppelte und mehr.

»Schon wieder so eine sonderbare Unstimmigkeit in den Rechnungen, Hoheit«, bemerkte der Kanzler. Auch sonst lag vieles im Argen: Niemand überprüfte, ob auch wirklich das geliefert wurde, was bestellt worden war; Arbeiter saßen müßig herum, weil Baumaterial fehlte; Blattgold ging auf rätselhafte Weise »verloren«.

Ein Fehler, dachte ich.

Verschwendung beunruhigte die Kaiserin nicht.

Sparsamkeit war am preußischen Hof zu Hause, wo man dünne Suppen aß, Kerzenstümpfchen einschmolz und jeden Abend ein genau abgewogenes Quantum Käse auf die Tafel stellte. Die Speisekammern überwachen? Kontrollieren, ob die Arbeiter auf der Baustelle etwas mitgehen ließen? »Kleinlicher Geiz, einer Monarchin mit großen Visionen unwürdig«, meinte Iwan Schuwalow.

Wenn Bestuschew bei der Kaiserin Gehör finden wollte, hätte er besser davon sprechen sollen, dass Ihre Majestät nun noch ein Jahr in dem zugigen, viel zu kleinen Palast an der Großen Perspektivstraße zubringen musste.

Dass es eine Unverschämtheit war, die Kaiserin des russischen Reichs warten zu lassen.

Dass die Leute sich nicht genügend anstrengten.

Im Garten von Zarskoje Selo, auf der ungemähten Wiese hinter der lindgrünen Hecke, jagte Darja Schmetterlinge.

Ich hörte im Kies des Weges hinter mir ungleichmäßige Schritte knirschen.

Ich drehte mich um.

Der Kanzler kam hinkend auf mich zu. Sein rechtes Knie war steif, die rechte Hand, die den Spazierstock hielt, geschwollen. Die fröhliche Stimme meiner Tochter drang von der Wiese herüber. »Lauf weg!«, hätte ich ihr am liebsten zugerufen.

»Du bist wohl sehr stolz auf dich, was?«, murmelte er. Seine stahlblauen Augen funkelten böse.

Katharina hat es ihm gesagt, dachte ich. Wir schritten nebeneinander die Hecke entlang.

»Es gibt Fehler, die du dir nicht leisten kannst, Warwara. Einer davon ist der, mich zu unterschätzen.«

In seiner Stimme klang Bitterkeit. Das tat mir gut. Offenbar war Katharina gnadenlos offen gewesen. In meinem Rachedurst war ich versucht, noch Salz in seine Wunden zu streuen: *Nein, sie hatte nie etwas mit Naryschkin … Selbst Ihre Spione lassen sich manchmal aufs Glatteis führen … Wenn Sie mein Freund sein wollen, beweisen Sie es.*

Er riss mich aus meinen Gedanken. »Ich kann ihr nützlicher sein als dieser britische Angeber, der meint, er könne ihr beibringen, wie sie Kaiserin wird.«

Ich beschleunigte meine Schritte. »Sir Charles möchte, dass die Großfürstin glücklich ist. Und ich möchte das auch.«

»Hier geht es nicht um Glück, Warwara.« Er lachte abfällig. »Hier geht es um Macht. Er ist britischer Botschafter, und *darum* will er, dass sie Kaiserin wird. Das brauche ich dir doch wohl nicht zu erklären.«

Er keuchte bereits und lief rot an, aber er bat mich nicht, langsamer zu gehen. Und redete weiter.

»Ich habe Ihnen schon einmal gesagt, Warwara Nikolajewna, dass ich nicht ganz herzlos bin. Und wir beide setzen auf dasselbe Pferd. Ich bin gekommen, um Sie zu warnen. Sie vergessen, was ich Ihnen beigebracht habe. Sie fangen an, Leuten zu trauen.«

»Lassen Sie mich in Ruhe«, sagte ich.

Meine Stimme klang so zornig, dass er stutzte.

»Bitte«, sagte er, »nicht so laut. Wir machen nur einen netten kleinen Spaziergang durch den Garten. Wir werden doch wohl den Lauschern auf der anderen Seite der Hecke nicht den Gefallen tun, einen Streit anzufangen. Und gehen Sie ein bisschen langsamer, seien Sie so nett.«

Darja auf der Wiese schwenkte triumphierend ihr Schmetterlingsnetz und winkte. Ich blieb stehen und winkte zurück.

»Versichern Sie der Großfürstin, dass ich alles tun werde, damit ihr Wunsch in Erfüllung geht. Richten Sie ihr aus, ich bitte sie um Geduld. Die Sache ist nicht so leicht zu bewerkstelligen.«

Eine Schar Pfauen kam vorbei, würdevoll, ohne uns zu beachten schritten sie über den Kies und schleiften die langen Schwanzfedern wie Schleppen hinter sich her. Ich unterdrückte den Impuls, sie wegzuscheuchen.

»Ich soll den polnischen König überreden, ihren hübschen Polen als seinen Botschafter herzuschicken. Das wäre eine durchaus lösbare Aufgabe – es kommt aber eine Schwierigkeit hinzu, von der Stanislaw in seinen Briefen nichts erwähnt, nämlich die, dass auch seine Mutter überredet werden muss. Ich weiß es von meinen Warschauer Spionen: Die Gräfin Poniatowska traut der Großfürstin nicht.«

Er imitierte mit übertriebener Geste die Beschwörungen der besorgten Mutter: »Geh nicht zu ihr zurück, ich flehe dich an, mein Sohn. Sie nutzt dich nur aus, sie hat nur ihr Vergnügen im Sinn ... Sie wird dich mit Füßen treten, sobald sie hat, was sie will ...«

Eine Erinnerung kam mir in den Sinn. Ich sah Katharina und Stanislaw am Tisch sitzen, auf dem noch die Teller vom Abendessen standen, und mit dem Finger auf der Landkarte die Route einer imaginären Reise zeichnen. Es war eine wunderschöne alte Karte, ein handkolorierter Kupferstich. Die großgedruckten Worte *Imperii Moscovitici* sprangen mir ins Auge. *Warum brennen wir nicht einfach zusammen durch?*, hatte Katharina ihrem Geliebten zugeflüstert.

»Gräfin Poniatowska irrt sich«, sagte ich.

»Ich bitte Sie, Warwara, nutzen Sie einen jener vertraulichen Momente, in denen Sie die Großfürstin mit Ihrer Schwester verwechseln, und flüstern Sie ihr ins hübsche Ohr, dass ich, ihr ergebener Diener, alles tun werde, um sie mit ihrem Geliebten wieder zu vereinen, dass sie aber selbst dann, wenn mir das nicht gelingt, mit mir zusammenarbeiten sollte. Sagen Sie ihr, dass die Liebe, alles in allem genommen, nicht *so* schrecklich wichtig ist, wie man immer meint. Sie weiß das ohnehin, auch wenn sie es sich noch nicht eingestehen kann.«

»Wieso sollte ich Ihnen helfen?«

»Jetzt, in diesem besonderen Fall, meinen Sie?«

»Jetzt und überhaupt.«

»Jetzt deswegen, weil sie mich braucht. Und überhaupt, weil ich weiß, was Sie noch nicht wissen.«

Ich hasste ihn aus ganzer Seele. Dafür, was er aus mir gemacht hatte, seit ich, ein Waisenkind, das sich vertrauensvoll in den Schutz der kaiserlichen Macht begab, in Elisabeths verrottete Residenz gekommen war. Oder vielleicht noch mehr dafür, dass ich spürte, wie seine vergifteten Worte Zweifel in mein Herz gesät hatten?

Ich sah ihn an. Sein vom Alter gezeichnetes Gesicht verriet keine Gefühlsregung.

»Maman!«, rief Darja von der Wiese her. »Schau, was ich gefangen habe.«

Während ich zu ihr eilte, hinkte der Kanzler zurück zum Palast. Sein Stock grub tiefe Narben in den Kies.

Elisabeths übersteigertes Bedürfnis nach dramatischer Selbstdarstellung! Diese Gier danach, in den Gesichtern der Besucher Ehrfurcht aufleuchten zu sehen, wenn sie durch reich verzierte und vergoldete Portale von einem der prächtigen Repräsentationsräume zum nächsten geschritten waren und schließlich zur Kaiserin selbst gelangt waren! Die Gier, sie überwältigt nach Luft schnappen zu hören vor Staunen über die sanften Braun- und Gelbtöne des Bernsteinzimmers, die ganze Palette von Elfenbein bis zur Farbe dunklen Honigs, und darin *sie* in ihren herrlichen Gewändern, auf ihren hochhackigen Schuhen über die polierten Mosaikfußböden gleitend, ja schwebend wie eine Bienenkönigin. »Das ist alles so vulgär, Warenka«, hatte Katharina gemurmelt. »Sie hat den Geschmack der russischen Bäuerin, die sie immer bleiben wird.«

Wenn die Großfürstin nach Zarskoje Selo kam, begrüßte die Kaiserin sie aufs freundlichste, erkundigte sich, ob sie gut geschlafen, ob sie ihre Migräne endlich überstanden hatte. Katharina revanchierte sich mit Komplimenten: Es verschlug einem den Atem, wenn man sah, mit welch leichter Anmut Elisabeth tanzte. In ihrem neuen Ballkleid hatte die Kaiserin so wunderschön ausgesehen wie an jenem Wintertag in Moskau, an dem Katharina Ihrer Majestät zum ersten Mal begegnet war.

Elisabeth fing wieder an, den Großfürsten und die Großfürstin ihre geliebten Kinder zu nennen. Sie hatten ihr eine so große Freude bereitet, als sie ihr einen Erben schenkten. Sie wartete jetzt auf eine Wiederholung des freudigen Ereignisses.

Paul war jetzt fast zwei Jahre alt und ging immer

noch mit sehr vorsichtigen wackligen Schritten. Die Kindermädchen zogen ihm weite Kleidchen an und banden seine goldenen Löckchen mit einem blauen Bändchen zusammen. Zwei von ihnen folgten ihm auf Schritt und Tritt, immer bereit, ihn aufzufangen, wenn er ins Stolpern geriet. Jeden Morgen inspizierte Elisabeth die Brüste der Ammen. Wenn sie nur den kleinsten Makel entdeckte, wurde die Frau sofort aus dem Dienst entlassen.

Wenn jetzt die Großfürstin nach Zarskoje Selo kam, erlaubte ihr die Kaiserin, ihren Sohn zu sehen.

Diese unregelmäßigen Besuche empörten mich, es war ein grausames Spiel für die Mutter und das Kind. Die Kaiserin legte die Bedingungen fest: *Am Nachmittag ... nicht länger als eine halbe Stunde ... und ich möchte immer dabei sein.*

Das Kinderzimmer verwandelte sich in ein Schlachtfeld, auf dem die Kaiserin immer triumphierte. Sie überließ nichts dem Zufall: Sie betrat das Kinderzimmer, ängstlich beobachtet von den Ammen, die inständig hofften, sie möge bemerken, dass sie es nicht an Eifer fehlen ließen. Hinter ihr kam Katharina, den Blick gesenkt, immer darauf bedacht, ja keine falsche Bewegung zu machen, ja kein falsches Wort zu sagen.

»*Tjotja!*«, quiekte Paul, sobald er die Kaiserin sah, und ruderte aufgeregt mit den Armen wie ein sonderbarer Vogel, der gerade das Fliegen lernt.

Er riss sich von dem Kindermädchen los und stürzte auf sie zu. Sie hob ihn hoch, kitzelte seinen Bauch, lachte, wenn er nach den Perlen in ihrem Haar griff.

Jeder Kuss, jedes Wort war genau gemessen und gezielt – auf Katharinas Herz.

»Mein Täubchen ... mein kleiner Prinz ... Zeig mir dein Äuglein ... dein Näslein ... deine kleinen Zehen.«

Katharina stand reglos da in ihrem blassgelben Kleid, das mit Blüten bestickt war, die Hände auf dem Rücken, ein angestrengtes Lächeln auf den Lippen. Ich sah, wie sie die Ringe an ihren Fingern drehte, als könnte einer von ihnen irgendeinen Märchenzauber entfesseln, ihr Flügel verleihen oder sie in eine Maus, eine Katze, einen Raubvogel verwandeln.

Sie vor all dem Gift schützen.

»Weißt du, wer dich heute besuchen kommt? ... Kennst du deine Maman noch? ... Wo ist sie? ... Wo ist deine Maman?«

»Maman«, sagte Paul, aber das Wort war eine leere Hülse. Wenn seine Tante auf ihn einredete, er solle doch Katharina ansehen, drückte er scheu sein Gesicht an den Busen der Kaiserin.

»Du willst, dass sie geht, nicht wahr, kleiner Mann? Du möchtest, dass sie dich in Ruhe lässt.«

Ich merkte mir alles: die affektiert süßliche Stimme, jedes triumphierende Lächeln. *Eines Tages*, dachte ich, *wirst du es noch bitter bereuen. Eines Tages kommen all die Menschen, die du gequält hast, als Spukgespenster über dich.*

In jenem Sommer hatte Elisabeth ein Porträt des Großfürsten Paul malen lassen. Es zeigte ihn in der Uniform des Preobraschenski-Regiments auf seinem Schaukelpferd, in der Hand einen hölzernen Säbel. Der Künstler hatte sich nur zwei Sitzungen ausgebeten. »Ein Kind mit so bemerkenswerten Zügen kann ich weitgehend aus dem Gedächtnis malen.«

Pauls Gesicht über dem grünen Uniformrock wirkte kühn und entschlossen. Besonders gut gefielen der Kaiserin der rosa Ton der Wangen und der silbern blinkende Säbel, der wie eine echte Waffe aussah.

Sie hörte es gerne, wenn die Höflinge erklärten, er ähnle seinem Urgroßvater, man sehe sofort, dass das Blut der Romanows in seinen Adern fließe.

Das Porträt hing in einem vergoldeten und mit Diamanten besetzten Rahmen in ihrem Schlafzimmer neben einem Bild, das sie selbst als kleines Mädchen zeigte, hingestreckt auf einer Hermelindecke, ein Medaillon mit dem Bildnis ihres Vater wie eine Trophäe in der rechten Hand, der weiße nackte Körper sanft gerundet, im Haar rosa Blüten.

Zwei Kinder Seite an Seite.

Würde sie Paul zu ihrem Nachfolger erklären?, fragte ich mich. Würde sie Peter übergehen?

Nachts, wenn die Kaiserin nicht einschlafen konnte, ließ sie mich zu sich kommen.

Ich wusste nie, wann sie mich rufen würde, darum schlief ich in meinen Kleidern, das Korsett gelockert, das Mieder halb geöffnet.

»Wo hast du gesteckt?«, fuhr die Kaiserin mich an, auch wenn ich mich noch so sehr beeilt hatte. Oft bemerkte ich ein kaltes Glitzern in ihren Augen, ein Zeichen, dass sie getrunken hatte. Iwan Schuwalow war nie da in diesen Nächten; offenbar hatte sie ihn bereits entlassen.

»Mit was für Leuten ist sie zusammen, Warwara?«

Wenn die Kaiserin so im Halbdunkel auf ihrem Bett lag, wollte sie gern hören, dass Katharina sich haltlos treiben ließ, ganz ihren Lüsten und Eifersüchten hingegeben, geblendet vom Glitzern kostbarer Steine, fiebrig in der Schwüle der Sommernächte. Ich sollte Dinge erzählen, die sie rechtfertigten, die bestätigten, dass es richtig gewesen war, der Mutter ihr Kind wegzunehmen.

»Fürstin Galizina ist jetzt ihre beste Freundin, Majestät. Sie sehen einander täglich. Meistens ist Fürstin Daschkowa dabei. Die Großfürstin schickt alle anderen Leute weg, wenn die beiden bei ihr sind. Dann kommt der Juwelier, und sie sehen sich Schmuck an.«

»Kauft sie auch etwas?«

»O ja. Sie liebt große Steine, sie möchte auffallen.«

»Macht sie immer noch Schulden?«

»Monsieur Bernardi gibt ihr Kredit.«

»Was treibt sie sonst noch den ganzen Tag?«

»Sie hat angefangen, ein historisches Drama zu schreiben, aber das ist noch ein Geheimnis – sie will Eure Majestät damit überraschen. Es spielt in der Zeit der Wirren. Ich fürchte, dass es nicht viel taugt – es ist schrecklich langatmig, und andauernd werden Reden gehalten. Sie plant auch ein großes Sommerfest in Oranienbaum zu Ehren des Großfürsten. Die Damen sollen alle weiße Taftkleider mit Tüll tragen und die Herren blauen Samt und weiße Hosen.«

»Schläft der Großfürst mit ihr?«

»Ja.«

»Und sie ist immer noch nicht schwanger?«

»Nein. Sie hat allerdings zugenommen: Die Zofen stöhnen, weil es immer schwieriger wird, sie zu schnüren. Und irgendetwas ist mit ihrer rechten Schulter nicht in Ordnung. Sie hat wieder oft Zahnweh, aber sie will nicht, dass man einen Arzt kommen lässt. Die Doktoren machen alles nur noch schlimmer, sagt sie und kaut lieber Gewürznelken, um den Schmerz zu betäuben.«

»Wer kommt sie sonst noch besuchen? Bestuschew?«

»Ja.«

»Was will der alte Gauner von ihr?«

»Sie unterhalten sich immer hinter geschlossenen

Türen, aber ich weiß, dass sie ihn drängt, ihr einen neuen Liebhaber zu besorgen.«

Von allen Besuchen der Großfürstin in Zarskoje Selo in jenem Sommer ist mir einer besonders deutlich in Erinnerung geblieben.

In dem Gartenpavillon blühten üppig Dahlien und Kapuzinerkresse in steinernen Pflanztrögen, Geißblatt rankte sich an schmiedeeisernen Gittern empor. An der Decke waren Käfige aufgehängt, in denen Sittiche und Kanarienvögel zwitscherten und sangen. Bestickte Tücher und Deckchen lagen auf den Tischen und Kommoden, und überall standen Lackkästchen, Körbchen aus Birkenrinde und Schalen mit Süßigkeiten herum. In großen kupfernen Gießkannen in den Ecken prangten rote und gelbe Begonien. Man hatte die eisernen Gartenstühle durch bequeme, reich vergoldete Sessel ersetzt. Die Kissen waren mit Feuervogelmotiven bestickt.

Die Diener brachten Kristallkaraffen mit Wodka in den verschiedensten Farben und Geschmacksrichtungen – Rote Bete, Preiselbeeren, Zitrone, Meerrettich, Pflaumen, Kirschen. Zu essen gab es Suschki, mit Kohl und Pilzen gefüllte Piroggen, geräucherten Schweinebauch, fein geschnitten und zu einem Füllhorn mit Trauben arrangiert.

So liebte es die Kaiserin. »Wie in einer *skaska*«, hatte sie befohlen. Sie sehnte sich zutiefst nach den einfachen, klaren Verhältnissen der russischen Volksmärchen, wo immer das Gute siegt, wo der kluge Kater den tückischen Zauberer überlistet, wo das Aschenputtel am Ende auf dem goldenen Thron sitzt.

»Eine ihrer Lebenslügen«, hatte der Kanzler bemerkt. Ich rieb die Stelle an meinem Arm, wo er mich festgehalten hatte, bevor ich mich losriss. In Warschau wartete Stanislaw immer noch auf seine Ernennung zum Gesandten in Russland. Der alte Fuchs strenge sich nicht genügend an, hatte Katharina zu mir gesagt. Bei seinem letzten Besuch habe er sie gebeten, sich noch ein wenig zu gedulden, und sie habe ihm erwidert, wenn er es nicht schaffe, Graf Poniatowski nach Sankt Petersburg zu holen, müsse sie sich überlegen, ob nicht vielleicht die Schuwalows mehr Erfolg hätten.

Die Kaiserin saß in ihrem Lehnstuhl, ließ sich eine Scheibe Schweinebauch schmecken und blickte auf die von ihr arrangierte Szene. Ihre Füße ruhten auf einem gepolsterten Schemel, weich umflossen von den Falten ihres purpurnen Kleids. »Ich will niemanden sehen, Warwara«, hatte sie befohlen. Niemand sollte ihre rot geränderten Augen sehen, dachte ich. Selbst eine schlaflose Nacht war jetzt ein Staatsgeheimnis.

Ich, ihr Wach- und Spürhund zugleich, stand hinter ihrem Stuhl. Ich wusste, welche Art von Geschichten sie gerne hörte. Es war einmal eine böse

Mutter und eine gute Tante ... ein törichter Prinz, der des Throns unwürdig war ... ein von Gott gesegnetes Kind, das Russland Glück und Heil bringen würde.

Der Großfürst hatte unter einem Vogelkäfig zur Rechten der Kaiserin Platz genommen, die Hände ineinander verkrampft, um sie ruhig zu halten. Katharina hatte ihn dazu überredet, die grüne Preobraschenski-Uniform anzuziehen. Ein einziges Mal hatte er sie bei einem Besuch im Kinderzimmer begleitet – widerwillig, denn, so hatte er vorwurfsvoll gefragt, was soll ein Vater mit einem Kind anfangen, das noch nicht einmal marschieren kann?

Die Großfürstin erging sich in Lobreden. Sie pries alles und jedes, die Blumen, die Vögel, die leichte Brise, die den Duft von Rosen und Honig hereintrug. Sie trug ein schlichtes Sommerkleid aus weißem Musselin mit Satinbändern, gleichwohl zog sie alle Blicke auf sich. Selbst Iwan Schuwalow flüsterte ihr ein Kompliment zu, das Katharina mit einer anmutigen Neigung des Kopfs, halb versteckt hinter ihrem Fächer, entgegennahm. Sie ging von einer Gruppe zur nächsten, nickte und lächelte den Gästen zu, reichte ihnen die Hand und sagte ihnen Nettigkeiten.

Nur den Kanzler ignorierte sie demonstrativ, schaute weg, als er sich vor ihr verbeugte, drehte sich um und entzog sich ihm, bevor er auch nur einen Schritt auf sie zu tun konnte.

Er runzelte die Stirn. Er schüttelte den Kopf.

Er versuchte es noch einmal, und wieder schnitt sie ihn.

Es war wie ein Spiel, veranstaltet zum Amüsement des Hofs: Katharina, ein kaum wahrnehmbares Lächeln auf den Lippen, in flinken Wendungen immer auf der Flucht, der Kanzler auf ihren Fersen, grimmig entschlossen nicht aufzugeben, während Iwan Schuwalow schmunzelnd zusah.

Die Kaiserin wurde unruhig, sie mochte es nicht, wenn nicht alle Aufmerksamkeit ihr zugewandt war. Ich schob ihre Kissen zurecht. Das hinter ihrem Rücken war schweißnass.

Zu meiner Erleichterung stand jetzt Iwan Schuwalow auf und begann, eine Hand auf der Herzgegend, eine Ode *An die herrliche Minerva des Nordens* zu rezitieren:

Ach, möge Gott der Herr von unseren Tagen nehmen und damit deiner sel'gen Jahre Zahl vermehren der Welt zur Freude und zu ihrem Heil!

Der lebhafte Applaus, der dem Vortrag folgte, zauberte ein Lächeln auf Elisabeths Lippen. Als er verebbt war, stimmte Graf Rasumowski mit dunkler, volltönender Stimme eine Ballade aus seiner ukrainischen Heimat an, ein wehmütiges Lied, das von Abschied und Trennungsschmerz erzählte.

Die Kaiserin warf ihm ein Taschentuch zu. Er küsste es, bevor er es in seine Brusttasche steckte.

Jetzt trat der Kanzler vor.

»Eine Rede wäre diesem Anlass nicht angemessen«, sagte er, »darum will ich mich kurz fassen.«

Das tat er auch. Russland stand im Begriff, Friedrich von Preußen eine Lektion zu erteilen, die er nicht vergessen würde. Die Truppen waren marschbereit. Überall strömten junge Bauernburschen singend und jubelnd zu den Rekrutierungsstellen, um sich ihrer ruhmreichen Kaiserin zur Verfügung zu stellen. Feldmarschall Apraxin wartete ungeduldig darauf, sich im Kampf für seine geliebte Souveränin und das Vaterland bewähren zu dürfen.

Ich musste mir das Lachen verbeißen. Kurz und knapp, gewiss, aber jedes Wort wohlüberlegt.

Der Großfürst hatte betreten zu Boden geblickt, als der so hoch verehrte König von Preußen erwähnt wurde. Iwan Schuwalow war zusammengezuckt, als er den Namen Apraxin hörte. Er hatte immer noch gehofft, die Kaiserin würde nicht ausgerechnet Bestuschews Protégé zum Oberkommandierenden der Armee ernennen.

»Majestät, die ganze Nation ist bereit«, fuhr der Kanzler fort. »Wir warten nur auf Ihren Befehl.«

Die Kaiserin schlug mit der flachen Hand auf die Armlehne ihres Stuhls. In ihren Augen glomm düsterer Spott.

»Wenn Russland in den Krieg eintreten muss«, verkündete sie und ließ mit einer ausladenden Armbewegung die Diamanten auf ihrem purpurnen Ärmel aufblitzen, »dann werde ich selbst die Truppen führen.«

Einen Moment lang herrschte verunsicherte Stille, aber dann setzten jene Bekundungen überschwänglicher Freude ein, die Elisabeth wünschte. Der Hof pries die Kaiserin in den höchsten Tönen. Sie würde auch als Heerführerin große Dinge vollbringen, die Welt würde staunen.

Unser Mütterchen.

Von allen geliebt.

Milde und huldvoll.

Ein Ausbund aller Tugend.

Ich sah nicht, wie der Großfürst sich von seinem Platz erhob, erst seine Stimme machte mich auf ihn aufmerksam. Sie klang so schrill, dass es einem durch Mark und Bein ging. Peters Ignoranz, seine törichte Naivität, die Bestürzung in sämtlichen Gesichtern nicht wahrzunehmen, hatte etwas zutiefst Erschreckendes.

»Wie kann Ihre Majestät auch nur einen Moment lang so etwas in Erwägung ziehen?«

Die Kaiserin blickte auf. Sie wirkte verdutzt, als hätte ihr Neffe in einer fremden Sprache gesprochen, als bräuchte sie eine Weile, um sich darüber klar zu werden, was er meinte. Eine leichte Röte breitete sich in ihrem Dekolletee aus.

»Mein Vater hat seine Truppen auch selbst kommandiert.« Sie kochte vor Zorn. »Glaubst du, ich kann nicht, was mein Vater konnte?«

Ich sah, wie Peters narbiges Gesicht puterrot anlief. Er fuchtelte mit seinen schmalen Händen. Das ist die Verbitterung eines Prinzen, den nie jemand ernst genommen hat, dachte ich, die Enttäuschung eines Minderbemittelten.

»Er war ein Mann, und Ihre Majestät ist eine Frau«, kreischte Peter.

Bevor der Großfürst weitersprechen konnte, riss Iwan Schuwalow so heftig an seinem Ärmel, dass die Naht aufplatzte.

Aber es war zu spät.

Ich sah den Fußschemel kippen, sah Elisabeths Tritt, der ihn fortstieß. Ich sah den Kanzler auf die Kaiserin zustürzen, als könnte er mit seinen Händen ihren rasenden Zorn bändigen.

Und dann ließ Katharinas Stimme alle innehalten.

»Bitte, Hoheit! Versprechen Sie uns, dass Sie sich nicht solchen Gefahren aussetzen werden. Wir flehen Sie an: Haben Sie Erbarmen mit Ihren Kindern in dieser Zeit der Not.«

Die Stimme war sanft und flehend, aber unwiderstehlich.

Der Großfürst öffnete wieder den Mund, doch Katharina ließ ihn nicht zu Wort kommen. »Wir sind nicht Ihre Soldaten«, fuhr sie fort und warf sich vor der Kaiserin auf die Knie, »aber wir brauchen Sie, damit Sie uns leiten. Gebieten Sie den Generälen, die Ihre Truppen kommandieren, aber bleiben Sie hier bei uns, ich bitte Sie inständig.«

Die Kaiserin sank zurück in ihre Kissen. Zwei Tränen rollten aus ihren Augen. Sie ließ sie über ihre gepuderten Wangen rinnen.

Der törichte Prinz in den russischen Märchen wird immer von einer klugen Prinzessin gerettet, dachte ich.

»Genug, mein Kind«, sagte die Kaiserin. »Steh auf.«

Ich stürzte vor, um der Großfürstin aufzuhelfen. Ich spürte, wie sie meine Hand drückte. Wenn sie geglaubt hatte, ihr Mann würde ihr danken, so hatte sie sich getäuscht. »Ich bin nicht wie Madame Neunmalklug«, sagte Peter zu mir, bevor er ging. »Madame Neunmalklug«, so nannten er und das *Fräulein* Katharina oft spöttisch. In seiner Stimme klang ein gefährliches Ressentiment.

Es kam nur selten vor in diesem Sommer, dass Katharina und ich alleine miteinander sprechen konnten. Dann stellte sie mir Fragen nach der Gesundheit der Kaiserin. Hatte sie immer noch Herzflattern? Was hatte es mit diesem Fäulnisgeruch auf sich, den sie angeblich ausströmte? Stimmte es, dass sie unter Ohnmachtsanfällen litt? Und dass sie nicht mehr Treppen steigen konnte?

»Sie hatte auch früher schon allerlei Leiden. Das hat nicht so viel zu bedeuten«, sagte ich. »Sie dürfen nicht alles glauben, was die Leute reden.«

Katharinas Miene verdüsterte sich.

»Es ist der Krieg, der ihr zu schaffen macht«, fuhr ich fort. »Sie hat Angst.«

Es war der Gedanke an die göttliche Gerechtigkeit, der die Kaiserin in Furcht und Schrecken hielt, an jene Tarotkarte, die »Das Gericht« heißt. Das war es, was ihr den Schweiß auf die Stirn trieb und ihr dunkle Ringe unter die Augen zeichnete. In ihrer Vorstellung entschied Gott über die Schicksale der Völker, indem er die Sünden ihrer Herrscher gegeneinander abwägte. Was würde schwerer ins Gewicht fallen – französische Trägheit, preußische Habsucht oder russischer Hochmut? »Habe ich nicht Gnade und Erbarmen geübt?«, hörte ich die Kaiserin murmeln, wenn sie vor der Ikone kniete.

In einem der Briefe, die Katharina mir zu lesen gab, forderte Sir Charles sie auf, die Rolle einer bloßen Freundin Russlands aufzugeben und stattdessen die einer Thronerbin einzunehmen. *Sie sind mächtiger, als Sie glauben*, hatte er geschrieben. *Sie können alles erreichen, wenn Sie nur wollen.* Wenn ich nachts neben Darja lag, die allen kräutermedizinischen Künsten Maschas zum Trotz immer noch unruhig schlief und mit den Zähnen knirschte, gingen mir diese Worte oft im Kopf herum.

In der Gästesuite in Zarskoje Selo – kärglich möbliert, um die Großfürstin daran zu erinnern, dass sie nur eine untergeordnete Stellung bei Hof einnahm – bedrängte mich Katharina wieder mit Fragen.

»Findet sie überhaupt noch Schlaf, Warenka? Hat sie oft Schmerzen? Redet sie über mich?«

Ich sah mich im Raum um: zwei vergoldete Stühle, ein Tischchen, ein Bett, eine Kommode. Ein Fenster ging zum Garten hinaus. Ein zur Jahreszeit sonderbar unpassender Duft nach Zimt und Nelken wehte herein – man hätte glauben können, es wäre Weihnachten.

Katharina in ihrem leichten Sommerkleid stand am Fenster und spielte mit einer goldenen Quaste des Vorhangs.

»Er fehlt ihnen«, sagte ich sanft. »Hat er nicht geschrieben?«

Sie drehte den Kopf, und ich sah Tränen in ihren Augen blinken. »Ich möchte nicht über Stanislaw sprechen. Bitte, Warenka. Ich kann es nicht ertragen.«

Also erzählte ich, was sich im kaiserlichen Schlafzimmer tat. Junge Burschen und Mädchen vom Land, die Volkslieder sangen, Banduraspieler, Kinder mit hellen, reinen Stimmen – »wie Engelchen«, sagte die Kaiserin gerührt. Die Ehrendamen, die sie eifrig mit Klatsch unterhielten bis zum Abendessen. Anschließend kam der kaiserliche Favorit, gut ausgeruht und schön geputzt wie einer der Palastkater.

Katharina musste lächeln, als sie mir zuhörte.

»Die Kaiserin kann es nicht ertragen, alleine zu sein«, sagte ich. »Darum braucht sie mich.«

Nachts, als Iwan Schuwalow sich in seine Suite zurückgezogen hatte und der ganze Palast schlief, traf ich Elisabeth dabei an, wie sie die *Gazette de Saint Pétersbourg* durchblätterte und Karikaturen des preußischen Königs mit dem Vergrößerungsglas studierte. Friedrich II. auf einem Hocker sitzend, einen Sack zwischen den Knien, in den er mit der rechten Hand die Länder Schlesien, Böhmen und Sachsen stopfte, während er mit der linken heruntergefallene Krümel zusammenklaubte. Eine andere Zeichnung zeigte ihn in einem schäbigen Rock vor einem Guckloch, durch das er, geifernd vor Gier, in ein Zimmer blickte, in dem sich die nackte Schönheit Austria rekelte.

»Was schreiben sie über ihn?«, fragte die Kaiserin und drückte mir die Zeitung in die Hand.

Dieser Bandit und Räuber, las ich, *treulos ... hinterhältig ... unersättlich ... rühmt sich, dass er seine zweihunderttausend Mann starke Armee innerhalb von drei Wochen auf seine Feinde loslassen kann.*

Elisabeth biss nervös an ihren Fingernägeln, während ich vorlas. Unter den Spitzenbesätzen ihres

Nachthemds zeigte sich blau-grün geäderte Haut, durchscheinend wie Pergament.

Sodass Friedrich imstande ist, einen Nachbarn zu überfallen, mit dem er erst vor kurzem einen Beistandspakt geschlossen hat … Schwarze kämpfen an der Koromandelküste, und Rothäute skalpieren einander an den Großen Seen Nordamerikas.

Interessante Kleinigkeiten sorgten für die nötige Würze: *Die Offiziere der preußischen Armee essen aus Blechgeschirr. Silberne Löffel sind verboten.*

»Knickriger Pfennigfuchser«, murmelte Elisabeth. »Ein gewissenloser Straßenräuber.«

Ihr Gesicht war von Hass verzerrt, einem Hass, dessen Glut nie erlosch. Sie konnte nie vergessen, dass der König sie einmal »eine ungebildete Hure« genannt hatte.

Zum Missfallen der Schuwalows übertrug die Kaiserin Feldmarschall Apraxin den Oberbefehl über die russische Armee. Im Zug der Kriegsvorbereitungen ergaben sich in den Streitkräften viele Veränderungen. Meinem Mann wurde ein neues Aufgabengebiet zugewiesen: Er war nun für die Aushebung neuer Rekruten zuständig. Das bedeutete, dass er wohl nicht so bald an die Front geschickt werden würde, sagte er mir, als er für eine hektische Woche nach Zarskoje Selo auf Urlaub kam.

Auch wir redeten jetzt andauernd über den Krieg.

Alles wurde teurer. Ein Pud Salz kostete fünfzig Kopeken statt zwanzig, der Preis von Wodka stieg auf das Doppelte. Der russische Staat brauchte Geld.

»Sie hätten die Steuern schon längst erhöhen müssen«, sagte Igor.

Nun, da der preußische König mit der Unterstützung der Briten rechnen konnte, würde er zum Angriff übergehen. »Russland hat nicht mehr viel Zeit zur Vorbereitung«, meinte er.

Mascha kümmerte sich darum, dass alles Nötige erledigt wurde. Die Paradeuniform des Herrn musste geflickt werden. Die Taschen waren schmutzig, denn er trug ständig Karotten und Zucker für die Pferde mit sich herum. Er brauchte frische Taschentücher. Er brauchte einen Vorrat jener Stiefelwichse, die Mascha aus Wachs, Talg und Teer selbst zusammenrührte – das Zeug, das den Soldaten von der Armee gestellt wurde, taugte nichts.

Unser Schlafzimmer roch nach Lederfett und Schnupftabak. Wenn ich frühmorgens von meinem Dienst im kaiserlichen Schlafzimmer heimkehrte, empfing mich das befriedigte Grunzen meines Ehemanns, der soeben die letzten der hundert Liegestütze abzählte, mit denen er seinen Tag begann. Im Zimmer nebenan, wo sein Offiziersbursche schlief, füllten sich seine Reisekisten. Nur die notwendigsten Dinge, die er immer bei sich führte, lagen säuberlich nebeneinander aufgereiht auf der Kommode: Kulturbeutel,

Säbel, Pistolen, alles in Stoffsäckchen, die Mascha frisch gewaschen und gebügelt hatte, verpackt und verschnürt.

Untertags wich Darja nicht von seiner Seite. Sie trug die Puppe, die er ihr geschenkt hatte, immer bei sich. Nicht einmal, wenn Mascha sie badete, wollte sie sich davon trennen.

»Blumen haben Wurzeln, mit denen sie das Wasser in der Erde trinken. Vögel essen Samenkörner, Papa«, hörte ich sie sagen. Mit hartnäckigem Ernst redete sie auf Igor ein. Jeder Gedanke musste in Worte gefasst und mitgeteilt, jedes Geheimnis erforscht werden.

»Mascha sagt, die Schwäne verlieren jedes Frühjahr ihre Federn und können dann nicht fliegen. Stimmt das?«

»Ja.«

»Aber wieso suchen sie die Federn nicht einfach?«

»Das würde nichts nützen. Sie müssen warten.«

»Warum?«

»Es dauert eben seine Zeit, bis ihnen neue Federn wachsen.«

»Wie lange?«

Wenn sie mit Igor redete, gab es keine Scheu, kein Zögern. Entweder brüstete sie sich stolz mit dem, was sie gelernt hatte, oder sie stillte ihren Wissensdurst durch unablässiges Fragen. Erst wenn sie eine befriedigende Antwort erhalten hatte, gab sie Ruhe. Sie wollte verlässliche und präzise Tatsachen und freute sich, wenn alles schön stimmig zusammenpasste.

»Manchmal ist sie schon kein Kind mehr«, sagte Igor.

»Aber nur manchmal.« Ich musste lachen.

Die Abende in diesem August waren schon kühl. An dem Tag vor Igors Abreise saßen wir in der Dämmerung auf der Gartenbank. Darja, ihre Puppe neben sich, zeichnete etwas in das Skizzenbuch, das Igor ihr geschenkt hatte, ganz auf ihre Arbeit konzentriert, die Zungenspitze zwischen den Lippen. Es fiel ihr schwer, damit fertigzuwerden, dass er uns verlassen musste; andauernd fragte sie, wann er wiederkäme. »Wie viele Wochen?«, fragte sie und streckte die Finger ihrer rechten Hand aus, die linke hinter dem Rücken versteckt.

Die Blätter der Birken verfärbten sich bereits. Bald würde die ganze Natur um uns herum in lauter Gold- und Bernsteintönen leuchten.

Ich redete darüber, dass ich bald einen Tanzmeister anstellen wollte, der unserer Tochter Tanzen und feines Benehmen beibringen sollte. Schon jetzt ließ ich Darja eine Stunde täglich in Schuhen mit hohen Absätzen gehen, ein Buch auf dem Kopf, damit sie lernte, sich schön gerade zu halten.

Die Gärtner hatten Zweige und dürres Laub verbrannt. Der beißende Geruch des Rauchs hing noch in der Luft.

»Das ist nicht richtig«, sagte Igor wie zu sich selbst. Offenbar hatte er mir gar nicht zugehört.

Ich verstummte.

Er starrte auf seine glänzend polierten Stiefel. »Das ist so ein schmutziges Geschäft«, murmelte er. »Der reinste Sklavenhandel.«

Seine Hand auf seinem Knie ballte sich zur Faust. Seine Kiefermuskeln waren angespannt.

Er hatte Deserteure gesehen, erzählte er. Mehr, als er je für möglich gehalten hätte. Männer stachen sich ein Auge aus, zerquetschten sich die Zehen, hackten sich Finger ab, schlugen sich die Zähne aus, verstümmelten sich in jeder nur denkbaren Weise, damit sie nicht zum Militär mussten.

Die Bürger von Jaroslawl hatten sich vor dem Militärdienst gedrückt, indem sie in den umliegenden Dörfern Leibeigene kauften, die an ihrer Stelle einrücken mussten. »Dreihundertundsechzig Rubel ist der gängige Preis für einen guten Rekruten«, sagte Igor.

Die Gemeinden, die Leute aus den eigenen Reihen abstellten, gaben ihnen nicht genügend Verpflegung mit, oft nicht einmal halb so viel Mehl, wie sie brauchten, damit sie sich jeden Tag Brot backen konnten. Wie sollten sie damit auskommen? Und wie sollten die Männer bei Kräften bleiben, wenn sie sich ausschließlich von Mehl und Wasser ernährten? Soldaten brauchten auch Gemüse und Fleisch oder Fisch. Die russische Armee würde verhungern, noch bevor der Marschbefehl kam.

Die Soldaten hatten nicht einmal genügend Brot zu essen, aber für einen neuen Palast war genug Geld da. Wieso war Apraxin zum Oberkommandierenden ernannt worden, ein alter Sack, der seinem Adjutanten verbot, ihn vor zehn Uhr morgens zu wecken?

Es ging ihm einfach nicht in den Kopf, wie all das sein konnte.

Er hatte geglaubt, bei der Armee zählten Leistung und Effizienz.

Er strich sich übers Kinn. »Erinnerst du dich an die Brüder Orlow, *kison'ka*?«

O ja, ich erinnerte mich an die beiden jungen Offiziere, die bei den Zusammenkünften in unserem Salon so gespannt zugehört hatten, wenn Igor erzählte. Der mit der Narbe im Gesicht war Alexej, der andere hieß Grigori. Sie waren seinem Beispiel gefolgt, berichtete Igor, und hatten sich zu einer Armeeeinheit versetzen lassen, die aktiv am Krieg teilnehmen sollte.

»Sie sind beide ausgezeichnete Offiziere, aber nur Alexej teilt meine Befürchtungen«, fuhr mein Mann fort. Grigori war eher der Typ, der glaubte, dem Mutigen gehöre die Welt, man solle sich nicht so viele Gedanken machen, am Ende werde schon alles gut werden. »Wir regen uns auf«, sagte Igor, »und Grigori vertreibt sich derweil die Zeit mit schönen Frauen. Man wird ja sehen, wer recht hat.«

Er hielt einen Moment inne. Ich sah ihn an, die wettergegerbte Haut, die dünnen Lippen, angespannt in Erwartung schlimmer Ereignisse.

»Unser Adel zählt nicht viel, es ist ja nur ›Dienstadel‹.« Igors Stimme klang bitter. Auf der einen Seite die vornehmen Geschlechter der Schuwalows und der Woronzows, auf der anderen die Malikins und die Orlows. Die überkommenen Standesunterschiede lebten fort. Die Nachkommen der alten Aristokratie hörten von frühester Jugend an immer nur von den großen Taten erzählen, die Ahnen, deren Namen sie trugen und deren Blut in ihren Adern floss, vollbracht hatten. Diejenigen, die ihren Aufstieg in der Rangtabelle nicht ihrer vornehmen Geburt, sondern ihren Verdiensten oder kaiserlicher Gunst verdankten, wurden immer verdächtigt, sie seien nur Emporkömmlinge, die niederen Lüsten der Kaiserin gedient oder es verstanden hatten, sich sonstwie bei ihr einzuschmeicheln.

Man erlaubte ihnen gnädig, sich adelig zu nennen, aber sie wurden nicht als ebenbürtig akzeptiert.

»Sie erkennen uns nur dann an, wenn wir sie dazu zwingen«, sagte Igor so laut, dass Darja von ihrer Arbeit aufschaute.

Ich legte den Finger auf die Lippen, aber Igor schüttelte den Kopf. »Du weißt es doch selbst, *kison'ka*. Du hast es immer gewusst, nicht wahr?«

Er griff nach meiner Hand, und da spürte ich, wie sich der Knoten in meinem Hals löste.

Nach Igors Abreise am nächsten Morgen war Darja schweigsam und in sich gekehrt. »Du musst tapfer sein«, hatte er zu ihr gesagt. »Denk daran, dass du die Tochter eines Soldaten bist.« Sie nickte, als ich ihr versicherte, dass ihr Papa bald wiederkommen würde, aber sie fragte nicht mehr, wann das sein würde.

Wenn ich zurückdenke, erinnere ich nur seine Abwesenheit, sehe den leeren Tisch vor mir, auf dem seine Sachen gelegen hatten, rieche, wie sich der Duft von Lederfett und Schnupftabak verflüchtigt. Und ich weiß noch, dass ich mir sagte: Noch befindet sich Russland nicht im Krieg. Und solange er damit beschäftigt war, Rekruten auszuheben, war er in Sicherheit.

Fünf Tage später verbreitete sich die Nachricht, dass Friedrich von Preußen mit seiner Armee in Sachsen eingefallen war und über Leipzig nach Dresden vorrückte. Im September, als der Hof wieder nach Sankt Petersburg umzog, hatten die Truppen Dresden erreicht. Im Oktober kapitulierte die sächsische Armee, die bei Pirna eingeschlossen war.

Die Kaiserin interessierte sich jetzt nur noch für den Krieg. Sachsen war mit Österreich verbündet. Maria Theresia war eine Lügnerin und Heuchlerin, aber das änderte nichts daran, dass sie in diesem Fall schnöde hintergangen worden war. Der preußische Räuber wurde gar zu frech, das Maß war voll. Russland würde seinem Treiben nicht länger tatenlos zuschauen.

Der Kanzler musste jetzt nicht mehr endlos im Vorzimmer warten, bis er eingelassen wurde. Ich hörte seine Stimme die Entschlossenheit der Kaiserin preisen. Feldmarschall Apraxin meldete, dass die Armee kampfbereit sei. Sobald der Winter vorbei war, konnte sie nach Westen marschieren. »Die ganze Welt wartet darauf, dass Ihre Majestät den Befehl gibt.«

Katharina wurde ungeduldig. Stanislaw war immer noch nicht zum polnischen Gesandten ernannt worden, und jetzt, nachdem die preußische Armee Sachsen besetzt hatte, war damit zu rechnen, dass sich die Sache noch weiter verzögern würde.

»Ich verlange doch wirklich nichts Großes von Ihnen«, hatte sie zum Kanzler gesagt. »Was habe ich von Ihrer Freundschaft, wenn Sie nicht einmal das zustande bringen? Vielleicht sollte ich doch lieber Iwan Schuwalows Angebot annehmen?«

Schuwalow hatte ihr überhaupt nichts Konkretes angeboten, sondern nur vage Andeutungen fallen lassen, aber Sir Charles' ermutigender Zuspruch hatte Katharina kühn gemacht. Sie hatte mir Briefe von ihm gezeigt, in dem sie ganze Sätze dick unterstrichen hatte: *Erheben Sie Anspruch auf den Thron Russ-*

lands, und machen Sie Stanislaw zum König von Polen. Sie dürfen Ihr Licht nicht unter den Scheffel stellen!

Ich hoffte nur inständig, dass Sir Charles keine Abschriften dieser Briefe aufbewahrte und dass Monsieur Bernardi schlau genug war, sich nicht erwischen zu lassen. Es beruhigte mich angesichts der klaren Worte in den Briefen nicht im Geringsten, dass Sir Charles in seinen Schreiben die Großfürstin nicht bei ihrem Namen nannte, sondern mit »Monsieur« ansprach. Ich nahm mir vor, ihn bei nächster Gelegenheit zu mehr Vorsicht zu mahnen.

»Verbrennen Sie diese Briefe, ich bitte Sie«, sagte ich zu Katharina. Das Schloss ihrer Schreibtischlade war ganz leicht mit einer Haarnadel zu öffnen. Und dann musste man nur noch auf eine der geschnitzten Säulen drücken, damit das Geheimfach aufsprang.

Katharina ignorierte meine Bitte. »Sir Charles ist sich ziemlich sicher, dass die Kaiserin nicht mehr lang zu leben hat. Was meinst du, Warenka?«

Ich zuckte die Achseln. »Ich bin kein Prophet. Was ich weiß, ist nur, dass sie selbst damit rechnet, an Weihnachten noch am Leben zu sein. Sie hat zum Fest ein cremefarbenes Satinkleid mit Hermelinbesatz bestellt.«

Im November konnte der Kanzler der Großfürstin endlich gute Nachricht bringen.

Der König von Sachsen und Polen hatte Graf Poniatowski zu seinem außerordentlichen Botschafter am russischen Hof ernannt. Stanislaw machte sich Anfang Dezember auf die Reise nach Sankt Petersburg und kündigte brieflich an, er werde noch vor Weihnachten dort eintreffen. Aber Weihnachten kam, und Stanislaw war immer noch nicht da.

Katharina bemühte sich nach Kräften, die Ruhe zu bewahren. Der Winter war hart, es war ganz normal, dass es zu Verzögerungen kam.

Jeden Tag schickte ich einen Diener zur sächsischen Botschaft und erhielt immer nur den Bescheid, dass Graf Poniatowski unterwegs sei. Dann, am 28. Dezember um die Mittagszeit, traf er ein.

Der Knall der Mittagskanone verhallte gerade, als ich in Katharinas Zimmer stürzte. Es war ein sehr kalter, aber sonniger Tag. Die sächsische Botschaft war mit dem Schlitten in wenigen Minuten zu erreichen.

Katharina drückte mir einen versiegelten Brief in die Hand. »Bring ihm das hier. Sag ihm, ich komme, sobald ich kann.«

Ein Lakai führte mich ins Empfangszimmer, das von einem blauen Kachelofen und einem offenen Kamin beheizt wurde. An der Wand hing ein Porträt von August III., *von Gottes Gnaden König von Polen und Kurfürst von Sachsen.* Er war ein Mann von massiger

Statur mit roten Pausbacken und trug einen weiten blauen Rock, der mit Gold bestickt war. Arrogant blickte er auf mich herab. Ich musste an die »Sitzjagden« denken, von denen Sir Charles berichtet hatte. Ich stellte mir vor, wie Wölfe und Bären aus einem Verschlag direkt vor die Flinte dieses Mannes getrieben wurden. »Sachsen muss sich damit abfinden, dass immer einer aus seiner Familie das Land regiert«, hatte Sir Charles einmal bemerkt. »Die Polen haben es besser – die können ihre Könige frei wählen.«

Stanislaw trat ein. Er war noch in seine Reisepelze gehüllt, als könnte er gar nicht recht glauben, dass die lange Reise endlich vorüber war. Er trug eine gepuderte Perücke, die sein schön geschnittenes Gesicht schmaler erscheinen ließ. Er kam mir älter und ernster vor, als ich ihn in Erinnerung hatte. Er fasste meine Hand und führte sie an seine Lippen.

»Wie geht es ihr, meine Liebe?«, fragte er.

»Besser, seit sie weiß, dass Sie da sind.«

Ich reichte ihm das Schreiben von Katharina und sah zu, wie er mit zitternden Fingern das Siegel erbrach. Er las den Brief und küsste ihn.

»Sie haben uns lange warten lassen«, sagte ich.

»Ich musste meine Reiseroute ändern.« Er blickte in das flackernde Feuer des Kamins. »Man hat mich gewarnt – ich sollte überfallen werden, kurz hinter der russischen Grenze.«

»Überfallen?«, fragte ich besorgt. »Wer hat sie gewarnt?«

Er lächelte nachdenklich. »Das will ich ihr lieber selbst erzählen.«

Ich spürte einen Stich im Herzen. Seine Antwort machte mir wieder bewusst, dass ich nicht so wichtig war, wie ich mir eingebildet hatte.

Draußen auf dem Gang waren Schritte zu hören. Die Tür ging auf und ein Diener erschien, um zu fragen, ob wir eine Kleinigkeit essen wollten. Stanislaw sah mich an, ich schüttelte den Kopf. Ich musste zurück in den Palast.

Stanislaw entließ den Diener und bot mir an, mich ein Stück auf dem Weg zu begleiten.

Die gleißende Wintersonne war mittlerweile von schweren Wolken verhängt, dicke Schneeflocken fielen. Er stellte mir viele Fragen, während wir die Große Perspektivstraße entlanggingen, und ich gab ihm bereitwillig Antwort.

Ja, Katharina ging es gut. Sie trug jetzt das Haar kürzer, aber immer noch ungepudert, wie es ihm gefiel. Nein, er konnte sie nicht jetzt gleich besuchen, das war zu gefährlich. Sie wollte ins Palais der Naryschkins kommen, sobald es ging. Vor elf Uhr konnte sie bestimmt nicht weg.

Er sollte sich verkleiden, am besten als Musiker, und das Palais durch den Dienstboteneingang betreten.

Ich würde ihr ausrichten, dass es ihm gut ginge und dass er die Sekunden zählte, bis er sie wiedersah.

Nach ein paar Minuten machte er wieder kehrt, zurück zur Botschaft. Auch abseits des Palasts gab es viele neugierige Augen.

Ich sah ihm nach, als er langsam wegging. Ein Bettler hielt ihn auf. Stanislaw steckte eine Hand in die Manteltasche und zog eine Münze hervor. Dann hörte ich, wie das flehende Jammern des Bettlers plötzlich umschlug und sich eine wahre Flut von Segenssprüchen über Stanislaw ergoss.

Sosehr ich mich mit Katharina freute, traten jetzt doch meine eigenen Sorgen wieder mehr in den Vordergrund. Igor hatte geschrieben: Er war mit seinen Rekruten nach Westen in Richtung Ostpreußen beordert worden. Die Brüder Orlow, versicherte er mir, hatten ihm in die Hand versprochen, dass sie sich um mich und Darja kümmern würden, falls ihm etwas zustoßen sollte.

Als ich in dieser Nacht Katharina zum Palais Naryschkin begleitete, erhaschte ich durch eines der Fenster im Erdgeschoss einen flüchtigen Blick auf das bleiche, ernste Gesicht Stanislaws und eine winkende Hand.

Katharinas Gesicht leuchtete auf. Ihre Ungeduld machte sie noch schöner. Die vom Frost geröteten

Wangen brauchten kein Rouge, die funkelnden Augen kein Belladonna.

Für sie ist die Zeit der Einsamkeit vorbei, dachte ich. *Das Warten hat ein Ende.*

Sie hielt noch einmal kurz inne, bevor sie ins Haus eilte. »Danke, Warenka«, hauchte sie lächelnd. »Ich werde dir nie vergessen, was du für uns getan hast.«

Irgendetwas an ihr irritierte mich, aber ich kam nicht darauf, was es war. Erst später wurde mir klar, dass ihre Lippen in einer Weise leicht nach innen gezogen waren, die mich an das selbstgefällige Lächeln ihrer Mutter erinnerte.

Komisch, dachte ich verblüfft. *Was für ein abwegiger Gedanke.*

Der Hof begrüßte das neue Jahr mit Feuerwerk und Kanonenschüssen. Der Neujahrsball fand in Peterhof statt. Bevor sie Sankt Petersburg verließ, warf sich die Kaiserin vor der Ikone der Gottesmutter von Kasan auf die Knie und betete. *Bitte*, hörte ich sie murmeln, *bestrafe nicht Russland für meine Sünden.*

Siebzehnhundertsiebenundfünfzig sollte das Jahr des Sieges werden.

Ich dachte an Igor in seiner Militärbaracke, an seine knappen Briefe. *Der Winter ist hart, aber ich bin guter Dinge. Sag Darja, dass mir das Bild mit dem Pferd am besten gefällt.*

Nach den Neujahrsfeierlichkeiten sah ich Stanislaw oft zusammen mit anderen Diplomaten im Vorzimmer des Audienzsaals stehen.

Elisabeth ließ ihn nie lange warten. Die erste Rede, die er als Botschafter seines Königs gehalten hatte, war ganz nach ihrem Geschmack gewesen. Die Annexion Sachsens sei nicht nur ein empörender Akt der Barbarei, sagte er, sondern zugleich ein richtungweisendes Zeichen. Friedrich von Preußen sei eine Hydra mit vielen Köpfen. Wenn man nur einen davon abschlage, wüchsen sogleich zwei neue nach. Darum dürfe man kein Erbarmen mit Preußen haben.

Das gefiel der Kaiserin.

Sie war nicht die Einzige. Er habe angenehm flüssig und voller Leidenschaft gesprochen, hörte ich. Laut genug, sodass jeder ihn verstehen konnte, und doch so ruhig und überlegt, dass niemand seine Worte als bloße Tirade eines zornigen jungen Mannes abtun konnte.

Sobald sich die Gelegenheit bot, gratulierte ich ihm zu seinem Erfolg. »Die Kaiserin war sehr beeindruckt.«

»Die Kaiserin ist sehr freundlich«, antwortete er. »Ich sehe mich am Hof um und lerne. Jeden Tag eine neue Lektion.«

Lektionen für einen Musterschüler, dachte ich. Sir Charles hatte ihn beschworen, ihn auf gar keinen Fall zu besuchen. Seit die preußische Armee in Sachsen eingefallen war, wurde die britische Botschaft genauestens überwacht. Die Dienstboten waren alle russische Spione. *Es tut mir im Herzen weh, Monsieur, dass ich mich von Ihnen beiden fernhalten muss, aber ich hoffe, es wird nicht mehr lange dauern,* hatte Sir Charles der Großfürstin geschrieben. *Eines Tages werden Kaiserin Katharina von Russland und König Stanislaw von Polen gemeinsam herrschen, und ich werde beiden meinen Rat und meine Freundschaft anbieten können. Aber damit dies geschehen kann, muss ich von anderen Verpflichtungen frei sein. Darum habe ich um meine Entlassung aus dem diplomatischen Dienst ersucht und erwarte ein Schreiben aus London, das mich von meinen Amtspflichten entbindet.*

Stanislaw nannte Sir Charles *La Sagesse* – Weisheit – und einen wahren Freund. Katharina sagte, sie würde ihn immer um Rat bitten wie das Orakel von Delphi.

Und ich?

Ich dachte an die Macht der Worte, die man im Geist wiederholt und hin und her wendet. Daran, wie sie immer stärker wird und Möglichkeiten in Wünsche und Ziele verwandelt. Eine Philosophin als Kaiserin. Ein Philosoph als König. Dass Weisheit an die Stelle von Eitelkeit tritt, harte Arbeit an die Stelle von Müßiggang.

Eine bessere Welt. Eine gerechtere Welt.

Was könnte meiner Mühe mehr wert sein?

Ende Februar wurde Katharina wieder schwanger. Wenn sie bei Hof auftrat, zeigte sich die Kaiserin rührend besorgt um sie. Sie ließ Kissen holen und ihr unter die Füße schieben. Die Kaiserin ermahnte die Großfürstin, sich vor Zugluft zu hüten, und empfahl ihr Fußmassagen. Das Blut musste frei zirkulieren können. Der Körper musste Kraftreserven anlegen. Täglich trafen Körbe voller ausgesuchter Leckereien aus der Palastküche ein, Mandelcreme mit Ananas, entbeinte Wachteln, Silberterrinen mit nahrhaften, sahnigen Suppen. Sie schimpfte nicht mehr über neue Schulden oder darüber, dass Peter zu viel trank, sondern rühmte weithin hörbar das kräftige Blut der Romanows.

Die vitale Urkraft dieses Herrschergeschlechts ließ sich nicht lange unterdrücken, sagten die Höflinge.

Ich sah, wie die Kaiserin ihre Hand auf den Bauch der Großfürstin legte und lächelte, als fühlte sie das Kind bereits strampeln. Furcht und üble Laune wichen von ihr, das keimende junge Leben drängte den Tod zurück ins Dunkel. Elisabeth fragte niemals, wer für Katharinas »gesegneten Zustand« verantwortlich war. Der Schein musste gewahrt werden. Die »Mondkinder« teilten das eheliche Bett, also war zumindest die Möglichkeit, dass Peter der Vater des Kindes war, nicht auszuschließen, und das genügte bereits.

Der außerordentliche Gesandte des sächsischen Königs von Polen war bei allen Pflichtveranstaltungen für das diplomatische Corps zugegen und nutzte jede Gelegenheit, die Kaiserin auf die Leiden Sachsens aufmerksam zu machen: Dresden durch Geschützfeuer zerstört, von den Preußen aus Gefängnissen befreite Verbrecher legten überall Brände, Friedrich hatte falsche polnische Münzen prägen lassen, um damit Proviant für seine Truppen zu bezahlen.

Die Kaiserin lobte Graf Poniatowskis feines Benehmen, seinen jugendlichen Charme, seine untadelig elegante Erscheinung. Wenn Parteigänger der Schuwalows auf seine Leidenschaft für Katharina anspielten, wechselte sie das Thema. Sie hatte wichtigere Sorgen.

Im Juni erlitt Friedrich bei Kolin seine erste Niederlage. Er war also doch kein so großer Stratege, wie man immer gedacht hatte. Die Österreicher hatten ihn zum Angriff gezwungen, aber sein Versuch, den Feind an der Flanke zu fassen, misslang. Jetzt musste Russland seinen Schlag führen, der Zeitpunkt war ideal.

Der Kanzler verbrachte immer mehr Zeit mit der Kaiserin. Ich sah ihn oft mit Karten und Dokumenten unter dem Arm zu ihrer Suite gehen. Feldmarschall Apraxin führte seine Truppen gegen Ostpreußen. Igor würde diesen Sommer nicht nach Sankt Petersburg kommen können. Seine Briefe waren jetzt noch kürzer, sorglos heitere Nachrichten aus dem Soldatenleben: Blasen, immer wieder Blasen an den Füßen, nichts Schlimmeres, das lang vergessene Glück, in einem Heuschober zu übernachten. Und es war immer eine Zeichnung für Darja dabei: *Papa trocknet seine nasse Hose am Lagerfeuer. Papa beim Blaubeerenpflücken.*

Ich hörte die Stimme des Kanzlers, die beruhigend auf Elisabeth einredete: Ihre Offiziere waren die besten Europas, ihre Soldaten voller Opfermut, ihrer geliebten Zarin treu ergeben bis in den Tod.

Einmal frühmorgens, als die Kaiserin schon ziemlich betrunken vom Kirschlikör war, fragte sie mich wieder nach Lew Naryschkin, und ich erzählte ihr die Geschichte, wie er auf dem Weg zu Katharina von den Wachposten in Oranienbaum aufgehalten worden war. Er gab sich als Musiker im Dienst der Großfürstin aus.

»Was spielen Sie«, fragte der Wachhabende.

»Flöte«, sagte Naryschkin.

»Dann zeigen Sie mal Ihr Instrument vor.«

Die Kaiserin lachte. Mir war, als erteilte sie damit ihre Absolution, als besiegelte dieses Gelächter einen Waffenstillstand.

Im Juli erhielt Sir Charles ein Schreiben, in dem ihm mitgeteilt wurde, dass man seinem Rücktrittsgesuch entsprochen hatte. Sein Nachfolger, ein gewisser Mr. Keith, würde in einigen Monaten eintreffen.

Bis dahin sollte George Rineking, der Sekretär von Sir Charles, die Amtspflichten des britischen Botschafters wahrnehmen.

Er schickte einen Verabschiedungsbrief nach London. Er war ein freier Mann.

»Ich habe nicht vor, abzureisen, *pani* Barbara«, sagte er zu mir. »Richten Sie bitte der Großfürstin aus, dass ich alles tun will, um erreichbar zu sein, wenn sie meinen Rat sucht.«

Wir saßen in einem Wirtshaus in der Nähe des Anitschkow-Palais zusammen – Sir Charles hatte den Treffpunkt ausgewählt. Die Fenster waren beschlagen von Dunst, die Bodendielen schmierig von Spucke und verschüttetem Bier. Auf meinem Weg hatte ich Hunde gesehen, die sich um Küchenabfälle balgten; Kinder hatten Steine nach ihnen geworfen.

Sir Charles' Enthusiasmus war ansteckend. Selbst Peters Alkoholexzesse in all ihren schmutzigen Details erschienen, wenn er darüber redete, plötzlich in einem Licht, das geradezu wie der goldene Schimmer einer Verheißung anmutete. Die Ausschweifungen des Großfürsten würden sein Leben verkürzen. Wenn er starb, konnten Katharina und Stanislaw heiraten.

»Ich rate der Großfürstin, die Lage aufmerksam zu beobachten und abzuwarten. Sie sollte alle Optionen sorgfältig prüfen und sich nicht in die Karten schauen lassen«, sagte Sir Charles. »Sie sollte ihre Beziehungen zu den Schuwalows verbessern. Auch sonst Verbindungen nach allen Seiten hin pflegen. Sie darf sich nicht zu früh auf eine Position festlegen.«

Ich nickte. In die Platte des grob gezimmerten Tischs vor uns hatte jemand ein von zwei Pfeilen durchbohrtes Herz geschnitzt. Igor hatte in seinem letzten Brief berichtet, dass sein Regiment die Grenze von Ostpreußen überschritten hatte, ohne auf Widerstand zu stoßen. Die Belagerung von Memel hatte er verpasst. Als er dorthin kam, war die Siegesfeier schon im Gang. *Wir werden bald in Richtung Westen marschieren*, hatte er geschrieben, *aber Genaueres weiß ich noch nicht.*

»Die Großfürstin kann auf mich zählen«, fuhr Sir Charles fort. »Ich werde in Sankt Petersburg bleiben, solange ich ihr von Nutzen sein kann.«

Er beugte sich vor, seine Augen leuchteten. »Wir sind keine Soldaten, *pani* Barbara.« Es klang eindringlich. »Wir beide kämpfen nicht in einem Krieg. Aber wir können dazu beitragen, eine bessere Welt für unsere Kinder zu schaffen.«

In diesem Sommer hielt auch ich mich für unentbehrlich.

Ich sah die Dinge nicht, wie sie wirklich waren. Es war nur eine harmlose Intrige: Ein Botschafter im Ruhestand und eine Buchbinderstochter, die im Auftrag der Kaiserin die Hofgesellschaft bespitzelte, schmiedeten Pläne, die Welt nach ihren eigenen grandiosen

Wünschen zurechtzumodeln, während die wirklich wichtigen Ereignisse der Zeit unaufhaltsam ihren eigenen Lauf nahmen.

Im kaiserlichen Schlafzimmer brannten immer dicke Wachskerzen. An manchen Abenden traf ich Elisabeth an, wie sie im Negligee vor dem Spiegel saß, die Falten in ihrem Gesicht studierte und an den Rüschen um ihr Dekolletee nestelte. Ohne Perücke wirkte ihr Kopf klein und nackt, fast wie der eines Kindes. Sie fuhr sich mit den Fingern durchs Haar, das sie kurzschneiden ließ, seit es immer lichter wurde. Ihre Katzen saßen oder lagen im Dunkeln, rekelten sich, haschten nach Staubflusen, leckten zu sonderbaren Posen verrenkt ihre Hinterbeine.

Ich wusste nie, was die Kaiserin von mir wollte, wenn ich das Schlafzimmer betrat. Reden oder zuhören? Sollte ich ein Urteil abgeben oder einfach nur referieren? Manchmal verlangte sie, dass ich die Sachen der Zofen durchsuchte, weil irgendetwas abhandengekommen war, ein Kamm, ein Riechfläschchen, eine Haarnadel, ein Ring. Manchmal verkündete sie, dass sie dieses oder jenes beschlossen habe, so etwa, dass es den Damen des Hofs verboten sein sollte, rosa Spitzen oder Besatzbänder zu verwenden; die Farbe Rosa sollte allein ihr vorbehalten sein. Eines Nachts fragte sie mich, ob ich schon einmal von meinem Vater geträumt hatte, aber bevor ich zu einer

Antwort ansetzen konnte, schlug sie die Hände vors Gesicht und begann zu schluchzen. Einmal schnüffelte sie an ihrem Schuh und verzog angewidert das Gesicht. »Stimmt irgendetwas nicht, Hoheit?«, fragte ich. Sie blickte auf, aber es war, als sähe sie durch mich hindurch. »Es ist fast unmöglich«, murmelte sie, »die Vergangenheit von der Gegenwart fernzuhalten.«

In Gedanken sah ich lautlos Sand durch ein Stundenglas rinnen. *Vielleicht hat Sir Charles recht*, dachte ich. *Vielleicht ist der Tod nicht mehr so sehr weit, und dann verändert sich alles.*

Gegen Ende August war der Hof nach Sankt Petersburg zurückgekehrt. Aus den geöffneten Koffern im kaiserlichen Schlafzimmer duftete es nach Zedernholz und Rosmarin. Die Kaiserin war nervös, ging rastlos von einem Zimmer ins nächste, immer auf der Suche nach Ablenkung: Sie wartete auf Nachrichten aus Ostpreußen.

Ich packte gerade ein Nachthemd aus rosa Damast aus, das Elisabeth besonders liebte, als der Kanzler eintrat, eine Depesche in der Hand. Die Kaiserin schloss die Augen und faltete die Hände – offenbar schickte sie ein Stoßgebet zum Himmel.

»Vernichtet, Majestät!«, rief er freudestrahlend. »Aufgerieben. Und das ist erst der Anfang. Der endgültige Sieg Ihrer Majestät ist jetzt gewiss.«

Die russischen Truppen hatten Friedrich von Preußen bei Groß-Jägersdorf geschlagen.

»Feldmarschall Apraxin schickt einen ausführlichen Bericht mit der nächsten Post. Hier ist eine kurze Zusammenfassung.«

»Lesen Sie vor«, befahl die Kaiserin.

Der Kanzler las langsam, jeder Satz ein Triumph. Die Preußen hatten angegriffen. Die kalmückische Kavallerie und die Donkosaken hatten sie in eine Falle gelockt, ins Feuer der russischen Artillerie. Die Schlacht hatte den ganzen Tag gedauert. Man hatte die umliegenden Dörfer in Brand gesteckt, um den Preußen die Sicht zu vernebeln. In den Rauchschwaden, die über das Schlachtfeld trieben, hatten die russischen Bajonette sehr viel leichter ihr Ziel gefunden als die preußischen Musketenkugeln. Elisabeth Petrowna, die Tochter Peters des Großen, hatte Friedrich eine erste Lehre erteilt. Jetzt stand Preußen nackt und hilflos vor der Macht Ihrer Majestät.

Als der Kanzler geendet hatte, rief die Kaiserin ihr ganzes Gefolge ins Zimmer zum Gebet vor der Ikone der Jungfrau von Kasan.

Alle sollten Gott danken für den triumphalen Sieg, den er Russland geschenkt hatte.

Ich war allein in meinem kleinen Wohnzimmer, als der Bote die Nachricht brachte, dass Igor einer der

4500 russischen Soldaten war, die bei Groß-Jägersdorf gefallen waren.

Ich hörte die Worte, ohne sie zu begreifen, zu unwirklich schienen sie zu sein. Der Bote kannte diese Reaktion nur zu gut und wusste, wie er sich zu benehmen hatte: Er blickte mich mit düsterem Ernst an, verbeugte sich achtungsvoll und zog sich diskret zurück. Ich sank nieder auf das Sofa, bleischwer. Reglos saß ich da.

Nebenan hörte ich Schritte, dann die Stimme der Gouvernante, die irgendwelche Übungen mit Darja machte.

Ich stand auf und öffnete die Tür. Meine Hand zitterte.

»Schau, Maman«, sagte Darja. Sie schritt, die Locken von einer gehäkelten Mütze gebändigt, in ihren hochhackigen Schuhen durchs Zimmer, ohne zu stocken oder zu stolpern, in tadellos gerader Haltung.

Ich machte Mademoiselle Dupont ein Zeichen, uns allein zu lassen.

Dann sagte ich Darja, dass ihr Vater tot war.

Sie stand regungslos, die Stirn gerunzelt vor Anstrengung, um zu verstehen, was ich ihr mitgeteilt hatte. Sie hatte von Schlachten und Krieg reden hören. Sie hatte Gemälde gesehen, auf denen gefallene Soldaten zu sehen waren, die noch im Tod ihre Musketen umklammerten, während ihre Kameraden mit Hurra vorwärtsstürmten.

Sie streifte behutsam die Schuhe ab.

»Ich muss meine Schuhe aufräumen«, sagte sie, hob sie auf und wischte mit dem Ärmel darüber.

Ich nahm Darja in die Arme. Ich wartete auf Tränen, aber sie kamen nicht. Durch die dünne Wand hörte ich Mascha mit dem Dienstmädchen schimpfen.

»Weine, Darenka«, flüsterte ich. »Weine.«

Aber sie weinte nicht. Erst als sie Maschas durchdringende, heisere Klageschreie hörte.

Erst da flossen die Tränen, ihre und meine. Stumm und heiß.

Ich saß an Darjas Bett, bis sie endlich einschlief, die eine Hand um ihre Puppe gelegt, die andere schlaff in meiner. Unsere Wohnung roch nach dem *ladan*, mit dem man in Russland in Trauerhäusern räuchert, ein süßer und scharfer Duft, der den Schmerz betäuben soll.

Auf den Straßen von Sankt Petersburg gab es viele mit demselben Schicksal, Ehefrauen, Mütter, Schwestern, Töchter, alle schwarz verschleiert. Wir erkannten einander daran, dass die schwarzen Kleider noch ganz neu waren, und an der Art, wie wir die Augen niederschlugen, wenn von dem glorreichen Sieg die Rede war.

»Schlachtfelder stinken wie ein Misthaufen«, hatte Igor einmal zu mir gesagt. »Im Sterben entleeren Männer und Pferde ihre Därme.«

Unter den Sachen meines Mannes, die man mir brachte, waren sein Säbel, sein Siegelring, seine Pistolen und ein Holzkasten mit zwei Töpfchen von Maschas Stiefelwichse.

Drei Tage nach dem Ende der Schlacht hatte man seine Leiche gefunden. Ein Militärarzt schrieb mir, dass ein Bajonett Igors Oberschenkelknochen zersplittert hatte. Eine Kugel hatte den Knochen des linken Arms durchschlagen. Wenn er überlebt hätte, hätte man ihm beide Gliedmaßen amputieren müssen. Ich solle in all meiner Trauer daran denken, was für ein Leben er dann hätte führen müssen.

»Ach, Warenka«, seufzte Katharina. »Mein liebes Kind.«

Sie hatte schwarze Spitzen und Satinbänder für meine Trauerkleider gebracht. Sie hängte Darja ein Kettchen mit einem goldenen Kreuz um den Hals. »Ich darf nicht einmal zur Beerdigung kommen.« Sie legte die Hand auf ihren Bauch. »*Sie* meint, ein Friedhof ist kein Ort für eine Frau in meinem Zustand. Aber wieso sollte mich das überraschen, Warenka? Sie hat mir damals sogar verboten, um meinen eigenen Vater zu trauern. Schließlich war er kein König, hat sie gesagt.«

Es lag so viel freundliches Mitgefühl in ihrer Umarmung.

Igors einbalsamierte Leiche wurde nach Petersburg gebracht, um hier bestattet zu werden. Er sah bleich und wächsern aus. Eine Wunde auf der Stirn war genäht worden. Eine Augenbraue sah sonderbar geknickt aus. Sein Hals war ganz verschrumpelt, als zöge Igor im Tod die Schultern hoch.

Der Tod meines Mannes wurde im Hofjournal angezeigt – sein Name stand ein gutes Stück weiter unten als der von Fürst Trubezkojs jüngstem Sohn, der auch in Groß-Jägersdorf gefallen war. Alter Adel und Dienstadel sind eben nicht gleich viel wert, dachte ich verbittert. Die Kaiserin hatte mich für zwei Monate von meinen Pflichten entbunden. Sie wollte keine frisch Verwitwete in ihrer Nähe haben. Im Palast hielt man den Tod auf Abstand, als wäre er ansteckend.

Mit Maschas Hilfe drehte ich alle Spiegel in unserer Wohnung gegen die Wand, damit Igors Seele sich nicht darin »verfing«. Wir banden ein schwarzes Kreppband um ein Eck seines Porträts. Wie es Sitte war, verschickte ich Trauerkarten mit einer Bordüre aus Totenköpfen und gekreuzten Knochen und lud Freunde und Bekannte zu Kondolenzbesuchen ein.

Meine Tochter hielt während des Trauergottesdiensts ganz fest meine Hand. Ich brachte es nicht über mich, sie dafür zu tadeln, dass sie die Haut an ihren Fingerknöcheln aufgekratzt und ihre Nägel abgebissen hatte. Bevor der Sarg geschlossen wurde, küsste ich Igors Wange. Sie war hart und kalt. Dann hob ich Darja hoch, damit auch sie ihn küssen konnte.

»Du bist die Tochter eines Helden, Darenka«, hatte Katharina zu ihr gesagt. »Du musst tapfer sein.«

Auf dem Lazarus-Friedhof, umgeben von erschreckend vielen frischen Gräbern, beteten wir vor einem schlichten Stein, auf dem in Messinglettern geschrieben stand: *Igor Dmitrijewitsch Malikin, 15. Mai 1725-19. August 1757. Der Herr gebe ihm die ewige Ruhe.*

Auf dem Rückweg roch die Stadt nach Müll und Harz, nach feuchten Kleidern und Qualm.

Zu Hause nahm ich meine Tochter in die Arme, und sie klammerte sich an mich, als müsste sie ertrinken. Später entdeckte ich, dass meine Arme überall dort, wo sie sich festgekrallt hatte, übersät waren mit blauen Flecken.

»Eine Soldatenwitwe, Warwara Nikolajewna, wird niemals allein sein«, versicherte mir Alexej Orlow.

Er war, nachdem er die traurige Nachricht erhalten hatte, nach Sankt Petersburg gekommen, sobald er konnte. Auch Grigori war unterwegs. Iwan Grigorjewitsch Orlow, der älteste der Brüder, hatte mir bereits seine Hilfe zugesagt und angeboten, dass ich in dem Haus in der Millionnajastraße wohnen konnte. Es lag nicht weit vom provisorischen Palast entfernt; ein Bote konnte in wenigen Minuten dort sein.

Alexej erzählte von seiner letzten Begegnung mit Igor. Die beiden Brüder waren mit ihm in der *banja* gewesen. Mein Mann hatte eben seinen Marschbefehl erhalten und war bester Laune. Er hatte von mir und Darja geredet und Grigori gefragt, was für ein Geschenk er mir mitbringen könnte, wenn er auf Urlaub nach Hause käme. Er hatte einen Scherz darüber gemacht, dass er einen Mann um Rat bat, der neun Jahre jünger war als er. »Aber mein Bruder, Warwara Nikolajewna« – ein blasses Lächeln huschte über Alexejs Gesicht –, »ist eben ein Mann, der weiß, was Frauen gefällt.«

Er hatte Igor versprochen, dass er mich und Darenka wie seinen Augapfel hüten würde. Darauf könne ich mich immer fest verlassen.

Mein Blick war die ganze Zeit, während er sprach, auf die Narbe in Alexej Orlows Gesicht gerichtet. Sie stammte von einer Wunde, die vollständig verheilt war.

An dem Tag, bevor er wieder abreiste, sagte Alexej Orlow, er habe eine Bitte an mich. Er habe Nachforschungen angestellt und erfahren, dass Darjas Taufpate Oberst Sinowjew vor drei Jahren gestorben war. »Sie würden mir eine große Ehre erweisen, Warwara Nikolajewna, wenn Sie mir erlauben würden, an seine Stelle zu treten: Bitte betrachten Sie mich als Darja Igorewnas Taufpaten.«

Ich nickte.

Er fasste meine eisig kalte Hand und drückte sie an sein Herz.

Bevor ich auch nur einen klaren Gedanken fassen konnte, welchen Beistand ich in dieser Trauerzeit nötig haben könnte, war Alexej bereits tätig geworden. Er hatte zwei Gardesoldaten an der Tür postiert, er selbst empfing im Flur die Kondolenten und führte sie in den Salon. »Ein großer Verlust«, hörte ich ihn sagen. »Die längsten Halme schneidet die Sichel zuerst.« Die zwei jüngsten Brüder Fjodor und Wladimir beaufsichtigten die Lakaien, die all die Hüte, Spazierstöcke, Handschuhe und Visitenkarten der Besucher entgegennahmen, die in stetem Strom zu uns kamen. Dienstboten der Orlows servierten Tee und Erfrischungen und stellten die Blumen, die die Gäste mitbrachten, in Vasen. Alle Räume waren von Blütenduft erfüllt.

Der Honig, mit dem Mascha unseren Tee süßte, kam von den Landgütern der Orlows, ebenso der weiße Käse und der geräucherte Schinken. »Tag um Tag, es hört nicht auf«, sagte Mascha staunend, wenn wieder ein Korb mit Lebensmitteln aus der Millionnajastraße kam. »Und immer ein freundliches Wort dabei.«

Alle fünf Brüder unterschrieben die Karten, die den Geschenken beilagen: Iwan, Grigori, Alexej, Fjodor, Wladimir.

Schwarz gekleidet saß ich auf dem Sofa in meinem

kleinen Wohnzimmer, das Denken von Laudanum verlangsamt. Manchmal kamen mir die Besucher vor wie Marionetten, deren gepuderte Köpfe grotesk hin und her wackelten, während sie ihre Texte aufsagten. *Besinnen Sie sich auf das Gute, das Ihnen geblieben ist. Man muss sich dem Willen Gottes fügen. Der Hammer zerschmettert Glas, aber er schmiedet das Eisen. Mögen Sie Kraft und Trost finden in der Freundschaft und der liebenden Sorge für Ihr Kind.*

Bestimmt war das Laudanum daran schuld, dachte ich, dass ich alle diese Leute fortwünschte. Dass ich mich nur noch danach sehnte, zu schlafen, immer nur zu schlafen bei Tag und Nacht und Darjas zarten Körper neben mir zu spüren.

Aber an dem Tag, da die Kondolenzbesuche aufhörten, fand ich mich in einer Leere wieder, die vollends unerträglich war. Mascha hatte Darja mit zum Markt genommen, und ich hatte nichts zu tun. Ich versuchte zu lesen, doch die Buchstaben verschwammen vor meinen Augen.

Draußen auf der Straße lachte jemand. Ein Pferd schnaubte und wieherte. Ich schloss das Fenster und zog die Vorhänge zu. Grigori und Alexej waren inzwischen wieder abgereist mit der Versicherung, dass mein Mann unvergessen bleiben werde.

Ich saß in Witwenkleidern in dem leeren Wohnzimmer und starrte auf Igors Porträt mit seinen heiteren Farben. Das gemalte Gesicht ähnelte Igors wahren Zügen nur vage. Lag es an den Fältchen, die Igor unbedingt hatte haben wollen? War die Nase zu gerade, das Kinn zu wenig kantig?

Ich dachte an die kleine Näherin, die ich gewesen war, elternlos, verloren, einsam, nach Aufmerksamkeit hungernd. Ich dachte an die Spionin, geködert mit der Illusion, sie sei wichtig, eifrig darauf bedacht, anderer Leute Leben auszuforschen. Ich dachte an die junge Braut, die, geblendet von allzu grandiosen Erwartungen, nicht erkannte, dass das Glück zum Greifen nah lag.

Ich dachte daran, was möglich gewesen war und nie wirklich werden würde.

Der Schmerz des Verlusts brach über mich herein, übermächtig wie eine Flutwelle nach einem Erdbeben.

Ich erkannte Sir Charles kaum wieder, als ich ihn eines Nachmittags Ende September auf einer Bank unweit von Igors Grab auf mich warten sah. Es war noch warm, obwohl bereits das erste welke Laub auf den Wegen lag.

Er bot einen elenden Anblick: blutunterlaufene Augen, Schnitte vom Rasiermesser am Kinn, der graue Reisemantel zerknittert und schmutzig. Er stand auf und breitete die Arme aus, als ich mich näherte, aber dann ließ er sie abrupt fallen.

Ich spürte, wie Darjas Hand sich in meiner verkrampfte.

»Er ist ein alter Freund«, flüsterte ich ihr zu. »Du brauchst keine Angst zu haben.«

»Papas Freund?«, fragte sie. Es klang immer noch zweifelnd.

»Ja.« Ich hob meinen schwarzen Schleier vor meinem Gesicht. »Und unserer.«

Sir Charles sprach mir sein Beileid aus und entschuldigte sich dafür, dass er mich nicht früher aufgesucht hatte. »Es ging mir nicht gut. Ich hoffe, Sie sind mir nicht böse.«

Er ist bestimmt nicht hier, um mir zu kondolieren, dachte ich.

Erst als wir langsam zurück zur Kutsche gingen, Darja einige Schritte vor uns, bat er mich, die Großfürstin zu warnen.

»Richten Sie ihr aus, sie soll mir nicht schreiben, *pani* Barbara. Meine Post wird geöffnet. Alle meine Diener werden bestochen.«

Die Schuwalows hetzten die Kaiserin gegen Feldmarschall Apraxin auf. Der Glanz des Sieges von Groß-Jägersdorf verblasste, immer lauter wurden Stimmen vernehmbar, die dem russischen Oberbefehlshaber schwere Fehler und Versäumnisse vorwarfen und ihn für unfähig erklärten. Nachschub blieb aus, Truppen wurden fehlgeleitet, Befehle zu spät ausgegeben, weil der Feldmarschall nicht vor zehn Uhr morgens geweckt werden wollte.

Ich zuckte bei der Erwähnung von Groß-Jägersdorf zusammen, aber Sir Charles sah mich nicht an. Er sprach in kurzen abgehackten Sätzen.

»Ich kann nur hoffen, dass die Großfürstin nichts Unüberlegtes getan hat«, sagte er. Sie war beunruhigend oft mit Bestuschew gesehen worden. Was wollte er von ihr? Sie würde sich doch wohl nicht dazu verleiten lassen, offen für Apraxin Partei zu ergreifen?

Ich spürte, wie Ärger in mir aufstieg. Was ging das mich an? Hofklatsch, politische Intrigen – gab es nichts Wichtigeres auf der Welt?

Darja vor uns machte ausgelassen ein paar hüpfende Schritte, dann erstarrte sie plötzlich und sah mich betreten an, als hätte sie etwas Verbotenes getan. *Kann Papas Seele mich sehen?*, hatte sie an diesem Morgen gefragt.

»Bitte erinnern Sie die Großfürstin daran, dass Apraxin als Vertrauter von Bestuschew gilt«, fuhr Sir Charles fort. Seine Finger nestelten nervös an den silbernen Knöpfen seines Mantels. Der Geruch von muffiger Wolle stieg mir in die Nase.

»Ja.« Ich bemühte mich nicht, meinen Verdruss zu verbergen. »Werde ich tun.«

Sir Charles blieb abrupt stehen und fasste mich am Arm. Ich sah, dass seine Fingerknöchel ganz weiß waren.

»In den Wochen, in denen Sie nicht bei der Kaiserin waren, hat sich einiges getan, *pani* Barbara«, stieß er hervor, so ungestüm, dass feine Tröpfchen Spucke auf mein Gesicht sprühten. »Die Kaiserin ist sterbenskrank, und nur Katharina hat das Zeug, Russland zu regieren.«

Ich legte warnend den Finger auf die Lippen, froh darüber, dass wir schon fast das schmiedeeiserne Tor des Friedhofs erreicht hatten.

»Richten Sie der Großfürstin aus«, fuhr Sir Charles mit ungeminderter Lautstärke fort, »dass ich sie niemals im Stich lassen werde. Ich werde ihr helfen, wenn der entscheidende Moment gekommen ist. Und, liebe *pani* Barbara, dieser Moment ist nicht mehr fern.«

»Sir Charles mahnt Sie, vorsichtig zu sein«, sagte ich am Abend zu Katharina. Sie hatte ihre Zofe weggeschickt und lag auf einem Sofa in ihrem Schlafzimmer, ein Buch auf ihrem runden Bauch, die Füße in einem Bärenfell vergraben. Die Öfen im provisorischen Palast heizten nicht richtig.

Sie klappte das Buch zu.

»Ich brauche seine Warnungen nicht, Warenka. Ich bin nicht dumm. Es tut mir leid, dass er dich meinetwegen belästigt hat.«

Ich blickte auf ihren Bauch. Das Baby sollte in zwei Monaten kommen.

Ein Bild kam mir in den Sinn: ein Gärtner in Oranienbaum, der von einem Dahlienbeet Schnecken ablas und sie in einem Kübel mit Salzlauge ersäufte. Daneben Katharina, die sich stöhnend streckte, weil ihr das Kreuz wehtat, und darüber klagte, dass die Gärten den ganzen Sommer über voller Schnecken waren.

»Die Kaiserin ist sterbenskrank. Wenn der entscheidende Moment gekommen ist«, hat Sir Charles gesagt. »Was hat das zu bedeuten?«

Katharina zeigte auf einen Stuhl neben dem Sofa. Ich setzte mich. »Sir Charles benimmt sich seltsam in letzter Zeit. Ich habe dir nichts davon erzählt, weil ich fand, du hast genug eigene Sorgen.«

»Seltsam?«

»Er wird vergesslich. Er hat sein Porzellangeschirr in Kisten verpacken lassen und hinterher die Diener beschuldigt, sie hätten es gestohlen. Stanislaw ist auch beunruhigt.«

Ich wartete darauf, dass sie weiterredete, aber sie nahm meine Hand und legte sie auf ihren Bauch. Er war viel größer als damals, als sie mit Paul schwanger gewesen war.

»Die Hebamme sagt, ich soll mich immer gut warm halten. Was meinst du, Warenka: Kann es sein, dass es Zwillinge sind?« Sie lächelte.

Im November feierte der Hof den sechzehnten Jahrestag der Thronbesteigung Elisabeths. Sie war fast achtundvierzig Jahre alt.

Ich war dreißig und seit drei Monaten Witwe, hatte eine achtjährige Tochter und keine Familie. Nur ein paar Freunde und eine alte Dienerin würden sich um Darja kümmern, wenn ich starb.

Ich nahm meinen Dienst bei Hof wieder auf. Die Zofen ließen durchblicken, dass während meiner Abwesenheit nicht alles reibungslos funktioniert hatte. Diese oder jene Ehrendame, die der Kaiserin nachts Gesellschaft leisten sollte, war nicht zur vorgesehenen Zeit gekommen, eine andere war gegangen, sobald die Kaiserin eingenickt war, und nicht zur Stelle gewesen, als Elisabeth wieder aufwachte. Katzen waren ausgesperrt worden und hatten kläglich in der Kälte miaut. Die Kerzen hatten gequalmt, weil niemand die Dochte kürzte. Man hatte wieder einen Dieb erwischt; er hatte sich in einem Schrank versteckt, die Taschen voller Seidenstrümpfe.

Die Zofen sprachen leise in bedrücktem Ton mit mir. Einen »schrecklichen Verlust« nannten sie Igors Tod, aber in ihren Gesichtern stand weniger Mitgefühl geschrieben als vielmehr der flehende Wunsch, ich möge mich ihrer mitfühlenden Worte dankbar erinnern, wenn ich Pflichten zuzuweisen und Belohnungen zu verteilen hatte.

Die Kaiserin ließ ihren Blick über mein schwarzes Kleid gleiten.

»Bring Darja zum Zarewitsch ins Kinderzimmer«, sagte sie. »Er weiß, dass er bald ein Brüderchen bekommen wird, und ist jetzt schon eifersüchtig. Darja kann mit ihm spielen.«

»Meiner Tochter geht es nicht gut, Hoheit. Sie isst nicht genug.« Ich musste daran denken, wie ihre knochigen Schultern aus ihrem Kleid heraustaken.

Du wagst es, mir zu widersprechen?, sagte das Gesicht der Kaiserin. Ich erwartete, dass ihr Ton barsch wurde, aber zu meiner Überraschung blieb sie gelassen.

»Bring sie morgen her, Warwara«, sagte sie freundlich. »Kinder müssen spielen.«

Nach den Feierlichkeiten anlässlich des Jahrestags bereitete sich der Hof auf die Geburt eines weiteren Nachkommen des Hauses Romanow vor. Ein großes Fest wurde geplant, allerdings wurde streng darauf geachtet, dass nie jemand den Anlass dieses Fests erwähnte, denn das brachte Unglück. Ich beobachtete, wie geschlachtete Lämmer, Kälber und Schweine in das Haus dem Palast gegenüber gebracht wurden, das tiefe Keller hatte. Große Körbe mit Hasen, Fasanen und Kapaunen wurden angeliefert, Fässer mit Wein und Bier abgeladen. Aus der Küche im Untergeschoss des Palasts wehte der Duft von Backwerk ins Zimmer, sobald man ein Fenster öffnete.

Der Bankettsaal wurde auf Hochglanz gebracht. Alles musste makellos sein: Wenn an einem Stuhl ein bisschen Blattgold abgeplatzt war, wenn man irgendwo einen Riss in der Wandtäfelung entdeckte, wurde der Schaden sogleich behoben. Die Zofen verbrannten mit Parfüm getränkte Kügelchen, damit der ganze Saal nach Rosen duftete. Diener in Filzschuhen knieten auf dem riesigen Banketttisch und wachsten und polierten die Platte.

In den Kirchen überall im Land beteten die Menschen für eine reibungslose Niederkunft der Großfürstin.

»Ich möchte, dass Stanislaw dabei ist«, sagte Katharina.

Ich hob die Augenbrauen.

»Denk dir was aus«, befahl sie. »Wenn *sie* etwas von dir verlangt, tust du es doch auch, nicht?«

»Er müsste sich verstecken.«

»Dann versteckt er sich eben. Ich will nicht allein sein! Dieses Mal nicht!«

Das Schlafzimmer, in dem die Geburt stattfinden sollte, war groß und zugig. Es war nicht schwer, die Kaiserin davon zu überzeugen, dass man einen Wandschirm brauchte, damit die Gebärende es wärmer hatte. Ein kleiner Verschlag neben dem Schlafzimmer ließ sich leicht zu einer Kammer für Stanislaw umfunktionieren. Sogar ein schmales Bett hatte dort Platz. In diesem Versteck hinter dem Wandschirm konnte Katharinas Geliebter sich aufhalten, um zu ihr zu kommen, sobald sie allein war.

»Es geht los«, sagte ich zu Stanislaw am Abend des 29. November. Katharinas Wehen hatten eingesetzt, und ich war zur sächsischen Botschaft geeilt.

An der Wand des Salons stellte August III., Kurfürst von Sachsen und König von Polen, stolz sein feistes Doppelkinn zur Schau. Stanislaw bekreuzigte sich und murmelte ein Stoßgebet.

Seine ernsten schwarzen Augen sahen mich forschend an, als wüsste er, was die nächsten Stunden bringen würden. Er trug ein goldenes Kettchen um den Hals. Das Medaillon oder was auch immer daran hängen mochte, war unter den Falten seines Hemds verborgen.

»Bitte beeilen Sie sich«, sagte ich.

Während er sich bereit machte, trat ich ans Fenster und lugte durch einen Spalt zwischen den Vorhängen. Auf der Straße fuhr mit klingelnden Glöckchen ein offener Schlitten vorbei. Mondlicht glitzerte auf frisch gefallenem Schnee. Ich musste daran denken, wie Igor einmal freudig Darja den ersten Schneeball des Winters gebracht hatte.

Ich musste nicht lange warten. Stanislaw hatte in den letzten Tagen bereits die Sachen zurechtgelegt, die er brauchte, er musste nur noch ein paar Kleinigkeiten für Katharina zusammensuchen – Bücher, Papier und Federn, Riechsalz.

»Sie ist stark und gesund«, sagte ich. »Und beim zweiten Mal ist es immer leichter.«

Er warf mir einen dankbaren Blick zu, aber ich sah ihm an, dass er nicht wirklich beruhigt war.

Wir fuhren zum Palast. Ich hob den Vorhang am Kutschenfenster und schaute hinaus auf die Straße. Ein Mann lief einem quiekenden Ferkel nach. An einem Kanal luden Muschiks in knielangen zottigen Schafspelzen große Ballen Wolle aus einem Lastkahn.

»Ich wünschte, er wäre da«, sagte Stanislaw, als wir an der britischen Botschaft vorbeifuhren, deren braune Fassade von Laternen erhellt war.

Vor einem Monat hatte Sir Charles alle Mittel erschöpft, seine Abreise weiter hinauszuschieben. Am Ende hatte er noch eine Krankheit vorgetäuscht, aber es hatte ihm nichts genutzt. Jetzt war er auf dem Weg zurück nach London. Es kamen keine Briefe von ihm.

»Haben Sie ihn noch getroffen, bevor er abreiste?«, fragte ich Stanislaw.

»Ja, aber nur ganz kurz.«

»Ist er Ihnen irgendwie sonderbar vorgekommen?«

»Sonderbar?« Er lachte. »Nein. Bedrückt, niedergeschlagen. Warum fragen Sie? Haben Sie bösartige Gerüchte über ihn gehört?«

Die Kutsche schwankte. Man würde bald die Kufen montieren müssen, dachte ich. Ich zog die warme Decke aus Zobel höher.

»Geredet wird immer«, sagte ich.

Die Zofe, die mir die Tür öffnete, atmete erleichtert auf, als sie mich sah. »Die Großfürstin erwartet Sie schon ungeduldig. Sie hat alle Besucher abweisen lassen.«

Nur eine einzige Kerze brannte. Unruhige Schatten huschten über die Wände. Katharina lag im Bett, die Beine angewinkelt.

»Ist er da?«, fragte sie. Sie richtete den Oberkörper etwas auf und zuckte vor Schmerz zusammen. Die Wehen wurden stärker.

»Er wartet draußen in der Kutsche. Ich schicke die Zofe fort, um die Hebamme zu verständigen, dann hole ich ihn herein.«

Ihr Gesicht hellte sich auf, aber als ihre Hand die meine drückte, fühlte sie sich hart und feucht an wie ein Wetzstein.

Die Fruchtblase platzte, nachdem die Hebamme Katharina etwas Rhabarbertee eingeflößt hatte, und bald darauf wusste der ganze Hof, dass die Geburt unmittelbar bevorstand. Die Kaiserin erschien, begleitet von den Damen ihres Gefolges, wechselte einige Worte mit Katharina und verlangte dann das nasse Laken zu sehen.

Sie hielt es ans Licht. »Ist das Fruchtwasser rosa?«, fragte sie. »Ist es wieder ein Junge?«

Die Damen wussten natürlich, was die Kaiserin gerne hören wollte. »Ja, es ist rosa«, bestätigten sie.

Elisabeth nickte zufrieden und fragte, wie lange es wohl dauern würde, bis der neue Zarewitsch da war.

»Einige Stunden, Hoheit«, sagte die Hebamme. »Majestät sollten sich ausruhen.«

Die Kaiserin hatte noch mehr Fragen: Hatte man den Großfürsten verständigt? Wieso war er nicht hier? Wann wollte er kommen?

Während ich ihr antwortete, hörte ich von der anderen Seite des Wandschirms gedämpftes Poltern – offenbar hatte sich Stanislaw in seiner Kammer unvorsichtig bewegt und war gestolpert oder irgendwo angestoßen. Ich schickte ein stummes Stoßgebet zum Himmel und hoffte, dass niemand das Geräusch bemerkt hatte. Die Kaiserin drehte sich zum Wandschirm um.

In diesem Moment schrie Katharina gellend auf und krümmte sich vor Schmerzen.

»Bitte«, stammelte sie, »bitte. Es tut so weh.«

Die Kaiserin wandte sich ihr zu und sagte ein paar beruhigende Worte. Dann zog sie ab. Die Hebamme scheuchte alle aus dem Raum. Wir verbrauchten zu viel Luft, meinte sie. Die Großfürstin müsse frei atmen können. Sie müsse sich konzentrieren.

In dem Raum nebenan inmitten von lauter nervösen Hofdamen dachte ich an Stanislaw. Ich hatte plötzlich Angst. Was für ein Irrsinn, ihn hier einzuschmuggeln! Was, wenn er es einfach nicht mehr aushielt in seinem Kabuff?

Aber er blieb in seinem Versteck und rührte sich nicht, als der Großfürst kam und Katharina erzählte, dass er eine große Parade veranstalten wollte, sobald sein zweiter Sohn da war. Und er würde hundert Kanonen auf einmal abfeuern lassen.

Er hielt es auch aus, als er die Hebamme das Wort *Steißlage* aussprechen hörte und Katharina daraufhin zu schluchzen begann.

Ich fragte mich, ob es Katharina etwas half, ihn in ihrer Nähe zu wissen. Ob sie, wenn die Schmerzen sie packten, zu dem Wandschirm schaute.

Stunden vergingen. Lange qualvolle Stunden voller Angst und Ungewissheit. Es war zehn Uhr morgens, als die Hebamme die Tür öffnete und rief, man solle die Kaiserin holen.

Ich lief durch den ganzen Palast zur kaiserlichen Suite. Ich fand die Kaiserin im Bett, Kissen in ihrem Rücken, zugedeckt mit einem hermelingefütterten Umhang. Ihr Arm war frisch verbunden. Der Verband war blutig.

Die Zofen gaben ausweichende Antworten. Der Arzt habe gesagt, es sei nichts Schlimmes, nur ein Ohnmachtsanfall. Er habe sie zur Ader gelassen, und seitdem ruhe Ihre Majestät. Sie sollten mit niemandem darüber reden.

Ich trat ans Bett. »Majestät«, sagte ich.

Elisabeth regte sich.

»Die Hebamme lässt ausrichten, es ist so weit. Kann Ihre Majestät aufstehen?«

Die Kaiserin schlug die Augen auf. Ihre schlaffe Wange, die auf dem Kissen gelegen hatte, war gerötet.

»Natürlich. Wieso nicht?«, fragte sie.

Als sie sich aufsetzte, sah ich, dass sie noch das Kleid vom Abend zuvor anhatte. Die Zofen hatten es ihr nicht ausgezogen, sondern es nur am Rücken geöffnet. Ich hakte es eilig wieder zu. Als ich den Arm ausstreckte, um ihr beim Aufstehen zu helfen, stieß sie meine Hand weg und sagte, ich solle nicht so ein Getue machen.

Als die Kaiserin in Katharinas Schlafzimmer kam, war das Kind schon da. Die Hebamme wusch gerade Schleim und Blut von dem Neugeborenen ab.

»Majestät, Paul Petrowitsch hat eine Schwester«, verkündete sie.

»Eine Schwester?«

Das Baby quäkte leise.

Die Damen des kaiserlichen Gefolges, die mit ins Zimmer geströmt waren, drängten sich näher heran und reckten die Hälse.

Ich hörte Katharina stöhnen.

Ich hielt den Atem an.

»Vielleicht ist es besser so«, sagte die Kaiserin. »Paul wird auf ein Mädchen weniger eifersüchtig sein.«

Beifälliges Gemurmel erhob sich.

Ich warf einen Blick auf die Großfürstin. Sie war bleich, ihre Lippen dünn verkniffen. Sie wirkte zerbrechlich und fiebrig.

Ich hoffte immer noch, dass die Kaiserin ihr erlauben würde, ihre Tochter in die Arme zu nehmen. Ich musste daran denken, wie glücklich ich gewesen war, als ich Darja zum ersten Mal an mich gedrückt hatte, dieses winzig kleine Wesen, das so ganz mir gehörte. Aber sobald das Baby gewickelt war, nahm es die Kaiserin an sich und trug es mit sich fort. Ihre gurrende Stimme, die auf das Kind einredete, verklang in der Entfernung. Sie wartete nicht einmal auf die Nachgeburt. Katharina war zu schwach, sie auszustoßen – die Hebamme musste mit der Hand nachhelfen.

Die Hofdamen folgten der Kaiserin.

Geh mit, Warenka, baten Katharinas Augen. *Du musst mir berichten, was du gesehen hast.*

Ich gehorchte.

Die Kaiserin nannte Katharinas und Stanislaws Tochter Anna, nach ihrer geliebten Schwester, Peters Mutter. Sie wollte das Baby im kaiserlichen Schlafzimmer immer bei sich haben, zumindest im ersten Monat.

Es war ein hektischer Tag. Liegen für die Ammen mussten vom Dachboden geholt, Möbel umgestellt werden, man musste den richtigen Platz für die Wiege finden, nicht zu nah am Kamin und vor Zugluft geschützt.

Besucher drängten sich im Vorzimmer, die das Kind sehen und die üblichen Komplimente und schmeichelnden Kommentare zum Besten geben wollten. »Wie schön ... so ein feines Gesichtchen ... ein Engelchen ... ihrer Tante wie aus dem Gesicht geschnitten.«

Elisabeth strahlte. Ihr Arm war noch bandagiert, aber sonst hatte der Ohnmachtsanfall keine Spur hinterlassen.

Niemand erwähnte die Großfürstin. Ich tröstete mich mit dem Gedanken, dass Katharina nicht allein war. Stanislaw würde ihr den Schweiß von der Stirn tupfen und sie in die Arme nehmen, wenn sie um ihr Kind weinte.

Die Weihnachtsfeierlichkeiten kamen mir in diesem Jahr besonders laut und prächtig vor. Feuerwerk strahlte am Dezemberhimmel, fröhliches Gelächter erfüllte den gleißend hell beleuchteten Saal, als die Kaiserin in ihrer Ansprache sagte, dies sei das erste Weihnachtsfest der kleinen Großfürstin und das letzte, das der Hof im Übergangspalast feiern müsse.

In unserem engen Wohnzimmer hängte Mascha einen Papierstern auf und schmückte die Lehnen der Stühle mit Fichtenzweigen. Darja zeichnete in das ledergebundene Skizzenbüchlein, das Katharina ihr geschenkt hatte, eine Krippe mit Maria und dem Kind, umgeben von den Hirten und Tieren.

Es war unser erstes Weihnachten nach Igors Tod. Ich dachte an Katharinas Kind, das niemals die Nähe seiner Eltern würde spüren dürfen, und an meine Tochter, die ohne Vater aufwachsen musste.

Im Grund ihrer Seele, sagte ich mir, kannte Elisabeth keine Regeln und keine Gesetze, sie folgte einzig und allein ihren Launen. Sie liebte dunkle Machenschaften und listige Täuschungsmanöver, denn darin lag ihre Macht. Solange sie herrschte, würden immer weiter Soldaten wie Igor sterben und immer weiter Kinder wie Darja und die kleine Anna um die Liebe ihrer Eltern betrogen werden.

Der Tod, dachte ich. Der Tod muss sie aus dem Weg schaffen und einer neuen Kaiserin eine Chance geben. Eine winzig kleine, nur ein dünner Riss, durch den etwas Licht dringen kann, aber die neue Herrscherin wird sie nutzen. Sie wird sich ihren Weg bahnen, und ich werde sie begleiten als ihre Helferin und Freundin.

Wenn sie Erfolg hatte, würden Darja und ich gewiss nicht leer ausgehen.

Einen Moment schien es vor mir auf: eine Welt ohne Bosheit und Betrug, ohne Angst. Eine neue Welt, in der Wörter wie *Buchbinderstochter* und *Dienstadel* nicht mehr wie Fußfesseln unsere Schritte hemmten. Es war nur eine flüchtige Vision, aber mir war, als sähe ich die in Gold geprägten Rückentitel der Bücher in der Werkstatt meines Vaters strahlen.

Neun
1758

Jeden Morgen besuchten Elisabeths Hofdamen Katharina.

Annas Wiege war aus uraltem Eichenholz geschnitzt, erzählten sie, ihre Kleidchen waren aus feinstem Batist. Wenn das Kindchen schrie, trug die Kaiserin es herum und murmelte Zärtlichkeiten. *Mein Seelchen, mein Herzchen, meine Freude. Großartig wirst du angezogen sein, den kostbarsten Schmuck wirst du tragen. Schön wirst du sein und graziös.* Der kaiserliche Favorit war immer an ihrer Seite, gleichermaßen hingerissen von der Tante und ihrer Großnichte.

»Ein wahrer kleiner Engel«, hauchten sie.

»Falsche Schlange«, sagte Katharina. »Schickt ihre Edeldamen her, damit sie spionieren.«

Bis Januar hatte sie ihre Tochter nur dreimal gesehen, und jedes Mal war das Kind ganz nass geschwitzt gewesen.

Sie war zornig, tief erbost in ihrem Leid. Kam die Kaiserin je einmal auf den Gedanken, das Kinderzimmer zu lüften?, fragte sie mich. War niemand in dieser ganzen Hofgesellschaft fähig, der Kaiserin einen vernünftigen Rat zu geben? War das so schwierig?

Seit Annas Geburt hatte Katharina ihr Schlafzimmer kaum je verlassen. Sie sei immer noch zu sehr geschwächt, behauptete sie. Stanislaw war häufig bei ihr und zog sich bei Gefahr in sein Versteck zurück. Fürst Naryschkin, seine Schwester Anna und Fürstin Daschkowa kamen oft zu Besuch. Manchmal hörte ich Gelächter, aber meistens redeten sie nur leise miteinander. Sie kannten sich aus bei Hof und wussten, dass man immer mit Lauschern rechnen musste.

»Die Großfürstin isst für zehn«, sagten die Zofen augenzwinkernd, wenn sie das Geschirr abräumten. Ich wies sie zurecht: Sie sollten ja den Mund halten, wenn sie ihre Stellung behalten wollten.

Sie versicherten erschrocken, dass sie kein Sterbenswörtchen verlauten lassen würden.

Monsieur Rastrelli, der schon so oft dafür gescholten worden war, dass der Bau sich so lange hinzog, verkündete voller Stolz, dass der Winterpalast nun bald bezugsfertig sein würde. Um der Kaiserin die Wartezeit zu versüßen, lud er sie ein, sich gemeinsam mit dem Favoriten bei einer Besichtigung davon zu überzeugen, welche Fortschritte er gemacht hatte.

Der Baulärm um sie herum störte Elisabeth nicht im Mindesten. Es machte ihr auch nichts aus, wenn frischer Gips an ihren Schuhsohlen kleben blieb und ihre Hofdamen über verstreute Fliesenscherben oder umherliegende Stuckmodel stolperten. An Iwan Schuwalows Arm, gefolgt von den Damen und Herren des Hofstaats, schritt sie durch die bereits fertiggestellten Räume und war entzückt.

»Mehr Licht!«, hatte sie von ihrem Chefarchitekten verlangt, als er ihr vor zehn Jahren seine Entwürfe vorgelegt hatte, und sie hatte es bekommen: Große Fenster ließen das Sonnenlicht ein, überall blitzten Vergoldungen und kostbare Steine. Monsieur Rastrelli hatte ihr vergoldete Ornamente auf weißen Wänden geschenkt, Spiegel, die den Schein der Kerzen reflektierten, glitzernde Mosaiken und die prächtig schimmernde Glut des Bernsteins.

»Die russische Baukunst ist von einer Reinheit«, sagte er, »die in der ganzen Welt nicht ihresgleichen hat. Dieses Licht, das Ihre Majestät Russland geschenkt hat, wird bleiben. Diese Pracht wird ganz Europa beeindrucken.«

Das gefiel der Kaiserin.

Alle ihre Zweifel an Monsieur Rastrelli waren vergessen, sie nannte ihn rückhaltlos ein Genie, und dies, obwohl nicht zu übersehen war, dass auch in den Räumen und Bauabschnitten, die er ihr als fertig präsentiert hatte, in Wahrheit noch eine Menge zu tun war. Sobald der hohe Besuch abgezogen war, machten sich Steinmetze, Maurer, Zimmerleute und Maler wieder ans Werk, um all die Unzulänglichkeiten, die man für die Besichtigung kaschiert hatte, zu beseitigen oder in aller Eile abzureißen, was der Kaiserin missfallen hatte.

Katharina war weniger beeindruckt von Rastrellis Kunst. »Protzig und längst passé«, lautete ihr Urteil. »Warte, bis es Winter wird, Warenka. Wenn diese Riesenfenster zufrieren und im Frost zerspringen.«

In den Steppen der Ukraine, so hatte Igor mir einmal gesagt, kann ein vereinzeltes Wölkchen am winterlichen Horizont einen Schneesturm anzeigen. Der Reisende hat dann nur wenige Stunden Zeit, einen sicheren Unterschlupf zu suchen, bevor alle Straßen verschwinden und die Fuhrwerke, die noch unterwegs sind, sich in sonderbare Buckel verwandeln, die wie Grabhügel in einer gleichförmigen weißen Wüste liegen.

Die Nachrichten, die in den ersten Wochen des Jahres 1758 von der Front kamen, wurden mit wachsendem Befremden aufgenommen. Nach den spektakulären Siegen des Vorjahrs hatte man erwartet, dass nun die Armee weiter nach Ostpreußen vorstoßen würde, aber die Offensive stand still. Als der erste Schnee fiel, befahl Feldmarschall Apraxin, alle Truppenbewegungen für die Dauer des Winters einzustellen.

»Er sagt, der Nachschub ist unterbrochen.« Iwan Schuwalows Stimme schwang sich empor zur Höhe großer Bühnenkunst. »Wie kann es einer siegreichen Armee an Nachschub fehlen?«

Ich erzählte alles Katharina. Wie die Gräfin Schuwalowa die Stirn runzelte, wenn Apraxins Berichte der Kaiserin vorgelesen wurden. Wie ihr Bruder geräuschvoll die Luft durch seine verfaulten Zähne einsog. »Wieso gewährt Feldmarschall Apraxin dem preußischen König eine Atempause? Ist das Unfähigkeit oder Hochverrat?«, hatte er gefragt. »Und wer ermutigt ihn dazu? Bestuschew und seine neuen Verbündeten?«

Er meint Sie, sagte ich zu Katharina, aber sie schien das nicht zu beunruhigen. Sie habe nichts zu verbergen, versicherte sie mir. Bestuschew versuche zwar, sie für seine Zwecke einzuspannen, aber sie habe sich immer geweigert, Partei zu ergreifen.

»Lass die Schuwalows reden, Warenka«, sagte sie. »Sie können mir nichts anhaben.«

Vielleicht hatte sie recht, dachte ich.

Ganz Sankt Petersburg fieberte der Hochzeit von Fürst Naryschkin entgegen. Die Braut hatte seine Mutter ausgesucht, nachdem der Sohn allzu lange unentschieden gezögert hatte, selbst eine passende Kandidatin zu wählen. Regierungsgeschäfte blieben unerledigt, Dokumente, die der Kaiserin zur Unterschrift vorgelegt wurden, mussten warten – Elisabeth hatte Wichtigeres zu tun. Sie lehnte ein Dutzend Festkleider ab, ehe sie sich schließlich für eines aus himmelblauer Seide entschied, über dessen weiten Reifrock sich Musselinreben mit diamantenen Trauben rankten.

»Sie können immer auf unsere Hilfe zählen«, hatte Alexej Orlow mir in den traurigen Tagen unmittelbar nach Igors Tod versichert, und er wiederholte sein Versprechen bei jedem seiner späteren Besuche.

Er brachte immer Geschenke für Darja mit, etwa ein Porzellanservice für ihr Puppenhaus oder eine silberne Haarbürste, und er blieb zum Abendessen. Darja nannte ihn jetzt »Onkel Alexej«.

Es ging immer betont korrekt und schicklich zu bei diesen Besuchen. Mascha war als Anstandsdame ständig anwesend und warf mir, sobald wir in der Unterhaltung auf einen Gegenstand zu sprechen kamen, der ihr fremd war, einen warnenden Blick zu, immer auf der Hut, dass ich mich ja nicht zu etwas hinreißen ließ, das unpassend vertraulich oder zwanglos wirken konnte. Denn sosehr sie auch Alexej Grigorjewitsch Orlow, einen wahren Freund ihres verstorbenen Herrn, schätzte, war sie doch eisern entschlossen, auf gar keinen Fall zuzulassen, dass ich zum Objekt übler Nachrede würde.

»Die Leute reden«, sagte sie murrend. »So sind die Leute eben. Sie sind eine Witwe.«

An einem dieser Abende unterhielt Alexej Orlow Darja mit lauter phantastischen Geschichten. Die Narbe in seinem Gesicht, so versicherte er ihr, sei ein Relikt einer Wunde, die ihm ein Einhorn zugefügt habe, und verleihe ihm magische Kräfte.

»Schließ deine Augen und zähle bis fünf«, sagte er.

»In der Zeit fliege ich zum Mond und wieder zurück.«

Mit ungläubigem Staunen betrachtete sie die Dinge, die er als Beweisstücke von früheren Mondreisen mitgebracht hatte: einen Stein, eine Feder und ein vom Wasser glattgeschliffenes Stückchen Treibholz.

»Ist das wahr, Maman?«, fragte sie mit glänzenden Augen. »Fliegen Vögel bis zum Mond? Und gibt es da Bäume?«

Ich brachte es nicht übers Herz, sie zu ernüchtern. »Woher soll ich das wissen, *kison'ka*? Ich war nie dort.«

Während unsere Unterhaltung so heiter dahinfloss, wartete ich doch immer darauf, dass sich unser Gespräch Katharina zuwandte. Ich vergaß nie, dass die Garden als die Macht im Reich galten, die darüber entschied, wer auf dem Zarenthron saß.

Die Großfürstin konnte ausgezeichnet reiten. Sie sprach so gut Russisch, dass alle staunten. Ihr ganzes Auftreten wirkte souverän – sie blieb immer gelassen und gut gelaunt, sogar und besonders in Gesellschaft des *Fräuleins*.

Solche allgemeinen Bemerkungen genügten mir fürs Erste. Der Frost hatte zwar die Feindseligkeiten zum Erliegen gebracht, aber Russland befand sich immer noch im Krieg. Die Zeit war noch nicht reif, doch das bedeutete nicht, dass man untätig bleiben durfte. Die Schuwalows waren nicht die Einzigen, die Pläne schmiedeten. Es gab Leute, die im Machtspiel bei Hof, wenn die Stunde gekommen war, auf Katharinas Seite stehen würden.

Am Morgen des 13. Februar kam Stanislaw zu mir in meine Wohnung. Er wirkte mitgenommen und nervös.

»Bestuschew ist verhaftet worden«, sagte er, sobald Mascha das Zimmer verlassen hatte. »Gestern. Direkt vor dem kaiserlichen Schlafzimmer.« Seine Stimme zitterte und überschlug sich.

Ich konnte es nicht glauben. Ich war den ganzen Tag im Palast gewesen und hatte nichts bemerkt, was auf außergewöhnliche Ereignisse hingedeutet hätte, keinerlei Anzeichen von Aufregung oder hektischer Betriebsamkeit.

»Keith hat es mir erzählt«, fuhr Stanislaw, um Fassung bemüht, fort.

Der neue britische Botschafter erhielt die Verbindungen, die Sir Charles geknüpft hatte, aufrecht und hatte Stanislaw informiert, allerdings war es nicht sehr viel, was er wusste: Bestuschew war seines Amts enthoben, verhaftet und einem Verhör unterzogen worden, in dem es um seine engen Beziehungen mit Feldmarschall Apraxin ging. Auch der Juwelier Bernardi, der Katharina Kurierdienste geleistet hatte, und ihr Russischlehrer Abarurow waren festgenommen worden.

War der Herr und Meister aller Spione in seinem eigenen Spiel geschlagen worden?

Starr vor Schrecken erwog ich fieberhaft, welche Folgen seine Verhaftung haben konnte. Mein Herz raste. Die Schuwalows waren nicht dumm; sie wussten, dass ich Katharinas Vertraute war. Und Bernardi hatte auch Briefe von mir geschmuggelt.

Katharina hatte keine Ahnung, was geschehen war, fuhr Stanislaw fort. Er hatte versucht, sie zu warnen, hatte sie aber nicht in ihrer Suite angetroffen. Sie sei beim Großfürsten, hatte man ihm gesagt. Da aber Peters Wohnung direkt neben der kaiserlichen Suite lag, hatte er nicht gewagt, dorthin zu gehen. Er wollte nicht, dass Katharina seinetwegen noch mehr Ärger bekam. Er drückte mir ein Briefchen in die Hand. Seine Finger fühlten sich feucht und kalt an. »Sie müssen sie warnen, Barbara«, bat er. »Gehen Sie schnell, bitte.«

Ich vereinbarte mit ihm, dass er in der sächsischen Botschaft auf Nachricht von mir warten sollte.

Ich steckte das Briefchen ein. Darja rief aus dem Nebenzimmer nach mir, aber ich hatte jetzt keine Zeit für sie. Mascha würde sich um sie kümmern.

Bevor wir uns trennten, legte Stanislaw seine Hand auf meinen Arm.

»Sagen Sie Sophie, es wird alles gut werden.«

Ich zwang mich dazu, ganz ruhig und gemessen zu gehen. Niemand sollte mir ansehen, wie panisch ich war. Ich musste daran denken, wie verächtlich die Schuwalows über die Berichte Apraxins gesprochen hatten. »Lass sie reden«, hatte Katharina gesagt. Sie hatte unrecht gehabt, das wusste ich jetzt. Sie hatte den Einfluss der Schuwalows auf die Kaiserin unterschätzt.

Auf meinem Weg durch den Korridor kam ich an alten Tapisserien mit Jagdszenen vorbei: ein Hirsch, in dessen Hals ein Pfeil steckte. Ein Bär, hoch aufgerichtet mit blutigen Tatzen, der verzweifelt versuchte, die Hunde, die sich in seinem Fell verbissen hatten, abzuschütteln. Durchs Fenster sah ich einen Fuhrkutscher, der ein großes Fass über den geräumten Weg durch den Schnee rollte und dazu eine Melodie pfiff. Vor dem Eingang zur Palastküche stand eine Bettlerin, das Gesicht mit Binden umwickelt, die nur einen schmalen Schlitz für die Augen freiließen, und wartete geduldig, dass man ihr ein paar Blini oder altbackenes Brot gab.

Ich dachte an das von Angst verzerrte Gesicht von Madame Kluge, ihre entsetzten Schreie, daran, wie man ihren schlaffen Körper zu dem Brettergerüst geschleift hatte.

Wann würden die Wachen mich abführen? Im Morgengrauen, damit niemand es sah. Niemand außer meinem Kind.

Vor der Tür zur Suite des Großfürsten kniff ich mir in die Wangen, damit ich etwas Farbe ins Gesicht bekam.

Die Großfürstin hatte sich mit ihrem Mann zum Frühstück getroffen. Offenbar hatten sie irgendwelche offiziellen Dinge zu erledigen, denn auf dem Tisch lagen verschiedene Schriftstücke herum. Katharinas Gesicht hellte sich auf, als sie mich sah.

»Ah, Warenka. Was für eine angenehme Überraschung.«

Der Großfürst wischte Brotkrümel von seiner seidenen Weste. »Wir reden gerade über Lew Naryschkins Hochzeit. Haben Sie auch schon gehört, dass die Mutter der Braut zwanzig Fässer Austern bestellt hat?«

»Fünfundzwanzig.« Katharina lachte.

Ich trat zu ihr. Als Peter sich zu einem der Diener umdrehte, um ihm zu sagen, dass er noch Kaffee haben wollte, steckte ich ihr Stanislaws Nachricht zu.

»Meine Strümpfe sind schon wieder kaputt.« Katharina beugte sich hinunter, sodass die Tischplatte sie verdeckte. Ich sah, wie sie das Papier auffaltete und überflog, bevor sie es unter ihr Strumpfband schob.

Als sie wieder aufschaute, war ihr nichts anzumerken. »Wie geht es der süßen Darenka?«, fragte sie. »Darf sie mich im Sommer wieder in Oranienbaum besuchen kommen? Sag ihr, sie kann mir helfen, die Vögel zu füttern. Das wird ihr gefallen.«

Die Diener brachten ein Gedeck für mich. Hatte ich Lust auf Blini mit Kaviar? Gurken mit Honig? Katharinas Stimme klang ganz ruhig und gelassen.

Erst später, als wir in ihrer Suite waren, sah ich die weiß hervortretenden Knöchel ihrer krampfhaft geballten Fäuste.

Eine Stunde lang waren wir damit beschäftigt, ihre Papiere zu verbrennen. Wir nahmen uns nicht die Zeit, sie zu sortieren, wir warfen alles ins Feuer – Briefe, Quittungen, literarische Arbeiten, Notizen zu ihrer Lektüre. Sie öffnete eine Schublade nach der anderen und räumte sie leer.

Ich erkannte Stanislaws Handschrift wieder, aber noch öfter die von Sir Charles. Viele seine Briefe umfassten etliche Seiten. Katharina hatte sie allen meinen Warnungen zum Trotz aufbewahrt.

Wie langsam Papier brannte! Voller Ungeduld sah ich zu, wie die Flammen an den Blättern leckten, sie erfassten, sie bräunten und endlich in hauchdünne schwarze Aschefetzen verwandelten, die ich mit dem Schüreisen zu Pulver zerstampfte.

Stillhalten war das Beste, was Katharina jetzt tun konnte, entschieden wir. Nichts unternehmen, was aus dem Rahmen des Gewohnten und Erwarteten fiel. Sie würde wie geplant mit Peter zu Naryschkins Hochzeit gehen. Keine schriftliche Nachricht an Stanislaw, nur eine Botschaft, die ich ihm in aller Heimlichkeit zuflüstern sollte: *Schweig still, koste es, was es wolle. Alles abstreiten, nichts verraten.*

»Sag ihm, er kann jetzt nichts tun, um mir zu helfen. Er soll nichts tun ohne meine ausdrückliche Anweisung. Sag ihm, er soll mir vertrauen, Warenka.«

Ich eilte zur kaiserlichen Suite. Es kam mir so vor, als schaute der Posten an der Tür mich etwas irritiert an, als versuchte er sich zu erinnern, wer ich war.

Ich bemühte mich, eine möglichst gleichgültige Miene zu machen.

Die Zofen teilten mir mit, die Kaiserin sei nicht da. Sie sei mit Iwan Iwanowitsch Schuwalow weggegangen und habe das Kind mitgenommen. Mehr wussten sie nicht.

Mir blieb nichts anderes übrig als zu warten, aber ich konnte nicht stillsitzen. Ich ließ die Kammermädchen den Kamin im kaiserlichen Schlafzimmer gründlich ausfegen, befahl den Dienern, die Teppiche zusammenzurollen und draußen auf dem Schnee auszuklopfen.

Ich betete, die Kaiserin möge mich am Abend zu sich rufen, damit ich sie unterhielte. Ich wollte ihr die Geschichte von der Frau erzählen, die an einer bösartigen Geschwulst in der Brust litt und auf der Stelle geheilt wurde, als Xenia ihr die Hand auflegte, jene fromme Wundertäterin, die all ihren Besitz den

Armen geschenkt hatte und nun barfuß und in Lumpen durch die Straßen der Stadt ging. Dann wollte ich Bestuschews Namen erwähnen und beobachten, wie Elisabeth reagierte.

Aber die Kaiserin kam nicht zurück. Am Abend schaute eine ihrer Ehrendamen vorbei, um ihre Kämme und Haarbürsten zu holen. Ich legte sie auf ein Silbertablett und stellte ein Töpfchen mit ihrer Gesichtscreme dazu. Die Hofdame nahm das Tablett und bemerkte, die Kaiserin werde in Graf Schuwalows Suite übernachten.

Als sie gegangen war, setzte ich mich auf den Stuhl der Frisierkommode im Schlafzimmer. Mein Körper fühlte sich schwer wie Stein an. Aus dem goldgerahmten Spiegel starrte mein Gesicht mich an, verstört und fremd. Mein schwarzes Kleid war schmutzig von der Asche aus dem Kamin.

Ich dachte an den Kanzler, der jetzt irgendwo gefangen gehalten und verhört wurde. Redete oder schwieg er? Ich dachte daran, wie ruhig Katharina gewesen war und an ihre geballten Fäuste.

Der Stuhl knarzte, als ich aufstand.

Ich ging in meine Wohnung, schritt durch die langen Korridore des Palasts, vorbei an all den Spiegeln, die mir mein eigenes Bild, das einer Frau in Trauer, zeigten.

Die verschiedensten Gerüchte waren in Umlauf, die Skala reichte von plausibel bis lächerlich. Die Vorwürfe, die erhoben wurden, waren vage, aber ernst: Bestuschew hatte kaiserliche Befehle nicht korrekt ausgeführt, er hatte mit dem Feind konspiriert, er war des Hochverrats schuldig. Es wurde behauptet, er habe Apraxin befohlen, die Offensive gegen Preußen abzubrechen. Jemand hatte ihn angeblich sagen hören, die Kaiserin habe nur noch wenige Wochen zu leben und man müsse die Zukunft Russlands in jüngere Hände legen.

Je nachdem, wem man Glauben schenken wollte, war Bestuschew von Katharina angestiftet worden, oder er hatte aus eigenem bösen Antrieb gehandelt. Er war gefoltert worden, oder er war nicht gefoltert worden. Man hatte belastende Papiere gefunden, oder man hatte nichts gegen ihn in der Hand. Er hatte ein Geständnis abgelegt, oder er stritt alles ab.

Immer wildere Gerüchte kamen auf, aber es gab keine weiteren Festnahmen.

Wir konnten nichts anderes tun, als uns in unser Schicksal zu fügen.

Wir standen unter Beobachtung. Wir mussten weiter unsere Rollen spielen.

Stanislaw ließ verbreiten, er sei krank, und blieb zu Hause. Katharina und Peter gingen zu Lew Naryschkins Hochzeit und lachten schallend, als Graf Nebalsin freudestrahlend erzählte, dass Bernardi ihm an dem Tag, bevor er verhaftet worden war, eine Halskette geliefert hatte. Was für ein Glück – jetzt brauchte er den Juwelier nicht zu bezahlen!

Erst am übernächsten Tag fand sich die Kaiserin wieder in ihrem Schlafzimmer ein. Sie nahm keine Notiz davon, dass die Teppiche wieder in frischen Farben leuchteten, sie verlangte nicht, dass ich ihr die Füße massierte. Als es Abend wurde, sagte sie, ich könne jetzt gehen. In Zukunft werde Gräfin Schuwalowa ihr nachts Gesellschaft leisten.

Untertags ging ich meinen Pflichten nach, und in den Nächten schmiegte ich mich eng an meine Tochter. Die Großfürstin und ich redeten wenig und nur über ganz triviale Dinge, wenn wir uns trafen. Eine Woche nach Bestuschews Verhaftung begegneten wir einander auf dem Korridor. Als sie an mir vorbeiging, sagte sie leise: »Es ist nicht so schlimm, wie ich gefürchtet hatte.«

Ich blieb stehen.

Katharina schickte die Ehrendame, die sie begleitete, weg.

Sie hatte zwar nur sehr vage Neuigkeiten – aber doch waren sie tröstend.

Katharina hatte Fürst Trubezkoj, der als Generalprokurator die Untersuchungen der Strafverfolgungsbehörden zu leiten hatte, gefragt, was man dem Kanzler vorwarf. Den alten Herrn verband eine besondere Sympathie mit der Großfürstin, seit er erfahren hatte, dass sie geweint hatte, als die Nachricht vom Tod seines jüngsten Sohnes bei Groß-Jägersdorf sie erreichte.

»Die Schuwalows haben ihn verhaften lassen«, antwortete er. »Und ich soll jetzt einen guten Grund dafür finden.«

Die Nachricht vom Kanzler war in einer Schnupftabaksdose versteckt. Der Bote bestand darauf, sie der Großfürstin persönlich auszuhändigen. Er hatte sie nicht in ihrer Wohnung angetroffen und die Dienstboten nicht fragen wollen, wo sie war. Man hatte ihn instruiert, dass er sich auch an mich wenden konnte, darum war er zu mir gekommen.

Ich brachte ihn in die Kapelle des Palasts. Katharina verneigte sich gerade tief vor der Ikone der Jungfrau von Kasan und berührte nach orthodoxer Sitte mit den Fingern der rechten Hand den Boden.

Der Bote drückte ihr die Tabaksdose in die Hand. Sobald er weg war, zog sie die Nachricht, die unter dem doppelten Deckel versteckt war, hervor und las sie.

Ich sah ihr an, wie erleichtert sie war.

»Der Kanzler hatte Zeit genug, seine Papiere zu verbrennen, bevor man ihn festnahm, Warenka«, sagte sie leise. »Die Schuwalows haben nichts gegen ihn in der Hand. Es gibt keine Beweise, nur Klatsch.«

Sie rollte das Zettelchen zusammen und zündete damit eine Kerze für die Gottesmutter an.

Ich nickte, aber die Anspannung in meinem Gesicht löste sich nicht. Ich wusste, dass auch bloßer Klatsch einen Menschen vernichten konnte.

»Keine Angst, Warenka.« Katharina drückte meine Hand. »Ich weiß jetzt, was ich zu tun habe.«

An diesem Abend konnte jeder, der an der Tür zur Suite der Großfürstin vorbeiging, ihr Schluchzen und Weinen hören. Damen ihres Gefolges hasteten aufgeregt durch die Gänge, um Laudanum und Riechsalz zu besorgen. Die Großfürstin hatte Ohnmachtsanfälle, hörte ich. Die Großfürstin verlangte nach ihrem Beichtvater.

Jemand verleumde sie, stieß Katharina unter Tränen hervor, als der Ehrwürdige Vater Semjon kam. Jemand versuche einen Keil zwischen sie und ihre Wohltäterin, die Kaiserin, zu treiben.

Sie sprach in abgerissenen Sätzen, die Stimme heiser, immer wieder von wildem Schluchzen unterbrochen. »Wenn nur Ihre Majestät mich anhören würde … ich kann so nicht weiterleben … hinaus in die Kälte … in einer Schneewehe liegen und einschlafen … Erfrieren ist ein sanfter Tod, sagt man …«

Bevor der Ehrwürdige Vater wieder ging, segnete er sie und befahl den Ehrendamen, für die verzweifelten Seelen zu beten.

Spät in der Nacht vom 13. April hörte ich, wie die Kaiserin ihre Hofdamen und Zofen wegschickte.

Ich dachte an Katharina, die darauf wartete, dass die Kaiserin sie zu sich rufen ließ. Ich schaute hoch zur Decke. Selbst in den Räumen der Kaiserin hatten die Handwerker nicht allzu sorgfältig gearbeitet: In der Decke klafften überall Risse.

Im Dienstbotengang tauchte ich ein Taschentuch in einen Eimer mit Wasser. Dann zog ich meine Schuhe aus und schlich die schmale Stiege zum Dachboden hinauf. Durch die Fenster fiel genügend Mondlicht, sodass ich sehen konnte, wohin ich trat.

Ich legte mich auf den staubigen Boden, das feuchte Taschentuch vor der Nase, damit ich nicht niesen musste, und rührte mich nicht. Durch einen Spalt sah ich hinunter ins kaiserliche Schlafzimmer. Auf der marmornen Platte des Tischs standen zwei Leuchter, Papiere lagen umher. Die Kaiserin saß in einem Lehnstuhl, einen Fächer in der Hand. Sie war nicht allein: Im Dunkeln, hinter Wandschirmen versteckt, die wohl eigens zu diesem Anlass arrangiert worden waren, duckten sich Gestalten. *Die Schuwalows? War der Großfürst auch dabei?*

Es dauerte nicht lange, dann wurde die Tür geöffnet, und ein Soldat der Garde meldete die Großfürstin.

Elisabeth ließ Katharina keine Zeit, sie zu begrüßen, sondern wies auf die Papiere, die über den Tisch verstreut lagen.

»Was haben Sie dazu zu sagen?«, fragte sie.

Katharina trat an den Tisch. Ihre Röcke raschelten.

»Das sind meine Briefe«, antwortete sie, ohne zu zögern. Ihre Stimme klang vollkommen furchtlos.

»Briefe an wen?«

»An Feldmarschall Apraxin.«

»Sie haben nicht das Recht, Briefe an einen General zu schreiben. Ich habe Ihnen ausdrücklich verboten, sich in politische Dinge einzumischen.«

»Ich habe ihm nur zu seinem Sieg gratuliert, Majestät, und meine besten Wünsche für den weiteren Verlauf des Feldzugs zum Ausdruck gebracht.«

»Bestuschew sagt, es habe noch andere Briefe gegeben.«

»Das stimmt nicht. Es gibt keine weiteren Briefe.«

»Soll ich ihn foltern lassen?«

»Wenn Ihre Majestät es wünscht.«

Ich hielt den Atem an. Den Leuten, die in den Kellern der Geheimkanzlei arbeiteten, standen viele Mittel zur Verfügung, Geständnisse zu erpressen. Der Chef der Behörde Alexander Schuwalow hatte damit geprahlt, dass seine Untergebenen die Kunst beherrschten, einen Delinquenten zu schlagen, ohne Spuren auf dessen Haut zu hinterlassen. Elisabeth konnte auch Katharina foltern lassen oder gar selbst mit Hand anlegen wie Peter der Große, der dem Henkersknecht die Knute entrissen hatte, um damit seinem eigenen Sohn den ersten Hieb zu versetzen.

Hinter einem der Wandschirme regte sich jemand.

Ich hörte Peters Stimme: »Glauben Sie ihr nicht, Majestät. Sie verdreht die Wahrheit, wie es ihr passt.«

Was hatten die Schuwalows dem Großfürsten versprochen? Einen Triumph über seine Frau? Und jetzt fürchtete er, um diesen Triumph betrogen zu werden!

Aufgeregt fuchtelnd kam er aus seinem Versteck hervor. »*Elle est méchante*«, stammelte er und stampfte mit dem Fuß auf.

Heimtückisch nannte er seine eigene Frau.

Katharina fiel auf die Knie. »Ich missfalle Ihnen, meine Wohltäterin. Ich missfalle dem Großfürsten, meinem Mann. Sie sehen es selbst, Hoheit: Ich gehöre nicht hierher. Niemand an diesem Hof spricht mit mir, niemand traut mir, ich kann es niemandem recht machen. Ich kann nicht darauf hoffen, jemals Gnade vor Ihnen oder vor meinem Mann zu finden, nur das eine bleibt mir noch: Jeden Tag bete ich, dass Gott Ihre Majestät und meine Kinder gesund erhalten, dass er Russland den Sieg in diesem Krieg schenken möge. Lassen Sie mich zu meiner Familie zurückkehren und bei ihr den Rest meines verpfuschten Lebens verbringen. Das ist noch das Beste, was ich tun kann.«

War es Peters peinlicher Auftritt, was den Ausschlag gab? Oder stimmte das Schauspiel der totalen Unterwerfung Katharinas die Kaiserin gnädig?

Elisabeths Stimme klang plötzlich weicher. »Wie

könnte ich Sie wegschicken? Wovon sollten Sie leben?«

»Meine Verwandten werden mich schon bei sich aufnehmen. Ich werde keine großen Ansprüche stellen. Hier kann ich nicht bleiben.«

»Sie haben zwei Kinder.«

»Die sind in den besten Händen, Majestät. Und ich darf sie ja ohnehin nicht sehen. Bitte, lassen Sie mich gehen. Es ist am besten so.«

»Sie werden nirgendwohin gehen. Sie sind hier zu Hause.«

Peter gab ein ungläubiges Grunzen von sich und trat nervös von einem Fuß auf den anderen. *Sie hat es geschafft*, dachte ich, als ich sah, wie die Kaiserin Katharina huldvoll die Hand zum Kuss hinstreckte. Die Großfürstin hatte gewonnen: Sie würde von nun an wieder im kaiserlichen Schlafzimmer empfangen, zu Soireen und zum Kartenspiel eingeladen werden.

Hinter den Wandschirmen räusperte sich jemand.

»Sie können Ihre Kinder besuchen …« Die Kaiserin stockte – offenbar überlegte sie, wie weit sie in ihrer Großmut gehen konnte. »Jeden zweiten Tag.«

Erst jetzt, da die Spannung wich, wurde mir wieder bewusst, wo ich mich befand. Ich bemerkte den Schmutz an meinem Ärmel, fühlte die Kälte in meinen erstarrten Fingern, hörte Mäuse unter den weißen Leintüchern, die zum Trocknen aufgehängt waren, dahinhuschen.

Als ich wieder durch den Spalt schaute, war der Großfürst nicht mehr da. Katharina erklärte der Kaiserin etwas, aber ich konnte nicht verstehen, was sie sagte. Ein- oder zweimal glaubte ich Stanislaws Namen zu hören.

Die Kaiserin lachte.

In der nächsten Zeit wurde Katharina noch öfter nachts ins kaiserliche Schlafzimmer bestellt, immer ganz plötzlich, ohne Vorwarnung. Elisabeth misstraute wohlüberlegten Reden, sie wollte spontane Gefühlsausbrüche, Tränen, Geständnisse bei Kerzenlicht, Schwüre auf heilige Ikonen. Katharina gewöhnte sich an, in ihren Kleidern zu schlafen, die Schuhe neben dem Bett, auf dem Tisch eine Schüssel mit kaltem Wasser, damit sie sich den Schlaf aus den Augen waschen konnte, wenn sie geweckt wurde.

Ich wagte es nicht, noch einmal zum Dachboden hinaufzusteigen. Während der folgenden Tage suchte ich Katharina seltener auf, aber wenn ich sie sah, wirkte sie immer ruhig und gefasst. Wir redeten kaum über etwas anderes als über unsere Kinder und Bücher. Nur einmal erwähnte sie Sir Charles. Er schrieb ihr nicht, aber sie wusste, dass er in London eingetroffen war, denn sie hatte ein Briefchen von seiner Tochter erhalten, die sich artig für die herrlichen Geschenke bedankte, die Katharina dem Botschafter für sie mitgegeben hatte. Sir Charles gehe es nicht gut, teilte die Tochter mit, er sei vollkommen erschöpft nach seiner langen Reise und könne kaum eine Feder halten.

Von Stanislaw sprachen wir nicht.

Ich wusste nicht, ob er versucht hatte, mit ihr Kontakt aufzunehmen. Als ich einmal an der sächsischen Botschaft vorbeifuhr, glaubte ich ihn an einem Fenster im Obergeschoss stehen zu sehen. Ich ließ den Kutscher anhalten und wartete eine Weile, falls Stanislaw einen Diener zu mir schickte, aber es kam niemand.

Bald durfte ich im kaiserlichen Schlafzimmer wieder Elisabeth die Füße massieren. Das war ein gutes Zeichen. Nachdem ich sie mit etwas ausgewähltem Hofklatsch unterhalten hatte, kam ich auf die Gerüchte zu sprechen, die auf den Straßen umgingen. Der jähe Sturz des Kanzlers gab zu allerhand wilden Spekulationen Anlass. War er ein preußischer Spion? Oder stand er im Dienst der Briten? War er ein vertrottelter alter Mann, der sich eingebildet hatte, er könnte der Kaiserin die Zügel aus der Hand nehmen?

Elisabeth hörte kaum zu. Sie drehte ihre goldenen Ringe, zog einen mit einem großen Smaragd ab, wog ihn in der Hand wie einen Würfel, den sie über den Tisch rollen lassen wollte, und betrachtete nachdenklich ihre Finger. *So geschwollen, wie du gehofft hattest, sind sie noch nicht*, schienen ihre spöttisch funkelnden Augen zu sagen.

Einmal befahl sie mir, ans Fenster zu treten und ihr zu sagen, was ich sah. Eine Abteilung der Garde marschierte in Formation. Eine Kutsche fuhr vorbei.

»Sonst nichts?«

»Nein, Majestät.«

Manchmal kam es mir so vor, als wären wir nicht allein, als wäre jemand hinter den Wandschirmen versteckt, die jetzt immer im Schlafzimmer standen, und lauschte. Aber ich sah nie jemanden.

Bald trafen Nachrichten von der Front ein, die die Aufmerksamkeit der Bevölkerung vom Schicksal des Kanzlers ablenkten. Nachdem Apraxin seines Kommandos enthoben war, errangen die Truppen neue Siege über die Preußen und machten Europa deutlich, dass Russland eine Macht war, die nicht ignoriert werden durfte.

Katharina stand wieder in der Gunst der Kaiserin, und das blieb nicht unbemerkt bei Hof. Man grüßte sie mit tieferen Verbeugungen und breiterem Lächeln und erkundigte sich so laut nach ihrer Gesundheit, dass alle es hören konnten.

An einem stillen, grauen Morgen Anfang Mai kam ich in ihr Zimmer. In wenigen Tagen würde das Eis auf dem Ladogasee aufbrechen, und die ganze Stadt würde ausrücken, um das Schauspiel zu genießen, wie die Eisschollen sich auf ihrem Weg ins Meer unter Ächzen und Krachen auftürmten und übereinanderschoben.

Katharina hielt Bijou in ihren Armen und ließ ihn ihre Hände lecken, den alten treuen Bijou, der kurzatmig keuchte, täglich klappriger wurde und schlecht roch.

Sie hatte schlechte Nachrichten.

Man hatte unter Bestuschews Papieren zwei Briefe von Stanislaw gefunden. Es waren formelle Schreiben, die keinerlei brisante Informationen enthielten, aber sie erinnerten die Kaiserin daran, dass der Kanzler es gewesen war, auf dessen Betreiben Graf Poniatowski als Botschafter nach Sankt Petersburg geschickt worden war.

Man hatte Stanislaw mitgeteilt, dass er das Land verlassen musste, sagte Katharina.

»Wann?«, fragte ich.

»Bis Ende August.«

»Und wenn er von seinem Amt zurücktreten würde, dürfte er dann bleiben?« Ich wusste, dass das nicht möglich war. *Armer Stanislaw*, dachte ich.

Katharina setzte mit leerem Blick Bijou auf sein Samtkissen.

Ich habe noch ihre Stimme im Ohr. Es klang etwas steif, als hätte sie die Antwort immer wieder bis zum Überdruss geübt: »Die Kaiserin hat keine Wahl, Warenka. Die Kaiserin muss an die Zukunft denken.«

Im Frühling begann der frische Stuck an den Decken des Winterpalasts abzubröckeln und musste erneuert werden. Der lang versprochene Umzug konnte wieder nicht stattfinden. Die Kaiserin tobte. Rastrelli war ein nichtsnutziger Lügner, seine Arbeiter lauter Gauner, die stahlen wie die Raben. Wochenlang lebte ihre Umgebung in steter Angst, ihren Zorn zu reizen, wir gingen alle auf Zehenspitzen und wagten kein unbedachtes Wort. Katharina und Peter waren erleichtert, als sie in ihre Sommerresidenz in Oranienbaum umziehen konnten. Ich hatte weniger Glück und musste die Kaiserin nach Zarskoje Selo begleiten.

Eine Zeit lang hallte das Echo von Bestuschews Sturz noch nach, obwohl die Verhöre nichts Belastendes erbrachten. Der Verdächtige wurde nicht gefoltert. Man fürchtete, er würde *zu viel* ausplaudern, spotteten böse Zungen.

Auch in Apraxins Fall waren die Monate dauernden Untersuchungen ergebnislos geblieben. Der Vorwurf des Hochverrats konnte weder erhärtet noch widerlegt werden, es gab nichts als Verdächtigungen, denen man freien Lauf ließ. Dann, Anfang August, starb der Feldmarschall an einem Schlaganfall. Bestuschew wurde aus der Haft entlassen und auf sein Landgut verbannt. Es war ihm verboten, mit irgendjemandem in der Hauptstadt Kontakt aufzunehmen.

In der zweiten Augustwoche verließ er Sankt Petersburg. Niemand wagte es, von ihm Abschied zu nehmen. Sein Name sollte nie mehr in Gegenwart der Kaiserin erwähnt werden. Es war nicht die erste Verbannung dieser Art und sollte nicht die letzte bleiben.

Nachdem Graf Poniatowski seinen Besuch bei der Kaiserin mehrere Male wegen Krankheit verschoben hatte, fand er sich schließlich in der dritten Augustwoche in Zarskoje Selo ein, um sich zu verabschieden und seinen tief empfundenen Dank für die russische Gastfreundschaft, die er genossen hatte, zum Ausdruck zu bringen.

Die Kaiserin schenkte ihm eine mit Saphiren und Rubinen besetzte Schnupftabaksdose mit ihrem Bildnis auf dem Deckel und wünschte ihm eine sichere Heimreise. Noch am selben Tag fuhr Stanislaw nach Peterhof, wo ihn Katharina erwartete. Sie hatte sich aus Oranienbaum fortgestohlen, um noch ein paar Tage allein mit ihrem Geliebten zu verbringen. Sie wohnten in dem Pavillon Monplaisir am Meer.

Ich sah Graf Poniatowski an dem Morgen seiner Abreise in der sächsischen Botschaft in Sankt Petersburg.

Es war der 31. August, ein schöner Tag, wenn auch kalt. Im Hof prüften zwei Diener, ob das Gepäck auf dem Dach der Kutsche auch gut festgezurrt war. Ein dritter breitete eine Decke über die Sitzbank.

Ich ging an ihnen vorbei ins Botschaftsgebäude.

Stanislaw erwartete mich im Salon. Das Porträt von August III. war noch an seinem Platz. Dunklere Flecken an der Wand bezeichneten die Stellen, an denen Bilder aus Stanislaws Sammlung gehangen hatten.

»So hatte ich mir den Abschied nicht vorgestellt«, sagte er.

»Nein«, antwortete ich. Ich musste gegen den Drang ankämpfen, ihm die Hand auf die Stirn zu legen, wie ich es immer bei Darja tat, um zu fühlen, ob sie Fieber hatte. Er trug das feine Batisthemd, das ihm Katharina geschenkt hatte. Am Kragen war der Buchstabe S eingestickt. Niemand außer ihm nannte sie Sophie.

Ich hatte ihm Geschenke mitgebracht: einen Korb voller Gläser mit eingemachten Früchten und ein Bild, das Darja für ihn gezeichnet hatte; darauf war ein vornehm gekleideter gestiefelter Kater zu sehen, der sich vor einer Königin verbeugte.

»Richten Sie Darja aus, dass ich es in Gold rahmen lassen werde, sobald ich in Warschau bin.« Seine Stimme klang angestrengt.

»Ich werde es ihr sagen.«

»Ich komme wieder, Barbara. Ich will bei ihr sein, wenn sie mich braucht. Das darf Katharina nie vergessen, ja?«

Ich ging mit ihm hinunter zur Kutsche. Die Pferde

wieherten, als sie ihn sahen. Er gab jedem einen Apfelschnitz.

Der Kutschenschlag wurde geöffnet, die Trittleiter ausgeklappt.

Wie kannst du ihr denn helfen?, dachte ich. *Was kannst du für sie tun? Was kann sie mit deiner Liebe anfangen? Geh. Es wird leichter für sie, wenn du weg bist.*

Stanislaw stellte den Fuß auf die Trittleiter, eine glänzend schwarz polierte Stiefelspitze. Im Innern der Kutsche sah ich einen offenen Koffer voller Bücher, seine Reiselektüre.

Am Ende konnte er sich die Frage doch nicht verkneifen. Manche Gedanken sind wie schmerzende Zähne, gegen die man zwanghaft immer wieder mit der Zunge drückt.

»Sie möchte, dass ich wiederkomme, nicht?«

»Ja«, log ich.

Es stand mir nicht zu, Katharinas Karten aufzudecken.

»Lassen Sie es mich wissen, wenn sich etwas ändert?«

»Natürlich.«

Ich wartete, bis die Kutsche auf die Straße hinausfuhr, dann ging ich zurück zum Palast. Ich glaubte, ich würde ihn nie wiedersehen. Ich konnte mir nichts anderes vorstellen, mir keine Zukunft denken, in der es möglich gewesen wäre.

An den Straßenecken von Sankt Petersburg regnete es Münzen auf die Bettler, die Balladen über den Krieg und Spottlieder über die Preußen sangen. Auf dem Tatarenmarkt wurden Gemälde verkauft, deren Farbe noch feucht war: Schlachtenszenen und darüber schwebend, eingefasst in Medaillons, die Bildnisse der neuen Kriegshelden. Im Herbst 1758, nach der Schlacht bei Zorndorf, war Grigori Orlow einer dieser Helden.

»Orlow?«, fragte die Kaiserin. »Sieht er gut aus?«
»Ja, Hoheit.«
»Groß?«
»Ja.«
»Ein Held?«

Der Krieg war noch nicht vorbei, aber die Orlows waren in ihren Karrierehoffnungen bereits gründlich enttäuscht worden. »Andere haben es zum Major und zum Oberst gebracht, und Grigori ist immer noch Leutnant«, sagte Alexej verbittert, als er mich in meiner Wohnung besuchte. »Er versteckt sich vor seinen Gläubigern und leckt seine Wunden.« Er selbst war, nachdem sein Einsatz bei der kämpfenden Truppe beendet war, wieder zu seiner Stammeinheit, zum Ismailowski-Regiment, nach Sankt Petersburg zurückgekehrt. Er hatte nicht vor, sich noch einmal um eine Abkommandierung zur Front zu bemühen.

»Leutnant Orlow hat den Adjutanten des Königs gefangen genommen«, berichtete ich der Kaiserin. »Obwohl er durch siebzehn Säbelhiebe verwundet war, blieb er auf dem Schlachtfeld. Aber dann kam es zu diesem Skandal.«

»Was hat er denn angestellt, unser tapferer Ritter?«

»Er hat die Geliebte seines Kommandeurs verführt, Prinzessin Kurakina, und ist mit ihr durchgebrannt. Aber weil er dann sein ganzes Geld verspielt hat, ist die Prinzessin zu ihren Eltern zurückgekehrt. Sein Bruder musste seine Schulden bezahlen.«

Die Kaiserin lachte. »Erzähl mir mehr von ihm.«

Ein Soldat, mutig und unbekümmert. Bärenstark – einer, der sich einem durchgehenden Pferd in den Weg stellt und es aufhält. Ein Mann, dessen Augen funkeln, wenn er einen Raum betritt, und trübe sind vor Überdruss, wenn er wieder geht.

Genau die Sorte Mann, von der die Kaiserin so gerne reden hörte.

»Gib ihm das.« Sie zog einen Ring mit einem kleinen Rubin vom Finger und drückte ihn mir in die Hand. Der Stein war nicht mehr als zweihundert Rubel wert.

Die kaiserliche Aufmerksamkeit hatte ihre Grenzen. »Verdienste zählen nicht in der russischen Armee«, hatte Alexej gesagt. »Man muss Beziehungen haben oder Schmiergeld zahlen, nur so kommt man voran.«

Zehn
1759-1761

Am Morgen des 8. März wachte die Großfürstin Anna Petrowna schreiend auf. Sie wollte nicht trinken. Sie hörte nicht auf zu weinen, als die Ammen sie auf den Arm nahmen und herumtrugen, und als sie das Kind in sein Bettchen legten, ruderte es wild mit Armen und Beinen wie ein Käfer, der hilflos auf dem Rücken liegt.

Sie war fünfzehn Monate alt.

Die Kaiserin eilte ins Kinderzimmer, ich traf sie auf dem Flur und folgte ihr. Selbst Elisabeths Schlafliedchen konnte Anna nicht beruhigen: Sie stutzte nur einen verunsicherten Moment lang und schrie dann weiter. Der Arzt ließ ihr Kamillentee einflößen, den sie erbrach. Ihre Augen waren glasig von Fieber, und sie kratzte sich die Haut blutig, ihr ganzes Gesicht war rotfleckig und wund.

Als eine der Katzen plötzlich anfing, unheimlich kreischende Laute von sich zu geben, befahl die Kaiserin, das Kinderzimmer zu durchsuchen. Man fand nichts Verdächtiges, keine Knochen, keine Haarknäuel, aber eine der Ammen brach in Tränen aus und gestand, dass sie einen bösen Traum gehabt hatte: Sie hatte von einer Schlange geträumt, die einen Frosch fraß; der Frosch hatte sich mit seinen Beinchen verzweifelt an alles geklammert, was er erwischen konnte, aber es hatte ihm nichts genutzt.

Die Kaiserin starrte die Frau an. Eine Hand zupfte nervös an ihrem Ärmel. Ihr Gesicht war schreckensstarr.

Regen peitschte an die Fensterscheiben. Die verzogenen Rahmen schlossen nicht dicht, Wasser rann über die weiße Tapete. Ich dachte an Katharina, die sich in Oranienbaum aufhielt. Der Garten dort sollte neu angelegt werden, und sie war hingefahren, um die anstehenden Arbeiten mit den Gärtnern zu besprechen, damit im Sommer alles fertig war. In dem grau dämmrigen Licht sah ich Annas Händchen zucken; die winzig kleinen Finger schlossen und öffneten sich, als versuchten sie, die leere Luft zu fassen.

»Schicke jemanden zur Großfürstin, Warwara«, hörte ich Elisabeth sagen. »Sie soll herkommen, schnell.«

Ich erinnere mich nur ganz verschwommen, was dann geschah. Ich muss in die Wachstube der Garde gelaufen sein, denn ich weiß noch, wie froh ich war, als ich das vertraute narbige Gesicht von Alexej Orlow vor mir sah. Es war so ein schwindeliges Gefühl von Erleichterung, fast Euphorie, als könne dieser eine Mann den Tod aufhalten, als würde nun alles gut.

Ich muss etwas Unzusammenhängendes gestammelt haben, denn er verstand zuerst nicht, was ich von ihm wollte. »Bote«, stieß ich hervor, »schnell.« Dann sank ich an seine Brust und weinte.

»Ich reite sofort los«, sagte Alexej Orlow. Er sagte noch etwas, aber ich hörte es nicht – es war, als bewegte er stumm die Lippen.

Als ich ins Kinderzimmer zurückkam, saß die Kaiserin an der Wiege, legte Anna kalte Umschläge auf die Stirn und hielt ihr ein mit Rosenöl getränktes Läppchen unter die Nase. Sie schaukelte sanft die Wiege und redete ihrem Engelchen zu: Einen Diamanten, so groß wie seine schönen Augen, wollte sie dem Kindchen schenken, wenn es nur wieder gesund würde.

Anna reagierte nicht auf Elisabeths Zuwendung.

Die Ammen und die Ehrendamen beteten vor der Ikone der Jungfrau von Kasan. Auch ich kniete nieder.

Drei Stunden später starb die Kleine. Sie hatte die Augen für immer geschlossen, als Katharina vollkommen durchnässt durch die Tür trat. Es waren keine Worte nötig. Ein Blick auf das versteinerte Gesicht der Kaiserin genügte, und die Großfürstin begann zu schluchzen.

Der Morgen dämmerte bereits, als ich an der Wachstube vorbeiging. Durch die offene Tür sah ich Alexej Orlow hin und her stapfen, die ganze muskulöse Gestalt starr vor Anspannung. Drei Kameraden saßen eng nebeneinander auf einer hölzernen Bank und beobachteten das Schauspiel.

Ich lehnte mich an den Türrahmen. Meine Augen brannten vom Weinen in all den schlaflosen Stunden am Totenbett des Kindes.

Alexej stürmte auf mich zu, dass der Boden erzitterte. Ich roch seinen scharfen Schweißgeruch. Eine Anekdote aus der Familiengeschichte der Orlows kam mir in den Sinn: Als Alexejs Großvater, der wegen Meuterei zum Tod verurteilt worden war, aufs Schafott stieg, lag ihm der Kopf des Mannes, der vor ihm enthauptet worden war, im Weg. Mit einem Tritt beförderte er ihn beiseite – und wurde zum Lohn für seine Kaltblütigkeit von Peter dem Großen begnadigt.

»Man hätte sie früher verständigen müssen. Was für ein Mensch ist das, der eine Mutter nicht zu ihrem sterbenden Kind kommen lässt, Warwara Nikolajewna?«

Mein Blick glitt über die Narbe auf seiner Wange, den offenen Kragen des Uniformrocks, die zu Fäusten geballten Hände. Einen Moment lang wünschte auch ich mir eine einfachere Welt, in der alle bösen Taten gesühnt wurden. Auge um Auge, ohne langes Federlesen.

»Ich habe die Großfürstin überredet, nicht die Kutsche zu nehmen. Wir sind geritten wie der Teufel. Trotzdem sind wir zu spät gekommen.«

Hinter mir im dunklen Korridor bewegte sich etwas. Irgendein Dienstbote, der die Ohren spitzte? Ich legte den Finger auf den Mund.

»Ich habe keine Angst«, sagte Alexej laut.

Die Soldaten in der Wachstube spendeten ihm Beifall.

»Ich muss jetzt gehen«, sagte ich. Mein Herz war schwer. Ich musste an Annas wächsernes Gesicht denken – sie war so vollkommen gewesen. Ich sehnte mich danach, meine Tochter in die Arme zu nehmen. Aber als ich mich umdrehte, fasste Alexej Orlow mich am Ärmel.

»Die Großfürstin hat viele Freunde, Warwara Nikolajewna. Sagen Sie ihr das, ja?«

Die Tochter von Katharina und Stanislaw wurde im Alexander-Newski-Kloster bestattet, das Peter der Große Russland geschenkt hatte. Die Kaiserin trug ein schlichtes schwarzes Taftkleid und keinen Schmuck. Zwei kräftige Lakaien mussten während des Trauergottesdiensts neben ihr stehen, um sie zu stützen, falls sie einen Schwächeanfall bekam.

Katharinas Gesicht war unter einem dichten schwarzen Schleier verborgen. Sie lüftete ihn nur einmal, um Annas kalte Hand zu küssen, bevor der Priester den Deckel des kleinen Sargs schloss. Nach dem Begräbnis war sie still und in sich gekehrt, ganz mit ihrer Trauer beschäftigt. Ich versuchte sie zu trösten, aber nichts vermochte ihr Leid zu lindern.

In den Wochen, die auf Annas Tod folgten, trafen Nachrichten von weiteren Trauerfällen ein. In einem Brief aus Paris wurde gemeldet, dass Fürstin Johanna verstorben war. Katharina hatte vor einiger Zeit wieder Kontakt zu ihrer Mutter aufgenommen und wusste deshalb von ihrer Krankheit und ihren wachsenden Schulden, aber es war trotzdem ein harter Schlag für sie.

Dann kam ein Brief aus London. Die Tochter von Sir Charles Hanbury-Williams teilte darin den Tod ihres Vaters mit. *Mein geliebter Vater*, schrieb sie, *fand nach seiner Rückkehr in die Heimat keine innere Ruhe mehr. Nichts hier befriedigte ihn, nichts konnte im Vergleich mit dem bestehen, was er in Russland zurückgelassen hatte.* Die Klatschmäuler in den Vorzimmern des Palasts äußerten sich weniger zurückhaltend: ... *ein so kluger Kopf vollkommen zerrüttet* ..., hörte ich, ... *syphilitischer Wahnsinn ... hat eine Schauspielerin mit einem Messer angegriffen* ...

Das Ende alter Träume, dachte ich, *schmerzhaft, aber unumgänglich. Wie ein Aderlass: Das dunkle Blut muss aus dem Körper abfließen, damit er wieder gesund werden kann.*

Im März ließ Monsieur Rastrelli im neuen Winterpalast noch unfertige Gebäudeteile durch schwere Leinwandvorhänge abtrennen. Tag und Nacht wurden Wände gestrichen, Teppiche verlegt, Möbel aufgestellt. Die Räume wurden immer beheizt, damit die Farbe trocknete. Als dann die Kaiserin kam, um ihr neues Schlafzimmer zu besichtigen, erinnerte nur noch ein ganz feiner Duft von Leinöl an die hektische Betriebsamkeit, die noch wenige Stunden zuvor in dem Raum geherrscht hatte.

»Hier ist es, Hoheit. Das Juwel in dem ganzen Glanz, der Ihnen und dem neuen Russland gebührt. Mögen Sie immer Freude daran haben.«

Im kleinen Ballsaal standen noch Unmengen von in Sackleinen verpackten Statuen herum, im Dienstbotentrakt lagerten Bauholz und Glas, aber dergleichen bekam die Kaiserin nicht zu Gesicht. Desto eifriger war Monsieur Rastrelli darauf bedacht, dass ihr kein Detail dessen entging, was er ihr vorführte, Parkett aus kostbaren Hölzern, golden gleißenden Stuck, üppige, karmesinrote Polster.

Die Kaiserin schenkte ihrem Architekten ein leises Lächeln.

Es wird nicht lange anhalten, dachte ich.

Sie keuchte, jeder Atemzug tat ihr weh. Ihre Hände waren so geschwollen, dass sie ihre Lieblingsringe nicht mehr tragen konnte. Ihre Füße quollen selbst aus den bequemsten Schuhen.

Als die Kaiserin in ihre fertiggestellte Suite einzog, standen erst für fünf ihrer zwölf Ehrendamen bewohnbare Zimmer bereit. Die Zofen schliefen auf Pritschen in einem Verschlag. Alle anderen verließen den Winterpalast, sobald ihr Dienst beendet war.

Das alte kaiserliche Bett wirkte klein und verloren in dem großartigen Schlafzimmer, ein Schiffchen, das auf dem Meer treibt.

Wann wusste ich, dass es mit der russischen Kaiserin zu Ende ging?

War es Anfang Januar 1761, als man sich mit Fasten und Gebet auf die mitternächtliche Feier der Taufe Jesu vorbereitete? Am Tag vor dem Fest räumten Novizen des Newski-Klosters den Schnee auf dem Fluss und schnitten eine kreuzförmige Öffnung ins Eis, den »Jordan«, in dem die Gläubigen nackt untertauchten, um sich von ihren Sünden zu reinigen.

»Schweigt!«, hatte die Kaiserin geschrien, als wir sie gebeten hatten, dieses Jahr nicht zum *Jordan* zu gehen. Sie stand in der eisigen Kälte, als die Prozession, angeführt von den Mönchen des Newski-Klosters, unter Glockengeläute zu dem Loch in der Newa zog.

Ihr Profil sah so ernst und streng aus wie das geprägte Bildnis auf den Münzen.

Einer nach dem anderen stiegen die Gläubigen aus dem schwarzen Wasser der Newa, die Haare zu Eiszapfen gefroren, und reihten sich zitternd in die Schar der Betenden ein. In Pelze gehüllt stand im Dunkel Elisabeth Petrowna, die Tochter Peters des Großen, und flüsterte: »Und vergib mir meine Schuld, wie auch ich vergebe meinen Schuldigern.«

Als die letzte Woche vor Beginn der Fastenzeit kam, die *masleniza*, in der man kein Fleisch, wohl aber noch Butter und andere Milchprodukte essen darf, konnte die Kaiserin nicht mehr schlafen.

Ihre Lieblingskatzen lagen bei ihr auf dem Bett, schmiegten sich schnurrend an ihren Körper, während sie ihnen das Fell kraulte. Als abzusehen war, dass Bronja bald Junge bekommen würde, ließ die Kaiserin eine Kiste für sie neben den Ofen stellen.

Nachts mussten in jedem Raum, in dem sie sich aufhielt, zwanzig dicke Kerzen brennen. Man ließ sie kaum jemals allein, ständig kamen Bittsteller und Diplomaten, Höflinge, alte und neue Liebhaber, und wenn sie ihre Besucher entließ, stand immer eine Ehrendame bereit, ihr Gesellschaft zu leisten. Wenn sie das ewige Geplauder satthatte, ließ sie ihre Kosaken rufen, die sie mit ihrem Gesang unterhielten.

Eine Zeit lang setzte man Hoffnungen in neue Wundermittel: Galgantwurzel, die aussieht wie ein kleines menschliches Wesen; Heilwasser aus Karelien, das seinerzeit der Zarin Xenia gegen ihre Unfruchtbarkeit geholfen hatte, samtig schwarze Schungitsteine. Elisabeth kaute die Wurzel, trank das Wasser, hielt die Steinbrocken in der Hand. Sie betete. Manchmal, wenn es ihr etwas besser ging, bestellte sie die Schneiderin ein und probierte ein neues Kleid an, oder sie ließ sich ihren Schmuck aus der Schatzkammer bringen. Dann tauchte sie ihre Finger in Haufen von Edelsteinen, strich zärtlich über Ringe und Colliers und schwelgte in Erinnerungen an Bälle und Feste, bei denen sie diesen oder jenen Schmuck getragen hatte.

Wenn Zigeunerinnen und Wahrsager kamen, wollte die Kaiserin nichts mehr von ihrer eigenen Zukunft hören, nur das Geschick des Zarewitschs interessierte sie noch.

Der Großfürst Paul war für einen Sechsjährigen klein und schmächtig, aber niemand wagte es, dies in Gegenwart der Kaiserin auszusprechen. Er besuchte sie immer am späten Nachmittag, denn zu dieser Tageszeit fühlte sie sich am muntersten. Seine grauen Augen irrten unstet durch den Raum. Er nannte die Kaiserin »Tantchen« und flüchtete in ihre Arme, sobald ihn irgendetwas erschreckte, etwa das Knallen einer Tür oder das Krächzen einer Krähe draußen vor den Fenstern.

Die Karten wurden aus ihrer schwarzseidenen Hülle genommen und so ausgelegt, dass sie Halbkreise oder Kreuze bildeten. »Spucken Sie auf Ihre Hand und berühren Sie diese Karte, Majestät. Legen Sie eine Münze darauf. Klopfen Sie auf die Karte. Tippen Sie mit dem Zeigefinger darauf.«

Die Auskünfte der Karten waren lückenhaft und wenig präzise. Eine Zigeunerin sah den erwachsenen Paul als verheirateten Mann mit Kindern, vielen Kindern, eine andere prophezeite, dass er auf eine weite Reise gehen werde, die verborgene Dinge ans Licht bringen würde. Meistens sprachen die Karten aber nur von Weggabelungen, von unsicheren Versprechungen, von Perioden der Gefahr.

»Was für eine Art von Gefahr?«, fragte Elisabeth jedes Mal.

»Die Art von Gefahr, die vorübergeht«, antworteten die Wahrsager vorsichtig.

Auch ich achtete genau darauf, was ich redete.

Ich erzählte der Kaiserin nichts davon, als ich den ganzen Wurf junger Kätzchen tot in Bronjas Kiste fand. Die Zofe versicherte hoch und heilig, dass sie noch vor wenigen Stunden gesund und munter gewesen waren. Nur ein einziges habe ein bisschen verschnupft ausgesehen, schluchzte sie verängstigt.

Ich erzählte auch nicht, dass die fromme Xenia verschwunden war. Droschkenkutscher sahen die gebeugte, in rote und grüne Lumpen gekleidete Frau nicht mehr, die sie so gerne ein Stück mitnahmen, weil ihnen das Glück brachte. Sie saß nicht mehr am Eingang der Kirche des Apostels Matwej, und die Bäcker warteten vergebens auf eine Gelegenheit, ihr eine der Zimtschnecken zu schenken, die sie so liebte. Niemand wusste, wo sie war, bis eines Tages ein junger Mönch sie außerhalb der Stadt auf einem Feld knien sah, ins Gebet versunken.

Stattdessen tischte ich ihr Geschichten von Wundern auf, von Heiligen, unter deren Händen sich Krebsgeschwülste in Nichts auflösten, von Mönchen, deren Segen das Blut reinigte, von Reliquien, bei deren Anblick Krüppel ihre Krücken wegwarfen, Todkranke von ihren Bahren aufstanden und beschwingten Schritts nach Hause gingen. Ich musste sie aufheitern, sagte ich mir, dafür war ich da. Hatte sie jemals gefragt, was aus Bronjas Kätzchen geworden war?

Und dann, in einer mondlosen Nacht, in der ein kalter Nordwind pfiff, befahl mir die Kaiserin, ihr Annas Kleider und Spielzeuge zu bringen. Sie küsste die Falten der winzig kleinen Hemdchen, strich über die Spitzen des weißen Taufkleidchens, hob die Puppen, eine nach der anderen, hoch und starrte in ihre leblosen Augen.

»Es ist manchmal so unendlich schwer, Gottes Fügungen hinzunehmen, Warwara«, sagte sie.

Ich nickte schweigend.

Lange saß die Kaiserin reglos da, die Hände gefaltet, und murmelte Gebete für die Tote.

Auch ich betete. Ich betete um Vergebung meiner Sünden und für meine Toten. Ich betete für meine Eltern und für Igor. Ich betete, bis die Kaiserin mir befahl, sie zu Bett zu bringen.

Nach einiger Zeit sah Elisabeth, sanft gebettet in kaiserlicher Pracht, so aus, als wäre sie eingeschlummert. Ich stand auf, um leise hinauszuschlüpfen, da hörte ich eine leise furchtsame Stimme: »Zählt das nicht, dass ich ihn am Leben gelassen habe? Ich war milde – reicht das nicht?«

Es dauerte einen Moment, bis ich begriff, dass sie an Iwanuschka dachte, den kleinen Zaren, den sie vor zwanzig Jahren entthront und uns einmal in ihrem »Narrenkabinett« vorgeführt hatte. Er war sicher weggesperrt in einer Gefängniszelle, und doch konnte er der Kaiserin den Schlaf rauben.

In diesen dunklen Frühlingstagen bereitete Katharina ihre Palastrevolution vor.

Zuerst unternahm sie nur ganz vorsichtige Schritte, legte Köder aus, machte unangekündigte Besuche, die damit endeten, dass sie warnend den Finger auf die Lippen legte.

Im provisorischen Palast zog der Großfürst in die leer stehende kaiserliche Suite ein. Wo früher Elisabeths Bett gestanden hatte, stellte er nun mit Zinnsoldaten die Schlacht von Zorndorf nach. Das *Fräulein* steuerte dazu fein gearbeitete Bäume und Bauernhäuschen aus Papiermaschee bei. »Ein zweifelhafter Sieg der russischen Armee«, sagte der Großfürst, wenn er sein Modell Besuchern zeigte, und präsentierte händereibend die Bilanz, die er berechnet hatte. Die Preußen hatten 12 800 Mann verloren, die Russen mehr als 18 000. Zwar hatten die Russen am Tag der Schlacht das Feld behauptet, aber sie waren die Ersten, die danach den Rückzug antraten.

Wie kann der Kronprinz so reden?, dachte ich. Auf welcher Seite stand er? War er ein Dummkopf oder ein Verräter?

Ich war nicht die Einzige, die solche Fragen stellte.

»Weißt du noch, Warenka, wie Peter mich herumkommandiert hat, als wäre ich einer seiner Soldaten?«, sagte Katharina. »Und ich durfte den ganzen Kinderkram, mit dem er spielte, nicht einmal anfassen!«

Weißt du noch, wie brutal er seine Hunde geprügelt hat?

Weißt du noch, wie er einmal eine Ratte exekutiert hat, die es gewagt hatte, ein paar seiner Zinnsoldaten umzuschmeißen?

Auch das gehört zu meinen Erinnerungen an jene Zeit: dieses kalte, schneidende Gelächter, das Katharina immer anstimmte, wenn sie über ihren Mann sprach.

»Die Großfürstin hat viele Freunde, Warwara Nikolajewna«, hatte Alexej Orlow gesagt. Aber es war Grigori Orlow, der an einem Vormittag im Mai im Garten des Sommerpalais, in dem Katharina Paul zur Welt gebracht hatte, unseren Weg kreuzte.

Ich hatte Grigori so lange Zeit nicht mehr gesehen, dass ich fast vergessen hatte, wie sehr er seinem Bruder ähnelte. Die gleiche hoch aufragende Gestalt, das gleiche rabenschwarze ungebändigte Haar, die gleichen großartigen Gesten: Mit der einen Hand hielt er den staubbedeckten Umhang zusammen, den er über dem stahlblauen Rock der Ismailowski-Garde trug, die eine Hand lag auf seinem Herzen – so stand er vor uns. Aber während die Wange seines Bruders eine Narbe verunzierte, war auf der seinen nur ein dunkler Schatten zu sehen, der verriet, dass er sich heute noch nicht rasiert hatte.

Seine Augen leuchteten. »Hören Sie mich an, ich bitte Sie, Hoheit«, sagte er mit eindringlich erhobener Stimme. »Sie kennen mich nicht, aber Warwara Nikolajewna kann für mich bürgen.«

Ich nickte. »Er ist ein Freund«, sagte ich zu Katharina. »Leutnant Orlow und seine Brüder haben sich seit Igors Tod sehr aufmerksam um mich und Darja gekümmert.«

»Lass uns allein, Warenka«, befahl Katharina. Amüsierte Neugier hatte ihre Wangen leicht gerötet. Sie lächelte.

Ich zog mich zurück.

Aus einiger Entfernung beobachtete ich die beiden. Ich sah Grigori Orlows riesige Gestalt vor Katharina knien. Er fasste ihre Hand. Dann stand er auf, beugte sich vor, während sie sprach, und redete dann wieder auf sie ein.

Ich verstand nur vereinzelte Satzfetzen: ... *Ihr Mann ... unwürdig ... Wenn Sie es nicht tun, werden wir ...*

Ich schaute umher, aber ich sah nur einen Vogel, der in eine Hecke schlüpfte, einen Wurm im Schnabel. Ich pflückte ein Blatt von der Hecke und zerriss es in winzig kleine Stücke. Es hinterließ einen herben Geruch auf meinen Fingerspitzen.

Als ich mich auf Katharinas Rufen wieder zu ihr umwandte, war Grigori nicht mehr da. Dort, wo er gekniet hatte, sah ich eine Mulde im Kies des Weges.

»Falls jemand fragen sollte:«, sagte Katharina. »Ein Held der Schlacht von Zorndorf wollte seine Hochachtung zum Ausdruck bringen.«

Es wurde gemunkelt und spekuliert, immer offener, immer lauter. Wen würde Elisabeth zu ihrem Nachfolger bestimmen – Peter oder seinen Sohn Paul? Würde Katharina zusammen mit Peter regieren? Oder würde die Kaiserin ihr die Regentschaft für ihren Sohn übertragen?

Während die russische Kaiserin dahinsiechte, schlossen die Schuwalows und die Woronzows ihre Reihen und stellten sich hinter Peter. Bei öffentlichen Auftritten des Großfürsten nahm jetzt öfter das *Fräulein* den Platz an seiner Seite ein, der seiner Ehefrau gebührte. Katharina ignorierte diese Kränkungen bis zu dem Tag, da eine vielbeachtete Premiere im Russischen Theater stattfinden sollte und Peter ihr eröffnete, dass in seiner Kutsche kein Platz für sie sei. »Sie können sich das Stück ja morgen ansehen«, sagte er. Erst als sie damit drohte, zu Fuß zum Theater zu gehen, lenkte er schließlich ein.

Die kaiserlichen Ehrendamen machten aus ihrem Hass gegen mich keinen Hehl. Als ich einmal auf Wunsch der Kaiserin Darja ins Krankenzimmer mitbrachte, hörte ich Gräfin Schuwalowa murmeln: »Diese intrigante Buchbinderstochter und ihr kleiner Fratz!«

Mit einer herrischen Bewegung ihrer mit Diamanten geschmückten Hand scheuchte sie meine Tochter aus dem Weg und rauschte an uns vorbei.

»Wieso ist sie böse auf mich, Mama?«, flüsterte Darja mir zu.

»Ich erkläre es dir, wenn du größer bist.«

»Warum nicht jetzt?« Ich spürte, wie der Druck ihrer Finger fester wurde.

Ich sagte ihr, dass sie es jetzt noch nicht verstehen würde, aber ich wusste natürlich, dass sie das nicht überzeugen konnte.

Ein Spion, der sein Handwerk versteht, wird erst recht aufmerksam, wenn eine Person sich betont gleichgültig gibt, wenn sie in Gesprächen über Belanglosigkeiten einen Moment lang nachdenklich stutzt, wo man eine ganz einfache Antwort erwartet. Ich bemerkte die Zeichen wohl: das winzig kleine Zögern in Katharinas Stimme, wenn sie Grigori Orlows Namen aussprach, wie sie aus dem Fenster sah und beiläufig jemandem zuwinkte, um zugleich mit einer spielerischen Handbewegung ein Lächeln zu verdecken.

Ich warnte die Großfürstin: »Er ist ein tapferer Soldat und ein wahrer Freund. Aber anders als sein jüngerer Bruder auch leichtsinnig.« Ich erwähnte die Geliebte, die er verlassen hatte, seine Spielschulden, die Alexej hatte bezahlen müssen.

»Wir haben alle schon einmal Dummheiten gemacht«, antwortete Katharina lächelnd.

Es wurde viel über Grigori geredet. Er hatte beim Pharo tausend Rubel gewonnen und sie an einem einzigen Abend verschleudert, indem er jeden freihielt, der bereit war, auf das Wohl der Großfürstin zu trinken. Sie sei von lauter Lumpen und elenden Halunken umgeben, hatte er getönt, Milchgesichtern, halben Portionen, die umfielen, wenn man sie mit dem kleinen Finger anstieß, die vor Angst zitterten, wenn er nur mit dem Fuß aufstampfte.

»Warum hat Onkel Grigori es immer so eilig, wenn er uns besuchen kommt?«, fragte mich Darja. »Andauernd schaut er auf die Uhr.«

Manche Gesichter muss man nicht lange studieren,

dachte ich. Grigoris Züge sprachen offen aus, mit was für einem Charakter man es zu tun hatte. In einfachen knappen Sätzen machten sie seine unumstößlichen Prinzipien klar: Zuerst handeln, dann denken. Stärke erzwingt Unterwerfung und sichert Macht. Lust will befriedigt werden.

»Einer der Brüder Orlow?« Fürstin Daschkowa verzog das Gesicht. »Was diese vulgären Flegel sich herausnehmen!«

Ich sah Katharina nicken.

Fürstin Daschkowa hatte offen für Katharina Partei ergriffen. »Sie sind schon jetzt meine Kaiserin«, hatte sie erklärt.

Aber öffentliche Sympathiebekundungen verhelfen niemandem an die Macht. Sie muss Leuten entrissen werden, die engherzig sind und unersättlich gierig. Um an die Macht zu kommen, braucht man Helfer, die im Halbdunkel von Dienstbotenkorridoren agieren, man muss sich auf die Kunst der Tarnung verstehen.

Man braucht Soldaten und Spione, keine Galionsfiguren.

In den Gassen von Sankt Petersburg schlugen Leidenschaften hoch, wild wie Bären, die mit ihren Tatzen angreifende Hunde von sich schleudern und ihnen alle Knochen brechen. Die Garden provozierten Streit mit den Holsteinern. Immer wieder stellte dieser oder jener Offizier laut die Frage, wo denn der Kronprinz gewesen sei, als heldenhafte russische Soldaten auf den Schlachtfeldern starben.

Die unübersichtlichen Verhältnisse im provisorischen Palast machten es Katharina leicht, sich allzu genauer Beobachtung zu entziehen. Ihre Suite lag weit entfernt von der des Großfürsten, und im Palast herrschte überall Chaos, da jede Übersiedlung eines Höflings in den neuen Winterpalast sogleich eine ganze Kette von Umzügen innerhalb des provisorischen Palasts zur Folge hatte. Weite Bereiche der Dienstbotenkorridore waren so heruntergekommen, dass man sie mit Brettern vernagelt hatte, und man brauchte bloß ein paar Dielen loszumachen, um Geheimgänge zu schaffen. Auf solchen Wegen zwischen morschen, mit Schimmel bedeckten Wänden, an denen Ratten entlanghuschten, konnten Katharinas Freunde nach Belieben und in aller Heimlichkeit ein und aus gehen.

Wenn ich zu ihr kam, stieg mir oft der Geruch von feuchtem Leder und Soldatenschweiß in die Nase.

»Bitte, Warenka«, murmelte Katharina, »kümmere dich einfach darum, dass niemand etwas bemerkt.« In ihrem Gesicht sah ich ein zweideutiges Lächeln, halb Erwartung, halb Ungeduld, weil ihr alles immer zu lange dauerte.

Ich tat, was sie von mir verlangte. Ich zog das fleckige Laken ab, bevor es die Zofen sehen konnten.

Ich lüftete, damit der Geruch von Männerschweiß verschwand. Ich wischte die Spuren von den schmutzigen Stiefeln ihres Liebhabers weg. Ich räumte verräterische Dinge weg, die er liegengelassen oder verloren hatte, einen Gürtel, einen Messingknopf, seine Sporen.

»Sagt Ihnen Grigori wenigstens, dass er bereit sei, für Sie zu sterben?«, fragte ich Katharina im Scherz. »Oder vielleicht sogar, das Spielen aufzugeben?«

Da sah ich es wieder, dieses freudige Erröten.

»Für mich sterben? Du wirst doch nicht am Ende den tollkühnen Leichtsinn gutheißen wollen?«, sagte sie lächelnd.

Stanislaw war in Warschau. Sir Charles ruhte in seinem englischen Grab. Vor zwanzig Jahren hatten die Garden Elisabeth zur Kaiserin erhoben.

Ihre Tollkühnheit war den Garden gut bekommen. Galten sie nicht als die »Zarenmacher«?

Und zwei der Brüder Orlow hielten die Fäden der Garderegimenter in den Händen.

Im kaiserlichen Schlafzimmer im neuen Winterpalast wurden die Vorhänge vor den Fenstern niemals zugezogen. Die Kaiserin wollte die Barken auf der Newa sehen, die goldene Spitze der Peter-und-Paul-Kathedrale, den mächtigen Turm der Kunstkamera auf der Wasiljewskiinsel.

»Was machen sie jetzt schon wieder?«, fragte sie jedes Mal gereizt, wenn sie wieder einmal Lärm von

Handwerkern hörte. Zofen wurden ausgeschickt und kamen zurück mit dem Bescheid, dass im Großen Ballsaal Leuchter aufgehängt oder Marmorgeländer angebracht oder Statuen auf Rollen zu ihrem Bestimmungsort geschleppt wurden.

»Das möchte ich sehen«, sagte Elisabeth.

Vier Lakaien trugen die Sänfte, große, starke Männer mit gepuderten Perücken und unbewegten Gesichtern. Sie schulterten die Tragstangen und schritten über die spiegelnden Marmorböden und komplizierten Mosaikmuster der breiten Korridore, um die Kaiserin zu irgendeinem der Säle und Gemächer zu bringen, die nur so glitzerten vor Pracht und Herrlichkeit.

Im kaiserlichen Schlafgemach drängten sich die Besucher, die Geschenke und Neuigkeiten brachten, sie besetzten Schemel, Ottomanen und Sessel. Iwan Schuwalow saß neben der Kaiserin auf dem Bett, Graf Rasumowski hatte zu ihren Füßen Platz genommen. Die beiden gaben Acht, dass sie nicht an die Arme oder Beine Elisabeths stießen, die ganz vernarbt waren, so oft hatte man sie zur Ader gelassen. Auch Katharina kam und brachte Neuigkeiten aus dem Kinderzimmer mit: Paul war schon wieder gewachsen. Sie hatte ihn auf dem Boden hingestreckt angetroffen; er hatte mit seinem Holzschwert gefuchtelt und gefragt: »Siehst du jetzt, dass ich keine Angst habe?«

Nur der Großfürst Peter hielt sich zurück. Hölzern und schweigsam stand er da und fingerte nervös an seiner Manschette. In den Kneipen von Sankt Petersburg verhöhnten seine Holsteiner die russische Armee. Eine Armee von leibeigenen Bauern, die allesamt Feiglinge waren und mit der Knute in die Schlacht getrieben werden mussten. Die Garden wiederum schimpften über die Holsteiner und machten sich über ihre Dreispitze lustig. Und ihr Kommandeur, der Kronprinz, sagten sie, wollte gerne wie Friedrich von Preußen sein, aber er ähnelte ihm nur so wie ein Orang-Utan einem Menschen.

»Wieso schaust du so mürrisch drein, Peter?«, fragte die Kaiserin. »Kannst du nicht wenigstens so tun, als wäre dir meine Gesellschaft angenehm?«

Er wusste nie etwas Rechtes zu antworten. Seine Beteuerungen klangen lustlos und blutleer, er machte es ihr leicht, weiter auf ihn einzuhacken.

»Ich kann ... ich meine, ich tue nicht so ...«

»Was hampelst du so nervös herum? Stell dich gerade hin. Und grinse mich nicht so blöde an.«

Wenn Graf Panin, der Erzieher des Großfürsten Paul, seinen Zögling zur Kaiserin brachte, wurde ihre Stimme überschwänglich süß. Sie hatte immer eine kleine Überraschung für *das Kind*, einen sibirischen Apfel, ein Spielzeug, ein Vögelchen an einer Schnur. Sie ließ ihn aufsagen, was er gelernt hatte, sah sich seine Zeichnungen an. Manchmal sagte sie zu ihm, er solle sich eine Weile still beschäftigen, sie habe etwas mit Graf Panin zu besprechen.

Ich hörte nicht, was sie redeten. Der Raum war riesig, und sie unterhielten sich leise. Es ging das Gerücht, die Kaiserin habe ihr Testament geändert und Paul zu ihrem Nachfolger bestimmt. Einige meinten, sie habe verfügt, dass Peter für seinen unmündigen Sohn die Regentschaft übernahm, andere behaupteten, Katharina sollte Regentin werden.

Niemand wagte es, die Kaiserin zu fragen. Niemand wagte es, vom Tod zu sprechen.

Ich selbst glaubte diesem Gerücht nicht. Elisabeths Blick war zögernd, unentschlossen. Ein Kind musste erst einmal erwachsen werden. Der letzte Zar, der schon im zarten Kindesalter zum Herrscher aller Russen erhoben worden war, saß jetzt in der Festung Schlüsselburg in Haft. Er war ihr ein warnendes Beispiel.

Ihr Kalkül war recht simpel. Ihren Neffen Peter hielt sie für einen ausgemachten Trottel, der zu nichts zu gebrauchen war. Paul liebte sie von ganzem Herzen. Für die Großfürstin hatte sie nicht viel übrig, aber sie wusste, dass Paul Katharina brauchte.

Nur deswegen hielt sie ihre schützende Hand über Katharina.

»Du musst mir helfen, Warenka«, sagte Katharina im Herbst 1761 zu mir. Sie legte ihre Hand auf ihren

Bauch. »Ich brauche dich so dringend wie nie zuvor.«

Sie war von Grigori Orlow schwanger.

Seit einem Monat war ihre Blutung überfällig. Morgens nach dem Aufwachen war ihr übel – genauso wie bei ihren früheren Schwangerschaften. Aber dieses Mal würde Peter nicht glauben, dass das Kind von ihm war. Schon seit mehr als drei Jahren hatte der Großfürst das Schlafzimmer seiner Frau nicht mehr betreten.

Katharina musste mir nicht im Einzelnen erklären, wie gefährlich ihre Lage war. Sie hatte bereits eines der Mädchen dabei ertappt, wie es ihre Bettwäsche untersuchte. Kein Spitzel der Schuwalows durfte hinter ihr Geheimnis kommen und dem Großfürsten einen Grund liefern, sie zu verstoßen.

Ich verfluchte im Stillen Grigori Orlows Sorglosigkeit, seine unbeschwerte Überzeugung, *seine* Katharina, *seine* Katinka werde immer einen Ausweg aus Schwierigkeiten aller Art finden, aber ich ließ mir nichts davon anmerken. Es war klar, dass keine Palastrevolution stattfinden konnte, bis Katharinas Kind auf der Welt war. Wieder einmal hing alles davon ab, dass ein Geheimnis gewahrt blieb.

Ich strich Katharina übers schwarze Haar, ich wischte ihr die Tränen ab, ich versprach ihr, sie zu beschützen. Und ich hielt Wort.

Jeden Monat sorgte ich dafür, dass die Spitzel

der Schuwalows blutige Mulltücher in Katharinas Schmutzwäsche finden konnten. Ich kümmerte mich gemeinsam mit zwei vertrauenswürdigen Zofen darum, dass alle Spuren ihrer morgendlichen Übelkeit verschwanden, half ihr, ihren Bauch unter bauschigen Röcken zu verstecken, schmuggelte nachts saure Gurken und Schwarzbrot in ihr Schlafzimmer und drapierte ihren Morgenmantel so, dass er ihre schwellenden Formen verbarg.

Ich stellte eine Vase mit frischen Blumen aus den Gewächshäusern von Oranienbaum neben Katharinas Bett, damit ihr Duft den Geruch von Schwefel überdeckte, von dem ihr immer übel wurde – wir hatten mehrmals im Zimmer räuchern müssen, bis endlich die Bettvorhänge frei von Wanzen waren.

Von November an machte Katharina täglich am Morgen Spaziergänge an der Newa, um ihre Nerven und ihre ganze Konstitution zu stärken, aber auch, um für eine Weile vor neugierigen Blicken sicher zu sein. Sie freute sich auf den Winter, der es ihr ermöglichen würde, sich mit losen Wollschals und pelzgefütterten Umhängen zu umhüllen, die ihre Figur tarnten. *Wenn ihre geliebten Schneeglöckchen wieder am Ufer der Newa blühen, ist alles überstanden*, dachte ich.

Wenn wir allein waren, berichtete ich ihr von den Aderlässen der Kaiserin, von ihren Ohnmachtsanfällen, von ihren nächtlichen Panikattacken. Von dem

Tag, an dem sie gefragt hatte: »Hat man die Stoppelfelder schon abgebrannt, Warwara, ist die Ernte vorbei?«

»Ja, Hoheit«, sagte ich, aber meine Antwort befriedigte sie nicht. »Was sind das dann für Feuer?«, wollte sie wissen.

Ich beugte mich zum Fenster hinaus, sah aber nichts als die grauen Wasser der Newa.

»Die Gärtner, Hoheit«, log ich, »sie verbrennen dürres Laub.«

Sie sah mich an, als ergäben meine Worte keinen Sinn.

»Womit habe ich Gott missfallen, Warwara?«, fragte sie.

Ich zögerte.

Wenn sie noch einmal fragt, dachte ich, *will sie es wirklich wissen.* Aber sie tat es nicht.

Fürstin Daschkowa nutzte jede Gelegenheit, mit Feuereifer für ihre große Idee zu werben: Ein neues Russland musste geschaffen werden, eines, in dem nicht mehr die Knute oder gar wie in Preußen der Henker regierte. Sie war neunzehn Jahre alt und glaubte sich dazu berufen, Russland von allen Übeln zu erlösen, indem sie die Großfürstin und ihr Volk in eine glorreiche Revolution führte. »Sie brauchen es nur zu befehlen, und wir werden Sie auf den Thron erheben«, hörte ich sie zur Großfürstin sagen. Sie konnte gar nicht begreifen, warum Katharina, ihre »beste Freundin«, die ihr rückhaltlos vertraute, wie sie glaubte, sie bat, sich zu gedulden.

Eine wahrhaft königliche Kunst, dachte ich voller Bewunderung: Die Leute glauben machen, man teile seine Geheimnisse mit ihnen, und doch in Wahrheit keines preiszugeben.

»Dieser Ochse«, sagte Katharina jedes Mal laut, wenn Grigori Orlows Name erwähnt wurde. Sie strich über die Falten ihres Kleids. Ihr Bauch ließ sich immer noch verbergen, aber bald würde das nicht mehr möglich sein.

Die Kaiserin konnte mittlerweile kaum noch wenige Schritte weit gehen und nur, wenn sie sich auf einen Stock stützte. Immer öfter sah sie mich in den Nächten, wenn ich bei ihr wachte, mit diesem suchenden verstörten Blick eines Menschen an, dessen Gedanken in die andere Welt abirren, aber immer noch fragte sie nach Katharina.

»Schreibt ihr Graf Poniatowski noch? Antwortet sie ihm?«

»Ja, er schreibt ihr, und die Großfürstin antwortet ihm, aber nicht sofort. Sie lässt ihn auf ihre Briefe warten.«

»Spricht sie in ihren Briefen über mich?«

»Nein, Hoheit. Sie sagt ihm, er muss Geduld haben. Er schreibt immer wieder, dass er zu ihr kommen will, und sie versucht es ihm auszureden.«

»Man hat mir gesagt, sie hat einen neuen Liebhaber. Stimmt das?«

»Ja, Hoheit, Leutnant Orlow. Bevor er zu ihr geht, isst er immer Ananas und Petersilie, damit sein Samen angenehm riecht.«

»Weiß Graf Poniatowski Bescheid?«

»Nein, Hoheit. Sie hat Angst, dass er herkommt, wenn er es erfährt. Aber sie will nicht, dass er nicht mehr schreibt. Orlow soll sich nicht zu sicher fühlen.«

Jeden Morgen schickte Katharina eine ihrer Kammerjungfern zum Winterpalast, um zu erfahren, wie es der Kaiserin ging, und um ihre dringende Bitte zu übermitteln, der Kranken beistehen zu dürfen. Jeden Morgen dankte man ihr für ihre fürsorgliche Anteilnahme, indes könne die Kaiserin sie heute nicht empfangen und bitte sie, sich zu gedulden.

Anfang Dezember verkündete Monsieur Rastrelli, dass die Räume im Winterpalast, in denen der großfürstliche Hof residieren sollte, fertiggestellt waren. Der Großfürst hatte bereits den Termin seines Umzugs bestimmt, seine Frau dagegen zögerte noch. Sie habe schreckliche Rückenschmerzen, behauptete sie, und das Treppensteigen falle ihr schwer; darum sei sie derzeit im ebenerdigen provisorischen Palast besser aufgehoben.

Das *Fräulein* ließ es zunehmend an Respekt vor der Großfürstin fehlen: Wenn sie ihr auf dem Korridor begegnete, nickte sie nur noch nachlässig und schritt stolz an ihr vorbei. Der Großfürst fragte Fürstin Daschkowa, wieso sie sich mit seiner Frau abgebe und sie so häufig besuche. »Madame Neunmalklug will Sie wohl dazu bekehren, zu ihren Heiligen zu beten?«, bemerkte er.

Der auf sein Landgut Goretewo verbannte Bestuschew schickte mir eine Sendung Honig mit der Bitte, sein Geschenk Katharina zu bringen. Er unterzeichnete sein Begleitschreiben mit: *ein Mann, dessen Urteil nur noch gefragt ist, wenn Bauern sich um ein paar Kohlköpfe oder ein Schaf streiten.*

Die Kaiserin klammerte sich immer noch mit ungebrochener Gier ans Leben.

»Widersprechen Sie ihr nicht«, riet Doktor Halliday. »Bemühen Sie sich, sie zu beruhigen.«

Ich erinnere mich an allerlei Zerstreuungen, die man veranstaltete, um die Kaiserin aufzuheitern. Ein Jongleur, der bunte Bänder durch die Luft sausen ließ, ein tschechisches Mädchen, das so gelenkig war, dass es sich nach hinten biegen konnte, bis sein Kopf seine Waden berührte, ein Affe, der einen rosa Frack trug und sehr geschickt mit einem Regenschirm und einer Taschenuhr hantierte.

In der zweiten Dezemberwoche konnte die Kaiserin den Sud aus Fingerhutblättern, der ihre stechenden Schmerzen in der Brust lindern sollte, nicht mehr bei sich behalten. Nachrichten von weiteren Siegen im Krieg gegen Preußen trafen ein. Noch einen Monat zuvor hätte sie frohlockt, aber jetzt glomm in ihren abwesend starrenden Augen nur ganz kurz ein schwacher Funke von Interesse auf.

Sie schob die Teller weg, wenn die Diener ihr etwas zu essen brachten, trank aber in großen Mengen kalten Kwass.

Die Wundertäterin Xenia zeigte sich wieder auf den Straßen der Stadt und sagte allen Leuten, sie sollten Blini und Kisel machen für einen großen Leichenschmaus.

Eines Nachts in diesem Dezember, als draußen der Wind über das Eis der Newa pfiff und pulvrigen Schnee aufwirbelte, sah ich, wie die Kaiserin des russischen Reichs ihre rot geschwollenen Hände vor ihre Augen hob. Sie bewegte sie hin und her, aber ihre Augen folgten der Bewegung nicht.

Offenbar wurde die Kaiserin blind.

Die Hände sanken zurück auf das Bett. Puschok, der weiße Kater, der an ihren Hals geschmiegt schlief, begann leise zu schnarchen. Ich stupste ihn sanft, und er verstummte. Der Raum war gut beheizt, und die Vorhänge waren zugezogen, trotzdem hatte ich plötzlich ein Gefühl von Kälte. Ich beugte mich vor, um das Kissen zurechtzuziehen.

»Hasst du mich, Warwara?«, flüsterte die Kaiserin heiser.

»Ob ich Sie hasse, Majestät?«

»Du sollst nicht nachplappern, was ich gesagt habe, du sollst antworten.«

»Ich hasse Eure Majestät nicht.«

»Weil ich im Sterben liege?«

»Eure Majestät wird nicht sterben.«

»Lüg mich nicht an, Warwara. Ich weiß, was du denkst. Dass ich dich mit einem Soldaten verheiratet habe. Dass du etwas Besseres verdient hast.«

Mein Herz raste. Ich atmete tief durch. »Das ist jetzt alles Vergangenheit«, sagte ich.

»Die Vergangenheit lässt sich oft schwer abschütteln, und …«

Ein Hustenanfall überkam sie. Ich holte ein Glas Wasser und stützte sie, damit sie trinken konnte. Sie zitterte, ihr Gesicht war schmerzverzerrt. Ich tupfte ihr den Mund mit einem Taschentuch ab.

Hass kann so brüchig sein wie das zarte Knöchelchen eines Vogels.

Als der Anfall vorbei war, konnte ich nicht mehr an den bösen Erinnerungen an ihre Wutausbrüche, ihre Eitelkeit, an die Kränkungen und Verletzungen, die sie mir zugefügt hatte, festhalten, sie zerrannen mir zwischen den Fingern, mein Groll zerbröckelte. Eine alte Frau, die den Tod vor sich sieht, dachte ich, als sie zurück auf ihr Kissen sank. Am Ende sind wir alle mit der Angst allein.

Sie wusste es, sie sah es mir an, wie Mitleid mich

überkam. Stille trat ein. Sie deutete zur Wand, wo das älteste Porträt von ihr hing, das der kleinen nackten Prinzessin am Hof Peters des Großen.

»Sie wollten mich töten, aber ich blieb am Leben. Auch er muss überleben. Versprich mir, meinen Großneffen zu beschützen. Schwöre mir, dafür zu sorgen, dass ihm kein Leid geschieht, wenn ich tot bin.«

Ich wand mich vor Unbehagen. »Wer bin ich, dass ich so etwas versprechen könnte?«

»Du bist ihre Spionin.«

Ich wollte widersprechen, aber die Kaiserin brachte mich mit einem gereizten Wedeln der Hand zum Schweigen.

Ich frage mich noch heute, wie viel die Kaiserin wusste in diesen letzten Lebenstagen. Hatten ihre Spitzel ihr von dem Plan, Peter zu entmachten, erzählt? Hatte sie erfahren, dass Katharina schwanger war?

»Bring mir die Ikone, Warwara.«

Ich reichte ihr die heilige Ikone Unserer Lieben Frau von Kasan. »Schwör mir beim Leben deiner Tochter, dass du alles tun wirst, damit ihm nichts Böses zustößt?« Ihre glanzlosen blauen Augen flehten.

Ich küsste die Ikone und versprach, den Großfürsten Paul zu beschützen.

Erschöpft schloss sie die Augen. Als sie wieder die Hand ausstreckte, fühlte ich ihre geschwollenen heißen Finger über meine Wange streichen, wie eine Liebkosung von jenseits des Grabes.

»Sag der Großfürstin, sie kann jetzt zu mir kommen«, murmelte sie.

Niemand durfte im Schlafzimmer bleiben, als Katharina da war. Bevor die großen vergoldeten Türen, über denen der doppelköpfige russische Adler thronte, sich hinter mir schlossen, erhaschte ich noch einen Blick auf Katharina, die sich tief verbeugte, und auf Elisabeths wie zum Segen erhobene Hand.

Als dann die Großfürstin eine Stunde später die Tür wieder öffnete, waren ihre Augen rotgeweint.

Ich fragte mich, ob auch sie geschworen hatte, Paul zu beschützen.

Von diesem Tag an verließ Katharina das kaiserliche Schlafzimmer nicht mehr, nicht einmal für einen Augenblick. »Mein Platz ist an der Seite Ihrer Majestät«, sagte sie, wenn ich sie drängte, sich auszuruhen. Manchmal konnte ich sie dazu überreden, auf der Chaiselongue eine Weile zu dösen, aber sie ging nicht in ihre Wohnung im provisorischen Palast. Als der Priester kam, um die Gebete zu sprechen, kniete sie mit uns auf dem Fußboden vor dem Bett der Kaiserin.

Der Großfürst erschien jeden Morgen, hörte sich an, was der Arzt zu berichten hatte, und verschwand dann wieder.

Aus den Vorzimmern drangen laute Stimmen. Die Schuwalows hatten sich dort breitgemacht und empfingen Bittsteller, die sich um die Positionen bewarben, die bald neu besetzt werden würden. Ihr Feilschen übertönte die Gebete, die im Schlafzimmer gesprochen wurden. Manchmal hörten wir jemanden nach Essen rufen, Gläser klirrten, ein Hund, den jemand getreten hatte, jaulte.

Ein schmaler Grat, dachte ich, *trennt einen Kaiser von einem Trottel.*

Als das Ende dann kam, schwamm alles in Blut.

Zuerst floss ein dicker Blutstrom aus der Nase der Kaiserin, der nicht versiegen wollte. Der Ehrwürdige Vater Theodorski stimmte ein Gebet an. Er bat Gott, er möge sich seiner Tochter erbarmen und sie von ihren Schmerzen erlösen. Dann bekam die Todkranke einen Erstickungsanfall, rang verzweifelt nach Luft und hustete Blut – ihr Gesicht, das Nachthemd, das Bett, alles war mit Blut besudelt und bespritzt.

Katharina zuckte nicht zurück. Ihre Hände und ihr Kleid waren blutig, aber sie bewahrte die Fassung, befahl, Kerzen zu bringen, Wasser, Lappen. Sie bat den Arzt, der Kaiserin Laudanum einzuflößen. Ich beobachtete sie und wartete auf Anzeichen von Schwäche, aber sie hielt durch.

Eine Stunde verging, und Elisabeth kämpfte immer noch. Sie riss die Tamponade aus ihrer Nase, warf die Schüssel um, die vor ihr stand, sodass sich Blut und Galle auf den Teppich ergossen.

Sterben ist nicht leicht, dachte ich. Die mächtige Herrscherin aller Russen fasste mit rastlosen Händen nach allem, was sie erreichen konnte, dem Arm des Arztes, dem Handtuch, den Bettüberzügen. Sie wurde schwächer, sank zurück in die Kissen, starrte uns an wie Fremde, ein bleiches, fleckiges Gesicht mit verängstigten Augen.

Dann, nach letzten hektischen Anstrengungen, ihr Erleichterung zu verschaffen, wurde es still im Raum. Jemand lief hinaus, um den Kronprinzen Paul zu holen. Ich trat ans Fenster, um ein bisschen frische Luft hereinzulassen. Ich wollte es eigentlich nur einen Spalt weit öffnen, aber ein heftiger Windstoß, auf den ich nicht gefasst war, drückte es ganz auf. Ein eisiger Luftzug fuhr durch den Raum.

»Machen Sie das Fenster zu!«, hörte ich Peters schrille Stimme schreien. »Soll ich mir hier den Tod holen?«

Er rieb sich die Hände wie ein Kaufmann in Erwartung eines besonders profitablen Geschäfts.

Ich schloss das Fenster und zog den Vorhang zu.

Peter beugte sich über das Bett. Die Muskeln in seinem pockennarbigen Gesicht zuckten. »Ist sie wirklich tot?«, fragte er. Er kicherte nervös, als alle im Raum, Katharina eingeschlossen, vor ihm auf die Knie sanken. Aus dem Augenwinkel sah ich, wie eine der Katzen einen Buckel machte und sich an seinem Bein rieb.

Um vier Uhr am Weihnachtstag 1761 öffnete Fürst Trubezkoj, der Generalprokurator, Tränen auf seinem gepuderten faltigen Gesicht, die Tür zum Vorzimmer und verkündete: »Ihre Majestät ist in Gott entschlafen. Gott schütze unseren allergnädigsten Kaiser Peter III.«

In diesem bedrückenden Sterbezimmer spürte ich plötzlich den Drang, hinauszulaufen in die eisig kalten Straßen. Nicht die Große Perspektivstraße lockte mich, sondern das Gewirr von Seitensträßchen und Gassen, wo Lehmhäuser standen, wo sich hinter dünnen Mauern Menschen dicht zusammendrängten und Zugtiere in den Ställen schnaubten.

Das ist ihr Weg, dachte ich. Im Geist ging ich ihn mit ihr, vorbei an den Kneipen, in denen Geigen spielten und Kosaken tanzten, dass die Beine nur so flogen, wo alte Männer von Mongolenpferden erzählten, denen man die Nüstern aufgeschlitzt hatte, damit sie besser Luft bekamen. Das war der Weg, auf dem die Seele der Kaiserin wanderte, bevor sie diese Welt verließ, während ihr erkaltender Körper hier auf dem Bett lag, die Augen geschlossen, die Hände gefaltet, gefühllos und gleichgültig.

Im Großen Thronsaal des Winterpalasts nahm Peter in der grünen Uniform des Preobraschenski-Regiments die Huldigung des Erzbischofs von Nowgorod entgegen, der ihn aufforderte, den Thron seiner Vorfahren aus dem Haus Romanow in Besitz zu nehmen. Die Zeremonie fand in Abwesenheit des Großfürsten Paul statt, und auch Katharina, die im Sterbezimmer der Kaiserin die Totenwache hielt, war nicht verständigt worden.

Der neue Kaiser wollte allein regieren.

Im Thronsaal drängten sich die Höflinge, um dem Herrscher zu huldigen. Draußen auf dem von Fackeln beleuchteten Platz waren alle Garderegimenter angetreten und warteten darauf, dass sie an die Reihe kamen, ihren Treueschwur zu leisten und unter Salut und Hochrufen ihre Fahnen vor dem Kaiser zu senken.

Am Morgen des 26. Dezember um sechs Uhr verkündete Kanonendonner von der Festung den Aufbruch Russlands zu neuen Ufern.

Elf
1762

Die Toten kommen zurück wie Diebe, die in meine Nächte einbrechen, ich höre sie rumoren, ich spüre, wie sie mich streifen, und schrecke hoch mit wild pochendem Herzen. Es sind immer die falschen Toten, unwillkommene, unerwünschte Tote – die anderen bleiben aus.

Geht, verschwindet in eure Ewigkeit, sage ich zu den Schatten.

Aber sie gehen nicht. Sie wissen, dass ich ihr Flehen nicht ertragen kann. Dass ich zu dünnhäutig bin, dass meine eigenen Zweifel zu schwer wiegen, dass die Verrätereien, die wir, die wir uns Katharinas Freunde nannten, in jenen sechs Monaten nach Elisabeths Tod begingen, mir auf der Seele liegen.

Während im Winterpalast, wo die einbalsamierte Leiche der Kaiserin aufgebahrt lag, prächtig in Silber gekleidet und mit Gold gekrönt, weinende Untertanen am offenen Sarg vorbeidefilierten, fühlte ich mich wie ein Spieler, der alles auf eine Karte gesetzt hat: *Mach, dass es schnell geht, damit das Neue beginnen kann.*

Aber es begann nicht, nicht sofort, sondern erst nach

einer Zeit quälender Spannung. Diejenigen, die sich zu der Zeit, da er nur Großfürst gewesen war, entsetzt über seine Albernheiten gezeigt hatten, legten nun katzbuckelnde Begeisterung an den Tag: Nach siebenunddreißig Jahren wurde Russland endlich wieder von einem Mann regiert! Als ob alle Übel Russlands auf weibliche Launen zurückzuführen wären.

Es gab keine großartigen Feiern, keine Krönung in der Kathedrale von Moskau. Im Senat verkündete der neue Kaiser des russischen Reichs, ihm zur Seite die Schuwalows, seine Befehle. Von nun an sollte kein Adeliger mehr gezwungen werden, dem Zaren zu dienen. Kein Soldat sollte mehr mit der Knute gepeitscht werden. Kritik am Kaiser war kein Verbrechen mehr, das angezeigt und geahndet werden musste. Die Geheimkanzlei wurde abgeschafft. Der gute und milde Zar, der wahre Vater Russlands, hatte es nicht nötig, seine Kinder bespitzeln und überwachen zu lassen.

Kein Tag verging ohne Ankündigung von Reformen, ohne Erlasse und Ukasse und kaiserliche Anordnungen.

Dem früheren Favoriten Iwan Schuwalow, der nicht länger bloß Kurator der Moskauer Universität sein wollte, wurden die in Sankt Petersburg stationierten Einheiten der Infanterie, der Marine und der Artillerie unterstellt. Zwei seiner Onkel wurden zu Feldmarschällen ernannt, obwohl keiner der beiden je

Pulverdampf geschnuppert oder einen Säbel blankgezogen hatte. Die meisten der Damen von Elisabeths Gefolge quittierten den Hofdienst und begaben sich auf ihre Landgüter, aber diejenigen, die blieben, stiegen in den innersten Kreis der Macht um Peter auf. Der Kaiser, so sagte man, wolle alle die, die seiner geliebten Tante nützliche Dienste geleistet hatten, gut versorgt wissen.

Ich wartete darauf, in den Winterpalast gerufen zu werden, aber niemand verlangte nach mir.

»Bitte Peter, dich meinem Hofstaat zuzuteilen, Warenka«, sagte Katharina. »Bitte ihn auf Knien, wenn es sein muss.«

Sie trug Trauerkleidung und ein schwarzes Schultertuch über dem Haar und sprach nie darüber, dass sie selbst auch vergeblich wartete. »Meine Freunde haben mich nicht verlassen, Warenka«, sagte sie einmal, als ich ihr wieder einen Brief von Stanislaw brachte. »Auch wenn ich nicht immer so aufrichtig ihnen gegenüber sein konnte, wie ich eigentlich wollte.«

Die Oberhofmeisterin musterte mich unentschlossen, als ich ihr vortrug, welche Funktionen ich ausgefüllt hatte: Vorleserin des Großfürsten, Kammerfrau im kaiserlichen Schlafzimmer. Ich bemühte mich um einen gelassenen Ton, um nicht aufdringlich oder fordernd zu wirken. Auf dem großen, mit Schnitzereien reich verzierten Schreibtisch zwischen uns lagen zahlreiche Aktendeckel, die mit grünen Bändchen zugebunden waren. Hinter der Oberhofmeisterin saß ein Sekretär, der Notizen machte.

»Ich habe der Kaiserin nützliche Dienste geleistet«, sagte ich.

Im neuen Winterpalast roch es noch nach Farbe, Leinöl und feuchtem Putz. Das *Fräulein* hatte Iwan Schuwalows Suite in Beschlag genommen, die über dem kaiserlichen Schlafzimmer lag und durch eine eigene Treppe mit ihm verbunden war. Ihr Hofstaat war doppelt so groß wie der Katharinas. An dem Tag nach dem Staatsbegräbnis hatte man die Favoritin des neuen Kaisers Elisabeths Schmuck tragen sehen.

Die Oberhofmeisterin seufzte und sagte, ich sollte in einer Woche noch einmal bei ihr vorsprechen. Aber als ich mich wieder im Winterpalast einfand, hatte sie keine Zeit für mich. Eine ihrer Untergebenen teilte mir mit, dass ich in der kaiserlichen Kleiderkammer anfangen konnte. Dort gebe es eine Menge Arbeit, meinte sie. Die verstorbene Kaiserin hatte fünfzehntausend Ballkleider hinterlassen, dazu ungezählte Schuhe, Seidenstrümpfe, Taschen, Sonnenschirme, Handschuhe, Kokoschniks und Fächer. Das alles musste gesichtet und sortiert werden.

»Das kann ich Ihnen anbieten, Madame Malikina. Ich hoffe, es ist Ihnen angenehm«, sagte sie heiter.

»Ich bin Ihnen sehr dankbar«, antwortete ich.

Sie warf einen Blick auf ihre Notizen. Meine Tochter und ich könnten noch einige Zeit im provisorischen Palast wohnen bleiben, fuhr sie fort, ohne aufzuschauen, aber ich sollte mich bald nach einem neuen Quartier umsehen, im Winterpalast sei kein Platz für mich.

Meine Erinnerungen an die folgenden Tage ertrinken fast in Stoffen, in Brokat, gemustertem Samt und bestickter Seide. Ich sehe Kaftane, Sarafane, Tüllschleier, Paniers und Perücken. Unterröcke und Kleider. Schubladen und Truhen mit fertig ausgeschnittenen Einzelteilen, Ärmeln, Schleppen, Miedern, die, wenn die Zeit drängte, in wenigen Stunden zu einem Kleid zusammengesetzt werden konnten. Körbe voller seidener Unterwäsche. Der Geruch von saurem Schweiß mischt sich mit dem Duft von Rosenwasser und Mandelmilch, und um mich herum reden alle von nichts anderem als von dem neuen Kaiser.

Wenn ich am Abend bei Katharina war, erzählte ich ihr weiter, was ich gehört hatte.

»Kontrolle ist das A und O der Herrschaft«, sagte der Kaiser. »Man muss unerwartete und unangekündigte Inspektionen durchführen.«

Er tauchte in den Kasernen auf und ließ die Soldaten zur Uniformkontrolle antreten, er wog in der Münze frisch geprägte Silberrubel, er machte unangemeldete Besuche bei Behörden, um festzustellen, welche pflichtvergessenen höheren Beamten lieber zu Hause den Vormittag verschliefen als pünktlich zum Dienst zu erscheinen.

»Ich hätte nicht gedacht, dass sie mich so lieben«, bemerkte er erfreut, als er in seiner Kutsche durchs Tor fuhr und die Posten der Garde in strammer Haltung grüßten.

Er schnitt Grimassen in Richtung der Krähen, die über schneebedeckten Feldern kreisten. Er streckte während der Messe dem Priester die Zunge heraus. Er spielte vier Stunden lang Geige. Er nannte Russland »ein verfluchtes Land«. Er kniete vor dem Bildnis des Königs von Preußen nieder und gelobte: »Mein Bruder, wir werden gemeinsam das Universum erobern!« Er versuchte, den preußischen Botschafter dazu zu überreden, die hübscheste der kaiserlichen Hofdamen zu schwängern, »damit dieser barbarischen Rasse ein bisschen gutes Blut zugeführt wird«.

Eine Motte, dachte ich, die vom Licht angezogen wird, die nur die flackernde Kerze sieht und blind ist für alles andere. So war unser Zar. Und er würde uns alle mit ins Verderben reißen, wenn niemand etwas dagegen tat.

Katharina schaute von ihren Büchern und Papieren auf und hörte mir zu. Ihr Bauch war jetzt schon ziemlich dick, aber die weiten Falten ihres Trauergewands verbargen ihr gefährliches Geheimnis, und sie achtete im Übrigen streng darauf, sich möglichst wenig neugierigen Blicken auszusetzen: Unter dem Vorwand, sie leide an Migräne, konnte sie sich aus der Gesellschaft zurückziehen und ihre Zeit allein mit Bijou in einem abgedunkelten Zimmer ihrer Wohnung zubringen.

»Denkt er überhaupt noch an mich, Warenka?«

»Ich habe gehört, dass er Ihre Trauer um die Kaiserin ›reines Theater‹ nennt. *Glaubt meine Frau im Ernst, fragt er, irgendjemand fällt darauf herein? Wie lange will sie noch wie eine hässliche schwarze Krähe ihre Tage in der Kapelle zubringen?*«

»Lachen die Leute, wenn er so über mich redet?«

»Einige schon.«

In Wirklichkeit waren es mehr als bloß einige, aber das sagte ich nicht.

Die Schuwalows warfen ihre Netze weit aus. Ihre Botschaft war auch zu uns gedrungen: Wer zu uns kommt, wird belohnt werden. Sobald klar wurde, dass Peter nicht vorhatte, seine Frau in irgendeiner Sache um Rat zu fragen, begannen diejenigen, die erklärt hatten, sie stünden auf Katharinas Seite, zu schwanken.

Im neuen Winterpalast runzelten die Höflinge angestrengt die Stirn, wenn im Gespräch Katharinas Name fiel, als ob sie tief in ihrem Gedächtnis graben müssten, um sich ihrer zu erinnern. *Die Frau des Kaisers?*, hörte ich sie flüstern. *Er will nichts mehr von ihr wissen. Sie hat sich verkrochen. Was wird aus ihr werden? Wird er sie auf irgendein fernes Landgut verbannen? Oder sie ins Kloster stecken?*

Sie ist krank, hörte ich, abgeschoben, kaum jemand besucht sie.

Ihre Kümmernisse wogen nicht viel. Und ihre Freunde auch nicht. Was konnten sie zu ihrer Verteidigung vorbringen? Dass sie nur aus lauter Verzweiflung einen Fehler nach dem anderen gemacht hatte?

War das alles?

Zum zweiten Mal dankte ich Gott, dass es die Orlows gab.

Die Garderegimenter, versicherten Grigori und Alexej, waren dem Kaiser nicht wohlgesonnen. Es erfüllte sie jedes Mal mit Groll, wenn er in der blauen Uniform eines preußischen Obersts statt im grünen Rock des Preobraschenski-Regiments in der Öffentlichkeit auftrat und statt des russischen Sankt-Andreas-Ordens stolz den Schwarzen-Adler-Orden, den ihm der König von Preußen verliehen hatte, an seine Brust heftete.

»Unsere Stunde wird kommen, Warwara Nikolajewna. Sobald das Kind auf der Welt und Katinka wieder bei Kräften ist.«

Die Zeit der Orlows, so nannte ich in Gedanken diese gefährliche Phase fieberhafter Vorbereitungen, in der Grigori und Alexej umherstreiften und Verbündete warben, mit Versprechungen lockten, drohten, Zögernde beschwatzten oder mit ihnen feilschten, während Iwan, Fjodor und Wladimir in dem großen Haus in der Millionnajastraße auf Befehle warteten.

Die fünf Orlow-Brüder hielten zusammen wie Pech und Schwefel. Sie standen wie *ein* Mann hinter Katharina, die ein Kind von Grigori erwartete.

Er und Alexej kümmerten sich nicht darum, ob sie beobachtet wurden. Wenn sie in den provisorischen Palast kamen, der sich zusehends leerte, dröhnte der Boden unter ihren Schritten. Jeden Abend konnten sie neue Fortschritte melden: Dieser oder jener unzufriedene Offizier, dieser oder jener Spross einer einflussreichen Adelsfamilie hatte Katharina seine Unterstützung zugesagt. Wenn Katharinas Stimme zaghaft klang, wenn sie stockte, wenn ihre Hände zu lang auf der Wölbung ihres Leibs liegen blieben, warfen die Brüder einander verschwörerische Blicke zu und lockerten die Stimmung auf, indem sie einen kleinen heiteren Sketch vorführten, etwa *Der Orang-Utan und sein preußischer Herr*. Es waren einfach nur harmlose Albernheiten, die nichts weiter zu bedeuten hatten, fand ich, aber sie reizten doch Katharina zum Lachen.

»Wir werden ihn zwingen, vor Ihnen niederzuknien … ihm eine Lektion erteilen, die er nicht vergessen wird.«

Auch ich musste kichern, wenn Grigori Orlow mit

Peters schriller Stimme zeterte und wild mit den Armen fuchtelte oder wenn er im preußischen Stechschritt marschierte.

Seitdem die Geheimkanzlei aufgelöst worden war, hatte sich in der Stadt ein neuer Geschäftszweig etabliert: Leute, die früher als Spitzel im Dienst dieser Behörde gearbeitet hatten, handelten nun mit Denunziationen, anrüchigen Geschichten und geheimen Sünden aller Art. »Ich kann Ihnen nur dringend empfehlen, diese brisanten Informationen zu kaufen«, sagten sie zu ihren Opfern, »sonst kauft sie vielleicht jemand anderes.«

Aus dem Exil des geschassten Kanzlers Bestuschew trafen keine Klagen mehr darüber ein, dass Kämpfe von Raben um ein Stück Aas seine einzige Unterhaltung seien. Er hatte den neuen Zaren brieflich gebeten, nach Sankt Petersburg zurückkehren zu dürfen, aber keine Antwort erhalten. Mir empfahl er, ich möge mir die Weisheit bäuerlicher Sprichwörter zu Herzen nehmen, die gewiss auch der Großfürstin gefielen: *Wenn die Katze aus dem Haus ist, tanzen die Mäuse. Wenn man die Ernte wiegt, kann ein einziger Kohlkopf den Ausschlag geben.*

Ich warf seinen Brief ins Feuer. Für mich bemaß sich jetzt alle Zeit nur noch daran, wie Katharinas Leib sich rundete, wie ihre Haut sich spannte, an dem Takt, den die steten Tritte des Babys vorgaben.

Die Zeit einer Frau strebt ihrer ureigenen Reife zu, voller Hoffnung, aber auch voller Ungewissheit.

Der Februar ging zu Ende, und Katharina verließ ihre Wohnung nur noch, wenn sie ihren Sohn im Winterpalast besuchte.

Paul war jetzt siebeneinhalb Jahre alt. Er nässte nachts ein und hatte wieder angefangen, am Daumen zu lutschen. An dem Tag, an dem Graf Panin ihm sagte, dass sein Vater Kaiser geworden war, blinzelte Paul nur verwirrt und fragte, was aus dem Kater Puschok seiner Tante geworden war.

Das neue Kinderzimmer Pauls mit Blick auf die schneebedeckte Newa lag weitab von der kaiserlichen Suite, und Katharina konnte dort ein und aus gehen, ohne von jemandem gesehen zu werden außer von Graf Panin, dem Erzieher des Kronprinzen.

Sie erzählte mir von diesen Besuchen, wenn wir allein waren. Es waren traurige Berichte. *Hast du gut geschlafen?*, fragte sie ihren Sohn. *Hat dir das Buch gefallen, das ich dir letztes Mal mitgebracht habe?* Paul versteckte sein Gesicht in der Schürze seines Kindermädchens und schüttelte den Kopf. Wenn Katharina ihn bat, sie anzusehen, hob er den Kopf, drehte sich zu ihr um und vergrub dann sofort sein Gesicht wieder im Schoß des Mädchens.

»Peter hetzt ihn gegen mich auf.« Katharina kochte vor Zorn. »Er will mich von meinem eigenen Sohn fernhalten.« Es machte mir Angst, wenn ich sie so sah, so voller Empörung und Hass. Ich fürchtete, ihr ungeborenes Kind könnte von den negativen Gedanken und Gefühlen seiner Mutter Schaden nehmen.

Was Katharina auch versuchte, um ihrem Sohn näherzukommen, es half alles nichts. Sein kleines Gesicht zog sich zu einer finster verstockten Grimasse zusammen, sobald er sie erblickte. Sie war jedes Mal in Tränen aufgelöst, wenn sie bei ihm gewesen war.

»Könntest nicht du zu Paul gehen, Warenka?«, fragte sie einmal nach einem dieser Besuche. »Du könntest Darja mitnehmen.«

Der Gedanke machte ihr Hoffnung, ihr Gesicht hellte sich auf.

Ich würde ihr damit einen großen Gefallen tun, sagte sie, fasste nach meiner Hand und drückte sie an ihr Herz. Der bloße Gedanke, dass unsere Kinder miteinander spielten, würde sie trösten. Die Vorstellung, dass sich vielleicht doch mir oder Darenka irgendwie die Möglichkeit eröffnete, Paul zu versichern, dass er eine Mutter hatte, die ihn liebte.

Ich habe noch heute ihre flehende Stimme im Ohr.

»Wir sind schon so lange Freundinnen, Warenka. Wir haben beide erfahren, was Bosheit anrichten kann. Wir wissen, was auf dem Spiel steht.«

Wie hätte ich ihr ihren Wunsch abschlagen können?

Im März fingen die Albträume an. Träume von aufplatzenden Bäuchen, von einbrechenden Wasserfluten. »Es ist, als hätte der Teufel sie geschickt, Madame«, sagte die Zofe ganz aufgelöst, die zu mir gekommen war, um mich zu holen.

Ich eilte zu Katharina. Ihre Zähne klapperten, ihre Lippen waren bleich. Sie murmelte etwas von Babys, die in Spinnweben gewickelt waren, von Babys mit Flossen und Armstummeln, Babys ohne Münder, ohne Augen.

Auch sie war in der Kunstkamera gewesen und hatte die Missbildungen in der anatomischen Sammlung Peters des Großen gesehen.

Ich schickte Mascha in die Millionnajastraße zu den Orlows und gab Katharina mit weißem Honig gesüßten Tee zu trinken oder ein Glas Himbeerkwass. Wenn das nichts half, drängte ich sie, sich auf den leeren Korridoren etwas Bewegung zu verschaffen.

Grigori Orlow erwartete sie bereits in ihrer Suite, wenn wir von unserem Spaziergang zurückkehrten. »Arme Katinka«, murmelte er und nahm sie auf den Arm, als wäre sie leicht wie eine Feder.

Ich wartete, bis sich die Türen des Schlafzimmers hinter ihnen schlossen, dann ging ich.

In der ersten Aprilwoche kam der Kaiser aller Russen zu einer seiner berühmten Inspektionen in die Kleiderkammer des Palasts. Er trug die blaue preußische Uniform. Das *Fräulein* hatte sich bei ihm eingehängt. Ihre schwarzen Augen musterten all die Kleider, die auf den Tischen ausgebreitet lagen. Man sah ihr an, dass sie im Kopf emsig rechnete.

»Das alles hat *ihr* gehört?«, rief sie aus. An ihrem Finger blitzte ein in Weißgold gefasster blutroter Granat, Elisabeths Lieblingsring. Ihr Blick glitt über mich hinweg, als wäre ich Luft.

Der Kaiser nahm seine Perücke ab. Die Kopfhaut unter seinem spärlichen Haar war wund vom dauernden Kratzen.

»Ah, hier sind Sie also, Warwara«, sagte er. »Ich habe mich schon gefragt, was aus Ihnen geworden ist. Behandelt man Sie gut?«

Er setzte die Perücke wieder auf und rückte sie vor dem Spiegel zurecht.

»Ja, Hoheit«, antwortete ich. »Ich kann mich nicht beklagen.«

»Gut«, sagte er. »Dann zeigen Sie mir jetzt die Bücher.«

Die Kammerfrau, die die kaiserliche Garderobe unter sich hatte, reichte mir das Hauptbuch und trat einen Schritt zurück, schwer gekränkt, weil der Kaiser sie so einfach übersah. Die Näherinnen saßen über ihre Arbeit gebeugt und warfen nur verstohlene Blicke in Richtung des Zaren. Ich hörte sie im Geist schon jetzt von ihm schwärmen. *Was für ein gutaus-*

sehender Mann, so elegant, eine glänzende Erscheinung, und so freundlich!

Er schlug die Kladde aufs Geratewohl auf und fuhr mit dem Finger an Listen von Abendkleidern, Morgenröcken, Kostümen für Maskeraden entlang.

Das *Fräulein* gähnte, aber Peter beachtete sie nicht. Er leckte seinen Daumen und blätterte. Manchmal blieb sein Blick an einer Stelle hängen, und ich fragte mich, was seine Aufmerksamkeit erregt haben mochte. Die Beschreibung eines Stücks? Der Preis, der dafür bezahlt worden war? Die Namen derer, denen Elisabeth dieses oder jenes Kleidungsstück geschenkt hatte?

Er klappte das Buch stirnrunzelnd zu.

»Das ist ja alles auf Russisch geschrieben«, sagte er vorwurfsvoll.

Ich schwieg. Würde er uns befehlen, die Bücher künftig in deutscher oder französischer Sprache zu führen?

Nein. Er reichte mir ein Bündel Papiere, lauter Briefe und Bittschriften offenbar. In einem der Schreiben beklagte sich ein Mr. Porter, Tuchhändler in Sankt Petersburg, dass eine Rechnung nicht bezahlt worden war. Eine Zofe bat darum, man möge ihr ein Seidenhemd aushändigen, das die Kaiserin ihr vor ihrem Tod versprochen hatte.

Ich sagte, ich würde mich um die Angelegenheiten kümmern.

»Gut.« Peter grinste breit. Ich sah, wie das *Fräulein* sich vorbeugte und mit spitzen Fingern etwas von seiner Schulter klaubte. Ein Haar? Ein loses Fädchen?

Die Inspektion war beendet.

Ich wartete, dass er ging, aber er wandte sich noch einmal mir zu.

»Sie waren früher einmal auf meiner Seite«, sagte er leise. Seine Stimme hatte plötzlich einen jungenhaften Ton, der mich an die Zeit erinnerte, als ich ihm immer vorgelesen hatte.

»Ich stehe immer noch treu ergeben auf Ihrer Seite, Majestät«, sagte ich mit fester Stimme.

Er musterte mich scharf, als dächte er über meine Antwort nach, aber er ging nicht darauf ein, sondern wechselte das Thema: »Ich höre, dass die Großfürstin immer noch in brieflichem Kontakt mit Graf Poniatowski steht. Stimmt das, Warwara?«

Ich bestritt es wortreich, aber er wedelte nur verächtlich mit der Hand. Dann wurden seine Augen schmal, und mir stockte das Herz, als ich seine Stimme hörte. Sie klang jetzt plötzlich scharf und schneidend.

»Manche halten mich für einen Dummkopf, Warwara. Aber man ist besser dran, wenn man es mit einem ehrlichen Dummkopf zu tun hat als mit großen Genies. Meine Frau wird dich auspressen wie eine Orange und die leere Schale wegwerfen.«

Es war ihre dritte Geburt, und alles verlief ohne Schwierigkeiten. »Ich habe jetzt Übung, Warenka«, murmelte Katharina, als die Hebamme den Säugling wickelte.

Am Donnerstag, dem 11. April, hielt ich Grigori Orlows neugeborenen Sohn in meinen Armen. Er hatte ein knallrotes Gesicht, nuckelte an meinem Daumen und schlief sofort ein, als ich ihn seiner Mutter reichte. Er war das erste von Katharinas Kindern, das sie in den Arm nehmen durfte.

Draußen schritt Grigori Orlow nervös auf dem Gang hin und her.

Ich öffnete die Tür. Grigori stürzte auf mich zu, fasste meine Hände und fragte atemlos: »Katinka? Geht es ihr gut?«

Ich nickte. Ich wollte ihm sagen, dass er einen Sohn hatte, aber ich war so erleichtert, dass ich keinen Ton herausbrachte. Ich trat einfach beiseite und ließ ihn eintreten.

Sie hatten nicht viel Zeit, gerade genug für eine Umarmung und ein paar zärtliche Worte. Der Brief, den Katharina geschrieben hatte für den Fall, dass sie bei der Geburt starb, verbrannte ungeöffnet im Kaminfeuer.

Alexej Orlow hatte versprochen, uns zu beschützen, und er hatte sein Wort gehalten. Zusammen mit einigen Kameraden – alle Teilnehmer der Verschwörung, die Katharina auf den Thron bringen sollte –

hatte er ein unbewohntes Haus in der Nähe des provisorischen Palasts in Brand gesetzt, um die Leute abzulenken, sodass niemand Katharinas Schreie hörte. Es war ein spektakuläres Feuer, erzählte man mir später. Flammen schlugen hoch aus dem Dach und den Fenstern, die Decken fielen ein, krachend und funkenstiebend stürzten Balken ab. Aus einem Schuppen flogen Hühner mit versengten Federn auf, Schweine liefen panisch quiekend über den Hof. Niemand im dichten Gedränge der Schaulustigen würde eine einzelne Frau, die, ein Bündel auf dem Arm, aus dem Palast auf die Große Perspektivstraße trat, beachten oder gar verfolgen.

Katharina gab dem Neugeborenen den Namen Alexej.

Sie küsste ihren zweiten Sohn auf die süßen Lippen, bevor sie ihn mir gab. Ich wickelte ihn in ein Biberfell und brachte ihn zu dem kinderlosen Ehepaar, das sich bereiterklärt hatte, den Säugling bei sich aufzunehmen. Der ehemalige Diener und seine Frau waren außer sich vor Glück, als ich ihnen das Baby brachte. »Nur, bis seine Mutter ihn wieder zu sich nehmen kann«, sagte ich ihnen, »nicht länger.«

Jetzt, da Katharina die Geburt wohlbehalten überstanden hatte, dachten wir nur noch an unsere Palastrevolution.

Die Orlows hatten recht behalten. Die Zahl derer,

die Peter misstrauten, wuchs stetig, seit er an der Macht war; immer mehr Leute schlossen sich der Verschwörung an, und keineswegs nur Offiziere der Garderegimenter.

Im Winter hatte die russische Armee die Festung Kolberg eingenommen. Der Sieg wurde als kriegsentscheidend angesehen. Man erwartete die endgültige Vernichtung der preußischen Truppen und die Besetzung ganz Ostpreußens.

Aber dann geschah etwas, womit niemand gerechnet hatte: Nicht genug, dass Peter ganz offen zu erkennen gab, dass die Niederlage der Preußen ihn verdross, bot er nun dem König von Preußen einen Frieden an. »Das Mirakel des Hauses Brandenburg«, sollte Friedrich dieses Ereignis nennen. Einen Frieden ohne Bedingungen, ohne Forderungen für einen Kriegsgegner, der bereits am Rand des Abgrunds stand.

Sankt Petersburg erstarrte in ungläubiger Erbitterung.

Und dafür sind unsere Ehemänner, Söhne und Brüder auf den Schlachtfeldern von Groß-Jägersdorf und Zorndorf hingemetzelt worden?, fragten die Leute.

Als immer mehr Berichte eintrafen, die von dem Jubel der Preußen angesichts ihrer wunderbaren Errettung erzählten, trug Alexejs monatelange Überzeugungsarbeit Früchte. Graf Kirill Rasumowski, der Bruder des früheren »Kaisers der Nacht«, bot Katharina seine Unterstützung an, ebenso Fürst Trubezkoj und Fürst Repnin. Nur Graf Panin, der Erzieher des Großfürsten, zögerte noch. Er bewundere die Großfürstin, sagte er, aber er wolle nicht, dass Russland wieder von einer Frau regiert werde.

»Auch wenn sie nur die Regentschaft für ihren Sohn führt?«, fragte Alexej.

Katharina blühte auf. Obwohl sie von frühmorgens bis spät in die Nacht hinein auf den Beinen war, sah man ihr die Anstrengung nicht an. Sie brachte jetzt ihre Tage nicht mehr mit Lesen zu, sondern verhandelte mit Geldgebern über Kredite, kümmerte sich um die nötigen Sicherheiten, vertröstete ungeduldige Gläubiger. Ein vertrauenswürdiger Drucker auf der Wasiljewskiinsel, der meinen Vater noch gekannt hatte, stellte unter strengster Geheimhaltung Flugblätter und Plakate mit einer Proklamation her, in der Katharina ein Ende aller Schmach und Unterdrückung versprach, ein freies Russland, in dem nicht Gewalt und Angst, sondern die Vernunft und das Gesetz regierten. Graf Panin, dem man zugesichert hatte, dass Katharina lediglich als Regentin herrschen wolle, hatte sich schließlich auch der Verschwörung angeschlossen.

Meine Tochter verbrachte jeden Montagnachmittag im Winterpalast, wo sie mit dem Großfürsten spielte. Mascha oder ich brachten sie hin, und die Kindermädchen ließen uns ohne Weiteres ein.

Darja genoss diese Stunden. Es wurden Scharaden veranstaltet, es gab ein großes Schaukelpferd, Kreisel und allerlei anderes Spielzeug. Sie und Paul spielten Fangen oder Verstecken auf den Korridoren und in den leeren Räumen rund um das Kinderzimmer. Manchmal bat Paul sie, ihm etwas vorzulesen, manchmal brachte sie ihm Tanzschritte bei, die sie in ihrem Unterricht gelernt hatte.

»Hast du dem Großfürsten gesagt, dass seine Maman ihn sehr vermisst?«, fragte ich sie manchmal.

Ja, aber er hatte nur mit gleichgültigem Achselzucken oder verlegenem Schweigen reagiert.

Es überraschte mich nicht.

Solche Versicherungen allein nutzen nichts, dachte ich. Paul brauchte Zeit, Zeit, die er mit seiner Mutter verbrachte, in ruhiger Muße vertrödelte Zeit des Zusammenseins. Heilende Zeit.

Aber das musste ich Katharina nicht sagen, sie wusste es selbst nur allzu gut.

In der Zeit der weißen Nächte, im Juni, machte sich eine sonderbare Unruhe in der Stadt breit. Vom Newakai, der noch um Mitternacht im Sonnenlicht lag, hörte man das Knurren und Kläffen und Jaulen streunender Hunde, die dort ihre Kämpfe austrugen. Auf der Großen Perspektivstraße hing andauernd der Geruch von gebratenem Speck in der Luft, vermischt mit dem Duft von frisch gebackenem Brot und Malz.

In der Kleiderkammer wurden die Stücke aus Elisabeths Garderobe, die nicht das *Fräulein* oder die Hofdamen für sich beansprucht hatten, aufgetrennt, sodass man die wiederverwendbaren Teile verkaufen konnte. Die Modehäuser von Sankt Petersburg sicherten sich die besten Partien Stoff, Besatzbänder und Spitzen. Was nicht verkauft wurde, verschwand, um an den Ständen des Tatarenmarkts wieder aufzutauchen, und so kam es, dass kaiserliche Stoffrestchen in Elisabeths geliebtem Rosa schon bald die Sonntagskleider von gewöhnlichen Bürgersfrauen schmückten.

Im provisorischen Palast begannen Katharinas Dienstboten mit dem Packen für den Umzug in die Sommerfrische. Dieses Jahr allerdings sollte sie nicht wie üblich nach Oranienbaum fahren. Der Kaiser hatte ihr mitteilen lassen, dass er mit dem *Fräulein* und seinem Sohn dort ungestört sein wollte – wenn die Großfürstin der Hitze der Stadt entfliehen wollte, so könne sie in Monplaisir, dem alten Pavillon auf dem Gelände von Schloss Peterhof, wohnen. Und im August, wenn der Hof wieder nach Sankt Petersburg zurückkehrte, sollte Katharina ihre fernab von der kaiserlichen Suite gelegenen vier Zimmer im Winterpalast beziehen.

Der provisorische Palast war lange genug ein Schandfleck in der Stadt gewesen. Er sollte abgerissen werden.

In unserer Wohnung hatte Mascha bereits Igors Porträt sorgsam in Tücher eingehüllt und Darjas altes Spielzeug sowie die Kleider, aus denen sie herausgewachsen war, in Kisten verpackt. Ich hatte vorgeschlagen, die Sachen den Dienstmädchen zu schenken, aber Mascha wollte davon nichts hören. »Man weiß nie, ob man es nicht doch noch mal gebrauchen kann«, murmelte sie und wich meinem Blick aus. Im Übrigen gebe es im Winterpalast Platz genug, sie habe gehört, dass dort sogar die Zofen des *Fräuleins* Unterkünfte bewohnten, die doppelt so groß seien wie unsere.

»Wir ziehen doch in den Winterpalast, oder?«, fragte sie.

Ich antwortete nicht.

Ich wollte das Schicksal nicht herausfordern.

Die Palastrevolution war wie alle Machtspiele bei Hof riskant.

Wie würde es ausgehen, fragte ich mich oft, wenn ich meiner Tochter beim Unterricht oder beim Spielen zusah. In den letzten Monaten hatte ihre körperliche Entwicklung große Fortschritte gemacht, und doch kam sie mir oft so weich und leicht formbar vor, als wäre sie noch ein kleines Kind. Auf meinem Nachtkästchen lag ein wunderschön gebundenes Märchenbuch mit golden geprägtem Titel, ein Geschenk von Graf Poniatowski. Er hoffte immer auf Nachrichten, wären sie auch noch so trivial, und er fragte, ob ich Sophie an sein Versprechen, wieder zu ihr zu kommen, erinnerte. *Manche Träume*, schrieb er, *kann man nicht aufgeben, ohne einen Teil seiner Seele zu verlieren.*

Mich fröstelte, und ich verscheuchte den Gedanken an die Zukunft.

Ich wollte nicht daran denken, dass meiner Tochter vielleicht bald nur noch die Erinnerung an mich blieb.

Und dann, an dem Abend bevor der Hof nach Oranienbaum reiste, ereignete sich ein sehr unangenehmer Vorfall.

Beim festlichen Bankett brachte Peter einen Toast auf die kaiserliche Familie aus. Alle Anwesenden standen auf und erhoben unter Hochrufen ihre Gläser, nur Katharina nicht.

Peter starrte seine Frau an. »Auf die Gesundheit der kaiserlichen Familie«, sagte er noch einmal.

Gäste und Höflinge erstarrten. Sie wussten nicht recht, was da eigentlich vorging. Wollte der Kaiser, dass Katharina aufstand, obwohl er selbst saß? Tranken sie etwa nicht auf ihre Gesundheit ebenso wie auf seine? Wollte der Kaiser Katharina zu verstehen geben, dass sie nicht zur kaiserlichen Familie gehörte?

Ein langes ungemütliches Schweigen trat ein.

»Auf die Gesundheit der kaiserlichen Familie«, sagte

Peter zum dritten Mal und führte endlich sein Glas an den Mund. Alle tranken erleichtert.

Das Bankett nahm seinen Fortgang, doch während Geschirr klapperte, Butter und Soße auf Servietten tropften und fettige Münder gierig aufgerissen wurden, wandte sich das *Fräulein* dem Kaiser zu. Sie schüttelte den Kopf und streichelte seinen Arm. Er beugte sich zu ihr hinüber.

Wenig später trat einer der Generäle zu Katharina. So laut, dass es jeder hören konnte, sagte er: »Seine Majestät möchte gerne wissen, warum Ihre Hoheit sich nicht von Ihrem Platz erhoben haben.«

»Besteht denn die kaiserliche Familie nicht aus Ihrer Majestät, mir und unserem Sohn?« Katharina war blass geworden, aber ihre Stimme klang fest und selbstsicher. Es wurde ganz still im Saal.

»*Dura!*«, kreischte der Kaiser.

Dummkopf. Der Kaiser hatte seine Frau Dummkopf genannt.

Ich erfuhr das alles einige Stunden später von Alexej Orlow, der mich bat, zur Großfürstin zu gehen und sie zu beruhigen. Ich fand sie in Tränen aufgelöst. »Das wird er mir büßen, das schwöre ich«, schrie Grigori Orlow außer sich vor Wut. »Ich lasse es nicht zu, dass er dich so demütigt.«

Katharina schluchzte, an Grigoris breite Schulter geschmiegt. Sie trug noch das Trauerkleid, das sie beim Bankett angehabt hatte. Die milchweiße Haut ihrer Schultern schimmerte durch die schwarze Spitze.

»Dieser Feigling, dieses Milchgesicht!« Seine Stimme hallte von den kahlen Wänden wider. »Er wird dich um Verzeihung bitten. Um Gnade wird er flehen. Du wirst es sehen, Katinka, du wirst schon sehen.«

Ich redete ihr zu. »Ihre Freunde stehen zu Ihnen«, sagte ich. »Wir halten die Augen offen. Wir vergessen nichts.«

Aber sie wollte sich nicht trösten lassen.

»Du fährst nach Peterhof, Katinka, und wartest, bis wir so weit sind. Ich werde dich jede Woche besuchen und dir berichten.«

Grigoris große Hand streichelte ihren Rücken, fuhr über den glänzenden Taft des Trauerkleids und verweilte am unteren Rand ihres Korsetts. »Ende August, wenn er nach Sankt Petersburg zurückkommt, verhaften wir ihn und führen ihn dir in Ketten vor.«

Als sie immer noch nicht aufschaute, betete ich, dass es nicht so lange dauern würde.

Am Morgen des 28. Juni, des Tages vor dem Namenstag des Zaren und seines Sohnes, stürzte Alexej Orlow in mein Wohnzimmer mit der Nachricht, dass Leutnant Passek verhaftet worden war.

Der Kaiser befand sich mit dem *Fräulein* und dem

Großfürsten in Oranienbaum. Katharina wohnte in Monplaisir in den Gärten von Peterhof, wo am folgenden Tag das große Fest stattfinden sollte.

In seinen abgewetzten Reithosen und dem engen Rock wirkte Alexej wie ein ganz gewöhnlicher Veteran des preußischen Kriegs, der nun nicht recht weiß, was er mit sich anfangen soll. Sein Atem roch nach Wodka.

»Wir haben keine Zeit zu verlieren, Warwara Nikolajewna«, sagte er. Passek wusste, wo die Flugblätter, in denen Katharina sich zur neuen Herrscherin erklärte, aufbewahrt wurden. Wenn man ihn folterte, würde die Verschwörung auffliegen. Katharina musste sofort nach Sankt Petersburg geholt werden und die Macht an sich reißen, solange der Kaiser noch im Dunkeln tappte.

Ich war in Schweiß gebadet. Durch einen Schlitz zwischen den Vorhängen kam ein Streifen Sonnenlicht herein wie in eine Gefängniszelle.

Ich musterte Alexejs Gesicht mit der gezackten Narbe. Mir kamen seine scherzhaften Erklärungen in den Sinn; mal stammte sie von einem preußischen Säbel, mal von einem Einhorn.

»Ich habe ihn in Sicherheit gebracht«, sagte er.

Er sprach von seinem kleinen Neffen, Grigoris Sohn, der jedes Mal freudig gluckste, wenn ich mich über ihn beugte. Als ich ihn das letzte Mal besucht hatte, hatte ich gehört, wie seine Amme ihn zärtlich

»unseren goldenen Zarewitsch« nannte. Sie war erschrocken zusammengezuckt, als ich ihr sagte, sie solle ihre Zunge hüten.

Alexej strahlte vor Stolz, wenn er den Namen seines Neffen aussprach: Alexej Grigorjewitsch, Grigoris Sohn.

Ahnte ich bereits den ganzen Ehrgeiz der Orlows? Wie tief Katharina in ihrer Schuld stehen würde? Wenn ich es ahnte, dann gestand ich es nicht einmal mir selbst ein.

Ich dachte an Paul in Oranienbaum, an das Chaos, das dort ausbrechen würde, sobald die Nachricht von dem Putsch eintraf. Leere Korridore, verschreckte Kindermädchen. *Versprich mir, ihn zu beschützen*, hatte Elisabeth gesagt. *Schwöre es beim Leben deiner Tochter.*

»Ich fahre nach Oranienbaum«, sagte ich zu Alexej Orlow. »Ich nehme Darja mit. Paul kennt uns gut, er wird mitkommen, wenn ich ihn darum bitte.«

Alexej sah mich scharf an. »Haben Sie keine Angst?«

Ich ging nicht darauf ein. »Wo ist Grigori?«

Grigori war in der Kaserne und rief seine Kameraden von der Ismailowski-Garde zu den Waffen. Die anderen Brüder warteten zu Hause in der Millionnajastraße auf seine Befehle.

Im Zimmer nebenan hörte ich Darja Mascha fragen: »Ist das Onkel Alexej? Warum darf ich nicht zu ihm?«

»Ich muss gehen, Warwara Nikolajewna«, sagte Alexej. »Sag Darenka, ich komme wieder.«

Ich rief Mascha und ließ sie unsere Reisemäntel bringen. »Mach schnell, wir fahren sofort los.«

Wie lange würde es dauern? Achtundzwanzig Werst bis Peterhof. Von dort fünfzehn bis Oranienbaum. Sechs Stunden mit der Kutsche, wenn ich zweimal die Pferde wechseln ließe.

Meine alte Dienerin sah mich mit ihrem guten Auge ernst an. Sie wusste Bescheid – ich hatte gar keine andere Wahl gehabt, als sie in unsere Geheimnisse einzuweihen. Wenn alles wie geplant verlief, würde ich Katharinas Erstgeborenen in den Winterpalast bringen, wo er unter dem Schutz der Garderegimenter stand. Wenn der Coup fehlschlug und ich verhaftet würde, sollte Mascha meine Tochter nach Warschau bringen. Im doppelten Boden eines Koffers war neben etwas Geld ein Brief versteckt, in dem ich Graf Poniatowski bat, sich um Darja zu kümmern.

Ich hörte Mascha einen Segen murmeln. Ich spürte ihre Hand auf meiner Stirn. Ihre Finger waren vom Alter schon etwas steif und knorrig. Mir war aufgefallen, dass sie Schwierigkeiten hatte, eine Nadel einzufädeln.

Darja spürte, dass das kein gewöhnlicher Ausflug war. »Wo fahren wir hin, Maman?«

»Nach Oranienbaum.« Ich bemühte mich um einen unbefangen heiteren Ton. »Wir besuchen den Großfürsten Paul.«

Aber was ich dachte, war: *Ich muss ein Versprechen einlösen. Ich habe es bei deinem Leben geschworen.*

In Oranienbaum ließ ich den Kutscher hinter dem Schloss beim Dienstboteneingang warten, in der Hoffnung, dass niemand die Kutsche dort besonders beachten würde.

Ich strich Darjas Kleid glatt und nahm sie bei der Hand. »Schön langsam«, sagte ich, »wir haben es jetzt nicht so eilig.«

Wir gingen über die Hintertreppe ins Obergeschoss. Auf dem Treppenabsatz blieb ich stehen und lugte um die Ecke. Auf dem Korridor war niemand zu sehen.

Wir gingen weiter, vorbei an einem Gemälde, das Peter den Großen zu Pferd auf der Bärenjagd zeigte, und an einem Wandteppich mit einer Paradiesszene: Adam und Eva, umgeben von friedlich nebeneinander lagernden Löwen und Lämmern.

Aus dem Kinderzimmer drang Gelächter, gefolgt von fröhlichem Kreischen und Poltern von Schritten. Dann wurde die Tür aufgerissen und der Kaiser kam herausgerannt, die Hände über dem Kopf. Ein Kissen flog knapp an ihm vorbei und landete auf dem Korridor. Mein Herz pochte wild.

»Nichts getroffen, Schnaps gesoffen, Butter geleckt, hat gut geschmeckt«, sang der Kaiser spöttisch.

Die Tür schlug mit einem Knall zu. »Doch, doch, ich hab dich erwischt«, hörte ich Paul schreien.

Ich zögerte einen Moment, aber wir konnten jetzt nicht mehr umkehren oder in Deckung gehen, wir waren schon zu nahe.

Der Kaiser trug einen blauen Morgenrock und keine Perücke. Er blickte auf und bemerkte uns. »Warwara Nikolajewna. Wie kommen *Sie* hierher?«

Ich knickste. Darja stand stocksteif da, darum zupfte ich sie am Ärmel, um ihr zu verstehen zu geben, dass sie meinem Beispiel folgen sollte, aber der Kaiser wedelte nachlässig mit der Hand.

»Lassen Sie nur, wir sind hier nicht im Winterpalast.« Er zwinkerte Darja zu und winkte sie zu sich. Sie trat vorsichtig näher.

»Die Großfürstin hat mich geschickt, Majestät.« Ich deutete auf die Tür des Kinderzimmers. Fieberhaft suchte ich nach einem Vorwand für meinen Besuch. »Mit einem Namenstagsgeschenk.« Noch während ich es aussprach, verfluchte ich mich für meine Dummheit. Es war ja offensichtlich, dass ich kein Geschenk dabeihatte.

Aber es war, als hätte der Kaiser mich gar nicht gehört. Ich sah, dass er Darja Zeichen machte: Er deutete auf die Tasche seines Morgenrocks. Darja fasste hinein und zog eine Handvoll Bonbons heraus.

»Es ist ein Geheimnis«, plapperte Darja. »Sie müssen versprechen, niemandem zu verraten, dass wir hier sind.« Sie stopfte sich die Bonbons in den Mund.

Der Kaiser schmunzelte und legte feierlich die Hand aufs Herz. »Ich verspreche es.«

Dann wandte er sich an mich. »Madame Neunmalklug hat sich eine Überraschung für ihren Sohn ausgedacht?«

»Ja.«

»Dann gehen Sie nur rein«, sagte er lässig, drehte sich um und ging weg. Ich sah ihm nach, wie er durch den Korridor schritt, eine sonderbar schlaksige Gestalt, die mit den Armen schlenkerte und etwas vor sich hin murmelte.

Bevor ich anklopfte, zog ich meine Handschuhe aus. Erst jetzt merkte ich, wie nass und kalt meine Handflächen waren.

Am Vorabend des Staatsstreichs spielte Darja mit Paul. Die beiden bauten zusammen eine Festung aus Kissen und Decken. Nachdem sie sich mit Ananas und Eis gestärkt hatten, stürmte er die Burg, um die Prinzessin, die dort gefangen gehalten wurde, zu befreien und vor wilden Bären zu retten. »Nicht bewegen!«, rief Paul aufgeregt. »Du musst dich totstellen!«

Beim Anblick seines geröteten Gesichts mit den weit auseinanderstehenden Augen, den schmalen Lippen und der Stupsnase beschlich mich ein ungutes Gefühl. Peters Züge, dachte ich. Um mich davon abzulenken, rief ich mir jene Nacht in Erinnerung, in der er geboren wurde, und wie sehr seine Mutter darunter gelitten hatte, dass sie ihr Kind nicht in die Arme schließen durfte.

In Peterhof hatten die Gärtner gewiss bereits die in große Töpfe gepflanzten Zitrusbäume aus der Orangerie geholt und längs des Wegs aufgestellt, auf dem die Gäste des Namenstagsfests morgen zum Schloss kommen sollten. Die Feierlichkeiten sollten dieses Jahr besonders prächtig ausfallen.

Nachdem die Kindermädchen Paul zu Bett gebracht hatten, bat er mich, ihm noch etwas Gesellschaft zu leisten. Er schloss die Augen und sagte lange nichts. Als ich schon dachte, er sei eingeschlafen, und aufstand, um den Docht der Kerze zu kürzen, fing er plötzlich zu sprechen an.

»Sie ist im Schlaf zu mir gekommen.« Er meinte seine Großtante Elisabeth Petrowna. »Sie sagte, ich brauche keine Angst zu haben.«

»Wovor sollten Sie Angst haben?«, fragte ich.

»Ich weiß nicht, aber manchmal habe ich Angst.«

»Alle Menschen haben manchmal Angst.«

»Sogar Leutnant Orlow?«

»Sogar er.« Ich fragte mich, woher er den Namen Orlow kannte.

In den Gärten blühte gerade der Flieder, die Luft roch fast betäubend süß. Aus der Ferne waren Klänge einer Gitarre zu hören.

»Möchten Sie mit mir für die Seele der Kaiserin Elisabeth beten?«, fragte ich.

Paul warf mir einen scheuen Blick zu und nickte. Seine Augen glitzerten feucht.

O Herr, schenke der Seele deiner Dienerin Frieden ..., begann ich. Es war der Text des Totengebets, aber im Herzen betete ich für die Lebenden, darum, dass alles, was Elisabeth zerstört hatte, wieder heil, dass das Dunkel, das sie verbreitet hatte, unter der neuen Regierung vom Licht der Wahrheit erhellt werden möge.

Während ich über die schlafenden Kinder wachte, wartete in Peterhof eine gewöhnliche Mietkutsche mit zwei Postpferden vor dem Eingang von Monplaisir. Im silbrigen Zwielicht der weißen Nacht kleidete Katharina sich in aller Eile an, während Alexej rastlos auf dem Gang auf und ab schritt. Die Zofen hatten ihre Sachen bereitgelegt: Korsett, Hemd, Unterröcke, Strümpfe, Schuhe und das schlichte schwarze Trauerkleid.

»Alles ist bereit für die Proklamation. Stehen Sie auf«, hatte Alexej gesagt, als er an ihre Schlafzimmertür geklopft hatte.

»Jetzt?«, fragte sie. »Warum schon jetzt?«

Offenbar hatte das Geräusch der Kutsche die Hunde alarmiert. Von der anderen Seite des Gartens her war wütendes Gebell zu hören. Ein Licht bewegte sich auf den Zwinger zu. Ein scharfer Pfiff ertönte, dann ein Jaulen; das Gebell verstummte.

»Passek ist verhaftet worden. Wir können nicht länger warten.« Alexejs Stimme klang angespannt.

Katharina bekreuzigte sich und verneigte sich vor der Ikone. Einundzwanzig Jahre zuvor hatte Elisabeth in einer ganz ähnlichen Situation das Gelübde abgelegt, nie jemanden hinrichten zu lassen, falls sie Kaiserin von Russland würde.

Falls Katharina in jener Nacht in Monplaisir auch ein Gelübde tat, so hat sie es mir verschwiegen. Sie schickte ihre Zofen zu Bett und trank noch einen Schluck Wasser, bevor sie zur Kutsche eilte. Sie mussten schnell weg, bevor jemand Verdacht schöpfte.

Koslow, ihr Coiffeur, stieg mit ein, um Katharina während der Fahrt nach Sankt Petersburg zu frisieren. Auf halber Strecke wartete Grigori mit frischen Pferden. Sie wurden eingespannt, dann ging es in rasender Fahrt weiter zur Kaserne der Garderegimenter.

Alexej und Grigori hatten ihren Teil getan. Als Katharina frühmorgens in der Kaserne ankam, standen die Garden schon bereit.

Sie stieg aus und trat vor die Reihen der Soldaten.

Ihr feierliches Trauergewand signalisierte, dass sie, anders als ihr Mann, das Andenken der verstorbenen Kaiserin in Ehren halten wollte. Ihre Stimme klang fest und entschlossen, ihre Miene war ernst und beherrscht.

»Der Kaiser«, sagte sie, »hört auf die Feinde Russlands. Er hat den Befehl gegeben, mich zu verhaften. Ich fürchte, er will mich und meinen einzigen Sohn umbringen lassen.«

Zorniges Geschrei erhob sich. Katharina wartete geduldig, bis es verebbte, bevor sie weitersprach.

»Der Kaiser verweigert mir und meinem Sohn unseren rechtmäßigen Platz an seiner Seite. Ihr, die besten Söhne Russlands, wisst, was unser geliebtes Vaterland braucht. Ich bin gekommen, um mich unter euren Schutz zu stellen. Ich lege mein Schicksal in eure Hände.«

In ihrer Stimme klang sowohl die Autorität einer Herrscherin als auch das Flehen einer Frau.

Stürmischer Beifall brach los, die Soldaten jubelten ihr zu. »Niemand wird Sie antasten«, schrie einer. »Nicht, solange wir leben.«

Als die ersten Hochrufe ertönten, wusste Katharina, dass sie gewonnen hatte. Strahlend und stolz aufgereckt stand sie da, während die Regimenter Ismailowski, Semjonowski und Preobraschenski ihr Treue schworen. Soldaten küssten ihre Hände und den Saum ihres Trauergewands, der noch staubig war von der

Reise. Sie fielen vor ihren Füßen nieder, zitternd wie Quecksilber auf der Handfläche eines Kindes, und nannten sie *matuschka*, ihr Mütterchen, ihre Kaiserin.

Sie knieten vor ihr, die Gesichter erhitzt, die Augen unverwandt auf sie gerichtet, als wäre sie die einzige Hoffnung Russlands.

»Überall tosender Jubel, wo sich die Nachricht verbreitet, Warwara Nikolajewna«, sagte Graf Panin, als er gegen Mittag nach Oranienbaum kam, um uns nach Sankt Petersburg zu bringen.

Man sieht, was man sehen will, dachte ich. *Man glaubt, was man glauben will.*

Graf Panins Stimme klang gehetzt. Wir mussten uns beeilen, bevor die Nachricht von dem Staatsstreich Oranienbaum erreichte. Es war schon ein Uhr, und wir würden mindestens sechs Stunden brauchen, bis wir in Sankt Petersburg waren.

Ich bekreuzigte mich.

Es ist wahr geworden.

Katharina ist in Sicherheit, dachte ich. *Ihr Sohn ist in Sicherheit. Wir alle sind in Sicherheit.*

Ich trat ans Fenster. Der Springbrunnen im Garten war gerade angestellt worden. Die Sonne webte Regenbogenfarben in das sprühende Wasser. Auf einer Steinbank saßen Musiker und spielten ein festliches Stück. Aus einem offenen Fenster von Peters Suite drang schrilles Gelächter – offenbar hatte das *Fräulein* ihrem Liebhaber gerade noch ein Namenstagsgeschenk überreicht. Einen Moment lang erschien Peter am Fenster, eine undeutliche Gestalt, die jemandem zuwinkte.

Der Kaiser von Russland wusste noch nicht, dass er abgesetzt worden war.

Er wird als Privatmann glücklicher sein, dachte ich. *Wenn er sich erst einmal daran gewöhnt hat, wird es ihm im Exil gefallen.*

Ich hörte Hufgetrappel. Die Kutschen, die den Kaiser nach Peterhof bringen sollten, fuhren vor. Eine Möwe schrie.

»Gehen wir jetzt zu meinem Papa?«, fragte Paul ein bisschen ängstlich, als das Kindermädchen ihn hereinführte. Einer seiner Lehrer hatte am Vormittag ein Gedicht mit ihm eingeübt, das er beim Fest aufsagen sollte, und er konnte es noch nicht so richtig flüssig.

»Nein, Hoheit«, antwortete ich, »wir machen einen Ausflug.«

»Ist es eine Überraschung?« Seine Augen wurden groß vor freudiger Erwartung.

»Ja«, sagte Graf Panin, »Sie haben es erraten, Hoheit. Eine wunderschöne Überraschung.«

Paul lachte. »Eine Überraschung.« Er zwinkerte Darja verschwörerisch zu. »Zu Papas Namenstag.«

Darja hüpfte ganz aufgeregt herum. Auch Paul begann zu hüpfen.

»Aber heute ist auch *Ihr* Namenstag, Hoheit.« Graf Panin machte sich wieder bemerkbar. Seine Stimme klang leicht gereizt: Er beanspruchte die ungeteilte Aufmerksamkeit seines Schülers, und es ärgerte es ihn, dass Paul ihn ignorierte und sich Darja zugewandt hatte. Ich hätte besser darauf achten sollen. Ich war lange genug am Hof gewesen, um zu wissen, dass man Zeichen von Eifersucht ernst nehmen muss.

»Ich muss mein Gedicht üben.« Pauls Blick war immer noch auf Darja geheftet.

»Ich helfe dir«, bot Darja an.

Ich sah das verblüffte Staunen in den Augen meiner Tochter, als Graf Panin ihr befahl, den Mund zu halten. Ihre Wangen liefen rot an. »Was hab ich denn getan, Maman?«, stammelte sie verwirrt.

Aber es war jetzt nicht die Zeit, ein verstörtes Kind zu trösten.

Vor dem Schloss herrschte jenes hektische Treiben, das unfehlbar jeder kaiserlichen Ausfahrt, und wäre sie auch noch so kurz, vorausgeht. Schneiderinnen, die noch letzte Änderungen an Staatsgewändern ausführen mussten, gingen ein und aus, Lakaien trugen Koffer und Kisten zu den Kutschen, Katzen flitzten durchs Gewühl und Hunde jaulten. Ich war froh darüber, denn in all der Betriebsamkeit beachtete uns niemand, als wir zu Graf Panins Kutsche eilten.

DIE ERSCHAFFUNG DES KAISERS
Der Herr nahm die Festigkeit des Berges
Die Majestät eines Baumes ...

Unsicher und leise rezitierte der Großfürst das Gedicht, während die Kutsche auf der Straße nach Sankt Petersburg dahinjagte.

»*Fügte hinzu die Ruhe ...*«, soufflierte Darja, aber Graf Panin unterbrach sie.

»Bitte, *Majestät*«, sagte er und legte seine fleischige Hand auf die magere Schulter des Großfürsten.

Paul warf ihm einen beunruhigten Blick zu.

»Habe ich etwas falsch gemacht?«, fragte er.

»Nein, Majestät.« Seine Stimme nahm einen aufgesetzt feierlichen Ton an. »Jetzt ist nicht die Zeit für Gedichte. Ich habe Ihnen etwas sehr Wichtiges mitzuteilen.«

Ich versuchte ihn zu warnen. »Vielleicht wäre es besser, das seiner Mutter zu überlassen«, sagte ich sanft.

»Das möchte ich gerne selbst entscheiden, Warwara Nikolajewna«, fauchte Panin. *Die Buchbinderstochter soll sich nicht zu viel herausnehmen,* las ich in seinen Augen.

Ich verstummte.

Paul zog die Schultern hoch. Er sah mich an. Ein Kind kann mit Schweigen nichts anfangen, es versteht sich noch nicht darauf, das Ungesagte herauszufiltern.

Ich wandte mich ab. Darja drückte sich verstört noch tiefer in die dunkle Ecke des Wagens.

Wir fuhren weiter dem Winterpalast zu. Panin neben mir erklärte dem Großfürsten, was ein Staatsstreich war. Und den Unterschied zwischen einer Kaiserin und einer Regentin.

Es war schon fast halb sieben, als unsere Kutsche endlich durch die Straßen von Sankt Petersburg fuhr, vorbei an jubelnden Menschenmassen. Triumphgeschrei und Hochrufe auf die Kaiserin hallten in den taghellen Abend. *Eine Flutwelle*, dachte ich. Wenn die Woge der Begeisterung einmal in Bewegung war, so hatte Alexej versprochen, würde sie so mächtig werden, dass sie alles und jeden mitriss.

Graf Panins Blick schweifte rastlos über die Menge. Die Kinder waren längst verstummt. Ich war froh, als wir vor dem Winterpalast vorfuhren.

Der Wagenschlag wurde geöffnet. Paul wandte sich mir zu.

»Gehen Sie, Hoheit«, sagte ich. »Ihre Maman wartet auf Sie.«

Er kletterte hinaus. Langsam und zögernd, aber ohne zurückzublicken. Graf Panin folgte ihm eilig, fast überstürzt, als fürchtete er, ich wollte ihm zuvorkommen.

Nicht mehr lange, dann war der Großfürst in seinem Kinderzimmer, gut bewacht von Soldaten der Garderegimenter. In Sicherheit.

In der Kasaner Kathedrale leistete Katharina ihren Eid als Kaiserin und Alleinherrscherin. Sie würde nicht als Regentin im Namen ihres Sohnes herrschen. Der Großfürst würde Zeit haben, erwachsen zu werden, bevor er nach dem Tod seiner Mutter auf den Thron gelangte. Und das war gut so.

Ich stand da und wusste plötzlich nicht mehr, was ich als Nächstes tun sollte.

»Warum weinst du, Maman?«, fragte Darja.

Ich schloss sie in die Arme und drückte sie – zu fest offenbar, denn ich merkte, wie sie zusammenzuckte.

Ich sah Katharina eine Stunde später auf der Großen Perspektivstraße. In der grünen Preobraschenski-Uniform, den Säbel in der Hand, Eichenlaub am Dreispitz, ritt sie auf ihrem grauen Hengst durch ein Meer von jubelnden Menschen von der Kathedrale zum Winterpalast.

Die Leute fielen auf die Knie und baten sie um ihren Segen, hoben Kinder hoch, damit sie die Stiefel der Kaiserin berühren konnten. Für Alte und Kranke hatte man Stühle an die Fenster gestellt, damit auch sie an dem Wunder teilhaben konnten.

Ich kniete auf dem Pflaster und dachte an den Tag, als sie in Moskau angekommen war, ein vierzehnjähriges Kind, das nicht wusste, was aus ihm werden würde. Ich dachte an die junge Frau, die sie wurde, gezeichnet von den Leiden, dem Unrecht und den Demütigungen, die sie ertragen musste. Man hatte ihr vieles weggenommen, aber ihr Herz war nicht gebrochen. *Meine Kaiserin*, dachte ich.

Katharinas Stimme schallte weithin durch die Luft: »Ich schwöre beim allmächtigen Gott, dass ich Russland größer machen werde als je zuvor.«

Alexej und Grigori Orlow in ihren stahlblauen Uniformen des Ismailowski-Regiments ritten direkt hinter ihr. Zwei Waffenbrüder, groß und schweigend, die Menge der Menschen immer wachsam im Blick.

Um mich herum aufgereckte Hände, ein Meer von Händen, die winkten und dirigierten: »Lang lebe unsere *Matuschka*! Lang lebe unsere Kaiserin!«

Tränenüberströmt schrie ich mit.

Auf den Straßen von Sankt Petersburg wehten die Gerüche von Schweinebraten, von Sauerkraut mit Pilzen, von in Schmalz gebackenen Kartoffelblini. In allen Kneipen der Stadt wurde gratis Wodka und Wein ausgeschenkt. Und auf den Tag folgte eine nicht weniger orgiastische weiße Nacht voller Tanz und Sinnenfreuden, in der mehr Kinder gezeugt wurden als am Ende der Fastenzeit.

Man nannte sie später die *Junikinder*.

In Peterhof blickte Peter, der sich immer noch für den Kaiser hielt, fassungslos und mit wachsendem Ärger auf den neuen Orchestergraben, die riesigen Töpfe mit den Zitrusbäumen an den Wegen, die Lampions, die an den Zweigen hingen. Heute war sein Namenstag. Warum stand Katharina nicht bereit, ihn zu begrüßen?

Er schickte einen Lakaien zum Pavillon und ließ Katharina ausrichten, sie möge sich beeilen. Als der Mann mit dem Bescheid zurückkam, die Großfürstin sei noch nicht fertig angekleidet und bitte um Geduld, stand Peter auf der Terrasse des Schlosses und blickte hinab auf die Wasserspiele der Großen Kaskade.

Als er eine halbe Stunde vergeblich auf Katharina gewartet hatte, beschloss er, sie selbst zu holen.

Alexej, der uns diese Geschichte erzählte, ahmte die schrille Stimme Peters nach: »Wo sind Sie? Wo sind Sie?«, rief der abgesetzte Kaiser immer wieder, während er in Monplaisir hektisch von einem Zimmer zum nächsten lief und überall nach Katharina suchte, unter dem Bett, in den Schränken und sogar im Klosett, als wäre sie ein Kind, das mit ihm Verstecken spielte.

Der Thronsaal war voll von Leuten, die alle um Katharinas Aufmerksamkeit warben. Die riesigen Spiegel reflektierten die seidenen Fräcke und reich bestickten Kleider, die Uniformen, die unzähligen winkenden Hände, die Hälse, die sich reckten, um einen Blick auf die Kaiserin zu erhaschen.

Ein großer Tag, ein gesegneter Tag, hörte ich.

Katharina die Zweite, Kaiserin aller russischen Länder, trug ein Kleid aus glatter elfenbeinfarbener Seide, geschmückt mit dem blauen Band des Sankt-Andreas-Ordens. Der Großfürst Paul neben ihr rieb an dem grünen Ärmel seiner Preobraschenski-Uniform. Er wirkte unglücklich und verwirrt.

Ich staunte darüber, mit welcher Geduld sie die Huldigungen der Höflinge entgegennahm, die sich in langen Reihen vor ihr drängten, um den Saum ihres Gewands zu küssen und ihr umfangreiche Bittschriften in die Hand zu drücken. Als Grigori Orlow versuchte, die Leute auf Abstand zu halten, wies sie ihn zurecht und sagte, er solle nicht ihre Freunde daran hindern, ihrer Freude Ausdruck zu geben.

Auch ich kniete vor ihr.

»Warenka«, sagte sie.

Triumph leuchtete in ihren Augen, ihr Haar schimmerte, ihre Wangen waren erhitzt.

Hinter mir drängelte die Menge.

»Warenka«, sagte sie noch einmal.

Sie hob mich auf, küsste mich auf beide Wangen und legte ihre Hand auf meine. »Ich brauche dich jetzt sogar noch mehr als vorher. Wirst du mir helfen?«, fragte sie.

Mir blieb die Stimme weg. Ich nickte.

»Ich verdanke es Freunden wie *Gräfin* Malikina«, sagte sie laut zu den Umstehenden, »dass ich Russland aus den Gefahren der Autokratie befreien konnte.«

Beifall erhob sich.

Sie hatte mich zur Gräfin gemacht, und ich konnte ihr nicht einmal richtig dafür danken, denn die Leute hinter mir zupften mich ungeduldig am Ärmel, um mich daran zu erinnern, dass ich nicht die Einzige war, die mit der neuen Kaiserin sprechen wollte. Und neben mir erinnerte Alexej Orlow Katharina zum wiederholten Mal daran, dass sie sich unbedingt dem Volk zeigen musste.

In Sankt Petersburg schwirrten Gerüchte umher: dass Peter verkleidet in die Stadt gekommen sei und Anhänger um sich sammle, dass der König von Preußen bereits Truppen geschickt habe, um ihm zu helfen, dass der gestürzte Kaiser Katharina entführen wolle oder sogar schon entführt habe.

»Sofort, Hoheit«, sagte Alexej Orlow. Seine Stimme klang heiser. »Ich bitte Sie inständig. Das Volk muss Sie und den Großfürsten sehen, damit es weiß, dass Sie beide vor diesem *Ungeheuer* sicher sind.«

Ich weiß noch, wie unangemessen hart mir dieses Wort vorkam. Einen Moment lang erwartete ich sogar, dass Katharina ihn dafür tadeln würde, aber ich war so benommen vom Glück über unseren Sieg, dass ich es sofort wieder vergaß.

Nach einem Staatsstreich sind viele Verbindlichkeiten zu begleichen.

Katharina war in ihrer Preobraschenski-Uniform allgegenwärtig, sie inspizierte Truppen, empfing wichtige Persönlichkeiten und Delegationen. Sie schlief kaum und aß in aller Eile auf dem Weg von einem zum nächsten Termin. Und sie war immer voller Anmut und Huld, verteilte Belohnungen, verlieh Titel, Landgüter und Auszeichnungen, gab Petitionen statt und rief die Verbannten zurück.

Kommen Sie, so schnell Ihre Pferde laufen können. Ich erwarte Sie sehnlich, schrieb sie dem früheren Kanzler Bestuschew. Graf Panin, der seine Enttäuschung darüber, dass Katharina nicht als Regentin für ihren Sohn herrschen wollte, schnell verwunden hatte, durfte sich mit einem neuen rot-silbernen Ordensband schmücken.

Grigori Orlow wurde zum Generalleutnant ernannt und ebenso wie seine vier Brüder in den Grafenstand erhoben. Jeder der führenden Verschwörer erhielt eine Pension von zweitausend Rubel und obendrein entweder ein Landgut mit sechshundert Leibeigenen oder vierundzwanzigtausend Rubel. Auch ich, die zur Gräfin geadelte Buchbinderstochter, durfte zwischen diesen beiden Belohnungen wählen.

Die Höflinge auf den Gängen des Winterpalasts überschlugen sich vor Freundlichkeit, wenn sie mir begegneten; sie verneigten sich tief und versicherten mir ihre lebenslange Ergebenheit. Graf Panin schritt selbstsicher und stolz durch die Korridore, immer ein Lächeln auf den geschminkten Lippen. Was für eine Position hatte man *ihm* versprochen? Die des Kanzlers? Man munkelte, dass er Woronzow ablösen sollte.

Aber selbst die großzügigsten Belohnungen reichten nicht aus, alle zufriedenzustellen. Kein Tag verging, ohne dass irgendein Gardeoffizier den Alexander-Orden, mit dem er ausgezeichnet worden war, zurückgeben wollte, sich bitter über sein Geschick beklagte und nicht zu trösten war, bis endlich Katharina eine Petition von ihm entgegennahm und versprach, diese oder jene Entscheidung rückgängig zu machen oder alte Privilegien wiederherzustellen.

»Jeder Gardesoldat kann sagen: ›Ich habe diese Frau zu dem gemacht, was sie ist‹«, bemerkte Katharina einmal in einem der seltenen Momente, da ich ungestört mit ihr sprechen konnte. »Wie lange wird es dauern, bis sie sagen: ›Ich kann sie auch wieder stürzen‹?«

Sie sagte nicht: *Ich möchte, dass du sie genau im Auge behältst, Warenka, und dich umhörst, was sie reden.*

Das war nicht nötig – ich wusste, was ich zu tun hatte.

Was ich hörte in diesen aufgeregten Tagen, war dies:
Die Spione berichteten, dass in Oranienbaum ein

Schiff bereitliege, um Peter und seine Holsteiner nach Preußen zu bringen.

»Ihm wird kein Haar gekrümmt werden«, versprach Alexej, als er aufbrach, um den gestürzten Kaiser festzunehmen und nach Schlüsselburg zu schaffen, wo er in Haft bleiben sollte, bis Katharina entschied, was weiter mit ihm geschehen sollte. »Und er wird keinen Schaden anrichten können, Majestät.«

In der Festung Schlüsselburg stand noch keine geeignete Zelle zur Verfügung, darum brachte Alexej Peter in das sechsunddreißig Werst von Sankt Petersburg entfernt liegende Schloss Ropscha. Er versicherte, er bemühe sich darum, dem Gefangenen den Aufenthalt so angenehm wie möglich zu machen.

Aber Peter hatte allerlei Klagen. Sein Zimmer war zu klein, sein Bett zu schmal. Er konnte keine Morgenspaziergänge machen, und von dem Mangel an Bewegung schwollen seine Beine an.

Er trank. Er weigerte sich zu essen. Er weinte und verlangte nach dem *Fräulein*.

Ich werde ins Exil gehen und niemals zurückkehren. Ich will nur meinen Hund, meine Flöte, meinen Mohren und meine Mätresse, schrieb er Katharina. *Ich verzichte auf den Thron. Ich schwöre Kaiserin Katharina II. treue Gefolgschaft. Ich bitte sie um Verzeihung für alles Böse, das ich getan habe.*

Manchmal musste ich an die einsame Gestalt im blauen Morgenrock denken, die durch den Korridor in Oranienbaum geschritten war, aber ich war wie beschwipst von den Verheißungen jener ersten Tage der Regierung Katharinas und verdrängte die Erinnerung sogleich wieder.

Peter hat kapituliert, dachte ich. *Er taugt nicht zum Kaiser, aber er ist kein schlechter Mensch. Ein paar Monate im Gefängnis gehen schnell vorbei, und hinterher ist er umso glücklicher.*

Ich wollte immer noch nicht wahrhaben, dass manchmal *Gerechtigkeit* nur ein anderer Name für *Rache* ist.

Am dritten Tag nach dem Putsch stand ich um fünf Uhr morgens bereit, der Kaiserin Kaffee zu bringen, ein Vorrecht, das ich mir gesichert hatte. Aus ihrem neuen Schlafzimmer hörte ich Grigori Orlows Stimme sagen: »Denk nicht darüber nach, Katinka. Belaste dich nicht damit.«

Katharina hatte die kaiserliche Suite im Winterpalast bezogen, das Schlafzimmer und sechs benachbarte Räume, alles in Gold und Weiß gehalten. Grigori Orlow hatte die Wohnung direkt darüber in Beschlag genommen.

Ich hörte einen Hund jaulen. Der alte Bijou lebte nicht mehr, jetzt machte ein italienisches Windspiel namens Sir Tom Anderson Jagd auf die wenigen struppigen Katzen, die noch gelegentlich auftauchten und nach Elisabeth suchten. Es waren andere Katzen als früher, ich sah aber, dass einige Bronjas wie Schildpatt gemustertes Fell und Puschoks Augen hatten.

Sir Tom fing zu bellen an.

»Still!«, rief Katharina. Der Hund fiepte und verstummte.

Katharina sagte etwas, das ich nicht verstehen konnte.

Ich hörte ihre schnellen Schritte im Raum auf und ab gehen, dann die Stiefel Grigoris.

»Du *musst* dem Gerede ein Ende setzen, Katinka«, beschwor Grigori sie. »Alexej sagt, er wird dir seine Freundschaft aufkündigen.«

Im Vorzimmer strich ich einen Wandteppich glatt. Ich hob einen Handschuh auf, der unter einem Stuhl lag. Er roch nach Jasmin und Schweiß.

Ich wartete.

Es war Viertel nach fünf, als Katharina durch die Tür trat. Sie lächelte schwach bei meinem Anblick. Ich sah ihr an, dass sie geweint hatte.

»Alle wollen etwas von mir, Warenka. Ich kann es nicht jedem recht machen.«

Bevor ich etwas antworten konnte, legte sie den Finger auf die Lippen.

Der Brief aus Ropscha traf am fünften Tag nach dem Staatsstreich ein. Die Kaiserin befand sich im Thronsaal, umringt von Höflingen. Der Bote warf sich vor ihr auf die Knie. Er war von Regen durchnässt und roch nach Straßenkot und Schlamm.

Katharina erbrach das Siegel und las. Ihre Lippen wurden schmal. Ich sah, wie sie nervös ihre Finger an ihrem seidenen Rock abwischte. Sie zerknüllte den Brief.

Dann blickte sie auf.

»Ich bin entsetzt und bestürzt«, sagte sie.

Matuschka, Ihr Mann lebt nicht mehr, stand in dem Brief. Es war in Ropscha zu einem Kampf gekommen. Niemand hatte es gewollt, es war einfach passiert. Ein Streit war so plötzlich eskaliert, dass niemand das Unglück verhindern konnte. Alle, die dabei gewesen waren, bekannten sich schuldig, sie alle hatten den Tod verdient, und er, Alexej, Graf Orlow, bat nun in diesem Schreiben die Kaiserin um Gnade oder ein schnelles Ende.

Ich bin es nicht wert, weiterzuleben, denn ich habe Sie enttäuscht.

Der mit Edelsteinen geschmückte Absatz von Katharinas Schuh stampfte auf. Um mich herum waren Stimmen, aber ich hörte nicht zu.

Peter ist tot, dachte ich.

Ermordet.

Ich weiß nicht mehr, wie ich in meine Wohnung kam. Als ich Darjas ängstliche Augen sah, nahm ich mich zusammen und zwang mich zu einem Lächeln. Nein, es sei nichts Schlimmes passiert, sagte ich, ich sei einfach nur müde und brauchte ein bisschen Ruhe.

Als sie weg war, fühlte ich mich so erschöpft, als hätte ich einen Berg bestiegen. Dicke Schweißtropfen standen mir auf der Stirn. Sogar das Atmen tat mir weh. Das Licht blendete mich. Ich bat Mascha, die Vorhänge zuzuziehen.

Sie holte einen Arzt.

Er ließ mich zur Ader. Und dann noch einmal. Er gab mir Abführmittel. Er machte Umschläge. Ich schlief ein, und als ich wieder aufwachte, waren mehrere Tage vergangen, aber das wurde mir erst klar, als das Mädchen, das mir eine Tasse Fleischbrühe brachte, fragte, ob ich wisse, welcher Wochentag heute sei. Ich versuchte zu antworten, brachte aber keinen Ton heraus.

Ich hatte nichts von allem mitbekommen. Nicht die öffentliche Verlautbarung, dass Peter *an einer Darmkolik in Verbindung mit heftigem Bauchgrimmen, an dem er häufig litt*, verstorben sei. Nicht den Anblick der einbalsamierten Leiche des früheren Kaisers, die im Alexander-Newski-Kloster aufgebahrt lag, ein Tuch um den Hals. Nicht das Geflüster der Leute: Ein ehemaliger Kaiser lag immer noch in der Festung Schlüsselburg gefangen. Welche Kaiserin konnte sich gleich zwei lebende abgesetzte Vorgänger leisten? Es bestand ja immer die Gefahr, dass irgendein Wirrkopf versuchte, einen davon zu befreien.

Katharina schrieb: *Werde bald wieder gesund, Warenka. Ich brauche dich an meiner Seite.*

Grigori selbst brachte mir den Brief.

»Katinka macht sich Sorgen um Sie, Warwara Nikolajewna. Jeden Tag fragt sie mich, wie es Ihnen geht.«

Er nahm in dem Sessel neben meinem Bett Platz, seine Stirn in ernste Falten gelegt.

Ich hörte ihm zu: ... *ein schreckliches Unglück ... Alexej hätte nicht so viel trinken ... sich nicht provozieren lassen sollen ... Er weiß es ... Katinka weiß es ... Der Staatsstreich war ein riskantes Unternehmen ... Es passieren eben immer Dinge, mit denen niemand rechnet ...*

Von der Straße drangen Geräusche herein. Eine Frauenstimme sang eine Ballade, die ich nicht kannte. Eine Trompete blies.

Ich hatte einen sauren Geschmack im Mund. Die Schnitte vom Aderlass an meinem Bein taten mir weh.

»Er ist hier, Warwara Nikolajewna. Er wird Sankt Petersburg morgen verlassen.« Grigori Orlow räusperte sich. »Mein Bruder bittet Sie, ihn anzuhören.«

Ich spürte, wie mein Herz schneller zu schlagen anfing. Ich nickte.

Offenbar hatte Alexej direkt vor der Tür gewartet, denn er kam sofort herein, als Grigori ihn rief. Er trat zögernd näher, zog verlegen seinen stahlblauen Uniformrock zurecht.

»Ich bin schuldig, Warwara Nikolajewna.«

Die Narbe auf seiner Wange zuckte, während er sprach. Mehrmals stockte seine Stimme. Er wiederholte sich. Katharina hatte ihm befohlen, ihren Mann zu beschützen, und er hatte versagt. Er wollte sich nicht herausreden: Er hatte das Kommando geführt, er trug die Verantwortung für das, was passiert war. Er konnte es nicht ungeschehen machen.

Die Bodendielen knarzten jedes Mal unter seinem Gewicht, wenn er von einem Fuß auf den anderen trat, Grigori neben ihm, sichtlich angespannt, begleitete die Worte seines Bruders mit nachdrücklichem Nicken.

»Ich bin bereit zu sterben. Ich bin Soldat. Aber unsere geliebte Kaiserin will es nicht. ›Was würde Ihr Tod nützen? Könnte ich dann leichter regieren?‹, hat sie gefragt. Darum habe ich sie gebeten, mich fortzuschicken, damit sie nicht ständig durch meinen Anblick an das Furchtbare erinnert wird.«

Es war eine Soldatenstimme, stark und doch flehend. Einfache Worte, aber nicht zu widerlegen. Worte, die mir nicht aus dem Kopf gehen sollten.

»Etwas Furchtbares ist geschehen, aber wir können das Beste daraus machen.«

»Für die Kaiserin.«

»Für Russland.«

»Für uns alle.«

Im August, als ich mich so weit erholt hatte, dass ich wieder ausgehen konnte, ließ der Oberhofmeister mir mitteilen, dass unsere neue Wohnung im Winterpalast fertig sei. Vier große Wohnräume und ein Vorzimmer, nicht weit von der kaiserlichen Suite gelegen. Möbliert und ausgestaltet nach den Wünschen Ihrer Majestät. Der provisorische Palast sollte, sobald die letzten Bewohner ausgezogen waren, abgerissen werden. Auf dem Gelände sollte dann ein kleiner Park entstehen.

Ihre Majestät habe den Wunsch geäußert, so schrieb der Oberhofmeister, mich offiziell in Ihre Entourage aufzunehmen. Die Kaiserin stehe, wie mir ja bekannt sei, um fünf Uhr morgens auf und arbeite bis acht Uhr allein in ihrem Arbeitszimmer. Sobald sie angekleidet und frisiert sei, empfange sie Besucher und Bittsteller. Fünf Sekretäre stünden ihr zur Seite, um die tägliche Flut der Gesuche zu bewältigen. Bittschriften mussten geprüft und zu den Akten genommen werden, man musste Dankschreiben an Leute verfassen, die Geschenke gesandt hatten, freundlich ablehnende Bescheide mussten erstellt und verschickt werden, und alle Vorgänge, die so wichtig waren, dass die Kaiserin persönlich sich damit befasste, mussten so aufbereitet werden, dass man sie ihr zur Prüfung oder Entscheidung präsentieren konnte. Die Nachmittage seien für Lektüre reserviert, an den Abenden sollten nur Personen aus einem kleinen Kreis von Vertrauten und Freunden Zutritt zu Ihrer Majestät haben.

Der Oberhofmeister gab seiner zuversichtlichen Hoffnung Ausdruck, dass Gräfin Malikina sicherstellen werde, dass diese neue Tageseinteilung nicht ohne Not gestört werde.

An einem düstern verregneten Nachmittag im Oktober brachte ein Bote von der britischen Botschaft einen Brief, der an Madame Malikina adressiert war. Jemand hatte *Madame* durchgestrichen und dafür *Gräfin* hingeschrieben.

Der Brief war von Graf Poniatowski.

Er war außer sich vor Sorge. Seit vierzehn Wochen hatte er kein Lebenszeichen mehr von Katharina erhalten. Er fürchtete, dass seine früheren Briefe verloren gegangen waren.

Es lag ein versiegeltes Schreiben bei, auf dem *Für Sophie* stand. Graf Poniatowski bat mich, es Katharina persönlich auszuhändigen.

Es regnete immer noch, als ich am folgenden Tag in Katharinas privates Arbeitszimmer trat, um ihr den Morgenkaffee zu bringen. Ich freute mich immer auf diesen Moment, denn ich konnte sicher sein, sie allein anzutreffen.

Ich hatte gerade im Kamin Feuer gemacht, als sie hereinkam, an ihrer Seite Sir Tom, der in Erwartung eines Leckerbissens Männchen machte. Sie sah müde und verdrossen aus. Die Herrscherpflichten, die sie unablässig in Anspruch nahmen, forderten ihren Tribut. Selbst an den Nachmittagen, an denen sich Katharina eigentlich ganz ihrer Lektüre widmen wollte, wurde sie jetzt ständig gestört.

Ich stellte das Tablett mit der Kaffeekanne wie immer auf den Schreibtisch neben die frisch geschnittenen Federn und den Stapel Kanzleipapier. Ich schenkte Kaffee in eine Porzellantasse und wartete, bis Katharina einen ersten Schluck getrunken hatte, dann gab ich ihr Stanislaws Brief. Sie öffnete ihn, überflog ihn und gab ihn mir dann zurück. Ich sah jetzt, dass er verschlüsselt geschrieben war.

»Verbrenn ihn, Warenka«, sagte sie, »bevor ihn noch jemand sieht.« Ich warf den Brief ins Feuer.

Sie schob ein paar Papiere auf ihrem Schreibtisch beiseite. »Setz dich, Warenka, schreib«, befahl sie.

Sie diktierte mir, und ich schrieb: Dass die Vernunft den Menschen gebiete, sich mit Verhältnissen, über die sie keine Macht haben, zu arrangieren. Dass sie sich bei jedem Schritt, den sie tue, genau in Acht nehmen müsse. Dass es ihr leidtue, aber so sei es nun einmal. *Leben Sie wohl, geliebter Freund. Das Leben bringt oft sonderbare Überraschungen mit sich, aber Sie können gewiss sein, dass ich für Sie und die Ihren immer alles tun werde, was in meiner Macht steht.*

Katharina schwieg eine Weile, als überlegte sie, ob sie noch etwas hinzufügen sollte.

»Es hat keinen Sinn, gegen etwas anzukämpfen, was nicht zu ändern ist, Warenka«, sagte sie, faltete das Blatt, siegelte es und steckte es mir in die Tasche.

Von dem grünen Samtkissen neben dem Schreibtisch hörte ich das klopfende Geräusch von Sir Toms wedelndem Schwanz.

Bevor ich den Brief in die britische Botschaft brachte mit der Bitte, ihn Graf Poniatowski zukommen zu lassen, fügte ich noch einige eigene Worte hinzu. *Glauben Sie nicht alles, was Sie hören. Wenn man verletzt ist, neigt man dazu, immer das Schlimmste anzunehmen.*

Später, als es endlich zu regnen aufgehört hatte, machte ich mit Darja einen Spaziergang, den ich ihr schon lange versprochen hatte.

Wir stiegen die Stufen zur Peter-und-Paul-Festung hinauf und blickten von dort über die Stadt, auf die prächtigen Paläste am Fluss, strahlend weiß und gelb in den warmen Strahlen der Sonne. Die tiefen Wasser der Newa waren gezähmt worden, der rote finnische Marmor des Kais trotzte der wilden Gewalt des Hochwassers.

»Ich rede immer noch mit Papa«, sagte Darja. Ihre Stimme zitterte leicht.

»Worüber?«, fragte ich, aber sie wollte es mir nicht sagen, und so hielt ich sie nur fest an mich gedrückt und ließ sie sich ausweinen.

Der frühere Kanzler Bestuschew war schon mehr als zwei Wochen wieder am Hof, doch ich war ihm aus dem Weg gegangen. Jetzt war er zu mir gekommen, hinfällig und leicht bucklig nach den Jahren seines Exils. Seine rot geränderten Augen musterten die burgunderroten Vorhänge mit den goldenen Quasten, die dicken Teppiche, das Bild Igors über dem Kaminsims.

Das Lächeln in seinem Gesicht gefiel mir nicht, ebenso wenig wie der amüsierte Ton seiner Stimme.

»Wir haben gewonnen, *Gräfin* Malikina. Wir haben aufs richtige Pferd gesetzt, Sie und ich.«

Er küsste mir die Hand. Ich lud ihn mit einer Handbewegung ein, Platz zu nehmen. Ich bemerkte, dass seine Perücke schief auf seinem kahlen Schädel saß, und auch der Dotterfleck auf seiner Samtweste entging mir nicht.

Er war zum Feldmarschall ernannt worden, aber der neue Ehrentitel konnte nicht darüber hinwegtäuschen, dass er eben kein offizielles Amt mehr innehatte.

»Feldmarschall! Marschall auf einem Rübenfeld«, hatte Grigori Orlow gespottet.

Der ehemalige Kanzler öffnete eine Schnupftabaksdose und nahm eine Prise. Er hielt mir die Dose hin, aber ich winkte ab.

»Sonderbar«, sagte er. »Mein Arzt schwört, dass Schnupftabak gegen Kater hilft, aber ich merke nichts davon. Ich brauche fünf Pfund von dem Zeug pro Monat und werde nur ärmer davon und nicht gesünder.«

Er legte den Tabak in die Vertiefung zwischen Zeigefinger und Daumen, schnupfte und genoss das Prickeln in der Nase. Dann schnäuzte er sich und betrachtete interessiert den braunen Fleck auf dem Taschentuch, bevor er zu sprechen anfing.

»Sehr klug« nannte er Katharinas Personalentscheidungen. Sie hatte Woronzow den Titel des Kanzlers gelassen, aber die Zuständigkeit für die Außenpolitik Panin übertragen. Grigori Orlow hatte sie zum Leiter der neuen Tutelkanzlei gemacht, sodass niemand sagen konnte, er habe jemanden aus seinem Amt verdrängt. Sie hatte Alexej Orlow begnadigt und ihn zugleich in die Kaserne abgeschoben. Sie hatte immer darauf geachtet, dass niemand zu stark wurde und sie die Zügel in der Hand behielt.

Ich wandte mich ab und sah zum Fenster des Salons hin. Die Sonne über der Newa war bleich und trübe.

Bestuschew seufzte tief. Sein Gesicht wurde finster.

»Nichts hat sich geändert, Warwara Nikolajewna. Sie haben nach wie vor nur zwei Möglichkeiten: Entweder Sie sind unentbehrlich, oder Sie sind ein Nichts. Ich habe es mit dem einfachen Leben versucht, und das hat wenig Reiz, glauben Sie mir.«

»Nichts hat sich verändert?«, fragte ich ungläubig. »Wann haben Sie je zuvor eine Kaiserin so hart arbeiten gesehen?«

Bestuschew musterte mich wie ein Arzt, der darüber nachdenkt, welche Diagnose er stellen soll.

»Haben Sie alles vergessen, was ich Ihnen beigebracht habe, Warwara Nikolajewna? Oder lassen Sie sich von Ihrem neuen Titel blenden? Muss ich Sie daran erinnern, wie billig Titel hier derzeit zu haben sind? Ein Spielkasino verwandelt sich doch nicht in ein Kloster, nur weil es einen neuen Eigentümer hat.«

Er beugte sich vor, das Gesicht zu einem verächtlichen Grinsen verzogen.

»Wissen Sie, wie einige Ihrer neuen Freunde von Ihnen sprechen? *Man sollte dieser Schnüfflerin*, sagen sie, *die neugierige Schnüffelnase abschneiden.*«

Ich stand auf.

»Sie gehen jetzt besser«, sagte ich. »Ich habe zu tun.«

Sein Gesicht lief rot an, auf seiner Stirn glänzte Schweiß.

»Ah, Ihre Dienstpflichten! Eine davon ist, ihr Briefe von ihrem polnischen Liebhaber zu bringen, nicht? Was schreibt sie denn? Dass sie einen polnischen Schemel für ihre müden Füße braucht?«

»Ich glaube nicht, dass Sie das etwas angeht.«

»Ja, vielleicht.« Seine Augen funkelten boshaft. »Aber

es ist einfach zu faszinierend zu beobachten, wie unsere Katharina es anstellt, andere nach ihrer Pfeife tanzen zu lassen.«

»Wie kann man nur so sein!« Ich zitterte vor Empörung. »Sie sehen immer nur das Allerschlechteste in jedem Menschen.«

»Sie ist mit Hilfe von Leuten an die Macht gekommen, die alle ihre jeweils eigenen Interessen verfolgten. Jetzt beginnt sie zu glauben, dass sie es alles aus eigener Kraft geschafft hat. Sie wird sich ihrer Helfer und Freunde entledigen. Es wird schon bald sehr hässlich zugehen, meine Liebe, glauben Sie mir. Und Sie sind jetzt nicht mehr wie früher unsichtbar hinter den Kulissen. Sie werden es mit mächtigen Feinden zu tun haben und die Erfahrung machen, dass sentimentale Erinnerungen an vergangene Freundschaft allein sie nicht zu schützen vermag. Glauben Sie immer noch, dass Sie mich nicht mehr brauchen?«

»Gehen Sie«, sagte ich und griff nach dem Glöckchen, um nach dem Dienstmädchen zu klingeln. Ich wollte, dass er verschwand. Ich konnte seine Stimme nicht mehr ertragen.

Zwölf
1763-1764

In den Kneipen von Sankt Petersburg erzählen alte Männer mit runzligen Gesichtern gerne davon, mit welch ungläubigem Staunen sie in ihrer Jugend reagiert hatten, als sie hörten, dass dort, wo in flachem Ödland nur hier und da vereinzelte Hütten finnischer Fischer verstreut lagen, eine mächtige, blühende Stadt entstehen sollte.

Diese Greise erzählen auch gern von dem Großen Zaren, der mit Riesenschritten durch die Welt ging, sodass seine Begleiter rennen mussten, wenn er ganz gemütlich spazierte, von seinen geschickten Händen, die Holz schnitzen, Ikonen malen, Schuhe anfertigen, Zähne ziehen konnten.

Sie zitieren seine Devise: »Stillstand ist Tod.«

Vom Wodka befeuert, reden diese Alten, die die Stadt aus den nebligen Sümpfen emporwachsen gesehen haben, von Soldaten und leibeigenen Bauern, deren Schädel und Knochen zutage kommen, wenn man in die Erde gräbt, auf der Sankt Petersburg erbaut wurde.

In ihren Stimmen klingt keine Bitterkeit.

Wären all diese Bauern und Soldaten nicht ohnehin gestorben? War es nicht besser, für eine große Sache zu sterben? Für etwas, das ein gewöhnliches Menschenleben überdauert?

Beim Auspacken nach unserem Umzug in den Winterpalast war ich auf viele Schätze gestoßen: ein von Darja gemaltes Bild von einem Haus, neben dem ein Mann in einer grünen Uniform stand, so groß, dass sein Kopf den Kamin weit überragte. Ein Zettel, den ich am Morgen von Darjas elftem Geburtstag auf dem Frühstückstisch gefunden hatte und auf dem geschrieben stand: *Maman, in welchem Alter hattest du ein eigenes Zimmer? In welchem Alter hast du dein erstes langes Kleid bekommen? Darf ich jetzt in deiner Badewanne baden?* Mittlerweile ahmte sie Gesten der Hofdamen nach, ihren lässig eleganten Gang.

»Die Kaiserin ist ganz hingerissen von Ihrer Tochter, Warwara Nikolajewna«, sagte Fürstin Galizina.

Es war nicht unbemerkt geblieben, dass Katharina Darja Kleider und Pelze geschenkt, sie zu einem Kostümfest für Kinder eingeladen hatte, ihr zusammen mit dem Großfürsten Paul Ballettunterricht geben ließ. In früheren Zeiten hatte mich die Fürstin kaum eines Blickes gewürdigt, wenn ich ihr auf dem Gang begegnete, jetzt blieb sie stehen, um aufs freundlichste mit mir zu plaudern.

Wo warst du, dachte ich, *als die Großfürstin eine Freundin brauchte?*

Nach der Krönungsfeier in der Kathedrale von Moskau war der Großfürst völlig erschöpft zusammengebrochen, nachdem er stundenlang neben seiner Mutter hatte stehen und jubelnden Menschenmassen hatte zuwinken müssen. Er hatte hohes Fieber bekommen und von Schlangen phantasiert, die über ihn krochen. Sein rechtes Bein war ganz rot und geschwollen.

Einmal saß ich an seinem Bett, machte ihm kalte Umschläge und wusch ihm den Schweiß ab. Er öffnete die Augen und fasste ängstlich meine Hand.

»Werde ich sterben?«, fragte er leise.

»Nein«, antwortete ich. »Ihre Maman wird das niemals zulassen.«

Er öffnete den Mund, als ob er noch etwas fragen wollte, aber er sagte nichts mehr.

Als er sich nach seiner Genesung zum ersten Mal wieder dem Volk zeigte, warf sich eine Bäuerin mit einem schwarzen Schultertuch auf den Boden und kreischte immer wieder: »Lang lebe Kaiser Paul Petrowitsch! Lang lebe unser *Batuschka*!«

Erst als zwei Wachen sich einen Weg durch die Menge bahnten, zerstreuten sich die Leute, die sich um die Frau drängten.

Am ersten Jahrestag von Katharinas Thronbesteigung mussten keine Wachen einschreiten. Feuerwerk erhellte die Nacht, Feuerräder und farbenprächtige

Blüten erschienen am dunklen Himmel, und einmal war sogar einen atemberaubenden Moment lang eine glitzernde Kaiserkrone zu sehen. Die Massen klatschten begeistert Beifall, tranken gierig an den Wodkabrunnen und sahen fasziniert den Seiltänzern zu, die in schwindelnder Höhe über der Großen Perspektivstraße ihre Künste vorführten.

Im Großen Saal des Winterpalasts standen an den goldenen Wänden entlang Tische, die mit kaiserlichen Adlern dekoriert waren. Kinder liefen von einem zum nächsten auf der Suche nach den besten Leckerbissen. Ich sah den Großfürsten, der sich von hinten an Graf Panin anschlich und mit den Armen flatternde Bewegungen machte wie ein sonderbares Rieseninsekt. Der Graf tat so, als bemerkte er es nicht. Und ich sah, wie sich Darja in ihrem wunderschönen grünen Satinkleid in einem von Monsieur Rastrellis überdimensionalen Spiegeln bewunderte.

»Ach, wenn das der Herr noch erlebt hätte«, sagte Mascha seufzend. Auf dem Tatarenmarkt reservierten jetzt die Metzger ihre besten Stücke für Gräfin Malikina, und die Fischhändler fühlten sich geehrt, wenn Mascha bei ihnen geräucherten Stör kaufte.

In der kaiserlichen Suite wandten die Zofen sich an mich, wenn sie jemanden brauchten, der ein gutes Wort für sie bei der Kaiserin einlegte, sei es, weil sie um etwas Geld für eine kranke Mutter oder um die Erlaubnis zu heiraten bitten wollten. »Bringen Sie es bei unserer *Matuschka* vor«, baten sie. »Sie hört auf Sie.«

Jeden Morgen um fünf stand ich bereit, um der Kaiserin ihren Kaffee und ihre Post zu bringen. Am Abend durfte ich ihr manchmal in ihrem Schlafzimmer so lange Gesellschaft leisten, bis Grigori über seine Privattreppe zu ihr herunterkam. Und es gab hin und wieder gemeinsame abendliche Spaziergänge im Garten und vereinzelte kostbare Momente untertags, wenn gerade keine der Damen ihres Gefolges in Hörweite war.

Aber wie viel kann man schon sagen bei solchen Gelegenheiten?

Es war wichtiger, zuzuhören.

»Was immer ich tue, Warenka, jedes Mal kränke ich jemanden.«

»Es tut weh, wenn sogar alte Freunde mich so furchtsam ansehen, als wäre ich das Haupt der Medusa. Freundschaft flieht die Macht, heißt es. Muss das so sein, Warenka?«

Grigori Orlow fand immer noch Sachen des *Fräuleins* in seiner Wohnung, einen Seidenstrumpf, einen Geigenbogen, einen Schuh mit schief getretenem Absatz. Er brachte sie wie Trophäen zu Katharina. Ich sah ihn in ihrem Schlafzimmer auf einem Sofa hingefläzt, ein Päckchen Spielkarten in der Hand, mit dem er sich die Zeit vertrieb, während er wartete. Ich sah ihn, wie er sie umarmte, wenn sie endlich kam, wie er sie hochhob und sich mit ihr drehte, bis sie ganz außer Atem war. Ich sah, wie er ihre Haare beiseiteschob und ihren Hals streichelte, während sie am Schreibtisch über Papiere gebeugt saß.

Auf den marmornen Korridoren des Winterpalasts lauerte Feldmarschall Bestuschew, den Spazierstock in der Hand, auf Beute, die so unvorsichtig war, sich mit ihm einzulassen. Wenn er einen erwischte, war man seinen endlosen mäandernden Reden hilflos ausgeliefert. Höfliche Entschuldigungen und Ausreden nutzten nichts, auch wenn das Opfer seine Schritte beschleunigte oder gereizt grimassierte, ließ der frühere Kanzler, gleichviel ob betrunken oder nüchtern, nicht von ihm ab. In der britischen Botschaft gab man den Lakaien ein gutes Trinkgeld dafür, dass sie rechtzeitig warnten, wenn er im Anmarsch war. Alle sehnten die Zeit herbei, da Bestuschews Schwäche für Wodka endlich die Oberhand über seinen Ehrgeiz gewann und er zu betrunken war, um Besuche zu machen.

»Auf ein Wort, Gräfin Malikina. Nur ein Wort«, krähte er heiser, wenn er mich nur von Weitem sah. Der mit Edelsteinen besetzte goldene Griff seines Stocks glitzerte in dem Licht, das durch Rastrellis riesige Fenster hereinströmte.

Aber ich hatte bereits gelernt, zu schauen, ohne zu sehen.

»Geh noch nicht, Warenka. Ich muss dich noch etwas fragen – es geht um Darja. Aber lass mich das hier zuerst noch abschließen ...«

Unter den vielen Briefen, die ich der Kaiserin an diesem kalten Oktobermorgen gebracht hatte, war auch einer von Graf Panin – oder Nikita Iwanowitsch, wie Katharina ihn jetzt nannte –, den sie mit den auswärtigen Angelegenheiten betraut hatte.

Wie so oft in diesen Tagen beschäftigte ich mich in Gedanken mit Darenka. Ich kam häufig in unsere Wohnung und traf sie dort nicht an. »Sie ist gerufen worden«, sagte mir die Gouvernante dann und zeigte zur Decke, um mir zu verstehen zu geben, dass der Befehl »von ganz oben« gekommen sei.

Wenn meine Tochter zurückkehrte, das Gesicht rosig vor Aufregung, hatte sie immer viel zu erzählen. Sie hatte Katharinas Fächer halten dürfen. Sie hatte etwas aus einem alten Gebetbuch vorlesen müssen. Sir Tom war auf der Jagd nach einer Katze in irgendeinem Dienstbotengang verschwunden, aber Darja hatte ihn aufgespürt und der Kaiserin zurückgebracht.

»Wer war denn bei der Kaiserin?«, fragte ich und freute mich, wenn sie mir eifrig die Personen beschrieb: Graf Panin schlurfte immer so komisch beim Gehen, Onkel Grigori hatte für die Kaiserin ein lustiges Schattentheater veranstaltet.

»Was hat er gesagt?«

»Dass die Kaiserin einen guten Ehemann für mich aussuchen soll. Einen, der ein großes Haus auf dem Land hat.«

»Du bist noch ein bisschen zu jung zum Heiraten. Du wüsstest ja noch gar nichts mit einem Ehemann anzufangen.« Ich lachte, aber ganz im Innern spürte ich Angst wie einen Stich ins Herz.

Während Katharina an ihrem Brief schrieb, starrte ich ins Kaminfeuer und stellte mir vor, wie es wäre, wenn mein Kind mir genommen würde. Sie war jetzt fast vierzehn. Katharina war nur wenig älter gewesen, als sie nach Russland kam, um zu heiraten.

Ich hörte Papier knistern, der Geruch von heißem Siegellack stieg mir in die Nase.

»Es betrifft dieses Ballett, Warenka.« Katharina legte die Feder weg und wandte sich mir zu. »Ich möchte, dass unsere Kinder in dem Stück zusammen tanzen.«

Ich war so erleichtert, dass mir Tränen in die Augen schossen.

»Ich erzähle dir gerne mehr darüber«, sagte Katharina lächelnd, »aber nur, wenn du aufhörst zu weinen.«

Herr Hilverding, der österreichische Tanzmeister, den Katharina aus Wien nach Sankt Petersburg geholt hatte, wollte ein von ihm selbst geschaffenes Ballett am Hof aufführen. Es hieß *Acis und Galatea* und erzählte die Geschichte eines Schäfers, der eine schöne Nymphe liebt. Acis wird von dem eifersüchtigen Zyklopen Polyphem erschlagen, und Galatea verwandelt sein strömendes Blut in einen Fluss. Ein Trauertanz des Gottes Hymenäus, verkörpert vom Großfürsten Paul, sollte das Stück beschließen. Darja sollte die Rolle der Nymphe übernehmen.

»Wenn ihre in Tränen aufgelöste Mutter es erlaubt, versteht sich«, scherzte Katharina, während ich nach meinem Taschentuch kramte, schon jetzt entzückt bei dem Gedanken, dass meine Tochter im Theater des Winterpalasts vor der ganzen Hofgesellschaft tanzen sollte.

»Dann ist es also abgemacht.« Katharina wehrte meinen Dank mit einer nachlässigen Handbewegung ab und wandte ihre Aufmerksamkeit den Briefen zu, die ich ihr auf den Schreibtisch gelegt hatte. Im Hinausgehen sah ich, wie sie einen nahm und das Siegel erbrach. Ich hatte die Tür noch nicht erreicht, da sprang sie plötzlich auf wie ein kleines Mädchen. Sir Tom fuhr von seinem Kissen hoch und bellte aufgeregt.

»König August von Polen ist gestorben«, rief sie. »Nikita Iwanowitsch soll sofort herkommen.«

Aber dann rief sie mich wieder zurück. Sie müsse erst ihre Gedanken sammeln, sagte sie. Ihre Stimme wurde ernst: »Jetzt kann ich endlich eine alte Schuld bei einem lieben Freund begleichen. Ich möchte keinen Fehler machen.«

Zwei Wochen später reiste Graf Keyserling nach Warschau ab mit dem Auftrag, die Wahl Stanislaws zum polnischen König zu sichern. Mitte November folgte ihm Fürst Repnin, um ihn zu unterstützen. Er brachte Weihnachtsgeschenke für Stanislaw mit: eine Sendung schwarzer Trüffeln, eine Bronzestatuette der Minerva und eine mit Juwelen besetzte Schnupftabaksdose, deren Deckel Katharinas in Elfenbein geschnitztes Profil zierte.

Ganz schwindlig vor Freude dachte ich daran, was Sir Charles prophezeit hatte: dass Stanislaw, König von Polen, und Katharina, Kaiserin von Russland, ihre großen Nationen in Frieden und gegenseitigem Vertrauen regieren würden.

Die Zeit war gekommen, da dieser alte Traum voller Verheißungen endlich wahr würde.

In der letzten Nacht des November saß ich allein in meinem Wohnzimmer. Ich war unruhig und konnte nicht schlafen. Ich versuchte zu lesen, aber die Augen taten mir weh vom Kerzenlicht, und meine Gedanken beschäftigten sich unablässig mit den Sorgen und Pflichten meines Diensts bei Hof: Ein Gemälde, das ein Händler aus Paris geschickt hatte, war irgendwie verloren gegangen; ich musste neue Seidenfäden für Katharina besorgen – sie knüpfte zum Zeitvertreib gerne hübsche Bändchen, die sie verschenkte.

Die Uhr hatte gerade zwölf geschlagen, als ich im

Vorzimmer etwas poltern hörte. Einen Moment lang dachte ich, es sei Bestuschew, der es irgendwie geschafft hatte, sich an meinen Dienern vorbeizuschmuggeln. In den letzten Wochen schickte er mir andauernd Briefe, in denen er mich bestürmte, ihm zu einer Privataudienz bei Katharina zu verhelfen.

Aber es war nicht Bestuschew.

Die derangierte, nach Wodka und Knoblauch riechende Gestalt, in den Händen eine Schüssel mit Himbeersorbet, war Grigori Orlow.

»Für Darenka«, erklärte er und hielt mir die Schüssel hin, »Igors Sonnenscheinchen.«

»Wo haben Sie das her, Grigori Grigorjewitsch, mitten in der Nacht?«

»Der Koch mag mich«, murmelte er mit schwerer Zunge. »Keine Ahnung, warum.«

Ich musste lachen. »Aber meine Tochter schläft schon«, sagte ich.

Das Sofa seufzte, als er sich darauf niederließ, die Arme steif ausgestreckt.

Mascha, die gehört hatte, dass jemand gekommen war, huschte herein. »Bring das Darenka«, lallte Grigori. Mascha nahm die Schüssel und trug sie fort.

Er rappelte sich mühsam auf. »Wieso macht sie ihn zum König von Polen, Warwara Nikolajewna? Damit sie ihn heiraten kann?«

Da also drückt ihn der Schuh, dachte ich. Eine Sturzflut von Verwünschungen und Drohungen brach aus

Grigori hervor: *Dieses Milchgesicht ... Feigling ... intrigiert, damit sie ihn wieder zurückkommen lässt.* Er schüttelte hilflos die Faust. »Schreibt er ihr noch?«

»Das müssen Sie die Kaiserin fragen.«

»Sie redet nicht von ihm.« Grigori Orlow glotzte mich mit unstet umherirrenden Augen an. Hinter ihm erlosch eine Kerze. Ich fühlte mich bleischwer vor Erschöpfung und fragte mich, wie lange ich mir diese eifersüchtigen Tiraden noch anhören musste.

»Dieser mickrige kleine Pole gibt nicht auf, er schreibt ihr immer noch, das weiß ich von Alexej ... er sagt, wir müssen auf der Hut sein ... alle haben sich gegen uns verschworen ...«

Hoch aufragend stand Grigori vor mir, ein Berg aus Fleisch und Muskeln, leise schwankend. Und dann fiel er um.

Besorgt beugte ich mich über ihn. Er schnarchte. Mascha holte eine Decke und ein Kissen. Er grunzte, als sie ihm die Stiefel auszog. »Nicht, Katinka, jetzt nicht.« Wir deckten ihn zu und ließen ihn auf dem Teppich liegen, damit er seinen Rausch ausschlief.

Als ich zu Bett ging, hörte ich Darja nach mir rufen. Sie war aufgewacht und wollte wissen, was passiert war. Sie saß im Bett, die Arme um ihre Knie geschlungen, die schwarzen Locken zerzaust.

»Es ist nichts«, sagte ich. »Schlaf weiter, *kison'ka*.«

»Du erzählst mir nie, was los ist.« Sie seufzte resigniert. »War das Onkel Grigori?«

»Ja.«

»Hat er mir wirklich Eis mitgebracht?«

»Ja, aber rede mit niemandem darüber. Er hat ein bisschen zu viel getrunken.«

»Ich weiß.« Sie gähnte. »Ich bin schließlich kein Baby mehr.«

Ich umarmte sie. Ihr Haar müffelte ein bisschen, obwohl Mascha es ihr erst am Tag zuvor gewaschen hatte. Ich nahm mir vor, ihr zu sagen, dass sie beim nächsten Mal mehr Eigelb verwenden sollte.

Bitte weisen Sie meine aufrichtig zerknirschte Entschuldigung und die bescheidenen Gaben für Darenka nicht zurück, schrieb Grigori Orlow in einem Briefchen, das am nächsten Tag bei uns abgegeben wurde. *Und, bitte, sprechen Sie mit niemandem über die Sache. Es wäre mir sehr unangenehm, wenn Katinka erführe, wie idiotisch ich mich benommen habe.*

Zusammen mit dem Schreiben kam ein ganzer Korb voller Präsente, darunter ein sehr hübscher Apfel aus Sandelholz, in den wie bei einer Babuschka weitere, kleinere Äpfel geschachtelt waren, und ein Lackkästchen, auf dessen Deckel eine Märchenprinzessin mit einer Krone aus Pfauenfedern gemalt war.

Meine Lippen sind versiegelt, schrieb ich ihm, *aber Ihre Geschenke sind zu kostbar für ein kleines Mädchen, das gern Sorbet isst.*

Er antwortete sofort. Er bestehe darauf, dass ich die Geschenke annähme. *Im Gedenken an Igor. Zum Zeichen alter Freundschaft.*

Ich dachte danach nicht mehr viel an die Ereignisse jener Nacht. Grigoris Eifersucht war grundlos, aber ich konnte ihn verstehen. Im Bett einer Kaiserin geht es auch um Macht. Eine Witwe kann wieder heiraten. Ein Thronerbe kann sterben.

Ich hob Grigoris Briefchen nicht auf. Wieso auch?

»Ich tanze die Rolle der Nymphe«, erzählte Darja jedem, der es hören wollte. In ihrer Begeisterung fürs Ballett war sie immer gern bereit, Gesten oder Schrittfolgen, die sie gerade gelernt hatte, vorzuführen.

Mir war nicht wohl dabei – ich wusste nur allzu gut, wie leicht man bei Hof Neid auf sich ziehen konnte. »Wenn du sämtlichen Leuten schon jetzt zeigst, was ihr alles einstudiert, ist es bei der Aufführung ja gar keine Überraschung mehr«, sagte ich.

Die ersten Proben mit Herrn Hilverding fanden im Blauen Salon der kaiserlichen Suite statt, sodass die Kaiserin jederzeit zuschauen konnte, wenn sie Lust hatte. Außer ihr war kein Publikum zugelassen.

Ich erinnere mich noch gut an die Momente in jenem Winter, wenn ich Darja nach den Proben abholen kam: Pauls Entzücken über sein Kostüm und die Perücke, die er gar nicht mehr ablegen wollte. Wie

Darja leichtfüßig eine Runde durch den Salon drehte, das Gesicht eingerahmt von dem Oval ihrer Hände. Das Gewirr aufgeregter Stimmen, die konzentriert angespannten Gesichter. Berichte von kleinen Pannen und gerade noch im letzten Moment abgewendeten Katastrophen. Ein verstauchter Knöchel, ein kaputtes Requisit.

Ende März kündigte Herr Hilverding an, ins Hoftheater umzuziehen. Dort durften nun ausgewählte Zuschauer bei den Proben dabei sein.

Mir fiel auf, dass Darja von dieser Neuigkeit weniger entzückt war, als ich erwartet hatte, aber ich führte das auf Lampenfieber zurück. Ich war deswegen vollkommen überrascht, als sie an jenem Frühlingstag ins Wohnzimmer trat und fragte: »Maman, wärst du sehr enttäuscht, wenn ich nicht in dem Ballett tanzen würde?« Sie vermied meinen Blick.

»Wieso solltest du nicht tanzen?«, fragte ich.

Erst am Tag zuvor hatte Herr Hilverding die Anmut meiner Tochter gelobt, ihre Ausdauer und Ausdruckskraft. »Sie ist erst vierzehn, aber sie hat bereits mehr Körperbeherrschung als die Tänzerinnen der Kaiserlichen Ballettschule«, hatte er geschwärmt.

Darja antwortete nicht. Ich versuchte sie aus der Reserve zu locken: »Du kannst es mir ruhig sagen. Hast du vielleicht Angst, dass du noch nicht gut genug bist?«

Sie schüttelte nur den Kopf. Ich sah, dass sie ihre

Nägel abgebissen hatte. Das hatte sie früher nie getan.

Ich klopfte auf den Platz neben mir auf dem Sofa. Zögernd setzte sie sich.

Ich redete ihr gut zu. Sie brauche sich keine Sorgen zu machen, sagte ich, wenn sie erst einmal auf der Bühne stünde, wäre alle Angst vergessen. Ihr Vater wäre so stolz auf sie, wenn er sie zusammen mit dem Großfürsten hätte tanzen sehen können, bewundert vom ganzen Hof. Und die Kaiserin würde auch da sein.

Erst in diesem Moment sah ich den goldenen Anhänger, den sie um den Hals trug.

»Wo hast du das her?«, fragte ich und griff nach dem Schmuckstück, um es genauer anzusehen. Es war mit kleinen Edelsteinen besetzt, die Vergissmeinnicht-Blüten bildeten.

»Von der Kaiserin«, murmelte sie. Sie schaute mich immer noch nicht an.

»Hat sie es dir zur Belohnung für irgendetwas geschenkt? Du kannst es ruhig zugeben, es ist nichts Schlimmes dabei.«

Sie nickte kaum wahrnehmbar.

»Weil du so schön getanzt hast?«

»Ja«, sagte sie – ein bisschen zu prompt, und sie wurde rot dabei.

»Aber deswegen brauchst du doch nicht rot zu werden, Schätzchen. Du musst dich daran gewöhnen, gelobt zu werden. Und wenn du jetzt auch noch lernst, dich immer schön gerade zu halten, wirst du eine ganz reizende Nymphe sein.«

Sie streckte sofort die Wirbelsäule durch.

»Ist es jetzt wieder gut? Kein Lampenfieber mehr?«, fragte ich und war erleichtert, als sie nickte.

Ich sah ihr nach, als sie hinausging, den Rücken gerade, die Schultern zurückgenommen, den Kopf stolz erhoben. Ihre Bewegungen waren flüssig und graziös. Herr Hilverding war wirklich ein ausgezeichneter Lehrer, dachte ich. Kein Wunder, dass Katharina ihn unbedingt in Sankt Petersburg halten wollte. Es würde sie freuen, wenn ich ihr erzählte, dass er davon redete, ein Haus hier zu suchen. Fürs Erste nur zur Miete, wie ich von seinem Kammerdiener wusste, aber er wollte eines, das er später vielleicht kaufen konnte.

Ich weiß bis heute nicht genau, wie Bestuschew es geschafft hatte, in mein Wohnzimmer vorzudringen.

Mascha versicherte mir später, sie habe ihn nicht kommen hören. Die Dienstboten schworen, sie hätten ihn nicht bemerkt, geschweige denn sich von ihm bestechen lassen, aber ich glaubte ihnen nicht. Es ist nicht so schwierig, einen Lakaien oder ein Dienstmädchen in Versuchung zu führen – ich selbst hatte es oft genug praktiziert.

Der frühere Kanzler konnte nur mit Mühe stehen. Er hatte eine Schnapsfahne, seine hervortretenden Augen glotzten glasig.

»Sie haben auf meine schriftlichen Gesuche nicht reagiert, Gräfin Malikina«, sagte er mit schwerer Zunge. »Haben Sie die Kaiserin gebeten, mich zu empfangen?«

Es gebe viele solche Gesuche, antwortete ich.

»Ich kann mich noch an eine Zeit erinnern, da Sie durchaus willig waren, mir den einen oder anderen Gefallen zu erweisen.«

Einen Moment lang dachte ich, ich hätte mich verhört, aber dann sah ich das schmierige Lächeln auf seinen Lippen.

Ich erstarrte. »Verschwinden Sie«, zischte ich und streckte die Hand nach der Glocke aus, um einen Diener zu rufen.

Aber Bestuschew kam mir zuvor.

»Wieso sind Sie so bockig?«, fragte er. »Weil Sie sicher sind, dass die Kaiserin Sie braucht? Sie, die ihr immer treu war, der sie immer vertraut hat? Sie wissen es nicht, oder?«

»*Was* weiß ich nicht?« Ich starrte ihm ins verschwitzte rote Gesicht. Ich verfluchte mich für meine Neugier, die mich dazu zwang, eben die Frage zu stellen, die der alte Fuchs mir in den Mund legte.

»Dass Sie niemals ihre einzige Spionin waren, Warwara. Selbst damals in Elisabeths Schlafzimmer hatte sie noch andere Leute, die sie auf dem Laufenden hielten.« Er tippte sich an die Stirn, als wollte er mich auffordern, mein Gehirn ein bisschen anzustrengen. »Viele andere. Ich habe mich oft gefragt, wann Sie es endlich kapieren würden.«

Ich spürte, wie meine Knie zitterten, ein Schauder lief mir über den Rücken. »Gehen Sie, bevor ich Sie hinauswerfen lasse«, sagte ich und klingelte.

»Sie haben getan, was sie von Ihnen verlangt hat, und tun es noch. Sie sind nur ein gewöhnlicher Spitzel, jederzeit austauschbar, Warwara. Das Einzige, was Sie von anderen unterscheidet, ist, dass Sie sich für etwas *Besonderes* halten.«

Wo bleibt dieser verdammte Diener so lange?, dachte ich voller Wut.

Aber der vormalige Kanzler öffnete bereits die Tür und schritt hinaus.

Ich saß alleine da. Als Mascha kam und fragte, ob ich etwas brauchte, schickte ich sie weg.

Ich tröstete mich mit dem Gedanken daran, wie Katharina mit einer abfälligen Bemerkung den letzten von Bestuschews umfangreichen Reformvorschlägen *ad acta* gelegt hatte. Er betraf die Armee, und Grigori Orlow hatte nur ein verächtliches Grinsen dafür übrig gehabt. Davor hatte Bestuschew ein Memorandum zur auswärtigen Politik Russlands vorgelegt, das Panin verärgert hatte.

Er ist nur ein abgehalfterter Politiker, sagte ich mir.

Ein Verlierer, der seine Niederlage nicht erträgt. Einer, der den Brunnen vergiftet, aus dem er selbst nicht mehr trinken kann.

Ich schloss die Augen und wartete, bis mein Herz wieder ruhiger schlug.

Die Aufführung von *Acis und Galatea* war für Ende Mai geplant. Ende April zeigte Katharina mir den Entwurf der Einladung, die auch eine Liste der Darsteller enthielt.

Ich eilte in unsere Wohnung, um Darja davon zu erzählen, aber sie kam nicht, als ich sie rief. Mascha sagte mir, sie schlafe.

»Was, mitten am Tag? Ist sie krank?«, fragte ich.

Mascha zuckte die Achseln. Darja habe nur gesagt, sie wolle sich eine Weile hinlegen.

»Wann war das?«

»Nach der Mittagskanone. Der Lehrer war eben gegangen. Das arme Kind ist erschöpft von der vielen Tanzerei.«

»Sie hat jetzt lange genug geschlafen«, sagte ich und ging zu Darjas Schlafzimmer, aber die Tür war zugesperrt.

»Darja«, rief ich. »Ich bin's, Maman. Mach auf.«

Ich klopfte, erst leise, dann stärker.

»Darenka! Bist du wach?«

Keine Antwort.

Mein Herz begann schneller zu schlagen. Ich legte

das Ohr an die Tür, aber ich hörte nichts. Ich schlug mit der Faust an die Tür.

Mascha bückte sich und guckte durchs Schlüsselloch.

»Sie ist nicht da«, sagte sie.

Auch ich schaute durchs Schlüsselloch. Die Vorhänge im Zimmer waren offen, das Bett war leer.

Einen schrecklichen Moment lang stellte ich mir vor, dass sie ohnmächtig geworden war und bewusstlos irgendwo auf dem Fußboden lag.

Ich rüttelte an der Türklinke.

Dann kam ein Dienstmädchen angelaufen und sagte mir, dass Darjas Schal, ihre Schuhe und ihr Mantel nicht da waren. Und Mascha fand den Schlüssel zum Schlafzimmer. Er lag auf dem Tablett für die Visitenkarten.

Ich stürzte zur Tür und sperrte auf.

Zuerst fiel mir nichts Ungewöhnliches auf. Das Bett war ordentlich gemacht. Neben dem Fußschemel standen Darjas Pantoffeln. Dann bemerkte ich, dass der Deckel meiner alten Truhe aus Zedernholz offen stand. Darja musste etwas gesucht haben, denn das weiße Musselinkleid meiner Mutter lag nicht an seinem gewöhnlichen Platz.

Und da sah ich die Briefe, Igors Briefe. Das rote Bändchen, mit dem sie zusammengebunden gewesen waren, lag daneben. Mir fiel ein, was Darja einmal gesagt hatte: »Ich rede immer noch mit Papa.«

Im Geist sah ich ihr blasses, trauriges Gesicht vor mir.

Ich ahnte jetzt, wo ich sie finden konnte.

Ich ließ die Kutsche vorfahren. »Zum Lazarus-Friedhof, schnell«, sagte ich.

Während der Fahrt auf der Großen Perspektivstraße nach Osten hielt ich ständig Ausschau nach Darja. Ich dachte daran, wie sie zu mir gekommen war und gesagt hatte, sie wolle nicht bei der Ballettaufführung tanzen. Und wie ich sie dennoch dazu gedrängt hatte.

Am Tor des Friedhofs stieg ich aus, raffte meine Röcke und rannte, so gut es eben ging in meinen hochhackigen feinen Schuhen, über die Kieswege. Ich rannte, bis ich meine Tochter sah, eine zusammengesunkene Gestalt an Igors Grab, die Hände vor dem Gesicht. Die Grafen Orlow hatten den schlichten Grabstein durch eine imposante Marmorstatue ersetzen lassen: Jetzt stand da, auf eine Muskete gestützt, ein Soldat, zu seinen Füßen Schädel und Knochen. In seinen nichtssagend regelmäßigen Gesichtszügen war keine Ähnlichkeit mit denen Igors zu entdecken.

»Darenka«, rief ich.

Sie blickte auf, ihr Gesicht war tränennass.

Ich machte meiner Erleichterung in sanften Vorwürfen Luft. Wir hatten solche Angst ausgestanden. Überall hatten wir nach ihr gesucht. Mascha war außer sich vor Sorge.

»Sei mir nicht böse, Maman«, sagte Darja.

»Ich bin dir nicht böse.«

Ich nahm sie in den Arm und streichelte ihr schimmerndes schwarzes Haar. Keine höfische Ehre der Welt rechtfertigte es, dass mein Kind so leiden musste, dachte ich.

»Du möchtest nicht bei dem Ballett tanzen?«, fragte ich. »Das musst du nicht, *kison'ka*. Morgen gehen wir zur Kaiserin und sagen ihr, dass jemand anders die Rolle übernehmen soll.«

Aber Darja ließ sich nicht beruhigen, sie weinte nur noch mehr.

»Was ist denn, Schätzchen?«, fragte ich.

Bitte, sag es mir, dachte ich. *Bitte schließ mich nicht aus.* Ich drückte sie an mich, spürte ihre Brust, die noch vor kurzem so knochig und schmal gewesen war und sich jetzt zu runden begann.

»Es ist alles meine Schuld«, schluchzte sie.

Nach und nach lockte ich es aus ihr heraus.

Es hatte mit einem leichten Unbehagen angefangen, erzählte Darja. Katharina hatte ihr Blicke zugeworfen, die sich irgendwie unangenehm anfühlten, sie wusste nicht wieso. Vielleicht hatte es damit zu tun, dass Paul gesagt hatte, wenn er einmal Kaiser sei, werde er Darja zur Königin von Polen machen? Sie hatte zu Katharina gesagt, der Großfürst rede einfach manchmal albernes Zeug, das er gar nicht ernst meine. Und die Kaiserin hatte geantwortet, das wisse sie schon und sie sei auch gar nicht ärgerlich deswegen.

Die Kaiserin kam immer öfter zu den Ballettproben, schließlich jeden Tag. Sie klatschte Beifall und lobte Darja und Paul, und meine Tochter war ganz selig. Aber eines Tages rief Katharina nach der Probe Darja zu sich und stellte ihr Fragen. Ob ihr das Stück gefiel? War Herr Hilverding wirklich mit den Fortschritten des Großfürsten zufrieden, oder sagte er das nur der Kaiserin zuliebe? Würde Paul seine Sache gut machen bei der Aufführung?

O ja, versicherte Darja, Herr Hilverding fand, dass der Großfürst ganz ausgezeichnet tanzte. Und sie gestand, dass ihr zwar die Geschichte von der Liebe der Nymphe Galatea und des Schäfers Acis gut gefiel, nicht aber der Schluss.

»Was gefällt dir daran nicht?«, fragte Katharina.

»Na ja, dass der Schäfer sterben muss.«

Die Kaiserin nickte und sagte, Darja habe ein gutes Herz. Aber da wurde der Großfürst ungeduldig und rief nach meiner Tochter, und sie musste mit ihm gehen.

Auch an den folgenden Tagen fing die Kaiserin nach der Probe jedes Mal ein Gespräch mit Darja an und stellte sonderbare Fragen. Hatte Darja ein eigenes Bett, oder schlief sie zusammen mit mir in meinem? Wachte sie manchmal in der Nacht auf? Wie lange durfte sie abends aufbleiben? Und schließlich fragte Katharina: »Kommt manchmal nachts noch Besuch zu deiner Maman?«

Meine Tochter sagte, wenn es so wäre, würde sie nichts davon mitbekommen; sie gehe früh zu Bett und schlafe tief und fest. Sie wache auch frühmorgens, wenn ich aufstünde, nicht auf.

»Es ist noch nie vorgekommen, dass dich irgendwelche Geräusche nachts aufgeweckt haben?«, fragte die Kaiserin. »Kein einziges Mal?«

Und da fiel Darja das Sorbet wieder ein, das sie nie bekommen hatte, und sie erzählte Katharina, dass einmal mitten in der Nacht Onkel Grigori gekommen war. Das Sorbet, das er mitgebracht hatte, war geschmolzen, darum hatte Mascha es weggeschüttet. Und am nächsten Tag hatte Darja lauter wunderschöne Geschenke von Onkel Grigori bekommen.

Die Kaiserin stellte dann noch viele weitere Fragen. Wie hatte Graf Orlow ausgesehen, was hatte er angehabt? Was hatte er gesagt? Was für Geschenke hatte er geschickt? Und warum hatte sie, die Kaiserin, nie etwas davon gehört?

Weil ihre Maman nicht wollte, dass es jemand erfährt, antwortete Darja, der erst jetzt wieder einfiel, dass ich sie gebeten hatte, mit niemandem darüber zu sprechen.

Offenbar schaute Darja recht schuldbewusst und unglücklich drein, denn die Kaiserin tröstete sie und meinte, das habe weiter nichts zu bedeuten, Darja brauche sich keine Sorgen deswegen zu machen. Dann schenkte sie ihr den goldenen Anhänger mit den blauen Steinen und sagte meiner Tochter, sie solle niemandem von dieser Unterhaltung erzählen: »Das bleibt unser Geheimnis, ja?«

Darja hatte es ihr versprochen und mich angelogen, als ich sie nach dem Anhänger fragte. Aber sie hatte schreckliche Schuldgefühle, und sie litt noch mehr, als dann auch noch Onkel Grigori anfing, sie so komisch anzuschauen, und sie annehmen musste, dass er Bescheid wusste und böse auf sie war.

»Und heute habe ich das hier gefunden«, schluchzte meine Tochter und zog ein zusammengefaltetes Blatt Papier aus ihrer Tasche. Zuerst dachte ich, sie hätte einen von Igors Briefen aus meiner Truhe an sich genommen, aber ich täuschte mich. Auf dem Blatt waren, grob gezeichnet, zwei Figuren zu sehen: Ein großer, muskulöser Mann, das Gesicht zu einem grausamen Lächeln verzerrt, lag nackt auf einem Bett; mit einer Hand langte er nach der Kaiserkrone, die mit dem doppelköpfigen russischen Adler verziert war. Und eine Frau, der offenbar die Nase abgeschnitten worden war, stieg zu ihm ins Bett.

»Das hat nichts zu bedeuten«, sagte ich und zerriss das Papier in kleine Fetzen. Irgendwie schaffte ich es, äußerlich gelassen zu bleiben.

Sie hatte die Zeichnung unter meinem Kopfkissen

gefunden, gestand Darja. Sie hatte gedacht, es sei eine geheime Botschaft wie die, die ihr Papa oft für sie versteckt hatte, als sie noch klein gewesen war.

»Ich bin dir nicht böse«, sagte ich und wischte ihr die Tränen ab.

Ich versprach ihr, mit der Kaiserin zu reden.

Ich versprach ihr, dass alles gut werden würde.

Als wir wieder im Winterpalast waren, fragte ich Mascha und die Dienstmädchen, ob irgendwelche fremde Personen mein Schlafzimmer betreten hatten. Sie versicherten hoch und heilig, dass keine Besucher da gewesen waren. Am Tag davor war ein Lakai des Großfürsten da gewesen, um Darja zur Ballettprobe abzuholen, aber der Mann hatte auf dem Flur gewartet und keinen Fuß über die Schwelle der Wohnungstür gesetzt.

Ich schickte sie wieder weg.

Argwohn ist ein hässliches Gefühl. Der Fluch aller Spione. Lange Minuten, die man damit verbringt, die Siegel auf Briefen, die man bekommen hat, genauestens zu untersuchen. Die warnende Stimme, die jedes strahlende Lächeln hinterfragt, die sich beim kleinsten Anzeichen von Neugier erhebt. Der wachsame Blick, der alles erfasst, was irgendwie aus dem Rahmen des Gewöhnlichen fällt, und der auch die allergewöhnlichsten Dinge in Zweifel zieht.

Was machte das Dienstmädchen, wenn es in meinem Zimmer allein war? Warum legte sie plötzlich einen solchen Eifer an den Tag, den Rost im Kamin blitzblank zu schrubben?

Ich untersuchte auch die Wände und vergewisserte mich, dass es keine Geheimtüren gab.

Spinnen produzieren zwei Arten von Fäden, rief ich mir in Erinnerung: glatte, auf denen sie sich bewegen, und klebrige, mit denen sie ihre Beute fangen.

Als Darja in dieser Nacht endlich schlafen ging, die Augen verweint, aber wieder mit sich im Reinen, hastete ich ruhelos durch die Korridore des Winterpalasts, vorbei an Spiegeln in goldenen Rahmen, an Räumen, die immer noch unfertig waren, weil Monsieur Rastrelli tief gekränkt nach Kurland abgereist war, nachdem Katharina befohlen hatte, einige der üppigen Vergoldungen in der kaiserlichen Suite zu entfernen.

Mein Herz pochte wild, mir war ganz schwindlig von all den Fragen, die mir durch den Kopf gingen. *Freundschaft flieht die Macht.* Nein, dachte ich verbittert, die Mächtigen verscheuchen die Freundschaft.

Im Geist sah ich Katharina, umhüllt von dem silbernen Mantel mit dem Hermelinbesatz und dem aufgestickten Doppeladler, in der Kathedrale von Moskau, sah, wie sie sich mit eigenen Händen die Krone aufsetzte.

Und Bestuschews Worte hallten durch meine Gedanken: *Jetzt beginnt sie zu glauben, dass sie es alles aus eigener Kraft geschafft hat … Sind Sie so sicher, dass sie Ihnen vertraut? … ein gewöhnlicher Spitzel, jederzeit austauschbar … Das Einzige, was Sie von anderen unterscheidet, ist, dass Sie sich für etwas* Besonderes *halten.*

Immer wieder blitzte das Bild von Darjas gequältem Gesicht auf, meines armen Kindes, das man zum Verrat verführt hatte. Eine unschuldige Seele, die sich selbst die Schuld dafür gab, dass sie dem Gift höfischer Bosheit zum Opfer gefallen war.

Will ich meine Tochter alledem aussetzen?

Ich schritt vorbei an Dienern, die auf dem Gang schliefen, den Kopf auf der Tischplatte, an Wachen, die sich beim Kartenspielen zankten. Mir fiel wieder ein, dass in letzter Zeit viel von erbitterten Streitereien unter den Garden die Rede gewesen war, von blutigen Köpfen und Messerstechereien. Die Orlows, so hieß es, wachten eifersüchtig darüber, dass ja keiner ihrer Kameraden auf den Gedanken kam, er könnte Grigori seinen Platz in Katharinas Bett streitig machen.

Wie lange schon hatte ich mich täuschen lassen? Was alles war mir sonst noch entgangen? Was alles war bereits unwiederbringlich verloren?

Katzen huschten fort, sobald sie meine Schritte hörten. Die Zofen sagten, Elisabeths alter Kater Murka sei verwildert. Sie sahen ihn manchmal durch die Gärten streifen und Spatzen belauern, aber sobald sich jemand näherte, verschwand er in der Hecke.

Es war fast fünf Uhr, als ich in unsere Wohnung zurückkehrte, wo mich Mascha erwartete.

Sie half mir beim Umziehen, nicht ohne lautes Wehklagen: Das schöne Kleid war ganz verschwitzt, die Strümpfe ruiniert. Wie konnte ich nur stundenlang durch die Gegend rennen, ich würde mir noch den Tod holen.

»Die Kaiserin ist bestimmt schon auf«, sagte sie.

»Da bist du ja, Warenka«, rief Katharina, als ich mit dem Silbertablett in ihr Arbeitszimmer trat. »Ich habe mir schon Sorgen um dich gemacht. Du bist noch nie zu spät gekommen. Was hast du denn, deine Hände zittern?«

Es klang so viel aufrichtige Besorgnis in ihrer Stimme, dass mir einen Moment lang war, als könnte alles das, was ich erfahren hatte, nicht sein. Es war alles nur ein Irrtum, Darja musste Katharinas Absichten missverstanden haben. Der Gedanke war so verlockend für mich, dass ich wie betäubt und gelähmt dastand und das, was ich eigentlich hatte sagen wollen, nicht herausbrachte. »Darja ist ganz unglücklich«, stammelte ich endlich. »Sie will nicht bei der Aufführung tanzen.«

Katharina schob einen Stapel Papiere beiseite und

deutete auf einen Stuhl zum Zeichen, dass ich Platz nehmen sollte.

»Ist es deswegen, weil der Schluss ihr nicht gefällt?«, fragte sie sanft. »Aber, weißt du, mir gefällt er auch nicht. Richte der armen Darenka aus, ich habe bereits mit Herrn Hilverding darüber gesprochen. Warum soll man mit einer Geschichte so traurige Gefühle heraufbeschwören?, habe ich gesagt. Erfahren wir im wirklichen Leben nicht schon Leid genug?«

Ich spürte Panik in mir aufsteigen. Ein dunkles Unbehagen rührte sich in mir, das mich zugleich drängte und zurückschrecken ließ. »Es geht nicht um den Schluss«, murmelte ich.

Ich stand immer noch, aber Katharina nahm keine Notiz davon. Sie skizzierte die Änderungen, die sie an dem Stück vorgenommen hatte. Hymenäus sollte im letzten Moment einschreiten und Acis retten. Polyphem sollte, von Scham und Reue überwältigt, die Hände vors Gesicht schlagen und um Verzeihung bitten. Die Geschichte würde in eine Komödie verwandelt. Herr Hilverding hatte ihren Vorschlag ganz ausgezeichnet gefunden. Und dann, als käme ihr erst jetzt zu Bewusstsein, dass ich immer noch stand, fragte sie: »Aber warum setzt du dich denn nicht, Warenka?«

»Es geht nicht um das Ballett«, sagte ich.

Katharina legte ihre Schreibfeder weg. »Und worum geht es dann?« Sie sah mir in die Augen, freundlich besorgt, aber auch bereits ungeduldig drängend.

Und da platzte es endlich aus mir heraus, wenn es auch nur eine stark abgemilderte Version dessen war, was ich mir vorgenommen hatte: »Haben Sie wirklich geglaubt, ich könnte Sie hintergehen? War ich nicht immer vollkommen loyal? Wie konnten Sie meiner Tochter solche Fragen stellen?« Katharinas Gesicht verfinsterte sich, aber ich ließ mich nicht aufhalten. »Darja ist nicht so, wie wir in ihrem Alter waren. Sie ist noch ein *Kind*.«

Katharina starrte mich an, als redete ich irre. So unfassbar es mir heute auch ist, erwartete ich doch immer noch, dass sie mir eine befriedigende Erklärung geben würde. Als ließe sich das, was geschehen war, so einfach aus der Welt schaffen wie die schmutzige Zeichnung, die ich in kleine Fetzen zerrissen hatte. Aber dann hörte ich sie kalt sagen: »Du solltest nicht vergessen, wer du bist, Warwara. Was genau regt dich eigentlich so auf?«

Tränen schossen mir in die Augen. »Sie haben meine Tochter benutzt, um mir nachzuspionieren.«

»Ich wollte nur wissen, was geschehen ist. *Du* hast es mir verschwiegen.«

Ihre Stimme klang so scharf, dass ich mich zu meinem eigenen Erstaunen prompt verteidigte und ihr zu erklären versuchte, dass mein Schweigen ganz unverdächtige Gründe gehabt hatte. »Grigori ist eifersüchtig auf Stanislaw. Er kam zu mir, um mich zu fragen, ob Stanislaw Ihnen noch schrieb. Er war so betrunken, dass er in meinem Wohnzimmer einschlief. Am nächsten Morgen schickte er ein Briefchen, in dem er sich entschuldigte und mich bat, niemandem etwas von seinem Besuch zu erzählen. Er schämte sich.«

»Hast du das Schreiben noch?« Katharina beugte sich vor. Ihre Augen musterten mich scharf.

»Ich habe es nicht aufgehoben. Ich hielt es nicht für wichtig.«

»Ich habe dir schon einmal gesagt, du sollst es mir überlassen, zu entscheiden, ob ich etwas wissen sollte oder nicht, Warenka.«

Die Erinnerung traf mich wie ein Peitschenhieb. Mir war, als spürte ich, wie die Schnur mir in die Haut schnitt. Und dazu kam noch der bittere Geschmack der Machtlosigkeit.

»Sie sind die Kaiserin«, sagte ich. »Ihnen darf niemand widersprechen.«

Sie seufzte wie eine Mutter, die es schwer hat mit ihrem widerspenstigen Kind und die doch sicher ist, dass sie am Ende die Oberhand behalten wird. »Ich habe keine Zeit, mich mit deinen Anklagen auseinanderzusetzen. Ich weiß, dass dir manches hier nicht gefällt, aber du hast keinen Grund, die in ihrem Stolz Gekränkte zu spielen. Reden wir nicht mehr davon. Sag Darenka, sie wird eine wunderbare Nymphe sein.«

»Sie wird nicht tanzen«, hörte ich mich sagen.

Katharina warf mir einen gereizten Blick zu.

»Gut, Warenka, dann eben nicht, wenn ihr beide es nicht wollt. Und jetzt habe ich wichtige Dinge zu erledigen, und du musst dich erst einmal beruhigen, bevor wir wieder miteinander reden.«

Ich ging zur Tür. Aber dann konnte ich doch nicht widerstehen.

»Wie viele hatten Sie?«, fragte ich mürrisch.

Sie blickte auf. »Wie viele *was*?«

»*Zungen*. Wer außer mir hat Sie auf dem Laufenden gehalten, was in Elisabeths Schlafzimmer vor sich ging?«

Ich sah den Ausdruck ihres Gesichts, ein Lächeln mit einer Spur Mitleid darin. Ich tastete nach der Klinke.

Dann stürzte ich hinaus und hastete tränenblind durch die weiten Marmorflure des Winterpalasts.

Epilog
1764

WARSCHAU

Mitternacht ist längst vorbei, wie meine mit einem Muster aus diamantenen Blüten verzierte Uhr von Duval bestätigt, ein Geschenk von Katharina.

Liebe Warenka, schrieb sie in ihrem letzten Brief, *wann kommst du zurück?* Ich stelle mir vor, wie sie frühmorgens an ihrem Schreibtisch sitzt, neben ihr auf einem Silbertablett eine Kaffeekanne.

Die Flamme der Kerze neben mir flackert und knistert. Eine Motte, die sich die Flügel versengt hat, zappelt in einer Pfütze aus geschmolzenem Wachs. Ich überzeuge mich, dass die Federn spitz angeschnitten sind und die Tinte nicht zu dickflüssig ist, dass genügend Papier bereitliegt, mattes Papier – das satinierte tut meinen Augen weh. Die Tinte duftet süßlich, und doch liegt eine ganz leicht widrige Note in ihrem Geruch. Nur gelegentlich wird die stockdunkle Novembernacht draußen von der Laterne eines Passanten oder einer Kutsche erhellt, manchmal höre ich Hunde heulen. Stanislaw nannte in Sankt Petersburg solche Stunden »unbewachte Zeit«. In den Wintern des Nordens, wenn die Nacht früh hereinbricht und lange dauert, lässt die Wachsamkeit nach, Geständnisse gehen einem leicht über die Lippen, und Geheimnisse werden enthüllt.

Noch am selben Tag hatte Katharina mich zu sich bestellt. »Dein unglückseliger Gefühlsausbruch darf eine jahrelange Freundschaft nicht zerstören«, sagte sie. Mit großen Schritten ging sie im Raum hin und her. Ihre seidenen Röcke raschelten, der Saum ihres goldenen Kleids fegte über den Boden.

Ich beobachtete sie. Ihre blauen Augen funkelten, ein warmes Lächeln spielte um ihre Lippen. Als ob nichts geschehen wäre, als ob ich mir alles nur eingebildet hätte.

»Eine Reise ist jetzt genau das Richtige für dich, Warenka. Eine, die ich selbst gerne machen würde. Fahr mit Darja nach Paris, nach Berlin, nach Warschau. Damit sie etwas von der Welt sieht und eine Weile von hier weg ist. Komm mit ihr wieder an den Hof zurück, wenn ihre Schönheit in voller Blüte steht.«

»Was schreibst du, Maman?«, fragte Darja heute Morgen. Ihr Polnisch klingt zu melodiös, man hört zu deutlich den russischen Einfluss.

Mit mir spricht sie mittlerweile französisch.

Ich rief mir die Zeit in Erinnerung, als meine Tochter fünf oder sechs war und, einen Beutel mit Brotstückchen unter dem Arm, zusammen mit mir zum Kanal am Sommerpalais ging, um die Enten zu füttern. Es war November, und das Wasser an den Ufern war schon gefroren. Darja warf den Enten Brot hin und sah voller Vergnügen zu, wenn sie gierig darauf zuliefen und auf dem glatten Eis schlitterten und übereinanderpurzelten. Sie dachte, die Enten vollführten eigens zu ihrer Unterhaltung drollige Kunststückchen.

»Ich schreibe meine Gedanken auf«, antwortete ich.

»Was für eine Art von Gedanken?«

»Solche, die ich nicht vergessen möchte.«

Wir reisten nach Paris und Wien. Wir spazierten an breiten Boulevards entlang, sahen herrliche Gemälde, wurden in prächtigen Palästen aufs höflichste und mit einiger Neugier empfangen. Ich musste lächeln, als ich hörte, was alles über mich, die intime Vertraute der russischen Kaiserin, erzählt wurde. Die verwitwete russische Gräfin und ihre reizende Tochter erregten viel Aufsehen, natürlich, denn uns umgab die glänzende Aura kaiserlicher Gunst.

Und ganz besonders hell strahlt dieses Licht der Freundschaft mit Katharina in Paris. Monsieur Voltaire tut sein Bestes, auch etwas davon abzubekommen. In seinen Briefen an Katharina, die in Abschriften weit verbreitet werden, nennt er sie eine Philosophin auf dem Thron, die Semiramis des Nordens, den Polarstern, der allen Reisenden untrüglich den rechten Weg weist.

Er ist hingerissen von dem Gedanken, dass Katharina das barbarische Russland umkrempeln, der *beispiellosen Verwahrlosung und Korruption* ein Ende bereiten wird – gerade so, als hätte Frankreich derartige Übel nie gekannt. Katharina werde die russischen Sümpfe trockenlegen und die wilden Nadelwälder roden, verkündet er. Sie habe ein Spital und Findelhaus gegründet. Die russischen Senatoren arbeiteten so fleißig wie noch nie. »Ihr Wappentier ist eine Biene, ihre Devise lautet *Nützlich*«, ruft er denen zu, die ehrfürchtig in seinen Fußstapfen wandeln.

Ich hielt mich in Paris auf, als in allen Zeitungen die Meldung erschien, dass man jenen Iwanuschka, der als Säugling für kurze Zeit Kaiser Iwan VI. gewesen und dann mehr als zwanzig Jahre lang in der Festung Schlüsselburg gefangen gehalten worden war, tot in einer Blutlache aufgefunden hatte. Auch Katharinas Verlautbarung dazu war abgedruckt: *Die ernste und gefährliche Verschwörung ist im Keim erstickt.* Auf Flugblättern, die in den Straßen verteilt wurden, stand etwas anderes zu lesen: *Kaum ein Jahr nachdem Peter III. gestorben ist, kam ein weiterer unbequemer Kaiser zu Tode. Wie viele solcher tragischer »Un-*

fälle« werden in Russland noch passieren? Andere anonyme Autoren wurden noch deutlicher: *Ist sie eine Philosophin auf dem Thron oder nicht vielmehr eine Messalina, die keinen Verrat scheut und mordet, wie es ihr gefällt?*

»Ich kenne die Kaiserin nicht so gut«, sagte ich, wenn jemand mich fragte.

Aber schon bald traten andere Nachrichten aus Russland in den Vordergrund: Katharina fing an, in großem Stil Gemälde zu kaufen. Ganze Sammlungen, die in irgendwelchen baufälligen Schlössern unbeachtet an den Wänden hingen, waren nun plötzlich gutes Geld wert. Der Agent der Kaiserin zahlte prompt und stellte keine unnötigen Fragen. Nur in einem Punkt war er heikel: Da seine Auftraggeberin ein weiblich empfindsames Herz hatte, kaufte er grundsätzlich keine Bilder, die Tod und Verderben zum Gegenstand hatten.

Wie rührend, hörte ich die Leute sagen. *Wie typisch russisch.*

Ich rief mir in Erinnerung, was ich gelernt hatte: *Herrschen heißt, die Schwächen des menschlichen Herzens zu erkennen und sie zum eigenen Vorteil zu nutzen.*

Und ich sagte mir: *Du hast kein Recht, etwas anderes zu erwarten.*

Hast du dich nicht selbst ihre Freundin genannt? Hast du nicht selbst mit aller List und Schlauheit, die dir zu Gebote standen, ihre Geheimnisse gehütet?

Wir kamen in der ersten Septemberwoche in Warschau an, genau an dem Tag, an dem Stanislaw, wie Katharina es gewünscht hatte, zum König von Polen gewählt worden war.

Es war kalt, und es dämmerte bereits, als wir durch das Gewirr von Straßen und Gassen in Richtung der Weichsel fuhren. Ich öffnete das Fenster der Kutsche, um frische Luft hereinzulassen. Die Luft war erfüllt vom Summen aufgeregter Stimmen, aber ich konnte nicht verstehen, worüber die Leute redeten.

Ich war fast dreißig Jahre nicht mehr hier gewesen, aber ich konnte doch meiner Tochter die spitzen Türme der Kathedrale und das Dach des Schlosses zeigen, die sich vor dem Abendhimmel abzeichneten. Alles kam mir viel kleiner vor, als ich es in Erinnerung hatte – es war erstaunlich. Als wir die Senatorskastraße erreichten, wo ich eine Wohnung gemietet hatte, war es schon dunkel; die Laternen von Passanten tanzten wie Glühwürmchen.

»Die Straßen hier sind so schmutzig«, sagte Darja naserümpfend.

Mittlerweile hat sie immer noch keine sehr hohe Meinung von Warschau. Die Palais des Adels sind, verglichen mit denen in Sankt Petersburg, armselig klein, und es gibt keine Kanäle, keine herrschaftlichen Parkanlagen und nur schmale Brücken.

Ich habe die beiden auf Russisch miteinander flüstern hören: Mascha vertraute meiner Tochter an, wie sehr sie sich nach Hause sehnt.

Nicht nach Sankt Petersburg, nicht nach dem Leben am Hof, sondern nach Russland, wo der eisige Wind über riesige dunkle Wälder streicht. Nach Januarnächten, die vom silbernen Licht des Mondes erhellt werden. Nach Eisschollen, die sich aneinander reiben, nach Felsen, in denen kostbare Steine wie gefrorene Blutstropfen schimmern. Nach heiligen Orten, von denen aus man in besonderen Momenten, die niemand voraussagen kann, einen Blick in die andere Welt erhascht.

Maschas gutes Auge blickt traurig und leer, ihr Atem riecht nach Wodka. Wenn ich sie darauf anspreche, schüttelt sie nur verstockt den Kopf.

»Wann fahren wir wieder nach Hause?«, fragt sie mich.

Ich sage ihr, ich weiß es nicht, und sie geht traurig schlurfend weg.

»Sie möchte in Russland sterben«, sagt Darja. »Sie möchte in dem Dorf, in dem sie aufgewachsen ist, begraben werden, an der Seite ihrer Mutter.«

Mascha spricht vom Sterben, als wäre es eine Heimkehr von einer langen Reise. Sie möchte mit dem Gesicht zum Meer hin begraben werden, in der sandigen Erde des Nordens, in der die Toten nicht verwesen. Sie wünscht sich ein einfaches Grab, dessen Boden mit frisch geschnittenen Fichtenzweigen ausgelegt ist, damit man die Seile, an denen man den Sarg hinuntergelassen hat, leicht herausziehen kann. Ein Grab, auf das alte Frauen aus ihrem Dorf Brotkrumen streuen, an dem sie sitzen und darüber sinnieren, wie weit Mascha in ihrem Leben herumgekommen ist, und sich fragen, ob sie wohl jemals jene andere Welt gesehen hat.

»Barbara.« Stanislaw nennt mich bei meinem polnischen Namen, wenn er uns besuchen kommt. »Eine Freundin aus einer kostbaren Vergangenheit.«

Er trägt jetzt sein dichtes schwarzes Haar hinten zusammengebunden. Die Zeit meint es gut mit ihm: Er ist jetzt zweiunddreißig und sieht keinen Tag älter aus als vor sechs Jahren, als er Sankt Petersburg verließ.

Er fragt mich nicht nach den Gründen meiner Reise.

Fürst Repnin hat vor Kurzem Katharinas offizielle Grußbotschaft gebracht: Polen hat seinen König klug gewählt. Die Kaiserin von Russland prophezeit Stanislaw, seiner Familie und seinem Land eine große Zukunft.

»Sie haben sie vor wenigen Monaten gesehen«, sagt Stanislaw. »Hat sie von mir gesprochen?«

»Aber ja, natürlich«, antworte ich. Ich möchte ihn nicht verletzen.

Stanislaw sitzt schweigend in meinem Salon. Ein

bleicher Sonnenstrahl beleuchtet sein Profil. Woran denkt er? An ihren Traum von zwei mächtigen slawischen Nationen, in Eintracht regiert von einer Philosophin und einem Philosophen, die sich der Vernunft und dem Wohl ihrer Untertanen verpflichtet wissen?

In diesem Land wird nicht geflüstert. Kaufleute beklagen sich offen über Kunden, die ihre Schulden nicht zahlen, Ärzte und Apotheker diskutieren eifrig die Details von Therapien. Und alle reden über Stanislaw. Er bezieht von seinen Gütern ein Einkommen von gerade einmal fünfzigtausend Zloty. Ein gewisser Szydlowski will ihm seine Tochter aufdrängen. Selbst das Wappen der Familie Poniatowski bietet der Nation Gesprächsstoff. Es zeigt einen jungen Stier, was zu allerlei heiteren Überlegungen Anlass gibt: Deutet es vielleicht auf das feurige Temperament des Königs, oder zeigt es eher an, dass er den polnischen Hof in einen Viehstall verwandeln wird?

Die Leute hier mögen Katharina nicht.

Die russischen Soldaten, die Stanislaws Onkel ins Land gerufen haben, »um den Frieden zu sichern«, stehlen nicht nur ein paar Hühner und machen Zäune kaputt, sie sind wie Heuschrecken, die alles verwüsten. Wenn sie wieder abziehen, lassen sie kahle Felder und mit ihren Bastarden schwangere Landmädchen zurück. So reden die Leute auf den Straßen von Warschau.

Russisches Geld, russisches Militär, russische Diplomatie haben Stanislaw zum König gemacht. Was wird er den Russen als Gegenleistung geben?

»Die Kaiserin kann es sich nicht leisten, auf ihr Herz zu hören«, sage ich zu Stanislaw.

»Das weiß ich«, antwortet er im verbindlichen Ton eines Mannes von Welt. »Aber man kann doch auf verschiedenste Weise dem treu bleiben, an das man glaubt.«

»O ja«, sage ich, »natürlich.«

Ich kann an keinem Bücherstand vorübergehen, ohne ein paar der Bände in die Hand zu nehmen, die da umgeben von all dem anderen Krimskrams, den Straßenhändler feilbieten, zum Verkauf ausliegen. Ich blättere in diesen alten Büchern, sehe mir an, wie sie gebunden sind, mache eine anerkennende Bemerkung, wenn ich eine besonders schöne Vergoldung sehe, oder unterhalte mich mit den Verkäufern über das Leder. Manchmal frage ich sie, wo sie diesen oder jenen Band herhaben. Man muss dem Tod auf den Fersen bleiben, sagen sie: Der beste Zeitpunkt, Bücher aus einem Nachlass zu kaufen, ist direkt nach der Beerdigung. Die Erben, die nicht für die erstbeste Gelegenheit dankbar sind, alte Schmöker gegen klingende Münze umzutauschen, kann man an fünf Fingern abzählen.

Ich bin dabei, eine Bibliothek aufzubauen, Vorräte

an geistiger Nahrung für die langen, einsamen Abende anzulegen, die mich erwarten. Bücher, so glaube ich, werden mir helfen, besser zu verstehen, was ich erlebt habe, und mir Kraft geben, an meiner Entscheidung festzuhalten, nicht nach Russland zurückzukehren. Meine letzte Erwerbung war *Candide, ou l'Optimisme*. Das Werk wurde unter strenger Geheimhaltung nach Warschau geschmuggelt und nur wenigen ausgesuchten Buchhändlern angeboten. Der Autor, der sich hinter dem Pseudonym *Docteur Ralph* verbirgt, ist natürlich kein anderer als Voltaire.

Aber an den Abenden versenke ich mich in die Lektüre von Tacitus. Ich lese von dekadentem Luxus, der die Besiegten verführen und betäuben soll, von dem Zuckerbrot, das man ihnen gibt, damit sie ihre Seelen verkaufen. Ich las davon, dass man Spione aussandte, die Trauernde beobachten sollten – denn auch das, worum ein Mensch trauert, verrät viel über ihn.

An der Macht festhalten, so lese ich, ist wie an einem Wolf festhalten.

Pan Korn, der einen kleinen gutgehenden Buchladen an der Krakowskie Przedmieście besitzt, setzt große Erwartungen in den neuen König. »Einen aufgeklärten Mann«, so nennt er Stanislaw. »Ein Mann, der Bücher nicht nur mit sich herumträgt, sondern sie liest.«

Pan Korn kann als durchaus gutaussehend gelten

mit seinen dunkelbraunen Haaren, die in der Mitte gescheitelt sind, den dichten dunklen Brauen und den ruhigen Augen. Und er lächelt immer, wenn ich mit Darja in seinen Laden komme.

Ein Buchhändler, denke ich. Das ist nicht so weit entfernt von einer Buchbinderstochter.

Er setzt uns Tee mit Honig vor und Strudel mit Walnüssen und Rosinen. Darja darf in den Regalen stöbern und die Abenteuerbücher mitnehmen, an denen sie in letzter Zeit Geschmack gefunden hat. Gestern hat er ihr *Das Leben und die seltsamen, überraschenden Abenteuer des Robinson Crusoe* geschenkt, und sie hat es schon halb gelesen, ganz hingerissen von den Beschreibungen der einsamen Insel und all der nützlichen Beschäftigungen, mit denen der Held seine Tage dort zubringt.

Wie andere Bewohner dieser Stadt plaudert *Pan* Korn gern und erzählt mir Geschichten aus seinem Leben. Seine Familie stammt aus Deutschland, aber er war noch klein, als seine Eltern hierher kamen, weswegen er die Sprache seiner Vorfahren zwar versteht, aber nicht wirklich kann.

Warum sind sie ausgewandert?

Die Überlegungen, die einen Menschen dazu bringen, seine Sachen zu packen und seinem Heimatland den Rücken zu kehren, sind immer dieselben, sagt er lächelnd.

Er fragt mich, wie es in Russland ist. Die Reiseberichte, die er gelesen hat, fand er unbefriedigend. Ein Reisender, meint er, bemerkt vor allem Dinge, die anders und fremd sind. Einzelheiten, die vielleicht wichtig und bedeutsam sind oder auch nicht.

»Sie haben dort gelebt«, sagt er. »Erzählen Sie mir davon.«

Ich habe dort gelebt, das stimmt, aber auch von mir bekommt er nur Bruchstücke. Der eisige Wind, der das Wachstum der Bäume hemmt. Der Geruch von *ladan*, der noch lange nach der Osterprozession über den Ikonen schwebt. Wie das Eis dunkler wird, wenn der Frühling naht, und Risse bekommt wie ausgetrocknete Erde.

»Sie sprechen nie von Menschen«, bemerkt er.

»Ich möchte nicht lügen.«

Stanislaws Krönung soll am 25. November stattfinden, am Fest der heiligen Katharina. Die Wahl des Datums stößt auf viel Kritik – das geht dann doch zu weit, finden die Leute.

Über rote Tuchbahnen wird Stanislaw in die Johanneskirche einziehen, wo er zum König gesalbt wird. Ich hoffe, die feierliche Zeremonie wird einiges von dem Ressentiment gegen ihn besänftigen.

Ganz Warschau ist mit Festvorbereitungen beschäftigt. Der Weg, auf dem der neue König Stanislaw August von Polen durch die Stadt ziehen wird, ist mit Fichtenbäumchen und Obelisken geschmückt. Auf dem Marktplatz, wo man ihm unter dem Jubel des Volks die Schlüssel der Hauptstadt übergeben wird, hat man einen Triumphbogen errichtet, getragen von allegorischen Figuren, die Liebe, Frieden, Tapferkeit und Gerechtigkeit verkörpern. In den nächsten Tagen soll noch ein Bildnis Stanislaws, gekrönt von dem polnischen weißen Adler, daran angebracht werden.

Ich bemerke, dass die Stadt Möglichkeiten bietet, die Katharina gefallen würden. Hier im Herzen Polens könnte ich ganz leicht einen Salon nach Pariser Vorbild führen. Ich könnte die ganze elegante und gebildete Gesellschaft um mich versammeln. Selbst der König würde sich einfinden. Ein Ort, an dem man über die neuesten Bücher diskutiert, an dem man die klügsten Köpfe und die schönsten Frauen antrifft. Schon jetzt nehmen die Menschen hier ihre Zungen wenig in Acht, und in einer Umgebung, wo man unter lauter wichtigen und interessanten Leuten glänzen will, wird es erst recht leicht sein, sie zu allerlei Indiskretionen zu verleiten.

»Ich bin mir meiner Schwächen bewusst, Barbara«, sagt Stanislaw. »Aber ich kenne auch meine Stärken. Ich bin anpassungsfähig, ich bin geduldig, ich lasse mich nicht leicht provozieren oder kränken, ich orientiere mich immer daran, was möglich ist.«

Ich sehe einen Fluss vor mir, der ruhig, aber unaufhaltsam dahinströmt.

»Peter der Große wollte Polen als Puffer zwischen Russland und dem Rest Europas«, fuhr Stanislaw fort. »Und ein schwacher Puffer nutzt wenig. Ein starkes Polen ist im Interesse Russlands.«

Im Königsschloss, das ziemlich heruntergekommen ist, weil die sächsischen Könige im fernen Dresden residierten, gehen wir von einem kahlen Raum zum nächsten. Unsere Schritte hallen wider von Wänden, an denen der Putz bröckelt, von Decken mit Schimmelflecken. Ich denke an die knarzenden Dielenböden des alten Winterpalasts, die längst durch Marmor aus dem Ural ersetzt sind.

Warschau braucht Hofmaler und renommierte Architekten, ein anständiges Hoforchester und einen Kapellmeister. Eine Residenz, wo der König Gäste empfangen kann, ohne sich schämen zu müssen, wo widerstreitende Parteien zusammenkommen und eine gemeinsame Grundlage finden können. Stanislaw gerät immer mehr in Feuer, während er redet. Die Botschaft, die er der Welt übermitteln möchte, ist, dass Warschau, Polen und der polnische König weltoffen und modern sind und eine starke Regierung wollen.

»Bleib hier in Warschau, Barbara, ich brauche dich. Ich bin mir bewusst, dass ich dir nichts bieten kann, was sich mit der Pracht von Sankt Petersburg vergleichen lässt, aber du bist hier unter Freunden.«

Ich lasse zu, dass er meine Hand nimmt und sie an seine Lippen führt.

Ich denke an Spione, die übergelaufen sind, die dem einen Herrn dienten, indem sie dem anderen nur sorgsam ausgewählte Informationen zukommen ließen. Das ist Verrat, aber durchaus möglich, wenn man noch Kraft hat zu kämpfen, wenn man daran glaubt, dass ein Herrscher die Nation, die er regiert, verändern kann.

»Ich kann Ihnen anbieten –«

Ich lasse ihn den Satz nicht zu Ende sprechen.

»Sie haben mir schon viel zu viel angeboten«, sage ich.

Vor dem Haus in der Senatorskastraße hat sich ein Schwarm Vögel auf einem kahlen Busch niedergelassen, der direkt am Zaun steht. Er ist offensichtlich wild aufgegangen. Ich weiß nicht, wie die Pflanze heißt, ich weiß nur, dass sie zäh ist und immer wieder austreibt, wenn man sie abschneidet. Das Schönste an dem Strauch sind die Beeren, jetzt schon verschrumpelt im Frost; sie sind blassorange und vorn an der Spitze rötlich gefärbt.

Ich liebe das Geräusch der Feder, die leise übers Papier kratzt. Es ist gutes Papier mit einem Wasserzeichen, die Feder ist scharf, die schwarze Tinte trocknet schnell.

Ich habe immer noch meine Kontakte in Sankt Petersburg, ihre Namen bleiben mein Geheimnis. Sie teilen mir in ihren Briefen lediglich Tatsachen und Beobachtungen mit, nichts weiter. Sie sind klug. Sie stellen keine Vermutungen an.

Es ist hauptsächlich Neugierde, was mich dazu treibt, diese Informationen einzuholen, ich möchte Bescheid wissen über die Menschen, die ich früher geliebt und gehasst habe und deren Leben ich nun aus der Distanz verfolge. Aber ich habe auch ein durchaus handfestes Interesse daran, denn nur ein Dummkopf achtet nicht auf die Wetterlage und die Meeresströmungen, die sein kleines Boot leicht zurück in einen Sturm treiben können. Grigori Orlow ist schon wieder hinter einer neuen Hofdame her; sein Bruder beobachtet immer noch wachsam jeden gutaussehenden jungen Mann, der sich an Katharina heranzumachen versucht. Alexej hat sich bereits mit einem gewissen Grigori Potemkin von der berittenen Garde angelegt und ihm in einem wüsten Handgemenge ein Auge ausgeschlagen.

Katharina hat Geschenke geschickt – geräucherten Stör aus Astrachan und ein Buch von Brantôme –, eingeschlagen in schimmernden Stoff mit grünen Bändchen darum, die mit ihrem Wappen gesiegelt sind; es zeigt eine Biene, einen Bienenkorb und einen Honigtopf. Darja bekam zu ihrem fünfzehnten Geburtstag einen wunderschönen Vogelkäfig. Auf ein besticktes

Kissen, das der Sendung beilag, war ein Kärtchen geheftet, auf dem Fürst Repnin, der russische Gesandte in Warschau, angewiesen wurde, meiner Tochter zwei exotische Vögel ihrer Wahl auszuhändigen, damit sie sich an ihren Kapriolen erfreue.

Wenn du zurückkehrst, schrieb mir Katharina, *wird Darja eine wunderschöne Hofdame werden, die eine erstklassige Partie machen kann. Russland vergisst die Seinen nicht.*

Ich denke an Ropscha. An den Regen draußen im Dunkeln, der an die Fenster des Schlösschens peitschte. An die Bäume, die sich im Wind bogen, die Felder, über die Bäche von schlammigem Wasser flossen.

In dieser Nacht, fünf Tage nach dem Putsch, hatte es keinen spontan aufflammenden Streit gegeben, keine Prügelei unter Betrunkenen, keine unglückseligen Umstände.

Die Tür war aufgegangen. Der Mann mit dem Narbengesicht, der in Peters Zimmer trat, war unbewaffnet. Er brauchte keine Waffe. Er konnte mit bloßen Händen ein Hufeisen auseinanderbrechen.

Er brauchte keine Befehle. Er wusste, was die Kaiserin sich wünschte. Er wusste, was er zu tun hatte, um sich die kaiserliche Gunst zu erhalten.

Ich stelle mir vor, wie Peter auf die Knie fiel, wie er schluchzend um sein Leben bettelte. »Wieso sollte sie einen Trottel wie mich fürchten? Ich will weiter nichts als leben wie irgendein gewöhnlicher Mensch.«

Seine Stimme, heiser und schrill, wurde lauter, er geriet in Panik.

Ich bete, dass er zu betrunken war, um es richtig wahrzunehmen, als Alexej Orlows Hände sich um seinen Hals legten. Ich hoffe, Alexej hat entschlossen zugedrückt, denn am Ende, wenn nichts anderes mehr bleibt, ist ein schneller Tod die einzige Gnade.

Ich sehe mir einen Handzettel an, den ich von Herrn Korn bekommen habe. Eine Planskizze, eine Zeichnung von einem Herrenhaus mit einem Portal, das auf zwei Säulen ruht. *Ein kleiner Gutshof mit einem Stall, einer Remise und einem gepflegten Obstgarten, zehn Meilen südlich von Krakau.* Der Eigentümer starb ohne Nachkommen. Der entfernte Cousin, der das Anwesen geerbt hat, kann nichts damit anfangen und will es zu Geld machen.

Das Gut heißt Vishin. Ich habe es gekauft.

Es ist weit weg von der russischen Grenze, sage ich mir. *Die Zukunft ist wichtiger als die Vergangenheit.*

An die Kaiserin persönlich, schreibe ich. Ich will den Brief erst aufsetzen und dann in meiner besten Handschrift ins Reine schreiben. Im Grunde ihres Herzens wird sie froh sein, sage ich mir, dass sie mich nicht mehr zu sehen braucht. Ich würde sie immer an ihre Träume von früher erinnern.

Die Zeit hat für mich gearbeitet.

Nach den Monaten der Reise bin ich, was die Angelegenheiten der Kaiserin betrifft, schon nicht mehr auf dem Laufenden. Ich habe mich zum Landleben bekehrt, zu einem abgeschiedenen Dasein als Privatperson, die nur wenigen Menschen wichtig ist.

Darja wird nicht Katharinas Hofdame werden. Sie wird es verstehen, wenn ich es ihr erkläre. Sobald die Krönungsfeierlichkeiten vorbei sind, reise ich nach Vishin ab. Ich möchte in Vergessenheit geraten, verschwinden.

Ich war nicht ihre einzige Spionin, sage ich mir. Es hat auch seine Vorteile, nicht so wichtig zu sein.

Ich habe das Landgut mit dem Geld bezahlt, das ich aus Russland mitgebracht hatte, die Belohnung für meine Beteiligung an Katharinas Verschwörung. Ich habe es bis jetzt nur Herrn Korn erzählt, dass wir nach der Krönung abreisen, und er wird es niemandem weitererzählen.

Ich beginne meinen Brief mit einer kleinen Anleihe bei Monsieur Voltaire, wohl wissend, in welch hohem Ansehen er bei Katharina steht. Gegen Ende des *Candide* bemerkt ein einfacher alter Mann, da diejenigen, die sich mit öffentlichen Angelegenheiten befassten, im Allgemeinen elend umkämen, begnüge er selbst sich damit, seinen Garten zu bebauen.

Ich fand diese Zeilen tief bewegend und unwiderstehlich überzeugend, schreibe ich und bitte Katharina um meine Entlassung aus dem kaiserlichen Dienst.

Was ich am liebsten schreiben möchte, ist einfach, allerdings darf ich es in dem Brief nicht offen aussprechen: *Ich weiß, was die Macht einem Menschen antut. Ich weiß, dass man mit Furcht dafür büßt. Ich will nicht, dass mein Kind in Ihrer Welt leben muss.*

Die Glocken beginnen zu läuten. Dreimal. *Na Anioł Pański*, nennt man es hier, das Angelusläuten. Darja ist von ihrem Spaziergang zurückgekommen. Von der Diele her, wo sie ihren Mantel und die Handschuhe ablegt, höre ich ihre Stimme. Sie klingt fröhlich und lebhaft.

»Maman, bist du da?«, ruft sie. »Ich habe sie gefunden!«

Sie verliert langsam ihren Akzent, ihr polnischer Wortschatz erweitert sich. Einmal hat ein alter Mann sie beschimpft, als sie auf der Straße russisch sprach. Das war ihr eine Lehre. In einem Jahr wird niemand mehr merken, dass sie nicht in Polen geboren ist.

Sie beklagt sich nicht mehr über Warschau, und sie hat mittlerweile alle ihre Koffer ausgepackt. Bald wird sie ihre Sachen wieder packen müssen.

Jetzt kommt sie herein in diesem anmutigen leichten Gang, der Stanislaw so gut gefällt.

»Was hast du gefunden, *kison'ka*?«, frage ich.

Sie setzt sich aufs Sofa und sieht mich an mit den dunklen Augen, die sie von Igor hat. Mir wird ganz eng in der Brust bei ihrem Anblick.

»Die Vögel, die ich zum Geburtstag haben möchte.«

Nachdem sie sich ein Dutzend Amazonenpapageien und gelbe, grüne und rosa Sittiche angesehen hat, ist ihre Wahl auf zwei südamerikanische Vögel gefallen. Sie sind schillernd grün mit schwarzen Halskrausen. Natürlich können sie noch nicht sprechen, aber Darja weiß genau, wie sie es ihnen beibringen wird. Der Unterricht wird am Abend stattfinden, immer zur selben Zeit. Sie wird ihren Schülern zuerst ein bisschen in Wein eingeweichtes Brot geben, dann wird sie den Käfig mit einem Tuch zudecken und den Vögeln immer wieder die Wörter oder Sätze vorsprechen, die sie lernen sollen. Anschließend wird sie das Tuch wieder wegnehmen und die Lektion wiederholen, wobei sie den Sittichen einen Spiegel vorhält, damit sie denken, ein anderer Vogel spreche mit ihnen.

Ich beobachte meine Tochter, während sie angeregt plaudert, ihr lebhaftes Mienenspiel, ihre glatten Wangen, ihre blitzenden Augen.

»Weißt du noch, wie die Kaiserin fürchtete, du würdest ihre Vögel in Oranienbaum in die Freiheit entlassen?«, fragte ich.

»Was für alberne Kleinigkeiten du im Gedächtnis behalten hast.« Meine Tochter lacht strahlend. Sie steht auf und küsst mich auf den Scheitel. Das macht sie öfter in letzter Zeit – dann komme ich mir immer ganz klein vor.

Ich nehme all meine Kraft zusammen.

»Ich muss dir etwas sagen.« Ich stochere mit dem Schüreisen an einem Birkenklotz im Kamin. Funken sprühen auf.

»Was, Maman?«, fragt Darja. »Ist es eine Überraschung?«

Ich schüttle den Kopf.

Sie rümpft die Nase wie ein Kaninchen. Sie ist so reizend, dass ich ganz schwach werde.

»Hör zu«, sage ich. »Ich möchte dir etwas erzählen.«

»Ist es eine wahre Geschichte?«

»Ja«, sage ich, »eine wahre Geschichte.«

Wichtige Personen des russischen Hofs 1744-1765

KAISERIN ELISABETH PETROWNA, Tochter Peters des Großen und seiner zweiten Frau Katharina I.

GROSSFÜRST PETER FJODOROWITSCH (Karl Ulrich), später Kaiser Peter III.

GROSSFÜRSTIN KATHARINA ALEXEJEWNA (Sophie), Prinzessin von Anhalt-Zerbst, später Kaiserin Katharina II.

FÜRSTIN JOHANNA VON ANHALT-ZERBST, Katharinas Mutter

ALEXEJ BESTUSCHEW-RJUMIN, Kanzler des russischen Reichs unter Kaiserin Elisabeth; später durch Vize-Kanzler Woronzow ersetzt

GRÄFIN WORONZOWA, *Das Fräulein*, eine von Katharinas Ehrendamen; Nichte des Vizekanzlers Woronzow und Schwester der Fürstin Daschkowa; Peters Mätresse

FÜRSTIN DASCHKOWA, eine Hofdame

IWAN IWANOWITSCH SCHUWALOW, ein Höfling und Favorit der Kaiserin Elisabeth

Sergej Saltykow, ein Höfling

Sir Charles Hanbury-Williams, britischer Gesandter am russischen Hof

Graf Stanislaw Poniatowski, Gesandter am russischen Hof; 1764 zum König von Polen gewählt

Die Brüder Grigori und Alexej Orlow, Offiziere des Ismailowski-Garderegiments

Francesco Bartolomeo Rastrelli, Architekt der Kaiserin Elisabeth

Graf Alexej Rasumowski, der »Kaiser der Nacht«, Favorit Elisabeths

Graf Lestoq, französischer Arzt, von Kaiserin Elisabeth in den Grafenstand erhoben

Danksagung

Bei meiner Arbeit an diesem Roman habe ich mich auf eine Reihe von ausgezeichneten Biographien Katharinas der Großen gestützt und mich von ihnen inspirieren lassen. Besonders sind hier zu nennen: Virginia Roundings *Catherine the Great: Love, Sex and Power*, Simon Dixons *Catherine the Great*, John T. Alexanders *Catherine the Great: Life and Legend* sowie Isabel de Madariagas *Catherine the Great: A Short History*. Auch was die Kaiserin selbst in ihren Memoiren und Briefen über ihre jungen Jahre schreibt, habe ich oft zu Rate gezogen und hin und wieder Phrasen und Ausdrücke, die sie verwendete, eingestreut.

Kate Miciak bei Bantam Books und Nita Pronovost bei Doubleday Canada haben mich mit ihrem enormen literarischen Sachverstand geleitet. Ihre Begeisterung und ihr Glaube an das Buch, ihr Urteil und ihr Wissen waren mir eine große Hilfe. Ich kann mir keine besseren und großherzigeren Lektorinnen vorstellen.

Meine Agentin Helen Heller war mir eine unschätzbar wertvolle Quelle der Ermutigung, der Inspiration und klugen Rats.

Die ersten Leser meines Vertrauens, Shaena Lambert und Zbyszek Stachniak, haben die frühesten Entwürfe des Romans mit genau der richtigen Mischung aus Lob und scharfsinniger Kritik bedacht.

Diane Paget-Dellio hat meinen Blick für die Katzen im Winterpalast geschärft.

Ich bin all diesen Menschen von Herzen dankbar.